루터: 로마서 강의

이재하

장로회신학대학교 신학대학원(M.Div.), 프린스턴신학대학원(Th.M.), 보스턴대학교 신학부(Dr.theol.)에서 공부했으며, 현재 중앙대학교 교양학부 교수 및 교목실장으로 있다.

강치원

장로회신학대학교(Th.B., M.Div.), 뮌스터(Münster)대학교(Dr.theol.)에서 공부했으며 현재 장로회신학대학교 학술 연구 교수로 있다.

기독교고전총서 14

루터: 로마서 강의

옮긴이	이재하·강치원
초판발행	2011. 2. 1.
2쇄발행	2017. 11. 17.
표지디자인	송원철
펴낸곳	두란노아카데미
등록번호	제1988-000080호
주소	서울특별시 용산구 서빙고로 65길 38
영업부	2078-3333 FAX080-749-3705
출판부	2078-3331

ISBN 978-89-6491-014-6 04230
       978-89-6491-000-9 04230(세트)

독자의 의견을 기다립니다.

tpress@duranno.com   http://www.Duranno.com

두란노아카데미는 두란노의 '목회 전문' 브랜드입니다.

기독교
고전총서 14

루터:
로마서 강의

이재하 · 강치원 옮김

Luther: Lectures on Romans

30th 두란노아카데미

발간사 PUBLISHER'S PREFACE

먼저 두란노서원이 창립 30주년을 맞이하면서, '기독교고전총서' 20권을 발간할 수 있도록 허락하신 하나님께 감사드립니다.

실용 음악을 하기 위해서는 고전 음악부터 공부한다고 합니다. 운동선수들이 화려한 개인기를 발휘하기 위해서도 수천 혹은 수만 번 기본기를 먼저 연습해야 하지 않습니까? 목회나 신학도 마찬가지입니다. 현대를 풍미하는 최첨단의 신학은 기독교 고전에 대한 깊은 탐구로부터 시작되며, 21세기를 살아가는 성도의 마음을 이끄는 목회와 설교 역시 고전으로부터 중요한 통찰력을 얻을 수 있습니다. 바로 여기에 '기독교고전총서' 발간의 의미가 있습니다.

두란노서원은 지난 30년간, 크게 네 가지의 주제를 놓치지 않으며 기독교 출판에 앞장섰습니다. 첫째는 '성경적'입니다. 지난 30년 동안 두란노가 많은 책을 출판했지만, 성경의 정신에 입각한 출판을 목표로 했습니다. 둘째는 '복음적'입니다. 두란노는 지금까지 성경에 근거한 복음주의적 신학을 포기한 적이 없습니다. 셋째는 '초교파적'입니다. 한국 교회 안에 다양한 교단이 있지만, 두란노는 교단과 교파를 초월하여 교회가 하나님의 나라를 바라볼 수 있도록 돕기 위해 노력했습니다. 넷째는 '국제적'입니다. 두란노서원은 문화적이고 국제적인 측면에서 세상과의 접촉을 시도했습니다.

두란노서원이 창립 30주년을 맞이하면서 '기독교고전총서'를 발간하는 것은 위에서 언급한 네 가지 주제를 더욱 확고히 하는 기초 작업 가운데 하나입니다. 기독교 고

전에는 교파가 있을 수 없고, 가장 성경적이면서도 가장 복음적인 신학을 우리는 기독교 고전에서 배울 수 있습니다. 또한 각 시대마다 교회가 어떻게 세상과 소통하려 노력했는지를 알게 되어, 우리 시대의 목회를 위한 귀한 통찰력을 얻을 수 있습니다. '기독교고전총서'의 발간이라는 기념비적인 사업이 가져다주는 이러한 유익은 단지 두란노 안에만 머무는 것이 아니라, 한국 교회 전반에 넓게 확산되리라 확신합니다.

'기독교고전총서'를 번역하기 위해 한국교회사학회 교수님들이 수고하셨습니다. 문장 하나하나, 단어 하나하나를 가장 적절한 우리말로 옮기기 위해 노력해 준 번역자들에게 이 자리를 빌려 감사를 전합니다.

두란노서원 원장

한국어판 서문 GENERAL EDITOR'S PREFACE

중세 사상가인 베르나르 드 샤르트르는 "거인들의 어깨 위에 올라서서, 그들의 위대한 선조들보다 더 멀리까지 바라볼 수 있었다"고 말했다. 또한 피에르 드 블루아도 "우리는 거인들의 어깨 위에 올라앉은 난쟁이와 비슷한 처지에 있으며, 그들 덕분에 그들보다 더 멀리까지 바라볼 수 있다. 우리는 고대인들의 저작을 연구함으로써 그들의 세련된 사상을 되살리고, 그들을 시간에 의한 망각과 인간의 무관심으로부터 구출해 낼 수 있다"고 말했다. 우리는 고전들을 연구함으로써 거인들의 어깨 위에 있는 난쟁이처럼 더 멀리 바라볼 수 있을 것이다.

'기독교고전총서'는 오래 전부터 구상되었으나 이제야 결실을 보게 되었다. 처음에는 40권 정도의 기독교 고전 전집을 구상하였으며, 모두 그리스어나 라틴어 등 그 저작의 원문에서 번역하려고 구상하였다. 그러나 그것은 아직 힘에 겨운 일이어서 우선 'The Library of Christian Classics'을 대본으로 하여 번역하기로 결정하였다. 이는 초대 교회 시대로부터 종교 개혁 시대까지의 고전들을 모두 26권에 편집한 것이다.

우리는 이 중 여섯 권은 제외하기로 결정하였다. 우리가 제외시킨 것은 제4, 18, 20, 21, 23, 26권이다. 제4권의 제목은 *Cyril of Jerusalem and Nemesius of Emesa*로, 예루살렘의 키릴로스의 교리 문답과 에메사의 네메시오스의 '인간 본질론'을 담고 있다. 제18권의 제목은 *Luther: Letters of Spiritual Counsel*로, 루터의 영적 상담의 서신들을 담고 있다. 제26권의 제목은 *English Reformers*로, 영국 종교 개혁자들의 저작을 담고 있다. 이들 고전들은 그 저작들이 중요하지 않아서가 아니라 이미 단행본으로 널리 보급되어 있기 때문에 이번 전집에서는 제외시키기로 결정하였다. 제20권과 제21권은 칼뱅의 「기독교 강요」로, 매우 중요한 저작이긴 하지만 이미 우리말로 많이 번역 출판되어 있기 때문에 제외시키기로 결정하였다. 또한 제23권은 칼뱅의 「성경 주석」으로, 이 역시 소중한 저작이긴 하지만 이미 우리말로 번역 출판되어 있어서 제외시키기로 결정하였다. 영어 전집에서 아우구스티누스의 「신국론」이나 오리게네스의 「원리론」이나 루터의 「3대 논문」을 제외시킨 것도 마찬가지 이유다.

'기독교고전총서'의 제1권은 사도적 교부들의 저작들과 이레나이우스의 「이단 반박」을 담고 있다. 제2권은 알렉산드리아의 클레멘스와 오리게네스의 저서들을 담고 있다. 제3권은 아타나시오스와 나지안조스의 그레고리오스와 니사의 그레고리오스의 저작들과 함께, 아리우스와 네스토리오스의 서신들과 「칼케돈 신조」를 포함하여 초대 교회 총회들의 결정들을 담고 있다. 제4권은 테르툴리아누스, 키프리아누스, 암브로시우스, 히에로니무스 등 라틴 교부들의 저작들을 담고 있다. 제5권은 「독백」, 「자유 의지론」, 「선의 본성」 등 아우구스티누스의 초기 저서들을, 제6권은 아우구스티누스의 「고백록」과 「신앙 편람」을, 제7권은 「삼위일체론」과 「영과 문자」 등 아우구스티누스의 후기 저서들을 담고 있다. 제8권은 동방 교회의 금욕주의를 다루고 있는데, 사막 교부들의 말씀이 있다.

제9~13권까지는 중세 교회의 저작들을 담고 있다. 제9권은 초기 중세 신학들을 담고 있는데, 레렝스의 빈켄티우스의 저작, 라드베르와 라트랑의 성찬론 논쟁, 그레고리우스 대교황의 「욥기 주석」, 비드의 「영국 교회사」 등이 있다. 제10권은 스콜라 신학을 다루고 있으며, 캔터베리의 안셀름, 피에르 아벨라르, 피에트로 롬바르도, 보나벤투라, 던스 스코투스, 오컴의 윌리엄 등의 저작들을 담고 있다. 제11권은 중세 신학의 대표자라고 할 수 있는 아퀴나스의 「신학대전」을 담고 있다. 제12권은 중세 신비주의를 다루고 있는데, 클레르보의 베르나르, 생 빅토르의 위그, 아시시의 프란체스코, 에크하르트, 독일 신학, 쿠사의 니콜라우스 등등의 저작들이 있다. 제13권은 위클리프, 총회주의자들, 후스, 에라스무스 등 종교 개혁 선구자들의 저작들을 담고 있다.

제14~20권까지는 종교 개혁자들의 저작들을 담고 있다. 제14권은 루터의 「로마서 강의」를 담고 있다. 제15권은 루터의 초기 저작들 중 「히브리서에 대한 강의」, 「스콜라 신학에 반대하는 논쟁」, 「하이델베르크 논제」, 「라토무스에 대한 대답」 등이 있다. 제16권은 자유 의지와 구원에 대한 루터와 에라스무스의 논쟁을 다루고 있는데, 에라스무스의 「자유 의지론」과 루터의 「의지의 속박론」이 있다. 제17권은 멜란히톤의 「신학총론」과 부처의 「그리스도 왕국론」을 담고 있다. 제18권은 칼뱅의 신학적 저작들을 담고 있는데, 「제네바 신앙 고백」, 「제네바 교회 교리 문답」, 「성만찬에 관한 신앙 고백」, 「예정에 관한 논제들」, 「사돌레토에 대한 대답」 등의 저작들이 있다. 제19권은 츠빙글리와 불링거의 저작들을 담고 있는데, 츠빙글리의 「하나님 말씀의 명료성과 확실성」, 「청소년 교육」, 「세례」, 「주의 만찬론」, 「신앙의 주해」와 불링거의 「거룩한 보편적 교회」가 게재되어 있다. 제20권은 급진적 종교 개혁자들의 저작들을 담고 있는데, 후터파의 연대기, 뮌처, 뎅크, 프랑크, 슈벵크펠트, 호프만, 메노 시몬스, 후안 데 발데의 저작들이 있다.

이 전집은 기독교 고전들에서 가장 중요한 부분을 발췌하여 훌륭하게 번역한 것이다. 또한 세계적인 전문가들이 각 저작들에 대해 명료한 해설을 해 주고 있으며, 학문적 논의들도 심도 있게 다루고 있다. 독자들은 이 전집에서 기독교 사상의 진수들을 접하게 될 것이다. 이 전집이 신학도들과 뜻있는 평신도들의 신앙을 강화시키고 신학을 심화시키며 삶을 성숙시키는 데 크게 기여하리라 믿는다. 이 전집의 출판을 흔쾌히 허락해 준 하용조 목사님과 이 전집을 출판하기 위해 수고를 아끼지 않은 두란노서원의 관계자들과 번역에 참여해 준 모든 번역자들에게 심심한 감사를 드린다.

이양호
'기독교고전총서' 편집위원회 위원장

두란노아카데미가 두란노서원 창립 30주년을 맞아 총 20권의 '기독교고전총서'를 발간하는 실로 눈부신 일을 해냈다. 두란노가 주동이 되어 한국교회사학회 교수들이 전공에 따라 번역에 참여하여 이루어 놓은 결실인데, 한국교회사학회는 우리나라 신학대학교와 각 대학교 신학과 교수들이 대거 참여한 기관이기에 한국 교회 전체의 참여로 이루어졌다는 또 다른 하나의 의미가 있다.

'기독교고전총서'는 초대, 중세, 그리고 종교 개혁 시대까지의 저명한 신학 고전들을 망라한다. 각 시대의 신학적 특색들과, 그리스도의 교회가 시대마다 당면한 문제가 무엇이었으며, 어떻게 교회를 지키고 복음을 전파하며 정통을 수호하였는지에 대한 변증과 주장과 해석의 가장 기본적인 문제들이 무엇이었는지를 확인하는 기회가 될 것이다.

두란노아카데미의 이번 '기독교고전총서' 간행은 그런 보화(寶貨)가 반드시 한국 교회 도처 서가에 꽂혀 그 신학적 수준을 세계 최선의 것으로 치솟게 하고자 한 사명감에서 착수한 것으로, 우리들로서는 그 고전들을 회자(膾炙)할 수 있음이 천행이 아닐 수 없다. 이는 한국 교회 역사에 또 다른 기념비를 세운 일이라 여겨 충심으로 찬하하여 마지아니한다.

민경배 백석대학교 석좌 교수

1962년부터 한 권 한 권 사기 시작해서 나는 'The Library of Christian Classics' 전집 (26권)을 다 소장하게 되었고 가장 애지중지한다.

26권을 살 때마다 나는 책 뒷면에 나의 이름과 책을 산 곳과 날짜와 가격을 적곤 했는데, *Augustine: Earlier Writings*과 *Christology of the Later Fathers*는 1962년 6월 21일 총신에서 각각 485원에, *Early Christian Fathers*는 1965년 미국 웨스트민스터 신학교에서 5달러에 사서, 평생 교회사를 연구하면서 그 어느 책들보다 자주 이 전집을 읽으면서 참고하곤 했다. 특히 제일 처음 사서 읽게 된 *Augustine: Earlier Writings*는 나의 학문적인 삶에 큰 영향을 미쳤다. 한철하 교수님의 가르침을 따라 영문으로 읽으면서 아우구스티누스의 진솔하고 처절한 고백과 기도에 매료되었고, 믿는 것을 이해하려는 신학 활동에 공감하게 되었고, 세상과 교회와 하나님 나라를 바라보는 폭넓은 우주적인 안목에 깊은 감동을 받았다. 그리고 아우구스티누스를 전공하기에 이르렀는데 그것이 나의 삶과 사역에 얼마나 큰 축복이 되었는지 모른다.

이번에 두란노서원이 'The Library of Christian Classics'의 26권 중 20권을 선별해서 번역한 '기독교고전총서'를 출간하게 됨을 진심으로 축하하며 많은 사람들이 이 고전을 읽고, 삶과 사역이 보다 건강하고 아름답고 풍요롭게 되기를 바란다.

김명혁 강변교회 원로 목사, 한국복음주의협의회 회장

옛것을 버리고 새것만 추구하는 세대에서 온고지신(溫故知新) 즉, 옛것을 연구하여 새로운 지식이나 도리를 찾아내는 일이 얼마나 중요한 것인지를, 학문을 사랑하고 진리를 탐구하는 이들이라면 누구나 이해할 것이다.

세기를 넘어 두고두고 읽히고 사랑받는 고전은 시간뿐 아니라 국경을 뛰어넘어 공간을 초월하여 읽히고 인용되는 책들로 영원한 진리의 진수를 맛보게 한다. '기독교고전총서'의 번역자들은 그 시대의 신학자나 신학의 맥을 바르게 이해하는 학자들로 구성되어 있어 그 책들의 질에 걸맞은 높은 수준의 용어 선택과 표현을 했다. 이것

은 우리에게 또 한 번 감격을 주는 것이다. 영어로 번역된 고전들을 다시 우리말로 번역함으로 원저자의 의도가 왜곡될 수도 있겠으나 'The Library of Christian Classics'과 같은 기독교 고전의 권위 있는 영역본을 번역함으로 오히려 그 이해의 폭을 더 넓게 했다 할 수 있을 것이다.

지금은 얕은 물에서 물장난이나 하듯 쉽고 재미있고 편리한 것만 찾는 시대이지만, 날마다 생수의 강물을 마시고 그 깊은 샘에서 길어온 물을 마시려는 목회자, 신학생, 평신도 리더, 그리고 그 누구라도 꼭 한 번 이 고전들을 읽어보도록 추천한다.

이종윤 서울교회 담임 목사, 한국장로교총연합회 대표 회장

'기독교 고전'이라 불리는 책들은 기독교의 2000년 역사와 함께해 왔다. 한국의 기독교 역사의 연수(年數)가 유럽의 연수와 비교할 수 없이 짧지만, 이미 세계 기독교 역사의 한 획을 그을 정도로 영향력이 강한 한국 기독교가 '고전'이라 일컬어지는 책들을 출간한다는 것은 큰 의미가 있다.

기독교는 가난한 자를 부하게 하고 묶이고 포로 된 자를 자유롭게 하는 '생명'인데, 지금 우리는 세상에서 오명을 뒤집어쓰고 있다. 이것은 우리의 잘못으로 책임이 우리에게 있다. 이 오명을 벗어버리기 위해서는, 우리 안에서 철저한 자성과 회개와 갱신이 일어나야 한다. 이것은 오직 주의 성령으로, 주의 말씀으로만 가능하다. 시간이 흘러도 여전히 깊은 고전의 메시지를, 하나님 앞과 교회 안에서, 개인의 삶의 터에서 깊게 묵상하고, 묵상한 그것을 삶의 영역에서 진실하게 드러낸다면 분명히 우리는 변할 것이고, 우리 기독교는 새로워져서 세상을 변화시킬 능력을 가진 생명이 될 것이다. 나는 분명 이렇게 소망하고 기대한다.

오늘의 교회를 갱신시키고, 오늘의 교인들을 영적으로 신학적으로 성숙시키는 일에 크게 기여하는 고전시리즈가 될 것을 필자는 분명히 확신한다.

김홍기 감리교신학대학교 총장

역사상 존재했던 다양한 배경의 성도들이 하나님과 관계를 맺고, 그 영혼의 깨달음과 하나님을 향한 갈망과 예배를 뭉뚱그려 놓은 것이 기독교 고전이다. '고전'이라는 칭호를 얻은 이유는 그만큼 통찰력이 깊고, 영성이 준수하며, 시대를 초월하는 내구성이 있기 때문인데, 예수 그리스도의 충만한 분량에 이르기 위해 지속적으로 영성을 계발해야 하는 목회자나 신학생이나 성도는 끊임없이 영성을 살찌울 수 있는 영양분을 공급받아야 한다. 영성 훈련이라면 보통 기도회나 성령 은사를 체험할 만한 집회 참석을 상상하지만 그것이 영성 훈련의 핵심이 아니다. 구름떼같이 허다한 증인들이 하나님과 관계를 맺어온 고전 문헌들을 살펴보면서 자신들의 신학과 예배와 경건 생활을 살펴보고 계발하는 것이다.

이에 '기독교고전총서' 우리말 번역을 진심으로 환영하는 바이다. 지금 시대에 최고의 실력을 갖춘 번역가들이 각고의 노력으로 번역한 이 글들이 한국 성도들의 영성 개발에 큰 공헌이 될 줄로 확신한다. 바라건대 목회자들뿐 아니라 일반 성도들도 더욱 고전에 쉽게 친근해질 수 있게 되기를 소망한다.

피영민 강남중앙침례교회 담임 목사

기독교는 2천 년 역사를 이어오면서 풍성한 영적 광맥을 축적하고 있다. 그 가운데 하나가 기독교 고전 문헌이다. 이는 시대가 변하고 사람이 바뀐다 해도, 각 세대가 캐내어 활용해야 할 값진 보물이요 유업이다.

그럼에도 이런 문헌이 대부분 그리스어나 라틴어 같은 고전어로 쓰였거나 외국어로만 번역되어 있는 것이 오늘의 우리 현실이어서 신학 대학에서 훈련받은 사람조차도 기독교 고전에 손쉽게 접근하기 어려운 형편이었다.

그런데 이 '기독교고전총서'는 초기 기독교 교부로부터 시작하여 16세기 종교 개혁자에 이르기까지 대표적인 기독교 저작들을 대부분 포함하고 있다는 점과, 두란노아카데미 편집부와 한국교회사학회가 협력하여 이루어 낸 결실이라는 점에서 누구도 그 권위를 의심치 않으리라 여겨진다. 번역은 창작 이상의 산통과 노고가 필요한 작업이기에, 교회사 교수들이 합심하여 기독교 고전들을 한국어로 살려 낸 이 시리즈는 한국 교회사에 길이 기억될 역작이라 생각한다.

위대한 신앙 선배들의 그리스도의 복음을 향한 뜨거운 가슴과 깊은 이해가 독자들에게 전달되어 풍요로운 영성을 체험하는 가운데 놀라운 영적 부흥이 일어나기를 소망하며, 많은 분들에게 추천하고 싶다.

목창균 전 서울신학대학교 총장

고전의 가치를 인정하는 기독교가 중요하게 여기는 '고전 중의 고전'은 단연 성경이다. 기독교는 성경을 하나님의 말씀으로 믿는데, 하나님께서 교회에 선물로 주신 보물은 성경 외에 다양한 고전들 속에도 담겨 있다. 기독교 역사 2천 년 동안, 하나님의 일꾼으로 세움 받은 분들이 기록해 놓은 고전은 기독교의 보화다. 기독교 고전은 우리의 믿음과 경건이 한층 성숙해지는 계기를 제공하고 신학적 수준을 한 단계 높이며 신앙을 성숙하게 하는 좋은 자양분이 될 것이다. 기록된 하나님의 말씀인 성경이 기독교 역사를 거쳐 오면서 각 시대마다 어떻게 해석되고 적용되었는지를 이 고전에서 살펴볼 수 있다.

이번에 출판되는 '기독교고전총서'를 보다 많은 성도들이 읽음으로써, 성경을 각자의 삶에 어떻게 적용시킬 수 있는지를 배우게 되기를 바란다. 아무쪼록 '기독교고전총서'의 출판으로 말미암아, 한국 교회가 기독교 고전의 귀중함을 새롭게 깨달아 기독교의 근원으로 돌아가려는 움직임이 강하게 일어나기를 바라며, 기쁜 마음으로 이 책을 추천한다.

장영일 장로회신학대학교 총장

일러두기

'기독교고전총서'(전20권)는 미국 Westminster John Knox Press(Louisville·LONDON)에서 출간된 'Library of the Christian Classics'에서 19권, 그리스어에서 1권을 '한국교회사학회'의 각 분야 전문 교수들이 번역하였다.

1. 맞춤법 및 부호 사용 원칙

맞춤법의 경우, 기본적으로 '국립국어원'의 원칙을 따랐다.

본문의 성경 인용의 경우, '개역개정'을 기본으로 하고 그 외에는 인용 출처를 밝혔으며 사역에는 작은따옴표(' ')로 표시하였다.

국내 단행본, 정기간행물의 경우에는 낫표(「 」)를, 외서의 경우에는 이탤릭체를, 논문에는 큰따옴표(" ")를 하였다.

라틴어의 경우, 이탤릭체로 표시하였다.

강조 문구는 작은따옴표(' ')로 표시하였다.

원서에서 사용한 부호를 가능하면 그대로 사용하였다.

2. 주

원저의 각주 외에 옮긴이의 각주가 추가되었다. 이것을 *, ** 등으로 표시했으며 각주 란에 추가하였다.

각주 번호는 원서 그대로 따랐다.

3. 용어 통일

인명과 지명의 경우, '한국교회사학회 용어(인명·지명) 통일 원칙'을 따랐으며(다음 쪽 참고), 영문은 처음 1회에 한하여 병기하였다.

한국교회사학회 용어(인명·지명) 통일 원칙

1) 문교부가 1986년에 고시한 외래어 표기법을 따른다

현행 외래어 표기법은 다음과 같이 네 개의 장으로 구성되어 있다.

제1장 표기의 기본 원칙

제1항 외래어는 국어의 현용 24자모만으로 적는다.

제2항 외래어 1음운은 원칙적으로 1기호로 적는다.

제3항 받침에는 'ㄱ, ㄴ, ㄹ, ㅁ, ㅂ, ㅅ, ㅇ'만을 쓴다.

제4항 파열음 표기에는 된소리를 쓰지 않는 것을 원칙으로 한다.

제5항 이미 굳어진 외래어는 관용을 존중하되 그 범위와 용례는 따로 정한다.

제2장 표기 일람표(현재 19개 언어): 생략

제3장 표기 세칙(현재 21개 언어): 생략

제4장 인명, 지명 표기의 원칙: 생략

2) 〈외래어 표기법〉에 제시되어 있는 〈라틴어의 표기 원칙〉은 다음과 같다.

(1) y는 '이'로 적는다.

(2) ae, oe는 각각 '아이', '오이'로 적는다.

(3) j는 뒤의 모음과 함께 '야', '예' 등으로 적으며, 어두의 i+모음도 '야', '예' 등으로 적는다.

(4) s나 t 앞의 b와 어말의 b는 무성음이므로 [p]의 표기 방법에 따라 적는다.

(5) c와 ch는 [k]의 표기 방법에 따라 적는다.

(6) g나 c 앞의 n은 받침 'ㅇ'으로 적는다.

(7) v는 음가가 [w]인 경우에도 'ㅂ'으로 적는다.

3) 〈외래어 표기법〉에 제시되어 있는 〈고전 그리스어 표기 원칙〉은 다음과 같다.

(1) y는 '이'로 적는다.

(2) ae, oe는 각각 '아이', '오이'로 적는다.

(3) c와 ch는 [k]의 표기 방법에 따라 적는다.

(4) g, c, ch, h 앞의 n은 받침 'ㅇ'으로 적는다.

목차 Contents

발간사 | 4

한국어판 서문 | 6

추천사 | 9

일러두기 | 14

전체 서문 | 18

역자 서문 | 77

로마서 강의   강치원(1~4장), 이재하(5~15장) 옮김

로마서 1장 | 88

로마서 2장 | 127

로마서 3장 | 155

로마서 4장 | 229

로마서 5장 | 264

로마서 6장 | 295

로마서 7장 | 314

로마서 8장 | 343

로마서 9장 | 400

로마서 10장 | 433

로마서 11장 | 457

로마서 12장 | 475

로마서 13장 | 522

로마서 14장 | 546

로마서 15장 | 577

참고 문헌 | 600

색인 | 608

전체 서문 EDITOR'S PREFACE

서문

이 책은 요한 피커(Johannes Ficker)가 작업한 루터 선집 바이마르판(Weimar: Böhlau, 1938)의 제 56권으로 출판된 루터의 *Römerbriefvorlesung* 본문 교정판을 토대로 하여 번역하였다(이 판에서는 일반적인 관습인 축약형을 따랐다. 예를 들어, 'WA 56, 45, 15'는 '바이마르판, 56권, 45쪽, 15줄'이다).

　　루터의 해설은 '글로스 주석'(*gloss*)과 '고전 방주'(*scholia*) 두 부분으로 나눌 수 있다. 나는 고전 방주(WA 56, 155-528)를 모두 번역했다. 사실 행간 주석과 여백 주석(WA 56, 1-154)을 다 번역하는 것은 실리적이지는 않았다. 하지만 루터가 고전 방주에서 언급한 모든 주석을 번역했다. 주석에 중요한 해석이 담겨 있기 때문이다. 현대 루터 연구에서 특별히 중요하다고 인정되는 것들이 이 번역판에 포함되었다(적당한 곳에 각주로 넣었다). 그리고 로마서 8:18-30의 주석들을 통해 루터의 대표적인 성경 해석 방법을 알 수 있다.

　　고전 방주를, 루터는 로마서의 모든 부분에 달지는 않았다. 깊게 혹은 개괄적으로 논의하기 위해 특정 용어와 구절을 선정했다. 그렇다고 해서 이 용어와 구절이 있는 본문 전체에 대한 통찰력이 느슨해지는 것은 아니다. 독자가 루터의 해설과 바울 서신의 흐름을 전체적으로 연관하여 생각할 수 있도록, 루터가 다루는 주제가 속한 본문 전체를 인용하였다.

피커는 루터가 성경에서 참조한 모든 부분들을 확인하였다. 그리고 일반 문헌, 신학 문헌, 역사적 사실, 속담 등도 찾아냈다. 그가 했던 방대한 노력으로 인해 매우 유익을 얻었다. 내 주석은 대부분 피커가 언급한 것의 반영이자 메아리이다. 독자가 관심 있는 부분의 명쾌한 해석을 더 빨리 찾을 수 있도록, 피커가 쓴 책에 있는 주석을 인용했다(예: Ficker, p. —, n. —).

피커는 루터가 참고한 모든 성경 구절을 찾기 위해 애썼다. 명확한 참고 여부와는 상관없다. 나도 피커의 이런 점을 따랐다. 그러나 루터가 그 성경 구절을 일일이 확인하고 인용했는지의 여부에 대해서는 나 자신도 확인하지 않았다. 이 번역판을 읽는 독자에게, 이 번역판에 있는 성경 인용의 장, 절에 대한 정보가 루터의 원본에는 나와 있지 않다는 점을 밝힌다.

루터는 불가타 성경(Vulgate)을 사용했음에 유념해야 한다. 불가타 성경은 오랜 세월 사용되면서 일종의 타성에 빠져 있었다. 그렇기 때문에 루터 주석의 특성을 제대로 살려 내기 위해서는, 성경 말씀을 가능한 한 면밀히 탐구하는 것이 필요하다. 특히 성경 인용 부분은 더 그렇다. 그래서 도나(Donay)와 라임(Rheims)판 라틴어 불가타 성경(Baltimore: Murphy, 1899) 번역판의 도움을 받았다. 그렇지만 무조건 맹종하진 않았다. 루터가 인용한 성경 구절을 상당히 정확한 수준으로 루터의 의도에 맞게 옮겼다고 생각한다(성경 각 권의 이름과 장, 절의 구분은 로마 가톨릭식이 아닌 개신교의 방식을 따랐다. 필요한 경우, 특히 시편과 관계된 것일 때는 로마식으로 사용했다. 루터가 로마서 강의를 집필할 당시에는 여전히 로마 전통을 따랐다).

피커는 루터가 참조한 자료들을 보여 주기 위해 애썼다. 이 책의 편집자 피커의 이런 작업은 매우 의미 있다. 대부분의 것은 피커의 방식을 따랐지만, 모든 부분을 따르지는 않았다. 각주에 이 자료들을 찾아 놓았다(선집 리스트는 참고 문헌에 나와 있다). 교부와 스콜라 학자의 선집은 관습적인 방식에 따라 인용하였다. 루터가 참조한 이 부문들은 어떤 판이나 번역판에서도 쉽게 찾아볼 수 있다. 해설에서 참조된 경우에는 자료를 찾아볼 필요가 없다. 이 참고 문헌을 논의 중인 성경 구절의 주석과 연관하여 찾을 수 있기 때문이다. 그래서 각각의 해석에서 논의 중인 성경 구절의 참고 문헌은 저자의 이름[예: 리라(Lyra) 또는 파버(Faber)]이나 논문의 제목[예: 글로사 오디나리아(Glossa ordinaria)]으로 명시했다.

루터 강의의 특정 부분을 다룰 때는 루터 해석에 대한 현대적 관점을 따르려 했다. 어떤 논의가 특별한 깨우침을 준다는 내 판단에 따른 것이다. 루터의 로마서 강의에서 다룬 모든 책, 에세이, 글의 목록은 이 책의 마지막에 나와 있다.

이 강의의 독일어 번역판의 경우 에드워드 엘바인(Eduard Ellwein)이 집필했다. 첫 번째 판이 나온 때는 1927년이다. 현재 구할 수 있는 네 번째 판은 루터 선집 뮌헨 판의 증보판으로 출간되었다(Martin Luther, *Ausgewählte Werke*, ed. by H.H. Borcherdt and Georg Merz, Ergänzungsreihe, Vol. II, München: Kaiser, 1957). 이 번역판과 내 번역판을 주의 깊게 비교하면서 큰 유익을 얻었다.

루터 강의의 영문 번역판의 저자 존 시어도어 뮬러(John Theodore Mueller)는 미주리 주 세인트루이스의 콩코디아신학교(Concordia Theological Seminary, St. Louis, Missouri) 교수이다[미시건 주 그랜드 래피즈(Grand Rapids, Michigan)에 있는 존더반(Zondervan) 출판사에서 1954년에 출간했다]. 뮬러는 자신이 번역한 루터 강의를 '요약판'(digest)이라고 불렀다. 대부분의 여백 주석을 옮겼지만 고전 방주의 많은 부분을 생략했다. 게다가 루터 작품에서 어떤 부분을 포함하고 뺐는지 명시하지 않았다. 이 점에 대해서는 엘바인에 의존했다. 뮬러가 작업한 번역판의 상당 부분은 원본과 동일하지 않았다.

최근, 루터 해설의 중요 구절을 제대로 해석하는 영국이나 미국 책은 몇 안 된다. 그러나 맨체스터대학(Manchester University)의 럽(E. G. Rupp)을 특별히 주목해야 한다(*The Righteousness of God: Luther Studies*, London and New York, 1953). 나는 그의 표현들을 기꺼이 받아들였다.

본문

루터에 대한 현대 최고이자 가장 철저한 해석자인 칼 홀(Karl Holl)은 아직 그가 그만큼 합당한 평가를 받지 못하던 당시, 루터의 로마서 강의에 대해 "오늘날까지도 타의 추종을 불허하는 업적"[1]이며 천재적인 작품이라고 평가했다. 이러한 그의 평가는 최근, 루터의 로마서 강의를 종교 개혁자들의 작품 중에서 매우 중요한 작품 중 하나로 받아들인다는 사실에서 그 타당성을 인정받고 있다.

이 강의가 처음 출판된 것은 1908년이다.[2] 그때까지 루터의 로마서 강의는 독자들과 그의 사상을 따르는 학자들에게 잘 알려지지 않았다. 그러나 루터의 로마서 강의를 시중에서 구할 수 있게 되자마자, 사람들은 이 책을 루터의 신학적 발달을 볼 수 있는 최고의 책으로 생각하게 되었다. 그리고 이 강의를 통해 루터가 종교 개혁자로 서기 전에 이미 종교 개혁의 기본적인 사상들을 그의 내면에 형성하고 있었음을 알게 되었다.

루터가 쓴 로마서 강의는 명확하고 인상 깊은 책이다. 그는 책을 출판한 지 2년 뒤, 1517년 10월 31일에 「95개조 논제」를 출판했고, 이로 급작스럽게 종교 개혁의 소용돌이에 빠져들어 가게 되었다. 당시, 루터는 영적으로도 신학적으로도 성숙했고 지략이 있었다(그때 그는 34세였다). 그리하여 우리는 이때 루터가 왜 자신의 신학적 입장을 철회하도록 정치권력의 압박을 받지 않았는지, 교회가 이단자를 다루는 종래의 방식으로 그를 침묵시킬 수 없었는지 이해할 수 있게 된다. 루터를 반박하기 위해 맞섰던 사람들은 누구든지 루터가 진지한 연구와 영적인 헌신으로 복음에 대한 새로운 해석에 도달했다는 사실을 직면하게 되었다. 더욱 감명 깊은 것은, 루터가 책을 출판하려는 의도가 아니라 학문적인 관심에서 이 논문들을 쓰고 보관했다는 점이다. 루터의 로마서 강의를 읽는 사람은 누구든지 루터가 로마서를 학술적 강연의 형태로 교수(敎授)할 준비가 되어 있음을 알 수 있다. 로마서 강의의 원고들을 보면 루터가 매우 치밀하게 이 강의를 준비했음을 알 수 있다.

루터는 '스케다이'(schedae) 혹은 '스케둘라이'(schedulae)라고 부르는 낱장의 쪽지들을 가지고 강의에 임했으며, 이 자료들을 토대로 깔끔하게 최종 판의 주요 부분을 만들었다. 즉, 그는 수업을 위해 매주 신중하게 원고를 준비한 것이다. 그 당시 일화에 의

1. Karl Holl, *Luthers Bedeutung für den Fortschrift der Auslegungskunst* [*Gesammelte Aufsätze*, Vol. I: *Luther* (2d ed., Tübingen, 1923), 550].
2. Johannes Ficker, *Luthers Vorlesung über den Römerbrief* 1515/1516 (Leipzig, ed. 1908).

하면, 루터는 학생들에게 강의 요지를 받아쓰게 하였다. 루터의 로마서 강의를 수강한 학생들이 강의 시간에 받아 쓴 노트 기록들이 지금도 남아 있다. 피커 교수는 루터의 로마서 강의를 발견하고 처음으로 출판했다. 그리고 결국 온 정성을 기울여 루터 작품의 바이마르판을 편집했고 루터의 다른 작품들도 출판하였다. 그러나 루터의 로마서 강의에 대한 편집 작업이 모두 이루어진 것은 아니다. 지금 출판된 로마서 강의가 대부분 강의 필기에 의존하고 있지만, 로마서 강의 전부가 필사본에 기초하고 있는 것은 아니다. 그러나 로마서 강의를 통해 루터의 강의에 대한 선명한 그림을 그릴 수 있다. 루터가 얼마나 주의를 기울여서 강의를 받아쓰게 했는지(루터는 어려운 단어들을 반복해서 말하거나 철자를 한 자씩 불러 주었다), 그가 강의에서 실제로 어떻게 발음했는지 보여 준다 (현대 작센 지방의 방언에서도 나타나듯이, 루터는 b를 p같이, g를 k같이 발음했다).

루터 자신의 강의 노트와 학생들의 수강 노트들을 비교하면, 루터가 어떻게 자신의 강의 원고를 사용했는지 알 수 있다. 루터는 철학적인 부분을 강의할 때는 거의 그가 말한 그대로 받아 적게 했다. 그러나 신학적인 설명을 할 때는 매우 축약해서 강의했다. 현대적인 관점에서 가장 흥미롭고 중요한 부분, 즉 교회와 신학자와 교회 관료를 비판하는 대목, 복음을 이해하기 위한 노력 과정, 복음에 대한 루터 자신의 명료한 주장에 대해서는 거의 언급하지 않았다.

I. 「로마서 강의」의 역사

1512년 10월 19일 루터는 비텐베르크대학에서 신학 박사 학위를 수여받았다. 루터는 이로 인하여 요한 폰 슈타우피츠(Johann von Staupitz)가 맡고 있던 성경신학대학의 학과장 자리를 맡았다. 당시 슈타우피츠는 아우구스티누스 수도회의 독일 엄수파 주교 총대리(General-Vicar)였고 그의 선배이자 특별한 친구였다. 루터에게 강의는 새로운 것이 아니었다. 중세 대학의 규례에 따르면, 그는 1505년 석사 학위를 받은 이후, 그리고 특히 신학생이 된 이후 줄곧 강의를 했다. 1508년에는 비텐베르크대학에서 아리스토텔레스에 대한 기초 강좌를, 1509년에는 에르푸르트(Erfurt)대학에서 피에트로 롬바르도 (Peter Lombard)의 「4권의 명제집」(Four Books of Sentences)에 기초한 신학 개론을 가르쳤다. 그 러나 에르푸르트에서 비텐베르크로 옮기고 정식 신학 교수가 된 이후로는 자신이 가 르치고 싶었던 성경 강의를 할 수 있게 되었다.

　　루터는 시편으로 성경 강의를 시작하기로 했다. 그는 시편 강의를 시작한 1513년 여름 학기부터 강의를 마친 1515년 겨울 학기까지 2년 동안 매우 분주하게 보내야 했 다. 그의 시편 강의 원고 중 두 개가 지금까지 전해지고 있다. 그 원고는 19세기 후반 에 발견되어 1885년 바이마르판 3, 4권으로 출판되었다.[3] 루터의 시편 강의를 보면 루 터가 중세 학자들의 전통적 성경 해석 방식을 따른다는 것을 알 수 있다. 게다가 시편 강의에는 깊은 통찰력, 분명한 학문적 소양, 창조적인 독창성이 드러나 있다. 루터는 비텐베르크의 아우구스티누스파 수도원에 있는 요한 그루넨베르그(Johann Grunenberg)라 는 인쇄업자를 잘 알고 있었다. 그는 행간 주석과 여백 주석을 삽입할 수 있도록 시편 본문 구절 사이에 많은 공간이 있고 각 쪽에 넓은 여백이 있는 성경 인쇄본을 주문하 였다. 강의를 준비하면서 루터는 이 성경 인쇄본에 두 종류의 주석을 기록하였다. 강 의실에서는 그의 성경 인쇄본에 기록해 놓은 것처럼 학생들에게 그것들을 받아 적게 하였다. 우리는 다음과 같은 사실에 주목해야 한다. 성경에 여백을 주는 이런 인쇄 기 법도 새로운 시도였고, 성경 본문을 인쇄할 때 인문학자들이 선호하는 로마체를 사 용했던 것도 새로운 시도였다. 아마 루터는 이런 것에 관심이 있었는데, 그것은 평소 책을 만드는 인쇄업자를 잘 알고 있었기 때문일 것이다.

　　루터는 시편을 끝내면서 곧바로 로마서 작업을 시작했다. 그는 시편 강의에 사용 했던 방식을 로마서 강의에도 동일하게 적용했다. 그루넨베르그는 또다시 주석을 삽 입할 수 있도록 여백이 있는 본문을 인쇄하였다. 루터의 주문에 따라 1509년 프로벤 (Froben)이 인쇄한 바젤 판(Basel Edition) 불가타 성경으로 인쇄한 것으로 보인다. 루터는 이 판 본문의 여러 부분을 프랑스의 인문학자 파버 스타퓔렌시스(Faber Stapulensis)가 1512- 1515경에 출판한 바울 서신서에 대한 논문에 기반을 두고 수정하였다. 그리고 루터

---

3. 이후의 연구들이 보여 주듯이 바이마르판 출판은 예상보다 좀 이른 것이었다. 현재 학자들은 루터의 바이마르판의 시편 강의를 수정 해야 할 필요를 인정한다. 이 일은 지금 진행 중이다.

는 그루넨베르그가 인쇄한 28장의 본문(각 쪽당 14줄)에 행간 주석과 여백 주석을 사용하였다. 그리고 123장의 다른 종이에 더 풍부한 해석을 기록하였다. 학생들의 노트에서 알 수 있듯, 그는 강의 시간에 많은 주석들을 언급했지만 실제 주석 작업에는 엄선된 주석만을 사용했다.

루터는 일주일에 두 번, 월요일과 금요일 오전 6시에 강의했다. 로마서 강의를 위해서는 1515년 여름, 1515-1516년 겨울 그리고 1516년 여름 학기의 3학기가 필요했다. 다시 말해서 그는 로마서 강의를 1515년 부활절에 시작하여 1516년 9월 초에 끝낸 것이다.

루터가 원고에 삽입한 각종 표시들과 학생들의 필기를 자세히 살펴보면, 잉크 자국과 필기 흔적을 통하여 언제 각각의 강의들이 시작하고 끝났는지 알 수 있다. 피커는 이런 분석을 토대로 루터의 강의가 90시간으로 구성되었다고 확정한다.[4] 그리고 루터는 첫 학기 동안 로마서 1:1-3:4, 두 번째 학기에 3:5-8:39, 세 번째 학기에 9:1-16:27을 강의한 것으로 본다.

생의 마지막까지 성경 신학 교수로 활동했던 루터는 자신의 교수 활동 대부분을 성경 주석과 관련된 강의를 하며 보냈다. 루터는 로마서 다음으로 갈라디아서를(1516-1517년 겨울 학기),[5] 그리고 히브리서(1517년 여름 학기와 1517-1518년 겨울 학기)를, 그다음에는 다시 한 번 시편을 강의하였다. 그는 1519-1520년에 했던 자신의 시편 강의에 바탕을 둔 주해를 출간했다(이 작품에는 22편의 시편에 대한 주해만 수록되었다). 또한 1519년에 갈라디아서 강의[6]를 출간할 때에도 이전에 사용한 강의 노트[7]에 기반을 두었다. 이후 그의 강의에서 몇몇 시편들을 더 다루었다. 1531년[8] 그는 갈라디아서를 다시 한 번 더 강의했다. 그러나 로마서는 다시 강의하지 않았다. 그 이유는 아마도 비텐베르크대학에서 교수가 되자마자(1518년), 필리프 멜란히톤(Philip Melanchthon)이 로마서 강의의 전통을 세워 나갔기

---

4. 참고 *WA* 56, XXIX.

5. *WA* 57 (Gal.)

6. *WA* 2, 451-618.

7. 루터의 로마서 강의에 대한 학생의 강의 노트가 존속되어 있다. 1877년에 중고 책 상인의 목록에 있는 것이 발견되었다. Hans von Schubert 교수에 의해 마침내 1916년에 출판되었다. 마지막 판은 K. A. Meissinger가 바이마르판(Vol. 57, Gal.)을 준비했다.

8. *WA* 40, I, 1-688; 40, II, 1-184.

때문인 것으로 보인다. 멜란히톤이 루터의 강의 노트를 그대로 들고 강의한 것 같지는 않다. 이런 이야기는 루터의 친구들, 추종자들과 동료들 사이에서도 회자(膾炙)된 것 같다.

루터는 로마서 강의 원고에 대해 탁상 담화에서나 편지에서도 언급하지 않았다. 그러나 그의 사후에 후손들에게 이 원고가 유산으로 상속된 것으로 볼 때, 이 원고를 신중하게 보관했음을 알 수 있다. 16세기 후반 동안 로마서 강의 원고는 작센 지방에서 선제후의 의사로 있던 루터의 아들, 폴 루터(Paul Luther)의 수중에 있었다. 1592년, 작센 지방 백작 부인인 안나에게 보낸 편지에서 폴 루터는 부친의 초기 강의들[9]을 독일어로 번역하려는 의향이 있음을 언급했다. 1582년, 폴 루터는 당시 유행하던 우아한 장정(작센 지역 백작 부인 안나의 코트 가죽으로 만든 호화로운 가죽 커버)으로 원고를 소유하고 있었을 것이다. 슈벤펠드(De Schwenckfeldismo, 1587)를 쓴 요한 비에강(Johann Wiegand)이 이 책을 출판했다. 비에강은 서문으로 쓴 헌정사에서 자신이 루터의 첫 번째 논문들을(그는 "initia Lutheri"라고 불렀다) 직접 연구, 검토했다고 밝혔다. "내 손에 루터의 자필 서적이 있고 존경에 가득한 마음으로 그것을 보고 있다"(Autographa enim ipsius in mea manu habui atque inspexi et miratus sum).[10]

이러한 사실은 루터의 종교 개혁에 대한 초기 역사가인 바이트 폰 젝켄도르프(Veit von Seckendorf)에 의해 알려졌다. 그는 작센의 선제후의 작품들을 연구했고, 역사 연구를 위해 주로 원본 문서에 의존했다. 그러나 그는 루터의 초기 강의 원고들을 도저히 찾을 수 없었고, 결국 그 원고들이 유실된 것으로 추정했다. 그는 1594년경에 폴 루터의 후손들이 할아버지의 자필 문서와 인쇄 문서들을 모두 매도해 버렸다는 것을 알지 못했다(혹은 알 수 없었다). 루터의 후손들의 유산이 마침내 브란덴부르크의 후작 요아킴 프레드릭(Joachim Frederick)의 소유로 정착되었다.

이런 과정을 통해, 루터의 로마서 강의는 베를린의 왕립 도서관에, 1918년 이후에는 프로이센 도서관에 소장되었다. 이 작품들을 관리하던 사람들은 루터의 강의 원고가 그들 수중에 있다는 사실을 비밀로 하지 않았고(보물로써 가치가 있다는 언급조차 없었다),

---

9. 루터의 원고에 대한 이상한 행운에 대한 이야기 전체를 피커가 그의 두 번째 판에 소개하였다.
10. 참고 Ficker(ed. 1908), IX.

누구도 이 원고에 대하여 관심을 보이지 않았다. 이 원고는 도서관의 가장 오래된 목록(1668년)에 기재되어 있었다. 그런데 1846년에 루터 사망 300주년을 위하여 루터의 유품을 특별 전시하는 과정에서 이 원고들이 사람들의 눈에 띄게 되었다.

이후에 이 원고들은 도서관 공공 독서실로 향하는 넓은 입구의 홀에 공개 전시되었다. 비록 이 원고가 초기 루터의 원고들로 알려졌지만 그 중요성에 대해서는 아무도 깨닫지 못했다. 베를린 왕립 도서관의 라틴어 원고 목록의 작성자인 발렌틴 로즈(Valentin Rose)도 루터의 작품들을 목록으로 작성했는데 어떤 학자도 그것을 조사하기 위해 오지 않았다는 사실에 대해 놀라움을 느꼈다. 그가 루터의 작품 목록을 출간(1905년)했을 때, 이미 루터의 강의 원고에 대한 광범위한 연구가 이루어지고 있었음을 알아차리지 못했다. 사실, 그보다 몇 년 일찍 바티칸 도서관에서 루터의 작품 목록 사본이 발견되었기 때문이다.

상세한 연구가 보여 주듯이, 이 목록 사본은 요한 아우리파버(Johann Aurifaber)의 작업이었다. 그는 루터의 충직한 제자(famuli)였고, 루터의 탁상 담화에는 아우리파버가 '선배' 루터의 지식에서 많은 영향을 받았다는 말이 나온다. 1560-1570년 경 유리히 푸거(Ulrich Fugger)(+1584)가 아우리파버를 고용하여 로마서 강의를 포함한 루터의 원고들을 복사하도록 주문하였다. 유리히 푸거는 은행 설립자인 유명한 야곱 푸거(Jacob Fugger)(+1469)의 증손자인데, 야곱 푸거의 아들(Jacob Fugger the Rich)(+1525)은 푸거 은행을 유럽의 권력으로 만들었다. 그는 당시 희귀본 서적들과 원고들을 수집하여 모으고 있었다. 리치는 이 도서들이 하이델베르크에 있는 성령교회에 보관되도록 조처했고, 그의 도서관을 팔라틴 백작(Elector Palatine)에게 남겼다.

'팔츠 전쟁'(Palatinate War)으로 불리는 30년 전쟁의 두 번째 시기 종전 무렵, 북부 팔츠 지역이 막시밀리안 1세, 바바리아 공작의 소유가 되었다(1623년). 틸리(Tilly) 장군에 의해 하이델베르크가 정복된 지 얼마 못 되어서(1622년 9월 16일), 열렬한 로마 교회 신봉자인 막시밀리안은 3,527개 원고들이 있고 독일에서 가장 훌륭하고 귀중한, 후에 비블리오테카 팔라티나(Bibliotheca Palatina)로 알려진 푸거 도서관을 교황 그레고리 15세에게 충성과 존경의 표시로 헌정하였다. 교황은 그 선물을 받아들였고 알프스에서 로마로 그 보물들을 옮겼다. 그리고 그 도서를 바티칸 도서관에 소장하도록 지시하였다.

19세기 말, 교황 레오 13세는 연구자들과 학자들이 자유롭게 바티칸 도서관에 접근할 수 있도록 허락하였다. 1899년, 스트라스부르크대학 교회사 교수이자 필사본과 필적 역사물 전문가 피커가 자신의 친구이자 제자인 헤르만 보펠(Hermann Vopel) 박사에게— 당시 로마에 체류하고 있던— 멜란히톤의 해석 논문을 바티칸 도서관에서 찾아볼 것을 부탁하였다. 여기서 보펠 박사는 멜란히톤의 원고 목록뿐만 아니라 루터를 포함한 다른 개혁자들의 원고까지 찾아냈다.

면밀하게 검토한 결과, 이들 중 하나는 아우리파버가 복사한 루터의 로마서 원고임이 밝혀졌다. 예를 들어, 루터의 히브리서 강의를 필기한 학생의 복사본 같은 것과, 눈에 띄는 다른 원고의 목록도 발견되었다. 보펠 박사와 피커 교수 그리고 키엘(Kiel)의 교회사 교수인 제라드(Gerhard)는 이 위대한 발견의 복사본을 만들었다.

당시 피커 교수는 루터의 원본 원고에 대해 광범위한 조사를 시작했으나 루터의 강의를 받아 적은 필기 노트 몇몇밖에 찾지 못하고 있었다. 그가 루터의 원고가 있을 거라고 생각될 만한 모든 도서관에 질문지를 보냈으나 베를린의 왕립 도서관은 부정적인 답변을 하였던 것이다.

그동안 루터의 초기 논문들에 관하여 공개되기는 하였으나, 극단적 로마 가톨릭 역사학자이며 도미니크 수도회의 멤버인 하인리히 데니플(Heinrich Denifle)에 의해 출간된 1904년 판 *Luther und Luthertum in der ersten Entwicklung, quellenmassig dargestellt*에서 그 내용이 명확하게 드러났다. 데니플은 바티칸에 있는 루터의 로마서 강의를 광범위하게 사용했다. 그는 루터가 신학 교육을 제대로 받지 못했다고 주장하는 데 그 강의 원고를 사용했다. 그것은 데니플의 주장이었고 그는 그렇게 주장해야만 했다. 그가 제기한 논쟁은 루터의 신학적 발전에 대한 자세한 조사를 요청하게 되었다. 루터의 종교 개혁의 시발점이 언제인가 하는 문제에 대하여 적절한 대답이 요청되었다. 특히 루터와 후기 스콜라 철학과의 연관성에서 더욱 그러했다. 루터의 초기 성경 강의를 출간하는 것이 중대한 숙제가 되어 버렸다.

1905년, 베를린 도서관에 있던 루터의 원고 원본의 존재에 대하여 니콜라우스 뮬러(Nikolaus Muller) 교수가 주목하게 되었다. 그는 브레튼에 있는 멜란히톤의 저택 관리자로 있었고 교회사 교수였다. 그는 루터가 1516년에 강연한 갈라디아서 강의 본문을 소장하게 되었다. 비록 그는 '루터의 사상적 기원'(*initia Lutheri*)을 찾는 데 아무런 기여를 하지 않았지만 그의 특권으로 로마서 원고를 출간할 권리가 있다고 주장했다. 이것은 대단히 당황스럽고 결정하기 어려운 문제였다. 로마서 강의 원고는 피커 교수가 오랜 시간 열심히 찾았고 이제 그 저술들에 접근할 수 있는 권한이 있었기 때문이다. 그러나 그는 루터의 로마서 강의 두 본문들을 수집하였다. 1908년, 그는 마침내 루터의 성경 강의들의 잠정적인 판이라고 하는 책을 출간했다. 1938년이 되어서야 앞서 지금까지 언급한 루터의 로마서 강의 완결판을 바이마르판 56권으로 펴낼 수 있었다.

II. 교부들과 중세 신학자들의 해석을 고려한 루터의 로마서 해석

루터가 중세의 전통적 해석 방식에 의존했다는 점을 인지하지 않고서는 그의 로마서 강의를 이해할 수 없다. 그러나 그는 맹목적인 전통주의자는 아니었다. 루터는 단지 자기 이전의 학자들이 해석한 것이 어떤 내용인지 알고자 했고, 그것을 깨뜨리고자 하는 흥미를 조금 가진 것이었다. 그는 성경을 가능하면 철저하고 충분하게 이해하고자 하였다. 그것은 정확한 번역을 하기 위한 목적이었다. 그는 전통적인 성경 해석 방식과 가장 최근의 성경 연구를 이용하는 방식으로 성경 이해를 위하여 할 수 있는 모든 수단을 다 동원했다. 그는 스콜라 철학과 동시에 인문학자들의 철학을 적절하게 사용하였다. 그는 중세 교회 스콜라 철학과 르네상스 인문주의를 아우를 수 있었다. 그러나 그것들에게 휘둘리는 것이 아니라 그것들 위에 서고자 했다. 왜냐하면, 그는 최후의 수단으로 성경을 이해하는 데 자신의 아주 날카로운 정신력과 양심의 순전한 판단에 의존했기 때문이다. 루터는 일반적인 역사 해석과 성경 해석에 완전히 새로운 지평을 열게 되었던 것이다.

　로마서 강의에서 루터는 해설자로서 이러한 모든 면모를 뚜렷하게 드러낸다. 그는 로마서뿐 아니라, 다른 성경을 주석하면서도 중세 교회 성경 해석법을 존중하였다. 그러나 동시에 그는 현대적인 해석들을 사용하기를 원했다. 당시, 현대적인 해석들, 로이힐린(Reuchlin)의 히브리서 사전, 파버의 성경 해석, 루터의 '주석들'이 그것들이다. 그는 스콜라 철학 해석의 목적(성경의 영적인 의미들을 세우는 데 목적을 두는 한)과 인문학자들의 것(그들이 성경 각 저자들의 생각을 분명하게 만들도록 노력하는 한)을 결합하고자 하였다. 그러나 이 결합은 형식적 종합이 아니라, 심오한 영적인 영향을 통한 '결합'이었다. 로마서 강의가 이를 증명한다. 로마 교회의 권위와의 충돌로 인해 그가 종교 개혁의 리더가 되기 전부터, 루터는 이미 성경을 새롭게 이해하고 있었고, 이제 복음을 새롭게 설명할 기회를 찾고 있었던 것이다.

중세 교회의 성경 해석의 가장 특이한 방법은 '주석'이었다. 각각의 단어와 용어 해설에 기반을 둔 본문 해석은 더 폭넓은 구절 해석과 각 구절 간의 의미를 놓치게 하는 경향이 있었다. 오늘날의 성경 해석에서도 종종 나타나는 특성이 그렇듯 세부적인 사항에서 막히는 경향이 나타났던 것이다. 중세의 주석은 행간 주석과 여백 주석 두 종류를 만드는 것이 관례적이었다. 행간 주석은 다른 단어들 간의 특정한 의미를 강조하기 위해 본문을 다른 말로 바꿔서 표현하는 것으로, 그들 간의 논리적 연결 그리고 문장 여러 부분들의 상호 관계를 밝힌다. 여백 주석(그리스어에서 이미 오래 전부터 사용되었기 때문에 해석 학문의 전통에서 가장 오래된 부분을 대표한다)은 각 쪽의 여백에 쓰고, 본문의 작은 단위－ 단어, 혹은 짧은 구절이나 문장－ 에 대한 간결한 해설로 이루어진다. 여백 주석에는 이미 교회에서 정립되고 학자들 간에 인정된 주석에서 발췌된 주석을 상술하거나, 또 다른 설명을 추가한다.

'스콜리온'(scholion) 혹은 '스콜리움'(scholium)이라고 하는 주석은 '글로스'(gloss)라고 하는 주석과는 다르며, 폭넓은 해석이 필요하다고 여기는 해석자의 설명이라고 할 수 있다. 그렇기는 하지만 본문을 전체로 보고 구절 간의 연결을 중시하지 않으며 작은 부분의 해석에 치중한다는 점은 서로 유사하다. 그래서 중세 시대 성경 주석에서 오늘날 우리가 '주해'라고 부르는 것을 볼 수 있다. 그러나 자신의 의견과 다른 상대와 논란과 논쟁을 벌이기도 했다.

이는 단지 중세 시대의 성경 주석에 대한 형태를 묘사한 것이고, 실질적으로 독특한 면모는 다른 데 있다. 중세 스콜라 학자들의 학문 방법에서 가장 중요한 것은 그들의 사고와 이성이 권위 있는 작가들(auctoritas와 auctoritates)에게, 즉, 정경에 속하는 성경의 권위, 교리와 교회 법령, 공의회 결의문과 기타 교회법상의 판결문, 교부들의 전통의 권위를 지향했다는 점이다. 주석에서 이러한 작업은 그들의 해석을 진행하기 앞서 반드시 해야 할 절차이다. 중세의 신학자들은 전통적 권위의 의견과 판단을 인용하고 그에 대한 자신의 의견을 제시하면서 결국에는 해석의 기초를 만들었다.

여백 주석 중 가장 나중의 것은 앨퀸(Alcuin) 학파의 발라프리트 스트라보(Walafrid Strabo)(+849)의 것이다. 그는 단어 하나하나, 혹은 문장 하나하나를 해석하여 전 성경의 주석을 시도하였다. 교부들, 암브로시우스(Ambrose), 아우구스티누스(Augustine), 최초의 교황 그레고리우스 1세(Gregory), 오리게네스(Origen), 크리소스토모스(Chrysostom), 히에로니무스(Jerome), 세빌랴의 이시도르(Isidore of Seville)의 작업들, 카시오도루스(Cassiodorus), 앨퀸, 비드(Bede) 그리고 라바누스 마우루스(Rabanus Maurus)의 해석을 참조하였다. 이 작업은 '글로사 오디나리아'(Glossa ordinaria)로 알려졌고 성경 해석을 대변하는 권위(auctoritas)로 평가받았다(lingua ipsa Scripturae).[11]

'글로사 오디나리아'가 광범위하게 수용되었고, 랑의 안셀므(Anselm of Laon)(+1117)의 '글로사 인터리니아리아'(Glossa interlinearis)와 함께 출간되었다. 이 책은 성경의 단어와 용어가 함축하고 있는 내적 의미에 집중하여 해석했다. 안셀므는 성경 본문 각각의 구절에 대한 철학적 번역을 시도한 것이 아니라 영적 고양을 목적으로 하였다.

루터는 이러한 성경 해석의 전통에 서 있었다. 그의 초기 해석들은 행간 주석과 여백 주석 그리고 고전 방주로 이루어졌다. 또한, 그의 주석에서 '글로사 오디나리아'와 '글로사 인터리니아리아'를 직접적으로 언급하거나 참조한다.

그의 첫 번째 성경 강의인 「시편 강의」(Dictata super Psalterium)에서 그는 이러한 해석 방식을 사용하고 있다. 그러나 루터는 시편 강의 이후, 점차 그런 방법으로부터 벗어나게 되었다. 1519년에는 중세적 방법을 모두 버렸다. 로마서 강의에서는 루터의 독특한 주석 방식이 드러나는데, 곧 행간 주석을 통하여 바울의 생각과 단어를 아주 간결하게 정리한다. 이것은, 루터의 강의에서는 바울이 쓴 서신서의 구절을 언급하면서 설명하기 때문이다. 더 나아가, 루터는 바울이 편지를 쓸 당시에 결코 생각하지 못했을

---

11. Peter Lombard, IV *Sent.*, *d.* 4 (PL 113, 17).

그런 의미들을 주석에서 배제하기 위해 자세한 설명을 첨부했다.

루터의 여백 주석은 단지 교부들의 글만 발췌하는 것이 아니라, 본문의 짧은 구절이나 용어나 문장에 대해 간결하고 예리하게 주석했다. 루터는 주석에서, 성경을 인용하기도 하고 교부들을 비판하기도 하고 칭송하기도 했다. 주로 히에로니무스는 많은 비판을 받았고, 특히 아우구스티누스는 극찬을 받았다. 또한, 최근 학자들의 해석들을 인용하기도 했다. 대표적으로 파버와 에라스무스(Erasmus)가 인용되었다.

마침내 그의 주석은 에세이가 되었다. 먼저, 그는 언어학적이고 문법적인 설명을 하고, 신학적 사상, 수도자들의 글 혹은 교회의 전통을 복합적으로 인용했다. 강의실에서 말하는 그의 언어와 태도가 학구적인 교수의 모습이었음을 우리가 주목할 만하다. 그래서 루터가 자신의 노트에서 쓴 글은 감동적이고 개인적인 데가 있지만, 학생들에게 받아쓰게 한 학생들의 강의 노트에는 학문적인 부분이 더 크다.

그러나 루터가 전통에 사로잡혀 있다는 인상은 주지 않는다. 스콜라 학자들의 성경 해석은 우리가 지금까지 말한 것보다 훨씬 더 복잡하다. 고린도후서 3:6에서 "율법 조문은 죽이는 것이요 영은 살리는 것이니라"고 바울이 말한 바에 따르면, 성경은 문자적인 해석뿐만 아니라 영적인 해석을 요구한다. 고대 그리스의 해석학에 의존해서 보면, 예를 들어 호머(Homer)를 문자적으로 읽는 것은 어렵기 때문에 우의적인 해석을 고안한다. 고대 교회의 해석, 특히 루터가 결코 잊을 수 없는 오리게네스(Origen)는 성경을 문자적으로, 즉 역사적으로, 영적으로, 우의적으로, 감각적으로 읽을 수 있도록 해석학적 원칙을 정하였다.

중세 교회는 시간이 지나면 우의적인 의미가 더욱 분명해질 것이고, 결국 해석학적 단계들을 거치면서 성경의 영적인 의미도 밝힐 수 있다고 믿었다. 토마스 아퀴나스(Thomas Aquinas)는 이 문제를 명확하게 정의하였다. "하나님이 성경의 저자이시다. 하나님께서는 말씀뿐만 아니라 그것들이 뜻하는 것들에도 의미를 부여하셨다. 그래서 뜻하고 있는 것들이 결국 다른 것들도 의미하기 때문이다. 첫 번째로 말씀이 의미하는 것들은 역사적인 의미이다. 두 번째로 말씀이 의미하는 또 다른 것은 영적인 의미이다. 후자는 세 종류이다. 구약이 신약에 우의적으로 해석되어 있다. 그러나 우리가 해야 할 것이 무엇인지 알게 해주는 것에 영향을 끼치는 해석은 비유적이고, 우의적이고, 천상적 의미이다."[12] 노장의 기베르(Guibert de Nogent)(+1124)가 설교[13]의 구성에 대한 책에서 4중적 의미에 대해 다음과 같이 서술했다. "4중적 의미는 성경 해석의 원칙을 구성한다. 그 원칙은 성경 각 장에 의해 마치 수레바퀴같이 돌아간다. 역사는 이미 끝난 일들을 말하고, 비유는 도덕적인 것을 말하고, 영적 해석은 역사적인 해석과 비유적인 해석을 영적인 이해로 인도한다." 루터는 이 견해를 표명하는 다음의 문구를 가르쳤다. 중세 후기의 신학생들은 이것을 학교에서 암송해야 했다.[14]

"*Littera gesta docet; quid credas allegoria;*
Moralis quid agas; sed quid speres anagoge."

(문자는 어떤 일이 발생했는지 알게 하고, 비유는 무엇을 믿어야만 하는지를, 도덕과 비유는 무엇을 소망해야 하는지를 알게 한다.) 루터는 갈라디아서 강의에서도 이 문구를 인용했다. 그는 예루살렘을 언급하고, 이스마엘과 이삭을 언급하는 데서 소위 '네 마리의 말이 끄는 바퀴 두 개가 달린 전차'의 의미로 묘사했다. 예루살렘은 문자적으로는 '유대인의 도시'이다. 비유적으로는 교회를, 비유적이고 도덕적인 의미는 인간의 영혼을, 그리고 영적인 의미로는 천국을 의미한다. 마찬가지로 이스마엘과 이삭이 문자적인 해석에서는 아브라함의 두 아들로, 비유적으로는 두 성경,* 회당과 교회, 율법과 은혜, 육신과 영혼이며, 영적으로는 지옥과 천국이다.[15]

럽[16]은 「하나님의 의」(*The Righteousness of God*)에서 이런 해석법이 "겉으로 보기보다는 매우 적절한 해석 방법론이다"라고 말했다. 그리고 그는 "문자 그대로의 예언적인 해석은 우리에게 헌신의 기초를 제공해 주고 그리스도 안에서 하나님의 전능하신 역사

---

12. *Summa Theol.*, I, q. 1, a. 10.
13. *Quo Ordine Sermo Fieri Debet* (PL 156, 25f.), 존 맥닐(John T. McNeill)은 자신의 글에서 인용했다. "The History of Interpretation," *The Interpreter's Bible*, Vol. I (Abingdon Press, 1950), 121.
14. *WA* 57 (Gal.), 95, 24. 참고 *WA* 2, 550, 21.
15. *WA* 57 (Gal.), 96, 1.
16. E. G. Rupp, *The Righteousness of God*, 134.

---

* 구약과 신약.

를 이해할 수 있도록 한다. 역사적 계시는 그리스도교 선언의 중심이다. 비유적인 해석은 '우리 안에서' 이루신 구원의 역사를 '우리를 위해' 행하셨다는 것으로 연결한다. 비유적 해석은 대개 축소주의와 신비주의에서 선호하는 해석법이다. 비유적 해석은 하나님과 피조물의 신비적 연대에서 신앙적 경험을 발견한다. 신비주의는 하나님께서 인간과의 관계 안에서 직접 말씀하신다는 것과 그 말씀을 직접 듣는 경험에 기초한다. 그리고 성경의 영적 해석에 이르러 인간의 모든 문제들과 해결책들이 모두 무릎을 꿇는다. 왜냐하면 영적 해석은 인간을 '순례자인 인간'(homo viator)으로 보고, 모든 것을 하나님이 없는 이방인들과 하나님의 사람들인 순례자들을 중심으로 세계를 해석하는 까닭이다."

럽은 "이것은 현대적 기독교 신학의 용어가 중세적 해석으로 옷 입는 것과 같다"고 했다. 비록 이러한 성경 해석의 방법론이 아주 정확할지라도, 중세 시대의 성경 해석은 인간과 하나님, 교회의 관계에 대한 통일된 관점을 따르지 않았다. 대부분의 성경 해석은 인위적이고 부자연스러웠다. 그러나 역설적이게도 각 해석자들의 상상력이 예상한 것처럼 마음껏 발휘되지 못했다는 것이 어쩌면 다행스러운 일이 아닌가 생각하게 한다. 중세의 형식주의와 전통주의적 사고는 교회 안에서 인정받은 성경 해석과 주제를 아주 교묘하게 보존하기 위하여 이런 해석법을 발전시킨 것이라고 볼 수 있다. 중세의 성경 해석이 가지는 이런 기본적인 모습들은 후대에 이르러 성경 해석의 위대한 시대에서 완성되어야 할 미래적 공간으로 남겨지게 된 것이다. 그러나 이러한 해석법을 사용하는 상태에서도 정작 성경 구절의 의미에 대한 논의는 본문에서 잘 다루어지지 않았다. 루터의 로마서 강의에서 어떻게 그가 이러한 해석법에 얼마나 깊이 의지하고 있고, 얼마나 강하게 결속되어 있는가를 보여 주고 있다.

그러나 어떤 방법이 성경을 해석하는 올바른 방법인가에 대한 그의 관심은 매우 진지했다. 비록 그의 해석 원리와 성경적인 사고는 네 가지 방법에 의해 단단하게 형성되었지만, 그의 내면에서는 더 넘어서는 시도에 대한 압력이 가해졌다. 정말로 그가 결국 그것으로부터 자유로워졌다는 것을 우리는 안다. 그는 특히 풍자적인 방식에 대해 성경을 왜곡하는 것으로 보았다. 이러한 이유에서 이후 그는 오리게네스에 대해 심하게 비판했다. 루터가 정당하지 못하게 비판한 것이 아니다. 오리게네스는 성경의 풍자적 해석의 아버지이기 때문이다.

이런 관계 속에서 그는 파리소르본대학의 박사이며 프란체스코회 회원인 리라(Nicholas of Lyra)(+1340)의 연구의 진가를 알게 되었다. 리라는 성경 주석의 저자이다. 그 주석들은 발라프리트와 안셀므의 주석에 부록으로 쓰였을 것이다. *the Postillae perpetuae in Vetus et Novum Testamentaries*.[17] 개종한 유대인인 리라는 특히, 그가 히브리어를 알기 때문에 구약의 유대적인 해석, 주로 랍비 솔로몬 라쉬(Rabbi Solomon Rashi)(+1105)의 해석 작업을 사용할 수 있는 장점이 있는데, '영적인' 해석을 그다지 사용하지 않았다. 그러므로 그는 문자적이거나 역사적인 해석의 중요성을 강조하였다. 그리고 영적인 풍자 방법의 영감을 받은 신학적인 해석을 누그러뜨리려고 노력했다. 이러한 관점에서 볼 때, 루터는 세월이 지나감에 따라 리라를 더 좋아하게 되었다. 더욱더 그러한 이유는 처음에 그는 해석자로서 일을 시작했고 거의 리라를 혐오했기 때문이다.

스콜라 학자들은 문자적 해석(*sensus literalis*)이나 역사적 해석(*historicus*)을 모든 성경 해석의 기초로 본다. 예를 들면, 명확하게 영적인 의미가 드러나지 않거나 성경의 다른 부분에서도 명시되지 않는 구절에 영적 의미 부여를 허용하지 않는 것을 영적 해석(*sensus spiritualis*)의 기준으로 제시한다. 토마스 아퀴나스는 다음과 같이 말한다.[18] "*Nihil sub spirituali sensu continetur fide necessarium quod Scriptura per literalem sensum alicubi manifeste non tradet*"(믿음을 위해 필요한 것으로써 성경이 분명하게 문자적인 의미를 통해서 그 의미를 드러내지 않는 것은 영적인 의미로 해석할 수 없다). 리라도 문학적이고 역사적인 해석법을 매우 강조했다.

젊은 루터는 이에 대해 리라를 비판하면서 프랑스 인문학자 파버(+1536)의 견해에 의존했다. 파버의 견해가 루터의 성경 해석에 가장 중요한 역할을 차지했음이 루터의 「시편 강의」에 드러나고 있다. 또한 로마서 강의에는 루터가 얼마나 그에게 감사하는

---

17. 바젤의 요한 프로벤은 이것을 6권의 2절판으로 출간했다(1498년과 1509년). 안셀므의 행간 주석은 불가타 본문의 맨 위에 인쇄되었다. '글로사 오디나리아'는 왼쪽 여백에 그리고 리라의 *Postil*은 오른쪽 여백에 들어갔다. 페이지의 맨 아래 여백에는 부르고스(Burgos)의 폴(Paul)과 마티아스 도링(Matthias Doring)에 의한 리라의 *Postil*의 수정이 들어갔다. 그러므로 이 출판은 진정한 정보의 광산이다. 우리는 젊은 교수 루터가 이것을 온전히 사용했다는 것을 안다.

18. *Summa Theol.*, I, q. 1, a. 10.

지 나타나 있다. 파버의 두 주된 연구, 곧 시편 본문의 비판적인 설명(*Quincuplex Psalterium*, *Gallicum, Romanum, Hebraicum, vetus conciliatum*, Paris, 1509)과 바울 서신에 대한 해석(*Sancti Pauli Epistolae XIV*, Paris, 1512; 2d ed., 1515)을 그의 주된 참고 자료로써 제시했다. 루터가 자신의 강의 노트를 준비할 때 파버의 책들을 가지고 있었음은 분명하다.

그는 자신에게 가장 중요하게 된 해석 원리들을 프랑스 사람에게서 배웠다. 영적이지 않은 문자적—역사적 해석과, 비문법적인 풍자적—영적 해석을 피하기 위해 파버는 성경 해석가가 성경의 저자이신 성령님께서 의도하신 문자적 지각을 찾아야 한다고 제안했다. 그러므로 그는 성경 본문의 두 문자적 감 또는 의미, 역사적—문자적 의미, 예언적—문자적 의미 사이를 구분했다. 그는 전자에 대해 부적당하다고 평가했다. 왜냐하면 그는 인간의 상상력의 산물(*humani sensu fictus*)로 판단했기 때문이다. 그러나 후자에 대해 탁월하고 적절하게 보았다. 왜냐하면 그는 이것이 성령님의 감동으로 된 것(*divino spiritu infusus*)이라고 믿기 때문이다. 그러므로 그는 성경을 문자적—문법적 방식으로 해석하기를 시도했는데, 예언적—영적 의미나 성령께서 인도하시는 해석(*sensus literae qui cum spiritu concordat et quem spiritus sanctus monstrat*) 혹은 성령님과 일치하는 문자적 지각을 가지고 있다는 가정 하에 이루어졌다.[19]

그러므로 그는 리라의 역사주의뿐만 아니라 풍유가들의 해석학적 공상 해석 연구를 피하는 해석 연구에 스스로 자격을 갖추었다고 믿었다. 반면에 히브리어와 그리스어 성경의 정확한 문법적인 이해를 정립하려는 노력에도, 그는 문자적—역사적 해석에 대한 리라의 관심을 판단하려는 생각을 했다. 반면에 성경 속의 글들의 영적인 의미를 하나의 실증으로써 전체 속에서 해석함으로써, 영적인 해석과 비유의 진정한 의미를 도출하였다. 그리고 그 비유들이 글로 기록된 것이건 직접 말로써 연설된 것이건 상관없이 그 의미를 밝힌 것이다. 그는 디오니시오스 아레오파기테스(Dionysius Areopagitica)와 성 빅터 학파(Victorines)에서 니콜라우스(Nicholas in Cusa)와 마르실리오 피치노(Marsilio Ficino)에 이르는 신플라톤주의 신비주의자들의 사상과 태도로 결정된 그리스도 중심적 해석(Christocentric interpretation)으로 이러한 영적인 해석을 성취하였다.

---

19. 그의 *Psalterium Quincuplex* 서문을 보라. 참고 Hahn, in *Zeitschr. f. syst. Theol.*, XII (1934), 166. 또한 보라. Auguste Renaudet, *Préréforme et Humanisme à Paris* (1494–1517); 2d ed. Paris, 1953, 5150이하, 6220이하.

파버의 정신이 반영된 이러한 사상들이 루터의 생각뿐 아니라 그의 용어들에까지 강력한 영향을 끼쳤음을 그의 시편 강의에서 볼 수 있다. 파버를 따르면서 그는 영혼과 문자[그는 아우구스티누스의 논문 「영과 문자」(On the Spirit and the Letter)의 영향을 아직 느끼지 못했다] 간의 대조를 풍부하게 사용했다. 그리고 영적인 것과 육적인 것, 보이지 않는 것과 보이는 것, 가려진 것과 드러난 것, 속의 것과 겉의 것, 신성과 인성, 천상의 것과 지상의 것, 영원한 것과 일시적인 것, 미래와 현재, 진리로 충만한 것과 허영으로 가득 찬 것 간의 포괄적인 이원론에 관하여 설명하였다.

로마서 강의에서도 역시 동일한 경향을 볼 수 있다. 그러나 초기 작품들처럼 매우 두드러지진 않았다. 하지만 그리스도 중심적인 강조는 이전만큼 강했다. 정말로 그의 해석의 맨 처음에, 루터는 바울의 호소에 대한 여백 주석에서 분명히 말했다. "예수 그리스도의 종 바울은 사도로 부르심을 받아 하나님의 복음을 위하여 택정함을 입었으니 이 복음은 하나님이 선지자들을 통하여 그의 아들에 관하여 성경에 미리 약속하신 것이라"(롬 1:1-2). "성경을 이해하는 데 폭넓은 접근이 여기서 열린다. 우리는 이 전체를 그리스도에 대하여 이해해야만 하며(tota de Christo sit intelligenda), 특히 예언적인 곳에서는 더 그렇게 해야 한다. 예언서는 말씀의 표면적인 문자적 의미에 따른 것이 아니다"(Gl 5, 9ff.).

모세의 질문을 바울이 해석한 로마서 10:6에서, "누가… 하늘에 올라가"(신 30:12)의 삽입 어구로 제시된 발언은 "그리스도를 모셔 내리려는 것이요"다. 루터는 동일한 생각을 나타냈다. "모세가 신명기 30장에 이 말씀을 썼다. 바울은 그 말씀이 여기서 갖는 의미를 염두에 두지 않았다. 그러나 그의 풍부한 영적 통찰력이 사도가 그들의 내적 의의를 이끌어 낼 수 있게 했다. 마치 그가 우리에게 성경 전체에서 다음과 같은 사실에 주목하기 원하는 것 같다. 만약 마음속으로 살피며, 그리스도 안에서 다룬다면, 징조와 그림자에 불과한 것이라 해도, 외적인 나타남은 전혀 다를 것이다. 이것이 '그리스도께서 율법의 마침이 되시니라'(롬 10:4)고 말한 이유이다. 다시 말해, 성경의 모든 말씀은 그리스도에게 초점이 향한다. 그렇기 때문에 이 말씀을 여기에서 보여 준다. 그리스도를 '나타내는 것'에 비하면 그리스도와 '함께하는 것'은 아무것도 아닌 것처럼 보인다."[20]

비록 루터의 해석 방법이 다른 학자들의 영향을 깊이 받은 것일지라도, 그것은 그 자신의 통찰의 산물이며 복음의 진정한 의미를 이해하기 위한 내면의 노력의 산물이다. 그가 개발한 해석 방법은 그리스도 중심주의이다. 파버는 문자적·예언적 의미(sensus literalis propheticus)에 따른 성경 해석이 성경의 4중적 의미에 따라 해석하는 스콜라주의의 성경 해석을 대체했다고 주장한다. 그래서 루터는 전통적인 방식을 버리고 전체 본문의 해석학적 문제를 훨씬 더 복잡한 방식으로 처리했다.

루터의 성경 해석은 4중적 의미에 기반을 두면서도 문자적-예언적, 즉 그리스도 중심적 성경 해석을 추구했다.[21] 다시 말해 그는 파버의 방식과 스콜라적 방식을 통합한 것이다. 특히 인문학자들이 성경에 적용하기 시작한 철학적-문법적 접근법을 활용했다. 루터는 파버의 연구들을 충분히 파악한 다음, 에라스무스의 성경 해석과 로이힐린의 저서들에 관심을 가지고 연구하였다. 그러나 루터는 에라스무스를 연구하면서 히에로니무스의 학문을 연구할 때 느꼈던 동일한 깊은 존경심과 동시에 불만족을 느꼈다. 루터에게는 아우구스티누스의 글과 신학이 성경을 해석하는 데 훨씬 더 큰 도움이 되었다.[22]

그러나 루터가 파버의 방식에서 배운 것, '4두 2륜 전차의 영적인 해석'을 개발했다는 것이 중요하다. 루터는 파버를 통하여 성경의 문자적-예언적 이해를 비유적-도덕적 의미와 연결하고 서로 관통하게 했다.

이 방식은 시편 해석에 적용되면서 루터에게 점차적으로 더욱더 분명한 성격을 띠게 해 주었다. 로마서 강의에서 비록 그가 여전히 그것을 사용함에 있어서 다소 불분명하다고 해도— 그가 끌어낸 몇몇 자료들로부터의 혼합적인 영향 때문에 그는 자신이 이미 그 방식에 달인이 되었다고 증명했다. 우리는 그가 이러한 자료들로부터 도출한 정수가 비교적 단순한 방식이었다고 말할지도 모른다. 성경의 그리스도에 대해

---

20. *WA* 56, 414, 13.

21. 참고 Gerhard Ebeling에 의한 밝혀진 이 모든 글은 *Z.Th.K.* XXXVIII(1951), 175ff., *Die Anfänge von Luthers Hermeneutik*에 있음 (특히 220이하).

22. 참고 1516년의 루터의 편지.

서는 영적−문자적(*literaliter spiritualiter*)으로 이해되어야 하고, 동시에 그리스도를 믿는 자에 대해서는 도덕적 의미(*tropologice*)로 해석되어야 한다. 다시 말해, 그리스도의 진리는 또한 그의 제자들의 진리이다. 하나님으로서 그리스도로 행동하면서, 그리스도를 믿는 자 안에서도 동일하게 역사하신다. 정말로 성경을 옳게 읽는 것에서 그리스도인들은 하나님께서 그가 행하시는 모든 일들에 동일하고 '어제'(*literaliter*)나 '오늘'(*tropologice*)이나 '영원토록'(*anagogice*) 동일하게 계신다는 것을 알 수 있게 된다.[23]

그리스도에 대한 문자적 진술과 그리스도인의 생명에 대한 비유적 진술로 해석된 시편을 순조롭게 이해할 수 있을 것이다. 따라서 그가 시편 강의에서 비유적인 해석 방식으로 글을 썼지만, 루터에게는 더욱더 '첫 성경의 의미'(*sensus primarius Scripturae*)가[24] 중요하게 되었다. 성경이 하나님의 작품이며 그리스도에 대해 증거 하시는 성령의 역사로 되었다는 것을 주목해야 한다. 루터는 항상 비유적인 해석의 상관 관계를 보여주었다. 그가 성경을 그리스도 안에서 하나님의 계시의 증거로 본 것에 따라서, 문자−그리스도론적 해석과 함께 믿음 안에 있는 하나님의 말씀을 보았다.

그는 말했다.[25] "*Opera Dei sunt verba eius . . . idem est facere et dicere Dei*"(하나님의 일들은 그분의 말씀이다⋯. 그분이 하시는 일들은 그분의 말씀하시는 것으로 구별된다). 이러한 하나님에 대한 관점은 그의 성경적 진술[26]의 '해석의 원인'이 된다. 그러므로 예를 들어, '하나님의 방법'이라는 성경적 진술은 하나님께서 우리를 걷게 만드시는 방식을 의미한다고 그는 생각했다.[27] 그리고 거룩하신 하나님이라 부르는 것은 그분이 거룩하시고 사람들을 거룩하게 만드신다는 것, 즉 그분이 사람들을 신성하게 한다는 것이다.[28] 성경의 예언적−문자적 의미에 따르면, 그리스도는 하나님의 의로움(*iustitia Dei*)이다. 그러나 비유적인 해석은, 그리스도 안에 있는 믿음(*fides Christi*)이 의로움이다.[29]

---

23. E. Vogelsang, *Die Anfänge von Luthers Christologie* (Berlin, 1933), 63.
24. *WA* 3, 531, 33. 참고 Holl, *op. cit.*, 546; 또한 E. Hirsch, "*Initium theologiae Lutheri*" (*in Luther-Studien*, Vol. II, 30).
25. *WA* 3, 154, 7.
26. 참고 Ebeling, *op. cit.*, 228f.
27. *WA* 3, 529, 33.
28. *WA* 3, 465, 33.
29. *WA* 3, 466, 26.

이것이 루터가 성경을 이해하는 데 핵심이라고 평가한 통찰력이다. 이것이 "복음에는 하나님의 의가 나타나서 믿음으로 믿음에 이르게 하나니"(롬 1:17)를 그가 이해할 수 있게 했다. 우리는 해석학적 통찰력이라는 것에 주목해야 한다.

그러므로 '하나님의 의'는 그의 성경 해석의 주요 주제가 되었다. 이것이 로마서 강의를 특별히 분명하게 만들어 주는 것이다. 루터가 계속해서 이 연구에서 되돌아간 담론의 주제는 하나님 한 분만이 의로우시다. 그분 앞에서 인간은 죄인이고 죄인일 뿐이다. 그렇기 때문에 특히, 만약 도덕과 종교적인 성취(achivement)의 관점에서 그는 스스로 의롭다고 평가했다. 이러한 건방지고 교만한 자기 의로움은 그 자신의 존성과 하나님 앞에 거짓말쟁이로 만든다. 그러나 바로 그 자신이 거짓말쟁이라는 것과 하나님의 은혜가 주신다는 것을 깨닫지 못하게 한다. 그는 양심의 평결과 하나님 앞에 죄인인 자신에 대한 인식의 목소리를 듣는다. 그리고 하나님이 그분의 정의에 따라 은혜를 주신 것에 그의 판단을 굴복한다. 인간을 의롭게 만들기 위해 하나님께서 자신의 의로움을 드러내셨다. 다시 살아나기 위해 죽으셨다. 인간을 치유하기 위해 인간의 교만과 자족을 부수어 버리셨다. 인간을 용서하기 위해 인간을 심판하셨다. 은혜 안에서 인간을 용서하고 의롭게 하시기 위해 인간에게 굴욕감을 주셨다.[30]

"하나님의 의는 우리를 의롭게 하며, 하나님의 지혜는 우리를 지혜롭게 한다."[31]

III. 고대와 중세 신학에 따른 루터의 로마서 해석

루터는 바울 서신에 대한 그의 기본적인 이해를 다음 문장에 잘 요약했다.[32] "이 서신에서 사도는 분명하게 하나부터 열까지 죄인인 사람들에 맞서 말하지 않았다. 그러나 스스로 의롭다고 하고 자신의 행위로 구원 받을 수 있다고 자만하는 사람들에는 맞

---

30. Holl, *op. cit.*, 188, 193f.
31. *WA* 56, 262, 21.
32. *WA* 56, 33, 13.

섰다. 그가 이런 사람들을 깨닫게 하기 위해 그들이 하나님의 은혜를 더 깊이 받아들여야(*inducere ad magnificandamgratiam Dei*) 하는데, 그러나 죄를 용서받았다는 것을 심각하게(*magnificatur*) 받아들이고 아는 것이 먼저 되지 않는다면 은혜를 깊이 받아들일 수 없다. 이것이 바로 그들을 분개하게 만든 이유이다. 그들은 사도가 하나님의 영광을 더하기 위해서는 악을 행해야만 한다고 설교했다고 생각했다. 그러나 사실은 '그분의 영광을 풍부하게 하기 위한' 우리의 부정(不淨)과 거짓말, 이것을 회개하며 우리 자신을 낮출 때 우리의 죄를 용서하시는 그분의 풍성한 은혜의 목적을 알게 되고 하나님을 영화롭게 한다. 그러나 만약 우리가 그분의 은혜가 필요하지 않다고 믿고, 그분 앞에 우리 스스로 충분하다고 한다면 이런 방식으로 영광 받으시지 않을 것이다. 그러므로 그는 바리새인들이 생각하는 것처럼 '내가 더 낫고 아무런 죄도 없으며 훨씬 의롭다'는 생각이 큰 죄라는 것을 깨닫는다. 전자는 하나님의 자비를 영화롭게 하지만 후자는 자신의 의로움이다."

루터에게는 하나님의 은혜와 인간의 죄를 이런 방식으로 심각하게 받아들이는 것(또는 '확대하는 것'이라고 말하기를 좋아했다)이 복음을 발견하는 것 외에 다른 것이 되지 않는다는 것을 우리는 깨달아야 한다. 그리하여 루터는 그리스도인으로서 자신의 소명을 이해할 수 있었다. 소명감은 그로 하여금 수도자가 되게 하였다. 또한 성경 신학의 교수로서의 사명감을 주었다. 루터는 그리스도 중심주의와 교회를 위한 복음을 재발견했다고 느꼈다. 그는 그리스도로부터 떠나게 하는 사상과 관행이 신학자들과 성직자들에게 가득 차 있었다고 확신했다.

루터는 이미 복음에 대한 기본적인 이해에 도달했다. 루터가 교회를 개혁하기 위해 자신이 부르심을 받았다고 느꼈다는 것은 아니다. 스콜라주의 학자들의 신학, 중세 수도원주의, 기독교 형식주의에 맞서서 외치게 만든 그 복음을 발견한 것에 대하여 충분히 보여 주고 있는 것이 로마서 강의이다. 루터는 복음을 믿었고 그 믿음이 교회의 가르침, 교회의 체제, 교회의 구조에 대한 변화를 요구하게 하였다. 그러나 이것이 그 자신을 개혁으로의 길로 즉시 가게 만든 그의 새로운 종교적-신학적 통찰력을 의미하는 것은 아니다. 분명한 것은 복음 안의 그의 믿음이었는데, 그것은 처음부터 자유롭고 분명하고 확실한 것이었다. 그것은 또한 그가 후에 에라스무스에 대항하여

"하나님의 말씀은 어느 곳에서든지 오고, 와서 세상을 변화시키고, 세상을 새롭게 한다"고 썼던 것처럼[33] 스콜라주의 학자들이 회개해야 한다고, 즉 마음을 바꾸어야 한다고 할 수 있을 정도로 그가 모든 것에 질문하도록 이끌었다.

루터는 이러한 발견과 개혁을 수행함에 있어서, 성경 신학자로서 그 소임을 다했다. 그의 새로운 성경 해석은 로마 가톨릭교회의 신앙과 관습에 맞서는 근본적인 비판으로 전진하였다. 물론, 기독교 개혁은 루터의 신학의 산물이다. 그러나 이 진술에 단서를 달아야만 한다. 루터가 로마 가톨릭교회의 권위들과 충돌에 직면하게 되었을 때, 그는 그들에게 항복하는 것이 불가능함을 알게 되었다. 그의 신학적인 가르침들이 강력하게 움직였고, 그에 대항하는 반격에 의해 개혁의 과정은 진행되었다. 충분한 시간이 지나면서 결국 교황이 없는 개혁된 교회, 곧 복음주의 교회들로 그의 신학은 온 세상에 공포되었다.

루터의 작품 중에서 특별히 중요한 문서가 있다. 그것은 비텐베르크판 「라틴어 선집」(Collected Latin Works, 1545)의 제1권 서문에 있다. 거기서 루터는 이미 끝난 사건들인 루터의 입장을 철회할 것을 요구한 보름스 국회에서 그가 그것을 거절한 것과 교회와 제국에 의해서 그에게 내려진 금족령에 대해 논했다. 루터는 그가 1517-1521년에 출간한 책들의 목적과 배경을 설명하기 위해 이런 회상(回想)을 했다. 이것이 「라틴어 선집」 제1권의 내용이다. 1519-1520년에 단편으로 출간한 시편에 대한 주석에서도 역시 이런 문제를 언급했다. 이 당시 그는 교황을 상대로 논쟁을 벌이고 있었기 때문에 이 강의를 끝마치지 못했을 것이다. 또한, 그의 진술은 다음 질문에 해결의 실마리를 던져 준다. 루터는 로마서 강의에 어떤 중요한 가치를 두려고 한 것일까?

시편 해석을 다시 한 번 해야 하는 그해에(1519년)[34] 성 바울의 서신서인 로마서, 갈라디아서 그리고 히브리서를 수업 시간에 다룬 뒤, 나는 내가 더 새로운 것을 더 알게 되었다는 사실을 발견했다. 나는 정말로 바울의 로마서를 이해하기 위해 보기 드문 열정으로 그것을 붙잡고 있었다. 그러나 그때까지 로마서

---

33. *WA* 18, 626, 25.
34. *WA* 54, 179-187.

1장의 "복음에는 하나님의 의가 나타나서 믿음으로 믿음에 이르게 하나니"(롬 1:17)를 이해함에 있어서 내 방식대로 하고 있었다. 왜냐하면 나는 '하나님의 의'를 모든 학자들이 하나님께서는 의로우시고 죄인과 불의를 벌하신다는 '외적인 의' 혹은 '적극적인 의'라는 관점에서 해석하는 철학적 관점을 좋아하지 않았다.

나는 흠잡을 데 없이 수도사로서 살았으나, 하나님 앞에서 나 자신은 흔들리는 양심을 가진 죄인이었다. 또한 내가 나의 만족으로 하나님을 기쁘시게 하는 것에 도저히 자신이 없었다. 나는 죄인들을 벌하시는 이러한 의로운 하나님을 사랑하지 않는다. 정확히 말하면, 나는 그런 하나님을 혐오했다. 만약 그것이 신성 모독만 아니라면 하나님께 화가 나서 엄청난 중얼거림으로 말하고 싶었다. '마치 비참한 죄인들은 원죄와 함께 영원히 지옥에 떨어지고, 십계명에 따라 그들에게 놓여 있는 모든 종류의 재앙을 받는 것이 불충분하기라도 한 것이야? 뭐야? 복음이 하나님의 의를 보여 주고, 동시에 하나님의 진노를 지나가게 한다고 해도, 이런 하나님이라면, 인간으로부터 멀리 떠나 가셔야 하고 슬픔에 슬픔을 더하셔야 한다!' 이런 내 모습에 내 양심은 불안했고 미친 듯이 격렬하게 화가 났다. 그리고 나는 그가 의미하는 바가 무엇인지 더 열렬하게 알고 싶은 갈증으로 이 구절 속에 있는 바울에게 성가시게 노크해 댔다. 마침내, 자비하신 하나님은 내가 이것에 대해 낮이고 밤이고 생각하자, 말씀의 맥락을 깨닫게 해 주셨다. 바로 이것이다. '하나님의 의가 거기에 드러나 있다. 쓰인 대로, 의인은 믿음으로 말미암아 살리라.' 그리고 거기에서 하나님의 의는 의인이 하나님의 선물에 의해 산다는 것인데 하나님의 선물은 말 그대로 믿음이다. 이 문장 '하나님의 의가 복음에 나타났다'는 그 자비로우신 하나님께서 우리를 믿음으로 의롭다고 하신다는 것과 함께 수동적인 의가 된다. 말씀에 '의인은 믿음으로 살리라'고 쓰인 것과 같다.

이것은 당장에 마치 내가 다시 태어난 것 같은 그리고 천국 문을 열고 들어간 것 같은 느낌을 주었다. 그때부터 성경의 전체적인 면이 다르게 보였다. 나는 기억할 수 있는 한 성경을 관통했고 다른 말씀들이 동일한 의미가 있음을 발견했다. 예를 들어, 하나님께서 우리를 강하게 만드시는 하나님의 일, 우리를 지혜롭게 하시는 하나님의 일, 하나님의 용기, 하나님의 구원, 하나님의 영광 등이다.

이전에 내가 '하나님의 의'라는 말씀을 혐오했던 것만큼, 이제는 이 말씀을 훨씬 더 다정하게 극찬했다. 그래서 바울 안에 있는 이 구절은 내게 천국으로 향하는 진짜 문이었다. 이후, 나는 아우구스티누스의 「영과 문자」를 읽었는데, 거기서 뜻밖에 내가 하나님의 의를 비슷한 방식으로 해석했다는 사실을 발견했다. 다시 말해서 하나님께서 우리를 의롭게 하실 때 우리를 그렇게 칭하신다는 것이다. 비록 이것이 아직 불완전하게 들리지만 그는 '죄의 전가' (imputation)에 대해 명확하게 설명하지 않는다. 하나님의 의로 우리가 의롭게 된다는 것을 그가 가르쳐야 했다는 것이 나를 기쁘게 한다.

이러한 심사숙고를 통해 훨씬 더 잘 무장하게 되어 나는 두 번째 시편 해석을 시작했다. 만약 내가 애쓰기 시작한 일을 제쳐 놓지 않았다면, 나는 더 많은 주석을 쓸 수 있었을 것이다. 왜냐하면 다음해에 찰스 5세 황제가 소집한 보름스 국회(Diet of Worms)에 나오라는 부름을 받았기 때문이다.

루터는 의에 대한 바울의 선언을 이해했고 복음을 새롭게 발견했다. 로마서 강의에 이 모습이 나타나 있다. 초기 성경 해석 중에서 그가 유일하게 출간한 1519-1521년의 시편 주석의 서론에 이러한 사실을 분명하게 밝히고 있다.

여기서 루터가 말한 것은 그의 로마서 강의에 있는 증거에 의해 옳다는 것이 증명된다. 이 작품을 읽는 어떤 독자이든지 분명하게 볼 수 있다. 루터가 이것을 썼을 때 앞서 그가 서문에서 그를 자유롭게 했다고 말한, 하나님의 의에 대한 이해를 이미 하고 있었다는 것이다. 놀라운 것은 로마서 1:17이 그에게 중요성을 지니므로 그가 짧고 다소 피상적으로 설명하지만 그의 강의에 넣기로 결정했다는 사실이다. 그러나 그가 자서전식의 진술에서 말한 것들의 관점을 그의 논평이 모든 방면에서 지지한다는 점을 주목해야 한다.

사실상 로마서 강의 전체에서 루터는 의에 대해 완전히 이해한 것으로 보인다. 그의 인생 말년에 그는 자신에게 복음뿐 아니라 천국 문 즉, 영원한 구원으로 가는 길이 열렸다는 것에 환호했다. 그러므로 로마서를 시작하기 전에 루터가 결정적인 통찰력을 얻었다고 보는 루터의 해석가들은 아마도 옳을 것이다. 루터는 아우구스티누스의 「영과 문자」를 읽고 재발견한 이후의 그의 논평(서문에서)뿐 아니라(로마서 강의에서 그는 이 논문을 숙지한 것을 보이기 때문이다), 그의 초기 시편 강의에서 보여 주는 그의 신학을 논하는 전체적인 태도로 그들의 논지를 지지한다.

「시편 강의」뿐 아니라 로마서 강의에서 루터는 자신의 신학적인 입장에 서서 자신의 입장을 밝히고 있는데, 이것은 루터 자신이 스스로 '쓰고 가르치는 동안 진보하는' (*scribendo et docendo profecit*)[35] 사람인 것을 보여 준다.

루터는 로마서 강의에서 자신이 교회의 개혁자가 된 사상가임을 보여 준다. 또한 엄밀한 의미에서 '새로운 성경 해석학'을 전 세계 기독교(Christendom)에 도입한 학자임을 보여 준다.

여기서 우리는 루터의 신학적 유산에 주목해야 한다. 우리는 해석의 역사 속에서 루터의 위치에 대해 논의하면서 이미 이 주제를(부분적으로는) 다루었다. 그가 이전 시대와 그의 시대의 성경 해석자들에 비판적이고 창의적인 방식으로 자신의 해석 방법을 개발했던 것처럼, 그는 고대의 신학자들과 신예 신학자들의 대화에 참여하여 복음에 대한 자신의 신학적 해석을 형성해 나갔다.

그의 로마서 강의는 그의 신학적 관점이 첫 번째로 성경에 의해서, 다음으로 아우구스티누스, 그다음으로 특히 베르나르(Bernard of Clairvaux)와 타울러(Tauler)의 독일 신비주의, 또한 디오니시오스 아레오파기테스(Dionysius the Areopagite), 다음으로 피에트로 롬바르도와 던스 스코투스(Duns Scotus)의 스콜라 철학에서부터 유명론자(nominalists) 그리고 특히 오캄(Ockham), 피에르 다이이(Pierre d'Ally), 가브리엘 비엘(Gabriel Biel)에 의해 결정되었다는 것을 보여 준다. 게다가 그가 자신이 암브로시우스(Ambrose), 히에로니무스, 아우구스티누스부터 파버, 로이힐린 그리고 에라스무스의 주요한 해석의 신학적인 영향 아래에 있었다고 증명한다.

---

35. *WA* 54 (Clemen, IV, 428).

더 나아가서 그의 수도원 생활과 기본적인 신학적 태도와 관심사들을 형성한 훈련의 충분한 증거가 있다. 그의 정신은 예배의 전통과 아우구스티누스의 훈련 체계에 깊이 심취해 있었고 종교에 대한 사고방식은 그 자신에 대한 관찰 그리고 종교 생활의 높이와 깊이에 대한 분석뿐 아니라 종교적인 태도에서 진화하고 동료 수도자들의 훈련에 의해 형성되고 고무되었다.

게다가 그의 신학적 가르침과 특히 선생으로서의 훈련은 정신에 깊은 영향을 남겼다. 이것이 그의 추론하는 태도(그는 모든 것을 대조로 생각했다)와 아리스토텔레스와 피에트로 롬바르도를 언급하는 방식(두 사람에 대해 1508년과 1509년에 가르쳤다)에서 드러난다. 그러나 아리스토텔레스에 대한 글 특히, *Ethics*에 대해 맹렬히 비판한다. 그의 신학적 관점이 유명론자들에 의해 결정되었지만(멜란히톤은 그가 다이이와 비엘의 긴 구절들을 가슴으로 이해했다고 기록했다) 그는 계속해서 그들에 대해 날카롭게 비판했다.

그의 글들과 논쟁들은 분명히 다른 저자들에 대한 그의 동의와 의견의 불일치에 대한 기준들과 자료들에 대해 보여 준다. 그것은 바로 성경이었다─성경을 바울의 가르침에 따라 숙고하고 읽었다. 이에 대해 그는 아주 날카롭게 다음과 같이 진술했다 (그리고 거기서 루터가 말한 것은 로마서에 대한 그의 해석에 이미 적용되었다).[36] "다른 사람들이 스콜라 학파 신학으로부터 배운 것들은 그들만의 문제이다. 내게 있어서, 죄, 의, 세례, 그리고 그리스도의 전 생애에 대한 간과밖에 배운 것이 없다는 것을 알고 고백한다. 나는 정말로 거기서 하나님의 능력이 무엇인지, 하나님의 일, 하나님의 은혜, 하나님의 의 그리고 믿음, 소망, 사랑이 무엇인지 배우지 못했다. 정말로 거기서 나는 그리스도를 잃어버렸다. 그러나 이제 나는 그리스도를 바울 속에서 다시 찾았다."[37]

성경에 대한 루터의 지식은 비범했다. 그는 (1545년의 서문에서) 자신이 개인적으로도 공개적(즉, 선생으로서)으로도 성경을 근면하게 공부한 것이 거의 모든 것을 가슴으로 배울 수 있게 했다고 말했다. 칼 홀은, 첫 번째 시편 수업으로 애쓰던 그 당시 루터가 소유하고 있던 성경 지식이, 고대 최고의 성경학자들인 테르툴리아누스(Tertullian)와 오리게네스에 비교할 만했다고 한다. 사실 어느 누구도 로마서와 성경의 다른 책들을 해

---

36. *WA* 12, 414, 22 (참고 Holl, *op. cit.*, 28, n. 2).
37. *WA* 54 (Clemen, IV, 426).

석하는 놀라운 솜씨를 보여 주는 루터의 지성을 부정할 수 없을 것이다. 특히 주목할 만한 것이 시편이다. 그는 즉시 시편들에 대해 알았다. 단지 수도자 같은 헌신과 예배 때문만이 아니다. 그것들에 기반을 두기는 했어도 그의 일을 시작하면서 그가 시편에 대해 특별한 연구를 했기 때문이다. 로마서 강의에서 우리는 그가 어떻게 바울의 눈으로 시편을 읽었는지, 시편의 경건함을 통해서 바울을 해석했는지 관찰할 수 있다. 그러므로 그가 반복해서 시작했던 그 주제들은 하나님이 의와 자비로 인간을 대하신다는 것과 하나님 앞에서 인간이 죄인이며 용서받은 자라는 것이다.

루터가 성경을 사용하는 독특한 특성은 특히 로마서 앞부분에 나타난다. 어떤 성경 구절이 그에게 제시하는 특별한 주제들을 종종 소개한다는 특성이다. 이러한 주제들은 그의 생애를 걸쳐서 그의 사상을 지배했다. 이 구절들이 그의 상상을 형성했을 것이라고 생각한다. 왜냐하면 아마도 그 구절들이 대조를 통해 진리를 말하거나 인간의 상태를 분명하게 밝힐 것이기 때문이다. (루터는 인간의 실상에 대한 예리한 관찰자였다. 그는 모든 인간들의 전형으로써 개개인들의 무언가가 그에게 깊은 인상을 주는 공통된 단일의 행동을 볼 수 있었다. 이런 이유로 그는 속담을 좋아했고 즐겨 인용했다.) 그러므로 예를 들어 그의 사상들은 종종 사무엘상 2:6-7로 향한다. "여호와는 죽이기도 하시고 살리기도 하시며 스올에 내리게도 하시고 거기에서 올리기도 하시는도다 여호와는 가난하게도 하시고 부하게도 하시며 낮추기도 하시고 높이기도 하시는도다." 루터가 이 말씀을 읽을 때, 그 말씀들은 십자가에 매달려 돌아가시고 부활하신 그리스도에 대해 그리고 그리스도와 함께 죽었다가 살아난 것에 대해 말했다. 그러므로 그는 이 말씀을 다음과 같이 해석했다. "우리에게 그분의 것을 주시기 전에 먼저 우리 안에 있는 무엇이든 멸하시고, 아무것도 아닌 것으로 바꾸시는 것이 하나님의 본성이시다."[38]

하나님께서 인간들을 대하시는 것을 묘사할 때 그가 좋아하는 다른 방식의 주장은 다음과 같다. "하나님은 올바른 그분의 일을 행하시기 위해 이상한 일을 행하신다."[39] 또한 이런 생각은 성경 구절에서 유래했다. "대저 여호와께서 브라심 산에서와 같이 일어나시며 기브온 골짜기에서와 같이 진노하사 자기의 일을 행하시리니 그의

---

38. *WA* 56, 375, 18; 193, 10; 450, 19.

39. *WA* 56, 376, 8.

일이 비상할 것이며 자기의 사역을 이루시리니 그의 사역이 기이할 것임이라"(사 28:21).

여기에 나타난 주요한 신학적 주제와 다른 많은 성경 구절은 성경의 각 권에 대한 그의 면밀한 지식의 결과였다. 그의 정신은 성경으로 가득 차 있었고 그 성경 말씀이 그의 사고를 형성했고, 성경 말씀을 통하지 않고서는 자신의 생각을 표현할 수 없었다.

그러므로 그는 성경 구절을 중대한 신학적 주제에 대한 진술로 본문에서 끌어낼수 있었다. 예를 들어, 왜 그가 로마서 강의에서 여러 번[40] 솔로몬의 아가의 말씀 "사랑은 죽음같이 강하고 질투는 스올같이 잔인하며"(아 8:6)를 인용했는가를 설명했다. 불가타에서 번역된 이 구절은 한 문장의 일부분인데 거의 이해할 수 없을 정도다(적어도 우리들에게는). "너는 나를 도장같이 마음에 품고 도장같이 팔에 두라 사랑은 죽음같이 강하고 질투(emulatio)는 스올같이 잔인하며 불길같이 일어나니 그 기세가 여호와의 불과 같으니라." 우리는 "사랑은 죽음같이 강하고" 구절을 통해 루터가 성경을 이해하는 방법을 제시한다. 즉, 성경을 암기해서 그의 마음에 고정시켜야 하고, 관련된 성경 구절로 그에게 본문이 제시하는 내용이 무엇이라고 추정하여야 한다. 우리는 다른 많은 성경 구절에 대하여 비슷한 의견을 만들 수 있다. 예를 들면 "그들은 바람에 불린 잎사귀 소리에도 놀라"(레 26:36)라는 말씀이다. 루터는 이 강의에서[41] 딱 한 번 이 말씀을 인용했다. 그러나 그의 이후 생활에서 이것은 겁먹은 양심을 묘사할 때 사용되었다.

우리는 루터의 사고가 어떻게 성경에 의해 더 생동감 있게 되었는지를 보여 주기 위해 이 예들을 들었다. 그가 이 말씀들을 사용하는 데 있어서 제멋대로라고 말하는 것같이 보이지만, 그가 정말 그랬다고 생각하는 것은 엄청난 실수이다. 그가 얼마나 철저하게 성경 각 권을 숙고했고 해석했으며, 사도가 쓴 글에서 어떤 마음을 가졌는지 그리고 모든 단어와 문장을 이해하기 위해 얼마나 큰 노력을 기울였는지 로마서 강의는 증명한다. 우리가 보았듯이, 그러한 정확한 이해를 성취하기 위해 루터는 접근할 수 있는 모든 해석 도구들로 스스로를 도왔다.

그는 인문학자들의 해설을 지대한 열심을 가지고 사용했다. 그러나 그들의 철학

---

40. *WA* 56, 359, 29; 388, 13; 491, 1.

41. *WA* 56, 410, 28.

적, 사전 편찬식 연구를 인식하는 만큼, 성경에 대한 그들의 신학적 설명이 불충분하다고 평가했다. 이 강의에서 그는 종종 파버와(9장부터 시작) 에라스무스를 인용했다. 그러나 신학적인 사상에서 그들에 대한 의존을 그는 거의 드러내지 않았다. 당연히 파버에게는 조금 의존적이지만 에라스무스에게는 전혀 아니다. 1516년[42] 10월 16일(그 당시 그는 로마서 강의 수업을 막 끝냈다) 그는 에라스무스에 대한 불만의 이유를 자신의 친구 스팔라틴(Spalatin)에게 보낸 편지에 드러냈다. 즉, 바울이 무엇에 대해 말하는지 그가 전혀 이해하지 못한다고 분명하게 말했다.

루터는 사도가 행위의 의 또는 율법의 의 또는 독선이라고 한 것을 에라스무스가 의식 율법의 준수에 적용했다고 항의했다. 그리고 특히 존재와 행위 사이의 관계에 대해, 아리스토텔레스가 했던 것처럼 바울은 생각하지 않았다는 것을 그가 이해하지 못했다고 했다. 인간은 의로운 행위를 해서 의롭게 된다고 아리스토텔레스가 가르쳤던 것같이 바울은 가르치지 않았다고 루터는 확신했다. 그러나 사도가 만들었던 기본적인 가정은 의롭게 되었거나 의롭게 되고 있는 존재로서 인간이 의로운 행위를 할 수 있음을 스스로 알게 된다는 것이라고 루터는 설득되었다. 또한 루터는 에라스무스가 바울이 로마서 5장에서 의미한 원죄가 무엇인지 이해하지 못했다고 썼다.[43] 그리고 이러한 실패는 에라스무스가 아우구스티누스의 반 펠라기우스(anti-Pelagian)에 대한 글과 특히 「영과 문자」를 읽지 않았기 때문이라고 봤다. 이런 연관성 속에서 루터는 "성경을 해석하면서, 나는 히에로니무스를 아우구스티누스 뒤에 두었고, 에라스무스는 아우구스티누스를 히에로니무스 뒤에 두었다"고 말했다.

이런 판단은 확실히 로마서 강의 노트에서 사실임이 증명된다. 거기서 루터는 직접적으로 히에로니무스를 열두 번, 아우구스티누스를 백 번도 넘게 언급했다. 정말 다른 어떤 저자보다 훨씬 자주 아우구스티누스에 대한 말을 했다. 게다가 아우구스티누스는 종종 상당한 길이로 인용되었다. 루터는 자신이 아우구스티누스의 거의 모든 작품 전체를 숙지하고 있음을 보여 주었다(그런데 그가 *On Predestination*과 *On the gift of Perseverance*를 사용하지 않았다는 것이 신기하다). 그러나 이 상의들에서 그는 특히 반 펠라기우스에 대한

---

42. *WA, Br* 1, 70, 4.
43. *Ibid.*, 70, 17.

글에 의존하고 있다. 그는 자연스럽게 매우 자주 아우구스티누스의 *Exposition of Certain Themes of the Letter to the Romans* (*Expositio quarundam propositionum ex ep. ad Romanos*)와 「율리아누스 반박」(*Against Julian*)과 특히 「영과 문자」(그는 이 작품을 27번, 암기해서 전했다)를 인용했다. 루터가 키프리아누스(Cyprian)와 크리소스토모스를 인용한 것은 아우구스티누스로부터 온 것이다. 그러므로 멜란히톤이 루터에 대해 말한 것은 당연히 정확했다.[44] "그는 자주 아우구스티누스의 모든 글들을 읽었고 그것들을 확고히 생각했다." 루터가 로마서 강의를 시작했을 때, 그는 막 반 펠라기우스에 대한 아우구스티누스의 글들, 특히 「영과 문자」[44a]를 숙지하게 되었다. 그의 바울주의(Paulinism) 때문에 아우구스티누스는 그에게 권위적이었다. 루터는 아우구스티누스가 사도를 정확하게 이해한 교부 중의 한 사람이라고 여겼다. 그래서 바울에게서 배운 것에 따라 복음을 해석한다고 생각했다. 루터를 적절히 이해하기 위해서는 다음 사실에 주목해야 한다. 루터가 바울을 이해할 수 있게 했을 뿐만 아니라, 루터가 판단하기에 아우구스티누스는 진정한 바울주의자였기 때문이다. 그래서 그를 매우 높이 우러러 보았다. 다시 말해, 루터 자신은 가장 먼저는 바울주의자였고 그다음으로 아우구스티누스주의자였다. 그는 아우구스티누스가 그의 편에서 스콜라주의의 펠라기우스 경향에 대항하여 싸웠다고 생각했다. 그러나 만약 아우구스티누스가 복음에 대해 완전한 정당성으로 행하지 않는다면, 그에 맞서기를 주저하지 않았다. 예를 들면, 사랑에 대한 아우구스티누스의 가르침에 대한 것이다.

사실, 우리는 비록 루터가 일반적으로 아우구스티누스에 동의했고 스콜라주의가 인간의 고집과 사악함에 대해 완전히 이해한다고 보이지 않는 한 그들에 맞섰다고 했으나, 그는 아우구스티누스가 하나님 앞에 있는 인간의 상황에 대한 바울의 이해에 깊이 있게 도달하지 못했다고 생각했다.[45]

잘못된 각각의 행동들로 구성된 것이 죄라는 스콜라주의–아리스토텔레스주의

---

44. Otto Scheel, *Dok.*, 2d ed., Nr. 532, 199, 40.

44a. 1518년에 루터는 아우구스티누스의 *De spiritu et litera*판을 출판했다. 도입부에서 그는 아우구스티누스의 글을 기독교 학문에서 성경 다음으로 최고의 자료로 극찬했다. 참고 Ficker (ed. 1908), LXXVIII.

45. 참고 Hamel II, 1ff.

자들의 가르침에 맞서서(즉, 오캄주의자들과, 특히 가브리엘 비엘), 그는 모든 각각의 죄가 죄로 가득 찬 인간 본성의, 즉 원죄의 징후로써 드러나는 식으로 인간의 모든 존재를 결정하는, 기본적으로 악을 향하는 것으로 죄를 이해했다(아우구스티누스가 그랬던 것처럼). 루터와 아우구스티누스는 죄의 본성을 교만(superbia)이라고 해석하는 데 분명히 동의한다. 두 사람은 교만이 하나님의 계명에 대한 인간의 불순종의 원인이라고 말한다. 그러나 여기서 우리가 주목해서 봐야 한다. 비록 아우구스티누스가 날카로운 해석을 드물게 제기했지만, 일반적으로 죄와 사악한 욕망 혹은 탐심(concupiscentia)을 구별하기 위해서, 욕망이나 세속적인 행복을 바라는 것으로 그것들은 자신을 드러낸다. 루터는 일관되게 죄를 반항과 모든 것에서 자기 자신을 추구하는 인간의 경향에 의해 영감을 받은 건방짐인 자기 의로 정의했다.[46]

또한 동일한 차이가 구원의 개념에서 분명하게 드러난다. 루터는 원죄와 자죄(actual sin)가 성찬의 은총에 의해 취소되고 무효화되었다는 스콜라 학파에 대해 비판했다. 그는 죄가 하나님께로부터 용서함을 입는 것이고, 죄를 용서받은 한 하나님께서 죄를 세지 않으시지 죄가 무효화된 것은 아니라는 확신이 있었기 때문이다. 죄에 대한 용서의 은혜가 계속되는 한, 시작된 치료는 인간이 죽은 이후에 완성될 것이다. 그러므로 이 세상의 삶에서는 오직 소망으로 구속된다. 아우구스티누스는 스콜라 학파와 루터 사이에 자리를 차지하고 있다. 비록 죄의 책임과 심판은 용서받았어도, 욕정은 죄로써가 아니라 새로운 죄를 지을 수 있는 원동력으로 남아 있다는 신념이 있다. 이 마지막 요점에 대해 루터는 아우구스티누스에 동의할 수 없었다. 그가 판단할 때, 욕정은 기본적으로 이기적이며, 따라서 죄 자체는 죄를 짓게 하는 원동력일 뿐 아니라 죄의 재료이다.

루터는 인간, 즉 그리스도인을 죄로 가득 찬 동시에 의롭다고, 사실은 죄인이고 소망하기는 의인인, 즉 회개한 죄인 또는 용서받은 죄인으로 볼 수밖에 없었다.

'*simul peccator ac iustus*'로서의 그리스도인의 이 확고한 교리는 아우구스티누스의 글에서는 찾아볼 수 없다. 그는 오직 그리스도인이 '부분적으로'(*partim*) 의로우며,

---

46. *Ibid.*, II, 14f.

'부분적으로' 죄로 가득 찼다고 말하기까지 했다.[47]

확실히 우리는 루터의 독특함을 과대평가하지 않을 수 없다. 정말로 우리는 그리스도인의 삶의 본성에 대한 그의 매우 독특한 해석을 반영하는 이 가르침에서도, 아우구스티누스의 영향 아래에 있음을 인정할 준비가 되었을 것이다. 로마서 강의에서 그는 계속해서 인간이 비록 정말로 죄인이지만 의롭다고 분명하게 주장한다. 하나님께서, 선한 사마리아인이 건강하고 이미 치료가 시작되었다고 약속하셨기 때문이다. 또는 그가 자신을 하나님 앞에서 보임으로써 하나님께서 그를 받아들이셨기 때문이다. 그럼에도 불구하고 여기서 루터가 주장하는 기본적인 가르침은 그의 교리이다. 이것의 핵심은 다음과 같다. 그리스도인은 죄로 가득 찼으며 동시에 의롭다. 왜냐하면 그는 그리스도의 의–그리스도의 의가 그를 '덮었고' 그리스도의 의가 그에게 전가되었기 때문이다. 그는 '그리스도 때문에'(propter Christum) 용서받았다. 그는 아무것도 없는데 그에게 '이질적인' 의가 들어왔다.

예를 들어 루터는 말했다.[48] "성자들은 그들 안에 죄가 있다는 것을 알았다. 그러나 그것은 그리스도로 인하여(propter Christum) 덮였고 세어지지 않는다. 그리고 믿음을 통해서 그리스도께서 그들 안에 계시지 않으면 그들의 모든 선은 그들 밖에 있다는 이러한 사실의 증거를 주었다. 우리는 그분의 왕국이고 우리 안에 있는 아름다움은 우리의 것이 아니라 그분의 것이다. 그리고 그분은 우리의 흉함을 그분의 아름다움으로 덮으신다." 그리고 이 구절을 해석함에 있어서 "그런즉 내 자신이 마음으로는 하나님의 법을 육신으로는 죄의 법을 섬기노라"(롬 7:25) 하는 말씀을 통해 말했다.[49] "하나님의 법과 죄의 법을 섬기는 자는 같은 한 사람인 것을 깨달았다. 그는 의로운 동시에 죄인이다…. 그리고 이전에 내가 말했듯이, 성자들은 동시에 죄인인 반면에 의롭다. '그들은 의롭다. 왜냐하면 그들은 그리스도의 의가 그들을 덮고, 그리스도의 의가 그들에게 전가됨을 믿기 때문이다.' 그러나 그들은 죄인들이다. 왜냐하면 그들은 율법을 만족시킬 수 없고 욕정 없이 살아가는 것이 불가능하기 때문이다. 그들은 의사의

---

47. *WA* 56, 269ff.; 349ff.; 441ff.
48. *WA* 56, 280, 2.
49. *WA* 56, 347, 2.

치료가 필요한 환자와 같다. 그들은 정말로 아프지만 오직 소망 안에서 건강하다. 그리고 그들이 더 나아지기 시작하는 한 아니, 치료되기 시작하는 한, 그들은 건강해질 것이다. 사실 건강했다는 가정 같은 어느 것으로도 그들을 도울 수 없다. 그 가정은 심한 재발을 일으킬 것이기 때문이다."

이런 성경 구절들은, 의에 대한 루터의 교리가 명백하게 그의 것임을 증명한다. 반면에 비록 죄인은 용서받았지만 남아 있는 인간 죄의 경중에 대해서나 그리스도의 의로 인해 죄인에게 전가되는 의에 대해서는 아우구스티누스와 달랐다. 그럼에도, 루터는 아우구스티누스의 글들에서 찾을 수 없는 핵심들을 말했다. 루터는 매우 많이 아우구스티누스의 글을 인용했다. 그는 바울의 가르침에 대한 생각을 하면서 사실상 아우구스티누스를 뛰어넘었다. 그 과정을 통하여 자신이 대체로 아우구스티누스와 일치한다고 생각했다.

그리고 아우구스티누스와 근본적인 불일치가 있음을 깨닫게 되었을 때, 그는 분명히 직접적으로 말하기를 주저했다. 왜냐하면 그는 보통 자신에 대해서 확실하게 의사를 표시한다. 심지어 그가 중요한 교리에 대해서 다른 사람들과 다를 때조차도 맹렬하게 주장한다.

이것은 로마서 강의에서 그가 사랑의 계명에 대해 논의한 것과 연관 지어 설명할 수 있다. 여기서 그는 아우구스티누스와 확실하게 달랐다. 자기애는 정당한 사랑의 질서(caritas ordinata)라는 개념을 그는 거부했기 때문이다. 또한 그는 스콜라 학자들이 '정연된 사랑'의 개념으로 사랑에 대한 전체적인 해석의 기반을 두는 한 아우구스티누스의 권위를 따른다고 보았다. 그는 다음과 같은 방식으로 전체적인 쟁점에 대해 논의했다.[50] 그는 자신의 견해를 지지하면서 그레고리우스 1세(Gregory the Great)를 인용했다. 그리스도인의 사랑(caritas)은 결코 자기애라고 하며 계속해서 말했다. "그러나 그레고리우스 1세와 우리 자신의 진술은 사랑에 대한 어떤 유명한 사랑의 정의와 그들의 체제와 충돌함으로 나타난다. 왜냐하면 집행의 군주(Master of Sentences) 성 아우구스티누스에 대해 언급하는 것은 또한 다음의 정의를 제시한다. '우리는 가장 먼저 하나님을 사랑

---

50. *WA* 56, 517, 3.

하고 그다음으로 우리 자신의 영혼을, 그리고 이웃의 영혼을, 마지막으로 우리의 몸을 사랑해야 한다.' 그러므로 정리된 사랑은 그것 자체로 시작된다. 이것에 대한 답으로 우리는 말한다. 사랑의 본성을 우리가 적절하게 이해하지 않는 것을 고집하는 한, 우리는 사랑을 깨닫는 것에 실패할 것이다. 우리가 어떠한 선에 대해서 가장 먼저 소유권을 주장할 수 있는 사람이라고 해도, 우리는 결코 우리의 이웃에게 관심을 가지지 않는다." 그리고 그는 계속해서 아우구스티누스 학파의 전통을 향해, 자기애는 이웃에 대한 사랑의 형태가 결코 될 수 없다고 신랄한 비판을 한다. 그러나 그는 아우구스티누스가 특별히 언급되지 않는 다음의 신중한 말들과 함께 그의 장황한 설명을 시작한다. "다른 사람들에 대한 판단과 교부들에 대한 숭배에 대해, 내 생각을 바보처럼 주장해야겠다. 이것은 계명에 대한 확고한 이해가 아니다. '네 이웃을 사랑하라.' 만약 '당신 스스로서'라고 계명이 명시하는 개념에 따라 해석한다면, 그의 이웃을 사랑하는 것이 그 모델이 될 것이다."

이 주제에서의 핵심은 루터의 로마서에 대한 전체적인 해설에서, 모든 것에 있어서 자기 자신을 추구하는 인간의 경향에 경첩을 단다. 왜냐하면 심지어 인간의 도덕과 종교적인 생활에서도 그는 그 자신을 향해 굽었기 때문이다. 그리스도의 복음과 자유를 위해서, 그것이 모든 것들 중에 가장 먼저 발견되어야 하는 것이다. 그것이 인간이 이해할 수 있게 부여되었다. 왜냐하면 그는 스콜라 학자들은 이것을 보는 것을 실패했다고 확신했다. 그들이 충분히 죄를 '확대'하지 않았고, 종교적 성취의 가능성의 탓으로 돌렸기 때문이다(예: 하나님의 사랑을 성취하는 것은 그의 본질적인 능력이다). 그것 때문에 복음이 비틀려졌다. 루터는 신랄하게 그들을 비판했다. 그의 강의에서 종종 그들의 잘못에 대해 심지어 모욕적인 격렬한 단어를 사용했다. 그러나 그런 비판에서 아우구스티누스를 제외했다. 이것은 놀랍다. 그는 아우구스티누스 학파의 가르침과 스콜라 학파의 주된 신학 교리 사이의 긴밀한 연관성을 알지 못했던 것으로 보이기 때문이다.

그의 관점에서 아우구스티누스는 은혜와 죄의 본성에 대한 올바른 이해를 가진 성경 신학자이다. 스콜라 학파 신학자들은 이런 이해가 부족했다. 그래서 그는 확신했고, 그들의 실수는 그들이 아리스토텔레스의 영향 아래에 있었다는 사실의 결과로 보았다.

반면에 아우구스티누스와 스콜라 학자들에 대한 이러한 평가는 루터의 로마서 4:7(시 32편의 인용이다) 해석에 보다 명확하게 나타난다. "불법이 사함을 받고 죄가 가리어짐을 받는 사람들은 복이 있고." 그는 여기서 그의 그리스도인들에 대한 교리 '*simul iustus ac peccator*'을 보이고 계속해서 말한다.[51] "만약 그렇다면 나는 결코 그것에 대해 이해할 수 없고 스콜라 학파 신학자들이 죄에 대해서 충분히 다루지 않았다는 것을 말해야 한다. 그들은 원죄가 자죄처럼 완전히 없어진다고 생각했다…. 그러나 고대 교부 성 아우구스티누스와 암브로시우스는 이 문제를 성경의 방식에 따라 상당히 다르게 다루었다. 그러나 스콜라 학자들은 아리스토텔레스의 *Ethics*의 방식을 따른다. 그리고 그는 죄 성, 의로움 그리고 현실화 정도 같은 것을 인간이 행하는 것에 기반을 두었다. 그러나 성 아우구스티누스는 아주 명확하게 말했다. '세례로 죄(욕정)는 용서받는다. 더 이상 죄가 거기에 없다는 의미가 아니라, 더 이상 죄로 여겨지지 않는다는 의미이다.'"

그리고 루터는 구원을 위한 자신의 노력과 죄인으로서 자신을 이해하는 것에 대한 그의 어려움에 대해 말한다. 가르침의 관점에서, 은혜를 받는 자로서 속죄의 성례를 통해서 그는 죄로부터 자유롭게 되었다. 계속해서 '나는 알지 못했다'고 말한다.[52] "비록 용서가 정말로 진짜이지만, 죄는 소망 안에서를 제외하면 사라진 것이 아니다…. 그렇기 때문에 단지 죄로써 여겨지지 않는 것뿐이다." 그리고 다음과 같이 말한다.[53] "이런 이유로 인간은 자기 능력으로 하나님을 다른 어떤 것보다 더 사랑할 수 있다(오캄, 피에르 다이이, 가브리엘 비엘과 다른 사람들이 단언했던 것처럼)는 말은 미친 것이다." "그리고 행위의 본질에 따라서 계명은 충족된다. 그가 주시려는 의도에 따른 것이 아니라면, 그는 은혜 안에 있지 않기 때문이다. 오, 당신들은 바보들이다! 당신들은 돼지 같은 신학자들이다! 그러면 율법을 넘어선 새로운 예외의 목적을 제외하고, 은혜는 필요 없었을 것이다! 만약 우리가 우리의 능력으로 율법을 충족시킬 수 있다면, 그들이 말하는 것처럼 은혜는 율법의 충족을 위해 필요하지 않다. 그러나 오직 율법을 넘어 부과

---

51. *WA* 56, 273, 3.
52. *WA* 56, 274, 8.
53. *WA* 56, 274, 11.

된 거룩한 예외의 충족을 위해서만 필요할 것이다. 누가 신성 모독하는 그런 의견들을 참을 수 있으랴!"

그리고 루터는 성경과 경험에 따라 선언했다. 욕정 때문에 율법이 충족될 수 없다. 은혜가 인간에게 하나님을 사랑할 수 있게 하는 것 외에는, 인간은 하나님을 사랑할 수 없다. 그리고 그는 스콜라 학파 신학자들이 '죄와 용서의 본질을 알지 못한다'고 결론 내렸다.[54] 이러한 판단을 다음의 사실에 의해 확신했던 것으로 보인다. 이렇게 동일한 신학자들은 인간의 도덕과 종교에 대한 잠재력에 관하여 긍정적일 수 있다. 인간은 비록 아주 약간 '선을 향해 굽어 있다'[55]는 것에 따른 신데레시스(synderesis)에 대한 그들의 교리가 그러한 근거이다. 그러나 이런 관점과 대조적으로 그는 썼다.[56] "모든 성자들은 아우구스티누스의 책에서 보여 주듯이 그들은 자신이 죄인임을 깨달았다. 그러나 우리 신학자들은 죄의 본성을 숙고하는 데 실패했다. 그리고 선한 일에 대한 그들의 주목에만 집중했다. 그래서 그들은 사람들이 겉으로 행하는 선한 일을 행함으로 이미 의롭게 되었다는 교만한 생각을 하도록 만들었다." 이것은 행위로 의롭게 될 수 있다는 의미 외에 다른 것이 아니다. "그리고 '우리는 우리의 죄로부터 우리의 능력이 아니라' '우리 안에 계시는 그리스도로 말미암아' 우리의 죄가 덮이게 하신 '하나님의 행하심'으로 자유하게 되었다는 자신감의 믿음의 의로 그리스도인의 삶이 구성됨을 깨닫는 데 실패했다."[57]

그리고 루터는 다시 한 번 더 스콜라 학파의 율법과 은혜에 대한 인식의 주제로 돌아간다. 그리고 피에르 다이이(비록 그의 이름을 언급하지는 않았지만)를 인용하며 선언한다.[58] "'하나님은 우리에게 은혜를 가질 수 있는 의무를 부과하셨고 그러므로 불가능한 것은' 서투르고 어리석은 말투이다. 나는 가장 거룩하신 하나님께 용서를 구한다. 그분은 이런 사기에 결백하시다. 그분은 이것을 행하지 않으셨다. 그분은 우리가 은혜를 가질 수 있는 의무를 주지 않으셨다. 그분은 우리가 구할 때, 굴욕을 당할 때, 우리에

54. *WA* 56, 275, 17.
55. *WA* 56, 275, 20.
56. *WA* 56, 276, 5.
57. *WA* 56, 278, 2.
58. *WA* 56, 278, 25.

게 은혜를 주시기 위해 우리가 율법을 충족시키도록 의무를 부과하셨다. 그러나 이런 인간들은 은혜를 혐오스러운 것으로 만들었다. 무슨 말이냐 하면, 하나님께서는 우리에게 은혜를 가질 수 있게 의무를 부과하셨고, 행위의 실체에 따른 율법의 충족을 제외하길 원하지 않으신다. 또한 만약 율법을 주는 사람의 의도에 따라 충족되지 않는다면? 이건 이런 의미가 될 수 있다. 우리는 그렇게 할 수 있다. 우리는 은혜 없이도 율법을 충족시킬 수 있다. 그러나 하나님께서 율법을 우리에게 부과하신 것이 충분하지 않다. 그분은 여전히 또 다른 짐과 그분의 은혜를 보유해야 한다는 요구를 우리에게 부과하신다! 정말 교만하다! 정말 하나님에 대해 무지하다! 정말 율법에 대해 무지하다!"

이에 대한 더 나아간 검토는 '마음으로부터 하나님의 목적을 위해 이루어진 행위와 본성적으로 이끌려 나온 의지의 행위(*naturaliter voluntatis actu elicito*)를 통해서' 루터를 '행위의 실체에 따른' 율법의 충족에 대한 스콜라 학파의 가르침으로 이끈다.[59] 루터는 이에 대해 강력하게 부인하고 인간은 율법을 지킬 수 없다고 주장한다. 그리고 그는 인간의 정당함이 그리스도의 의가 그에게 전가됨으로 이루어진다고 확신하며 말한다. 그 결과로 그는 다시 '이끌려 나온 의지의 행위'에 대한 개념을 다룬다.[60] "많은 사람들이 게으름과 안도감에 굴복한다. 왜냐하면 그들은 성 아우구스티누스가 말한 것에 의존하기 때문이다. '의롭게 되길 원함은 의로움의 큰 부분이다'"(루터가 여러 번 인용한 아우구스티누스의 편지 중 하나에[61] 이런 말이 있다). "그래서 그들(즉, 오캄주의자들, 특히 다이이와 비엘)은 '원함'을 아주 작은 '의지에서 이끌려 나온 행동'이라고 구분했고 이것은 곧 더 나아가 조각난다."

루터가 도달한 결론은(우리는 아우구스티누스의 문장을 그렇게 해석하는 것에 그가 동의했고 바울의 의도라고 본다는 것을 주목해야 한다)[62] "의롭게 되길 원하는 것은 의로움의 큰 부분일 뿐 아니라 이생에서 우리가 가질 수 있는 모든 의로움이다. 그렇지만 이 '원함'은 우리가 지금까지 얘

---

59. *WA* 56, 279, 15.
60. *WA* 56, 280, 10.
61. Augustine, *Ep.* 127, 5.
62. *WA* 56, 280, 14.

기해 온 자발성이 아니다. 오히려 사도가 마음에 두고 말한 것은 '원함은 내게 있으나 선을 행하는 것은 없노라'이다. 우리의 현재 삶은 우리가 의롭게 되길 원하는 시간이다. 그러나 결코 이루어지지 않는다. 이것은 오직 다가올 삶에서 일어날 수 있다. 그러므로 '원함'은 의를 사모하는 우리의 모든 능력, 노력, 기도, 행위, 열정을 설명한다. 그러나 아직 우리가 될 것의 소유는 없다. 성 아우구스티누스가 많은 저서들에서 이에 대해 아주 적절하고 충분히(locupletissime) 쓴 것을 읽어보라. 특히 「율리아누스 반박」 2권에서 성 암브로시우스(Blessed Ambrose), 힐라리우스(Hilary), 키프리아누스, 크리소스토모스, 바질리우스(Basil), 그레고리오스, 이레나이우스(Irenaeus), 레티티우스(Retitius), 그리고 올림푸스(Olympus)를 인용했다."[63]

루터는 아우구스티누스를 스콜라 학파에 반대하는 그의 편으로 평가했다. 루터는 그들 역시 다소 아우구스티누스 학파인지 알아차리지 못했다. 그는 반 펠라기우스의 글들에 호소했다. 그러나 스콜라 학자들은 아우구스티누스를 교부로서 고려했다. 사람이 하나님께로 올라갈 수 있다는 것과 그의 성직자로서의 태도와 성례의 치료하는 능력에 대한 그의 자신감에 따라, 신플라톤 인본주의(Neoplatonic humanism)와 열을 같이하는 그의 사상들을 강조했다.

루터는 아우구스티누스의 말 "의롭게 되기를 원함은 의로움의 큰 부분이다"를 이것이 이생에서 결코 충족될 수 없는 사모함을 가리킨다고 이해했다. 그러나 스콜라 학자들은 인간은 의롭고자 원하는 한, 그들이 또한 의롭게 될 수 있는 능력이 있다고 해석했다. 루터는 복음에 대한 바울의 이해의 측면에서 아우구스티누스를 읽었다. 그리고 그는 스콜라 학자들의 펠라기우스주의에 대항하여 싸울 때, 아우구스티누스의 가르침에 주로 의존했다. 그리고 그는 율법과 복음의 차이를 이해하는 데 실패한 그들에 대하여 혹평할 때 자신이 그와 뜻이 맞는다고 믿었다.

이제 우리는 루터가 이 강의에서 아주 단호하고 맹렬히 비판하며 맞선 스콜라 학파 신학자들을 알아보는 것이 매우 중요하다. 중세 시대 학파들의 관습에 따르면, 그

---

63. 1516년 10월 16일 스팔라틴(Spalatin)에게 보내는 편지에서 루터는 아우구스티누스의 반 펠라기우스에 대한 글들의 명단을 작성했다. 그리고 여기서 열거한 동일한 신학자들의 이름을 말했다. 에라스무스는 바울과 아우구스티누스를 더 잘 이해하기 위해서는 여기 나온 모든 저자들에 대해 읽어야 한다고 강조했다.

는 그가 동의하거나 반대하는 저자들의 이름을 드물게 거론했다. 그는 '스콜라 학파 신학자들', '형이상학 신학자들', '미묘한 박사들', '최근의 박사들', 또는 '우리의 신학자들' 등으로 기꺼이 언급했다. 그는 오직 두 명의 중세 시대 신학자들을 직접적으로 인용했다. 베르나르와 피에트로 롬바르도 두 사람 중 특히, 전자에 대해서 그는 자신이 호의적이라고 생각했다. 왜냐하면 그들의 가르침을 성경적이고 아우구스티누스의 것처럼 여겼기 때문이다. 베르나르에 대해서 그는 그의 신비주의에 대해서뿐 아니라 죄의 용서에서 개인의 믿음에 대한 그의 가르침 때문에 애착을 가졌다.[63a]

소위 최고 스콜라 학자들 중의 아무도 던스 스코투스 외에 특별히 언급된 사람은 없다. 그러나 오직 한 번 루터가 그를 언급한 것도 성례와 관련해서 '사실상의 의도' (intentio virtualis)의 개념을 인용하는데, 이에 대해 루터는 신랄하게 비판적이었다. '토마스 주의자들과 스코투스주의자들 그리고 다른 학파들(sectae)'을 암시하는 것으로 여겨지는 것 외에 토마스 아퀴나스에 대한 직간접적인 언급이 없다.[64] 그 인용을 하는 본문에, 루터는 성자들, 교부들 그리고 창시자들을 모방하고 오직 영적이지 않은 면에서만 그들의 흉내를 내는 데 성공한 그 수도자들을 비판한다.[65] 그리고 그는 계속해서 말했다. "토마스주의자, 스코투스주의자 그리고 다른 학파들은 같은 종류로 그들의 창시자들의 글과 말을 떠받드는 방식의 판단력을 보인다. 그들은 그들의 뒤에 있는 성령의 질문들을 무시하기 때문이다. 그들은 심지어 그들이 숭배하는 이런 사람들에 대한 과도한 열성으로 성령을 소멸시킨다."

여기서 루터는 아마도 자신이 속한 학파, 오캄주의자들을 생각한 것 같다. 그들은 그가 스콜라 학파를 공격할 때 염두에 둔 자들이다. 그가 반대하는 견해는 주로 피에르 다이이와 가브리엘 비엘이며, 또한 오캄과 던스 스코투스(우리 주석들이 보여 주듯이)주의자들, 그의 스승들인 에르푸르트, 조도커스 트루베터(Jodocus Trutvetter), 바르톨로뮤 아르놀디(Bartholomew Arnoldi of Usingen), 요한 폰 팔츠(John von Paltz), 그리고 요한 나틴(John Nathin)

63a. *WA* 56, 369, 28.

64. 피커는 루터가 토마스 아퀴나스가 그의 논평과 연관 지어 준비한 것에 따라, 바울의 서신서의 개요에 가깝게 이해한다고 보았다. Ficker(ed. 1908, LIII).

65. *WA* 56, 335, 26.

이다.

우리는 여기서 놀라운 사실에 대면하게 된다. 스콜라 학파를 비판하면서 루터는 그가 속한 학파와 그가 훈련받았던 신학자들에 반대한다는 것이다. 신학적 논쟁의 방식에서 볼 때, 그는 그의 평생에 오캄주의자로 남았다. 이 강의들에서 그의 정신의 근원 '현대주의자'는 그의 심리적 관점[66]에서 하나님과 세상에 대한 일반적인 관점이 분명하다. 그리고 특히, 단어와 용어의 적합한 의미를 이해하는 데 그리고 그것들을 어원상 의미에 따라 해석하는 데 관심이 있었다는 점에서도 그렇다. 그러나 그가 의인에 대한 바울의 교리에 새로운 이해를 얻게 된 것과 연관된 복음을 재발견했을 때, 일반적으로 스콜라주의를 그리고 특별히 오캄주의를 급진적으로 무너뜨렸다. 우리는 만약 오캄주의가 그에게 부정적이 아닌 긍정적인 영향을 끼쳤다는 사실을 발견했을 때 놀라지 않을 것이다. 다시 말해, 스콜라주의 신학 중 주로 특정 교리에 대한 그의 직접적인 비판은 그의 신학적 통달의 가르침의 특징이었다. 그는 그의 사고가 오캄주의 특성의 역점과 주제에 의해 결정되고 물들게 두었다.

로마서 강의는 그가 스콜라주의에 반대하는 것이 무엇인지 분명하게 보여 준다. 첫 번째, 그가 오류(fallacious)(fallax)[67]라고 한 아리스토텔레스의 형이상학과 윤리학과 철학을 통해 기독교 복음을 해석하였다. 그는 이것들이 '은혜에 대한 최악의 적'이라고 믿었다.[67a]

루터는 이 철학에 대한 비판을 로마서 8:19을 인용하여 인상 깊게 표현했다. "피조물이 고대하는 바는 하나님의 아들들이 나타나는 것이니." 그는 부분적으로 썼다.[68] "사도는 심각하게 철학적인 이야기를 한다. 그리고 형이상학자들과 철학자들과는 다르게 이 세상의 것들에 대해서 생각한다. 그는 그들이 하는 방식과 다르게 이해한다…. 그는 피조물의 '본질'에 대해서, 그것들이 '운용되는' 방식 또는 그들의 '행위' 또는 '활동 부족' 그리고 '움직임'에 대해 말하지 않는다. 그러나 새롭고 이상한 신학적

---

66. 즉, 그는 기본적으로 *intellectus*와 *affectus* 사이를 구분했다. 멜란히톤(CR 6, 159)은 루터의 오캄주의에 대해 보고한다. "*Huius acumen anteferebat Thomae et Scoto. Diligenter et Gersonem legerat.*"

67. *WA* 56, 349, 23.

67a. *WA* 1, 226, 10: "*Tota fere Aristotelis Ethica pessima est gratiae inimica.*"

68. *WA* 56, 371, 2.

용어를 사용하면서 그는 '피조물의 기대'에 대해서 말한다…. 그러나 얼마나 깊이 그리고 고통스러울 정도로 범주들과 본질들을 따라잡을 수 있을까. 얼마나 많은 어리석은 견해들이 형이상학으로 우리를 흐리게 만드는가! 우리가 그런 불필요한 연구들로 우리의 귀중한 시간을 낭비하고 있다는 것을 언제 깨달아 알게 될 것인가! 정말로 나는 내가 주님께 이 의무, 철학에 맞서 외치는 것과 성경으로 돌아서게 된 것에 관해서 빚진 자라는 것을 믿는다…. 나는 이러한 연구들의 고역 속에 있었다. 아, 많은 세월 동안 이것에 지쳤고 오랜 경험을 기반으로, 이것이 헛된 공부였고 영원히 지옥에 떨어지는 벌에 처하는 것이다…. 이런 연구들로부터 우리는 옮겨졌고 예수 그리스도와 '그분의 십자가 달리심'[69]을 배우는 좋은 때이다."

스콜라주의에 대한 루터의 또 다른 반대는 철학에 대한 반대와 밀접히 연관되어 있다. 그는 *Nichomachean Ethics*에 나타난 "우리는 의로운 행위에 의해서 의롭게 된다"[70]는 아리스토텔레스의 견해에 동의하는 스콜라 학파에 의해서 설득되었다. 이것에 반대하여 루터는 그의 주석에서 여러 번 진술하는 명제를 제기하였다(그리고 사실, 그는 그의 직업 가운데서 그 입장을 고수하였다). "우리는 의로운 행위를 통해서 의롭게 될 수 없다. 그러나 우리가 의롭다면, 의로운 행위를 행한다."[71] 로마서 강의에서 로마서 1:17에 대한 짧은 논평으로, 그는 이 견해를 처음으로 소개한다. 아리스토텔레스에 대항하여 아우구스티누스를 인용하고, 그의 스콜라 학파에 대한 발언을 지적하면서 그는 '의인'을 예리하게 구별하였다. (그들이 스스로 그리고 그들의 동료 이전에 의인이라는 면에서) '하나님의 의'로부터(그것을 인하여 복음 안에서 믿음을 통해 그들은 의롭게 된다), 다시 말해 그는 인간은 항상 의롭게 만들어져야 하는 존재이며, 만약 스스로 의롭다고 생각한다면 그들은 불의하다는 것이다.

이것이 여기 로마서 강의에 나오는 인간의 단언과 구원에 대한 견해인데, 이것을 루터는 그의 독자들이 거의 피곤할 지경까지 보여 준다.

---

69. 이로 보아 루터는 철학에 결코 매력을 느끼지 못한 것 같다. 그는 1509년 3월 17일 그가 비텐베르크대학에 강사로 있을 때 아이제나흐(Eisenach)에서 사제로 있는 그의 친구 요한 브라운(John Braun)에게 썼다. "나의 공부들 중 특히, 철학은 너무 가혹하다. 그래서 처음부터 기쁘게 신학으로 바꿨다. 신학은 땅콩의 알맹이와 곡식 중의 낟알 그리고 뼈 중에서 골수를 끝까지 찾아낸다"[*WA, Br* 1, 17, 4; 참고 P. Smith, *Luther's Correspondence* (Philadelphia, 1913), I, 24].

70. *Eth. Nicom.*, II, 1 (Penguin ed., tr. by J. A. K. Thompson), 56. 이 요점은 루터가 그의 비판에서 나타낸 것처럼, 아리스토텔레스의 *Ethics*에서 매우 중요한 것은 아니다.

71. *WA* 56, 255, 19. 참고 *WA* 1, 226: "*No n'efficimur iusti iusta operando' sed iusti facti operamur iusta.*"

우리가 이미 언급한 것처럼, 주로 인간 본성에 대한 개념이다. 그는 자신이 오캄주의에 불일치한다는 것을 발견했다. 1516년 10월 초에 로마서 강의[72]를 막 끝마치고, 그의 친한 친구인 요한 랭(John Lang 그는 비텐베르크에서 1511년부터 1516년까지 그리스어와 해석을 가르쳤고, 루터의 뒤를 이어 작센의 아우구스티누스 학파 교구 목사가 되었다)에게 보낸 편지에서 말했다.[73] "나는 가브리엘 비엘이 무엇을 말하는지 알고, 또 은혜, 사랑, 소망, 믿음 그리고 덕을 다루는 것만 제외하고 모두 다 훌륭하다고 생각한다. 그가 펠라기우스주의와 함께 스코투스주의로 설명한 것을 연장하여 지금 편지로 다 설명할 수 있다." 이러한 말들은 루터가 비엘과 스코투스(물론 오캄도)를 펠라기우스 학파로 간주했음을 보여 준다. 그는 그들이 성경적인 관점의 구원에 대해서 타협할 수 없는 인간 본성에 대한 견해를 고수한다고 믿었다. 특히, 그의 분노를 일으키는 두 개념, 그가 자주 열정적으로 격렬하게 벌이는 논쟁이 로마서 주석에 나온다. (1) 인간은 은혜와 별개로 자신의 본질적인 능력으로 하나님을 다른 모든 것들보다 사랑할 수 있다는 가르침과 (2) 은혜 아래에서, 즉 스며든 은혜의 습관의 미덕으로 인간은 의를 행할 수 있고 그에 따른 이익도 얻을 수 있다는 가르침이다.

루터는 각각의 경우가 의인이 되려는 필요뿐 아니라 그 실현이 그리스도 안에서 하나님의 은혜를 부인한다고 확신한다. 이런 이유로 루터는 오캄주의자들을 분노한 어조로 '사우테올로겐'(Sautheologen)이라고 규정하는데, 이 말은 '기독교 복음을 혼란에 빠뜨리는 자들'이라는 뜻이다. 또한 루터가 여러 번 참지 못하고 '의인'(iustitiarii)이라고 비판하는 자들이 있는데, 이들은 스스로 정의나 의로움을 이룬 척 위선을 떠는 자들로 '율법가'(justiciars)라고 한다. 이들은 '도덕주의자'이며 '공로주의자'이다. 왜냐하면, 이들은 도덕이나 의를 법률가가 정의라는 개념을 다룰 때와 동일한 방식으로 이해하기 때문이다.

스콜라주의의 가르침에서 이런 기본적인 요점들은 교리를 암시하며, 또한 루터의

---

72. *WA, Br* 1, 66, 3: "*Cum Scoto suo, quantum pelagizet Gabriel.*"

73. 이러한 말들은 루터 자신이 가브리엘 비엘에게서 은혜를 입은 정도를 알 수 있게 보여 준다. 그리고 이것은 놀랄 일이 아니다. 우리가 이미 언급했다시피 그는 비엘의 저서의 많은 부분을 외워서 알고 있다(멜란히톤에 따르면). 그럼에도 불구하고 그는 비엘이 그리스도인의 믿음에 대한 주요 교리를 잘못 이해하고 있다고 확신했다. 참고 Paul Vignaux, *Philosophy in the Middle Ages* (Meridian Books, Inc., 1959), 213.

반대를 일으켰다. 가장 먼저, 행위의 실제에 따라서(quoad substantiam facti) 하나님의 율법을 충족하는 것과 율법의 제공자인 하나님의 의도에 따른 것(ad intentionem precipientis) 사이의 구별이 있다. 이것은 던스 스코투스와 특히 오캄과 비엘[74]의 글에서 찾을 수 있는 교리이다. 이것은 인간이 그의 능력으로 하나님의 진정한 사랑을 성취할 수 있으나 그런 방식으로 영원한 생명은 얻지 못한다는 것을 암시한다. 이런 이유로 초자연적인 은혜가 필요하다. 루터는 이 자연과 은혜의 조화를 거부했다. 왜냐하면 은혜가 마치 율법에 더해진 하나님의 새로운 '강청'이나 요구로써 설명된다고 느꼈기 때문이다. 게다가 이 모든 것은 그에게 펠라기우스 같은 가르침처럼 보였다. 로마서 강의에서 그는 오캄(인간이 은혜를 떠나서 선한 행위를 할 수 있다고 정말로 가르쳤다)이 급진적인 관점을 진전시킴으로써 펠라기우스주의를 피하려고 노력했다는 사실을 고려하지 않는다. 아무 인간의 행위도 칭찬받을 수 없다. 즉, 인간이 행한 덕으로 영원한 생명을 얻는 것, 그가 은혜 아래 혹은 떠나서 있는 것과 상관없이, 오직 하나님께서 자유롭게 받아들이시는 것에만(est in libera acceptatio divina) 구원의 공로가 있는 것이다.[75]

확실히 인간은 자신의 이점이나 행동이 아닌 하나님에 의하여 하나님께 받아들여질 수 있다는 두 사람의 주장에서는 오캄과 루터 둘 다 어떤 연대감이 있음을 발견할 수 있다.[75a] 그러나 루터는 오캄처럼 결코 신성과 인간의 자유를 강조할 수 없었다. 게다가 그는 종교에서 도덕을 떼어 내는 오캄을 따를 수 없었다. 그는 하나님이 그분의 율법의 실천을 요구하시는 엄청난 힘을 단언했다. 그리고 그는 교직에서 이 신념을 꼭 붙들었다. 인간의 미덕이 아니라 하나님의 자비이며 그것이 율법의 실천의 조건이다. 그는 하나님께서 죄인을 자비로 의롭게 하시고 받아들이신다고 말하

---

74. 참고 Duns Scotus, III *Sent.*, *d.* 27, *q.* *un.*, *n.* 13; Ockham, III *Sent.*, *q.* 8B; Biel, II *Sent.*, *d.* 28K. 홀(Holl)의 *Ges. Aufs.* I, 171ff.에 있는 토론을 보라. 또한 보라. Iserloh, *Gnade und Eucharistie*, 129f.

75. 참고 Ockham, I *Sent.*, *d.* 17, *q.* 2E: "*Dico primo quod actus meritorius necetiam actus charitatis excedit totam facultatem naturae humanae, quia omnis actus charitatis quem secundum communem cursum habemus in via et eiusdem rationis cum actu ex puris naturalibus possibilis et ita illa actus non excedit facultatem naturae nostrae. Verum illum actum esse meritorium non est in potestati naturae humanae. . . sed est in libera dei acceptatione.*"

75a. 참고 루터의 로마서 4:3-4에 대한 주석에서. 그는 바울이 인용한 ("아브라함이 하나님을 믿으매 그것이 그에게 의로 여겨진 바 되었느니라") 창세기 15:6의 "여호와께서 이를 그의 의로 여기시고" 말씀은 오직 하나님의 자유로운 받아들임이고 믿는 자의 자격이 아니라고 표현한다. ("*solam gratuitam Dei acceptationem*") (*WA* 56, 41, 23).

는 복음을 이해했다. 즉 용서를 통해서 그를 의롭게 만드신다. 그러므로 그가 하나님의 받으심(*acceptatio*)에 대한 오캄의 가르침을 특별히 다룬 것은 놀랄 일이 아니다. 그의 *Disputation Agaist Scholastic Theology*의 56번째 논문에서 오캄을 겨냥해서, "하나님은 의롭게 하시는 은혜를 떠나서 인간을 받아들이실 수 없다"고 말한다.[76]

그는 오캄주의자들의 신학 교리를 거부하며, 또한 그의 자연적인 도덕 감각(*facere quod in se est*)에 따른 행동에 의해 인간은 하나님 앞(*meritum de congruo*)에서 자격을 얻을 수 있다고 한다. 그리고 한 번 그가 은혜를 소유하게 되면(성례를 통해서), 그는 사랑하는 하나님에 대한 그의 영혼의 행동에서 '끌어낼 수 있고' 또는 선한 행위를 하는 '선한 의도'를 만들어 낼 수 있다는 용납할 수 없는 가르침을 발견했다. 선을 행하는 인간의 능력(*facere quod in se est*)에 대해서 그리고 선한 일을 위한 인간의 성례의 조건적인 가능성(*actus eliciti*와 *bonae intentiones*에 관한 교리)에 관한 이런 가르침은 로마서 강의에서 그의 반복된 논쟁이 보여 주는 것처럼 그의 분노를 일으켰다. 왜냐하면 그가 판단하기에 이런 가르침을 제기하는 사람들은 인간의 죄 반면에 그의 선을 행하는 무능력과 하나님의 주권 즉, 그의 자유에 따라 주시는 자비와 은혜의 완전한 충분함에 대해 심각하게 받아들이지 않기 때문이다.

만약 우리가 무엇이 루터가 스콜라 학파의 신학에 맞서는 비판을 제기하는 동기를 유발했느냐고 묻는다면, 우리는 (이 주석에 있는 그의 진술에 따라서) 대답해야 한다. 그는 이 신학 밑에 깔려 있는 종교의 반종교적인 가장(*affectation*)으로써의 경건함으로 평가했다(칼뱅의 구절을 사용했다).[76a] 왜냐하면 그가 생각하기에 하나님의 동기가 아닌 인간 자신의 동기에 의한 하나님을 향한 인간의 사랑이 반영하는 영원한 행복에 대한 관심으로 나타나 있다. 루터는 인간이 영원한 행복을 추구하는 것을 통해 이런 방식으로 하나님을 사랑하는 것을 '*amor concupiscentiae*', 즉 '탐내는 사랑' 혹은 '이기적인 사랑'이라고 부른다.

예를 들어, 그는 "나의 형제 곧 골육의 친척을 위하여 내 자신이 저주를 받아 그리스도에게서 끊어질지라도 원하는 바로라"(롬 9:3)고 하는 바울의 진술과 관련하여,

---

76. *WA* 1, 227: "*Non potest deus acceptare hominem sine gratia justificante.*" (*Contra Occam*.)
76a. 참고 John Calvin, *Institutes of the Christian Religion*, II. viii. 5: "*irreligiosa religionis affectatio.*"

"우리는 이 말씀이 스스로 거룩하다고 여기고 탐내는 사랑으로 하나님을 사랑하는 자들에게 이상하고 심지어는 어리석어 보인다는 것을 주목해야 한다. 즉, 지옥을 피하기 위한 목적과 그들의 구원과 영원한 쉼이 목적인 사람들, 다시 말해 하나님의 목적이 아니라 자신의 목적을 위하는 사람들이다. 정연된 사랑(*caritas ordinata*)은 자기애에서 시작되고 모든 사람들은 먼저 자신의 구원을 갈망한 이후에 자기 자신의 것을 갈망하는 것과 같은 방식으로 이웃의 것을 갈망한다고 횡설수설하는 자들의 것이다…. 그러나 사실 축복받는 방법은, 모든 것에서 하나님의 뜻과 하나님의 영광을 추구하며, 이생에서든지 다가올 삶에서든지 자신을 위한 것을 구하지 않는 것이다."[77]

이 마지막 문장은 루터의 근본적인 종교와 신학의 개념을 진술한다. 우리가 신비주의에 의해 부분적으로 감동되어서 이해하지 않는 한, 우리는 이것을 완전히 이해하지는 못한다. 그러므로 우리는 루터가 그의 강의를 준비하면서 의지한 다른 자료들을 찾아야 한다. 우리는 그가 여기서 디오니시오스 아레오파기테스에 의존했다는 것을 알 수 있다(이후 루터는 그를 혐오한다). 특히, 인간은 오직 하나님을 '부정의 방법'(*via negationis*)으로 생각할 수 있다는 주장, 그리고 그는 오직 그를 그 자신으로부터 꺼내는 황홀을 통해서만 하나님께 다가갈 수 있다는 주장이다. 그러나 우리는 특히 얼마나 그가 여기서 강하게 타울러의 영향 아래에 있는지 주목해야 한다(그의 강의에서 단 한 번만[78] 그를 언급했으나 확신하건대, 최고의 찬사일 것이다).

루터에게 신비주의자들(그들 중에 *German Theology*의 저자와 슈타우피츠를 언급해야 한다. 그 자신의 고백에 따르면 루터는 그에게 많은 은혜를 입었다고 한다)의 의미는 슈타우피츠에게 보낸 1518년 3월 31일 편지에 매우 잘 진술되었다. 그 편지에서 그가 일반적으로 묵주와 선한 행위를 비난한다는 어떤 혐의에 대해서 스스로를 변호한다. 또한 이 편지는 스콜라주의를 향한 루

---

77. *WA* 56, 390, 23. 루터가 기억하고 있는 '횡설수설하는 자들'이 여기서 던스 스코투스(III *Sent.*, d. 29, q. un.)와 가브리엘 비엘 (III *Sent.*, d. 29, q. un., a. 2)로 나타났다. 참고하라. 로마서 5:5에 대한 그의 주석에(*WA* 56, 307, 28) 다음과 같이 썼다. "하나님의 선물을 동기로, 인간의 이익을 목적으로 하나님을 사랑하는 것은 매우 값싼 사랑이다. 즉, 그분을 이기적으로 사랑하는 것이다 (*concupiscentia eum diligere*)." 그리고 루터는 덧붙였다. "이것은 하나님을 이용하는 것이지, 그분을 즐거워하는 것이 아니다." 이 말과 개념은 아우구스티누스의 것이다. 그러므로 아우구스티누스는 스콜라 학파에 대항하기 위해 언급되었다. 루터는 그의 비판이 아우구스티누스에게 적합하다고 받아들인 것으로 보이지 않는다.

78. *WA* 56, 378, 13.

터의 태도의 중요한 측면을 밝히 반영한다. 그는 "이제 내가 끝낸 것은[79] 내가 타울러의 신학과 당신이 최근에 크리스티안 듀링(Christian During)에게 인쇄해 준 그 책들[80]의 신학을 따른다는 것이다. 내가 그 사람을 예수 외에 어떤 것도, 그들의 기도자들, 또는 이익들, 일들이 구원할 수 없다. 우리는 우리의 노력이 아닌 하나님의 자비로 구원을 받을 수 있기 때문임을 가르쳤다(롬 9:16)…. 내 상대자들이 스콜라주의 박사들부터 나를 증오해서 안달이 났다. 왜냐하면 내가 교부들과 성경을 그들보다 선호하기 때문이다…. 나는 스콜라 학파에 대해, 그들이 하는 것처럼 눈을 감고 읽은 것이 아니라 비판적으로 읽었다…. 나는 그들이 말하는 모든 것들을 거부할 뿐 아니라 동의하지도 않는다…. 만약 던스 스코투스, 가브리엘 비엘 그리고 그들과 같은 다른 사람들이 아퀴나스로부터 반대하는 권리를 가졌다면, 만약 결국에 토마스주의자들이 모든 사람들을 반박하는 권리를 가져서 스콜라 학자들 중에서 많은 학파들이 각자의 머리만큼, 머리에 있는 머리카락만큼 있다면 왜 그들은 다른 사람들에 맞서는 것과 동일한 권리를 사람들에게 허락하지 않는 것일까?"

그러므로 루터는 스콜라주의가 연합된 신학적 영역을 대표하지 않는다는 것을 알았다. 그러나 또한 교황의 권한과 위계질서를 통한 로마 교회도 그 구성원들의 사상에 균일설의 권위주의(uniformitarian authoritarianism)를 주입하는 경향이 있었다. 그가 이 편지를 쓸 때 그는 알아차리고 있었을 것이다. 그렇지만 그는 중세 학자들이 가르치고 실천하는 종류에 대한 논쟁을 생각했다. 정말로 그의 생애 동안 '논쟁'의 방법을 이용했다. 이것은 그가 다른 사람들과의 입장에서 자신의 동의와 의견 충돌을 발달시킬 수 있게 했다. 그의 학문적인 훈련의 미덕과 개인적인 의향으로부터, 그는 다른 사람들의 가르침에 대해서 '예'뿐 아니라 '아니오'라고 말할 수 있는 변증법적 사상가였다.

그러므로 오캄주의자의 교리의 어떤 부분에 대한 반대가 다른 부분에 대해서 그가 찬성하는 것을 막지 못했던 것과 같다. 그래서 그의 타울러에 대한 진심어린 동의는 타울러의 모든 견해를 그가 받아들인다는 의미가 아니다. 우리가 이후의 세대로서 쉽게 알 수 있는 것처럼, 비록 그가 중세 시대 신비주의 신학자들의 깊은 영향

79. *WA, Br* 1, 160, 8 (Smith, *Corr.* I, 78). 슈타우피츠에게, 1518년 3월 31일.
80. 아마도 그루넨베르그(Johann Grunenberg)가 비텐베르크에서 출간한 *German Theology*의 완성본.

을 받았지만, 그의 권리에 대해서는 신비주의적인 데는 없었다. 그는 그들로부터 체념(resignation)과 수도원의 훈련이 유도한 것보다 더 개인적인 인간에 대한 이해를 배웠다. 게다가 그들[베르나르, 생 빅토르의 위그(Hugh of St. Victor), 디오니시오스, 제르송(Gerson) 그리고 특히 타울러]은 그에게 언어와 종교적인 헌신에 대한 연설을 가르쳤다. 그는 오랫동안 타울러에게 그의 전체 종교에 대한 결정적인 것을 빚졌다고 생각했다. '나는 다른 스콜라 학자들보다 혼자 타울러에게 더 많이 배웠다.' 그는 1519년 1월 7일에 에크(John Eck)에게 썼다.[81] 거의 2년 전에 그는 이후 인문주의에 심취하게 될 그의 친구 스팔라틴(Spalatin)에게 타울러의 설교집을 읽기를 촉구했다. 루터 스스로 그 책을 주의 깊게 연구했고, 이득을 얻었다. '당신의 모든 능력으로' 그는 책망했다.[82] "타울러의 설교집을 잡아라…. 이 책에서 당신은 우리의 나이에 배우는 것이 얼마나 강철 아니 토기인지, 그리스어, 라틴어 또는 히브리어를, 이 진짜 경건함을 배우는 것과 비교해 봐라."

여기서 루터가 기억하고 있는 것은 아마도 모든 자기 의의 포기인 것 같다. 이 '배움'은 그가 로마서를 가르칠 때, 그 자신이 그의 학생들과 소통하기 위해 노력했다는 것이다. 그가 이해한 '진짜 경건함의 배움'을 한때 *contubernalis*, 즉 수도원 동료였던 조지 스펜라인(George Spenlein)에게 보낸 1516년 4월 8일(당시 그는 여전히 로마서 작업을 하느라 바빴다) 편지에 매우 잘 서술하고 있다. 정말로 그가 기록한 대로 그의 강의의 기본적인 사상을 잘 설명한다.[83] "이제 나는 당신의 영혼이 자신의 의에 지쳤는지 알고 싶다. 나는 호흡과 그리스도의 의에게 비밀을 털어놓는 것을 배우고 싶다. 요즘에 추정이 특히 자신의 능력으로 의롭고 선하게 되길 시도하는 사람들을 괴롭히기 때문이다. 그들은 그리스도 안에서 가장 풍부하고 자유롭게 주어지는 하나님의 의를 모른다. 그래서 그들은 자신의 덕과 이득으로 꾸며서 하나님 앞에 설 수 있을 때까지 스스로 선을 행하길 추구한다. 그러나 이것은 분명히 이루어질 수 없다. 당신 스스로 이 견해 아니 오류에 있었다. 나도 그랬다. 그리고 심지어 지금도 나는 이 오류에 맞서 싸우고 있고, 아직도 정복하지 못했다. 그러므로 나의 사랑하는 형제들이여, 그리스도를 배

---

81. *WA, Br* 1, 296, 24 (Smith, *Corr.* I, 147). 에크에게, 1519년 1월 7일.

82. *WA, Br* 1, 96, 21 (Smith, *Corr.* I, 56). 스팔라틴에게, ca. 1517년 5월 6일.

83. *WA, Br* 1, 35, 15 (Smith, *Corr.* I, 34). 조지 스펜라인에게, 1516년 4월 8일. 참고 *WA* 56, 204, 14의 비슷한 진술.

우자. 그분의 십자가에 달리심과 그분을 향해 기도하는 것 그리고 자신을 포기하는 것을 배우자. '주님, 예수님, 당신은 나의 의로움이십니다. 그러나 나는 당신의 죄입니다. 당신이 아닌 것을 제게서 제거하시고 제가 아닌 것을 저에게 주십시오.' 당신 스스로에게 보이고자 원하는 또는 죄인으로서 순전함을 열망하는 것을 조심하라. 그리스도는 오직 죄인 안에 거하시기 때문이다. 이런 이유는 그분이 천국에서부터 내려오셨기 때문이다. 그분은 의로움 안에 거하시며, 또한 죄인 안에 거하신다. 그분의 사랑에 대해 생각해 보라. 그리고 당신은 이것이 얼마나 아름답게 당신을 평안하게 하며 지탱해 주는지 보게 될 것이다. 만약 오직 우리 자신의 노력과 분투로 우리의 고요한 양심을 성취할 수 있다면, 그분은 무엇을 위해서 죽으셨나? 그러므로 당신은 오직 그분 안에서, 믿음 안에서, 자기 자신 안의 절망과 자기 자신이 하는 일들 안에서 평안을 찾을 수 있다(*per fiducialem desperationem tui et operum tuorum*). 그러므로 당신은 그분이 당신을 선택했고 당신의 죄를 그분의 것으로, 그분의 의를 당신의 것으로 만들었다는 것을 알게 될 것이다."

'진정한 거룩함을 앎'– 이것은 삶의 신비적인 방식을 묘사하는 용어이다. 그러나 또한 수도자의 일을 특징짓는다. 이제 우리가 사도 바울의 신학에 대한 그의 설명을 따르는 것은 수도자인 루터인 것을 생각해야 한다. 계속해서 우리는 그가 그의 생각을 종교의 관습– *religiosus*, 수도자의 흐름에 따라 겨냥하는 것을 본다. 정말로 우리는 여기에서 수도자가 수도자에게 말하는 사실을 또렷하게 알게 되었다. 우리는 루터가 선교와 수도자의 생활에 대한 시행착오에 대해 그의 청중들과 토론하는 것을 알 수 있다. 그가 예배식과 아우구스티누스 학파의 성무 일과서에서부터 그의 설명까지 구절들을 짜내는 것을 알 수 있다. 우리는 그가 시편, 수도자들의 기도책을 인용하는 것을 들을 때, 어떻게 그의 모든 사고가 그리스도인의 교리와 예배 면에서 시편의 경건함으로 만들어졌는지 깨닫게 된다. 그러나 수도자 생활과 훈련이 그의 사고에 끼친 영향의 결정적인 증거는 그의 반복되는 서술과 종교적인 헌신의 몇 가지 방법에 대한 분석 그리고 그의 헌신의 현역에 관한 많은 정의들이다. 그는 자신과 동료 수도자들을 예리하게 관찰해 온 것으로 보인다. 반면에 그는 자기만족의 교만에서부터 번민으로 가득 찬 절망까지 또는 극도로 비참한 겸손부터 의기양양한 자유 감각까지 종교에 대한 미덕의 넓은 범위, 종교적인 부조리에 대해 모든 면에서 매우 실제적으로 말할 수 없었다. 종교적인 생활에 대한 그의 많은 해석이 감동적이고 가슴을 뭉클하게 하는 것은 그의 영적인 실패와 승리들에 대한 자기의 경험을 분명하게 공개적으로 밝히기 때문이다.

그러나 우리는 그의 수도자 경험의 훨씬 분명한 메아리를 보여 주는 그의 사고에 대한 부분은 아직 언급하지 않았다. 수도자로서의 경험은 에르푸르트에 있는 아우구스티누스파 수도원에서 독일 신자들의 계획된 연합, 소위 법규를 잘 준수하는 수도원 생활과 수도원 또는 '느슨한' 수녀원에 대한 체제의 리더들 간의 갈등(1509–1511년)에 대한 반향이 분명하다. 에르푸르트 사람들은 엄수자들(Observants)이었다. 그들은 규율의 엄격한 시행에 저항했고 그들이 하지 않은 일에 협조하기를 거부했다. 루터는 아마도 방침과 체제가 추구해야 할 것에 대해 염려하는 그들의 관점을 공유했던 것 같다. 반면에 그는 아우구스티누스회의 규칙에 따라 최고 통치자에게 엄수자들의 관점을 펼쳐 보이는 교육받은 형제들 중의 한 사람의 *socius itinerarius*로서 로마에 보내진 적이 없다. 그러나 이 임무가 실패로 끝나게 되자 그는 그의 동료에게 자유롭게 항복하라고, 더 높은 권위에 순종적으로 따르기를 촉구했다(그런데 그 뒤 연합 계획이 포기된다). 그리고 그의 동료 수도자들과 관련된 어려운 상황에서 벗어나기 위해서, 슈타우피츠의 요청에 따라 그는 에르푸르트에서 비텐베르크로 옮긴 것인지도 모른다. 그러나 우리는 이에 대한 확실한 정보가 없다.

또한 그 자신의 종교적인 발전이 결정적으로 전체적인 논란에 영향 받은 것일 수도 있다. 그러나 우리는 역시 이에 대한 명확한 지식도 없다. 시편과 로마서 강의 노트들의 많은 구절들에서 드러내 놓고 관련된 많은 사람들에 의해 폭로된 이 수도원 생활과 종교적 태도에 대해서 다룬다. 루터는 여기에서 교구를 대표하여 그들의 윗사람들에게 말한다. 그리고 모든 형태의 일반적인 관행을 따르지 않는 것에 반대한다. 계속해서 그는 그리스도인들은 그들의 윗사람(*prelati*)에게 복종해야 한다고 요구한다. 그는 광신이라고 말할 정도로 그들의 빛(*singularitates*)에 따라서 자기들의 길을 분명하게

주장하는 '*monii*'(개인주의자들)에 대해 비난한다.[84]

　그들의 종교적인 열심과 엄격한 도덕 기준에 대한 그들의 금욕적인 관심은 그에게 바알(Baal)의 종교를 상기시켰다. 그는 "끔찍한 의와 미신적인 종교를 대표했다"(*monstrum iustitiae et pietatis supersitiosae*)고 말한다.[85] 그리고 계속해서 말했다. "둘은 오늘까지도 널리 만연하다. 그들은 유대인들, 위선자들 그리고 일반적인 관행을 따르지 않는 사람들 사이에서 발견된다. 즉, 진짜 하나님을 그들의 마음에 따라서 예배하는 그런 자만하는 개인주의자들이다. 그들의 과도한 어리석은 열심과 기이한 종교(*nimia pietate*)에서 그들은 무신론자들보다 더 나쁘다. 하나님의 목적을 위해 그들은 하나님의 대적들이다. 하나님의 두려움 때문에, 그들은 복종한다. 종교의 목적으로 그들은 신을 섬기지 않게 된다. 평화를 목적으로 그들은 평화를 거스른다. 사랑과 성스러움 때문에 그들은 질투하고 신성 모독하게 된다. 겸손 때문에 그들은 교만하게 된다."

　수도자 생활의 기준에 대한 토론과 논쟁을 통해 이런 것들을 충분히 생각해 볼 수 있다. '자비로운 하나님'에 대한 루터의 내면적인 노력은 결정과 다짐의 수준까지 밀려갔다. 이러한 대화 속에서 그 자신의 몫은 아마도 그의 마음에 기독교 복음의 이해를 유발했을 것이다. 그가 말한 이후로, 하나님의 말씀에 대한 대변자로서의 권한을 그에게 주는 복음의 재발견을 그 자신의 판단 속에서 이루었다. 그러나 우리는 이것이 기록된 문서가 없다. 그래서 이 의견을 더 추구할 수 없다. 하지만 우리가 충분히 알고 믿을 수 있는 자료에서, 루터는 그리스도 안에서 믿는 자들과 그리스도인들을 위해서, 수도자로서의 훈련과 경험을 결정적인 중요성(긍정적이며 부정적인 특징으로)의 덕분으로 돌렸다.

　또한 그의 사고에 대한 이런 관점과 연관 지어 볼 때, 우리는 루터가 자신을 비판하고 반대하게 만들었다는 것을 발견했다. 정말로 그러했다. 그는 신실하고 헌신된 수도자였다. 그러나 그는 철저함과 하나님께서 인간에게 요구하시는 것이 무엇인지에 대한 조사를 끈질기게 함으로써 수도원 생활을 초월해 왔다. 이처럼 그는 로마 가톨릭교회의 충성된 아들이었다(그리고 이 주석은 많은 면에서 로마 가톨릭 성직자들의 인상 깊은 본보기였다). 그

---

84. 엄수자들과 루터의 관련성에 대한 대부분의 논의는 홀(Holl)의 것이다(*op. cit.*, 199ff.).

85. *WA* 56, 430, 6.

러나 만약 교회 리더들의 행동을 성경의 기준과 그리스도 안에서의 믿음(*fides Christi*)으로 평가하여 잘못을 발견하는 한, 그는 그 권한에 순종적인 준수자가 될 수 없었다. 이 책들에서조차, 그는 예언적 사명의 지각으로부터 로마 교황청을 포함한 가장 높은 곳에 있는 믿음의 부패에 맞서 가차 없는 정직함으로 통렬하게 비난한다.

우리는 오캄주의 신학과 비슷하게 그가 다루는 것을 보았다. 오직 따르는 자와 열렬한 지지자가 명령할 수 있는 것에 대한 철저한 지식으로부터, 그는 그 종교적인 타당성—아니 오히려, 그것의 성경적 기독교 타당성—을 검증했다. 그리고 그것이 원하는 것을 찾아냈다. 이와 같이, 그가 위대한 신학자의 반열에 든다고 생각한 아우구스티누스에 대한 그의 깊은 애착에도 불구하고 아우구스티누스와 그 자신에게 결정적인 요소에서, 자신이 그보다 뛰어나게 됨을 발견했다. 아우구스티누스의 종교는 다소 자기실현이라는 점에 기초를 두었다. 그러나 루터의 종교는 하나님의 선물인 용서에 자유로운 믿음이었다. 그러므로 '이질적인 의'에 대한 의존은 완전한 자기 항복을 수반했다. 그리고 어떤 인간도 자신을 부를 수 없다는 자료에 의존하게 되었다.

이 종교는 루터가 거짓말과 자기기만으로 나타나는 자기 의의 어떤 형태라도 거부하게 그리고 진리를 위한 고정적인 정직을 절대 거짓이 없으신 하나님의 현현 안에서 찾도록 만들었다. 이 종교의 두 가지 근원은 예수 그리스도이며(사도 바울의 가르침에 따라 해석한 성경의 증거에 따르면) 그의 양심이다(즉, 이는 하나님 앞에서[86] 그의 존재에 대한 가장 깊은 곳에 있는 자신에 대한 지식이다).

이 강의 노트에서 그가 말하는 것처럼 루터는 다양한 가르침들과 전통들에 대한 많은 사고의 부담들로 연결되었다. 그러나 이와 동시에, 그리스도 안에 있는 그의 믿음의 통치의 미덕 안에서 그 모든 것을 초월한다.

---

86. 가장 마지막에 있는 루터의 언급을 보라. 거기서 그는 양심을 하나님 앞에 선 인간(*Coram Deo*)으로 규정했다. "우리의 양심은 우리를 부끄럽게 또한 하나님 앞에서 영광을 입게 만든다." 참고 Hirsch, *op. cit.*, Vol. I, 140.

Ⅳ. 루터의 강의의 중요성

우리는 이 강의의 중요성에 따라 모든 것을 다뤘다. 우리는 우리가 만든 몇몇 언급들을 요약하려는 시도를 하지 않을 뿐더러, 지금 모든 작품에 대한 평가와 개요를 주려고 하지 않을 것이다(그렇게 되면 도입부의 분량 제한을 훨씬 넘어설 것이기 때문이다). 우리는 몇몇 결론적인 논평에 우리 자신을 정련할 것이다. 이 작품을 제대로 이해하길 원하는 사람들에게 도움이 될 수 있을 것이다.

이 강의의 독자들은, 최근에 비텐베르크대학에서 찾은 것처럼 학생들(대부분은 아우구스티누스회의 수도자들이었다)에게 강의를 준비하면서 저술했던 16세기 전반의 성경 신학 교수 루터의 사고를 따른다는 사실을 결코 망각하지 않을 것이다.

그 학생들 중 한 사람이 루터의 강의에 대한 또렷한 인상을 우리에게 남겼다. "그는 중간 정도의 체구에 날카로움과 부드러움이 조화된 목소리를 가지고 있었다. 부드러운 톤이었지만 음절, 단어, 문장을 날카롭게 발음했다. 그는 너무 빠르지도, 너무 느리지도 않게 말했다. 그러나 속도에 있어서는 주저함 없이, 매우 명확했다. 그리고 적합한 질서로 각각의 부분이 자연스럽게 연결되어 흘러나왔다. 그는 단어들의 긴 미로 속에서 각각의 부분을 자세히 설명하지 않았다. 그러나 첫 번째 개개의 단어들 그리고 문장들, 그래서 어떻게 설명의 내용이 생기고 본문 자체에서 흘러나오는지 알 수 있었다…. 이렇게 그는 준비한 핵심적인 사항들을 책에서 취해서, 항상 바로 쓸 수 있게 강의 자료들이 준비되어 있었다. 그래서 그의 강의에는 간결하지만 함축적이거나 관련된 것이 아닌 어떤 것도 결코 포함되지 않았다. 그리고 인간의 영혼에 대한 것을 이야기하면, 만약 복음의 매우 사나운 적들이 그의 청중 속에 있었다면, 그들은 자신들이 증언하는 것에 대해 무엇을 들었는지 자백을 강요당할 것이다. 인간이 아니라 영혼이다. 그렇게 놀라운 것들을 가르칠 수 있는 것은 오직 어떤 선하거나 악한 영의 영향력으로 가능한 것이기 때문이다."[87]

로마서 강의에서 루터가 학생들에게 깊은 인상을 주었다는 것은, 그들 중 분명히

---

87. 참고 H. Boehmer – H. Bornkamm, *Der junge Luther* (Hamburg, 1939), 367, 럽에 의해 번역됨. *Luther's Progress to the Diet of Worms*, 1521 (Wilcox and Follett, 1951), 44.

많이 사용한 것으로 보이는 몇몇의 노트에서 사실로 입증된다. 일반적으로 학생들 중에서 노트들을 소중히 여기고 어떤 가치 있는 것으로 보는 학생들은 노트를 잘 간직했다! 그래서 몇 세대를 거쳐서 그런 노트들이 살아남았고 시초로부터 중요한 명성을 얻게 되었다!

그 학생들의 노트에서 발견되는 것에서 찾을 수 없는 것은 루터의 본문에도 찾을 수 없다. 이 두 세트가 다른 점이 있다면, 수업 시간에 루터가 받아쓰게 하고 말했던 것은 분명하고 간단명료한 반면, 루터가 수업을 준비하면서 기록한 것들은 다소 암중모색하며 장황하고 정황적이었다. 이것은 오직 주석에만 적용된다. 그 주석들은 그가 준비한 그대로 정확히 수업에서 전달된다. 그의 노트에서 얼마나 많은 자료들이 수업에서 가르쳐졌는지 놀랍다. 그 자신의 깊이 있는 사고와 복음에 부응하는 데 실패한 스콜라 학자들 또는 세속적인 학자들과 기독교의 능력을 공격하는 문구들이 학생들의 노트에 직접적으로 나타나 있다.

그러므로 우리는 그의 강의들을 다음과 같은 그의 설명에 따라 읽어야만 한다. 우리는 그가 학생들에게 설명해 주기 위해 사도 바울의 말들과 논쟁들을 이해하기 위해 노력한 것을 보게 된다. 다시 말해, 선생으로서의 그의 책임감으로 준비하는 연구 가운데 그는 루터의 사상들을 이 책에서 진술하였다. 이 책은 어떤 청자에게나 연설하지 않는다. 수업 시간에 학생들과 대화하기 위해 쓴 지식의 한 부분이다. 그리고 저자는 그가 쓴 그대로 책으로 출간하지 않을 것이라고 알았다. 그는 정해진 강의 시간의 압박 아래와 학문적 시간표의 한계 안에서 일했다. 그렇지만 그는 곧 자기가 가르칠 학생들에 대해 생각했다고 기록했다. 그리고 가끔씩 그는 그들에게 직접적인 호소로 쓰고 직접적으로 연설했다. 이러한 직접적인 호소와 책망은 학생들의 노트에는 나타나지 않는다. 그는 정말로 그가 생각한 대로 그리고 무엇을 말할지 계획한 대로 전달하는 것 같지 않다.

만약 우리가 이 책의 중요성을 가늠하길 원한다면, 우리는 일반적으로 매우 중요하게 여기는 요소인 출판의 평가, 즉 대중적인 독자들에게 어떤 직접적인 영향을 미치는지를 무시할 수 없다. 이 책은 쓰인 이후로 출판되기까지 400년 동안 대중에 읽혀지지 않았다! 그리고 확신하건대 이 책은 심오한 영향력을 가지고 있다. 정말로 이것은 개신교 사상과 삶에 루터 르네상스의 원천과 초점이 되었다. 이것을 통해 루터는 다시 살아 있는 영향력이 되었다. 이 사실은 왜 이 책이 매우 중요한지에 대해서 시사한다. 루터의 발전에 대해 효과적으로 보여 주는 문서이다.

이 책의 내용과 방법은 왜 1516년에 루터가 비텐베르크에서 신학적 환경에 대한 개혁의 리더가 되었는지 보여 준다. 성경 신학은 철학 신학에, 바울은 아리스토텔레스에, 성경 해석은 피에트로 롬바르도의 「명제집」(Books of Sentences)의 해석에 대치되었다. 여기 있는 이 사람은 스콜라 학파의 신학이 소득이 없는 것임을 볼 수 있는 성경 연구를 하였고, 그는 변화를 도입하는 데 매우 용감했다. 그의 말들과 사상들은 설득력이 있었다. 그는 그의 학생들뿐 아니라 그의 동료들의 지지를 얻게 되었다. 그는 사명감이 있었다. 그것이 없이는 그가 했던 것들을 이루어 낼 수 없었을 것이다. 그러나 그는 단지 그의 의무를 행하는 것이라고 믿었다. 비록 그가 받은 반응과 얻은 성과에 기뻐했지만, 그는 신학 연구와 기독교 관습에 전면적인 개혁이 필요하다고 믿었다. 그는 세계 역사의 현장에서 개혁자의 역할의 야망을 즐기려 하지 않았다.

그가 신학 연구의 개혁뿐 아니라 교회와 종교의 개혁을 요구했다는 것은 사실이다. 그러나 그는 이런 요구들을 신학 박사와 선생으로서 그의 직무와 관련하여 제기했을 뿐, 예언자의 역할을 향한 열망과 같은 것은 전혀 없었다.

바울 서신의 첫째, 둘째, 셋째 해설에서 그는 주로 스콜라주의를 비판했다. 그는 신학에 철학적인(즉, 아리스토텔레스 학파) 접근을 버릴 것을 요구했다. 마지막 세 번째에서 바울의 윤리에 대한 설명과 관련지어서, 그는 가장 높은 곳에서 자행되는 것들을 포함해서 교회의 모든 악한 관습들을 공격했다. 그리고 그는 기독교 교리의 기본적인 개혁을 주장했다. "이것은 어리석고 터무니없는 것이다"라고 적었다.[88] "오늘날 그리고 어떤 때이든지, 사치스럽게 과시하는 이런 기독교를 겉으로 구별하는 것은… 축제일, 음식, 습관 그리고 장소들을 구분하는 것을 준수함에서 행해지고 있다. 반면에 하나님의 계명과 믿음 그리고 사랑은 완전히 무시되고 있다." 또는 이웃을 사랑하라는 계명에 대해서 그는 말하기를[89] "사도의 엄청나게 중요한 가르침, 성령님의 가르침이 분

---

88. *WA* 56, 496, 4.
89. *WA* 56, 452, 2.

명한데 더 이상 관심 받지 못한다는 것은 정말로 이상하다. 대신에 우리는 대조에 의해 우리 자신이 하찮은 것에 점령당한다. 우리는 교회를 짓는다, 우리는 기독교 재산을 늘린다, 우리는 돈을 쌓아 놓는다, 우리는 더 많은 금은 장식품과 그릇을 교회에 제공한다, 우리는 오르간과 호사스러운 전시품을 설치한다. 우리는 모든 우리의 교리를 이런 종류의 행위들로 실천한다. 그리고 여기서 사도가 명령한 것에는 아주 조금도 관심을 갖지 않는다. 나는 심지어 이러한 산업들과 연관된 교만, 과시, 탐욕, 사치 그리고 야망의 괴물 같은 전시에 대해서는 언급하지도 않았다!"

이런 종류의 진술과 「95개조 논제」 사이에 직접적인 연결이 있다. 루터와 로마 교회 사이에 시작된 갈등은 결과적으로 프로테스탄트 개혁의 시작으로 이어진다. 루터는 올바른 가르침이 교회에 필요한 변화를 만들어 낼 것이라는 일관된 신념이 있었다. 그러므로 그는 1518년 초(그에 대항하는 반대가 막 시작되었다)에 에르푸르트에 있는 그의 예전의 교수이며 기독교 진리의 개념과 근원에 대한 논쟁에서 대단히 방해했던 조도커스 트루베터에게 썼다.[90] "만약 교회법, 교황의 교령, 스콜라 신학, 철학 그리고 그들이 지금 가르치고 있는, 철저하게 뿌리 없는 논리 그리고 다른 연구들이 그것들을 대신하지 못한다면 나는 교회 개혁이 불가능하다고 믿는다. 이 견해에 대해서 나는 성경에 대한 순수한 연구와 교부들의 정신이 회복되기만을 매일 주님께 요청하고 있다. 당신은 내가 논리적이지 못하다고 생각할 것이다. 아마도 그럴 것이다. 그러나 내가 이 주장을 지킬 때, 어떤 사람의 논리도 두렵지 않다는 것을 나는 안다."

그가 로마서 주석에 쓴 것도 이와 동일한 맥락이다. 그러므로 이것의 중요성은 여기에 있다. 루터는 개혁으로의 길에 있다는 것을 보여 준다. 이 강의가 또한 이것을 명확하게 설명한다. 그의 영혼의 모든 신경 세포들은 로마 가톨릭 교회에 묶여 있었다. 이단의 폐해나 성직자의 독단적인 권한에 대하여 저항하는 것조차도 혐오하면서 말이다.

그러나 이 강의의 중요성에 대한 더 가중치 있는 설명은 이것이다. 그들은 루터가 개혁자가 된 것은 그가 부르심을 받은 사람들의 긴 승계 중 한 사람으로서 자신을 생

---

90. *WA, Br* 1, 170, 33.

각했거나, 교회 회복을 위해 부르심을 받았다고 생각한 것이 아니다. 그의 초기 기록들에 그가 개혁 운동 그리고 개혁 계획과 관련된 위클리프(Wycliffe), 후스(Hus), 사보나롤라(Savonarola), 디보시오 모데나(devotio moderna) 또는 에라스무스 같은 이름들에 관심이 있었다는 기록은 거의 없다. 그의 기독교 복음에 대한 기본적인 이해 때문에 개혁자가 되었다. 기독교 복음에 대한 이해는 그가 복음과 양립할 수 없는 가르침과 관습에 맞서게 했다. 개혁의 어떤 옹호를 지지하거나 자신이 개혁의 옹호자라고 생각해서 그런 것이 아니다.

복음에 대한 그의 기본적인 이해는 무엇이며 어떻게 그가 복음에 대한 이해를 성취할 수 있었나— 이것이 그의 다른 어떤 저서들보다 이 로마서 강의에 인상적이고 감동적으로 나타나 있다. 그리고 그의 복음에 대한 이해는 독특하다. 동시대의 어떤 사람도 그가 한 것과 같은 방식에 이른 자도 없었고, 그렇게 설명할 수 있는 자도 없었다. 의인에 대한 바울과 아우구스티누스의 가르침에 놀라울 정도의 집중력, 성경에 대한 창의적인 해석, 그리고 복음에 대한 그의 해석은 구원을 향한 처절한 노력과 하나님의 사랑과 분노에 대한 직접적인 경험을 통해서 더 가속화 되었다. 어떻게 이런 이해가 확고한 개인 사고를 형성하도록 만들었을까— 중세 시대 성경 해석의 복잡성, 스콜라 학파 신학의 언쟁과 논쟁, 수도원 생활의 교리와 고행 속에서— 이것이 모두 여기에 강력하게 나타나 있다.

몇몇 주석들에서 단호한 개인적인 특징으로 이것이 나타나 있다. 거의 모든 페이지에서 루터는 사적으로 그의 청자들과 독자들이 되려는 사람들에게 말한다. 그 자신에 대해 말하는 의미가 아니라 어떻게 그가 개인적으로 바울의 가르침에 대한 이해를 얻게 되었는지 보여 준다. 그러므로 이 책은 특별하다. 왜냐하면 몇몇 관점에서 이 책은 사적이다. (1) 어떻게 저자가 바울의 로마서의 의미를 이해하기 위해 노력했는지 생생하게 보여 준다. 단지 그의 철학적 그리고 신학적인 지성이 아니라 그의 자신만의 존재로서, (2) 독자들에게 개인적인 개입을 주장하는 모든 것을 상정하고 그 서신서의 해석을 보여 준다. (3) 해설자의 개인 성장을 기록한다. 그의 강의 마지막에 루터는 더 자유롭고, 더 강하게 그리고 시작보다 더 확신에 차서 말한다. 우리는 루터가 그의 직업에서 맡은 역할이 무엇인지 아는데, 루터는 그의 강의 노트에서 자신을 '운명의 사람'으로 말한 것을 주목하지 않을 수 없다.

'만약 하나님께서 그분의 약속을 주신다면', 그는 로마서 4:17[91]에 대한 주석에서 쓴다. "그리고 그분이 주시는 것으로써 그분을 믿는 사람이 아무도 없다면, 당연히 하나님의 약속은 어떤 것에도 도달하지 못할 것이다. 그리고 아무것도 성취되지 못할 것이다. 거기에는 받는 사람이 아무도 없기 때문이다. 어느 누구에게도 약속이 될 수 없다. 그리고 약속은 받는 사람 측에서의 믿음이 필요하다."

이 개념은 루터의 종교에 대한 대담한 중심이었다. 그리고 이 주석은 그가 여전히 수도자로 그리고 로마 가톨릭교회의 신실한 구성원으로 있을 때 쓰였다. 그러나 그는 여기에서 개혁자로서, 혹은 루터교의 창시자로서 쓴 다른 어떤 글보다 더 강력하고 설득력이 있다. 그는 하나님의 약속과 인간의 믿음이 어떤 것이냐고 하는 문제를 해석할 때, 겸손과 자신의 항복으로 받을 수 있는 그리스도의 의의 선물을 통해서만 죄인이 의인이 된다고 가르쳤다. 하나님의 의는 인간들의 자기 의를 이길 수 있다. "성경의 모든 말씀과 하나님의 모든 행하심은 모든 인간이 영적으로 죄인이 되는 변화를 가져온다. 그리고 이 변화는 우리 자기 인식과 자부심에서 일어나야 한다."[92]

---

91. WA 56, 46, 13.
92. WA 56, 233; 5: "Sed dicendum, Quis modus iste sit, quo hominem spiritualiter fieri oportet peccatorem. Est enim non naturalis. Quia sic non fit, Sed est omnis homo peccator. Sed tota Vis huius mutationis latet in sensu seu estimatione ac reputatione nostra. Hunc enim mutare intendit omnis sermo Scripturae et omnis operatio Dei."

역자 서문

루터의 「로마서 강의」에는 루터 자신의 내면에 일어난 영적 변화가 잘 나타나 있다. 당시(1515-1516) 루터는 비텐베르크대학의 성서학 교수로서, 1515년 11월 3일부터 1516년 9월 7일까지 로마서를 강의했다. 기존의 통설에 의하면, 그는 비록 「95개조 논제」를 발표하기 2년 전에 로마서를 강의했지만 루터의 신학적 핵심이 되는 '칭의론'과 '하나님의 의'에 대해 이미 완숙한 단계라고 할 정도로 이해하고 있었다. 그러나 필자는 루터가 「로마서 강의」에서 진정으로 말하고자 한 것이 신학적이고 교리적인 명제들이 아니라 하나님 앞에 서 있는 그리스도인의 실존에 대한 냉철한 고백이라고 본다. 이 점을 몇 가지 측면에서 살펴보고자 한다.

'하나님의 의'(iustitia Dei)에 대한 새로운 발견

루터에게 있어서 그리스도는 구원의 최종적이고 절대적인 기초이다. 왜냐하면 하나님은 오직 그리스도를 통해서만 인간의 죄를 사하시기 때문이다. 그리스도를 떠나서는 죄 사함을 받을 어떤 방법도 없다. 그러므로 그리스도 없는 어떠한 종교적 노력도 구원을 산출하지 못한다. 오직 그리스도만이 '의의 생명'(life of righteousness)이기 때문이다. 그러므로 참된 의미의 의란 오직 그리스도에게만 속한 것이며, 인간의 모든 종교적 노력은 하나님의 목전에서 불의할 뿐이다. "우리는 의를 오직 그리스도에게 돌려야 한다…. 우리는 항상 불의할 뿐이고 항상 죄인일 뿐이기 때문에."

루터는 「로마서 강의」의 목표를 "모든 육적인 의를 다 뿌리 뽑아 버리는" 데에 있음을 천명했다. 루터는 '인간의 의'(iustitia hominis)와 '하나님의 의'(iustitia Dei)에 대한 차이를 날카롭게 강조했다. 그리고 이 하나님의 의에 대한 발견이 바로 루터의 종교 개혁의 가장 본질적인 동인(動因)이었다.

그런데 무엇보다도 먼저 확정해야 할 점은, 「로마서 강의」에서 루터가 새롭게 발견한 '하나님의 의'는 하나님 자신의 '속성' 가운데 하나를 의미하는 것이 아니라는 점이다. 바로 이 점이 루터가 발견한 하나님의 의에 대한 전혀 새로운 이해였다. 루터는 다음과 같이 말했다. "하나님의 의는 하나님 자신이 의로우신 하나님이라는 방식으로 이해되어서는 안 된다. 그것이 아니라 하나님께서 인간을 의롭게 만드시는 그 의라고 이해되어야 한다. 그리고 이것은 복음 안에서 믿음을 통하여 일어나는 사건이다."

루터는 '하나님의 의'를 설명하는 과정에서 '내적인 덕'(inward virtue)과 '외적인 덕'(external virtue)을 구별했다. 즉, 내적인 덕은 영혼으로부터 발생하는 것인 반면 외적인 덕은 행위로부터 발생하는데, 하나님의 의는 인간의 내부에서 생기거나 외적인 행동으로 생기는 것이 아니라 전적으로 하나님으로부터 발생되는 '이상한 의'(alien righteousness)라고 강조했다. 하나님의 의는 "전적으로 (인간의) 밖에서 오는 것이고 우리에게는 낯선 것이다…. 그렇기에 바로 우리 자신의 개인적인 의는 뿌리째 뽑혀야 한다."

「로마서 강의」에 나타난 루터의 '의' 사상의 이해를 돕기 위하여 다음과 같이 정리해 볼 수 있다.

	도덕적인 측면에서 볼 때	신학적인 측면에서 볼 때
내적인 (inward)	참된 덕 (virtus vera)	인간의 행위에서 나오는 의 (institia ex homino)
외적인 (external)	거짓된 덕 (virtus falsus)	하나님으로부터 오는 의 (institia ex Deo)

루터가 사용하는 '내적인' 혹은 '외적인'이라는 용어를 위와 같은 패러다임으로 이해하지 못하면, 그가 주장하는 '하나님의 의'에 대한 새로운 개념을 파악하기 어려울 것이다. 즉, 루터는 '밖에서부터 오는 의'라는 개념을 강조함으로써, 하나님의 의가 '우

리 자신에게서는 결코 발생될 수 없다'는 점을 강조하고 있다.

그러면 왜 루터는 인간에게서는 하나님의 의가 발생되지 않는다고 주장하는가? 하나님의 의에 대한 그의 신학적 이해 뒤에는 그의 신학적 인간론(theological anthropology) 이 배경으로 깔려 있다. 루터는 다음과 같이 말한다. "하나님의 눈앞에서 (불경스럽고 교만한 자들은) 병든 자들이다. 그들은 자기 자신들이 (영적으로) 아주 건강하다고 자부한다. 그러므로 그들은 하나님을 우둔한 바보인 것처럼 배척할 뿐만 아니라 자기 자신들보다 더 병든 존재라고 생각한다." 그렇기 때문에, 인간의 '자기 의'는 '하나님의 의'에 대한 반역이 되는 것이다. "이런 일은 우리가 하나님의 말씀에 반항할 때 일어난다. 마치 우리는 하나님의 의가 필요 없으며, 우리 자신의 의로써 충분하다고 지껄이면서 말이다."

이와 같이 루터가 새롭게 발견한 '하나님의 의' 개념은 중세 신학의 패러다임을 완전히 깨는 혁명이었음을 부인할 수 없을 것이다. 그럼에도 불구하고, 「로마서 강의」에 나타난 루터의 모습은 중세 신학적 모습을 완전히 탈피하지 못하고 있다. 이것이 가장 분명하게 드러나는 부분이 바로 어떻게 하나님의 의를 얻을 수 있는가의 문제이다. 하나님의 의가 절대적으로 인간 내적인 것이 아니라 신적인 것이라면, 인간은 어떤 방법으로 이 하나님의 의에 도달할 수 있는가? 이 문제에 대해 루터는 아직도 중세 교회의 성례전적 신학(sacramental theology)과 교회론에 뿌리박은 신학을 주장하고 있음을 보게 된다. 즉, 칭의와 하나님의 의가 오직 참회의 성례전을 통하여 주어진다고 주장한다. 루터는 그리스도인이란 완전히 치유된 자(cured)가 아니라 치유의 과정 가운데 있는(being cured) 자라는 점을 강조한다. 그러므로 그리스도인은 이미 칭의 되었기에 의로운 존재인 동시에 칭의의 과정 중에 있으므로 아직 완전히 의롭지 않다고 하는 역설적인 상태에 처하여 있다. 그러므로 루터의 '의인이자 죄인'(simul iustus et peccator)이라는 그리스도인의 이중적 본질에 대한 신학적 명제가 「로마서 강의」에서 그 뿌리를 보여 주고 있음을 알게 된다.

여기서 제기될 수 있는 한 가지 문제는 루터가 한편으로는 자신의 노력이 아닌 순수한 하나님의 은혜로 의롭게 됨을 주장하면서 또한 동시에 노력을 통하여 겸손케 되는 것을 칭의의 필수적인 조건으로 주장하는 것이 서로 모순이 아닌가 하는 점이다.

이 문제를 신학적으로만 볼 때는 분명 모순이지만, 루터가 「로마서 강의」를 통해 말하고자 했던 점이 단지 신학적 논리가 아니라 그 시대를 향한 예언자적 부르짖음이요 개혁의 열망이기에, 우리는 그의 겸손이 구원을 위한 전제 조건이 아니라 당시 타락한 영성을 개혁하여 하나님 앞에 다시 세우려는 목회적 강조였다고 볼 수 있다. 그러므로 「로마서 강의」에는 분명 신학이 있으나 신학이 전부가 아니다. 신학적 명제를 세우려 하거나 신학적 논문이 목표가 아니라, 교회를 바라보며 소리친 예언자적 부르짖음이 담겨 있다.

'오직 믿음으로'(sola fide)와 '하나님의 의'(iustitia Dei)

「로마서 강의」에서 루터가 강조하는 '오직 믿음으로'라는 명제는 기존의 루터 학계에서 주장하는 바와 같이 중세적 공로주의를 배격하기 위한 것이 아니다. 루터가 믿음을 강조한 목적은 믿음으로 인간이 진정한 참회에 이를 수 있다고 보았기 때문이다. 루터는 다음과 같이 말했다. "하나님께서 그에게 계시하여 주심이 없이는, 자기 자신이 가진 지식만으로 인간은 자신이 하나님 앞에서 거짓말쟁이라는 사실을 결코 알 수 없다." 즉, 믿음이 없는 인간은 전적인 타락과 영적 흑암의 노예가 되어 있기 때문에 인간의 죄성이나 하나님의 의에 대한 지식을 가질 수 없다는 말이다. 그러므로 인간에게 죄에 대한 지식과 그에 대한 회개의 마음을 불러일으키는 것은 믿음이라는 것이 루터의 주장이다.

'믿음으로의 칭의'라는 사상은 결코 아무것도 하지 않아도 칭의가 된다는 식의 주장이 아니라, 믿음이야말로 인간으로 하여금 깊은 참회의 경지에 이르게 하는 역할을 한다는 것이 루터의 생각이다. 루터는 다음과 같이 질문한다. "도대체 자기 자신이 죄인이라고 고백하지 아니하는 사람이 누가 은혜를 받으며 누가 의를 힘입게 될 것이란 말인가?" 결국 믿음이란 인간을 하나님 앞에 세우는 참회를 일으키는 동인으로써 그 중요성이 있다. 믿음과 참회가 없이 인간은 결코 하나님 앞에 겸손케 되지 않으며, 겸손케 되지 않은 영혼은 칭의될 수 없다는 말이다. 루터의 말을 들어 보자. "자신을 의롭다고 여기며 자신의 의를 의지하여 그 의로 인하여 하나님을 잃어버린 사람을 겸손케 만드는 것은 죄에 대한 철저한 인식과 깊은 회개에 있음을 알아야 한다."

즉, 인간의 '자기 의'와 교만을 제거하기 위해서는 믿음과 회개가 필수 불가결이다. 루터는 「로마서 강의」에서 칭의가 믿음과 회개를 산출한다고 하지 않고, 오히려 정반대로 주장하고 있다. 믿음과 회개가 칭의를 산출한다는 것이다. 루터는 겸손하게 된 자의 칭의에 대하여 다음과 같이 말했다. "오직 잃어버린 양만이 찾음을 받게 될 것이다. 오직 가난한 자만이 부요하게 될 것이다. 오직 약한 자만이 강해질 것이다. 오직 비워진 자만이 가득 차게 될 것이다. 오직 세워지지 아니한 자만이 온전히 세워질 것이다."

루터에게 있어서 회개는 성자들에게서 볼 수 있는 덕목과 같은 훌륭한 어떤 것이 아니라, 자기 자신을 미워하고 스스로 정죄하는 참으로 고통스러운 것이다. 루터는 회개의 진정한 모습에 대해 다음과 같이 말했다. "(그리스도인은) 항상 하나님의 은혜를 부르짖음과 신음으로 간구해야 한다. 그리고 꾸준히 성장해야 한다…. 우리는 하나님께서 우리 안에서 의롭게 되시기 위해 항상 우리 자신을 고발하고, 심판하고, 정죄하고, 우리 자신이 '악'(evil)이라고 고백해야만 한다."

이와 같이 「로마서 강의」에 나타난 '오직 믿음'은 구원에 대한 확실성을 강조하기 위하여 주장된 것이 아니라, 그리스도인의 자기혐오, 자기 부인, 자기 정죄를 통한 겸손을 강조하기 위함인 것을 알게 된다. 「로마서 강의」에 나타난 루터의 구원관은 두렵고 떨리는 마음, 자신이 죄인임을 알게 됨으로 겸손하게 된 마음으로 하나님의 의를 덧입는 것으로 나타나 있다. 그러므로 「로마서 강의」는 확신을 주기 위한 책이라기보다는 겸손과 심판을 강조하는 예언자적인 책이다.

그리스도인의 구원의 확실성(certainty)은 오직 계속적인 회개에 달려 있으며, 그 진정한 회개는 반드시 교회의 입에서 나오는(from the mouth of the church) 말씀을 들어야만 가능한 것이라고 주장한다. 여기서 루터는 결코 반교회주의자가 되려 하거나 이단자가 되려 한 것이 아님을 분명히 알게 된다. 오히려 교회를 통하여 성직자들의 가르침을 잘 받아 겸손케 되어 진정한 하나님의 자녀가 되라는 지극히 중세 가톨릭적인 강조를 하고 있다고 보아야 할 것이다. 그러므로 「로마서 강의」에 나타난 루터는 지극히 가톨릭적이라고 평가 받아야 마땅하다. 루터를 교회 밖으로 뛰쳐나온 개혁자가 아니라, 교회를 통한 개혁을 부르짖는 음성으로 들을 때 「로마서 강의」의 진정한 목소리가 들릴 것이다.

의인인 동시에 죄인(simul iustus et peccator)

루터는 정욕이 완전히 없어지지 않은 상태의 그리스도인의 실존을 설명하기 위하여 '환자와 의사의 비유'를 예로 든다. "(그리스도인들은) 실제로는 병들어 있다. 그러나 오직 병이 나을 것을 소망 가운데, 또한 그들이 점점 나아가는 과정에서, 치유되어 가는 그런 과정에서 병이 나았다고, 그리고 낫게 될 것이라고 말할 수 있는 것이다." 이런 관점에서 본다면, 루터가 주장하는 그리스도인의 실존이란 '병으로부터 회복되어 가는 과정'(process of recovery from sickness)으로 볼 수 있다.

무엇보다 루터는 그리스도인이 잘못된 확신을 가지는 것에 대하여 강하게 비판한다. 즉, 그리스도인은 세례를 받았으므로 죄에서 완전히 자유롭다는 생각을 하지 말아야 하며, 오히려 그리스도인은 세례 이후에 '신음과 필사의 노력 끝에 흘리는 슬픔의 눈물'로 가득 찬 죄와의 싸움을 치러 내야 한다는 점을 강조하였다. 심지어 루터는 그리스도인의 실존에 존재하는 정욕이 '은총의 훈련, 교만으로부터 낮추셔서 겸손케 하고 주제넘게 건방 떠는 것을 제어하시려는' 목적으로 쓰이는 것이라고 강조한다. 그러기에 그리스도인의 삶은 '쉽고 편안한 삶이 아니라 정욕과 더불어 싸우는 힘든 노역인 것이다. 루터는 이러한 그리스도인의 삶에 대하여 성실하게 응답하지 아니하고 안이하고 무책임한 삶을 살아가는 당시의 영성에 대하여 무섭게 책망했다. "세례를 받았거나 혹은 사면을 받은 자들은 자기들이 즉각적으로 무죄한 상태가 되었다고 생각한다. 그들은 자기들이 의를 얻었다는 느낌을 가지고 그 확신에 차게 된다. 그리고 슬픔과 신음 속에서 싸우고 몰아내야만 하는 죄가 있다는 것을 인식하지 못하기 때문에 아무것도 하지 않고 그냥 빈둥거리고 있다."

그리스도인의 실존에 존재하는 죄의 현존을 날카롭게 의식한 루터는 바로 그리스도인의 실존을 정의하는 '의인이자 죄인'이라는 신학적 명제로 그의 신학적 사고의 지평을 확장시키고 있다. 그리스도인들에게 "의를 덧입혀 주시는 그리스도를 믿고 그 의가 그들에게 전가되기 때문에, 그리스도인들은 의롭다. 그러나 그들은 율법을 다 지키지 못할 뿐만 아니라, 죄의 정욕이 없는 것이 아니기 때문에 여전히 죄인이다." 그래서 루터는 그리스도인이 의롭다는 것의 의미가 완전 무결해졌다는 것이 아니라, 한 사람의 영적인 태도가 하나님을 향하여 새롭게 방향 설정되었다는 데 그 본질적 의미가 있다고 주장했다.

그리스도인은 "기쁘고 준비된 마음으로 하나님께 순종하는 것이지, 노예적인 두려움이나 유치한 정욕 때문이 아니다. 오직 자원하는 마음과 남자다운 마음의 태도로 순종하는 것이다." 그리스도인은 "자신의 육신을 증오하고 책망하며, 선을 사랑하는" 자이며 육신이 죽음에 이르기 전에는 결코 끝나지 않는 전쟁, 곧 영적 전투를 수행하는 자이다. 루터가 의미하는 영적 전투의 신학적 바탕에는 그리스도인의 의로운 본성과 죄 된 본성 간의 갈등이 자리하고 있으며 특히 그리스도인에게 엄연히 존재하는 죄악 된 본성에 대한 뚜렷한 강조를 인식할 필요가 있다. 그러므로 루터는 로마서 7:24의 "오호라 나는 곤고한 사람이로다"라는 고백을 영적으로 성숙한 자의 고백으로 해석한다. "완전한 지식은 완전한 겸손이며, 완전한 겸손은 완전한 지혜다. 또한 완전한 지혜는 완전한 영성이다."

이와 같은 점에서 본다면, 믿음이란 '계속적인 참회'(continuous repentance)의 과정이며, 루터가 「로마서 강의」에서 보여 주는 참회의 영성으로 믿음을 해석하는 바로 이 점이 그가 아직도 중세 교회, 가톨릭교회 안에서 개혁을 부르짖는 신학자요 신학 교수임을 보여 주는 대목인 것이다. 물론 루터의 「로마서 강의」에는 완전한 겸손이 어떻게 인간의 노력이 아닐 수 있는가, 하나님의 의를 힘입기 위하여 먼저 겸손을 이루어야 한다면 겸손이 구원의 조건이 된다는 말인가, 그러면 인간의 행위가 아닌 하나님의 의가 구원의 주도권이라고 하는 것이 서로 모순을 이루지 않는가 등의 주제에 대하여 만족스러운 '매끄러운 논문'을 보여 주고 있지 않다. 1515-1516년 당시의 루터는 신학적으로 변혁의 시기를 통과하고 있었고, 그리하여 「로마서 강의」에는 전통적인 교회의 가르침, 자신이 배운 중세 후기 스콜라주의의 잔재, 그리고 새롭게 눈을 뜨기 시작한 복음에 대한 이해 등이 얽혀 있는 모습이 함께 나타나고 있는 것이다.

루터는 하나님 앞으로 나아가는 인간의 태도를 가르치는 대목에서 마치 겸손이 없이는 구원이 없는 것으로 오해하게 할 만큼 겸손을 강조한다. "하나님께서 우리 안에서 의로우신 분으로 나타나시도록, 우리는 우리 자신들을 악한 존재로 항상 고발하고, 판단하고, 정죄해야 한다." 그러므로 루터는 그리스도인이란 자기 자신이 형벌, 상처, 치욕 등을 받아야 마땅한 존재로 생각해야 한다는 것이다. 그러나 동시에 이러한 겸손이 하나님의 은총 없이 먼저 일어나는 것이라고 결코 가르치지 않는다. "이와 같이, 하나님은 우리로 하여금 우리 자신의 내면으로 들어가게 하시고, 자기 자신을 우리에게 알리심으로 우리 자신의 진정한 모습을 알도록 역사하신다. 왜냐하면, 인간들은 하나님께서 먼저 알려 주시는 역사 없이, 자신들의 지식을 가지고는 결코 자기 자신들이 하나님 앞에 거짓말쟁이들임을 알 수 없기 때문이다."

인간이 자신의 눈으로 보기에는 스스로 의롭다고 느낄 것이다. 하지만 하나님의 역사로 인하여 자신들의 죄가 보이고 비로소 참된 자기 이해에 이르는 것을 믿음이라고 정의한다. 루터는 "마치 믿음을 통하여 하나님의 의가 우리 안에 거하게 되는 것과 마찬가지로, 역시 오직 믿음을 통하여 우리 자신들이 죄인인 것을 알게 된다"고 강조한다.

이러한 이해, 즉 참회의 영성과 전적인 은총으로써의 하나님의 의, 이런 사상들이 어디에서 연원(淵源)하였을까? 하이코 오버만(Heiko A. Oberman)은 루터가 당시의 아우구스티누스 르네상스를 경험하면서 아우구스티누스의 신학적 토대를 새롭게 접하였을 것이라고 보고 있으며, 또한 거기에다 타울러(Tauler)의 신비주의적 영향으로 신의 은총의 절대성을 강조하게 된 것으로 보고 있다. 즉, 모든 인간적인 것들이 신의 은총 앞에 침묵하게 하는 그러한 신학적 패러다임이 루터의 사상의 한 측면을 형성하고 있다고 볼 수 있다. 바로 「로마서 강의」는 루터의 가슴 안에서 일어나는 이러한 신학적 변화를 담고 있는 것이다.

글을 마치며

루터의 「로마서 강의」에는 통일된 신학적 체계가 있는 것이 아니라 복잡하고 다양한 사상이 함께 얽혀 있으며, 어떻게 루터 자신이 새로운 신학적 발견을 구축해 나가는가 하는 그 변화의 과정이 전개되어 있다. 또한 「로마서 강의」는 완벽한 복음주의 신학을 정리해 놓은 신학 논문집이 아니라, 자신이 속한 교회의 가르침과 새롭게 발견한 복음 사이에서 신학적으로 고뇌하고 갈등하는 영적인 초상(肖像)이 그려져 있다.

누구나 루터를 종교 개혁의 선봉자로 주장하지만, 그의 신학은 어느 날 하루아침에 만들어진 것이 아니다. 그의 개혁적 신학 사상은 당시 교권과의 갈등 속에서 형성되고 다듬어진 것이다. 의심할 여지 없이 루터의 「로마서 강의」는 '하나님의 의'에 대한 전혀 새로운 이해를 담고 있다. 그럼에도 불구하고, 루터는 당시의 교회— 가톨릭교회로부터 분리하려 하거나, 가톨릭교회가 거짓 교회라는 확신 속에서 새로운 신학을 주장하지 않았다. 「로마서 강의」에서 루터는 어디까지나 교회 안에서 교회를 개혁하고자 하는 선구자의 모습을 보여 주고 있을 뿐이다.

이재하

로마서 강의

마르틴 루터

LECTURES ON ROMANS

MARTIN LUTHER

LECTURES
O   N
ROMANS
MARTIN LUTHER

로마서 1장

"예수 그리스도의 종 바울은"(롬 1:1)

이 서신의 주요 목적은 육적인 모든 지혜와 의로움이— 인간의 눈과 심지어 우리 자신의 눈에도 매우 위대하게 보일지라도— 바른 마음에서 실행된다 할지라도, 그것들을 파멸시키고 근절하는 것이다. 그리고 죄를 (그것이 극소로 존재할지라도, 또는 사람들이 그렇다고 믿을지라도) 심고, 일으키고, 크게 하는 것이다.* 그래서 성 아우구스티누스는 그의 책 「영과 문자」 7장에서 다음과 같이 말한다. "사도 바울은 교만하고 거만한 사람들과 자신의 행위를 주장하는 사람들을 비난한다…. 그리고 로마서에서 이 문제만을 다룬다. 매우 집요하고 광범위하게 다루어서 독자들의 주의력을 피곤하게 만들 수도 있지만, 꼭 필요하고 유익한 방법으로 하고 있다."** 많은 철학자들이 보여 주듯, 이방인과 유대인 가운데도 외적으로나 사람들의 마음에 들게 하기 위해서가 아니라, 내면 깊숙한 곳으로부터 덕과 지식을 소유해야 한다고 생각하는 사람들이 많이 있었고 지금도 있다.

---

* 사람들에게 죄인이라는 의식을 일으키겠다는 의미로 해석할 수 있다.

** Augustinus, *De spiritu et litera* 7, 12(PL 44, 207).

그러나 그들이 사람들 앞에서 그들의 의를 주장하거나 자랑하지 않고, 덕과 지혜에 대한 참된 사랑에서 그것들에 애착을 가지고자 했을지라도(이들은 가장 선하고 순수한 자들로 간주되는데, 소크라테스 외에는 아주 적은 자만이 알려져 있다), 그들은 그들의 내면에 스스로 만족할 수 있고, 지혜로우며 의로우며 선한 사람이라고 자신을 자랑할 수 있는 어떤 것도 가질 수 없었다. 그들은 사도가 말하는 바와 같이 "스스로 지혜 있다 하나 어리석게"(롬 1:22) 된 자들이다.

그런데 반대가 일어나고 있다고 가르쳐야 한다. 왜냐하면 우리의 의와 지혜가 아무 가치가 없고 자랑해서도 찬양해서도 안 된다고 교회에서 촉구되고 있지 않을 뿐만 아니라, 그것에 마음조차 쓰지 않는다("사람이 등불을 켜서 말 아래에 두지 아니하고 등경 위에 두나니 이러므로 집 안 모든 사람에게 비치느니라", "산 위에 있는 동네가 숨겨지지 못할 것이요"라는 복음서 말씀처럼(마 5:15, 14) 되어야 하는데도 말이다). 교회에서 중요한 것은 우리의 의와 지혜가 우리의 마음에서 파기되고 근절되어야 한다는 것이다. 왜냐하면 그것들을 우리 눈으로 경시한다면, 다른 사람의 판단과 칭찬을 구하지 않는 것이 쉬울 것이기 때문이다. 하나님께서 예레미야 선지자를 통해 말씀하신 것처럼 우리 안에 있고 스스로 만족하는 모든 것을 "뽑고 파괴하며 파멸하고 넘어뜨"(렘 1:10)려야 한다. 왜냐하면 그것들은 우리 자신에게서 나오는 것이며, 우리 안에 있는 것이기 때문이다. 반면에, 우리 밖에 있고 그리스도 안에 있는 모든 것을* '심고 가꾸어야 한다.' 이것이 바로 거상을 부순 돌에 대한 다니엘의 환상이 의미하는 것이다(단 2:34).

하나님은 우리를 우리 자신의 의와 지혜가 아니라, 외적인 의, 즉 우리에게서 오지도 우리로부터 자라지도 않고 다른 곳에서 우리에게 오며, 또한 땅에서 솟아오르지 않고 하늘에서 오는 의로 구원하고자 하신다. 그러므로 우리는 완전히 밖에서 오며 낯선 의에** 대해 가르쳐야 한다. 그래서 먼저 우리 안에 자리를 가지고 있는 자신의 의를 뿌리째 뽑아 버려야 한다. 시편은 "네 백성과 아버지의 집을 잊어버릴지어다"(시 45:10)라고 말한다. 또한 아브라함에게 아비 집을 떠나라는 말씀이 주어졌다(창 12:1). 아가서에도 '나의 신부야, 너는 레바논에서 나와라. 너는 화관으로 장식되어야 한다'고 말하고 있다(아 4:8). 옛날 이스라엘 백성의 출애굽 사건도 불법적인 삶에서 선덕을

---

* 여기에 칭의론과 관련하여 "iustitia extra nos", "iustitia in Christo"와 같은 중요한 개념이 등장한다.

** "externa et aliena iustitia."

향하여 나오는 것을 의미한다. 선덕으로부터 그리스도의 은총으로 가는 길로 이해하는 것이 훨씬 더 적합하다. 이런 선덕은 그 가치가 적게 평가되면 될수록, 다른 선보다 더 격렬하게 인간적인 감정을 자신에게 굴복시킬수록, 더 크고 나쁜 악덕이 되기 때문이다(마치 요단강 우편이 좌편보다 더 두려워했던 것과 같다. 수 3:16; 시 114:1-4).

이제 그리스도께서는 우리의 전 마음이 온갖 악습에서 벗어나서, 우리가 우리의 잘못 때문에 나락으로 떨어지는 것을 두려워하지 않으며, 우리의 선덕에 대해 어떤 명예나 기쁨을 사랑하지 않을 뿐만 아니라, 밖에서 오는, 그리스도에게서 와서 우리 안에 있는 의를* 사람들 앞에서 자랑하지도 않으며, 하나님께로부터 오는 고통과 악을 회피하지도 않기를 원하신다. 참된 그리스도인은 자신의 것은 아무것도 가지지 말고, 모든 것을 완전히 포기해서 그가 영광의 순간이든 치욕의 순간이든 항상 동일한 자로 머물러야 한다. 그에게 나타난 영광은 그가 아니라 그리스도에게 주어진 것이며, 그에게 가해진 치욕은 자신뿐만 아니라 그리스도에게 가해졌음을 알기 때문이다. 이러한 완전함에 이르기 위해서는 특별한 은총은 말할 것도 없고, 많은 경험이 요청된다. 왜냐하면 어떤 사람이 자신의 자연적이며, 영적인 재능으로 인해 사람들 앞에서 지혜롭고 의로우며 선하다고 할지라도, 그럼에도 하나님께서는 그를 그런 자로 여기지는 않으시기 때문이다. 이것은 그가 자기 자신을 그런 자로 평가할 때는 더욱 그렇다.

그러므로 인간은 모든 것에서 겸손하게 행하여 마치 자신이 지금까지 어떤 것도 가지지 않은 것처럼 해야 하고, 사람을 의롭고 지혜로운 자로 간주하시는 하나님의 자비만을 기다려야 한다. 하나님께서 인간을 의롭고 지혜롭다고 간주하시는 것은 사람이 스스로 겸손하며, 자기 자신을 의롭다고 여기고 자신이 무엇이나 되는 것처럼 여기며 하나님보다 앞서 나가고자 하지 않을 때 하신다. 이것은 고린도전서 4장에 기록된 것과 같다. "나도 나를 판단치 아니하노니… 나를 심판하실 이는 주시니라 그러므로 때가 이르기 전… 아무것도 판단하지 말라"(고전 4:3-5). 신을 위하여 왼편에 있는 재물, 즉 시간적인 것을, 유대인들과 이방인들이 하는 것처럼, 무로 여기고 기꺼이 포기하는 사람들이 확실히 많이 있다. 그러나 오른편에 있는 재물, 즉 영적인 재물과 바른 행위를 그리스도의 의를 얻기 위해 무로 여기는 사람은 적다. 이것을 유대인과 이

---

* "externa, que ex Christo in nobis est, iustitia."

방인들은 할 수 없다. 이것을 행한다 하더라도 어느 누구도 구원을 받을 수 없다. 그들은 항상 그들 자신의 행위들이 하나님 앞에서 존중되고 보상되기를 원하고 바란다. 그러나 성경에 분명히 기록되어 있다. "원하는 자로 말미암음도 아니요 달음박질하는 자로 말미암음도 아니요 오직 긍휼히 여기시는 하나님으로 말미암음이니라"(롬 9:16).

이제 서신서로 돌아가자. 나는 사도 바울의 수신자들, 즉 그가 하나님의 사랑을 받는 자요, 부름을 받은 자요, 성도라고 부르는 자들이 서로 불화하여, 사도가 중재자로 나서고 결국 그들 모두가 죄인이라는 결론을 내리도록 한 그런 종류의 사람들이라고 생각하지 않는다. 그들이 죄인이라는 것은 그들이 그리스도인이 되었을 때, 그들의 신앙에 근거해서 이미 알고 있었다. 그래서 나는 사도 바울이 로마의 신자들에게 편지를 써서 그들로 하여금 자신들의 신앙과 교리에 대한 유명한 사도의 증언을 가지도록 하고자 했다고 생각한다. 로마의 신자들은 신자들의 겸손한 지혜에 대항하여 그들의 육체를 자랑하는, 믿지 않는 유대인들과 이방인들과 싸우고 있었다. 로마의 신자들은 어쩔 수 없이 이들과 함께 살았으며, 그래서 서로 일치하지 않는 것을 듣고 말해야 했다. 사도 바울이 고린도후서 5장에서 말하는 바와 같다. "우리가 다시 너희에게 자천하는 것이 아니요 오직 우리로 말미암아 자랑할 기회를 너희에게 주어 마음으로 하지 않고 외모로 자랑하는 자들에게 대답하게 하려 하는 것이라"(고후 5:12). 이제 '복음은 하나님의 능력이라'(롬 1:16)는 말씀에 이르기까지 사변적이 아니라, 본보기를 보여 주는 내용들을 내포하고 있는 텍스트를 자세히 살펴보자. 왜냐하면 사도는 먼저 자신의 본보기를 통해서 모든 고위 성직자들이 어떻게 자신들 밑에 있는 자들에 대해 행동해야 하는지를 가르치기 때문이다. 하나님의 지혜로운 종은 자신의 직무를 명예롭고 밑에 있는 사람들로부터는 존경을 받도록 수행하는 것이 마땅하다. 하나님의 신실한 종은 자신의 직무를 넘어서지 않고, 교만한 마음에서 오용하지 않고, 자신의 밑에 있는 자들의 유익과 경건을 위해 수행하는 것이 마땅하다.

하나님의 종은 '지혜롭고 충성된 종'(마 24:45)이어야 한다. 그가 첫 번째 자질에 주의를 기울이지 않는다면, 그는 단지 그림자가 될 뿐이고, 부주의한 자가 되고, 모든 사람들과 구별 없이 신뢰의 관계를 쌓고 밑에 있는 자들에게서 환심을 사는 사람들에게 주어지는 명예를 받을 만한 가치가 없는 자가 된다. 필연적으로 그들의 다스리는 권위는 땅에 떨어지고, 그들의 허물없어 보이는 모습은 오히려 사람들로 하여금 그들을 멸시하도록 만든다. 그들이 하나님에게 속하였으나 자신들에게 맡겨진 것들이 영예롭게 되도록 일을 해야 하는 곳에서 오히려 그것들을 짓밟기 때문에 얼마나 죄를 짓고 있는가?

두 번째 자질에 주의를 기울이지 않는 자는 자신의 힘을 가지고 위협하며, 유일한 자가 되기 원하며, 자기 주위에 공포를 퍼뜨리는 독재자가 된다. 그의 관심은 자신의 직무 수행이 다른 사람들에게 어떻게 축복이 되는지에 있지 않고, 사도의 말에 의하면 그들의 직무 권한이 파괴가 아니라 경건을 고취시키도록 주어졌음에도 불구하고, 어떻게 사람들에게 공포를 불러일으키는지에 있다.

이 두 가지 과오에 이름을 붙이면, 그것은 경박함과 냉혹함이다. 전자에 대해서는 스가랴 11장에서 다음과 같이 말한다. "양 떼를 버린 못된 목자여"(슥 11:17). 후자에 대해서는 에스겔 34장에서 다음과 같이 말한다. '너희들이 광포로 그들을 다스렸도다'(겔 34:4). 이 두 가지는 근본적인 죄인데, 성직자들의 다른 모든 죄들이 여기에서 나온다. 놀랄 만한 것이 아니다! 왜냐하면 경박함은 갈망하는 능력에, 냉혹함은 분노하는 능력에 뿌리를 두고 있기 때문이다. 이것으로부터 모든 악한 것이 나온다. 그러므로 피해를 끼치는 힘이 주어질 때 더욱 큰 손해를 입히는 이 두 괴물을 죽이지 않고 성직자의 직무를 수행하는 것은 매우 위험하다.

이 두 괴물에 대항하여 사도 바울은 편지의 서두에서 자신의 이야기를 통해 가장 아름다운 예를 보여 주고 있다. 먼저, 자기 밑에 있는 사람들에 의해서 자신이 능력이 없고 경박한 자로 업신여김을 받지 않기 위해서 자신이 받은 직무를 높이 평가한다. 다음으로, 독재자와 폭군으로 간주되지 않기 위해 친절하게 다가가 그들의 마음을 얻었으며, 그들로 하여금 경외와 사랑의 적절한 조화를 통해 복음과 하나님의 은총을 잘 받아들이도록 하였다. 사도의 본을 따라 모든 성직자는 교회에서 무엇보다 먼저 (발굽이 갈라져서 정결한 동물처럼. 레 11:3) 주의 깊은 관찰력으로 자기 자신과 자신의 직무 사이를, 즉 '하나님의 모습'과 '종의 모습'을 구별해야 한다. 그리고 자신을 항상 가장 낮은 자로 여기며 경외와 사랑 사이에서 자신의 직무를 수행하되, 신자들을 유익하게 하고 경건하게 하는 것을 추구하는 것 이외의 다른 어떤 것에도 마음을 쓰지 말아야 한다. 모든 직무는 단지 신자들의 유익과 경건과 구원을 위해서만 주어졌음을 알고 자신의 직무 수행으로부터 어떤 유익한 축복이 따르지 않거나, 방해가 된다는 것이 나타날 때는 자신의 직을 포기해야 한다. 성직자가 이 두 가지 과오 중에 어느 하나를 범하거나 심지어는 두 가지 모두를 범해 그의 직무가 열매 맺는 것을 방해한다면, 이것은 그의 완전한 잘못이다. 후에 그가 자신의 직무에 대해 해야 하는 해명은 매우 뻔뻔스러울 것이다.

그는 자신을 '예수 그리스도의 종'이라고 말한다. 이 말에는 위엄과 겸손이 동시에 들어 있다. 그가 독재자들과 교만한 자들이 행하는 방법과는 달리 자신을 주인과 선생으로 만들지 않기에 겸손에 대해 말할 수 있다. 저들은 자신들의 손에 있는 권력이 다른 사람으로부터 받은 것이 아니라, 자기 자신으로부터 나오는 것으로 생각하며 그것을 사용한다. 그러므로 권력 자체가 야기시킬 수 있는 축복에 대해서는 기뻐하지 않고, 단지 권력의 즐거움만 맛보고자 한다.

위엄은 자신이 한 주인의 가장 행복한 종이라고 자랑할 때 주어진다. 그러므로 왕의 종을 존경하지도 받아들이지도 않는 것이 불행이라면, 하나님의 종을 받아들이지도 존경하지도 않는 자들에게는 무슨 일이 일어나겠는가? 그래서 '예수 그리스도의 종'이라고 말할 때 이 말은 무서우면서도 숭고한 말이다.

내가 생각하기에 여기서 '종'이라는 말은 직무와 품격에 관한 표현이지, 자기 자신의 하나님 섬김이나 하나님에 대한 종속 관계를 표현하는 것이 아니다. 사도는 이 말로 스스로 그리고 특별한 방식으로 하나님을 섬기는 자신의 개인적인 행위를 찬양하고자 하지 않는다. 만약 그렇다면 이것은 오만함을 보여 주는 예일 것이다. 누가 주님이 요구하시는 것을 온전히 다 행했는지 전혀 알지 못함에도 불구하고, '나는 하나님의 종이다'라고 분명하고 확실하게 말할 수 있겠는가? 그래서 사도 자신도 고린도후서 4장에서 "나도 나를 판단치 아니하노라"고 말하는 것이다. 어떤 사람이 종인지 적인지 판단하고 결정하는 권한은 오직 하나님에게만 있다. 그러나 사도는 자신을 '종'이라고 부른다. 이것은 그가 하나님으로부터 직무를 받았다는 것을 고백하는 것이다. 즉 복음을 선포하고, 교회를 가르치고, 세례를 주고, 다른 사역들을 하는데, 이러한 것들은 오직 하나님의 사역이다. 내가 그것들을 행하지만 군림하는 주인으로서가 아니라, 섬기도록 위탁받은 종으로서 하는 것이다. 내가 사람들을 위해 종이 되었으며, 나의 '종노릇'은 내가 해야 하는 것 이외의 다른 것을 바라보지 않는다. 이것은 오직 하나님만을 바라본다. 요약하면, 도덕적이고 비유적인 의미에서 '하나님의 종'은 자신 때문에 그리고 자신을 위해 존재하는 자이다. 그러나 알레고리적 의미에서는 다른 사람을 위해서, 다른 사람 위에 그리고 다른 사람 때문에 존재하는 자다. 후자는 위엄과 고상함을, 전자는 완전한 복종과 겸손을 상징적으로 나타낸다. 후자에 대해 사람들은 확실성을 가지며 그것을 위해 애써야 하지만, 후자에 대해서는 결코 그렇지 않다. 후자는 전자에 유익한 도움이 되지만, 후자는 자기 자신에게만 도움이 된다. 후자는 몇몇 사람들에게 주어지는 특수한 과제라면, 전자는 모든 사람들에게서 발견할 수 있는 어느 정도 일반적인 것이다. 후자는 한정된 사역과 특정한 한계를 가진다면, 전자는 누구나 할 수 있는 모든 것을 포괄한다. 후자는 은총 없이 존재할 수 있으나, 전자는 은총 없이 존재할 수 없다. 후자가 더 가치 있는 것이라면, 전자는 더 유익한 것이다.* 후자가 인간들의 영광 가운데 나타나지만, 전자는 자기 자신에게조차 충분히 알려지지 않는다.

"사도로 부르심을 받아"(롬 1:1)

좀 더 분명하게 표현하면 이 말은 '사도로 부름을 받았다' 또는 '사도직으로 부름을 받았다'는 뜻이다.

　이 말로 그는 더 자세하게 자신의 종 됨과 봉사의 직무를 표현한다. 왜냐하면 예수 그리스도의 종과 봉사자들이 많이 있지만, 그들 모두가 사도가 아니기 때문이다. 반면에 모든 사도는 종이다. 즉, 주님의 자리에서 그리고 주님을 대신하여 다른 사람들에 대한 그리고 다른 사람들을 향한 주님의 사역을 행해야 하는 봉사자이다.

　"사도로 부르심을 받아"라는 첫 번째 말을 가지고 사도 바울은 영예로운 성직으로 부름을 받지 못한 세 종류의 사람들을 공격한다. 첫 번째는 거짓 사도들이다. 당시 도처에서 이들을 많이 만날 수 있었고, 악마가 가라지처럼 뿌린 자들이며(마 13:25),

---

* 이 문장과 바로 앞 문장에서 전자와 후자를 서로 바꾸어 이해하는 것이 문맥상 옳은 것 같다. 바이마르판은 이렇게 해석할 수 있는 여지를 각주에서 제시하고 있다(WA 56, 162, 28줄에 대한 각주).

예레미야의 끓는 가마처럼 북쪽에서 보낸 자들이다(렘 1:13). 두 번째 부류의 사람들은 야심을 가지고 직무에 임하는 사람들이다. 그들은 거짓 사도도, 거짓 종도 아닐 수 있다. 그들이 바르고 참된 것을 가르치며, 보편적인 의미에서 다른 사람들을 다스리기 때문이다. 그럼에도 그들은 이 직임에 부름을 받지 않았기 때문에, 바로 이 '부름 받은 자'라는 말 때문에 비난을 받는다. 그들이 첫 번째 부류의 사람들처럼 '절도며 강도'(요 10:1)가 아닐지라도, 자신들의 것만 찾고 예수 그리스도에게 속한 것을 찾지 않는 삯꾼이다. 그들은 자신들에게 명예와 돈과 자기만족이라는 이익을 보장해 주는 한에서만 양들에게 관심을 가진다. 오늘날 교회에는 이런 사람이 상당수 있다. 이들이 성경에서 거짓 예언자나 거짓 사도, 즉 보냄을 받지 않았지만 달음질하고, 사명을 받지 않았지만 예언을 하며(렘 23:21), 거짓을 짜내는(시 4:2) 이단자요, 당을 짓는 자요, 믿을 수 없는 자들만큼 그렇게 해롭다고 비난이나 저주를 받지 않는 것은 사실이다. 그러나 그들을 하나님께서는 만족할 만한 자로 여기시지 않을 것이다. 왜냐하면 그들은 자유로운 사랑의 마음에서 행하지 않고, 삯꾼의 욕망으로 명예를 부당하게 자신의 것으로 만들고 그것을 얻고자 하기 때문이다. 이들과 세 번째 부류의 사람들이 비슷한데, 그들은 신자들이 원하지도 않는데 힘으로 밀고 들어오거나, 다른 사람들에 의해 세워진 자들이다. 이들은 두 번째 부류의 사람들보다는 훨씬 더 나쁘지만, 첫 번째 부류의 사람들만큼 그렇게 나쁘지는 않다. 성직은 어느 정도 고상한 것이기 때문에, 하나님의 부름을 받지 않고 성직에 종사하는 것을 이 세상과 저 세상의 모든 위험보다 더 경계해야 한다. 아니 이것을 가장 큰 위험으로 간주해야 한다. 그러나 이 모든 것을 조금이라도 생각하는 많은 사람들의 마음이 얼마나 굳어져 가고 있는가! 하나님으로부터 부름을 받아도 확신을 하지 못하는 자들이 있는데, 저들은 도대체 어떻게 될 것인가? 사도였던 유다는 패망하고, 사울과 택함을 받은 다윗도 넘어졌다. 그들은 특별한 방법으로 부름을 받고 기름부음을 받은 자들이 아닌가! 아, 이 불행한 자들이여!

'사도'라는 말, 즉 두 번째 말을 가지고 바울은 자신의 직무의 위엄을 높이고, 자신의 제자와 청중들에게서 더 큰 경외감을 불러일으킨다. 사람들이 하나님의 모든 종을 우리 가운데 하나님의 사역을 행하는 자로 여기며 경외감과 사랑을 가지고 받아들여야 한다면, 사도는 얼마나 더 그렇겠는가! 사도는 하나님의 가장 높은 사신이요, 만군의 주 예수 그리스도의 가장 높은 천사이기 때문이다.

게다가, 우리에게 넘치도록 몰려드는 하나님의 수많은 자비 외에도 우리는 또 한 가지 선물을 주셨다는 것을 찬양과 감사로 알아야 한다. 이 선물이란, 하나님께서 당신 스스로 또는 천사들을 통해 당신의 사역을 우리 가운데 행하고자 하실 때, 우리의 구원과 주님의 사역이 두려움 때문에 우리 안에서 방해를 받지 않도록 하기 위해, 인간에게 특별한 권한을 주신 것을 말한다. 하나님께서는 우리의 연약함에 주의를 기울이는 의사로서 우리와 같고 우리에게 친숙한 인간들을 선택하셨다. 즉, 우리가 거의 두려워할 필요가 없는 존재를 선택하셔서, 우리 안에서 당신의 사역이 매우 풍성하게 성취되도록 하셨다. 이를 위해서는 예언자들이 옛날에 하나님이나 천사로부터 어떤 명령을 받을 때, 그들이 가졌던 두려움이 사라져야 했다. 모세도 이 두려움을 견딜 수 없었다. 말씀이 아직 육신이 되지 않았기 때문에, 말씀의 숭고함과 우리의 연약함 때문에 말씀을 이해할 수 없었다. 그러나 이제는 말씀이 친밀감 있게 되었고, 육의 형체를 취했으며, 혈육을 가진 사람들을 통해 우리에게 전해지고 있다. 그렇다고 우리가 말씀을 더 사랑하지 않고 덜 경외해도 된다는 것은 아니다. 그것이 두려움을 불러일으키는 방식이 아니라, 친절한 모습으로 다가온다고 할지라도, 예전과 똑같은 말씀이기 때문이다. 그러나 말씀을 경외도 사랑도 하기 원하지 않는 자들에게는 후에 무서운 일이 일어날 것이다.

"하나님의 복음을 위하여 택정함을 입었으니"(롬 1:1)

이것을 두 가지 방식으로 이해할 수 있다.

첫째, "성령이 가라사대 내가 불러 시키는 일을 위하여 바나바와 사울을 따로 세우라"(행 13:2)는 사도행전 13장의 말씀에 따른 이해이다. 그 뜻은 이렇다. 사도 바울은 이방인들의 사도로 따로 세워졌다. 베드로와 다른 사도들이 할례와 유대인을 섬기도록 부름을 받은 것처럼 말이다. 이를 통해 사도 바울은 자신의 직무를 더 자세하게 기술한다. 즉, 그가 '종'이요 '하나님의 사도'일 뿐만 아니라, 특별한 방법으로 이방인들에게 보내지도록 다른 사람들 중에서 '선택'을 받았다는 것이다.

둘째, "그러나 내 어머니의 태로부터 나를 택정하시고 그의 은혜로 나를 부르신 이가 그의 아들을 이방에 전하기 위하여 그를 내 속에 나타내시기를 기뻐하셨을 때에"라고 기록된 갈라디아서 1장에 대한 이해이다(갈 1:15-16). 이 말씀의 의미는 이렇다. 사도 바울이 어머니의 태에 있을 때 이미 하나님께서는 다른 유대인들보다 앞서 그가 이방인의 사도가 되도록 택하셨다. 이를 위해서는 예레미야의 비유가 적절하다. "내가 너를 모태에 짓기 전에 너를 알았고 네가 배에서 나오기 전에 너를 성별하였고 너를 여러 나라의 선지자로 세웠노라"(렘 1:5). 이것을 바울이 성취하였다. 왜냐하면 '성별하다', '구별하다', '택정하다'라는 말들은 성경에서는 거의 같은 말이기 때문이다(사도 바울이 자신에 대해 교만하게 말하지 않기 위해 '성별되다' 대신에 '택정함을 받은 자'로 부를 때, 이것은 더 신중하고 겸손하게 들린다). 왜냐하면 거룩하고 하나님께 바쳐진 것은 또한 택함을 받은 것이요, 구별된 것이요, 성별된 것이기 때문이다. 다시 말해 그것은 다른 세속적인 것들로부터 분리된 것이다. '너희는 성별되었다'는 말은 불경건한 세상으로부터 택함을 받았다는 의미이다. 하나님의 거룩하신 뜻은, 알레고리적으로는 너희들이 악한 사람들로부터 구별되는 것이며, 도덕적으로는 너희 죄로부터 떠나는 것이다. '하나님의 복음을 위해 택정함을 받았다'는 말도 같은 의미이다. 즉, 나는 다른 일에 종사하지 않고 오직 복음을 가르치는 이 한 가지 일에만 봉헌되고, 기름부음을 받고, 바쳐졌다. 마치 제사장이 제사를 드리도록 택정함을 받고 구별되는 것과 같다. 이 해석이 앞선 해석보다 더 나아 보인다.

마지막으로 사도 바울은 이 말을 가지고 거룩한 직무로 택정함을 받았음에도 그리고 그들이 주님께 속해 있음에도 그들이 마치 세상 사람인양 세상의 일에 관여하는 사람들을 비난한다. 그는 자신이 다른 일이 아니라, 오직 복음을 전하는 일에만 택정함을 받았다는 것, 즉 나의 가장 중요한 사역은 복음을 선포하는 것이라는 사실을 사람들이 알아야 한다고 선포한다. 그래서 고린도전서 1장에서 다음과 같이 말한다. "그리스도께서 나를 보내심은 세례를 베풀게 하려 하심이 아니요 오직 복음을 전하게 하려 하심이로다"(고전 1:17). 다른 사도들의 임무가 다른 종류의 것일 수 있을지 모르지만, 나는 복음을 전하도록 택정함을 받았다.

"하나님이… 미리 약속하신 것이라"(롬 1:2)

사도 바울이 이 말을 하는 이유는 복음이 우리의 공로에 근거해 주어진 것이라든지, 인간적인 지혜에 의해 만들어진 것이라고 생각하지 않도록 하기 위한 것이다. 복음의 가장 큰 힘과 증거는 바로 하나님이 미리 약속하셨다는 사실 안에 있다. 옛 율법과 선지자들의 증거에 따라 복음이 이러한 종류의 것임을 알 수 있다. 왜냐하면 복음은 약속에 일치하여 선포해야 하는 것만을 선포하기 때문이다. 여기에서 복음은 그것이 실제적인 모습을 드러내기 전에 하나님의 경륜에 의해서 미리 정해져 있었다는 것이 분명히 드러난다. 그래서 우리의 공로나 수고가 아니라, 오직 하나님께만 복음의 영광이 돌려져야 한다. 왜냐하면 복음은 우리가 존재하기 전에 이미 제정되었기 때문이다. 이것은 성경이 증거 한다. "만세 전부터, 태초부터(율법의 형태로), 땅이(즉, 교회가) 생기기 전부터 내가 세움을 받았나니"(잠 8:23). 물론 이 땅은 지혜를 통해 창조되었다. 하나님의 지혜요 능력인 복음이 교회를 창설했으며, 지혜가 자신에 대해 자랑하고 찬양하는 모든 것을 행한다. 이에 대해 아모스 3장이 말한다. "주 여호와께서는 자기의 비밀을 그 종 선지자들에게 보이지 아니하시고는 결코 행하심이 없으시리라"(암 3:7). 또한 이사야 48장에도 이렇게 기록되어 있다. "그러므로 내가 이 일을 예로부터(즉, 옛 율법 안에서) 네게 알게 하였고 일이 이루어지기 전에 그것을 네게 듣게 하였느니라 그것을 네가 듣게 하여 네가 이것을 내 신이(내 지혜의 형상이) 행한 바요 내가 새긴 신상과 부어 만든 신상이 명령한 바라 말하지 못하게 하였느니라 네가 들었으니(율법과 선지자의 시대에) 이 모든 것을 보라(지금, 은혜의 시대에)"(사 48:5-6).

"선지자들을 통하여… 성경에"(롬 1:2)

이것은, 디도서 1장에서 "이 영생은 거짓이 없으신 하나님이 영원 전부터 약속하신 것인데"(딛 1:2)라고 말하는 것처럼, 만세 전에 주어진 약속과는 다르다. 이 약속은 장차 올 모든 시간을 영원 전에 미리 정하신 것이다. 그러나 선지자들을 통해 약속은 무엇보다 인간의 말로 시간적이 되었다. 하나님께서 영원한 약속을 넘어 인간의 말로, 구어로뿐만 아니라, 기록된 말로도 당신의 약속을 주신다는 것은 경탄하지 않을 수 없는 은총의 증거이다. 이 모든 것이 일어난 이유는, 약속이 성취되고 하나님께서 미리 계획하신 대로 행하셨다는 것이 명백히 드러날 때, 사람들이 다음의 사실을 알도록 하기 위함이다. 그리스도를 예배하는 것은 (많은 사람들이 생각하는 것처럼) 우연히 일어나거나, 별의 운명으로부터 나온 것이 아니라, 하나님의 확고한 계획과 미리 정하신 섭리에 근거해 바로 이렇게 와야 했다는 것이다. 사도 바울은 또한 '성경 안에서'라는 말로 다른 근거를 첨부하는데, 이것은 잘한 것이다. 왜냐하면 그가 단지 '선지자들을 통하여'만 말하고자 했다면, 사람들이 그것을 마치 그들의 말들과 함께 더 이상 존재하지 않는 죽은 자들을 증인으로 끌어들이는 것으로 부당하게 해석할 수도 있었기 때문이다. 그래서 그는 오늘날 우리 가운데 아직도 남아 있는 그들의 기록들을 강조해서 언급하는 것이다.

"그의 아들에 관하여 말하면 육신으로는 다윗의 혈통에서 나셨고 성결의 영으로는 죽은 자들 가운데서 부활하사 능력으로 하나님의 아들로 선포되셨으니 곧 우리 주 예수 그리스도시니라"(롬 1:3-4)

이 구절을 바르고 정확하게 해석한 사람은 없다. 옛 주석가에게는 부적합한 해석이 장애가 되었다면, 최근 사람들에게는 해석을 위한 영감의 부족이 문제다. 그럼에도 다른 사람들의 수고에 고무되어 신앙의 건강한 경건을 통해 우리의 이성을 연습해 보자. 나에게는 사도의 생각이 이런 것 같다. 복음의 내용, 대상 또는 (다른 사람들이 사용하는 대로) 주제는 하나님의 아들인 예수 그리스도시다. 그는 육신으로는 다윗의 씨에서 태어났으며, 지금은 능력으로 모든 것 위의 왕과 주가 되셨는데, 이것은 그를 죽은 자 가운데서 일으키신 성령에 의해 일어났다. 이러한 해석을 위해서는 그리스어 성경의 본문이 도움을 준다. "그의 아들에 대해서, 다윗의 씨에서 나고, 선택되고, 지명되고, 선포되고, 서임된 하나님의 종으로 능력으로 성결의 영에 따라 죽은 자들로부터의 부활을 통해, 예수 그리스도 우리 주."*

단어 하나씩 보자.

'그의 아들에 대해서'란, 복음서에서 단순히 하나님의 아들을 말하는 것이 아니라, 다윗의 씨에서 육신이 된 하나님의 아들을 말한다. 이것은 다음과 같은 것을 의미한다. 그는 자기 자신을 비워 연약한 자가 되었다. 만물보다 먼저 계시고 만물을 창조하신 그는 스스로 시작을 취하고 태어났다. 복음은 하나님 아들의 낮아지심에 대해서만 말하지 않고, 또한 영광과 능력에 대해서도 말한다. 이것은 그가 낮아진 후에 그의 인간성 안에서 하나님으로부터 받은 것이다. 그래서 마치 하나님의 아들이 낮아짐과 비하를 통해 육체의 연약함 속에서 다윗의 아들이 된 것처럼, 이제는 반대로 모든 능력과 영광을 가지고 하나님의 아들로 세워지고 정해졌다. 하나님의 형상에 따라 육체의 무가치함에 이르기까지 낮아진 것과 같이, 이제는 종의 형상에 따라 신성의 충만에 이르렀는데, 이는 하늘로 올라감을 통해 성취되었다. 여기서 사도 바울의 독특한 표현 방식에 주목해야 한다. 그는 예수가 덕행에 의해 하나님의 아들로 태어났다고 말하지 않고, '육신을 따라 태어났다'고 말한다. 그리스도가 잉태된 순간부터 두 본성의 결합 때문에 다음과 같이 말하는 것은 옳기 때문이다. 이 하나님은 다윗의 아들이며, 이 사람은 하나님의 아들이다. 전자가 맞는 것은 신성이 스스로 겸비해져서 육체 안으로 숨었기 때문이다. 또한 후자가 맞는 것은 그의 인성이 완성되어 신성으로 바뀌었기 때문이다. 그가 하나님의 아들로 태어나지 않고, 사람의 아들로 태어났다고 할지라도, 그는 항상 동일한 아들이요, 이렇게 인간일 때에도 그는 하나님의 아들이다.

그럼에도 이것이 인간들에게는 분명하고, 명확하고, 확고하게 알려지지 않았다. 그는 만물을 다스리는 능력을 이미 받았고 하나님의 아들이었지만, 그것을 행하지 않았다. 그래서 하나님의 아들로 간주되지 않았다. 이것은 성화의 영을 통해서 비로소 일어났다. 왜냐하면 예수가 아직 영광을 받지 않아, 영이 주어지지 않았기 때문이다. 그는 '그가 내 영광을 나타내리라'(요 16:14)고 말한다. 즉, 성령은 사도를 통해 그가

---

* 그리스어 성경의 본문을 중요시하는 루터의 입장을 반영하여 순서대로 번역하였다. 여기서 루터가 언급하는 그리스어 본문은 파버의 로마서 주석에 나오는 본문을 의미한다. 루터가 그리스어 성경을 직접 읽기 시작한 것은 에라스무스의 그리스어 성경이 출판된 1516년 이후이다.

만물을 주관하는 권능을 가진 하나님의 아들이요, 만물이 그에게 복종하며, 하나님 아버지께서 그를 주요 그리스도가 되게 하셨다고 정의를 내리고 선포하였다(행 2:36). 바로 이것이 '하나님의 아들로 택정함을 받았다'는 말이 의미하는 것이다. 즉, 육체에 따라 다윗의 아들이 된 이 사람이 만물을 주관하는 능력 안에서 하나님의 아들로 공식적으로 선포되었다. 왜냐하면 그는 약함 속에서 다윗의 아들이 되었고, 성화의 영에 의해 그리스도의 영광이 주어졌기 때문이다.

그러나 이것을 성령은 그리스도가 부활하신 이후에 하였다. 그래서 사도 바울은 '죽은 자들 가운데서 부활하신 이후에'라는 말을 첨가한다. 여기서 '미리 택정함을 받은 자'(praedestinatus)라는 말이 좋은 번역이 아님이 드러난다. 그리스어 본문에서는 ὁρισθέντος(호리스텐토스)가 사용되는데, 이는 '지정된 자'를 의미하며, 따라서 지정과 결정의 뜻을 가진다. ὁρισμός(호리스모스)는 학교에서 붙들어야 하고 믿어야 하는 것을 설명하고, 나타내고, 공표하는 것을 정의하고 결의하고 결정하는 의미로 사용된다. '정의'는 어떤 것을 나타내고 알리는 것이다. 그래서 이 구절을 이렇게 이해해야 한다. 그리스도가 복음 안에서 성령을 통해 선포되고 만물에 대한 능력과 권능 안에서 하나님의 아들로 나타났다. 이것은 부활 전에는 계시되지 않고 선포되지 않고, 그리스도의 육체 안에 감추어져 있었다.

그리고 '성령'이라는 말 대신에 '성화의 영'이라는 말이 사용되었는데, 이것은 큰 의미가 없는 것이다. 이것은 같은 영을 말하는데, 그것의 활동에 따라 '거룩한' 영이나, '성화의' 영으로 불리기 때문이다.

'능력으로'라는 말은 시편 8편의 예언과(시 8:4-6) '이 아들을 만유의 상속자로 세우셨다'(히 1:2)라는 히브리서 1장의 예언에 따라 만물을 주관하는 능력으로 이해해야 한다.

결론적으로 다음과 같이 말할 수 있다. 복음은 아들에 대해 다루는데, 이 아들은 다윗의 씨에서 나왔으나, 만물을 다스리는 능력 안에서 하나님의 아들로 선언되었다. 이 선언은 성령을 통해 이루어졌는데, 성령은 그가 죽은 자들 가운데서 부활한 후에 주어졌다. 그리고 이 아들이 곧 우리 주 예수 그리스도다. 자, 이제 이렇게 말할 수 있다. 복음은 먼저 낮아졌다가 후에 성령에 의해 영화롭게 된 하나님의 아들 그리스도에 대한 이야기다.

'우리 주 예수 그리스도의'라는 소유격은 두 가지로 해석할 수 있는데, 하나는 소유격으로, 다른 하나는 탈격으로 이해하는 것이다. 왜냐하면 그리스어 본문이 명확하지 않기 때문이다. 소유격이라면, 그것은 '부활'이라는 말에 연결되어 '우리 주 예수 그리스도가 죽은 자들 가운데서 부활한 이후에'라고 번역될 수 있다. 반면에 그것이 탈격이라면, '태어난 그의 아들에 관하여'라는 문장과 연결된다.

'죽은 자들의'라고 번역할 때, 이것은 비록 뜻을 변경시키지는 않지만, 모호하게 한다. 그래서 글자 그대로 번역하는 것보다 의미에 맞게 해석하여 '죽은 자들 가운데서'라고 번역하는 것이 더 낫다고 생각한다.

부가 설명

'복음'은 마태와 마가와 누가와 요한이 기록한 것만은 아니다. 이것은 2-3절에서 분명히 드러났다. 왜냐하면 여기에서 복음은 육체가 되었으며, 고난을 받았으며, 영화롭게 된 하나님의 아들에 대한 말씀이라고 명확하게 기록하고 있기 때문이다. 누가 이 말씀을 기록하거나 가르칠지라도, 그것이 마태이건 도마이건, 그들이 무슨 말로, 혹은 무슨 언어로 하든, 이 말씀은 바로 '하나님의 복음'이다.

그러므로 그것이 얼마나 많은 책이나 필자를 통해 가르쳐진다 할지라도 아무 상관이 없다. 모든 사람이 가르치는 것은 같은 것이기 때문이다. 그러므로 사도 바울이 '복음으로써 모든 교회에서 칭찬을 받는' 한 제자에 대한 언급을(고후 8:18) 누가의 복음에 대한 것으로 이해할 필요는 없다. 이 말은 그가 복음, 즉 하나님의 말씀을 전하는 데 있어서 칭찬을 받았다는 의미이다. 마치 아볼로와 다른 사람들이 그리스도를 유창하고 능숙하게 선포할 수 있었기 때문에 칭찬을 받은 것처럼 말이다.

또한 '나의 복음에 이른 바와 같이'(롬 2:6)라는 말도 누가의 복음으로 이해해서, 마치 바울이 선포한 것을 누가가 기록한 것처럼, 또는 후자가 쓴 것을 전자가 선포한 것처럼 이해할 필요가 없다. 사도 바울의 '나의'라고 말하는 것은, 무엇이 그의 아들에 관한 하나님의 말씀인지 스스로 선포하였기 때문이다.

"복음은… 하나님의 능력(*virtus*)이 됨이라"(롬 1:16)

먼저, 여기서 '능력', 즉 '*virtus*'(비르투스)라는 말은 힘이나 권능을, 일반적인 언어로는 능력을 의미한다. 그래서 '하나님의 능력'은 하나님께서 그것 때문에 본질상 자기 자신 안에서 강한 자라는 의미가 아니라, 그것 때문에 그가 유능하고 강하게 만드는 분이라는 의미로 해석해야 한다. '하나님의 은사'와 '하나님의 피조물'과 '하나님의 일'이 뜻하는 바처럼, '하나님의 능력'도 (즉 하나님께로부터 오는 능력도) 그렇다. 예를 들면 사도행전 4장에 이렇게 기록되어 있다. "사도들이 큰 권능으로 주 예수의 부활을 증언하니…"(행 4:33). 그리고 "오직 성령이 너희에게 임하시면 너희가 권능을 받고"(행 1:8)라고 사도행전 1장에서 말하며, "내가 내 아버지께서 약속하신 것을 너희에게 보내리니 너희는 위로부터 능력으로 입혀질 때까지"(눅 24:49)라고 누가복음 마지막 장에, "성령이 네게 임하시고 지극히 높으신 이의 능력이 너를 덮으시리니"(눅 1:35)라고 누가복음 1장에 기록되었다.

둘째로, '하나님의 능력'은 '인간의 능력'과 다르다는 것을 주목해야 한다. 후자는 인간이 그것을 통해 육체에 따라 잘되고 건재하게 지내는 능력이며, 육체에 속한 것을 행할 수 있게 되는 능력이다. 이 능력을 하나님께서는 그리스도의 십자가를 통해 완전히 말살시켰다. 그래서 이제 하나님께서는 자신의 능력을 주셨는데, 이것을 통해 영혼이 형통하게 되고, 영에 속한 것을 행할 수 있게 되었다. 시편 59편은 이렇게 말한다. "사람의 구원은 헛됨이니이다. 우리가 하나님을 의지하고 용감하게 행하리니…"* 또한 시편 32편에도 이렇게 기록되어 있다. "많은 군대로 구원 얻은 왕이 없으며 용사가 힘이 세어도 스스로 구원하지 못하는도다. 구원하는 데에 군마는 헛되며 군대가 많다 하여도 능히 구하지 못하는도다"(시 33:16-17).

복음은 하나님의 능력이라는 말도 같은 것이다. 복음은 하나님으로부터 받는 성령의 재물이며, 병기이며, 장신구이며, 모든 선한 것인데 이런 것들은 다 하나님으로부터 받는 것이다. 재물과 무기와 금과 은과 왕국과 이런 종류의 다른 것들이 인간의 능력인 것과 같다. 이것들을 통해 인간은 강하게 되고, 이것들 없이 인간은 아무것도

---

* 시편 60:11-12. 당시 루터가 사용하던 성경과 우리가 사용하는 성경의 장과 절이 다르다.

할 수 없다. 그러나 이 모든 것은, 적어도 그것들에 대한 갈망이 있는 한, 완전히 말살되어야 한다. 그렇지 않으면 하나님의 능력은 우리 안에 존재하지 않을 것이다. 왜냐하면 재물이 있고 권세가 있는 자들은 복음을, 또한 하나님의 능력을 받지 않기 때문이다. 성경에 이렇게 기록되어 있다. '가난한 자에게 복음이 전파된다'(눅 7:22). 또한 이렇게 말한다. '그들은 자기의 재물을 의지하고 부유함을 자랑한다'(시 49:6).

셋째로, 진실로 믿지 않는 자들은 오늘날까지 복음을 부끄러워할 뿐만 아니라, 적어도 마음과 행동으로 복음을 반대한다. 그 이유는 육체와 세상에 속한 것에서 만족과 향락을 찾는 자는 영과 하나님께 속한 것에서 어떤 맛과 만족을 찾을 수 없기 때문이다. 그래서 그는 다른 사람들에게 복음을 전하는 것을 부끄러워할 뿐만 아니라, 저항하고, 누가 자신에게 복음을 전하는 것도 원하지 않는다. 왜냐하면 그는 빛을 미워하고 어둠을 사랑하기 때문이다. 그래서 그는 구원의 진리가 그에게 전해지는 것을 견디지 못한다.

'복음을 부끄러워하는 것'은 겁 많은 성직자의 잘못이다. 반면에 복음을 거부하거나 듣지 않는 것은 신자의 잘못이요 어리석음이다. 설교자가 청중의 권력과 후원과 수를 두려워해서 꼭 필요한 진리를 침묵하는 것이 그 잘못이요, 어리석은 청중이 말씀의 작고 낮은 모습을 무시하는 것이 그 잘못이다. 그러므로 그에게 복음은 어리석은 것이 된다. 이러한 어리석음에 대해 고린도전서 2장이 전하고 있다. "육에 속한 사람은 하나님의 성령의 일들을 받지 아니하나니 이는 그것들이 그에게는 어리석게 보임이요, 또 그는 그것들을 알 수도 없나니"(고전 2:14). 로마서 8장도 마찬가지다. "육신의 생각은 하나님과 원수가 되나니 이는 하나님의 법에 굴복하지 아니할 뿐 아니라 할 수도 없음이라"(롬 8:7).

그래서 다음과 같은 결론이 내려진다. 복음을 믿는 자는, 하나님의 능력과 지혜 안에서 강하고 지혜로운 자가 되기 위해서, 사람 앞에서는 약하고 어리석은 자가 되어야 한다. 왜냐하면 고린도전서 1장에서 다음과 같이 말하기 때문이다. "그러나 하나님께서 세상의 미련한 것들을 택하사 지혜 있는 자들을 부끄럽게 하려 하시고"(고전 1:27), "하나님의 어리석음이 사람보다 지혜롭고 하나님의 약하심이 사람보다 강하니라"(고전 1:25). 그러므로 하나님의 능력이 배척을 받는다는 것을 들을 때, 인간과 세상과 육체의 능력을 식별해야 한다. (모든 능력과 지혜와 의는 그리스도의 모습과 비유에 완전히 일치하게 숨겨지고 묻혀져서, 아무것도 보여서는 안 된다. 그는 스스로 낮아져서 능력과 지혜와 선을 완전히 감추고, 대신 연약함과 어리석음과 고난을 짊어졌다. 마찬가지로 능력이 있고, 지혜롭고, 상냥한 사람은 이것들을 마치 그가 아무것도 가지지 않은 것처럼 가져야 한다. 그래서 제후들과 법률가들, 그리고 능력과 지혜를 통해 자신의 지위를 지키려고 하는 사람들의 삶은 매우 위험하다. 왜냐하면 이러한 것들이 눈에 보이지 않거나, 아주 조금이라도 감춰진다면, 그들은 자신들이 더 이상 아무것도 아니라고 간주하기 때문이다. 그러나 그것들이 존재한다면, 보라, '솥에 죽음의 독'이 있다(왕하 4:40). 특히 그것들이 사람들의 눈에 띄어 그들로부터 높이 평가되는 것을 마음으로 흡족해 한다면, 더욱 그렇다. 왜냐하면 모든 사람들의 눈에 보이고 높이 평가되는 것을 자기 자신의 마음 앞에서 숨기고 경시하는 것은 어렵기 때문이다.)

"복음에는 하나님의 의가 나타나서"(롬 1:17)

인간들의 가르침에는 인간의 의가 나타나고 가르쳐진다. 즉, 누가 그리고 어떻게 의롭고, 자기 자신 앞에서와 사람들 앞에서 의롭게 되는지 가르쳐진다. 그런데 하나님의 의, (즉 누가 그리고 어떻게 의로운지 그리고 하나님 앞에서 의롭게 되는지는) 오직 복음 안에만 나타나는데, 오직 그것을 가지고 하나님의 말씀을 믿는 믿음을 통해서만 나타난다. 이것은 마가복음 마지막 장에서 말씀하는 것과 같다. "믿고 세례를 받는 사람은 구원을 얻을 것이요 믿지 않는 사람은 정죄를 받으리라"(막 16:16). 왜냐하면 하나님의 의는 구원의 원인이기 때문이다. 여기서 하나님의 의를 이것을 통해 사람이 자신 안에서 스스로 의롭게 되는 의로 이해해서는 안 된다. 하나님의 의는 그것을 통해 우리가 하나님으로부터 의롭게 되는 의를 말한다. 이것은 복음에 대한 믿음을 통해 일어난다. [그러므로 성 아우구스티누스는 자신의 책 「영과 문자」 11장에서 다음과 같이 말했다. "의는 하나님의 의를 말한다. 왜냐하면 그가 의를 전하면서, 인간을 의로운 자로 만들기 때문이다. 의는 '주님의 구원'이라는 말과 같은데(시 3:4), 이것도 주님이 그것을 통해 인간을 구원하는 구원을 말한다."* 똑같은 것을 그는 같은 책 9장에서도 말했다.**] 이 하나님의 의는 행위에서 나오는 인간의 의와 다르다. 이것은 아리스토텔레스의 「윤리학」 3권에 분명하게 나오는데,*** 그

---

* Augustinus, *De spiritu et litera* 11, 18(PL 44, 211).

** Augustinus, *De spiritu et litera* 9, 15(PL 44, 209).

*** 아리스토텔레스, 「니코마코스 윤리학」 III, 7.

에 의하면 의는 우리의 행위를 따르며, 그 행위에서 나온다. 그러나 하나님에게 있어서 의는 행위에 앞서 가고, 행위가 의에서 나온다. (마치 어느 누구도 주교나 사제로서 먼저 서임을 받고 성별되기 전에는 주교나 사제의 사역을 할 수 없는 것과 같다. 아직 의롭게 되지 않은 자의 의로운 행위는, 비록 그가 사제가 아닐지라도, 사제나 주교가 행하는 행위와 같다. 다른 말로 하면, 이런 행위는 어리석은 것이며, 조롱거리에 불과하며, 떠돌이 상인의 행위와 비슷하다.)

두 번째로 주목해야 하는 것은 '믿음에서 믿음으로' 인데, 이 말은 다양하게 해석된다. 리라는 '모양을 갖추지 못한 신앙에서 모양을 갖춘 신앙으로'라고 해석한다. 그런데 이것은 전혀 맞지 않는다. 어떤 의인도 '모양을 갖추지 못한 신앙'으로 살지 않기 때문이다. 또한 하나님의 의는 이런 믿음에서 나오지 않는다. 어떻든 그는 여기서 두 가지 점을 말하고 있다. '모양을 갖추지 못한' 믿음을 초신자의 믿음으로, 그리고 '모양을 갖춘' 믿음을 완전한 자들의 믿음으로 이해하는 것 같다. 그러나 '모양을 갖추지 못한' 믿음은 믿음이 아니라, 믿음에 반대되는 것이다. 왜냐하면 '모양을 갖추지 못한' 믿음을 가지고 진실로 믿을 수 있다고 생각하지 않기 때문이다. 다음으로, 그가 잘 본 것이 있는데, 그것은 사람이 무엇을 믿어야 하는지 본 것과 긴장 가운데 머물 수 있었던 것이다.

다른 사람들은 '옛 율법 시대의 선조들의 믿음에서 새로운 율법 시대의 믿음으로'라고 해석하기도 한다. 이 해석은, 비록 인정을 받지 못하고 논박을 받을 수 있다 할지라도, 받아들여질 수 있다. 논박을 받는 이유는, 의인은 지나간 세대의 믿음으로 살 수 없기 때문이다. 그래서 성경에도 '의인은 그의 믿음으로 살 것이라'고 기록하고 있다. 조상들도 우리와 같은 것을 믿었다. 비록 그들에게는 분명하지 않았고, 지금 우리에게는, 배운 자나 배우지 않은 자나, 더 분명하게 보일지라도, 그것은 하나의 믿음이다. 그래서 그 의미는 이렇다. 하나님의 의는 완전히 믿음에서 나온다. 그런데 이 믿음은 성장하면서 외형적으로 나타나지 않고, 더욱더 분명한 믿음으로 나아간다. 이것에 대해 고린도후서 3장이 말한다. "우리가 다 수건을 벗은 얼굴로 거울을 보는 것같이 주의 영광을 보매 그와 같은 형상으로 변화하여 영광에서 영광에 이르니…"(고후 3:18). 또한 '그들은 힘을 얻고 더 얻어'라고 말한다.* 여기서는 '믿음에서 믿음으로'라

---

* 시편 84:7. 루터가 고린도후서와 시편을 인용하는 이유를 알기 위해서는 라틴어 단어를 언급하는 것이 좋을 것 같다. 그는 'a claritate in claritatem'과 'de virtute in virtutem'을 'de fide in fidem'과 유비시키고 있다.

고 언급하고 있는데, 이 말의 뜻은, 사람이 믿음 안으로 점점 더 성장하여 의로운 자가 계속해서 의롭게 되는 것이다.* 그래서 어느 누구도 이미 그것을 잡았다고 생각하고(빌 3:13) 계속 성장하는 것을 멈추지 말아야 한다. 즉 (마음이) 떠나는 것을 시작해서는 안 된다. [성 아우구스티누스는 자신의 책 「영과 문자」 11장에서 '입으로 고백하는 자들의 믿음에서 순종하는 자들의 믿음으로'라고 말한다.** 부르고스는 '(출발점으로써의) 회당의 믿음에서 (목적지로써의) 교회의 믿음으로'라고 말한다.*** 그러나 사도 바울은, 의는 믿음으로부터 나오는데 이방인들은 계속해서 다른 믿음으로 성장해 나갈 수 있는 믿음을 가지고 있지 않아서 의롭게 되지 못한다고 말한다.]

"하나님을 알 만한 것"(롬 1:19)

이것은 그리스어 어법인데, 우리말로는 추상적인 표현으로 번역하는 것이 더 좋다. 예를 들어 *notum Dei*'(즉, *notitia Dei*)는 고린도전서 1장에 나오는 표현이다. "하나님의 어리석음이 사람보다 지혜롭고 하나님의 약하심이 사람보다 강하니라"(고전 1:25). 이는 하나님의 약함과 어리석음이 인간의 강함이나 능력 그리고 지혜보다 더 강하고, 권위가 있고, 지혜롭다는 뜻이다. 이 모든 것을 하나님과 관련하여 말하고 있다. 왜냐하면 이것들이 하나님 안에 있기 때문이 아니라 그것들이 하나님으로부터 와서 우리 안에 있기 때문이다. 그래서 하나님의 어리석음과 약함은 복음을 따르는 삶인데, 하나님께서는 이 복음을 통해 우리를, 우리의 외적인 모습도, 사람들 앞에서 어리석고 약하게 나타나게 하신다. 하나님의 지혜와 능력도 복음에 합당한 삶이요, 복음적인 삶의 표준인데, 이것을 통해 하나님께서는 우리를, 심지어 내적으로도, 당신 자신 앞에서 지혜롭고 능력 있게 만드시고, 우리를 그런 자로 간주하신다. 이 모든 것은 서로 뒤바뀌

---

* 요한계시록 22:11 "의로운 자는 그대로 의를 행하고 거룩한 자는 그대로 거룩하게 하라."

** Augustinus, *De spiritu et litera* 11, 18(PL 44, 211).

*** 부르고스의 폴, *Additiones ad Postillam Nicolai de Lyra* V ad Rom 1. 부르고스의 폴(약 1353–1435)은 유대인 가정에서 태어났으나, 파리에서 신학을 공부한 뒤 1390(91)년에 영세를 받고 1394년에 사제가 되었다. 1403년에는 카르타제나의 주교가 되었으며, 1415년에는 부르고스의 주교가 되었다. 1429년에 리라의 설교집(*Postilla*)을 주석하는 것을 마쳤는데, 루터가 인용하는 것이 바로 이것이다.

는 관계 속에 있어서, 인간 앞에서의 하나님의 어리석음과 약함은 하나님 앞에서 지혜와 능력이 되고, 세상 앞에서의 지혜와 능력은 하나님 앞에서 어리석음과 약함, 심지어 죽음이 된다. 이것에 대해서는 다음에 나오는 6장에서 이야기된다.

"하나님의 진노가… 나타나나니"(롬 1:18)

사도 바울은 여기서 무엇보다 먼저 이 세상의 권세자들과 지혜자들을 비난하는 목소리를 낸다. 왜냐하면 그들이 굴복된 뒤에야 그들의 밑에 있는 자들과 무지한 자들이 쉽게 굴복되기 때문이며, 또한 그들이 복음과 그리스도의 십자가에 대한 말씀과 십자가 아래서의 삶에 대해 가장 격렬하게 저항하고, 다른 사람들도 그렇게 하도록 자극시키기 때문이다. 그러므로 그는 그들이 마치 유일한 범죄자인 것처럼 그들에게 허물과 죄를 돌리고, 하나님의 진노를 선포한다. 십자가에 대한 설교가 철학자들과 권세자들에게 만큼 그렇게 어리석게 보이는 사람들이 없기 때문인데, 이것은 십자가에 대한 설교가 그들의 상식에는 완전히 반대가 되기 때문이다.

"창세로부터"(롬 1:20)

이 말을 어떤 사람들은 (내가 틀리지 않는다면, 「명제집」 제1권 2장의 스승도)* '세상의 피조물로부터'라고** 해석한다. 이것은 '인간이 하나님의 불가시적인 것을 보았다'라는 뜻이다. 이 해석은 그리스어 본문으로부터 쉽게 반박될 수 있다. 왜냐하면 그리스어 본문은 '세상

---

* Petrus Lombardus, *Sententiae libri*, I, distinctio III(PL 192, 529).

** "*a creatura mundi.*"

이 창조된 때부터*라고 말하기 때문이다. 또한 마태복음 25:34도 '창세로부터'**라고 기록하고 있다. (또는 '세상의 창조로부터'*** 즉 지금의 시대부터만이 아니라, 세상이 만들어진 때부터**** 항상 하나님의 불가시적인 것은 그의 작품을*** 통해 인식되고 드러난다. 이에 대해서는 아래에서 잘 나타날 것이다). 그래서 이 말의 의미는 이렇다. 세상의 지혜자들이 세상의 창조를 이해할 수는 없을지라도, 하나님을 증거 하는 작품들을 말씀과 성경으로 간주할 때, 피조 된 세상의 작품들로부터 하나님의 불가시적인 것을 인식할 수도 있을 텐데, 고린도전서 1장은 말한다. "이 세상이 자기 지혜로 하나님을 알지 못하므로 하나님께서 전도의 미련한 것으로 믿는 자들을 구원하시기를 기뻐하셨도다"(고전 1:21). 이 말씀은, 그들이 하나님을 알게 되었다는 말을(롬 1:21) 반박하는 것처럼 보인다. 그러나 이 문제는 아래에서 곧 해결된다. 비록 그들이 하나님을 인식한다고 할지라도, 그들은 하나님을 인식하고 있다고 생각하지 않는다. 즉, 그들은 자신들의 행위로 하나님을 알고 있지 않은 것처럼 보여 준다.

사도 바울이 이 말을 통해 로마 사람들만 책망하지 않고(많은 사람들이 그렇게 생각하지만), 이방인들과 로마 사람들 개개인도 아니고, 그들 모두를 책망하고 있다는 점을 주목한다면, 보다 분명한 이해에 도움이 될 것이다. 이것은 3장에서 분명하게 볼 수 있다. "유대인이나 헬라인이나 다 죄 아래에 있다고 우리가 이미 선언하였느니라"(롬 3:9). 그는 '다'라고 말하기 때문에 어느 누구도 제외하지 않는다. 따라서 사도 바울이 이 말을 할 때 전 세계를 하나의 온전한 몸으로 간주하고 있다고 생각해야 한다. 이 몸의 지체들은, 이들이 서로 다르기 때문에, 사도 바울이 그들을 책망하는 모든 것을 개개의 지체로서 행한 것이 아니라, 그들 모두가 다 함께 이 모든 것을 행했다. 한 사람은 이것을 하고, 또 다른 사람은 저것을 하고, 그래서 이들이 행한 모든 죄는 몸 전체에 해당되는 것이지, 머리에만 해당되는 것이 아니다. 물론 모든 로마 사람들이 이 모든 것을 행한 것은 아니다. 또한 모든 이방인들이 한 것도 아니다. 그러나 그들이 그리스

---

* "a condition."

** "a mundi conditione."

*** "a creatione mund."

**** "a conditione mundi."

*** 라틴어 "opus"에 대한 번역으로 다음 문장과 연결할 때 의미상 하나님의 '사역'보다는 하나님의 '작품'으로 번역하는 것이 더 적합해 보인다.

도 밖에 있는 자로서 이 몸의 지체이기 때문에, 그들은 동시에 저 (죄를 지은) 다른 사람들과 함께 벌을 받는 것이다. 이것은 '부분에서 전체로 그리고 그 반대로' 또는 '종(種)에서 속(屬)으로'라는 성경 해석의 제2와 제4 규칙에 의한 해석이다.* 이 법칙은 같은 방법으로 선인과 악인에 대해 말하고, 전자를 질책하며, 심지어 악한 자들과 함께 벌을 주기도 한다. 그러나 후자에게 자비를 베풀고, 선한 자들과 함께 품어 준다. 경험이 보여 주듯이, 어떤 공동체에서 모든 사람들이 동일한 정도로 죄를 짓거나 찬양을 받을 만하지 않다는 것은 자명하다. 그러므로 이런 공동체에서 인간에 대해 말하는 모든 사람은 이 법칙을 주목해야 한다. 그렇지만 사도 바울은 로마 사람들과 지혜자들을 더 모질고 강렬하게 책망한다. 왜냐하면 그들이 자신들의 지배자의 지위와 능력과 지혜를 근거로 해서 세상의 머리 노릇을 하고 있으며 또한 그렇게 하였기 때문이다. 이렇게 사도 바울은 (세례의 참된 규정에 일치하게) 머리로서의 그들로부터 시작해서, 점차 다른 사람들에게로 내려가 마침내 '모든 불의한 자들'에 대해 말하며(롬 1:29) 모든 사람들을 포함하였다.

도덕적인 규칙

이 규칙에 따르면 사도 바울은 복음의 설교자들은 무엇보다 먼저 백성의 지도자들을 훈계해야 한다. 그런데 자신들의 말로가 아니라, 복음의 말씀으로 해야 하는데, 이것은 백성의 지도자들이 어디에서 그리고 어떻게 복음을 거슬러 행하며 살고 있는지 보여 주는 것이다. 요즈음 이런 일꾼들이 매우 적다. 그래서 세례 요한은 주님께 머리부터 아래로 물을 부었으며, 자기 자신이 가져온 물이 아니라, 요단 강의 물로 하였다고 간주된다. 당신이 맹목적인 열정으로 복음을 전하지 않기 위해서는 이 신비를 잘 관찰해야 한다.

바울의 서신은 (하나님의 말씀을 전하는 모든 설교가 다 그래야 하는 것처럼) 낙원에서 흘러나오는 강과 같고, 이집트 전 지역을 흘러넘치는 나일 강과 같다. 그런데 이 범람은 시작하는

---

* 이 법칙은 리라의 「설교집」의 두 번째 서문에 잘 나타나 있다. "*Secunda regula est de corpore domini vero et simulato… Quarta regula est de specie et genere sive de parte a toto cum de uno transit ad aliud et e converso*"(제2규칙은 주님의 참된 몸과 모방된 몸에 관한 것이다… 제4규칙은 종(種)과 속(屬), 즉 한 부분에서 다른 부분으로 그리고 그 반대로 전이하기 때문에 부분과 전체에 관한 것이다).

출발점이 있어야 한다. 이처럼 사도 바울을 통하여 일어난 홍수가 전 세계와 전 민족을 엄습하였다. 그러나 처음에는 세상의 우두머리들과 권력자들을 뚫고 들어갔으며, 점차 모든 사람들에게로 확산되었다. 이것을 주의 깊게 새겨야 한다. 그렇지 않으면, 즉 우리가 리라와 그와 같은 생각을 하고 있는 사람들을 따라간다면, 우리는 이 서신서와 함께 매우 큰 어려움에 빠지게 될 것이다. 뒤에 설명할 것과 앞에서 설명한 것 사이에 큰 모순이 생기기 때문이다. 사도 바울은 1장에서 로마 사람들만 책망받기를 원하는데(이것을 서론이 지지한다), 다음 장들에서는 모든 백성, 타락한 인류 전체로 이해해야 한다. 왜냐하면 사도는 그리스도를 단지 로마 사람들이나 로마에 있는 유대인들만을 위한 구원자가 아니라, 모든 자들의 구원자로 나타내려고 하기 때문이다. 비록 그가 그리스도를 먼저 전자에게 나타내고, 그들을 통해 다른 사람들에게 보이려고 할지라도 말이다.

"하나님께서 이를 그들에게 보이셨느니라"(롬 1:19)

이 말을 가지고 사도 바울은 세상적인 것도 하나님이 수여자이심을 알게 한다. 그가 여기서 자연적인 인식에 대해 말하고 있다는 증거는, 하나님께서 그것을* 사람들에게 어떻게 보이셨는지를 말하는 다음 구절에서 분명히 드러난다. 1:20에 이렇게 기록되어 있다. "창세로부터 그의 보이지 아니하는 것들… 그가 만드신 만물에 분명히 보여 알려졌나니"(즉, 자연적인 방법으로 결과들에 의해 알려진다). 다시 말해, '하나님의 보이지 않는 것들이' 그가 만드신 만물에 분명히 보여 알려진 것은 세상의 태초부터 항상 그랬다. 그래서 우리 시대에서만 하나님이 인식될 수 있다고 궤변을 늘어놓을 수 없다. 세상의 처음부터 그리고 항상 그는 인식될 수 있었고, 인식될 수 있다.

사람들이 사도를 더 잘 이해하도록, 나를 바라보는 다른 사람들에게 내가 이해하는 말로 한 짧은 이야기를 제시하고자 한다. 모든 사람들에게, 무엇보다 우상 숭배자

---

* 즉, 하나님을 알 만한 것.

들에게 하나님에 대한 분명한 지식이 주어져서, 그들이 하나님의 보이지 않는 것들, 즉 그의 신성과 그의 영광과 그의 능력을 알지 못했다는 것에 변명의 여지가 있을 수 없다는 것은 다음의 사실을 통해 분명하게 드러난다. 우상을 만들고, 섬기고, 신들, 심지어 하나님이라고 부르고, 하나님에 대해 죽지 않고 영원하며, 도움을 주기에 충분한 능력이 많다고 말하는 모든 자들은 자신들의 내면에 신적인 존재에 대한 약간의 지식을 가지고 있다고 선언하는 것이다. 왜냐하면 그들이 하나님이 무엇이며, 어떤 행위가 그에게 속하는 것인지 알지 못한다면, 어떤 근거로 그들이 어떤 형상이나 피조물을 하나님이라 부르고, 하나님과 비슷하다고 믿을 수 있겠는가? 만약 (죽지 않고 영원하며, 인간을 도울 수 있는 충만한 능력 등과 같은) 속성이 신에게 주어지지 않는다면, 어떻게 그들이 돌이나 돌과 비슷하다고 생각하는 것에 신적인 속성을 부여할 수 있겠는가? 그들이 신적인 본질은 보이지 않으며(물론 그들은 신적 본질을 많은 잡신에게도 부여한다), 이 본질을 가지고 있는 신은 보이지 않으며 죽지 않으며 권세가 있으며 지혜로우며 의로우며 그를 찾는 자들에게 자애롭다고 주장한다면, 또한 그들이 신적 본질을 가지고 있다고 여기는 존재를 찾고, 공경하고, 기도하는 행위를 통해 신적인 본질이라고 고백한다고 확고하게 믿는다면, 이것은 그들이 신적인 본질에 대한 어느 정도의 지식, 하나님으로부터 오는 이 지식을 가지고 있다는 것을 의심의 여지없이 보여 준다. 그들의 잘못은 그들이 이 신적인 본질을 있는 그대로 두고 경외하지 않고, 그것을 변화시키고 자신들이 바라고 갈망하는 것에 맞춘 것이다. 모든 사람은 자신의 마음에 드는 것 안에서 신성을 보기를 원하기에 그것을 신적인 진리로 꾸며 낸다.

그들은 권능이 있고 보이지 않으며 의로우며 죽지 않으며 선한 것이, 신적인 것 또는 신의 특징이라는 것을 알았다. 그들은 또한 신의 불가시적인 측면과 그의 영원한 능력과 신성을 알았다. 이 실천적 추론의 대전제(大前提), 즉 원래 가지고 있는 신에 대한 지식은 누구에게도 감추어질 수 없다. 그러나 소전제(小前提)에서 그들은 과오를 범한다. 왜냐하면 그들은 주피터나 그와 비슷한 형상을 가진 다른 것들이 신적 본질을 가진다고 말하고 주장하기 때문이다. 여기서 과오가 등장한다. 그리고 모든 사람이 각자 자신의 관심에 따라 계속 포함시키고자 할 때, 이 과오는 우상 숭배로 이어진다. 그들이 이러한 인식에 머물고, '자, 이 신이 누구이든 그는 죽지 않고, 능력이 있고, 그를 부르는 자를 듣는 자이다. 그러므로 그를 경외하고 기도하자. 그리고 그를 주피터라고 부르지도, 그가 이 형상이나 저 형상과 비슷하다고 말하지도 말자. 그가 누구이든(어떻든 그는 여기에 있어야 한다) 그만을 경배하고자 한다'라고 말했더라면, 그렇다면 그들은, 아무리 그들이 그를 하늘과 땅의 창조주로 알지 못하고, 특별한 것 안에서 만드신 그의 작품들을 모른다고 할지라도, 틀림없이 구원을 받았을 것임을 우리는 알고 있다. 다시 말해, '하나님을 알 만한 것이 그들 속에 보임이라'(롬 1:19).

그러나 어디에서 그리고 어디로부터인가? 그 대답은 '그의 보이지 아니하는 것들이 그가 만드신 만물에 분명히 보여 알려졌나니'이다. 우리는 한 사람이 다른 사람을, 한 동물이 다른 동물을, 어떤 것이 다른 것을, 능력과 가진 것이 더 많을 경우, 돕고 앞으로 나아가게 한다는 것을 안다. 더 높은 곳에 있고, 더 뛰어난 것이 낮은 곳에 있고, 아래에 있는 것을 격려하거나 억누르는 것은 항상 그랬다. 그러므로 모든 것 위에 있고 모든 것을 돕는 자는 다른 모든 것보다 뛰어나야 한다. 왜냐하면 인간은 하나님을 자신이 받은 선물에 따라 측량하기 때문이다. 따라서 고대의 사람들은, 플리니우스가 말한 대로,* 자신들에게 은혜를 베풀었던 자들을 신으로 만들고 그들에게 감사하였다.

"하나님을 알되 하나님을 영화롭게도 아니하며"(롬 1:21)

만일 그들이 그를 하나님으로, 또는 하나님처럼 찬양하지 않았다면, 그들이 그를 하나님이 아닌 다른 무엇으로 찬양하였단 말인가? 사도 바울은 이것을 말하고자 하였으며, 이것과 다음에 말하는 것이 일치한다. "썩어지지 아니하는 하나님의 영광을 썩어질 사람과 새와 짐승과 기어 다니는 동물 모양의 우상으로 바꾸었느니라"(롬 1:23). 이 말은 그들이 그를 하나님으로가 아니라, 비슷한 형상으로 예배하고, 이를 통해 하나님이 아니라 자신들이 만들어 낸 가공물(架空物)을 예배하는 것을 의미한다. 나는 이 해석에 동의한다. 왜냐하면 이스라엘의 후손들도 바알과 송아지 형상과 조각물을 참

---

* C. Plinius Secundus maior, *Naturalis historiae libri XXXVII. post L. Iani obitum recognovit et scripturae discrepantia adiecta edidit Carolus Mayhoff*, vol. II (Teubner/Lipsiae 1892–1909), 7(5), 19.

된 하나님으로 알고 섬기는 것이 금지되었다는 것을 알고 있었음에도 불구하고 그것들을 예배하였다는 책망을 받았기 때문이다. 그런데 오늘날에도 그를 하나님으로가 아니라, 그들 스스로 고안해 낸 것으로 예배하는 자들이 얼마나 많은가! 무익한 것으로 가득 찬 기이하고 미신적인 관습들을 보라! 만일 해야 할 의무가 있는 것을 하지 않거나, 스스로 선택한 공적을 통해 예배하거나, 이런 행위를 할 때 하나님께서 율법을 통해 계시하지 않고 자신의 소원에 따르는 것처럼 생각한다면, 이것은 하나님의 영광을 상상과 공상의 모습으로 변질시키는 것이 아닌가? 이렇게 오늘날 많은 사람들이, 우리가 보고 듣는 것처럼, 자기 자신의 생각과 정죄 받은 생각에 빠지고 있다.

이것을 간단히 말할 수 있는데, 그것은 '그들이 하나님을 영화롭게 아니하였다'는 것이다. 즉, 그들은 하나님께 영광을 돌리고 감사를 드려야 하는 대로 하나님을 영화롭게 하지 않았다. 여기서 '아니'(non)는 영화롭게 하는 행위가 일어나야 하는 방법대로 행해졌음을 부정하고 있다. 만일 '아니'가 'sicut'(이와 같이)를 부정한다면, 첫 번째 의미에 따라 영화롭게 하는 행위는 확실히 일어난 것으로 주장된다. 그러나 이 행위가 일어나야 하는 방법대로 일어났다는 것은 부정된다. 이 두 해석에 다음의 것이 잘 연결된다.

타락의 순서와 단계를 자세히 살펴보자! 첫 번째는 망은(忘恩) 혹은 감사하지 않는 것이다. 이와 같이 루시퍼(Lucifer)는 그가 떨어지기 전에(사 14:12) 자신의 창조주에게 감사하지 않았다. 이것은 자신에 대한 만족감을 불러일으키는데, 이것은 받은 것에 기뻐한다고 하지만 준 자를 고려하지 않기 때문에, 실은 받은 것에 대해 기뻐하지 않는 것이다. 두 번째는 자만이다. 왜냐하면 사람은 자기 자신과 피조물에 대해 즐기고, 유익한 것을 누리며, 그래서 필연적으로 '그들의 생각', 즉 그들의 모든 계획과 노력과 열심에 있어서 허망한 자가 되기 때문이다. 사람들이 그것들 안에서 그리고 그것들을 통해 찾는 것은 완전히 헛된 것이다. 사람들이 단지 자기 자신만을, 자신의 명성과 만족과 유익만 찾기 때문이다. 세 번째는 눈이 멀게 되는 것이다. 진리를 상실하고 자만에 빠진 사람은 그의 마음과 생각에 있어서 필연적으로 눈먼 사람이 된다. 그가 하나님으로부터 등을 완전히 돌렸기 때문이다. 이미 어둠 속에 있는 자가 길을 잃고 어리석은 자들이 추구하는 것 외에 다른 무엇인가를 행할 수 있겠는가? 장님은 쉽게 길을 잃는다. 사실 그는 항상 길을 잃는다. 그러므로 네 번째는 하나님으로부터 떠나는 것이다. 이것은 가장 나쁜 것인데, 우상 숭배로 이어지기 때문이다. 여기까지 빠졌다는 것은 심연에 빠졌음을 의미한다. 왜냐하면 사람이 하나님을 떠날 때, 그가 사탄의 뜻에 따라 모든 악행에 넘겨지는 것 외에 다른 것이 남아 있지 않기 때문이다. 그때에 악의 홍수와 피 흘림이 따라오는데, 이에 대해서는 사도 바울이 다음 구절에서 이야기한다.

이 단계에서 오늘날도 사람들이 영적이고 교묘한 우상 숭배에 이르는데, 이 우상 숭배는 사람들이 하나님을 있는 그대로 경배하지 않고, 사람들 자신에 의해서 만들어지고 평가되는 대로 경배하는 곳에서 널리 퍼져 있다. 감사하지 않는 것과 자만에 대한(자기 생각과 자기 의, 또는 사람들이 말하는 대로, '선한 의도'에 대한) 사랑은 사람들의 눈을 지나치게 멀게 하여, 그들이 개선의 여지가 없게 만들고 자신들의 행위가 고상하여 하나님께서 좋게 여기신다고 생각하는 것 이외에 다른 것을 생각할 수 없게 한다. 그래서 그들은 자신들을 위해서 자비로운 신을 만드는데, 사실 그는 아무것도 아니다. 그리고 자신들의 생각으로 만들어 낸 것을 참 하나님보다 더 신실하게 예배한다. 그들은 이 하나님을 자신들이 만들어 낸 신과 비슷하다고 생각하며, '그를 우상의 모양으로 바꾸었다'(롬 1:23). 그런데 이것은 육체적인 것을 갈망하고 타락한 마음에서 나온 것이다. 자, 감사하지 않는 것이 얼마나 나쁜 것인가! 그것은 자만심을 불러일으키고, 이 자만심은 눈을 멀게 하고, 이것은 우상 숭배를 낳고, 여기에서 악의 소용돌이가 나온다. 반대로, 감사는 하나님에 대한 사랑을 유지시켜서, 우리의 마음이 하나님을 향하여 있도록 한다. 이를 통해 마음은 조명이 된다. 마음이 조명되면, 그것은 오직 진실하신 하나님만을 예배하는데, 모든 덕행은 바로 이 예배에 잇따른다.

"그러므로 하나님께서 그들을 마음의 정욕대로 더러움에 내버려 두사"(롬 1:24)

'내버려 두다'라는 말은 하나님의 허락일 뿐만 아니라, 하나님의 포기요 명령이다. 이것은 열왕기상 마지막 장에서 분명히 나타난다(왕상 22:22-23). 여기서 주님은 이스라엘의 왕 아합을 속이고자 하는 거짓 영에게 말한다. "너는 꾀겠고 또 이루리라 나가서 그리하라." 이 왕을 향한 선지자의 말이 뒤따른다. "이제 여호와께서 거짓말하는 영을 왕의 이 모든 선지자의 입에 넣으셨고…." 이와 같은 것을 다윗이 그를 저주하는 자에 대해 말할 때도 나온다. "그가 저주하는 것은 여호와께서 그에게 다윗을 저주하라 하심이니… 여호와께서 그에게 명령하신 것이니 그가 저주하게 버려두라"(삼하 16:10-11). 마찬가지로 하나님께서는 사탄과 육체에 명령하여 불경건한 사람들을 시험하고 굴복시키게 하신다. 이에 대해 이의를 제기할 수 있다. 하나님께서는 악을 억제하시기에, 어떤 사람을 악에게 넘겨줄 수 없으시다. 즉, 그가 악을 일으켜서 그것이 통치하게 하거나, 승리하게 하지 않으신다. 또한 그런 것이 일어나는 것을 명령하지 않으신다. 이에 대한 대답은 다음과 같다. 만약 하나님께서 그의 인자하심으로 행하신다면, 이 말은 맞다. 그러나 엄격함으로 벌하시고자 한다면, 그는 악한 사람으로 하여금 당신의 계명을 대항해 더 죄를 짓게 만들어, 더 큰 벌을 내리실 것이다.

양편의 입장을 조화시키고자 한다면, 이렇게 말해야 한다. 이 '내버려 두다'라는 말은 내버림을 받는 인간 편에서 보면 하나님의 허락이다. 왜냐하면 하나님이 그에게서 돕는 손을 떼고 그를 떠나시기 때문이다. 이 일이 일어나면, 항상 이런 기회를 엿보며 기다리고 있는 사탄은 하나님으로부터 전권과 명령을 받는다. 또는 자신이 하나님으로부터 전권과 명령을 받았다고 생각한다. 그래서 이것은 하나님의 명령이다. 하나님께서 인간에게 악을 행하라고 명령하신다고 하나님을 비난한다면 이것은 옳지 않다. 하나님은 단지 인간으로부터 손을 떼어, 그가 그렇게 하도록 하나님의 위탁과 뜻을 받은 사탄에게 저항할 수 없도록 하는 것이다. 우리가 힘들여 하는 것이 무엇이든, 인간이 죄에 정복되는 것은 하나님의 뜻인데, 그가 기뻐하시는 뜻이다. 왜냐하면 하나님이 가장 미워하는 것에 의해 인간이 정복되고, 인간을 가장 가혹하게 벌하고자 하는 것의 종으로 만드는 것을 원하시기 때문이다. 누군가를 가장 미워하는 자의 손에 내버려 두는 것은 가장 큰 가혹함이다.

이로 인해 하나님이 죄를 원하신다고 결론을 내려서는 안 된다. 설사 죄가 하나님의 뜻에 따라 일어난다고 할지라도 말이다. 오히려 하나님이 죄를 가장 원하지 않으며 미워한다고 결론을 지어야 한다. 왜냐하면 하나님이 인간을 그가 가장 미워하는 것에 굴복시키는 것은 인간으로 하여금 얼마나 준엄한 분노가 그의 머리 위에 있는지 알게 하려 하시기 때문이다. 또한 하나님께서 그가 가장 미워하는 것이 일어나기를 원하시는 것은, 죄보다 더 나쁜 것이 없기 때문에, 인간을 벌하시기 위한 것임을 알게 하려 하기 때문이다. 인간에게 가장 저속한 것을 예속시키기 위해서, 하나님은 항상 금하는 것이 일어나도록 하신다. 그러므로 하나님은 죄 자체를 위해서가 아니라, 벌을 내리고 견책하기 위해서 죄를 그냥 놔두고자 하신다.

마치 한 죄인이 죄를 위해서가 아니라− 죄가 없는 것이 그에게는 훨씬 더 좋을 것이다. 자신 안에서 보이는 선을 위해서 죄를 원하는 것과 마찬가지로, 하나님께서도− 죄를 원하지 않고 미워하는데− 죄 자체를 위해서가 아니라, 벌과 죄 안에 있는 악 때문에 죄를 원하신다. 하나님은 죄보다도 벌하시는 것을 더 주시하신다.

(죄를) 원하는 것은 단지 하나님에게만 허락되어 있다. 왜냐하면 그는 죄가 있는 것을 원하지 않는 것을 고수하지 않았다. 비록 본질상 죄를 원할 수 없고 사랑할 수 없을지라도, 그는 죄가 아니라, 벌로써 원할 수 있고 사랑할 수 있다. 아버지가 아들에게 있는 더러운 것과 불결한 것을 미워하지만, 아들이 심각하게 죄를 범할 때, 자신의 마음에 들어서가 아니라 아들을 부끄럽게 하기 위해 더러워지는 것을 선택하는 것과 마찬가지다. 이것으로부터 하나님이 악을 사랑하고 원한다고 결론을 내리는 자들의 생각은 너무 무식한 것이다. 그런데 악에 대한 의지를 하나님으로부터 완전히 제거하여 자신들이 죄를 짓고 있다고 고백할 필요가 없다고 생각하는 자들은 더 무식한 자들이다.

그러므로 하나님께서는 인간을 벌하기 위해 죄 안에 있는 악을 선택할 때, 바른 척도로 잰다. 이를 통해 그는 바로 죄에서 선한 것을 선택한다. 벌은 (리라가 생각하는 것처럼, 죄 자체에서 '부수적인' 것이 아니라) 죄로 인한 버림받음이다. 이런 비참한 죄에 내버려 두고 내버려진 것은 고통스러운 것이다. 이것을 사도 바울은 "그러므로 하나님께서 그들을 마음의 정욕대로 더러움에 내버려 두사 그들의 몸을 서로 욕되게 하게 하셨으니"(롬 1:24)라고 분명히 언급한다. 사람이 죄 가운데 던져지는 것보다 더 치욕적인 벌이 없기 때문이다. 다른 어떤 벌보다 비참한 죄에 사로잡혀 있는 것이 더 치욕적이다. 따라서 리라가 말하는 것은 옳지 않다. 즉, 죄는 죄에 대해 부가적으로 주어지는 벌이라든지, 하나님의 은혜의 제거가 벌이라든지, 이 제거 때문에 사람들이 비로소 죄를 짓는다든지 하는 말은 옳지 않다. 절대로, 절대로 아니다! 은혜의 제거가 아니라, 죄가, 좀 더 구체적으로 말하면, 죄 안에 있는 치욕이 벌 자체이다. 죄를 하나님께서 응시한다.

그가 죄를 미워하시지만, 죄가 일어나는 것을 통해서만 그가 원하는 치욕을 야기할 수 있기 때문에, 이 치욕이 인간에게 임하게 하기 위해서만 인간이 죄를 짓기를 원하신다. 죄를 짓지 않고 이런 치욕을 짊어지는 가능성이 있다면, 하나님은 그런 치욕을 유도하였을 것이며 죄를 금했을 텐데. 그러나 이것은 일어날 수 없다.

부가 설명

하나님이 악이나 죄를 원하신다는 말은 옳다. 하나님께서 악이나 죄에 대해 알고 있다는 말도 그렇다. 동시에 사람들은 놀라며 이렇게 말한다. 성경 전체가 하나님은 악을 원하지 않으며, 죄를 미워하신다고 말한다. 이것은 모순이다. 대답은 이렇다. 하나님이 악을 원하신다는 말은 두 가지 의미로 이해될 수 있다(즉, 악이 그 자신의 의지로부터 나온다는 것과 인간이 악을 원하는 것처럼 그렇게 원하는 것이 하나님에게는 불가능하다는 것이다).

인간이 하는 것과는 다른 방법으로 하나님은 악을 원하는데, 이 악은 그 밖에 있으며, 인간이나 사탄과 같이 다른 존재가 행하는 것이다. 이것은 옳은 것이다. 왜냐하면 그가 악을 원하지 않았다면, 그것은 일어나지 않았을 것이기 때문이다. 반대로, 하나님은 선을 원하지 않는다. 왜냐하면 그는 우리 모두가 계명에 매여 있기를 원하지만, 그것을 성취하는 것을 원하지는 않기 때문이다. 이 모든 것은 옳다. 하나님은 악을 원하며, 선도 원하신다. 하나님은 악을 원하지 않으며, 선도 원하지 않으신다. 여기서 큰소리로 항의하는 사람들이 있다. 잘못을 저지르는 것은 자유 의지이기 때문이다. 그러나 이 항의는 심오(深奧)한 신학에* 있어서 어떤 의미도 없다. 이 두 문장이 신학의 가장 섬세한 신비를 포함하고 있다는 것은 사실이다. 이 신비는 단순하고 배우지 못한 사람들이 다루어서는 안 되고, 완전한 자들만이 다루어야 한다. 이유는 전자는 단지 우유를 마실 수 있는 능력만 있고, 강한 포도주를 마실 능력은 없어서 하나님을 모독하는 사고에 빠질 수도 있을 것이기 때문이다.

---

* "profunda theologia"라는 개념은 루터가 바울과 연관하여 즐겨 사용하는 용어이다. WA 3, 31, 15; 283, 18.

이 두 문장이 서로 일치하고, 어떤 판단에 의거해 그것들이 옳은지, 즉 하나님께서는 나와 모두가 순종하기를 원하지만 은총을 주고자 하는 자에게만 주시는 것, 그가 은총을 모든 자에게 주지 않고 이들 중에서 선택된 자들에게만 주신다는 것이 옳은지에 대해서는 장차 오는 세상에서 보게 될 것이다. 지금은 이것이 옳다고 믿어야 한다. 믿음은 보지 못하는 것을 향하기 때문이다(히 11:1). 그렇지만 하나님은 죄 자체를 위해 어떤 죄를 원하는 것이 아니라, 몇몇 사람을 의롭게 하여 그들을 통해 더 큰 영광을 선택된 자들에게 계시하는 것을 원하지도 않으며 좋아하지도 않으신다는 것은 사실이다. 그래서 그는 죄를 무엇인가 다른 것과 관련하여, 즉 자신의 영광을 위해서 그리고 선택된 자들을 위해서 원한다. 이것에 대해서는 다음의 구절들이 잘 보여 준다. 하나님께서 바로를 일으켜 그 마음을 강퍅하게 한 것은 자신의 능력을 그에게 보이시기 위함이었다(롬 9:17). "내가 긍휼히 여길 자를 긍휼히 여기리라"(출 33:19; 롬 9:15). 그래서 유대인의 멸망으로 인해 이방인에게 구원이 임하였다. 하나님이 자신의 긍휼을 이방인들에게 더 분명하게 나타내 보이기 위해 유대인들을 넘어지게 하셨다(롬 11:11). 왜냐하면 하나님이 허락하지 않았더라면, 그들이 어떻게 악할 수 있고 악을 행할 수 있었겠는가? 그리고 하나님이 원하지 않으셨더라면, 어떻게 그가 이것을 허락할 수 있었겠는가? 그는 원하지 않고는 이것을 행하지 않는다. 원하기 때문에 허락한 것이다. 그가 그것을 원한 것은 악에 대립되는 선이 더 밝게 빛나게 하기 위해서이다.

여기서 사람들은 이렇게 투덜거린다. 그러므로 사람은 죄가 없는데도 정죄를 받는다. 왜냐하면 그는 율법에 매여 있는데, 그것을 성취할 수 없기 때문에, 즉 '불가능한 것에 매여 있기 때문이다.' 여기에 대해 사도 바울은 다음과 같이 대답한다. "이 사람아 네가 누구이기에 감히 하나님께 반문하느냐"(롬 9:20). 논거가 분명하다면, 설교와 기도와 권면은 말할 것도 없고, 그리스도가 죽는 것도 더 이상 필요 없을 것이다. 그러나 하나님은 이 모든 수단들을 통해서 선택받은 자들이 구원을 받도록 정하였다. 이것에 대해서는 아래에서 더 자세하게 다룰 것이다.

이 본문에서 다음과 같은 것을 추론할 수 있다. 어떤 사람이 그런 정욕에 빠진다면, 그것은 그가 하나님을 떠나 우상을 숭배하고, 그래서 하나님의 진리를 거짓말로 변화시켰다는 징표다. 마음에 하나님 두기를 싫어한 자들은(롬 1:28) 하나님의 허락 후에 다양한 죄악에 빠지게 되었다고 비난을 받는다. 이러한 징조들이 오늘날 만연하다면, 이것은 또한 우상 숭배, 즉 영적인 우상 숭배가 만연하다는 증거이다.

하나님의 영광을 유사한 형상으로 바꾸는 것은 정말 나쁜 것이다. 이것은 맹목과 무지와 마음의 오류의 죄이다. 그러나 사람이 진리에서 떨어져 나갈 뿐만 아니라, 마음의 타락으로 인해 이런 것들을 예배하며 피조물을 신으로 섬긴다면, 이것은 더 나쁜 것이다. 이에 비해 '하나님 알기를 싫어하는 것'은 좀 덜 나쁘다. 이 세 부류의 사람들과 상응하게 사도 바울은 저 '내버려진' 자들을 구분한다. 첫 번째는 부정함에, 두 번째는 자연을 거스르는 정욕에, 세 번째는 '합당하지 않고', '옳지 않은 것'에 내버려진 자들이다. 세 번째 부류의 사람들이 언급되는 것은 그리 놀랄 만한 일이 아니다. 왜냐하면 하나님을 아는 것에 마음을 쓰지 않는 곳에는 하나님에 대한 경외도 없는 것이 당연하기 때문이다. 하나님에 대한 지식이 부족한 곳에는 또한 모든 가능한 죄를 범할 경향이 다분히 있다. 물론 어떤 경우에 있어서는 왜 그들이 그런 잘못에 대해 벌을 받아야 하는지 하는 의문이 남는다.

대답은 이렇다. 하나님을 경배하며 바라보는 자들에게 가장 청결한 마음이 주어지는 것처럼(마 5:8)— 이것은 하나님을 알고 경배하고자 하는 곳에서 요구된다— 다음의 반대 현상도 당연한 것이다. 즉 하나님에 대해 알지 못하고 알고자 하지 않는 자들은 가장 나쁘고 더러운 불결함에 빠지며, 그 결과 마음만 불결할 뿐만 아니라(이것만으로도 이미 우상 숭배로 이어진다), 몸도 불결하게 된다. 그래서 마음이 청결하기를 원하지 않는 자들은 몸도 청결하지 않다. 영혼이 하나님과 연관되어 있는 것처럼, 육체도 영혼 자체와 연관되어 있기 때문이다. 청결하지 않은 영혼은 청결하지 않는 육체를, 청결한 영혼은 청결한 육체를 가질 것이다. 그들이 마음으로나 행위로나 하나님을 영화롭게 하지 않고, 오히려 이 영광을 다른 어떤 것, 즉 우상에게 돌리고 마음은 수치스러운 것으로 가득 차는 것처럼, 그들이 자기 자신들의 몸과 또한 다른 사람들의 몸에도 치욕을 입히는 것도 당연한 것이다(하나님께 영광을 돌리지 않는 자는, 자기 자신에게 뿐만 아니라, 서로 치욕을 입힌다). 그래서 그들은 두 가지 이유로 영예 대신에 수치를 당하게 된다. 첫 번째로, 그들이 하나님을 자신들과 동등하게 여기며, 자기 자신들과 바꾸기 때문이다. 이것 때문에 그들은 부정하다는 치욕을 당해야 한다. 두 번째로, 예배의 대상을 다른 무엇으로 바꾸기 때문인데, 이로 인해 그들은 서로서로 외적인 육체에 치욕을 받아야 한다. 영광을 원하지 않는 자들이 그것 대신에 심적으로 뿐만 아니라(이것이 바로 우상 숭배이다), 육적으로도 치욕을 받는 것, 이것보다 더 당연한 것이 무엇이겠는가?

그럼에도 주목해야 하는 것은, 우상을 숭배하는 모든 사람들이 괴물을 만든 것이 아니라, 이미 종종 말했듯이, 그들 중의 많은 사람들이 그랬다는 것이 사도 바울의 생각이라는 것이다. 왜냐하면 어떤 사람은 이것을 행하고, 또 다른 사람은 저것을 행하였기 때문이다. 그렇지만 이 모든 것이 합하여 그들에 대한 하나님의 처벌에 영향을 미쳤다. 의심의 여지없이 이런 엄청난 죄악에 빠지지 않는 사람들도(몇몇 로마의 집정관들처럼) 많이 있었다. 놀랄 만큼 순결하고 덕스러운 사람들이라고 칭찬을 받는 사람들이 많이 있었다. 그럼에도 그들은 우상을 숭배한 자들이다.

또한 이 세 종류의 내버려짐이 필연적으로 각각 다른 사람들 안에서 일어났다고 사도 바울이 이해하고 있다고 생각해서는 안 된다. 그러나 어떤 사람은 이 세 가지 내버려짐에 빠질 수 있으며, 어떤 사람은 단지 한 가지에만 빠질 수 있고, 또 다른 사람은 두 가지에 빠질 수 있는데, 이것은 각각 하나님의 판단에 따른 것이다. 사도 바울은 모든 사람이 죄인이며, 그리스도의 은총을 필요로 한다는 것을 증명하고자 했다. 개개인이 모든 것을 하지는 않았을지라도, 그들이 (적어도 하나님 앞에서) 우상 숭배를 하였기 때문에, 극악한 저주에 내버려진 자들과 동지이며, 그들과 동류의 사람들이다. 이들에 대해 2장에서도 마치 그들이 다른 사람들을 판단하지만 실은 같은 일을 한 자들이라고 지적한다.

"더러움에 내버려 두사 그들의 몸을 서로 욕되게 하게 하셨으니"(롬 1:24)

우리는 이 악행을 사도로부터 부정(不淨)과 호색이라는 이름으로 받는다. 고린도전서 6장에 이렇게 기록되어 있다. "미혹을 받지 말라 음행하는 자나 우상 숭배하는 자나 간음하는 자나 탐색하는 자나 남색하는 자나… 하나님의 나라를 유업으로 받지 못하리라"(고전 6:9-10). 그리고 에베소서 5장은 말한다. "음행과 온갖 더러운 것과 탐욕은 너희 중에서 그 이름조차도 부르지 말라 이는 성도에게 마땅한 바니라"(엡 5:3). 또한 고린도후서 12장은 말한다. "내가 전에 죄를 지은 여러 사람의 그 행한 바 더러움과 음란함과 호색함을 회개하지 아니함 때문에 슬퍼할까 두려워하노라"(고후 12:21). 사도 바울은 이것을 능욕이요 수치라 말한다. 육체의 영광이 (적어도 이 부분에서는) 순결과 금욕에, 적어도 육체를 가장 적합하게 사용하는 것에 있는 것과 마찬가지로, 수치도 육체를 그릇되게 사용하는 데 있다. 금으로 만든 잔이 고급 포도주를 위해 사용될 때 영광이 되고, 오물을 담기 위해 사용될 때는 수치가 되는 것처럼, 우리의 몸도 (이 점에 있어서) 고귀한 혼인으로 정해지거나, 더 존귀한 동정으로 정해진다. 그러나 사람이 혼인과 동정을 파기하고, 훨씬 더 나쁜 추행으로 더럽혀질 때, 가장 치욕적으로 비참해진다.

부정이나 호색은 모두 의도를 가지고 행해지고, 개인에 제한되는 더럽힘이다. 이 더럽힘은 다양한 방법으로 일어날 수 있는데, 너무 열정적으로 추잡한 생각을 하거나, 손으로 만지거나, 육체 특히 여자의 몸을 만지거나, 음란한 움직임 등을 통해 일어난다. 물론 나는 이것을 의도적인 것이라 말했는데, 이는 밤이나 혹 낮 동안에 그리고 정신이 말짱할 때 일어나지만 어떤 경우에도 의도적으로 일어나지 않는 더럽힘을 제외시키기 위함이다. 이런 행위는 전혀 의도된 것이 아니다. 또한 나는 개인에 제한된다고 말했다. 왜냐하면 동성이나 이성과의 성관계를 통해 오는 더럽힘은 다른 이름을 가지기 때문이다.

규칙

한 청년이 마음에 하나님을 경외하는 것에 대한 불꽃이 전혀 없고, 하나님에게 묻지 않고 마음대로 자신의 길을 간다면, 그가 순결하다고 거의 믿지 않는다. 왜냐하면 육이나 영이 살아야 하는 곳에, 또한 육이나 영이 불타오르기 때문이다. 경건한 기도를 통해 마음을 돌이키는 것보다 육체의 욕정을 더 잘 이기는 방법은 없다. 왜냐하면 영이 뜨거워지면, 육은 곧 미지근해지고 차게 되기 때문이다. 그 반대도 그렇다.

"피조물을 조물주보다 더 경배하고 섬김이라"(롬 1:25)

첫 번째 부류로 분류된 자들이 내버려짐을 받는 원인이 하나님을 형상들과 같이 여기며 마음으로 우상 숭배를 하는 데 있었다면, 두 번째 부류가 내버려짐을 받는 원인은 행위로 하는 우상 숭배에 있다. 이들의 과오가 더 큰 것처럼, 이들이 받는 벌도 훨씬 더 무겁다. 왜냐하면 곧 다른 사람에게 영향을 미쳐, 자기 자신에게서만이 아니라, 다른 사람의 몸에서도 자신의 몸을 더럽히는 치욕은 훨씬 큰 것이기 때문이다. 우상 숭배에 대한 잘못된 생각과 하나님에 대해 망령되이 생각하는 것은 마음속에 제한되지 않고, 손과 행위로 나아가며 다른 사람들에게 본이 되어 그들을 잘못 인도하고 실족시키는 과오도 더 큰 것이기 때문이다. 사람들이 하나님에 대해 원래보다 더 가치가 없는 자로 생각하면서, 자신들이 할 수 있는 한 하나님께 (그의 위엄에 대한 경외는 상관없이) 치욕을 줄 때, 이것은 오히려 그들의 머리에 떨어지고, 그들이 본래 그래야 하는 것보다 더 가치 없게 자기 자신에 대해 생각하고 행동하는 것은 당연하다. 그런데 슬프게도 대부분의 사람들이 오늘날 하나님에 대해 너무 가치 없게 생각하며, 경솔한 강론에서 하나님이 이렇고 저렇다고 이야기한다. 그들 중의 누구도 하나님의 존귀한 위엄을 자신들의 판단과 이해보다 위에 세울 정도로 하나님께 영광을 돌리지 않고 있다. 오히려 그들은 자신들의 생각을 하늘까지 높이 쳐들어 올려, 구두 수선공이 자신의 가죽에 대해 판단하는 것보다 더 어려워하지도 두려워하지도 않으며 하나님에 대해 판단한다. 그들은 하나님과 그의 의와 그의 자비에 대해 자신들이 생각하는 것과 같다고 주장한다. 비록 그들이 신성의 심연을 조사하는 영을 가지고 있지 않음에도, 마치 그것으로 충만한 것처럼, 심지어 그것에 흠뻑 취한 것처럼, 주제넘게 행동한다. 이들은 이단이요, 유대인이요, 교만한 사람이요, 하나님의 은총 밖에 있는 모든 사람들이다. 왜냐하면 어느 누구도 하나님의 영이 그들 안에 있지 않을 때, 하나님에 대해 바르게 생각할 수 없기 때문이다. 이 영이 없이는 하나님의 의에 관한 것이든, 자비에 관한 것이든, 자기 자신에 대해 말하든, 다른 사람들에 대해 말하든 어느 누구도 잘못 가르치고 판단한다. 하나님의 영이 우리 영에게 증언해야 하기 때문이다(롬 8:16).

세 번째 부류로 분류된 자들의 내버려짐은 (다른 부류의 사람들과 비교해 훨씬 덜 치욕적인데) 하나님을 아는 것을 태만하게 여기는 것에 그 원인이 있다. "그들이 마음에 하나님 두기를 싫어하매"(롬 1:28).* 이 죄 때문에 그들은 다양한 과실에 넘겨졌다. 즉, 하나님이 그

---

* 루터가 인용하는 불가타 성경은 우리말로 번역된 '마음에 하나님 두기를'이라는 부분을 '하나님 알기를'로 기록하고 있다.

들 모두를 또는 몇몇을 다양하고 많은 과실들에, 또는 그 일부분에 빠지도록 내버려 두셨다. 모든 사람들이 살인자가 아니고, 그들 모두가 다른 악에 빠지지 않기 때문이다. 하나님은 그들 모두를, 그들이 비록 동일한 죄를 범한다고 할지라도, 그들을 벌하기 위해 똑같은 방법으로 내버려 두지 않으신다. 그 이유는 하나님의 감추어진 판단 때문이다. 그리고 어떤 사람은 동시에 몇 가지 선을 행하는데, 다른 사람은 전혀 행하지 않거나 더 적게 행하여, 모든 오만한 입이 침묵하게 되어, 하나님에게 어떤 죄는 벌해야 하고, 어떤 선행은 상을 주어야 한다고 규칙을 만들어 제시하지 못하기 때문이다. 그러므로 하나님은 어떤 사람들을 동일한 방법으로 죄를 짓게 하시지만, 또한 어떤 이들에게는 자비를 베풀고 구원하신다. 그러나 또 어떤 사람은 마음을 완고하게 하고 정죄한다. 같은 방법으로 그는 어떤 사람은 선을 행하게 하고 바른 삶을 살게 한다. 그럼에도 그는 어떤 사람은 쫓아내고 버리지만, 또 어떤 사람은 받아들이고 영광의 관을 씌운다.

"불의"(롬 1:29)

그리스어 본문은 '불법이 가득한'이 아니라 '불의'로 기록되어 있다.* 성경에는 (히브리어 본문과 일치하게 번역하는 것이 지켜질 때) 불의와 불법 사이에 다음과 같은 차이가 있다. 불의는 불신앙의 죄, 즉 의의 결핍이다. 이 의는 믿음에서 오는 것인데, 로마서 1장과(롬 1:17) 마가복음 마지막 장과(막 16:16) 다른 여러 곳에서 말하는 바와 같이, 믿는 자는 의롭고, 믿지 않는 자는 의롭지 않다. 왜냐하면 믿지 않는 자는 순종하지 않고, 순종하지 않는 자는 의롭지 않기 때문이다. 왜냐하면 암브로시우스(Ambrosius)의 말에 따르면 불순종이 바로 완전한 불의요, 완전한 죄이기 때문이다. 그는 다음과 같이 말한다. "죄는 하늘의 계명에 대한 불순종이다."** 불법은 경건에 대한 어리석은 열정으로 선택한 자기 의를 내세우는 죄이다. 이것에 대해서 마태복음 7:23은 "불법을 행하는 자들아 내게서 떠나가라"고 말한다. 비록 같은 곳에서 그리스도의 이름으로 행한 그들의 위대한 일들이 언급되지만 말이다. 그러므로 간단히 말할 수 있다. 불법은 네가 해

---

* 불가타에는 '불법이 가득한'으로 기록되어 있는데, 루터는 그리스어 ἀδικία를 '불의'(iniustitia)로 번역한 파버를 따랐다.

** Ambrosius, *De paradiso*, 8, 39(PL 14, 309).

야 하는 의무를 등한히 하고, 네가 보기에 옳다고 생각하는 것을 행하는 것이다. 그
와 반대로 법적인 행위는 너에게 옳게 보이는 것에는 마음을 쓰지 않고, 네가 해야 하
는 것을 하는 것이다. 이것은 법률가에게서는 다르다. '불법'이라는 말은 관계적이며
비교적인 것으로 더 사용된다. 예를 들어, 참된 의와 자기 의를 비교할 때 사용된다.

"악의"(롬 1:29)

이것은 마음의 잘못된 의향인데, 인간으로 하여금 악을 행하게 하고, 받은 은혜
를 통해서도 제지하지 못하게 하며, 심지어는 하나님으로부터든, 인간으로부터든 이
미 받은 은혜를 악한 행위로 오용하게 만드는 것이다. 반대로, '선함'이란 선을 행하고
자 하는 마음의 성향으로, 비록 악을 통해 방해를 받고 제지된다 할지라도, 선을 위
해 악을 사용하는 것이다. 자신이 잘 지내고, 어느 누구도 자신에게 반대하지 않는
동안만 선을 행하는 자는 영적인 선의 의미에 따르면 선한 자가 아니다. 세상적인 선
조차도 행하지 못하기 때문이다. 라틴어 *bonus*(보누스)는 독일어 'fromm'(프롬, 경건한)이
며, *malus*(말루스)는 'böse'(뵈제, 악한)이다. 그래서 마태복음 7장은 말한다. "좋은 나무가
나쁜 열매를 맺을 수 없고 못된 나무가 아름다운 열매를 맺을 수 없느니라"(마 7:18). 이
것은 자신의 죄를 다른 사람들에게 전가하고, '내가 좋은 사람들 가운데 있고, 나에
게 해를 끼치는 나쁜 사람들로부터 어떤 방해도 받지 않고 머물 수 있다면, 분명히
나는 경건한 사람일 수 있을 텐데'라고 말하는 어리석은 자들을 반대하는 것이다.

이와 같이 '호의'(benignitas)와 '악의'(malignitas)는 정반대 개념이다. 호의는 인자함이며
다른 사람들과 함께 사는 능력이다. 또는 자애로움, 즉 다른 사람에게 잘해 주고 관
대하고자 하는 마음가짐이다. 이것은 두 종류이다. 첫 번째는 온전하고 기독교적인
호의로 친절한 사람에게나 그렇지 않은 사람에게나 항상 동일하게 머무는 것이다. 두
번째는 인간적이고 세속적이며 온전하지 않은 것으로 같은 반향을 받는 동안만 머물
며, 친절하지 않고 나쁜 사람들과는 더 이상 상대를 하지 않는 호의다. 마태복음 5장
에 이렇게 기록되어 있다. "그러므로 하늘에 계신 너희 아버지의 온전하심과 같이 너
희도 온전하라"(마 5:48). 그리고 누가복음 6장은 말한다. "너희는 지극히 높으신 이의
아들이 되리니 그는 은혜를 모르는 자와 악한 자에게도 인자하시니라"(눅 6:35).

반면에 악의는 다른 사람에게 달려들어 악한 것을 행하는 형편없고 난폭한 마음

의 성향이다. 이것도 두 종류인데, 첫 번째는 영웅적이며 보편적인 또는 기독교적인 호의에 반대되는 것으로 마음이 사악하게 되어 나쁜 사람들뿐만 아니라, 친절하고 좋은 사람들에게도 해를 끼치는 것이다(그것은 심지어 선행을 베푸는 자 앞에서도 멈추지 않는다). 이것은 동물적인 악의다. 다른 것은 인간적이며 불완전한 호의에 반대되는 것으로, 비록 다른 사람에게 달려들어 해를 끼치지만, 선을 행하는 자 앞에서는 멈추는 것이다. 바로 여기에서 사도 바울이 갈라디아서 5장에서 말하는 것을 이해할 수 있다. '오직 성령의 열매는 자비와 양선이다'(갈 5:22).

"추악"(롬 1:29)

이것은 마음의 '비뚤어짐'(nequitia)을 말하는데, 어떤 사람이 이웃에게 선을 행할 수 있는데도, 또는 그에게 악한 일이 생기지 않도록 돌봐 줄 수 있는데도, 그것을 의도적으로 하지 않는 것이다. 성 아우구스티누스가 「질서에 대해」(de ordine)라는 책에서 이렇게 설명한 것으로 보인다.* 그는 'nequitia'란 'nequire'(할 수 없다)라는 말에서 나왔다고 말하는데, '어떤 사람이 악의 때문에 선을 행할 수 없다'고 말할 때 사용되는 의미이다. 이것을 어떤 사람은 시기 때문에, 또 어떤 사람은 지나친 오만함 때문에 한다.

"방탕"(롬 1:31)

방탕한 자들이란 그들의 말과 행동과 복장에 있어서 조야(粗野)한 사람들을 말한다. 그리고 자유분방하고 방탕하게 살며, 마음에 드는 것은 무엇이나 하는 사람이다.

"수군수군하는 자"(롬 1:29), "비방하는 자"(롬 1:30)

수군거리는 자와 비난하는 자는 다음과 같은 점에서 구별된다. 비난하는 자는 다른 사람의 명성을 추락시킨다면, 수군거리는 자는 이 사람에게는 이것을, 다른 사람에게는 저것을 몰래 말하며, 화목한 자들을 반목하는 자들로 만드는 자이다. 모든 수군거리는 자는 두 혀를 가지고 있다면, 비난하는 자는 그렇지 않다.

---

* 루터가 언급한 아우구스티누스의 「질서에 대해」는 이 말에 대한 설명이 나오지 않는다. 아마도 이와 비슷한 어원 설명이 나오는 「선한 삶에 대해」(De beata vita, PL 32, 964)를 잘못 언급한 것 같다.

로마서 2장

"그러므로 남을 판단하는 사람아, 누구를 막론하고 네가 핑계하지 못할 것은"(롬 2:1)

이 구절은 세 가지 의미로 해석된다. 첫 번째 해석은 재판관의 공직을 가지고 있는 자들로서, 그들이 주어진 권한에 의해 사람들을 심판하고 판결을 내리고 처벌을 하는데, 악행에 있어서 그들이 저들과 다름이 없다. 어떤 사람들은 사도 바울의 말을 로마 사람들에게 관련시키고자 한다. 그들은, 비록 자신들도 우상을 숭배하며 다른 과오들을 범하면서도, 세상의 모든 범죄자들을 심판하는 사람들이었다. 이것은 그들이 교만하게 재판권을 행사하기만 했지, 자신들의 죄의 크기에 대해서는 우려하지도 슬퍼하지도 않는다고 사도 바울이 책망하는 것과 같다.

사도 바울이 로마 사람들만 생각하지 않는다고 위에서 충분히 설명하였다. 이 해석은 너무 무리한 것이기에 설득력이 떨어진다. 이 구절을 통치자의 자리에 앉은 자들을 향한 말로 이해하고, 일반적인 설교의 형식으로 사용할 수 있다고 인정한다면, 그것은 엄청난 광기를 가지고 자기 예하 사람들을 엄중하게 심판하면서도, 자신들은 더 작은 것이 아니라 훨씬 더 큰 잘못도 처벌 받지 않고 저지르는 우리 시대의 통치자들에 대한 것으로 훨씬 더 강하게 적용될 수 있을 것이다. 사도 바울은 깊은 소경의 상태에 있는 그들을 불러 깨운다. 보라, 세속 통치자들뿐만 아니라, 영적인 통치자들도 교만하고 방탕하며 간음하고 한층 더 나쁜 절도 죄를 짓고 하나님과 사람들에게 불순종하며 불의한 전쟁을 일으키는 장본인으로, 많은 사람들을 죽이는 자들이 아닌가! 그럼에도 그들은 바로 이런 일을 행하는 자신들의 예하 사람들에게 가장 혹독한 벌을 내린다. 그들이 사람들 가운데서는 자신들에 대한 재판관을 갖지 않기에, 자신들에 대해 마음을 쓰지 않는다. 그러나 그들은, 사도 바울이 여기서 말하는 바와 같이, 하나님의 심판을 피하지 못할 것이다. 이것을 더 분명히 하기 위해 아래에서 사도 바울의 말을 근거로 설명하겠다.

세속 제후들과 통치자들은 무슨 권력으로 모든 금수(禽獸)를 지켜서, 그들 외에는 어느 누구도 그것들을 잡을 수 없게 하는가? 어떤 법으로? 이것을 어떤 백성이 행한다면, 사람들은 그를 절도와 강도와 국가 재산을 착복한 자라고 당연히 비난할 것이다. 그가 공유 재산을 훔치고, 자신에게 속하지 않은 것을 취하기 때문이다. 그런데 이런 것을 하는 자가 통치자이기 때문에, 그들은 강도일 수 없다. 또는 우리가 데모도코스(Demodocus)처럼 제후들과 통치자들이 도둑과 강도는 아니지만, 도둑과 강도가 하는 것을 하고 있다고 말하는 것이 정당한가? '여호와 앞에서 용감한 첫 사냥꾼'(창 10:8-9)이었던 니므롯의 악덕이 그들에게 깊이 뿌리 내리고 있어서, 그들이 억누르지 않고는, 강력하게, 즉 난폭하게 사냥하지 않고는, 다시 말해 자신들에게 속하지 않는 것을 약탈하지 않고는 다스릴 수 없게 되었다. 그래서 성 아우구스티누스는 그의 책 「신의 도성」에서 이렇게 말한다. "대 왕국들은 거대한 강도단이 아니고 무엇이란 말인가?" 그리고 다음 이야기를 덧붙인다. "알렉산더 대제가 포로로 붙잡힌 한 해적에게 바다를 습격할 때 어떤 생각이 드는지 물었다. 그때 해적은 매우 오만하게 대답했다. 당신이 전 지구를 습격할 때, 당신은 무슨 생각을 하였습니까? 나는 작은 배를 가지고 이것을 하기 때문에 강도라 불립니다. 그런데 당신은 큰 함대로 합니다. 그래서 황제라고 불립니다."* 이 도적들에게 사도 바울의 말을 대립시키고자 하는 자는, 그들은 도둑을 교수형에 처하고 강도를 참수하는데, 이렇게 대 도둑이 작은 도둑을 재판한

---

* 아우구스티누스, 「신의 도성」, IV, 4.

다고 적용해야 한다.

"이런 일을 행하는 자를 판단하고도 같은 일을 행하는 사람아, 네가 하나님의 심판을 피할 줄로 생각하느냐"(롬 2:3)

그들이 꼭 필요한 이유 없이 백성으로부터 세금을 걷어 들이거나, 화폐를 바꾸고 그 가치를 떨어뜨리는 것을 통해 백성을 착취하면서도, 이익을 탐내며 재물에 대한 욕심을 가지고 있다고 아랫사람을 처벌한다면, 그들은 (3절에서 말하는) 자와 비슷하다. 이것이 다른 사람들에게 속한 것을 훔치고, 약탈하는 것과 다른가? 적법한 세금을 받고 정확한 봉급을 받지만, 국민을 보호하며 증진시키며 재판하는 것을 통해 그들에게 해야 하는 의무를 다하지 않고, 군림하고 재물을 모으고 획득한 소유에 대해 자랑만 한다면, 누가 그들을 강도가 아니라고 말할 수 있겠는가?

영적인 지도자들이 깊은 장님의 상태에서 같은 것들을, 심지어는 더 악한 것들을 행하고 있다는 것을 거리의 아이들도 알고 있다. 사치와 야욕과 호화로움과 질투와 탐욕과 탐식과 하나님에 대한 모든 불경건이 온통 그들에게 가득 차 있다. 그들의 특권과 수입을 줄이거나 연금을 감축하는 일이 때때로 발생하면, 강력하게 비난하고 조치를 취한다. 하나님은, 오레스테스(Orestes)*나 훨씬 더 제정신이 아닌 사람이, 야욕 있고 탐욕 있고 사치를 부리는 주교가 단지 반 플로레누스** 때문에 평신도들을 파문이라는 엄청난 재앙으로 못살게 구는 것을 본다면, 도대체 어떤 생각을 하시겠는가? 하나님이 그가 두 배나, 아니 일곱 배나 더한 오레스테스라고 판결을 내려야 하지 않겠

---

* 오레스테스는 그리스 신화에 등장하는 인물로, 미케네의 왕이던 아가멤논(Agamemnon)과 그의 아내인 클리템네스트라 (Clytemnestra) 사이에서 태어났다. 트로이 전쟁에 참가했다 돌아온 아버지를 장부와 함께 살해한 어머니를 죽여 원수를 갚았다. 루 터가 여기서 오레스테스를 언급하는 것은 아마도 친구인 랑(Lang)의 영향인 것 같다. 랑이 1515년 1월 4일에 쓴 히에로니무스 서간 에 대한 헌정사에서 "제정신이 아닌 오레스테스"에 대해 언급했기 때문이다.

** 플로레누스(Florenus)는 중세의 화폐로 이태리 플로렌스(Florenz)에서 1252년부터 1533년까지 사용되었다. 금으로 만들어진 이 화 폐는 전 유럽에 영향을 미쳤다. 당시 한 플로레누스는 3.54g의 순금으로 만들어졌다. 한 플로레누스가 오늘날 어느 정도의 가치를 가지는지 환산하는 것은 쉽지 않으나 대략 30,000원 정도일 것 같다. 물론 금값이 오른 요즈음(2010년 6월) 금값으로 계산한다면 약 170,000원 정도에 이른다.

는가? 그리고 이렇게 말해야 하지 않겠는가? "오, 이러한 일들을 행하는 자들을 심판하면서도 같은 일을 행하는 자여! 네가 하나님의 심판을 피할 것이라 생각하느냐?" 그런데 오늘날 이런 자들이 너무 흔하고 많아서, 사람들이 그들을 용서할 수 있는 자들이라고 간주한다. 얼마나 참혹한 하나님의 재앙과 분노가 오늘날 우리를 누르고 있는가! 하나님은 우리가 그런 재앙 속에 살아야 하며, 거룩한 교회가 비참하게 황폐화되는 것을, 즉 교회가 적에 의해 일어날 수 있는 것보다 훨씬 더 폐허가 되고 더 나쁘게 무너지고 있음을 반드시 함께 보기를 원하신다.

두 번째로 로마서 2:1은 마음속으로 또는 입으로 다른 사람들을 판단하는데, 모든 면에서 그들과 너무 똑같은 자들에 관한 것으로 이해될 수 있다. 교만하면서도 다른 교만한 사람을 깎아내리고, 호색하는 자가 다른 방탕한 자를 비난하고, 욕심이 많은 자가 다른 사람의 탐욕을 헐뜯을 때, 우리는 그런 자를 뻔뻔스러운 자라고 부른다. 이 뻔뻔스러움이, 심지어 바보들에게도 어처구니없고 어리석게 여겨질 정도로 너무도 잘 드러나지만, 많은 사람들이 이 병을 앓고 있다. 좀 덜 교만한 사람이 더 교만한 자를, 더 교만한 자는 덜 교만한 자를, 탐욕이 좀 적은 자는 탐욕이 더 많은 자를 비난한다. 이런 사람에게는 다음의 말이 잘 맞는다. "남을 판단하는 사람아…." 왜냐하면 자신들과 똑같은 자들을 판단할 때, 바로 자기 자신을 판단하는 것을 피할 수 없기 때문이다. 그래서 그들은 자신들의 입으로 유죄 판결을 받는다. "비판을 받지 아니하려거든 비판하지 말라"(마 7:1). (즉, 너희가 다른 사람들을 심판할 때 똑같은 심판이 너희 자신에게 내리지 않게 하기 위해 비판하지 말라.) 그러나 우리는 우리 자신의 잘못에 대해서는 장님인데, 다른 사람의 잘못에 대해서는 아르구스(Argus)*가 된다.

세 번째로는 스스로 거룩하다고 여기는 자들에 관한 것으로 이해된다. 내가 이미 말했듯이, 그들은 자신들이 판단하는 자들과는 다른 죄에 사로잡혀 있다. 그들은 다른 사람들이 하는 모든 것을 하지 않겠다는 이유 때문에 마치 자신들이 의로운 양 생각하며, 다른 사람들이 하는 것 중에서 일부를 행하기 때문에 불의하지 않은 것처럼 생각한다. 그들은 자신들이 행하는 선을 너무 치켜세워서 자신들의 잘못을 볼 수 없다. 이런 사람들에 대해 사도 바울은 바른 것을 말한다. 저들을 가르치고 바로잡는

---

* 그리스 신화에 나오는 백 개의 눈을 가진 괴물 거인을 말한다.

것은 매우 어려운 과제이다. 왜냐하면 그들 자신이, 적어도 부분적으로는, 자유로운 것에 대해 판단하기 때문이다. 그럼에도 불의한 자라는 것을 그들은 알지 못한다. 또는 그들이 판단하는 것을 자신들도 행하고 있다는 것을 알아채지 못한다.

(아우구스티누스가 그의 책 「영과 문자」 8장에서 한 말로 더 잘 표현할 수 있다.* "그들은 율법의 행위를 영 없이 문자에 따라서, 즉 벌에 대한 두려움으로 하는 것이지, 의에 대한 사랑에서 하는 것이 아니다. 그들의 의지로는 다른 것을, 만일 그것이 벌을 받지 않고 할 수 있다면, 하고자 할 것이다. 그러나 죄 된 의지로 외적인 행위들이, 비록 손이 사람들에게 의롭게 보인다고 할지라도, 사람의 의지가 하나님 앞에서 죄에 물든 것이라면 무슨 도움이 되겠는가?" 그들은 그들이 판단하는 것과 똑같은 것을 행한다. 그들은 다른 사람들이 행위로 하는 것을 의지로 행한다. 그리고 허락만 되면, 그들 자신도 행위로 한다. 이것이 회당의 일그러진 모습이고 그들을 배척한 이유이다. 이 연약함에서 우리 모두는 같다. 그러므로 우리는 자기 자신을 판단하지 않기 위해서 다른 사람을 판단하지 말아야 한다.)

그래서 사도 바울은 자기 자신을 알라고 그들을 부르고, 이렇게 가르치고자 한다. 그리스도 밖에 있는 자는 어느 누구도 이런 사람들의 무리에서 끄집어낼 수 없다. 혹 그가 아직 경건하고 저들을 심판하는 자일지라도 말이다. 그는 보지 않을지라도, 항상 그들과 함께 있다. 그는, 그렇다고 믿지 않을지라도, 자신이 판단하는 것을 항상 한다.

사도 바울은 죄인에 대한 하나님의 세 가지 은총을 찬양한다. 즉, 그의 인자와 관용과 인내, 더 자세히 말하면, 그의 인자와 관용과 인내의 부, 즉 충만함과 풍성함이다(롬 2:4).

인자의 부는 육적이며 영적인 은혜의 충만이다. 예를 들어, 육적이며 영적인 재물, 전 피조물의 사용, 이 피조물이 인간에게 하는 봉사, 천사의 보호 등이다.

관용의 부(즉, '견디고 참는 부.' 왜냐하면 그리스어와** 로마서 3장의 'in sustentatione Dei'가*** 그런 뜻이기 때문이다)는 하나님이 내려 주신 모든 은총에 대해 사람들이 감사하지 않는 것은 말할 것도 없고, 심지어 죄를 저지르며 악한 행위로 갚는 것을 길이 참으심을 의미한다. 이러한 행위들을 통해 그들은 자신들에게 자비를 베푸시는 하나님에게 (그들이 할 수 있는 한) 잘못을 저지르고, 악으로 보답한다. 그들이 하나님의 영광을 손상시키고, 그의 이름을 더

---

* Augustinus, *De spiritu et litera* 8, 13(PL 44, 208). 글자 그대로의 인용이 아니라, 매우 자유로운 인용이다.

** 본문의 그리스어는 'ἀνοχή'이다.

*** "하나님께서 길이 참으시는 중에"(롬 3:25).

럽히며(즉, 그의 이름을 거룩히 여기지 않으며), 아래에서 보게 되듯이,* 하나님에게 속한 모든 것을 욕되게 하며 모독한다.

인내의 부란 악한 자들의 망은에 대해 벌을 내리는 것을 정말 오랫동안 연기하고, 그들이, 마치 하나님께서 그들이 더 나은 사람이 되기를 바라는 것처럼, 개선되기를 기다리는 것이다. 그런데 이 인내가 크면 클수록, 하나님의 심판은, 당신의 인내가 헛된 것이 될 때, 더 가혹해질 것이다. 그래서 로마서 2:5에서 "진노를 네게 쌓는도다"라고 기록하고 있다. 하나님은 '진노를 받을 것이다'라고 말씀하지 않고, '너 자신에게 축적한다', 즉 방대하고 수북이 쌓이는 진노를 야기한다고 말씀하신다. 이방인이기는 하지만 발레리우스 막시무스(V. Maximus)가 말하는 것과 같다. "신적인 진노는 처벌을 지체하는 것을 징벌의 무게로 보상한다."**

본문에서 우리는 완고한 마음이 무엇인지 알 수 있다. 그것은 하나님의 인자와 관용과 인내를 멸시하는 마음으로, 좋은 것을 많이 받았지만 악한 것을 많이 하며, 자신을 개선하려는 생각조차 하지 않는 것이다. 이런 사람에게는 두 종류의 사람이 있다. 첫 번째 부류는 자신의 정욕과 다른 사람들의 쾌락 때문에 이것을 행하는 자들이다. 다른 부류는, 유대인들과 이단들과 분파주의자들과 주관이 너무 강한 사람들처럼, 자신의 생각과 자신의 지혜와 자신의 거룩함을 완고하게 붙잡기 때문에 이것을 하는 자들이다. 그래서 성 베르나르가 「명상에 관하여」(De consideratione)에서 말했다. "완고한 마음이란 은총을 통해 부드러워지지도, 위협에 놀라지도, 매로 바로잡아지지도, 약속을 통해 움직여질 수도 없는 것이다."*** 이 두 번째 부류의 사람들이, 그들 스스로 지혜롭고 거룩하다고 생각하기 때문에, 훨씬 더 완고하고 개선의 여지가 없다. 그들은 자신들이 이중으로 어리석고 불의하다는 것을 모른다. 잠언 26장이 말하는 것과 같다. "네가 스스로 지혜롭게 여기는 자를 보느냐 그보다 미련한 자에게 오히려 희망이 있느니라"(잠 26:22).

---

* 로마서 2:23 이하에 대한 주석 참고.

** V. Maximus, *Factorum et dictorum memorabilium libri*, I, 1, 3.

*** Bernard de Clairvaux, *De consideratione*, I, 2(PL 182, 731).

"네가 하나님의 인자하심이 너를 인도하여 회개하게 하심을 알지 못하느냐"(롬 2:4)

죄인에게 있어서 사리를 분별하지 못하는 것은 너무 커서, 그가 자신에게 좋은 것으로 주어진 것을 나쁜 것으로 오용한다. 반대로, 의롭고 경건한 자에게 있어서 빛은 매우 밝아서, 자신에게 나쁜 것으로 주어진 것조차도 좋은 것으로 선용한다. 그래서 불경건한 자들은 하나님의 인자가 자신을 회개로 인도하고자 하는 것을 알지 못한다. 그러나 의인은 하나님의 엄하심조차도 자신에게 유익이 됨을 안다. 왜냐하면 하나님은 치시지만 고치시고, '죽이기도 하시고 살리기도 하시기' 때문이다(삼상 2:6).

"진노의 날 곧 하나님의 의로우신 심판이 나타나는 그날에"(롬 2:5)

마지막 날은 진노와 자비의 날이요, 고난과 평화의 날이요, 혼란과 영광의 날이다. 왜냐하면 그날에 불경건한 자들은 징벌을 받고 부끄러움을 당하는 반면, 경건한 자들은 상을 받고 영광을 누리게 되기 때문이다. 믿음의 빛을 통해 신자들의 마음에 임하는 저 영적인 날도 진노와 은총의 날이요, 구원과 멸망의 날이라 불린다. 시편 110편이 말하는 바와 같다. "주의 오른쪽에 계신 주께서 그의 노하시는 날에 왕들을 쳐서 깨뜨리실 것이라"(시 110:5). 주께서 노하시는 날이란 지금 임한 은총의 날이요, 은총의 때를 말한다. 스바냐 1장은 말한다. "여호와의 날의 소리로다 용사(즉, 권세 있고 교만한 자)가 거기서 심히 슬피 우는도다 그날은 분노의 날이요 환난과 고통의 날이요 황폐와 패망의 날이요 캄캄하고 어두운 날이요 구름과 흑암의 날이요 나팔을 불어 경고하며 견고한 성읍들을 치며 높은 망대를 치는 날이로다"(습 1:14-16).

"참고 선을 행하여"(롬 2:7)

관용은 정말 필수불가결해서, 만일 이것이 없으면 어떤 행위도 선할 수 없다. 왜냐하면 세상이 너무 타락하고 사탄이 너무 불의해서, 하나님께서는 검증하지 않고는 어떤 선한 행위도 일어날 수 없게 하셨다. 이런 검증을 통해 하나님은 선하고 그의 마음에 드는 행위를 매우 흡족하게 칭찬한다. 그러므로 우리는 다음과 같은 것을 교회법적으로 그리고 일반적인 규정으로 확고히 하자.

규칙

우리가 선한 것을 행할 때, 그것 때문에 반대와 미움과 불행과 손해를 입지 않는다면, 그렇다면 우리의 행위가 아직 하나님의 마음에 들지 않는다는 것을 염려해야 한다. 이 경우 아직 검증과 허락이 오지 않았고, 하나님이 그것을 검증하지 않았기 때문에, 인정하지 않았기 때문이다. 그는 미리 검증하지 않은 것에 대해서는 인정을 하지 않는다.

우리의 행위를 이어 곧바로 검증이 따라오면 기뻐하고, 그것이 하나님의 마음에 드는 것이라고 확신하며, 무엇보다도 하나님 자신으로부터 나온 것이라고 믿자. 왜냐하면 하나님에게서 나온 것은 무엇이든 반드시 세상에서 십자가에 매달리기 때문이다. 십자가로 (즉, 치욕적인 인내로) 나아가지 않는 한, 하나님으로부터 오는 행위로 간주되어서는 안 된다. 하나님의 독생자도 여기에서 제외되지 않고, 오히려 이에 대한 본으로 세워졌다. "의를 위하여 박해를 받은 자는 복이 있나니… 기뻐하고 즐거워하라 하늘에서 너희의 상이 큼이라"(마 5:10, 12).

부가 설명

선한 것을 행함에도 고통을 받아야 할 때 불평을 하며 참지 못하는 자는 그의 선행이 하나님에게서 나온 것이 아니라, 인간적인 의로부터 취한 것임을 보여 준다. 이 인간적인 의로 그는 자기 자신을 위해 선한 것을 행한다. 왜냐하면 그는 자신의 선행을 통해 높이 평가받고 존경을 받고자 추구하고, 중상모략을 받고 명예 훼손을 당하고 미움을 받는 것을 피하고 미워하기 때문이다. 여기서 그가 사랑과 겸손으로부터 오직 하나님을 위해서가 아니라, 자기 자신을 위해, 자신의 좋은 명성을 위해, 숨겨진 교만과 자기 사랑에서 어떤 사람에게 선을 행했다는 것이 분명히 드러난다. 사랑과 겸손으로 하나님을 위해 행하는 자는, 그것에 대해 칭찬을 받을 때 이렇게 말한다. "오, 찬사여. 나는 너를 위해 그것을 시작하지 않았다. 그래서 너를 위해 그것을 완성하지 않을 것이다." 그가 비난을 받을 때는 이렇게 말한다. "너 비난자여, 그대를 위하여 이 일을 시작하지 않았다. 그대를 위해 그 일을 중단하지 않을 것이다." 그리고 그는 하나님에 대한 사랑으로 시작한 행위를 오른편과 왼편에서 보호를 받으며 계속한다. 그래서 야고보서 1장은 말한다. "인내를 온전히 이루라"(약 1:4). 다른 덕들도 선행을 한다. 그러나 단지 인내만이 완전하고 흠이 없는 선행을 하고, 명예욕이나 자기애에서 시작하지 않고, 비난에 대한 두려움 때문에 포기하지 않고, 하나님에 대한 사랑으로 마지막까지 완성한다. 히브리서 10장에 이렇게 기록되어 있다. "너희에게 인내가 필요함은 너희가 하나님의 뜻을 행한 후에 약속하신 것을 받기 위함이라"(히 10:36).

부가 설명

"덕은 찬양을 받으면 증대된다"는 이교도인 키케로의 말은 하나님의 교회에서 지극히 정당하게 비판을 받고 반박을 받는다. 왜냐하면 사도 바울은 반대를 말하기 때문이다. "능력이 약한 데서 온전하여짐이라"(고후 12:9). 선한 행위는 인내를 통하여 완성된다는 것이다. "이는 내가 약한(고난을 받을) 그때에 강함이라"(고후 12:10). 그러므로 인간의 덕은 칭찬을 통해 자란다. 그것이 칭찬을 찾기 때문이다. 그러나 기독교적인 덕은 비난과 고난 속에서 자라고, 찬양을 받을 때(찬양받는 것을 좋아할 때), 시편 53편의 말씀처럼 무가 된다. "그들의 뼈를(덕을) 하나님이 흩으심이라 하나님이 그들을 버리셨으므로 네가 그들에게 수치를 당하게 하였도다"(시 53:5). 인간의 덕이 찬양받을 때만 자란다면, 비난받을 때는 무엇을 하겠는가? 줄어드는가? 분명히 그렇다. 그것이 분노나 절망으로 변하기 때문이다. 바울이 인내가 부족해서 '당을 짓는 자들'(롬 2:8)이라고 말하는 자들도 선한 것을 행했다. 그러나 그들이 인내를 알지 못하고, 그들의 선행을 통해 존경받기를 원했기 때문에 진리를 믿지 못하게 되었고, 자기 자신들의 지혜에 빠지게 되어 악한 것을 선하다고, 즉 의롭다고 여기게 되었다. 이 의를 가지고 그들은 자기 자신과 사람들에게서 환심과 명성을 찾는다. 그래서 사도 바울은 그들을 '진노와 분노로'(롬 2:8) 위협한다.

"영광과 존귀(즉, 영광스러운 명예)"(롬 2:7)

"영광이란, (성 아우구스티누스가 요한복음 17장 주석에서 말한다)* 고대 라틴 저술가들이 정의하는 바와 같이, 누군가가 항상 자신의 이름을 칭송하며 부를 때 주어지는 명성이다." 아우구스티누스는 「신의 도성」 다섯 번째 책에서 말한다. "영광은 사람들이 자신들이 좋게 여기는 사람들에 대한 판단이다."** 그래서 성경에도 일반적으로 'claritas'(맑음, 그래서 유명)는 'clarificatio'(현양, 顯揚)를 뜻하며, 이것으로부터 'glorificari'(칭송하다)가 'clarificari'(현양하다)와 같은 의미를 가진다.

'존귀'는 아리스토텔레스에 의하면 어떤 사람의 덕을 인정한다는 표시로 그에게 주는 존경, 또는 그 사람의 덕 때문에 말과 행위와 볼 수 있는 표시로 보여 주는 존경을 뜻한다.*** 이것으로부터 '존귀'와 '영광'의 차이점이 분명하게 드러난다. '영광'은 한 개인에게서 다른 사람으로 나아간다면, '존귀'는 다른 사람으로부터 한 개인에게로, 또는 그 안으로 들어가는 것이다. '영광'은 흘러나와 밖을 향한다면, '존귀'는 흘러들어와 안으로 가는 것이다. 전자가 사람들에게서 나오는 형식이라면, 후자는 사람들 안으로 들어가는 형식이다.

---

* Augustinus, *In Joannis Evangelium, Tractate* CV(PL 35, 1905).

** 아우구스티누스, 「신의 도성」, V, 12(PL 41, 156).

*** 아리스토텔레스, 「니코마코스 윤리학」, 4, 5.

"진노와 분노"(롬 2:8)

이것이 나는 하나님께서 육체와 영혼에 노를 발하실 때 나타나는 의분(義憤)의 진노이거나 맹렬한 진노이며, 하나님의 준엄하신 진노이다. "주께서 우리를… 분노하셨사오나 지금은 우리를 회복시키소서"(시 60:1), "진노 중에라도 긍휼을 잊지 마옵소서"(합 3:2)라는 말씀이 보여 주듯, 하나님은 의인들에게도 노하신다. 이것은 하나님의 인자하심의 진노이며, 아버지의 채찍이다. 그래서 시편 6편에서 시인은 기도한다. "여호와여 주의 분노로 나를 책망하지 마옵소서"(시 6:1). 즉, 당신은 나를 책망하고자 하시는데, 그것이 당신의 진노입니다. 그러나 당신의 분노로 나를 벌하지 마시고, 당신의 자비로 하옵소서. 그리하여 옛사람만 멸망시키시고, 새사람은 구원하소서.

"환난과 곤고"(롬 2:9)

이것은 '진노와 분노'에 대한 설명이다. 나는 이 말도 서로 연결된 것으로 여기며 같은 의미로 이해한다. 이것은 모든 종류의 환난을 말하는 것이 아니라, 근심을 가진 환난이다. 다시 말해, 여기에는 벗어날 길도 출구에 대한 희망도 없다. 이 환난 속에서는 위안이 없다. 실로 성도들도 환난을 받는다. 그러나 그 가운데서 위로를 받는다. 이에 대해 시편 4편이 증거한다. "곤란 중에 나를 너그럽게 하셨사오니"(시 4:1). 또한 고린도후서 1장에도 기록되어 있다. "우리의 모든 환난 중에서 우리를 위로하사"(고후 1:4). 이 위로는 하나님에 대한 소망과 신뢰를 선사한다. 그러나 불경건한 자들은 환난을 당할 때 절망으로 인해 괴로워한다. 그들은 무언가에 대해 희망을 가지고 신뢰할 수 있는 것을 가지고 있지 않다. 그들이 언젠가는 구원 받을 수 있으리라는 희망을 하나님께 두지 않기 때문이다. 그러므로 기쁨이 환난 가운데서도 어느 정도 마음의 넓이인 것처럼, 근심은 환난 가운데서 어느 정도 좁게 하며 마비시키는 것이다.

그러나 하나님께서는 때때로 자신의 백성들까지도 이런 이중의 어려움에 빠지게 하신다. 이에 대해서는 시편 116편이 증거한다. "내가 환난과 슬픔을 만났을 때에"(시

116:3). 즉, 히브리어 성경에 기록된 대로, 근심을 말한다. 그런데 하나님께서는 불경건한 자들을 그 안에서 허덕이게 하신다. 사도 바울이 로마서 2:9에서 "각 사람의 영에는"이라고 말할 때, 바로 이것을 지적하는 것이다. 그는 '육에는'이라고 말하지 않는다. 이것은 선택받은 자에게만 해당되는 것이다.

"율법 없이 망하고"(롬 2:12)

여기서, 즉 이 장 전체에서 율법이란 십계명도 있고 하나님 사랑과 이웃 사랑을 명한 모세의 율법 전체를 말한다. 어떻게 저들이 이 율법이 없이 멸망하게 될까? 어떻게 그들이, 이 율법이 없으면 죄도 없고, 공로도 없고, 즉 벌도 보상도 없는 곳에서, 죄를 지었겠는가?

대답

사도 바울의 생각은 다음과 같다. '율법 없이', 즉 구두로 전승되고 문자로 기록된 율법 없었다면, 그들은 똑같은 율법을, '이런 이들은 그 양심이 증거가 되어…'라고 아래에서 말하는 바와 같이(롬 2:15), 다른 방법으로 알 수 있었을 것이다. (또는 '율법 없이'는 '율법의 협력 없이' 혹은 '죄를 지을 기회를 주지 않고'를 의미한다. 왜냐하면 존재하지 않는 율법은 죄를 지을 기회를 주지 않기 때문이다. 그런데 율법은 이방인들에게는 주어지지 않았다.) 확실히 이방인들은 모세 율법의 전례(典禮)와 의식(儀式)을 받지도, 그들에게 전승되지도 않았다. 그래서 그들은 그것에 매이지도 않으며, 그것을 지키지 않았다고 해서 벌을 받지도 않는다. 이 면에서 그들은 율법을 받았고, 이것을 통해 하나님과 계약을 맺었으며, 그것 안에서 그리스도에 대한 약속을 받은 유대인들과 다르다. 그럼에도 그들은 모세 율법의 전례와 의식이 도덕적으로 가리키는 (그리스도를 상징적으로 보여 주는 것은 별도로 하고) 영적인 율법을 받았다. 이 율법은 모든 사람들에게, 즉 유대인과 이방인 모두에게 각인되어 있으며 모든 사람이 지켜야 할 의무가 있다. 그래서 주님은 마태복음 7장에서 말씀하신다. "그러므로 무엇이든지 남에게 대접을 받고자 하는 대로 너희도 남을 대접하라 이것이 율법이요 선지자나라"(마 7:12). 보라, 어떻게 우리에게 전해진 모든 율법이 어느 누구에게도 알려지지 않을 수 없고, 그래서 누구도 변명할 수 없는 자연법과 전혀 다르지 않은지를!

그러므로 사도 바울이 뜻하는 것은 아주 분명히 말하자면 이것이다. '율법 없이 망하고'는 율법을 받지 않고 망한다는 뜻이다. 즉, 그들은 유대인들처럼 율법을 받았고 그것을 지키지 않았기 때문에 죄를 지은 것이 아니다. 그래서 그들이 율법을 지키지 않았기 때문에 벌을 받는 것이 아니라, 다른 이유 때문이다. 그들이 받지 않은 것과 똑같은 율법을 그들은 다른 방법으로 알고 있었지만, 그것을 지키지 않았기 때문이다. 확실히 율법을 받았다는 것이 유대인들을 심판할 것이다. 이에 대해서 스데반이 사도행전 7장에서 말한다. "너희는 천사가 전한 율법을 받고도 지키지 아니하였도다"(행 7:53).

"그들은 율법 없이 망할 것이다." 다시 말해, 그들에게 전해지고 그들이 받은 율법이 그들을 정죄하지 않을 것이다. 그들은 그런 율법 없이 망할 것이다. 물론 '어떤 율법도 없이'라는 말은 아니다. 그들이 심판을 받는 율법은 (기록되어 전해 오는) 율법과 같은 것인데, 단지 그들에게는 기록되어 전해지지 않았지만, (기록되어 전해 오는 율법) 안에 포함되어 있고, 그 안에 나타난 것이다.

여기서 그리스도 밖에 살지만, 그들의 양심을 따라 본성으로 율법을 성취하는 이방인들이 있다면(롬 2:14), 그들이 구원을 받을 수 있을까 하는 질문이 제기될 수 있다. 그리스도 없이는 원죄가 폐지되지 않고, 은총 없이 (실제로 사람들이 율법을 행동으로 했다고 할지라도) 어떤 율법도 성취될 수 없으며, 은총은 단지 그리스도를 통해서만 주어지기 때문에 이 질문은 제기될 수 있다. 여기서 사도 바울은 어떤 사람은 원래 율법에 속한 것을 행했고 행하고 있다고 강조하는 것처럼 보인다. 그런데 왜 사도 바울은 그들이 율법을 성취했다고 말하지 않고, 단지 율법 중에 이것이나 저것을 했다고 말하는지에 대해 의문이 일어날 수 있다. 그가 '율법의 일을', 즉 율법이 요구하는 모든 것은 아닐지라도, 율법 중에 어떤 것을 행했다고 말하기 때문이다. 그런데 이들 모두는, 사도 바울이 3장에서 설명하는 바와 같이, 그들이 성취하지 못한 다른 계명들 때문에 아직도 죄 가운데 있다.

만일 그들은 율법이 요구하는 모든 것을 행했다고 사도 바울이 말한다고 이해한다면, 위에 제기된 질문에 대해 '예'라고 대답해야 할 것이다. 그러나 그리스도와 원죄와 은총의 관계가 비교될 때, 대답은 다음과 같다. 율법을 성취하는 자는 그리스도 안에 있고, 그에게 은총이 선물로 주어진다. 자신이 할 수 있는 한 그것을 준비하기 때문이다. 하나님께서는 저들의 원죄를 하나님과 그들이 인정하는 최고의 존재에 대한 겸손한 행동 때문에 용서해 줄 수 있었다(그들이 알지 못했고, 고백하지 않을지라도). 그들은 또한 유대인들이 그런 것처럼, 복음과 그리스도에 매여 있지 않았다. 또는 이런 모든 사람들에게는, 욥과 나아만과 이드로 등과 같은 사람들에게서처럼, 하나님의 자비가 먼저 임하는 특별한 사건을 통해 구원에 필요한 만큼의 빛과 은총이 주어졌다고 말할 수 있다. 나에게는 저 첫 번째 해석, 즉 그들이 율법이 요구하는 모든 것을 행하지 않았다는 해석이 마음에 들지 않는다. 왜냐하면 사도 바울이 아래에서 말하기 때문이다. "또한 본래 무할례자가 율법을 온전히 지키면 율법 조문과 할례를 가지고 율법을 범하는 너를 정죄하지 아니하겠느냐"(롬 2:27). 보라, 그는 여기서 무할례자들, 즉 이방인이 율법을 성취한다고 말하고 있다. 그리고 계속해서 말한다. "그런즉 무할례자가 율법의 규례를 지키면 그 무할례를 할례와 같이 여길 것이 아니냐"(롬 2:26). 그러므로 그들은 율법을 성취하였다. 그들에게 부족한 것을(그것에 대해 불가피한 무지로 인해 변명되는데) 하나님께서는 의심의 여지없이 그의 관용으로 보충하여, 그것이 미래의 그리스도를 통해 완성되게 하셨다. 하나님께서 그것을 할례를 받고 그를 위해 희생된 아이들에게 하셨던 것과 지금 우리의 아이들에게 하는 것과 다르지 않은 방법으로 말이다.

"이는 하나님께서 외모로 사람을 취하지 아니하심이라"(롬 2:11)

사도 바울은 이것을 먼저 받은 율법을 자랑하며, 자신들이 율법의 청자요 제자라고 우쭐거리는 유대인의 교만에 대항하여 말한다. 그들은, "먼저는 유대인에게요 그리고 헬라인에게며"(롬 2:9)와 "각 사람에게는… 먼저는 유대인에게요 그리고 헬라인에게라"(롬 2:10)고 사도 바울이 말했을 때처럼 사람들이 자신들을 선을 행하는 것과 악을 행하는 것에 있어서 이방인들과 동일하게 보는 것을 불쾌해 한다. 그들은 마치 그들이 아브라함의 자손이기 때문에 아브라함의 공적이 항구적으로 자신들의 것이 되는 양,

하나님이 좋은 것은 유대인에게만 주시고 악한 것은 이방인에게만 주시기를 원했다. 그래서 유대인들은 항상 하나님을 인간 차별자로 만들려고 시도한다. 그들의 어리석음은 이단자들과 영적으로 교만한 자들 중에서도 찾을 수 있다. 이 영적으로 교만한 자들이란, 자신들이 자신들의 거룩함과 지혜 때문에 다른 사람보다 앞서 자기 스스로를 선택하고, 다른 사람보다도 스스로에게 만족하는 것처럼, 하나님도 다른 사람보다 먼저 자신들을 선택하시고, 자신들에게서 마음에 드는 것을 발견할 것이라고 주제넘게 생각하는 자들이다. 그들은 하나님께서 완전히 반대로 멸시받으며, 하나님의 집에서 거절당할 수밖에 없다고 고백하며, 자기 자신을 낮추며 다른 사람에게 상석을 주고, 다른 사람의 마음에 드는 것을 찾는 영혼만을 택하고 좋아하신다는 것을 알지 못한다.

다음으로 사도 바울은 율법을 알지 못했다는 핑계로 어떤 진노도 받을 만하지 않다고 거드름을 피우는 이방인들의 교만도 부순다. 이들에 대해 그는 아니라고 대답한다. 왜냐하면 그들이 자신들의 율법을 지킬 때 그 율법으로 구원을 받는 것처럼, '율법 없이 망하기 때문이다.' 그들의 율법이란 생래적(生來的)이고 선천적인 것이지 주어진 것이 아니며, 고안된 것이지 전해진 것이 아니며, 살아 있는 것이지 문자로 기록된 것이 아니다.

우리가 우리에게 일어나기를 바라는 것을- 우리는 단지 우리에게 좋고 영광스럽고 위대한 것을 원하지 않는가!- 다른 사람에게 행할 때, 영원한 의지, 심판, 영광, 하나님께 속하였으나 우리가 루시퍼와 결탁하여 우리 것으로 만든 다른 것들을 먼저 하나님께 돌리고, 다음으로 우리가 지배하기를 갈망하는 이웃에게도 그런 것들이 일어나기를 바라자. 그들 자신이 우리 위에 있을 때, 그때 우리는 하나님을 향해서뿐만 아니라, 인간을 향해서도 겸손이라는 전 율법을, 즉 완전하고 온전한 의를 성취한다. 성경 전체는 이것을 통해 우리가 하나님뿐만 아니라, 모든 피조물에 복종하는 겸손 이외의 다른 무엇을 가르치는가? 우리가 모든 것이 우리 밑에 있기를 원했기 때문에, 더욱이 완전히 타락한 의지를 가지고 원했기 때문에 이런 일이 일어나지 않았는가? 이 의지가 타락했다 할지라도, 그래도 이 타락한 의지에 따라 우리 자신을 위해 원하는 것을 다른 사람에게도 하자. 그러면 그것은 매우 올바르고 완전한 것이 된다. 이 작은 가르침보다 더 짧고 유익한 것이 무엇이겠는가? 그러나 이 가르침이 그 넓은 지평에 이르기까지 얼마나 드물게 이해되고 있는가! 주님께서 인간들에게 말하면서 이 것을 더 간결하게 할 수 있었다. "그러므로 무엇이든지 남에게 대접을 받고자 하는 대 로 너희도 남을 대접하라"(마 7:12). 그런데 당신은 지금 당신을 죄인들 위로, 배우지 않 은 자들 위로, 명성이 없는 자들 위로 들어올리고, 그들이 당신으로부터 받는 이러한 취급을 감내하기를 원한다. 그러므로 당신도 그들로부터 같은 취급을 받는 것을 감내 하라. 당신이 명성을 가지지 않은 죄인과 배우지 않은 자와 사람들이 있다는 것을 부 정하지 않는다면 말이다.

"무릇 율법 없이 범죄 한 자는 또한 율법 없이 망하고"(롬 2:12)

'율법 없이'라는 말을 '범죄 한'이라는 말이나 '망하고'라는 말과 결합하지 않도록 조심 해야 한다. 이것을 다음과 같이 이해해야 한다. 그들은 율법 없이, 즉 율법이 죄를 짓 는데 함께 영향을 미치지 않고, 율법이 그들에게 죄를 짓는 기회를 주지 않고, 죄를 지었다. ('그들은 율법 없이 망하게 되었다'는 말도 '율법이 그들에 반하는 증언과 판결을 내리지 않고 망하게 되었다'는 뜻이다. 왜냐하면 그들에게는 그런 율법이 주어지지 않았고, 다른 것이 주어졌기 때문이다.) 모든 율법은, 은총과 사랑과 감정과 의지가 도와주지 않으면, 죄에 대한 기회를 제공한다. 왜냐하면 의지는 항상 거스르는 경향이 있으며, 율법이 명령하는 것을 밖으로 행할지라도 가능하기만 하면 무언가 다른 것을 하고자 하기 때문이다. 그것은 율법의 지배를 통해 죄에 대항하는 것보다 더 죄를 짓도록 자극을 받는다(성 아우구스티누스는 그의 책 「영과 문자」에서 말한다. "원하는 것이 금 지되면 왜 더 하고 싶어지는지 모르겠다").* 그래서 시인은 말한다. "우리는 항상 금지된 것을 동경하 고, 거부된 것을 향해 우리의 손을 내뻗는다." "그래서 둑은 갇힌 물을 위협한다." "허 락된 것은 환영을 받지 못하고, 허락되지 않는 것은 욕망을 더 격렬하게 타오르게 한 다." "나를 따르는 것을 나는 피하고, 나를 피하는 것을 나는 쫓는다." 그래서 성 아우 구스티누스는 같은 책 8장에서 멋진 말을 한다. "은총의 영의 도움 없이도 율법이 명

---

* Augustinus, *De spiritu et littera* C. 4(PL 44, 204).

령하는 것을 행한 자는 의에 대한 사랑에서가 아니라, 벌에 대한 두려움에서 행한 것이다. 그러므로 사람들 앞에서 행위를 통해 보여진 것이 하나님 앞에서는 마음속에 없었다(반대로, 행위를 통해 보여지지 않은 것이 하나님 앞에서는 마음속에 있었다). 이 사실로부터 하나님께서는 그들이 (벌을 받지 않을 수만 있다면) 악한 것을 행하리라는 것을 아셨다는 것이 분명히 드러난다." 유대인들은, 복음서가 분명히 보여 주듯이, 바로 이런 부류의 사람들이다. 주님은 마태복음 5장에서 말씀하신다. "너희 의가 서기관과 바리새인보다 더 낫지 아니하면 결코 천국에 들어가지 못하리라"(마 5:20). 왜냐하면 그들은 마음으로 품는 분노는 아직 죄가 아니지만, 살인하면 비로소 죄가 된다고 주장하기 때문이다. 그래서 시편 1편은 "여호와의 율법을 즐거워하여"(시 1:2)라고 말하는데, 이 율법을 즐거워하는 것을 하나님께서는 오직 성령을 통한 은총으로만 주신다. 그렇지 않으면 죄는 율법을 통해 항상 새로운 기회를 얻게 되고, 율법을 통해 죽인다(아무리 훌륭한 행위들을 한다고 할지라도, 의지는 죽어 있다). 이에 대해 고린도전서 15장이 말한다. "사망이 쏘는 것은 죄요 죄의 권능은 율법이라 우리 주 예수 그리스도로 말미암아 우리에게 승리를 주시는 하나님께 감사하노니"(고전 15:56-57).

"율법을 행하는 자라야 의롭다 하심을 얻으리니"(롬 2:13)

이것을 성 아우구스티누스는 그의 책「영과 문자」26장에서 두 가지 방법으로 이해한다. 첫 번째는, '율법을 행하는 자들은 의롭게 될 것이다'로 해석하는 것이다. 즉, 의롭게 됨을 통하여 그들은 의롭게 되기 전에는 아직 되지 못했던 그런 행위자들이 되고, 그런 자로 만들어진다. 두 번째는, 이 해석이 더 좋은데, '그들은 의롭게 된다'는 해석이다. 즉, 난외주에 기록된 대로, 그들은 의로운 자로 여겨지고 간주된다. 이것은 "하나님 앞에서는 율법을 듣는 자가 의인이 아니요"(롬 2:13)라고 앞서 기록된 것으로부터 분명히 드러난다. '듣는 자가 아니라면 하나님 앞에서 도대체 누가 의로운 자인가'라는 질문이 제기되는데, 이에 대해 다음과 같이 대답되어야 할 것이다. '율법을 행하는 자들이 의롭게 될 것이다.' 즉, 의롭다고 간주될 것이다. 그래서 시편 143편은 말한다.

"주의 눈앞에는 의로운 인생이 하나도 없나이다"(시 143:2). 다시 말해, 어떤 자도 의로운 자로 간주되지 않는다는 것이다. 로마서 3장에서도 말한다. "율법의 행위로 그의 앞에 의롭다 하심을 얻을 육체가 없나니"(롬 3:20). 누가복음 10장도 증거한다. "그 사람이 자기를 옳게 보이려고"(눅 10:29), 즉 자신이 의롭다고 선언하고 확증하며, 사랑하라고 명령받은 이웃이 누구인지 모르는 것처럼 하여 죄를 씻어버린다. 이것에 대해서는 다른 많은 곳에서도 증언한다.

"본성으로 율법의 일을 행할 때에는"(롬 2:14)

이것도 또한 성 아우구스티누스는 위에서 말한 그의 책 26장에서 두 가지 의미로 해석한다. 첫 번째는, 이 이방인들은 그리스도의 은총을 통해 의롭게 된 이방 세계의 신자들로서 그의 생각에 의하면 사도 바울이 신앙이 없으며, 율법과 의에 대해 자랑하는 유대인들을 대립시키고자 하는 자들이다. 그래서 그는 '본성으로'(즉, 죄에 의해 타락했으나, 그리스도의 은총의 영을 통해 회복된 본성으로)를 이렇게 설명한다. "은총이 본성을 통해 부정되는 것이 아니라, 본성이 은총을 통해 회복된다." 그 자신은 이 해석에 더 동의한다. 두 번째는, 이 사람들은 비록 불경건한 삶을 살고, 하나님을 진실되고 바르게 섬기지도 않지만, 어떤 선한 것을 행하기 때문에 율법이 요구하는 무엇인가를 행한다고, 율법을 이해하고 있다고 말할 수 있는 자들이다.

그래서 '그들의 변명하는 생각들'은 좀 더 가벼운 벌을 받기 위해 변명하는 것으로 이해해야 한다. 그것이 무엇이든 사람은 작은 죄를 짓지 않고는 이생의 삶을 살 수 없는데, 바로 이 작은 죄가 의인을 영원한 삶에서 몰아낸다. 반대로 아무리 타락한 인간일지라도 무언가 선한 행위를 하지 않을 수 없는데, 이러한 선한 행위는 영원한 구원에 이르는 것과 관련해 불경건한 자에게는 아무 유익이 없다. 그런데 이 해석과, 그들이 본성으로 율법이 요구하는 것을 하고 이 율법을 행하는 자가 의롭다는 말이 모순된다. 사도 바울은 이런 불경건한 자에 대해서 그리스도를 믿는 첫 번째 부류의 사람들에 대해서도 말하고 있는 것처럼 보이지 않는다. '본성으로'에 대한 이 해석은 너무 지나친 것이다. 나는 사도 바울이 독자들에게 자신의 생각을 숨기기 위한 것이 아니라면 왜 이런 표현을 사용하는지 알 수 없다. 그가 다른 곳에서는 이런 표현을 쓰지 않기 때문이다. 그래서 나는 불경건한 이방인과 경건한 이방인들 중간에 있는 자들로 받아들인다. 이들은 본성으로 할 수 있는 한 경건하고 하나님을 향한 행위들을 통해 은총을 얻었는데, 그 이후로는 이 은총에 의해 인도함을 받은 자들이다. 그들에게 은총이 주어진 것은 그들의 공적 때문이 아니다. 그렇다면 은총은 더 이상 은총이 아니기 때문이다. 그들에게 은총이 주어진 것은 그들이 그것을 하나님의 순수한 선물로 받도록 준비되어 있었기 때문이다.

"(그들이) 본성으로 율법의 일을(즉, 일부를) 행할 때에는"이라는 말이 특수한 경우에만 해당되는 것으로 인정되지 않는다면, 본문은 분명하며 성 아우구스티누스의 두 번째 해석은 가장 옳은 것이다. 사도 바울은 그들 자신도 유대인과 같이 율법을 지키지 않았기 때문에 그들을 언급하고 있다. 물론 그들은 몇몇 선하고, 율법에 명령된 행위들을 하여서 심판의 날에 무거운 형벌에서 면죄될 수도 있을 것이다. 그러나 그들은 여전히 그리스도의 은총과 자비를 필요로 한다. 유대인들이 율법을 외적으로 지켰을지라도 그것이 그들에게 아무런 유익이 되지 않기 때문이다. 그러므로 둘 다, 그들이 아무리 선한 것을 많이 했다 할지라도, 죄 아래 있다. 유대인들은 내면적 인간에 따라 그렇다. 왜냐하면 그들은 율법을 문자적으로만 지켰기 때문이다. 이방인들은 두 가지 점에서 그렇다. 그들은 율법을 부분적으로만 행했으며, 그리고 영적으로 행하지 않았기 때문이다. 이 해석에 나는 찬성한다. 왜냐하면 2장 전체 내용이 (그리고 사도 바울 자신이 롬 3:9에서 "유대인이나 헬라인이나 다 죄 아래에 있다고 우리가 이미 선언하였느니라"고 말하는 바와 같이.) 모두는, 즉 둘 다 죄인이며 하나님의 은총을 필요로 한다고 명백히 보여 주기 때문이다. 이 해석은 로마서 2:15에 나오는 "그 마음에 새긴 율법의 행위를"이라는 바울의 말과 어떻게 일치하며 지지되는가? 하나님께서 율법을 장차 믿는 자들에게만 주시는데, 돌판 위가 아니라 그들의 마음에 쓰시겠다고 선지자가 말했기 때문이다.* 그러므로 나는 (더 나은 생각에 피해를 주지 않고) "율법의 행위가 너희 마음에 새겨졌다"는 말과 "율법이 너희 마음에 쓰여질 것이다"라는 말은 다른 것이라고 생각한다. 사도 바울은 여기서, 비록 그가 그

---

* 에스겔 11:19. 사도 바울도 이 구절을 고린도후서 3:3에서 인용했다.

들이 그들의 마음속에 쓰여진 율법을 가지고 있음을 알고 있었고, 그렇게 말할 수 있었을지는 모르지만, 단지 '율법의 행위'에 대해서만 말하기 때문이다. 그래서 나는 '율법이 너희 마음에 쓰여졌다'는 말씀이 "성령으로 말미암아 하나님의 사랑이 우리 마음에 부은 바 됨이니"(롬 5:5)라는 말씀과 같은 것을 말하고 있다고 생각한다. 이 사랑이 무엇보다도 그리스도의 율법이며 모세 율법의 완성이기 때문이다(롬 13:10). 더욱이 사랑은 율법도 없고, 양도 없고, 끝도 없고, 제한도 없는 율법으로, 한 율법이 명령하고 명령할 수 있는 모든 것을 훨씬 더 능가하는 것이다. 그러나 '율법의 행위가 기록되었다'는 말은 저 행위에 대한 지식이 기록되었다는 것을 의미한다. 다시 말해, 행해야 하는 행위에 대해 문자로 쓰여진 율법을 의미하는 것이지, 행위로 인도하는 은총이 아니다. 그러므로 율법의 행위를 그들의 마음에 가지고 있는 이상의 어떤 것도 가지고 있지 않던 자들은 필수불가결하게 이때까지 죽이는 문자 속에만 갇혀 있었다.

"이런 이들은 그 마음에 새긴 율법의 행위를 나타내느니라"(롬 2:15)

그들은 무엇을 통해 이것을 증명하는가? 첫 번째는, 율법이 요구하는 것을 행함을 통해서 다른 사람들에게 증명한다. 두 번째는, 이미 여기에서는 자기 자신들에게, 그리고 심판의 날에는 모든 사람들에게 그들의 양심이 자기 자신에 대해 증거 함을 통해 증명한다. 그들의 양심은 어떤 증거를 주는가? 선한 행위에 대해서는 좋은 증거를 하는데, 이것은 용서하고 변호하는 생각들이 한다. 반면에 악한 행위에 대해서는 나쁜 증거를 하는데, 이것은 송사하고 양심의 가책을 느끼게 하는 생각들이 한다. 이것으로부터 그들이 율법에 대해 무지하지 않았다는 것이 증명된다. 오히려 그들이 선과 악에 대한 지식을 가지고 있었다는 것이 증명된다. 왜냐하면 그들이 양심의 가책을 느낄 때는 자신들이 악한 것을 행했다고 깨닫지만, 그들이 행한 것이 악하다는 것을 알지 못할 때는 양심의 가책을 받지 않기 때문이다. 그들 스스로가 자기 자신 앞에서 자기 자신에 의해 증거 하는 양심에 의해 그리고 송사하고 변호하는 생각들에 의해 심판을 받는 것처럼, 하나님에 의해 동일한 증거를 통해 심판을 받는다. 왜냐하면 그들은 다른 사람들이 자신들에 대해 내리는 심판과 자신들을 찬양하거나 비난하는 그들의 말에 따라 자신들을 심판하지 않기 때문이다. 오히려 영혼이 그들에게서 도망가거나 피할 수 없고, 그들을 통제할 수도 없을 정도로 마음속 깊이 자리 잡고 있는 그들의 생각에 따라 심판하기 때문이다. 그러므로 하나님은 모든 인간을 이들의 가장 내면 깊숙이 있는 생각에 따라 심판하실 것이며, 우리의 가장 은밀한 내면을 폭로하실 것이다. 그래서 더 비밀스러운 은신처를 찾아 내면으로 도망갈 수 있는 어떤 가능성도 더 이상 존재하지 않을 것이다. 내면 깊숙이 있는 우리의 생각이 모든 사람들에게 폭로되고 드러나게 되는 것은, 마치 하나님께서 다음과 같이 말씀하시는 것처럼, 피할 수 없다. '보라, 나는 너를 심판하지 않고, 단지 너 자신에 대한 너의 심판에 동의하고 그것을 추인한다. 네가 너 자신에 대해 다르게 심판할 수 없기 때문에, 나도 그것을 할 수 없다. 그러므로 너는 너 자신의 생각과 양심의 증거에 따라 천국을 받거나, 지옥을 받는다.' 그래서 주님은 말씀하신다. "네 말로 의롭다 함을 받고 네 말로 정죄함을 받으리라"(마 12:37). 이것이 말에 대해 적용된다면, 훨씬 더 은밀하고 신빙성이 있는 생각에는 얼마나 더 적용되겠는가!

"그 생각들이 서로 혹은 고발하며 혹은 변명하여"(롬 2:15)

확실히 우리의 양심으로부터는 단지 고소하는 생각만이 나온다. 우리의 행위가 하나님 앞에서는 (그가 그의 성령을 통해 우리 안에서 그것들이 일어나도록 영향을 미치지 않는다면) 아무것도 아니기 때문이다. 물론 우리가 쉽게 우리 자신에 대해 만족스러워하기 때문에, 우리 자신 앞에서 우리를 변명하는 것도 쉬운 것이다. 그러나 이것이 우리가 이를 통해 율법을 알고 있다는 것을 증명하는 것 외에 무슨 유익이 있는가? 왜냐하면 이런 생각은 우리가 선을 하고, 악을 피했음을 증거 해 주기 때문이다. 그러나 우리는 아직도 하나님을 만족시키지 못하였으며 율법을 완전히 성취하지 못하였다.

우리는 어디에서 변명하는 생각을 가지게 되는가? 단지 그리스도로부터 그리고 그리스도 안에서만이다. 왜냐하면 그리스도를 믿는 자의 마음이 자신을 비난하고 고소하고 자신이 악한 것을 행했다고 증거 할 때, 그는 곧 돌아서서 그리스도를 향하여 말한다. '그는 만족시켰고, 의로우며, 그가 나의 방어이며, 나를 위해 죽었으며, 자신의 의를 나의 것으로 만들었고, 나의 죄를 그의 죄로 만들었다.' 그가 나의 죄를 그의 것으로 만들었다면, 나는 그것을 더 이상 가지고 있지 않고, 자유로운 인간이다. 그가 그의 의를 나의 의로 만들었다면, 나는 그와 같은 의 안에서 이미 의로운 자다. 내 죄는 그리스도를 더 이상 삼킬 수 없다. 오히려 그것은 그리스도의 의의 무한한 심연에 의해 삼킴을 당한다. 왜냐하면 그 자신은 영원히 찬양을 받는 하나님이기 때문이다. 그래서 "하나님은 우리 마음보다 크시"(요일 3:20)다. 변호하는 자가 변호 받는 자보다 더 크다. 더구나 영원히 그렇다. 하나님은 변호자이고, 마음은 고소하는 자이다. 이것이 그 관계인가? 그렇다, 그렇다, 바로 그렇다! "누가 능히 하나님께서 택하신 자들을 고발하리요?" 아무도 없다. 왜? "의롭다 하신 이는 하나님이시기" 때문이다. "누가 정죄하리요?" 아무도 없다. 왜? "죽으실 뿐 아니라 다시 살아나신 그리스도 예수시기"(그는 또한 하나님이기도 하다) 때문이다. 그러므로 "하나님이 우리를 위하시면 누가 우리를 대적하리요"(롬 8:31-34).

"그러면 다른 사람을 가르치는 네가 네 자신은 가르치지 아니하느냐"(롬 2:21)

무언가 알지 못하면서, 더군다나 그것을 배우지 않고 가르치는 것이 어떻게 일어날 수 있는가? 가르치는 자는 가르치고자 하는 것을 먼저 알아야 하며 배워야 한다. 이를 통해 사도 바울은 자신이 율법의 영적인 의미와 학식에 대해 말하고 있으며, 이것에 대해 그들은 배우지 못하고, 그래서 다른 사람들을 문자적으로만 가르친다는 것을 분명히 보여 준다. 나는 말한다. 그들은 율법의 행위를 자발적이고 순수한 마음으로 행해야 하는 것을 다른 사람은 말할 것도 없고 자기 자신에게도 가르치지 않는다. 더 고상하고, 더 중요하고, 하나님의 은혜를 더 아는 인간의 부분이 (즉, 마음과 의지가) 행하려 하지 않기 때문에, 그들은 더 비천한 부분, 즉 육체를 마지못해서 그리고 자발적인 의지 없이 율법 안에서 아무리 연습을 시킨다고 할지라도, 결코 율법을 성취하지 못한다. 적어도 하나님 앞에서는 아니다. 그래서 사도 바울은 계속해서 영적으로 말한다. "도둑질하지 말라 선포하는 네가 도둑질하느냐 간음하지 말라 말하는 네가 간음하느냐"(롬 2:21-22). 마찬가지로 너는, 그리스도의 죽음에서 볼 수 있는 바와 같이, 살인하지 말라고 말하면서 살인한다. 같은 의미로 주님께서 말씀하신다. "서기관들과 바리새인들이 모세의 자리에 앉았으니 그러므로 무엇이든지 그들이 말하는 바는 행하고 지키되 그들이 하는 행위는 본받지 말라 그들은 말만 하고 행하지 아니하며"(마 23:2-3). 우리는 그들이 밖으로는 의로운 자로 나타나기 때문에, 또한 의의 행위 없이 일어나는 것도 옳은 것이 아니라고 주님께서도 같은 장에서 분명하게 말씀하시기 때문에, 이것이 참되다는 것을 어떻게 인식해야 하는가? 마치 그것이 충분한 것처럼, 마음이 없이 (즉, 내키지 않는 마음으로) 율법을 단지 보이기 위해서 그리고 문자적으로만 지켜서는 안 된다는 것은 말할 것도 없고, 어느 정도까지 사람은 자신의 행위에 따라 그것이 선하게 보일지라도 하지 말아야 하는가? 그렇게 그들은 말한다. (다시 말해. 그들은 율법을 확실히 쓰여진 대로 가르치고 읽는다. 이것 때문에 그들은 비난을 받지 않는다. 마치 사도 바울도 여기서 그들이 다른 사람에게 율법을 가르치기 때문에 벌하지 않는다.) 그들이 그것을 행하지 않기 때문에 벌하는 것과 같다. 자신들이 가르치는 이 율법을 기쁘고 순수한 마음, 즉 모든 욕망에서 자유롭고 할례를 받은 마음으로 하지 않는 한, 그들은 실제로 행할 수 없다. 그래서 그들은 율법을 단지 외적인 행위로만 하거나 하지 않을 뿐만 아니라, 의지와 마음으로도 하거나 하지 않는다. 다른 말로 하면, 그들이 악한 행위로부터 순수할 뿐만 아니라, 마음의 욕망으로부터도 순수해야 한다. 단지 행위를 완성하지 말아야 한다는 것이 아니라, 선한 행위로 준비되어야 한다. 즉, 단지 육체의 필요에 의해서가 아니라 기꺼운 마음으로 해야 한다. 이렇게 그들은 바르고 건강한 율법을 가르친다. 그러나 그것을 행하지도 성취하지도 않는다. 나는 말한다. 마음으로 행하고, 손으로 완성하라.

그러므로 여기에서 다음과 같은 결론이 나온다. "또 무거운 짐을 묶어 사람의 어깨에 지우되 자기는 이것을 한 손가락으로도 움직이려 하지 아니하며"(마 23:4). 이 짐은 사도 바울이 그들이 그것을 해야 한다고 위에서 말한 율법의 계명이다. 그러나 그들의 문자적인 해석으로 인해 그것은 무거운 짐이 되었다. 왜냐하면 그것은 그때에 죽이고 살리지 못하기 때문이다. 그들이 율법이 마음으로 일어나지 않고 오직 행위로만 성취되어야 한다고 가르치며, 어디에서 그리고 어디로부터 그런 율법의 완성이 추구되는지 보여 주지 않는다면, 그들은 사람들을 불가능한 위치에 남겨 두는 것이다. 사람은 이 계명들을 마음으로 하지 않으면, 결코 성취할 수 없기 때문이다. 그런데 그들은 손가락 하나로도 저 계명들을 만지지 않는다. 다시 말해, 그들 자신은 계명들을 전혀 마음으로 행하지 않고, 단지 외적인 행위에 만족한다. 그래서 그들은 "그들의 모든 행위를 사람에게 보이고자 하나니"(마 23:5)라는 말씀처럼 허영심을 쫓는 자들이 된다. 자, 주님은 여기서 그들은 율법의 행위를 한다고 말씀한다. 그러나 그전에 그들이 율법을 행하는데 손가락 하나도 움직이지 않는다고 말씀한다. 이 다양한 말씀들은 서로서로 일치한다. 그들이 허영심이 뒤따르는 행위를 밖을 향해 하는데, 내적으로는 이를 하기 위해 손가락 하나도 움직이지 않는다. 그들의 이런 행위를, 주님께서 위에서 말씀하셨듯이, 우리는 따라해서는 안 된다. 비록 주님께서 그 행위들이 선한 것이라 인정하시지만, 그것들은 사실 선한 것이 아니다.

여기에서 사도 바울이 이 '행하다'는 말을 가지고 이 장에서 나오는 '간음하다', '도둑질하다', '죽이다'는 말과 함께 내적 인간의 욕망이라는 뜻으로 사용하고 있음이 분명히 드러난다. 이런 것을 갈망하는 자는 하나님 앞에서는, 다음의 로마서 7장에 나오는 대로, 이미 행한 자로 간주된다. "만일 내가 원하지 아니하는 그것을 행하면… 그러나 선을 행하는 것은 없노라"(롬 7:16-18).

그러므로 그들은 이 말 자체를 이해하지 못하고, 그들이 그런 사람이라는 것을 믿지 않는다. 사도행전 5장이 말하는 바와 같다(그들은 자신들이 행위로 그리스도를 죽이지 않았기 때문에, 그를 죽이지 않았다고 생각한다). "너희가 이 사람의 피를 우리에게로 돌리고자 함이로다"(행 5:28). 그리고 사도행전 7장에서 스데반이 다음과 같이 말하면서 그들에게 같은 질책을 한다. '이 의인을 살인한 자는 바로 너희다. 그때 그들은 그를 향하여 이를 갈았다'(행 7:52, 54). 잠언 30장에서 그들은 간음한 여인(마음으로는 부정하고, 육적으로만 의로운 회당)으로 불린다. 즉, "그(음녀)가 먹고(즉, 그리스도를 죽이는 것으로 그를 먹고) 그의 입을 씻고(그들의 죄를 깨끗이 씻으려 하고) 말하기를 내가 악을 행하지 아니하였다 하느니라"(잠 30:20). 내가 이미 말한 대로, 그들이 사도 바울의 말을 이해하지 못하고, 그들이 도둑질해서는 안 된다고 설교하면서도 자신들은 훔치는 사람이라고 믿지 않기 때문에, 사도 바울은 영으로 그리고 영적인 행함에 대해 말한다는 것을 더 분명히 하기 위해 로마서 2:25에서 말한다. "네가 율법을 행하면 할례가 유익하나." 그리고 아래에서 매우 명료하게 말한다. "무릇 표면적 유대인이 유대인이 아니요 표면적 육신의 할례가 할례가 아니니라"(롬 2:28). 그리고 다시 로마서 2:27에서 말한다. "율법 조문과 할례를 가지고 율법을 범하는 너." (여기서) '율법 조문 아래서'라고 그는 말한다. 그러므로 '너'는 문자적으로는 아닐지라도, 영적으로는 도둑이다. 그는 문자라는 말을 사용하는데, 이는 그가 영으로 말하는 것을 보여 주어 그들이 알았어야 했던 것을 이해하기를 배우기 원했기 때문이다.

어떤 사람은 다음과 같이 이의를 제기할 것이다. 이 마음의 할례는 은총을 통해서만 일어난다. 자연은 악으로 기울어 있고 선에 대해서는 무력하기 때문이다. 그것은 선을 행하게 하고 악을 금하는 율법을 사랑하기 전에 먼저 싫어한다. 그래서 그것은 자기 자신으로부터는 율법에 대해 호의를 가지고 있지 않고, 단지 혐오감만 가지고 있다. 그래서 그것은 비록 벌에 대한 두려움 때문에, 또는 현세적인 것에 대한 사랑에 구속되어 위대한 것을 행한다고 할지라도, 밖으로는 항상 율법에 거슬리는 악한 욕망에 사로잡혀 있고, 정욕으로 가득 차 있다. 다음의 말은 자연과 옛사람의 목소리가 아니다. "내가 두 마음 품는 자들을 미워하고 주의 법을 사랑하나이다" (시 119:113). "주의 말씀의 맛이 내게 어찌 그리 단지요 내 입에 꿀보다 더 다니이다"(시 119:103). "금 곧 많은 순금보다 더 사모할 것이며 꿀과 송이꿀보다 더 달도다"(시 19:10). 반면에 다음의 말은 새사람의, 영적인 사람의 말이다. "또 주의 종이 이것으로 경고를 받고 이것을 지킴으로 상이 크니이다"(시 19:11). 이것이 은총을 통해 일어난다면, 왜 사도 바울의 말처럼, 주님께서도 친히 그들을 고소하고 책망하시는가?

나는 대답한다. 사도 바울과 주님의 전 과제는 이것이다. 교만한 자를 낮추고, 그들에게 자신들이 처한 위치를 알게 하며, 은총이 필요하다는 것을 가르치고, 그들이 겸손하게 그리스도를 찾고, 스스로를 죄인으로 고백하고, 그래서 은총을 받고 구원을 얻도록 하기 위해 자신의 의를 파괴하는 것이다. 그가 로마서 11장에서 결론적으로 말하는 것과 같다. "하나님이 모든 사람을 순종하지 아니하는 가운데 가두어 두심은 모든 사람에게 긍휼을 베풀려 하심이로다"(롬 11:32). 그러나 그들은 이것을 듣고자 하지 않았고, 마음에 담고자 하지 않았다. 그리고 그들이 이 소리를 들었을 때, (시편 95편에 의하면) '그들은 마음이 미혹되었다.' 그래서 그들은 주님의 '길을 알지 못하고… 그의 안식에 들어오지 못할 것이다'(시 95:10-11). '그들은 알지 못했다'는 말은, 그들이 알고자 하지 않았다는 말로 이해해야 한다. 그들은 그것을 하지 않았다고 말하는 것처럼 말이다. 이 말은 그들이 했어야 하는 것을 하지 않았다는 뜻이다. 그러므로 이것은 변명이 되지 않고, 그들이 알지 못했다는 고소를 더 심화시키는 것이다. 왜냐하면 그들이 알았어야 하는데 알지 못했기 때문이다. 이것은 로마서 10장이 말하는 것과 같다. "그러나 그들이 다 복음을 순종하지 아니하였도다"(롬 10:16). 다시 말해, 그들이 했어야만 하는데도 순종하고자 하지 않았다.

"우상을 가증히 여기는 네가 신전 물건을 도둑질하느냐"(롬 2:22)

신전의 물건을 훔치는 것은 성물을 약탈하고 절취하는 것이다. 이것을 유대인들은 두 가지 방법으로 하였다. 첫째로, 그들 자신의 마음과 영혼이 진리와 영에서 떠나 그들 자신의 생각을 따르게 됨을 통해서이다. 둘째로, 본 논의에 더 적합한 것으로, 매우 거룩한 성경의 문자와 말들을 사용하지만, 잘못된 의미로 왜곡시켜 영적인 우상을 주조하고 새김을 통해서이다. 이에 대해 에스겔 16장에 말하는 바와 같다. "네가 또 내가 준 금, 은 장식품으로 너를 위하여 남자 우상을 만들어 행음하며"(겔 16:17). 그러므로 성물 절도란 이스라엘 백성이 금과 은을 취한 일이다(즉, 성경의 말들을 완전히 자의적으로 취하는 것이다). 그런데 더 나쁜 것은 우상 숭배이다. 이 우상 숭배란 금과 은을 가지고 죽어 있고 움직이지 않고 서 있기만 하는 우상과 상을 만드는 것이다. 다시 말해, 그들이 확고하게 붙잡고, 그들의 마음의 성전에 심어 두는 관념이다. 그들은 문자적으로는 우상을 싫어한다. 그러나 영적으로는, 즉 마음으로는 그것을 좋아할 뿐만 아니라 고안해 내기도 한다. 호세아 8장에 기록되어 있다. "그들이 또 그 은, 금으로 자기를 위하여 우상을 만들었나니 결국은 파괴되고 말리라"(호 8:4). 또한 호세아 6장에서도 이렇게 말한다. "길르앗은 악을 행하는 자의 고을이라"* (다시 말해 길르앗은 잘못되고 거짓된 가르침을 만드는 자의 고을이다). 사도 바울은 그들이 잘못된 생각을 만들어 내기 때문이라기보다는 무엇보다 성경에 거짓 의미를 부여하기 때문에, 즉 거룩한 것을 훔치기 때문에 그들

---

* 호세아 6:8. 여기서 '악을 행하는 자'는 '우상을 만드는 자'란 의미로 사용되었다.

을 성물 절취자들이라고 비난한다. 이것을 이전에 말한 것과 같이 이렇게 간단히 이해할 수 있다. '너는 비록 행위를 통해서는 아니지만, 의지와 정욕에 의해 성물 절취를 한다.'

"그런즉 무할례자가 율법의 규례를 지키면"(롬 2:26)

사도 바울은 여기서 그리스도를 믿는 무할례자에 대해 이야기한다. 이런 자를 그는 자신의 의를 자랑하는 유대인들과 대립시킨다. 그렇지 않았다면, 그런 자는 율법의 의를 지키지 못했을 것이다. 이것은 사도 바울이 그다음에 왜 무할례자가 유대인들이 정죄하는지에 대한 근거를 설명하기 위해 구별하는 것으로부터 분명히 드러난다. "무릇 표면적 유대인이 유대인이 아니요"(롬 2:28). '표면적 유대인'이 무할례자에 의해 심판을 받는다면, 무할례자는 '표면적 유대인'이 아니고, 그리스도에 대한 믿음으로 된 이면적 유대인이다. 그렇지 않다면 그가 유대인을 심판할 수 없을 것이기 때문이다.

"무릇 표면적 유대인이 유대인이 아니요"(롬 2:28)

이 문장을 이렇게 이해하라. 표면적 유대인이 참 유대인이 아니고, 표면적 할례가 참 할례가 아니다. 이면적 유대인이 참 유대인이고, 마음의 할례가 '문자가 아닌 영으로 하는' 참 할례이다. 사도 바울은 '네 할례는 무할례가 되느니라'고 위에서 말한 것을 여기서 설명한다. 다시 말해, 표면적 할례는 하나님 앞에서의 할례가 아니라는 것이다.

"그 칭찬이 사람에게서가 아니요 다만 하나님에게서니라"(롬 2:29)

이것은 주님께서 마태복음 23장에서 저 행위의 의를 강조하는 자들에 대해서 말씀하시는 것과 같다. "그들의 모든 행위를 사람에게 보이고자 하나니"(마 23:5). 외적인 의를 칭찬하는 것은 사람으로부터 온다. 그러나 그것에 대한 책망은 하나님으로부터 온다. 그런데 내적인 의의 칭찬은 하나님으로부터 오며, 그것을 비난하고 박해하는 것은 사람으로부터 온다. 왜냐하면 후자는 사람에게는 어리석고, 심지어는 불의한 것으로 보이는 반면, 전자는 하나님에게 어리석게 보이기 때문이다. 이것은 확실히 이중적인 불의이다.

　따라서 가르침은 다음과 같다. 아직 인간의 칭찬을 피하지 못했거나 자신의 행위들에 대해서 비방과 비난과 박해를 당하지 않은 자는, 완전한 의에 이르지 못한 자이다. 이것에 대해서는 위에서 "참고 선을 행하여"(롬 2:7)라는 말에 대해 해석한 것을 보라.

로마서 3장

"그런즉 유대인의 나음이 무엇이며 할례의 유익이 무엇이냐"(롬 3:1)

사도 바울이 육체에 의한 유대인들을, 그리고 몸에 일어난 할례를 비난했기 때문에, 마치 그가 할례를 완전히 가치가 없는 것으로 간주하고, 할례 받는 것이 인간에게는 유익하지 않다고 주장하는 것처럼 보인다. 그러나 사실은 그렇지 않다. 그래서 그는 3장에서 할례 자체와 유대교가 무엇에 유익한지를 보여 주고 있다.

(1) 할례의 유익은 무엇보다도 로마서 3:2에서 말하는 바와 같이 '하나님의 말씀을 맡았다'는 데 있다.* 다시 말해, 할례는 사람이 그 할례를 통해 하나님의 약속을 신뢰했고, 그래서 그 약속을 기다렸기 때문에 유익하다. 이것을 유대인들은 이방인들보다 더 먼저 가졌다. 이방인들에게 하나님은 어떤 것도 약속하지 않으셨다. 때가 차매 그는 그들을 은총으로 유대인과 동등하게 하는 것을 좋게 생각하셨다. 그런데 유대인에 대해서는 자비로우실 뿐만 아니라 진실하셨다. 왜냐하면 그들에게는 약속한

---

* 불가타에는 "하나님께서 말씀하신 것이 믿어졌다"로 기록되어 있다.

자비를 나타내셨기 때문이다. 그래서 성경에서는 '자비'와 '진실'이라는 이 두 말이 자주 서로 연결되어 나타난다. 로마서 15장에 이렇게 기록되어 있다. "내가 말하노니 그리스도께서 하나님의 진실하심을 위하여 할례의 추종자가 되셨으니 이는 조상들에게 주신 약속들을 견고하게 하시고 이방인들도 그 긍휼하심으로 말미암아 하나님께 영광을 돌리게 하려 하심이라"(롬 15:8-9).

주목하라. 사도 바울은 하나님이 말씀하신 것이 저들에 의해서 믿어졌다고 말하지 않고, 그리스어 본문에 쓰인 것처럼, '하나님이 말씀하신 것이 믿어졌다'고 말하고 있다. 다시 말해, '누구에 의해서'라는 말이 명확하게 언급되어 있지 않다. 왜냐하면 곧바로 모든 사람에 의해 믿어지지 않았다는 반론이 기록되어 있기 때문이다. 그 의미는 그래서 이렇다. 요점은 할례가 그들 자신에게만 유익한 것이 아니라, 온 세상을 위해서도 유익하였다는 것이다. 그리고 사람들이 할례를 통해 하나님의 말씀을 믿었고, 그래서 하나님의 자비와 은총의 약속을 받았는데, 이 약속이 이제는 이방인들에게도 전해졌다는 것이다. 거기에서* 믿어지지 않았다면, 어떤 곳에서도 믿어지지 않았을 것이며, 이로 인해 자비의 약속도 받지 못했을 것이다. 그러므로 할례는, 비록 그 스스로 의롭게 할 수는 없지만, 미래적인 의를 위해 모든 면에 있어서 유익한 것이었다.

다음으로 사도 바울은 반론에 대해 대답한다. 그 반론이란 이것이다. 모든 사람이 믿지 않았기 때문에, 하나님의 말씀이 어떤 믿음도 찾지 못했다. 그러므로 할례와 유대인은 어떤 것도 더 먼저 가지고 있지 않았으며, 할례는 가치가 없는 것이다.

이 반론에 대해 사도 바울은 대답한다. "어떤 자들이 믿지 아니하였으면 어찌하리요 그 믿지 아니함이 하나님의 미쁘심을 폐하겠느냐"(롬 3:3). 다시 말해, 하나님이 말씀하신 것을 사람들이 믿었기 때문에, 그의 약속은 확고하게 지속되고, 하나님은 (약속의 성취에) 의무를 진다. 그가 진실하기 때문에, 사람은 약속의 성취를 기다려도 된다. 약속이 그들이 믿기 때문에 지속된다면, 몇몇 사람의 불신앙이 하나님의 신실하심과 진실하심을 어떤 방법으로도 무효로 만들 수 없을 것이다. 그래서 할례가 상당히 유익했던 것이다. 할례와 함께 하나님의 약속이 시작되고 확고하게 되었다. 하나님의 신실하심 때문에 약속의 성취를 기대해야 한다. 그래서 주님은, 비록 유대인들 스스로

---

* 유대인들을 말함.

는 구원을 받을 수 없을지라도, 요한복음 4장에서 말씀하신다. "구원이 유대인에게서 남이라"(요 4:22). 왜냐하면 하나님은 당신의 약속에 있어서 그 약속을 무가치하게 만들 수도 있을 많은 불신자를 보기보다는 소수의 믿음을 위해서 당신의 진실하심을 보시기 때문이다. 하나님은 거짓말을 하지 못하며 진실한 분이시다.

(2) 또는 하나님께서 말씀하신 것은 복음서의 말씀으로 이해할 수 있다. 즉, 하나님의 약속 때문에, 사도행전 13장에서 증거 하는 바와 같이(행 13:46), 먼저 유대인들에게 말씀이 선포되어야 했다고 이해할 수 있다. 그렇게 말씀은 유대인에게서 나와 이방인에게 이르렀다. 그러므로 할례는 상당한 유익을 끼쳤다. 왜냐하면 그 자체가 나중에 이방인들도 참여하게 될 복음의 율법을 받을 만한 자격이 있었기 때문이다. '유대인의 우월한 점'은 그들이 이방인으로부터 하나님의 말씀을 받은 것이 아니라, 이방인들이 그들로부터 받았다는 것이다. 첫 번째 생각이 더 좋다. 왜냐하면 복음서의 말씀에 대해 말할 때, 유대인의 우월한 점은 그들이 말씀을 가지고 있다는데 있는 것만이 아니라, 하나님의 은사와 은혜가 먼저 그들 안에서 찾아져야 한다는 점에서도 그렇기 때문이다. 사실 사도들도 교회의 머리요 가장 중요하고 존귀한 부분으로서 유대인들 가운데서 나왔기 때문이다.

의미는 이렇다. 많은 유대인이 믿지 않았다고 해서 유대인과 할례의 우월한 점이 전적으로 부정되는 것이 아니다. 몇몇이 믿었다는 것만으로, 그들의 믿음을 통해 약속이 성취되고 약속을 받기에 충분하다. 그래서 그들의 우월한 점은 그들이 이방인들보다 먼저 하나님의 말씀을 받았다는 데 있다. 그래서 로마서 9장에서 말씀한다. "하나님의 말씀이 폐하여진 것 같지 않도다"(롬 9:6). 하나님의 말씀, 즉 약속이 많은 사람들이 믿지 않았기 때문에 폐하여진 것처럼 보일지 모르지만, 사실은 아니다. 그런데 이 말 때문에 하나님이 그의 백성을 버렸고, 그의 약속을 성취하지 않은 것처럼 보이기도 한다. 그래서 유대인들이 하나님의 말씀을 믿지 않았다면, 그들은 이방인들보다 나은 게 하나도 없다고 말할 수 있다. 그러나 그들의 "믿지 아니함이 하나님의 미쁘심을 폐하겠느냐", 즉 불신앙은 그것 때문에 하나님이 신실하지 않다고 말해도 되는 어떤 근거도 되지 않는다. 왜냐하면 "하나님이 그 미리 아신 자기 백성을 버리지 아니하셨"(롬 11:2)기 때문이다. 혈통에서 나온 모든 사람이 하나님의 백성이 아니라, 약속에서 나온 사람이 하나님의 백성이다. 바로 이 사람들에게 하나님은 당신의 약속을 성취하셨다. 그가 약속을 그들에게만 주셨기 때문이다. 그래서 다음과 같이 구성할 수 있다.

먼저, 확실히(즉, 특별히 또는 주로) 하나님이 말씀하신 것이 그들에게 맡겨졌기 때문이다 (롬 3:2). 다시 말해, 할례에는 율법 안에서 약속을 받을 수 있는 가치가 주어졌는데, 이것은 이방인에게는 전혀 허락되지 않은 것이다. 그래서 로마서 15:8-9에서 말한다. 하나님께서 유대인들에게는 그의 진실하심 때문에, 이방인들에게는 그의 긍휼하심 때문에 그리스도를 알게 하셨다. 왜냐하면 하나님께서 이방인이 아니라, 당신의 말씀을 믿음으로 받아들인 유대인들에게 약속하셨기 때문이다. 그렇다면 다음과 같이 이의를 제기할 수 있을 것이다. 하나님이 할례자에게 약속을 주셨거나, 그의 말이 할례자에게서 믿음을 발견하였다면, 그렇다면 할례자에게도 약속이 주어져서 할례를 받은 모든 사람들이 약속을 받아야 할 것이다. 그렇지 않다면 하나님이 당신의 약속과 신실하심과 진실하심을 지키는 것으로 보이지 않을 것이기 때문이다. 오히려 하나님이 진실하고 당신의 약속을 지키시기 때문에, 그들에게 아무것도 약속하지 않으셨고, 그래서 유대인들은 어떤 우월한 것도 가지고 있지 않으며, 하나님의 말씀은 믿어지지 않은 것으로 보인다. 그러나 바로 그 반대가 맞다. 할례자들이 전부 약속을 받지 못했을 뿐만 아니라, 더욱이 이 약속이 다른 사람들, 곧 이방인에게도 주어졌다. 할례 받은 자 중에 대부분은 약속을 받지 못했다.

이에 대해 사도 바울은 로마서 3:3에서 다음과 같이 대답한다. "어떤 자들이 믿지 아니하였으면 어찌하리요"(다시 말해, 그들이 믿음과 약속을 받지 아니하였으면 어찌하리요?). 왜냐하면 잘못은 단지 제공되는 약속을 받고자 하지 않는 자들에게만 있기 때문이다. 이것은 하나님께서 진실하시다는 것에 대해 장애가 되지 않는다. 하나님은, 할례자들이 원하든 원치 않든, 약속을 필수불가결하게 받아야 하는 것처럼 그렇게 자신의 약속을 주시지 않았으며, 또한 당신의 말씀이 그들에 의해 그렇게 믿어지지도 않았다. 만약 그렇다면, 하나님의 진실하심과 신실하심은 하나님께서 당신의 약속을 싫어하고, 원하지 않는 자들에게 강요하는 것을 통해서만 성취될 수 있을 것이다. 이것은 불합리한 것이다. (그러면 하나님의 진실하심과 신실하심은, 마치 하나님이 사람들이 믿고 그의 말씀을 받아들였을 때만 진실하신 것처럼, 인간의 의지에 좌지우지 되지 않는가!) "그 믿지 아니함이 하나님의 미쁘심을 폐하겠느냐"(롬 3:3). 다시 말해, 비록 하나님께서 할례 받은 자들에게 약속을 주셨을지라도, 할례 받은 자가 그것을 받고자 하지 않을 때, 그렇다고 해서 하나님이 진실하지 않다고 비난해서는 안 된다. 하나님께서 할례자에게, 즉 몇몇에게, 전부가 아니라 선택된 자들에게 약속을 성취하셨다는 것, 이것으로 충분하다. 하나님은 거짓말을 하실 수 없기 때문이다. 그래서 로마서 3:4의 말씀이 따라온다. "오직 하나님은 참되시다."

당신는 계속해서 주장할 수 있다. 그렇다고 할지라도 하나님이 유대인에게, 즉 할례자에게 약속을 주셨지, 이방인에게 주시지 않았다는 것은 확실하지 않은가? 그래서 하나님이 진실하시다면, 약속은 모든 자에게 주어져야 하지 않는가? 또는 하나님은 할례자들의 불신앙 때문에 약속을 성취하지 않을 것을 미리 보셨음에도 불구하고, 왜 그들에게 약속을 주셨는가? 이런 질문에 대해 사도 바울은 로마서 9장과 11장에서 대답한다. 여기서는 자신의 주제에서 너무 멀리 벗어나지 않기 위해 단지 짧게만 말하고 지나간다. 그는 단지 이것만 말한다. 모든 아브라함의 자손에게 약속이 주어지지 않았고, 할례자들 가운데서 받아들여진 하나님의 선택된 자들과 아들들에게만 주셨다.

"(참)되시다"(롬 3:4)

그리스어로는 '이어야 한다' 또는 '하나님은 진실하도다'라는 뜻으로 하나님의 진실하심보다는 하나님의 진실하심에 대한 고백이 표현되고 있다. 그래서 그 의미는 이렇다. 하나님이 진실하시다는 것을 모든 사람이 고백하고 인정하는 것이 당연한 것이다. 하나님은 그러해야 하고, 사람들은 그를 진실하신 분으로 간주해야 하고, 그가 자신의 말에 대해 신실하신 분으로 간주되어야 한다. 많은 사람들이 믿지 않을지라도 말이다. 사람들이 그것을 그렇게 명령형의 의미로 이해해야 하는 것은, 그가 인용하는 말씀의 권위에 의해 확실해진다. "그래서 그는 의로우시다." 즉 의로우시며 그 말에 대해 신실하시다는 것을 모든 사람이 고백해야 하고, 모든 자에게 선포되어야 한다. 아무리 불신자들이 대항하고 심판할지라도, 즉 그를 '그의 말 때문에' 저주할지라도 말이다.

물론 다음 문장 사이에는 차이가 있다. '하나님이 의롭게 되신다'와 '하나님께서 그의 말을 통해, 또는 그의 행위를 통해 의롭게 되신다.' 또한 '하나님이 심판을 받는다'와 '그가 그의 말로 심판을 받는다.' 그리고 '하나님이 이기신다'와 '그가 그의 말로 이기신다.' 하나님은 스스로 누구에게서도 의롭다 함을 받지 않는다. 그 스스로 의이시기 때문이다. 그래서 그는 또한 심판을 받을 수 없다. 그 스스로가 영원한 율법이요, 심판이요, 진리이기 때문이다. 또한 그는 스스로 모든 것을 이기시기에 그에게 승리를 기원하고 돕는 것은 불필요하다. 하나님이 전혀 방해를 받지 않지만, 그의 뜻이 이루어지기를 사람들이 기도하는 것과 같다(마 6:10).

하나님이 그의 말씀으로 의롭게 되는 것은, 그의 말씀이 우리에 의해 옳고 진실한 것으로 인정되고 받아들여질 때이다. 이것은 그의 말씀에 대한 믿음을 통해 일어난다. 그가 그의 말씀으로 심판을 받는 것은, 그의 말씀이 거짓과 허위로 간주될 때이다. 이것은 불신앙과 동정녀가 노래한 것과 같이 "마음의 생각이 교만"(눅 1:51)함을 통해 일어난다. 왜냐하면 우리의 인간적인 지혜는 하나님의 말씀을 믿지 않고 그것에 복종하지 않을 뿐만 아니라, 그것은 하나님의 말씀이 아니라고 생각하며, 그들 자신이 하나님의 말씀을 가지고 있다고 믿으며, 그것이 참된 것이라고 주제넘게 생각하기 때문이다. 이것은 유대인들과 이단들과 모든 완고한 사람들처럼 어리석은 것이다. 하나님이 또한 그의 말씀으로 이기시는 것은, 그의 말씀이, 항상 이기고 이겼던 복음을 통해 일어났던 것처럼, 반대되는 것을 시도하는 모든 사람을 이길 때이다. 진리는 모든 것을 이기기 때문이다. 그러므로 하나님은 겸손하게 자신의 생각을 포기하고, 그를 믿는 자들에게서 의롭게 된다. 그러나 그를 신뢰하지 않고, 오히려 심판하고 대항하는 자들에게서는 이기신다. 전자에게는 하나님이 부활의 표적이 되고, 후자에게는 멸망의 표적이 된다. "비방을 받는 표적"(눅 2:3)이 된다. 즉, 그들이 하나님을 심판하지만, 헛되이 하는 것이다.

같은 방법으로 사람들은 하나님의 뜻이 이루어지기를 기도한다. 다시 말해, 그의 말씀과 그의 손으로 행하는 모든 일이, 그것이 우리에게 좋은 것이든 불행한 것이든, 우리에 의해 기쁘고 즐거운 마음으로 받아들여지기를 기도한다.

부가 설명

하나님의 뜻이 성취되는 것은 기도에 의해 우리의 뜻이 성취되는 것이다. 다시 말해, 하나님이 원하시는 것을 우리가 원하는 것이다. 왜냐하면 어렵고, 힘들고, 우리의 의지를 완전히 벗어나는 것을 하나님께서는 원하시기 때문이다. 그래서 하나님이 그의 말씀으로 의롭게 되는 것은 바로 우리 자신이 의롭게 되는 것이며, 하나님에 대한 심판과 저주는, "믿지 않는 사람은 정죄를 받으리라"(막 16:16)는 말씀처럼, 우리 자신에 대한 심판이다.

그 의미는 다음과 같다. 사람들이 하나님을 믿지 않기 때문에, 즉 그들이 그의 말씀과 선포로 그를 심판하고, 그를 거짓말하는 자로 만들며 자신들을 진실한 자로 나타내려 애쓰기 때문에 하나님이 진실하지 않느냐? 이것은 맞지 않다. 오히려 하나님은 더 참되시고, 그들은 더 거짓말하는 자들이 된다. 왜냐하면 진리는 논박을 당할 때 더 강력하게 이기고, 억압을 받을 때 더 높아지기 때문이다. 진리란, 이스라엘의 출애굽과 바로의 몰락에 잘 표현되어 있듯이, 원래 저항을 받을 때, 더 앞으로 나아간다. 그래서 사도 바울은 하나님은 무슨 일이 있어도 진실하시고, 인간은 거짓말하는 자라고 말한다. 이것이 사실이라는 것을 성경이 말하기 때문이다. "의롭다 함을 얻으시고"(롬 3:3), 즉 당신이 진실한 자로 간주되고, 모든 사람을 거짓말하는 자로 드러내는 일이 일어날 것이다. 경건한 자들과 믿는 자들을 의롭게 하시며, 당신을 심판하고 믿지 않는 자들을·이기시기 때문이다. 이를 통해 다음과 같이 제기될 수 있는 반론이 해결된다. 할례가 완전히 무익했고, 하나님의 말씀을 믿은 것이 아무 도움이 되지 않았던 것으로 보인다. 왜냐하면 대부분은, 하나님이 그들에게 어느 정도 거짓말하는 자로 나타나든, 이 유익을 얻지 못했기 때문이다. 이것으로부터 할례자들이 약속의 중요한 부분을 이해하지 못했기 때문에, 하나님은 약속을 성취하지 않았다고 결론을 지을 수 있다. 혹은 하나님이 그분의 약속을 성취하지 않았다고 말하는 자들은 잘못 아는 자들이며, 그래서 그들 스스로 거짓말하는 자들이거나, 하나님이 그러한 자라고 결론을 내릴 수도 있다.

이 결론에 대해 사도 바울은 다음과 같이 대답한다. "어떤 자들이 믿지 아니하였으면 어찌하리요?" 다시 말해, 할례는 그들이 믿지 않았기 때문에 무익하게 된 것이 아니다. 하나님은 불신앙에도 불구하고 할례자에게 그의 약속을 성취하시며, 그들 때문에 하나님의 신실하심이 약화되지 않기 때문이다. 도리어 그들이 거짓말하는 자로 드러나는데, 이는 하나님은 진실하시고, 사람은 거짓말쟁이기 때문이다. 하나님은 그가 그들에 의해 심판받을 때 승리하신다. '그 믿지 아니함이 하나님의 미쁘심을 폐하겠느냐?'

그들이 약속을 받아들이지 않는 것으로부터 약속이 전혀 받아들여지지 않았으며, 그래서 유대인들이 어떤 점에서도 이방인들보다 나은 점이 없다고 결론을 내릴 수 있는가? 대부분이 하나님을 믿지 않았기 때문에 유대인들이 우월하지 않고, 그들에게 맡겨진 어떤 말씀도 가지고 있지 않는다고 받아들여지면, 자신의 백성에게 약속하신 하나님은 그의 약속으로 말미암아 거짓말하는 자가 된다. 이 결론은 불합리하고 잘못된 것이다. 왜냐하면 (롬 9장과 11장에서 이 문제가 더 자세하게 다루어지는데) 육신이 자녀들, 즉 '아브라함의 씨'(롬 9:7; 11:1)가 거짓말하는 자가 아니라, 믿지 않는 자들이 거짓말하는 자이기 때문이다. 모든 자에게가 아니라, 약속의 자녀들에게만 약속을 주시고 성취하신 하나님은 거짓말하지 않으신다.

"주께서… 의롭다 함을 얻으시고"(롬 3:4)

이 말씀은 그것이 원래 본문인 시편 51:4에서 가지는 뜻과 상호 관련에 따라 이해되어서는 안 된다. 그것은 하나님께서 그의 말씀으로 진실하시다는 것을 강조하기 위해 인용되었다. 저곳에서는 다른 연관 속에 있다. 그럼에도 사도 바울은 이것을 무시하지 않는다. 오히려 '그러나 만일 우리 불의가…'(롬 3:5)라는 말을 하면서, 시편에 사용된 의미에 따라 지나가는 말투로, 그러나 적절하게 논의한다. 시편의 구절은 하나님께서 우리의 죄를 고백함을 통해 의롭게 된다는 뜻이다. 왜냐하면 비록 하나님이 그 스스로는 의롭고 진실하실지라도, 우리에게서는 우리가 "내가 주께만 범죄 하여 주의 목전에 악을 행하였사오니"(시 51:4)라고 고백하고 말하기까지는 아직 아니기 때문이다. 이 고백 후에야 하나님은 홀로 의로우신 분으로 간주된다. 그리고 우리에게서도 의로우신 분이 된다.

"그러나 우리 불의가"(롬 3:5)

어떤 사람은 말하기를, 하나님의 의는 우리의 불의를 통해, 즉 우리의 불의를 벌하심을 통해 값지게 드러난다. 불의한 자가 벌을 받지 않는 것을 허락하지 않는 자가 의롭기 때문이다. 이 생각은 맞는 것이다. 그러나 사도 바울이 여기서 말하고자 하는 것과는 전혀 맞지 않는다(그가 말하는 하나님의 의는, 그것을 통해 하나님 자신도 의로워지는 그런 의가 아니기 때문이다). 그는 하나님의 의가 우리의 불의를 통해 값지게 된다는 것을 부인한다. 만약 그가 그것을 긍정한다면, 그것은 "내가 주께만 범죄 하여 주의 목전에 악을 행하였사오니"라는 시편의 의미에서 그렇게 한다. 시편의 말씀은 우리의 죄가 아니라, 우리가 죄인이라고 고백하고 시인하는 것이 하나님을 의롭게 한다고 말한다. 그리고 시인이 자신이 의롭다고 생각하고, 이를 통해 하나님에게서 의를 박탈하고, 모든 의와 능력과 지혜와 모든 선한 것이 단지 자신의 것이라고 확신하는 교만한 의인을 겸손하게 만든다. 그러므로 겸손하게 모든 의를 부인하고, 하나님 앞에서 자신이 죄인이라고 고백하는 자는 하나님만이 홀로 의로우신 분이라고 그에게 영광을 돌린다. 그래서 하나님께 영광을 돌리고 찬양하는 것은 하나님이 그의 영광의 적으로 항상 미워하는 우리의 불의가 아니라, 우리가 불의하다고 시인하고 고백하는 것이다. 이것이 바로 그의 의가 얼마나 필수적이며 유익한지 증명하기 때문이다. (다른 사람들은 이렇게 말한다. 우리의 불의는 하나님의 의가 값지다는 것을 '부수적으로' 나타내 준다. '마치 정반대인 것을 옆으로 가지런히 놓으면 그 차이점이 훨씬 더 분명하게 드러나는 것처럼' 이것은 그림에서 어둠을 통해 색채가 더 밝게 드러나는 것과 같다. 그러나 사도 바울은 우리의 불의가 하나님의 의를 값지게 드러낼 수 있다는 것을 부정한다. 그것은 육적인 사람들이 시편의 말씀으로부터 추측해 내는 것에 불과하다. 이것은 사도 바울이 "주께서 의롭다 함을 얻으시고"를 인용할 때, 의가 아니라 하나님의 진리를 논증하는 것에서 분명히 드러난다.)

여기서 사도 바울이 말하는 의는 그것을 통해 하나님 자신이 의로워지는 의가 아니라, 그것을 통해 그가 의로우시며, 우리를 의롭게 하시며, 그 자신은 우리와의 관계 속에서만 의로우시다는 의이다. 우리의 불의가 우리의 것이 되었을 때(즉, 시인되고 고백될 때), 그것은 하나님의 의를 값지게 드러낸다. 그것이 우리를 겸손하게 만들고, 하나님께 부복(俯伏)하게 만들고, 하나님의 의를 갈망하게 만들기 때문이다. 우리가 하나님의 의를 받는다면, 우리는 하나님께 수여자로서 영광을 돌리고, 그를 찬양하며 사랑한다. 반대로, 우리의 의는 하나님의 의를 경멸한다. 더욱이 하나님의 의를 파괴하고, 부정하고, 거짓되고 나쁜 것으로 비난한다. 이것은 우리가 하나님의 말씀을 거역하고, 그의 의가 불필요하다고 간주하고, 우리의 의로 충분하다고 생각할 때 나타난다. 그러므로 우리는 이렇게 말해야 한다. 당신이 약속하고 확증해 주신 대로 "내가 주께만 범죄하여 주의 목전에 악을 행하였사오니 주께서 말씀하실 때에 의로우시다 하리이다"(시 51:4). (즉, 당신만이 의로운 자로 그리고 우리를 의롭게 하는 자로 찬양과 영광으로 선포되어야 한다.)

"하나님의 참되심이"(롬 3:7)

만약 내가 거짓말을 할 때 하나님의 진실하심이 영광스럽게 되고, 내가 불의한 것을 행할 때 하나님의 의가 영광스럽게 된다고 이해한다면(이것은, 로마서 3:6의 말씀처럼, 인간적인 방법으로 이야기하는 것이며 '선을 이루기 위하여 악을 행하자'라고* 말하는 자들처럼 이해하는 것이다), 그렇다면 어떻게 하나님께서 세상을 심판할 수 있으며, 나에게 면류관을 씌워 주셔야 하는데, 어떻게 나를 죄인으로 정죄할 수 있겠는가? 왜냐하면 하나님의 의와 진실하심과 영광이 점점 더 커지기 때문인데, 이것은 항상 하나님의 뜻이었다. 그래서 우리가 악을 행하면서, 그의 뜻을 행하는 것은 아닌가?

사도 바울은 이러한 질문을 통해 오히려 그렇게 이해하는 것을 금한다. 그리고 말씀들을 원래 뜻하는 대로 이해하지 않거나 '인간적인 방법으로' 이해하는 것을 금하고, 위에서 언급한 것처럼, 의와 불의에 대한 이야기로 이해해야 함을 강조한다. 하나님의 의가 값지게 되는 것은 내가 불의를 행하기 때문이 아니라, 내가 불의한 것을 행했다는 것을 알고, 그것을 행하는 것을 그만두고, 하나님의 의, 즉 하나님으로부터

---

* 로마서 3:8. 루터는 이곳에서 '선을 행하자'(faciamus bonum)라고 말하고 있다. 그런데 여기서 그는 '악'(malum)을 써야 하는데 잘못하여 '선'을 쓴 것 같다. 이렇게 유추할 수 있는 증거가 로마서 5:20에 대한 주해(Gloss)에 잘 나타난다(WA 56, 56, 26).

오는 의를 이해하며, 또한 나의 의가 하나님에게서는 불의라는 것을 이해하기 때문이다. 그러므로 나는 하나님에게서는 영광을 받지 않고, 수치만을 가지는 것이다. 그래서 나를 의롭게 하시는 이 의 안에서 그 자신만이 영광을 받는다. 왜냐하면 그만이 의롭게 되기 때문이다(즉, 의로운 자로 시인되기 때문이다). 똑같은 것이 하나님의 진실하심에 대해서도 적용된다. 하나님의 진실하심이 영광을 받는 것은 내가 거짓말을 하기 때문이 아니다. 그것은 내가 거짓말하는 자라는 것을 알고, 거짓말하는 것을 멈추기 때문이다. 그런데 이러한 일은 내가 하나님에게서 나오는 진실을 이해하고, 내가 나의 진실이 아니라 하나님의 진실을 통해 진실하게 되어, 내 안에서 자기 자랑이 사라지고, 하나님만이 영광을 받을 때 일어난다. 하나님만이 나의 진실성을 증명하거나 나를 진실하게 하신다. 왜냐하면 나의 진실은 하나님 앞에서는 거짓이기 때문이다.

그러나 여기서 진실하심과 거짓, 의와 불의는 강함과 약함, 지혜와 어리석음, 무죄와 죄 등처럼 상반되는 것과 함께 파악되어야 한다. 왜냐하면 이 모든 것에 대해서는 하나님과 교만한 인간(특히 유대인) 사이에 끊임없는 싸움이 있었기 때문이다. 이 싸움이 일어나는 것은 하나님께서 교만한 자들과 거짓말하는 자요, 불의한 자요, 어리석은 자요, 약한 자요, 죄인인 모든 자들을 불쌍히 여기고, 그들을 그의 진실하심과 의와 지혜와 능력과 결백을 통해 진실하고, 의롭고, 지혜롭고, 강하고, 깨끗하게 만드시기를 원하고, 이렇게 하여 거짓과 불의와 어리석음과 무력과 죄에서 해방시켜, 그의 진실하심과 의와 지혜와 능력과 결백이 그들 안에서 그리고 그들에 의해 영광을 받고, 값진 것으로 될 때이다. 그런데 이 교만한 사람들은 마치 그들이 자기 스스로 그리고 자신의 자연적인 능력에 의해 이미 진실하고, 의롭고, 지혜롭고, 강하고, 결백한 것처럼 생각하고, 그들이 할 수 있는 한 하나님을 대항하고, 그를 심판하며, 그를 거짓말하는 자요, 불의한 자요, 어리석은 자요, 약한 자요, 죄인으로 만든다. 왜냐하면 그들은 자신들의 진실함과 의와 지혜와 능력과 결백을 세우고, 거짓말하는 자요, 불의한 자요, 어리석은 자요, 약한 자요, 죄인으로 간주되는 것을 원하지 않기 때문이다. 그러므로 하나님이든, 인간이든 어느 한 편은 필연적으로 거짓말하는 자요, 불의한 자요, 약한 자가 된다.

이것은 페르시우스(Persius)가 말하는 것과* 비슷하다. 즉, 병자를 고치기를 원하는 한 의사가 환자를 만났는데, 이 환자는 자신이 병자라는 것을 부인하고, 의사가 건강한 자를 고치려 한다며, 도리어 의사를 어리석은 자로, 자기 자신보다 훨씬 더 아픈 자로 말하는 것과 비슷하다. 그의 저항 때문에 의사는 자신의 의술과 약을 값지게 할 수 없다. 그가 의술을 시행하고 약을 주는 것은 환자가 자신의 병을 시인하고, 자신을 고치게 하고, '나는 진실로 병자입니다. 당신이 나를 고치면, 당신은 칭찬을 받고, 건강하며, 건강하다고 불려집니다'라고 말할 때이다.

불경건하고 교만한 자들이 바로 이렇다. 그들은 하나님 앞에서 병자임에도 불구하고, 스스로는 가장 건강한 사람들이라 생각한다. 그래서 그들은 의사로서의 하나님을 거절할 뿐만 아니라, 그를 또한 어리석은 자요 거짓말하는 자로 간주한다. 심지어는 하나님이 세상에서 가장 건강한 자신들을 마치 병자인 것처럼 고치려고 한다며, 하나님을 더 심한 중환자로 간주한다. 그들은 하나님을 그 본성에 따라서는 절대 논증할 수 없고(왜냐하면 그는 악을 행할 수 없는 것은 말할 것도 없고, 피조물이 아니기 때문이다), 그의 말씀으로만 논증할 수 있다. 그러므로 시편의 시인은 적절하게 덧붙인다. "주께서 말씀하실 때에 의로우시다 하고"(시 51:4). 하나님으로부터 인간에게 알려진 그의 말씀은, 마치 하나님의 말씀이 전혀 아닌 것처럼, 어리석은 것으로, 거짓된 것으로, 지혜롭지 않는 것으로 간주되었기 때문이다. 하나님은 자신의 말씀으로 그들을 고치고자 하셨다. 그러나 그들은 병자라는 것을 부인하고, 그를 어리석은 자요, 자신들보다 더 중병에 걸린 자로 간주하면서 그에게 저항하고, 반대하고, 심판하고, 저주하였다. 그러나 헛된 것이었다. 왜냐하면 하나님의 말씀은 심판을 받을 때, 승리하기 때문이다. 다시 말해, 하나님께서는 그의 말씀으로 사람들에 의해 심판을 받을 때, 그 말씀으로 승리자가 되신다. 그들이 하나님을 거절한다는 것을 통해 다음과 같은 사실이 분명해진다. 그들은 그를 어리석고, 무지하고, 약한 자로 간주한다. 반면에 자신들을 지혜와 능력과 진리를 사랑하는 자로 여긴다. 그래서 다음과 같이 말하고자 한다. '우리를 어리석은 자로 간주하는 자가 지혜로울 수 있는가? 천만에! 그는 어리석다. 우리가 지혜를 가지고 있고, 그것을 따르고 있기 때문이다.' 다른 것에 대해서도 동일하게 말할 수 있다.

---

* Persius, *Satires* III, 90이하.

'우리가 진리와 의와 능력을 붙잡고 있는데도, 우리를 거짓말하는 자요, 불의한 자요, 약한 자라고 비난하는 그는(하나님 또는 그의 말씀) 참되고, 의롭고, 강한 자일 수 있는가? 천만에! 그는 우리 안에 이 선한 것들이 발견될 수 있는데도, 우리를 잘 알지 못하는 그런 존재이다.' 이렇게 그들은 복음서에서 같은 방법으로 그리스도에 대해서도 말한다. "이 사람이 죄인인 줄 아노라"(요 9:24). 또한 말한다. "하나님께로부터 온 자가 아니라"(요 9:16). 그래서 시편 4편에 기록되어 있다. "여러 사람의 말이 우리에게 선을 보일 자 누구뇨 하오니"(시 4:6). 다시 말해, 우리 자신이 선을 알고 있기 때문에, 우리에게 다른 것을 가르치고자 하는 자는 그 스스로 더 오류를 범하는 것이며, 선한 것도 보여 주지 못한다. (마치 요한복음 9:40-41에 기록된 것과 같다. "우리도 맹인인가 예수께서 이르시되 너희가 맹인이 되었더라면 죄가 없으려니와 본다고 하니 너희 죄가 그대로 있느니라.")

그러므로 우리는 다음과 같이 결론을 내릴 수 있다.

하나님은 그의 말씀 안에서	지혜롭고 의롭고 진실하고 강하고 선	하실 수 없다.	우리가 그를 믿고 복종하면서 우리 자신이	어리석고 불의하고 거짓되고 약하고 악	하다고 고백하지 않는다면 말이다.

그러므로 겸손과 믿음이 필요하다. 우리가 완전히 아무것도 아니며, 우리에게서 모든 것을 무효로 만들고, 우리 자신을 비우는 것만이 중요하다(그리고 시편 51:4의 "내가 주께만 범죄 하여 주의 목전에 악을 행하였사오니 주께서 말씀하실 때에 의로우시다"라고 고백하는 예언자와 함께 '내가 주께만 어리석고 약하니 당신은 당신의 말씀으로 지혜롭고 강하니이다'라고 말해야 한다). 왜냐하면 모든 피조물이 다음과 같이 가르치기 때문이다. 병든 자들만이 의사를 필요로 하고(마 9:12), 잃은 양만이 찾아지고(눅 15:4), 사로잡힌 자만이 자유롭게 되며, 가난한 자만이 부유해지며, 약한 자만이 강해지고, 비천한 자만이 높임을 받고(눅 1:52), 빈 것만이 채워지고, 쓰러진 것만이 다시 세움을 받는다는 말이다. 형상은 모든 형상이 제거되는 곳에서만 그리고 앞선 형상들이 떼어 버려지는 곳에서만 비로소 형성된다고 철학자들이 말하는 것과 같다. 순수한 능력으로써의 지성은 그의 본질의 시초 상태에서 어떤 형상도 없는, 그래서

아무것도 쓰여지지 않은 칠판처럼 되지 않고는 어떤 형상도 받을 수 없다.

피조 된 모든 것이 이렇게 말한다면, 자신의 의로 가득 찬 자가 하나님의 의로 채워지는 것은 불가능할 것이다. 하나님은 단지 주리고 목마른 자만 채우시기 때문이다. 그러므로 자기 자신의 진리와 지혜로 배부른 자는 하나님의 진리와 지혜를 받지 못할 것이다. 이것은 텅 비고 아무것도 없는 곳에서만 받을 수 있기 때문이다. 그러므로 하나님께 이렇게 부르짖자. '우리가 마음을 기꺼이 비우오니, 우리 안에서 충만하소서! 내가 기꺼이 약해지오니, 당신의 능력이여, 내 안에 거하소서! 내가 기꺼이 죄인임을 고백하오니, 당신은 내 안에서 의롭게 되소서! 내가 기꺼이 어리석은 자가 되오니, 당신은 나의 지혜가 되소서! 내가 기꺼이 불의한 자가 되오니, 당신이 나의 의가 되소서! 자, 이것이 바로 "내가 주께만 범죄 하였사오니 주께서 말씀하실 때에 의로우시다 하리이다"라는 말씀이 의미하는 것이다.

결론적으로 하나님은 세 가지 방법으로 의롭게 된다고 말할 수 있다.

첫 번째로, 하나님이 불의한 자를 벌하실 때, 그는 의롭다는 것을 보여 준다. 그의 의는 우리의 불의를 통해, 즉 우리의 불의가 벌을 받을 때, 드러나고 찬양을 받게 된다. 그러나 이것은 보잘 것 없는 찬양이다. 불신자들도 불신자를 벌하기 때문이다.

두 번째로, '부가적인' 또는 상관 관계적인 방법인데, 대립되는 것이 서로 나란히 놓이면 혼자 있을 때보다 훨씬 더 돋보이는 것과 같은 이치이다. 그래서 우리의 불의가 추악하면 추악할수록, 하나님의 의는 더 아름답다. 그러나 이 구절을 사도 바울은 이 두 번째 방법으로 해석하지 않는다. 왜냐하면 여기서는 하나님의 내적이며 형상적인, 즉 본질적인 의에 대해 다루어지고 있기 때문이다.

세 번째로, 하나님이 불경건한 자들을 의롭게 하고, 은총을 부어 줄 때이다. 즉, 하나님이 그의 말씀으로 의롭다는 것을 믿을 때이다. 이런 믿음을 통해 하나님은 의롭게 하신다. 다시 말해, 의로운 자로 간주하신다. 그러므로 이 의는 신앙의 의이며 하나님의 의이다. 이것은 숙련된 장인(匠人)이 같은 방법으로, 즉 세 가지 방법으로 장인으로 증명되는 것과 같다. 첫째, 그가 아직 숙련되지 않은 자들이 잘못 할 때, 그것을 드러내고 책망한다. 둘째, 그가 그들과 비교하여 그들보다 더 잘 알고 있는 자로 나타난다. 셋째, 그의 능숙함을 아직 그것을 소유하고 있지 않은 다른 사람에게 전수하는 것이다. 바로 이것이 그가 장인이라는 것을 잘 드러내는 증거이다. 왜냐하면 다른 사람들을 책망하거나 자기 스스로 전문가로 나타내는 자가 칭송을 받을 만한 장인이 아니라, 다른 사람을 장인으로 만드는 자가 진정한 장인이기 때문이다. 그와 마찬가지로 하나님은 우리 안에서 영향을 미치는 방법으로 의로우시고, 찬양을 받으실 만하다. 그러나 비숙련자들이 가르침을 받고자 하지 않는 것처럼, 교만한 자들도 의롭게 되고자 하지 않는다.

(이) 세 가지 방법으로 하나님은 의롭게 되며, 신실하신 분이 되신다.

첫 번째는 하나님이 불의한 자와 거짓말하는 자와 어리석은 자들을 벌하시고 저주하실 때이다. 이때 그는 그가 의로우며 진실하시다는 것을 나타낸다. 이와 같은 방식으로 하나님의 의와 신실하심 등은 우리의 의와 거짓을 통해 찬양을 받고, 영광스럽게 된다. 이것만으로는 부족하다. 왜냐하면 거짓말하는 자도 거짓말하는 자를, 불의한 자도 불의한 자를 벌하고 책망하지만, 그렇다고 해서 그들이 완전히 진실한 자요 의로운 자라고 칭송을 받지 않기 때문이다.

두 번째는 상관 관계적이다. 이것은 대립되는 것이 나란히 놓일 때가 혼자 있을 때보다 더 돋보이는 것과 같다. 이와 마찬가지로 하나님의 의도 우리의 의가 더 흉악하게 보이면 보일수록, 더 아름답게 된다. 그러나 사도 바울은 여기서 이 두 가지 가능성에 대해 말하지 않는다. 왜냐하면 이것은 그가 말하는 하나님의 내적이며, 본질적인 의가 아니기 때문이다.

세 번째는 영향을 통해서이다. 즉, 우리가 우리 자신의 힘에 의해 의롭게 될 수 없고, 그에게 이를 수 없어서, 하나님 자신이 우리의 죄를 넘어 주인이 되는 어떤 능력도 가지고 있지 않다고 고백하는 우리를 의롭게 하시는 것이다. 이것을 하나님께서는 우리가 그의 말씀을 믿을 때 하신다. 이 믿음을 통해 그는 우리를 의롭게 하신다. 다시 말해, 우리를 의로운 자로 간주하신다. 그러므로 이 의는 믿음의 의요, 하나님이 이 의를 우리 안에서 일으키시기에, '하나님의 의'라고 불린다.

부가 설명

사도 바울은 여기서 "우리 불의가 하나님의 의를 드러"(롬 3:5)낸다고 말하지 않는다. 도리어 그는 이것이 사실이 아니기 때문에 부정한다. 그는 시편의 말씀으로부터 그런 것을 추론할 수 없는데도 추론할 수 있다고 생각하는 사람들의 입장에서 질문하는 것이다. 왜냐하면 시편의 저자도, 사도 바울도 우리의 죄가 하나님을 의롭게 하며 찬양하는 것이라고 말하고자 하지 않기 때문이다. 하나님을 의롭게 하며 찬양하는 것은 죄를 알고 고백하는 것이다. 그러므로 "나는 내 죄과를 아오니 내 죄가 항상 내 앞에 있나이다"(시 51:3)라고 기록되어 있다. 그리고 "내가 주께만 범죄 하여"(시 51:4)라는 말씀이 이어 나온다(그런데 이 말씀은 '내가 당신 앞에서만 죄인이라는 것을 시인합니다'라는 뜻이다). 죄에 대한 이런 인식은 사람들로 하여금 하나님의 의를 갈망하게 만들고, 죄인으로 고백하는 것은 하나님의 의를 찬양하게 만든다. 내가 "주의 눈앞에는 의로운 인생이 하나도 없나이다"(시 143:2)라는 말씀 때문에 그리고 다른 많은 곳에서 우리가 죄 속에 산다는 하나님의 말씀으로 인해 하나님 앞에서 의롭지 않다는 것을 알게 될 때, 그때 나는 하나님에게 의를 간구하기 시작한다. 그래서 나의 죄에 대한 인식은 나로 하여금 하나님께서 내 안에서 의롭게 되도록 하지 않을 수 없게 만든다. (즉, 내가 그를 믿고, 그가 이것 때문에 나를 의롭게 하도록 한다). 바로 이 죄인이라는 고백은 하나님을 홀로 의로우신 분이요, 우리의 의로 찬양하고 영광을 돌린다. 사람이 자신의 죄를 고백하지 않고 인식하지 않는 곳에서는 하나님이 찬양을 받지 않는 것처럼, 자신들의 의를 마음에 들어 하고, 그것으로 충분하다고 생각하는 자들은 하나님의 의를 갈망하지도 않는다.

이것은 능숙한 장인이 세 가지 방법으로 높은 평가를 받는 것과 비슷하다. 첫 번째는, 그가 자신의 능숙함에 대해 아무것도 알지 못하는 자들을 책망하고 부끄럽게 만드는 방법이다. 그러나 이것은 보잘 것 없고, 교만한 방법으로 높이 평가를 받는 것이다. 두 번째는, 그가 (비록 다른 사람들을 책망하지는 않을지라도) 그들과 비교하여 자신을 더 경험이 많은 자로 나타내는 것이다. 세 번째는, 자신의 능숙함을 스스로는 이것에 도달할 수 없기에 이것을 요청하는 다른 사람에게 전수하는 것이다. 이것이 실제적으로 높은 평가를 받는 것이다. 다른 사람들을 책망하고 스스로 장인으로 보이는 것은, 오히려 그가 가장 능숙한 장인이라는 것을 보여 주는 것이 아니다. 다른 사람들을 교육시켜

장인과 같게 만드는 것이 진정으로 찬양받는 장인이 되는 것이다. 첫 번째 방법은 교만함과 우쭐함을, 두 번째는 시기와 오만함을 가져온다. 그러나 세 번째는 호의와 자애의 방법이다. 이와 마찬가지로 하나님은 의로운 자로서 우리 안에서 영향을 미치면서 의로우시다. 그리고 우리를 그와 유사하게 만드시기 때문에 찬양을 받으신다.

주장인이 자신을 신뢰하지 않고, 자기들 스스로 잘 알고 있다고 간주하는 자들에게 그리고 그들로부터 어떤 칭찬이나 영광을 기대해서는 안 되는 자들에게, 그들 스스로 자신들의 무지를 고백하지 않고, 장인이 그들을 서투른 자라고 부르는 것을 믿지 않을 경우— 물론 교만이 이들로 하여금 당신의 말을 믿도록 하는 것을 허락하지 않는다— 자신이 알고 있는 것을 전수해 줄 수는 없다. 이와 마찬가지로 불경건한 자들은 그들이 불경건하다고 믿지 않는다. 그리고 그것을 알고자 하지도 않는다. 간단히 정리하면, 그들은 하나님이 그들 안에서 의롭게 되고, 신실하신 분으로 나타나고, 이로써 높임을 받거나 영광을 받는 것을 허락하지 않는다.

짧은 요약

"그런즉 유대인의 나음이 무엇이냐"(롬 3:1)

외관상 그리고 문자적인 유대인을 말한다. 만일 유대인으로 간주되지 않는다면, 그는 모든 면에서 이방인과 같은 것이며, 더 나음이 없을 것이다. "할례의 유익이 무엇이냐?"(3:1). 육체에 따라 그리고 문자적으로 일어나는 할례를 말한다. 할례가 가치 있는 것으로 여겨지지 않는다면, 앞에서 논의된 것같이, 그것은 가치가 없는 것이 아닌가? "많으니"(3:2). 유대인은 더 낳고, 할례는 큰 유익이 있다. "범사에"(3:2). 이것은 강조하는 것이거나 서약하는 것이거나 할례가 어떻게 유익한 것으로 나타나는지를 묘사하는 것으로 로마서 9장에서 열거하며 설명한다. "그들은 이스라엘 사람이라 그들에게는 양자됨과 영광과 언약들과 율법을 세우신 것과 예배와 약속들이 있고 조상들도 그들의 것이요 육신으로 하면 그리스도가 그들에게서 나셨으니 그는 만물 위에 계셔서 세세에 찬양을 받으실 하나님이시니라 아멘"(롬 9:4-5).

"우선은"(3:2). 즉, 내가 첫 번째로 채택하는 것 중에서 어떤 하나를 말한다. "그들이 하나님의 말씀을 맡았음이니라"(3:2). 시편 147편에서 "그는 어느 민족에게도 이와 같이 행하지 아니하셨나니"(시 147:20)라고 증거 하듯, 이방인들은 다른 것과 마찬가지로 하나님의 말씀을 갖지 못했다. 이 모든 것을 유대인만이, 외관상 그리고 문자적으로 유대인이었던 자들만이 이방인들보다 앞서 가졌다. "맡았음이니라"는 말은 믿음을 통해 받았다는 것이다. 왜냐하면 모든 유대인들은 약속을 받았기 때문이다. 비록 모든 사람이 약속을 성취하지는 않았지만 말이다. "말씀"이란, 사도 바울이 로마서 9:4에서 말하는 바와 같이 약속들을 의미한다. 사도 바울은 '그들이'라는 말을 사용하지 않지만 사용할 수 있고, 1절에 나오는 유대인과 할례와 관련지을 수 있다. 이런 의미로 그는 로마서 15장에서 말한다. '그리스도께서 하나님의 진실하심을 위하여 할례의 추종자가 되셨지, 이방인의 추종자가 되신 것이 아니다'(롬 15:8-9). 다시 말해 하나님께서 그것을 이방인이 아니라, 유대인들에게 약속하셨기 때문이다.

"어떤 자들이 믿지 아니하였으면 어찌하리요"(롬 3:3)

'믿었다'는 말은 앞에서 언급한 '맡았다'는 말과는 완전히 다른 뜻으로 간주되어야 한다. 왜냐하면 여기서 사람들은 '말씀을'이라는 말을 첨가해서 생각하면 안 된다. 모든 사람들은 말씀과 약속을 받았고, 이때까지 그리스도의 오심에 대한 이 약속이 성취되기를 기다리기 때문이다. 그들도 믿은 것은 확실하다. 그러나 그들은 그리스도를 믿고 그를 신뢰하는 자들이 되지 못하였다. (이것은 다음과 같은 의미이다. 무엇이 문제인가?[*] 거기에다 우리는 무엇을 더 할 수 있는가? 이것이 누구에게 해가 될 것인가? 그들 자신에게만? 어떤 경우이든 하나님에게도 우리에게도 아니다. 왜냐하면 하나님의 신실하심도, 우리의 믿음도 그들의 불신앙을 통해 무효로 되지 않는 것이 분명하기 때문이다).

"그 믿지 아니함이 하나님의 미쁘심을 폐하겠느냐"(롬 3:3)

(하나님의 미쁘심이란 하나님의 진실하심과 성실하심을 말한다). 사도 바울이 이 모든 것을 말하는 것은 그가 육체에 일어나는 할례와 표면적 유대인들에게 약속이 맡겨졌다고 말했음에도, 문자적이며 표면적인 유대인들 중 약속을 받은 자가 아무도 없다는 것이 어떻게

---

[*] 루터는 여기서 라틴어가 아니라 독일어를 사용한다. 'Was leit daran?' 이 말은 'Was liegt daran?'이라는 뜻이다.

일어날 수 있는가 라는 이의가 제기될 수 있기 때문이다. 육체에 따라 그리고 문자적으로 유대인에게 약속이 주어졌고 (바로 이 점에 있어서 그가 이방인보다 뛰어나다) 그리고 그들 중의 어느 누구도 그것을 얻지 못하고 오늘날까지도 허락되지 않았다면, 그렇다면 그들이 어떤 약속도 가지지 않았거나, 하나님이 그것을 전혀 성취하지 않은 것으로 보인다. 왜냐하면 육체적인 유대인에게 약속이 주어졌기에, 육체적인 유대인은 약속을 받았어야 하기 때문이다. 이러한 이의 제기에 대해 사도 바울은 반대하고, 못을 다른 못으로 때리며* 묻는다. 하나님의 진실하심이 무효가 되고, 약속이 폐지되고, 그의 말씀이 공허한 것이 되는가? 이것은 불가능하며, 이렇게 결론을 내리게 하는 다른 것도 마찬가지다. 물론 사도 바울이 여기서 논쟁점을 해결하지는 않는다. 그는 그것을 로마서 9장으로 미룬다. 거기에서 그는 어떻게 육체적인 이스라엘에게, 즉 혈통적으로만 이스라엘에 속하는 자들이 아니라, 약속의 이스라엘이며 육적인 이스라엘 중에서 선택된 자들에게 성취가 이루어지는지를 보여 준다. 그러므로 그들의 불신앙은 하나님의 진실하심을 쓸모없게 만들지 못한다. 사도 바울은 이 항의를 잠깐 동안만 옆으로 밀어놓고 덮은 뒤, 이 항의와 대립시키는 하나님의 진실하심을 다루며, 하나님께서 그의 약속을 성취하셨음을 주장한다.

"그럴 수 없느니라"(롬 3:4)

사도 바울은 그리스도를 통해 성취하신 약속을 '진리는 땅에서 솟아나고'라는 (즉, 약속된 그리스도가 처녀의 몸에서 태어난다는) 시편 85:11 말씀에 근거해 '하나님의 성실하심'이라고 부른다. 이 의미는 이렇다. 하나님께서 그의 약속을 성취하시고, 진실하신 분으로 증명하였지만, 사람들이 그것을 믿지 않고, 인정하지 않는다는 것이다. 그들이 단지 믿지 않는다는 이유로 하나님께서 그의 약속을 성취하셨다는 것이 거짓이어야 하고, 지금 나타난 진실하심이 폐지되어야 하고, 약속의 성취가 있지 않았다고 말해야 하는가? 이것은 아니다. 그렇다면 사도 바울이 거짓말하는 것이기 때문이다. 심지어는 하나님 자신이 거짓말하는 것이 된다. 하나님께서 그리스도 안에서 약속을 성취하신다고 증언하셨기 때문이다.

---

* 다른 사람들의 이의 제기에 대해 다른 이의 제기를 한다는 뜻.

내 생각으로는 여기서 '신실하심'은 하나님의 성실하심이 아니라, 하나님을 신실하게 신뢰하는 것으로, 성경의 여러 곳에서 볼 수 있는 바와 같이, 바로 약속의 성취를 말한다. 왜냐하면 믿음으로부터 오는 의는 로마서 1장이 증거 하는 바와 같이 약속되었기 때문이다. "오직 의인은 믿음으로 말미암아 살리라"(롬 1:17). (이 구절에 대한 다양한 해석들이 서로 상치되지 않는다. 왜냐하면 믿음에 대한 객관적 진리를 문자적으로 언급하는 것이, 마찬가지로 이 진리에 대한 믿음에 대해 도덕적 의미로 말하는 것에도 적용되기 때문이다.) 그래서 이 의미는 분명하다. 그들이 믿지 않는 자로서 행했던 것이 무엇인가? 우리가 바로 이 이유로 인해 약속을 성취하셨다고 우리에게 확실하게 주장하시는 하나님을 신뢰하는 대신, 하나님에 대한 믿음을 버리고, 약속이 성취되었다는 것을 부인하는 자들을 따라야 하는가? 이에 대해 아주 적절한 결론은 '아니다' 이다. 우리는 그들을 따르지 않고, 하나님에 대한 믿음을 굳게 잡을 것이다. '하나님은 참되시기'(롬 3:4) 때문이다. 그러므로 우리는 그를 믿어야 한다. "사람은 다 거짓되되"(롬 3:4). 그러므로 그들을 믿어서는 안 되고, 그들을 따라서는 안 된다.

[또는 그리스어 텍스트가 말하는 바와 같다. 하나님은 진실하시게 하라(즉, 사람은 하나님을 더 신뢰하고, 사람을 신뢰해서는 안 된다. 사람은 거짓말하는 자이기 때문이다)].

이렇게 사도 바울은 약속이 육체적인 이스라엘에게 주어졌지만, 그 약속을 받지는 못했기에 성취는 아직 일어나지 않았다고 말하는 사람들의 항의를 제거하였다. 사람들이 진실을 이야기하고, 하나님의 거짓을 이야기하는가? 그렇지 않다. 사람들은 '아니'라고 말하고, 하나님은 '그렇다'고 말씀하신다. 이렇게 대답되어야 한다. 사람은 하나님을 더 믿어야 한다. 그가 진실하시기 때문이다. "기록된 대로", 사람들이 그를 믿어야 하기 때문이다. 그리스어 텍스트를 따르면, '의롭게 되다'라는 말은 '믿는다'는 뜻이기 때문이다. 이에 대해서는 앞으로 더 다룰 것이다. "주께서 주의 말씀에 의롭다 함을 얻으시고 판단 받으실 때에 이기려 하심이라"(3:4). 사도 바울은 이 구절을 단순한 의미로 인용하는 것이지, 어떤 근거가 부여된 의미로 인용하는 것이 아니다. 다시 말해, 이 구절은 인과적으로가 아니라, 순수한 진술로 이해되어야 한다. 비록 그가 아래에서는 어느 정도 이탈하여 인과적인 의미를 다룰지라도 말이다. 그러므로 사람들이 약속의 성취에 대한 복음을 통해 하나님을 믿고, 그래서 그가 진실하시고 의로우시다고 간주될 때, 하나님은 그의 말씀에 의롭다 함을 얻으신다. 이 말은 복음서의 말로 여기서 하나님은, 사람들이 그가 그들 안에서 진실한 것을 말씀하시고, 시편 말씀을 통해 예언된 것이 일어날 것이라고 그를 믿을 때, 의롭게 되신다. 하나님은 그를 믿는 자들에게 의해 의롭게 될 뿐만 아니라, 사람들이 그를 심판할 때, 다시 말해 그리스도가 보내졌고 약속이 성취되었다는 것을 부인하는 사람들에게 의해 배척될 때, 또한 승리하신다. 그들은 이 말씀을 심판하고, 저주하고, 정당화시키지 않고, 즉 그것들이 옳고 진실하다는 것을 믿지 않는다. 다른 사람들은 의롭게 하는 이 하나님을 그들은 여기서 심판하고 저주한다. 그러나 그들이 더 우월한 것이 아니다. 하나님이 승리를 하시고 이기신다. 그들이 아무리 저항할지라도, 하나님에 대한 이 믿음, '그의 말씀 안에서의 하나님의 의'(즉, 그의 말씀에 대한 신실한 신뢰)가 끝까지 보존되기 때문이다. (하나님을 의롭게 하는 것과 하나님을 신실하게 신뢰하는 것은 동일한 것이다). 왜냐하면 믿음을 이기고, 지속하기 때문이다. 심지어 그것은, 그를 믿지 않는 자들은 쇠하고 멸망하는 곳에서 계속 앞으로 나아가고, 성장하기 때문이다.

"하나님께서 그의 말씀에 의롭다 함을 얻으신다"는 말은 하나님 자신이 그의 말씀으로 인해 의롭고 진실하시다는 것을 뜻하거나, 그의 말씀이 옳거나 참되다는 것을 의미한다. 이것은 사람들이 그 말씀을 믿고, 받아들이고, 참되고 옳은 것으로 여기는 것을 통해 일어난다. 이 의에 인간 마음의 교만이 불신앙을 통해 저항한다. 이 교만은 말씀을 정당하다고 인정하지 않고, 오히려 저주하고 심판한다. 그것은 자신이 말씀을 참되다고 간주하지 않기 때문에 믿지 않는다. 그것은 말씀에 상반되는 자신의 생각을 참되다고 간주하게 하기 때문에 말씀을 참되다고 여기지 않는다. 그러므로 "하나님께서 그의 말씀에 심판을 받으신다"는 말은 그 자신이, 즉 그의 말씀이 저주받고, 그릇되고, 거짓되다는 것을 의미한다. 이것은 교만한 불신앙과 하나님에 대한 반역을 통해 일어난다. 이것으로부터 하나님을 의롭게 하는 것과 그를 심판하는 것이 하나님과 그의 말씀 밖에서, 즉 인간들에게서 일어난다는 것이 분명해진다. 왜냐하면 본질적으로는 하나님과 그의 말씀이 옳고 참되지만, 우리의 지혜가 말씀에게 굴복하고, 그것을 믿으며 자리를 내어주고, 그것을 받아들이지 못하는 동안은 우리 안에서는 그렇게 되지 않았기 때문이다. 그래서 시편 51:4에 말한다. "내가 주께만 범죄하였다." 즉 내가 당신의 말씀에 대항하고 저주하는 내 의와 내 생각을 포기하고, 내가 죄인이요, 불의한 자요, 거짓말하는 자임을 고백합니다. 그래서 당신의 말씀이 내 안에서 자리를 잡고, 의롭게 되고, 참되고, 참되게 됩니다. (다시 말해, 당신의 말씀이 원래 있는 그대로 우리 안에 거하게 됩니다. 이는 당신의 말씀이 원래 의롭게 되어 있기 때문입니다).

부가 설명

이 '하나님이 의롭게 되심'을 통해 우리는 의롭게 된다. 하나님의 의, 즉 이것을 통해 그가 우리에 의해 의롭게 되는 '수동적인 의'(iustificatio Dei passiva)가 바로 '하나님께서 우리에게 행하시는 우리의 의'(iustificatio nostri activa a Deo)이다. 왜냐하면 하나님은 그의 말씀을 옳다고 인정하는 믿음을 의로 인정하기 때문이다. 로마서 4:5에서 말하는 것과 '의인은 믿음으로 산다'(롬 1:17)는 말씀처럼 말이다. 이와는 반대로, 불신자들에 의해 심판을 받는 하나님의 수동적인 심판은 그들 자신의 저주이다. 왜냐하면 하나님께서는 그의 말씀을 심판하고 저주하는 불신앙을 불의요, 저주로 간주하시기 때문이다. "내가 주께만 범죄하였사오니 주께서 말씀하실 때에 의로우시다 하고 (의를 만드시고) 주께서 심판하실 때에 순전하시다 하리이다"라고 기록된 히브리어 텍스트는 이와 일치한다. 하나님은 그가 말씀하실 때에, 즉 그의 말씀처럼 우리를 의롭고, 참되고, 지혜로운 인간으로 만들 때, 의롭게 하신다(이기신다). 이렇게 하나님께서는 우리를 그의 말씀으로 변화시킨다. 그의 말씀을 우리로 변화시키는 것이 아니다. 하나님께서 우리를 이런 사람으로 만드시는 것은 우리가 그의 말씀이 의롭고 참되다는 것을 믿을 때이다. 이럴 때 말씀과 신자 사이에 진리와 의라는 모양이 이미 비슷하게 되기 때문이다. 그러므로 그는 의롭게 되면서 의롭게 하고, 의롭게 하면서 의롭게 된다. 같은 것이 히브리어 텍스트에는 능동태 동사로 그리고 우리의 라틴어 번역판에는 수동태 동사로 표현되어 있다.*

    하나님은 승리하신다. 즉 하나님은 더 우월하고, 믿지 않는 자들을, 다시 말해 그를 자신들의 심판을 통해 더럽히는 자들을 거짓말하는 자요 속이는 자로 분명히 드

---

* 불가타에서 사용된 수동태 동사(iustificeris)를 루터는 여기서 히브리어 텍스트에 맞게 능동태 동사(iustificabis)로 바꾸어 사용하고 있다. 그런데 이것은 루터 자신만의 독창적인 것이 아니라, 1512년에 출판된 로이힐린(Reuchlin)의 *Septem psalmi poeitentiales hebraici cum grammatica tralactione latina*에 나오는 것이다. 이에 대해서는 *WA* 56, 227의 각주 1을 참고하라.

러내신다. 이들의 모습이 유대인 안에서 그리고 마지막 심판 때에 더 자세하게 드러나는 것처럼 말이다. 그러므로 히브리어 텍스트에 기록되어 있다. "주께서 심판하실 때에 순전하시다 하리이다(즉 깨끗하게 만든다)." 다시 말해, 당신이 당신의 말씀과 이것을 믿는 자들과 이와 동시에 당신 자신을 깨끗하게 하고, 불신자들이 제기하는 거짓의 비난으로부터 자유롭게 할 것이다. 심지어는 그들을 욕되게 할 것이다. 즉, 그들을 더러운 거짓말을 하는 자로 드러낼 것이다. 이것은 그들의 불신앙이 하나님의 신실하심을 폐기할 수 없다는 뜻이다.

부가 설명

하나님의 수동적이며 능동적인 의와 믿음 또는 그를 신뢰하는 것은 같은 것이다. 왜냐하면 우리가 그의 말이 옳다는 것을 인정하는 것은 그의 선물이기 때문이다. 바로 이 선물 때문에 하나님은 우리를 의로운 자로 인정하신다. 다시 말해, 우리를 의롭게 하신다. 우리가 그의 말씀을 의롭게 하는 것은, 바로 우리가 그것이 옳다고 믿을 때이다.

"그러나 우리 불의가 하나님의 의를 드러나게 하면"(롬 3:5)

이 질문은 두 가지 이유로 제기된다. 첫 번째는 사도 바울이 이 구절을 시편 51편으로부터 인용하는 권위라는 이유이며, 두 번째는 다루어지고 있는 내용의 본질 자체로부터, 즉 자궁으로부터 제기된다. 왜냐하면 시편의 저자는, 그가 "그래서 당신은 의롭게 되신다"라고 말하면서 (적어도 우리 라틴어 번역과 70인역에 따르면) 인과 관계적으로 말하기 때문에, 마치 우리가 죄를 지은 것은 하나님이 의롭게 되도록 하기 위함이요, 우리가 죄를 지어야 하는 것은 하나님께서 영광을 받도록 하기 위함이라는 인상을 사람들에게 줄 수도 있기 때문이다. 그러나 여기서 논의되고 있는 내용은 하나님과 그의 말씀이, 그것이 우리를 거스르기 때문에, 우리가 거짓말하는 자요, 불의한 자가 될 때만 의롭게 되고, 참되게 될 수 있고, 이렇게 하나님은 우리의 죄를 통해 의로우신 분으로 되신다는 것을 의도하고 있다.

해답은 이것이다. 사도 바울은 성령 안에서 말하기 때문에, 그는 단지 성령 안에 거하는 자들에 의해서만 이해되어질 수 있다. 그러므로 리라의 해석, 즉 죄는 '부가적으로' 하나님을 드러내는데 기여할 수 있다는 해석은 어떤 가치도 지니지 않는다. 왜냐하면 죄는 본질적으로든, 부가적으로든 하나님의 진실하심에 영광을 돌리는 것에 기여할 수 없기 때문이다. 하나님과 그의 말씀의 본질적인 진실하심을 생각할 때는 더욱 그렇다. 그러나 신실한 신뢰는 본질적으로 그리고 실제적인 의미에서 하나님의 진실하심을 드러내는데 기여할 수 있다. 특별히 도덕적이거나 비유적인 의미에서는 더욱 그렇다. 신실한 신뢰란 이것을 가지고 우리가 하나님에 대해 죄인이라는 것을 믿는 것이다. 우리의 이성이 그것에 대해 조금도 알지 못하며, 믿지 않을지라도 말이다. 그것은 은총과 진리의 말씀을 우리에게 꼭 필요한 말씀으로 받아들이면서, 우리를 죄인으로 지정하고, 하나님께 영광을 돌린다. 자신의 죄인이라는 것을 고백하는 자가 은총과 의를 받지 않는다면, 누가 그것을 받겠는가?

부가 설명

"당신이 의롭다 함을 받으시고"라는 말은 "사람은 다 거짓되되 오직 하나님은 참되시다"는 말과 같은 것을 의미한다. 그리고 "당신이 판단 받으실 때에 이기려 하심이라"는 말은 "그들의 믿지 아니함이 하나님의 미쁘심을 폐하겠느냐?"는 말과 같은 것을 의미한다. 그러므로 사도 바울은 둘 사이에 "기록된 바"(3:4)라는 말을 삽입하여 그 둘을 성경을 통해 입증하였는데 이것은 잘한 것이다.

하나님과 그의 말씀이 우리의 믿음을 통하지 않고도 그 자체로 바르고 참되지만, 그래도 우리 안에서 믿음을 통해 바르고 참된 것으로 간주될 때 의롭게 되는 것처럼,

우리가 죄인이요, 거짓말하는 자요, 어리석은 자가 되어야 하며, 모든 우리의 의와 진실함과 지혜와 덕이 죽어야 한다고 말하는 것도 같은 방법으로 이해되어야 한다. 이것은 우리가 죄인이요, 거짓말하는 자이며, 우리의 덕과 의가 하나님 앞에서 아무것도 아니라고 믿을 때 일어난다. 이런 방법으로 우리는, 우리가 우리 밖에(즉 하나님 앞에) 있는 것만큼, 그만큼 우리 안에서 우리 내면에 이르게 된다. 비록 우리가 내면적으로 그런 부류는 아닐지라도 말이다. 다시 말해, 우리가 그러한 존재임을 믿지 않을지라도 말이다. 홀로 스스로 진실하시고, 의롭고, 능력이 있으시면서 그 자신 밖에서도, 즉 우리 안에서도 영광을 받는 존재로 (어떤 자 안에 있는 선한 것의 영광은 밖을 향하는 것이며 다른 사람에게 전파되는 것이다) 있기를 원하는 하나님처럼, 사도 바울은 모든 사람이 자기 밖에서는(즉, 하나님 앞에서) 거짓말하는 자요, 불의한 자요, 약한 자이기를 원한다. 그래서 그 사람이 내적으로도 그렇게 되기를, 즉 그가 원래 그런 자라는 것을 고백하고 알기를 원한다. 그래서 하나님은 자기 자신으로부터 나오심을 통해 우리를 우리 자신에게로 들어가게 만드신다. 그리고 자기 인식을 통해 우리에게 자기 인식을 하도록 하신다. 하나님께서 먼저 자기 자신으로부터 나와서 우리 안에서 진실하신 분이 되는 것을 추구하지 않는다면, 우리가 우리 자신에게로 돌아갈 수 없고, 거짓되고 불의한 자가 될 수 없기 때문이다. 왜냐하면 인간은 하나님께서 그에게 계시하지 않으시면, 자신이 하나님 앞에 있다는 것을 자기 스스로는 알 수 없기 때문이다. "누가 주의 마음을 알았느냐 누가 그의 모사가 되었느냐"(롬 11:34). 그렇지 않다면 인간은 항상 자신을 진실하고, 의롭고, 지혜로운 자로 간주했을 것이다. 특별히 그는 자기 자신 앞에서 그리고 사람들 앞에서 그런 자로 간주되기 때문이다. 그러나 이제 하나님께서는 우리에게 그가 우리에 대해 어떻게 생각하고 판단하시는지, 즉 모든 사람이 죄 가운데 있다고 계시하셨다. 그러므로 우리는 이 계시, 즉 그의 이 말에 복종하고, 믿고, 의롭게 하고, 참됨을 입증하고, 우리 자신을 (그렇지 않다면 우리가 인식하지 못했던 것인데) 말씀에 순종하여 죄인으로 고백해야 한다. 그래서 사도 바울은 말한다. "너희 중에 누구든지 이 세상에서 지혜 있는 줄로 생각하거든 어리석은 자가 되라 그리하여야 지혜로운 자가 되리라"(고전 3:18). 어리석음에 대해 적용되는 것을 다른 모든 불완전한 것에 대해서도 이해해야 한다. 그래서 의롭고, 진실하고, 능력이 있는 자가 되기를 원하는 자는 죄인이요, 거짓말하는 자요, 약한 자가 되어야 한다. [이것은 영적인 작용을 말하는 것이지, 육적이거나 자연적인 것을 말하는 것이 아니다.

이것은 우리에 대해서, 우리 자신에게 나쁜 것을* 판단하는 자는 파괴되어야 한다는 아주 본질적인 생각 때문에 말한 것이다. 그러므로 하나님은 "마음의 생각이 교만한 자들을 흩으셨"(눅 1:51)다는 것은 하나님께서 행하신 전적인 능력이다.] 이것으로부터 우리가 죄인이 되어야 한다는 말도 완전히 영적인 것이라는 결론이 도출된다. 사도 바울이 이 말을 설교했을 때, 많은 사람들이 이 말을 문자적으로 그리고 육체적으로 이해했다. 그래서 전에 의인이었던 자가, 앞으로 설명되는 바와 같이, 죄인이 된다.

"무릇 나는 내 죄과를 아오니"(시 51:3)는 이런 의미를 가진다. 그래서 따라 나오는 말씀은 '내가 주께만 범죄하였다'는 것인데, 이 말씀은 비록 내가 사람들 앞에서는 의로운 자로 설 수 있을지는 몰라도, 당신 앞에서는 나를 죄인으로 고백한다는 뜻이다. 이러한 고백에도 불구하고 나는 당신 앞에서 죄인이라는 판단을 벗어나지 못한다. '그래서 당신이 의롭다 함을 얻으신다.' 다시 말해, 내가 당신의 말씀을 믿게 되었는데, 이를 통해 내가 의롭게 된다는 것이다. 그리고 계속해서 말한다. "내게 지혜를 은밀히 가르치시리이다"(시 51:6). 이것은 당신은 나에게 우리가 당신 앞에서 죄인이라는 숨겨진 지혜를 계시하였는데, 이것은 우리 스스로는 가지지 못했던 것이라는 뜻이다.

'내가 주께만 범죄하였다'는 구절이 몇몇 사람들에 의해 다윗이, 군주들은 하나님 외에는 자신들의 죄를 고백하고, 자신들을 벌할 수 있는 다른 군주가 없다는 이유로, 그것을 말했을 때처럼 해석되는 것은 충분하지 않다. 다윗은 영적인 인간으로서, 다른 모든 사람들이 말해야 하는 것처럼 그렇게 자기 자신에 대해 이야기하는 것이다. 다른 모든 사람들이 말해야 하는 것처럼 이란 예를 들어 시편 32편처럼 말하는 것이다. "이로 말미암아(그의 죄악으로 말미암아) 모든 경건한 자는 주를 만날 기회를 얻어서 주께 기도할지라"(시 32:6). 다시 말해, 경건하기를 원하는 자는 자신이 죄인이며, 불경건하다고 고백할 것이다. 그리고 "내가 내 허물을 여호와께 자복하리라"고 말하는 자들에 대해 "주께서 내 죄악을 사하셨나이다"(시 32:5). 그래서 요한일서 1장에 기록되어 있다. "만일 우리가 죄가 없다고 말하면 스스로 속이고 또 진리가 우리 속에 있지 아니할 것이요"(요일 1:8). 그러므로 예언자와 함께 내 영광이 아니라 "내 입이 주를(주의 영광을) 찬송하여 전파하리이다"(시 51:15)라고 말하자. 또한 우리의 의가 아니라, "내 혀가 주의 의를 높이 노래하리이다"(시 51:14)라고 말하자.

---

* 원문에서는 'male'(나쁘게)가 사용되는데, 여기에서의 의미는 역설적으로 인간에 대해 '좋게' 판단하는 것을 의미한다.

이로써 하나님만이 진실하시고, 모든 인간은 죄인이라는 것이 충분하게 그리고 그 이상으로 증명되었다. "그 믿지 아니함이 하나님의 미쁘심을 폐하겠느냐"(롬 3:3). 저들이 믿지 않는 것이 우리의 믿음에 어떤 영향을 미치는가? 이런 이유로 믿음을 버려서는 안 된다. 하나님의 진실하심은 제거되지도 않고, 오히려 그들 자신이 거짓말하는 자들이 된다.

부가 설명

비록 우리가 우리에게서 어떤 죄도 인식하지 못할지라도, 우리가 죄인이라는 것을 믿어야 한다. 그래서 사도 바울은 말한다. " 내가 자책할 아무것도 깨닫지 못하나 이로 말미암아 의롭다 함을 얻지 못하노라"(고전 4:4). 왜냐하면 하나님의 의가 믿음을 통해 우리 안에서 사는 것처럼, 죄도 같은 믿음을 통해 우리 안에서 살기 때문이다. 다시 말해, 우리는 우리가 죄인이라는 것을 믿음 안에서만 받아들여야 한다. 우리가 죄인이라는 것이 우리에게 분명하게 드러나지 않기 때문이며, 심지어는 우리가 그것을 전혀 알지 못하는 것처럼 보이기 때문이다. 그러므로 우리는 하나님의 심판을 붙잡고, 하나님은 거짓말을 하지 않으시기 때문에 우리를 불의한 자라고 명하시는 그의 말씀들을 믿어야 한다. 그래야 한다. 비록 이것이 잘 드러나지 않는다고 할지라도 말이다. 왜냐하면 "믿음은… 보이지 않는 것들의 증거니"(히 11:1). 믿음은 하나님의 말씀만으로 만족하기 때문이다. 그리고 바로 이 낮아짐과 이 심판 안에서 그리스도의 나라가 존재할 것이라고 예언되었다. 그가 "뭇 나라를 심판하기"(시 110:6) 때문이다. 그리고 "거기에 심판의 보좌를 두셨으니"(시 122:5), 이는 우리가 우리 자신을 항상 고소하고, 심판하고, 저주하고, 악한 자로 고백해서, 하나님이 우리 안에서 의롭게 되어야 하기 때문이다. 다음의 말씀들도 동일한 믿음을 의미한다. "자기 허물을 능히 깨달을 자 누구리요 나를 숨은 허물에서 벗어나게 하소서"(시 19:12). 그리고 "내… 허물을 기억하지 마시고"(시 25:7).

입으로만 자신을 죄인으로, 불의한 자요, 거짓말하는 자요, 어리석은 자라고 고백하는 것으로 충분하지 않다는 것을 진지하게 생각해야 한다. 특별히 편안하고, 아무 시련이 없을 때, 무엇이 더 쉽겠는가? 그래서 네가 입으로 죄인으로 고백할 때, 그때 너는 또한 마음 속 깊이 너 자신에 대해 생각해야 하며, 너의 모든 행위와 행실에서 네 자신을 죄인으로 나타내야 한다. 이런 이유로 자신이 죄인이라는 것을 알고 믿는 사람은 별로 없다. 자신과 자신의 행위와 자신의 계획에 반대하는 말은 한 마디도 참으려 하지 않고, 오히려 즉시 논쟁을 일으키고, 입으로라도 자신을 죄인으로 고백하지도 않고, 도리어 자신은 진실하고 선한 것을 행하며, 자신이 항의를 받는 것은 부당하고, 비난받는 것은 잘못된 것이라고 주장하는 사람이 어떻게 자신을 죄인으로 고백할 수 있겠는가? 그럼에도 그가 억지로 무엇인가 고통을 감내해야 한다면, 그는 아주 격노하고, 모든 사람들 때문에 자신에게 불의한 것이 일어났다고 불평하며 모든 사람들을 괴롭힌다. 자, 자신을 죄인으로 고백했지만 죄인에게 합당하게 주어지는 것에 대해서는 어떤 것도 행하려 하지도 감내하려 하지도 않고, 오히려 의인과 거룩한 자에게 주어지는 것만을 행하고 감내하려는 위선자를 보라!

그러므로 우리 모두는 즉시 '나는 완전히 불쌍한 죄인입니다'라고 말해야 한다. 그러나 진짜 죄인으로 간주되는 것을 어느 누구도 원하지 않는다. 혹은 아주 적은 사람만이 원한다. 죄인이라는 것은 모든 벌과 모든 고난을 받는 자가 된다는 것 외에 무엇이겠는가? 입으로는 죄인이라고 고백하지만, 실제로는 죄인이기를 원하지 않는 것, 이것이 바로 위선자요, 이것이 바로 거짓말하는 것이다. 의인이 평화를 누리고, 영광과 명예와 모든 선한 것을 얻는 것은 타당하다. 그래서 네가 너 자신이 의롭다는 것을 부인한다면, 너는 또한 이것들을 부인해야 한다. 네가 죄인으로 고백한다면, 너는 또한 벌과 손해와 수치를 너 자신의 소유로 받아들여야 한다. 너는 의인에게만 속한 것을 다른 사람의 소유처럼 거절해야 한다. 그러므로 불명예나 모욕적인 말이나, 매질이나, 손해나, 정죄나, 질병이 너에게 닥칠 때, "나는 이런 것을 받을 만한 일을 하지 않았다. 내가 왜 고난을 감내해야 하는가? 나에게 불법이 일어나고 있다. 나는 죄가 없다"고 말한다면, 너는 네가 죄인이라는 것을 부인하는 것이며, 하나님에게 대항하는 것이며, 입으로 거짓말하는 자라고 증명하는 것이 아니냐? 왜냐하면 하나님께서는 모든 것을 가지고 (예컨대 그의 말씀을 가지고, 왜냐하면 시편 33:9에서 "그가 말씀하시매 이루어졌기" 때문이다) 네가 죄인이라는 것을 증명하고, 주장하시며, 죄인이 받기에 합당한 것을 너에게 가져오시기 때문이다. 하나님은 실수하실 수도 없고 거짓말하실 수도 없다. 그런데 너는 일어나 하나님과 논쟁을 시작하고, 마치 하나님이 악하고, 어리석고, 거짓말하는 자로 행하시는 것처럼 그에게 반대하고, 대적한다. 그러므로 너는 위에서 말한 "오직 당을 지어 진리를 따르지 아니하고 불의를 따르는"(롬 2:8) 자들과 같다. 왜냐하면 너도 진리를(다시 말해, 너에 반대해 정당하게 일어난 하나님의 사역들을) 믿지 않기 때문이다.

이런 일이 너에게 닥칠 때, '그래, 이런 일이 나에게 합당합니다. 나에게 옳은 것이 일어났습니다. 나는 진실로 죄인이기 때문에, 이 모든 것이 옳고 참되다고 기꺼이 고백합니다. 진실하시고 의로우신 하나님, 나는 진실로 당신 앞에서 죄를 지었습니다. 그래서 당신의 사역과 당신의 말씀이 의롭게 되었나이다. 당신은 나에게 잘못한 것이 없으며, 당신 안에는 어떤 거짓도 없습니다. 당신이 당신의 사역을 통해 나를 죄인으로 나타내 보이신 것처럼, 내가 참으로 죄인이라는 것이 사실입니다'라고 말한다면, 이것은 "내가 주께만 범죄 하여 주의 목전에 악을 행하였사오니 주께서 말씀하실 때에 의로우시다"(시 51:4)라고 하는 것이다. 다니엘 3:31, 29에서 말하는 것과 같다. "당신께서 우리에게 내리신 모든 징벌과 당신께서 우리에게 하신 모든 일은 정의로우신 처사였습니다. 우리는 죄를 지었으며 당신을 떠남으로써 죄악을 저질렀습니다. 과연 우리는 큰 죄를 지었습니다. 우리는 당신의 율법이 명하는 것을 귀담아 듣지 않았으며 그것을 지키지도 않았습니다. 우리에게 잘 되라고 명령하신 것을 우리는 지키지 않았습니다."* 또한 두 사람이 한 문제를 놓고 싸우다가 한 사람이 겸손한 마음으로 포기하고 다음과 같이 말하는 것과 같다. '내가 기꺼이 포기하니 당신이 의롭고 진실합니다. 내가 옳지 못했다는 것과 악한 것을 행했고, 당신은 옳은 것을 행했고, 바르게 생각했다는 것을 알고 있소.' 그러면 다른 사람이 '너에게 잘못했다. 당신이 바르게 생각했다'라고 말하지 않겠는가? 이렇게 되면 그들은 '그렇지 않다면 싸움을 통해 불화 가운데 계속 머물 텐데'라는 생각을 하게 될 것이다. 바로 그래서 "스스로 지혜 있는 체 하지 말라"(롬 12:16)고 기록되어 있다.

그러므로 내가 죄인이라는 구절을 바르고, 마음으로 말하는 것이 얼마나 드물게 나타나고 그리고 얼마나 어려운지 나는 말했다. 어느 누구도 자신의 생각이 거짓되다

---

* 다니엘 3:31은 히브리어 성경에는 나오지 않고 70인역과 불가타에 나온다. 공동번역에 의하면 위의 인용 구절 중 첫 번째 문장은 다니엘 3:31이며, 두 번째와 세 번째는 각각 3:29과 3:30 말씀이다.

고 반박을 받고, 그의 행위에 대해 비난을 받고, 그의 계획이 과소평가 받는 것을 원하지 않는다. 만약 어떤 자가 이렇게 하고, '나를 가르치라. 내가 다른 것을 기꺼이 하고자 한다'고 말하며, 자신의 생각을 고집하지 않는다면, 오, 그는 얼마나 복된 자인가! 그러나 우리의 생각과 의지의 교만은 너무 깊이 자리를 잡고 있다. 어느 누구도 모든 관점에서 이 페스트에서 자유롭지 않다. 특별히 갑작스런 역경이 닥치면 더욱 그렇다.

이제 인간으로 하여금 죄인이 되게 하는 방법이 무엇인지에 대해 말해야 한다. 이것은 자연적인 것이 아니다. 자연적인 방법으로는 사람은 죄인이 되지 않는다. 이미 모든 사람이 죄인이기 때문이다. 이 변화의 힘은 우리의 생각이나 우리의 판단과 숙고로는 알 수 없도록 숨어 있다. 성경의 모든 말씀과 하나님께서 행하시는 모든 것은 우리의 생각을 변화시키는 것을 목표로 한다. 우리의 생각은 악하게 보는 눈과 같으며(마 20:15), (인간의 입장에서 보면) 더 이상 교정될 수 없는 교만이기 때문이다. 그래서 마리아도 "그의 팔로 힘을 보이사 마음의 생각이 교만한 자들을 흩으셨고"(눅 1:51)라고 말한다. 마음의 생각이란 하나님에 대항하는 스스로 만족하는 자기 평가를 뜻한다. 그러므로 이 생각은 또한 "악인들의 꾀"(시 1:1)라고 불리고, 신비적으로 해석하면 광야의 '금송아지'(출 32장)요, 우상 바알과 몰록(왕상 11:7; 왕하 23:10; 행 7:43) 등으로도 불린다. 이러한 이유로 인해 "악인들은 심판을 견디지 못한다"(시 1:5). 그러므로 죄인이 된다는 것은 우리가 경건하고, 거룩하고, 의롭게 살았고, 말했고, 행했다고 완고하게 생각하는 이 생각을 부수고, (하나님으로부터 오는) 다른 생각을 취하는 것이다. 그런데 이 다른 생각이란 우리가 죄인이고, 악한 것을 행하고 말하고, 악하게 살고, 잘못을 범한다고 마음으로 믿으며, 그래서 우리를 고소하고, 심판하고, 저주하고, 증오하는 것이다. "이런 일을 행하는 자는 영원히 흔들리지 아니하리이다"(시 15:5).

물론 여기서 언급된 모든 것이 바르게 이해되어야 한다. 다시 말해, 바르고, 선하고, 경건한 행위들이, 마치 하지 않아도 되는 것처럼, 배척되어야 한다고 이해되어서는 안 된다. 생각과 자기 평가와 숙고를 너무 신뢰하거나, 우리가 하나님 앞에서 의롭게 되기 위해서 그것들만으로 충분한 것처럼, 그것들을 그렇게 평가하고, 간주해서는 안 된다는 것이다. 그러므로 여기서는 생각의 자랑과 어리석은 자기 평가만이 이야기되며, 이것들이 배척되는 것이다. 그렇지 않다면 저런 행위들은 아주 부지런히 그리고 열정적으로 행해야 하는데, 우리가 이를 통해 마침내 하나님의 의를 받기에 합당하게 되는 목적에 이르러야 한다. 이 행위들이 우리의 의가 되도록 하는 것이 아니라, 그것들이 하나님의 의에 대해 간구하는 성격을 가지는 것과 같이 되어야 한다. 이로써 그것들은, 우리가 그것들을 우리의 의로 계산하지 않을 때, 더 이상 우리의 의가 아니다. 이 모든 행위를 가지고 우리는 우리 안으로 들어오시기를 원하는 주님의 길을 준비해야 한다(사 40:3; 마 3:3; 막 1:3; 눅 3:4). 그것들 자체가 주님의 길이 아니다. 이 주님의 길은 임재 하는 주님만이 우리 안에서 초래하는 하나님의 의이기 때문이다.

부가 설명

하나님은 변화무쌍하시다. 이것은 "깨끗한 자에게는 주의 깨끗하심을 보이시며 사악한 자에게는 주의 거스르심을 보이시리니"(시 18:26)라고 시편 18편에 기록된 것처럼, 하나님이 의롭게 되고, 심판 받는다는 것으로부터 명백히 드러난다. 각 개인이 스스로 있는 모습 그대로 그의 대상이 되는 하나님도 그러한 존재이다. 어떤 자가 의로우면, 하나님도 의로우시다. 그가 깨끗하면, 하나님도 깨끗하시다. 그가 악하면, 하나님도 악하시다. 그러므로 하나님은 영원히 저주받은 자들에게는 불의한 자로 나타나실 것이다. 그러나 의인들에게는 의로우신 분으로 그리고 그 자신의 원래 모습 그대로 나타날 것이다. 그런데 이 변화는 오직 자신 밖에서만 일어난다. 이것은 "주께서 판단을 받으신다"는 말씀에서 분명하게 드러난다. 왜냐하면 하나님께서 밖으로부터만 그리고 인간에 의해서만 심판받는 것처럼, 그는 또한 밖으로부터만 의롭게 되기 때문이다. 그래서 '주께서 의롭다 함을 얻으신다'는 구절을 단지 밖으로부터 하나님에 대해 말해진 것으로 이해해야 한다.

"우리가 이미 선언하였느니라"(롬 3:9)*

비록 유대인들이 이미 말한 것과, 앞으로 로마서 9장에서 설명할 것을 통해 더 나은 것이 있다고 할지라도, 그들은 하나님 앞에서 더 나은 자가 아니라, 이방인들과 마찬가지로 죄 아래 있다. 이것으로부터 사도 바울이 "율법 없는 이방인이 본성으로 율법의 일을 행할 때에는"(롬 2:14)이라고 앞에서 말한 것을 가지고 이방인들을 의인으로 말하고자 하지 않았다는 것이 드러난다. 고작해야 부분적이며 율법적인 의를 가질 수 있을지는 모르지만, 한계가 없고, 영원하고, 매우 신성하고, 그리스도 안에서만 우리에게 주어지는 절대적인 의는 아니다. 밖으로 율법의 일을 하는 것만으로는 충분하지 않다. 의롭게 되는 것이 먼저 그리스도로부터 오지 않으면, 율법의 일을 내적으로 행하는 것도 충분하지 않다. 그럼에도 율법의 일을 내면에서부터 하라고 명령되었다. 왜냐하면 우리는 마음과 생각에 있어서 (성경이 말하는 것처럼) 항상 악한 것으로 기울어져 있으며, 그래서 율법과 선을 행하는 것을 싫어하기 때문이다. 그래서 우리는, 앞에서 분명하게 언급한 것처럼, 선을 행하지 않는다.

"다 죄 아래에 있다"(롬 3:9)

이 부분은 영으로 말해진 것으로 이해해야 한다. 다시 말해, 사도 바울은 사람의 입장에서 말하는 것이 아니라, 그들이 하나님 앞에 서 있는 것처럼 그렇게 말하고 있다. 하나님 앞에서는 사람의 눈에 명백하게 악한 자뿐만 아니라, 또한 자기 자신과 사람들에게 경건하게 보이는 자들을 포함해 모든 사람이 죄인이다.

　　이것에 대한 근거는 다음과 같다. 명백하게 악하게 드러나는 자들은 두 방향으로 죄를 짓고, 자신들의 눈으로 봐도 의의 모양이 없다. 자기 자신과 사람들에게 외형적으로는 경건하게 보이는 사람들도 내적으로는 죄를 짓는다. 왜냐하면 비록 그들

---

* 로마서 3:6-8에 관한 루터의 주석은 강의에서는 다루어지고 있지 않다.

이 밖으로는 선한 것을 행할지라도, 그것을 자유롭고, 즐거운 마음에서 하는 것이 아니라, 형벌에 대한 두려움 때문에 하거나, 재물과 명성과 다른 피조된 것에 대한 사랑에서 하기 때문이다. 외적인 인간은 선한 것을 계속 행하지만, 그러나 내적인 인간은 정반대적인 것을 하고자 하는 욕망과 갈망이 목구멍까지 차 있다. 그가 이것을 벌을 받지 않고 해도 된다면, 혹은 이것을 해도 그에게 어떤 영광이나 쉼이 주어지지 않는다는 것을 안다면, 그렇다면 그는 오히려 선을 단념하고, 저들처럼 악을 행할 것이다. 악을 행하는 자들과, 비록 두려움 때문이든, 현세의 재산에 대한 사랑에 유혹되어서이든, 악을 행하지는 않더라도 악을 행하고자 하는 자들이 하나님 앞에서 어떤 차이가 있는가? 그가 외적인 의를 충분한 것으로 간주하고, 내적인 의를 가르치는 자들을 대항한다면, 그는 가장 나쁜 자이다. 그리고 그가 하지 않았기 때문이 아니라, 단순한 마음으로 하지 않았기 때문에 그리고 그가 행해야 하는 것의 반대만을 갈망하는 그의 의지를 바로잡지 않기 때문에 견책을 받을 때, 자신을 변호하는 자도 가장 나쁜 자이다. 이제 그의 선한 행위는 이중적으로 악하다. 첫 번째는, 그것이 선한 뜻으로 행하지 않아 악하기 때문이며, 두 번째는, 교만한 마음으로 그것을 경건하다고 간주하며 변호하기 때문이다. 그래서 예레미야 2장에 이렇게 기록되어 있다. "내 백성이 두 가지 악을 행하였나니"(렘 2:13). 우리가 율법의 행위들에 대해 자유롭고, 즐겁게 되도록 그리고 형벌에 대한 두려움이나 자기 사랑으로 행하지 않고, 오직 하나님을 기쁘게 하고, 그의 뜻만을 행하고자 하도록 이 의지가 (하나님께서 그리스도를 믿는 자들에게 약속하셨고. 그들에게 주시는) 은총을 통해 치유되지 않는다면, 그러면 우리는 항상 죄 아래 있는 것이다. 그래서 다음과 같은 말이 나온다.

"의인은 없나니 하나도 없으며"(롬 3:10)

이 말을 모든 사람은 잘 생각해야 하고, 눈을 크게 뜨고, 매우 신중하게 주의를 기울여야 한다. 왜냐하면 사도 바울이 여기서 찾고 있는 대로의 의인은 매우 드물기 때문이다. 이것은 우리가 우리 자신을 깊은 곳에 이르기까지 거의 부수지 않아, 우리 의지의 약함을, 심지어는 그것의 해악을 알지 못하는 것에서 온다. 그러므로 우리는 우리를 거의 낮추지 않고, 하나님의 은총을 바른 방법으로 거의 찾지 않는다. 여기에서 말하는 바와 같이 우리가 알지 못하기 때문이다. 이 해악이 아주 미세해서, 영적인 사람들에 의해서도 완전히 이해될 수 없다. 그러므로 진실로 의로운 자들은 그들이 악한 의지를 가지고 있고, 그래서 하나님 앞에서 죄인인 것을 보기 때문만이 아니라, 또한 그들의 의지가 얼마나 깊이까지, 어느 정도까지 악한지 결코 완전히 볼 수 없기 때문에 탄식하며 하나님의 은총을 간구한다. 그러므로 그들은 항상 죄인이며, 마찬가지로 그들의 의지가 심연에 이르기까지 완전히 악하다고 믿는다. 그래서 그들은 자신을 낮추고, 탄식하며, 그들이 완전히 고침을 받을 때까지 간구한다. 그런데 이 치유는 죽을 때에야 비로소 일어난다. 그래서 우리가 항상 죄를 짓는 것, 즉 '우리가 실수를 많이 하는'(약 3:2) 일이 일어난다. "만일 우리가 죄가 없다고 말하면 스스로 속이고"(요일 1:8). 예를 들면, 계명도 금령도 없을지라도, 이것은 하고, 저것은 하지 않는 자신의 의지로 선을 행하고 악을 멀리하는 사람이 누가 있겠는가? 우리가 우리의 마음을 바른 방법으로 탐구한다면, 어느 누구도, 자신이 완전한 자가 아니라면, 자신에게서 저런 사람을 발견하지 못할 것이라고 생각한다. 도리어 그는, 만약 그가 자유롭게 할 수 있다면, 많은 선한 것을 일어나지 않게 내버려 두고, 많은 악한 것을 할 것이다. 바로 이것이 하나님 앞에서는 죄 가운데 있다는 것이다. 이 죄로 인해 우리는 우리의 의지를 가지고, 앞에서 말한 바와 같이, 자유롭게 섬기는 것이 방해를 받고 있다. "선을 행하고 전혀 죄를 범하지 아니하는 의인은 세상에 없기 때문이로다"(전 7:20). 그래서 의인들에게서는 그들의 죄를 고백하는 것이 그치지 않는다. 그리고 시편 32편에서는 "이로 말미암아 모든 경건한 자는 주를 만날 기회를 얻어서 주께 기도할지라"(시 32:6)고 증거한다. 그런데 비록 이 의지를 가지고 선한 것을 행하고, 악한 것을 멀리한다고 보일지라도, 이것이 실제로 그렇다는 것을 누가 알겠는가. 또는 도대체 누가 알 수 있겠는가? 오직 하나님만이 이것에 대해 판단하실 것이며, 우리는 우리 자신에 대해 이런 것과 관련하여 사도 바울에 의하면 어떤 판단도 내릴 수 없기 때문이다. 그는 고린도전서 4장에서 이렇게 말한다. "누가 너를 남달리 구별하였느냐"(고전 4:7).* 또한 "때가 이르기 전 곧 주께서 오시기까지 아무것도 판단하지 말라"(고전 4:5). 실제로 어떤 사람들이 자신들은 그와 같은 의지를 가지고 있다고 생각한다면, 이것은 위험한 과망(過望)이다. 이것으로 인해 대부분의 사람들은 가장 교활한 방법으로 현혹된다. 다시 말해,

---

* 고린도전서 4:7. 루터의 원문에는 고린도후서 4장으로 나오나 이는 오기이다.

그들은 그들이 이미 하나님의 은총을 소유하고 있다고 믿으면서, 그들의 내면을 탐구하는 것을 소홀히 하고, 매일 식어가고, 마침내 문자적으로 죽는다. 그들이 형벌에 대한 두려움 때문이거나, 명예욕 때문이거나, 부끄러움 때문이거나, 누군가에게 총애를 받고자 하는 마음에서, 또는 다른 욕망에 의해 선한 것을 행하고, 악한 것을 멀리하는 지를 검토해 본다면, 그들은 그들이 이미 말한 것을 통해 그것을 행하도록 선동되었지, 하나님의 의지만을 통해서가 아니라는 것을, 적어도 그들이 순수하게 하나님에 대한 사랑에서 그렇게 했다는 것을 알지 못한다는 것을 의심할 여지없이 발견할 것이다. 그러나 다른 사람보다 나은 것을 자랑할 수 있는 것은 우리 안에 없고, 단지 악한 것만 있기 때문에, 그들이 이것을 발견하기만 하면, 그들은 확실히 놀랄 것이고, 자신을 낮추며, 항상 탄식과 간구로 하나님의 은총을 찾을 것이며, 이로 인해 더욱더 앞으로 나아갈 것이다. 소망을 가지라고 명령이 되었다면, 우리가 행해야 하는 대로 행하기를 소원하도록 명령된 것이 아니라, 홀로 우리의 심연을 (이것을 보는 것이 우리에게는 어둠으로 덮혀 있다) 바라보는 자비로우신 하나님께서 우리가 그에게 죄를 고백을 하기만 하면, 죄로 계산하지 않으신다는 것이다. 그래서 욥이 말한다. "나는 온전하다마는 내가 나를 돌아보지 아니하고"(욥 9:21). 그리고 "내 모든 고통을 두려워하오니 주께서 나를 죄 없다고 여기지 않으실 줄을 아나이다"(욥 9:28). 왜냐하면 그는 자신이 두 마음을 가지고 행했는지, 그가 아주 숨겨진 욕망을 가지고 그에게 속한 것을 찾았는지 알 수 없었기 때문이다. 그러므로 세네카(Seneca)의 다음과 같은 말은 교만하고 죄로 가득한 말이다. "사람은 알지 못하는 자이고, 신들은 용서해 주는 자라는 것을 내가 알았을지라도, 나는 지금까지 죄를 짓고자 하지 않았다."* 첫 번째로, 인간이 자기 스스로 이 의지를 갖는 것은 불가능하다. 왜냐하면 그는 항상 악으로 치우쳐 있어, 하나님을 통하지 않고는 선한 것을 행할 수 없기 때문이다. 그러므로 자기 자신에 대해 높게 평가하는 자는 아직 자기 자신을 아는 자가 아니다. 물론 이런 생각을 가지고, 모든 것은 아닐지라도 어떤 선한 것을 행할 수 있고, 원할 수 있다는 것이 사실이라고 나는 인정한다. 왜냐하면 선을 행하고자 하는 어떤 한 부분도 우리에게 남아 있지 않은 것처럼, 그렇게 완전하게 악에 기울어져 있지 않기 때문이다. 이것에 대해서는 우리에게 남아

---

* 세네카의 문헌에 직접적으로 나오지 않는 말이다. 아마도 루터는 세네카의 말이라고 인용되던 다른 사람의 글에서 이것을 인용했을 것이다. 이에 대해서는 *WA* 56, 236의 각주 32를 참고하라.

있는 양심의 '불꽃'(syntheresis)이 증거가 된다. 두 번째로, 비록 그가 신이 용서하고, 인간은 모른다는 것을 알 때도 죄를 짓기를 원하지 않는다고 말한다면, 신도 인간도 선을 행하는 것에 전혀 관심을 가지고 있지 않는다는 것을 알 때도, 선한 것을 행하기를 원한다고 감히 말하겠는가? 만약 그가 한다면, 그렇다면 그는 여전히 교만한 자이다. 그가 명예욕과 자만심을 완전히 버리지 못했기 때문이다. 적어도 스스로 만족하는 자기 자신에 의해서는 말이다. 왜냐하면 인간은 자신에게 속한 것만을 추구할 수 있고, 모든 것보다 자기 자신만을 더 사랑하기 때문이다. 이것이 그의 모든 잘못의 총체이다. 그러므로 인간은 선하고 덕스러운 것을 행할 때조차도 자기 자신만을 찾아 자기 자신에 대해 만족해하고, 자기 자신을 찬양한다.

"의인은 없나니 하나도 없으며"(롬 3:10)

왜냐하면 어떤 자도 자기 스스로는 하나님의 율법을 즐거운 마음으로 하지 않고, 모든 사람들은, 적어도 마음으로는, 하나님의 뜻에 반대하기 때문이다. 반면에 "여호와의 율법을 즐거워하"(시 1:2)는 자만이 의롭다. 그래서 또한 아래와 같이 말할 수 있다.

"깨닫는 자도 없고"(롬 3:11)

하나님의 지혜는 숨겨져 있고, 세상에 알려지지 않았기 때문이다. "말씀이 육신이 되"(요 1:14)었고, 지혜가 육신이 되었는데 숨겨졌다. 그래서 그리스도께서 계시를 통해서만 인식될 수 있는 것처럼, 바른 오성을 통해서만 이해될 수 있다. 그러므로 눈에 보이는 것에 대해, 그리고 그 안에서 지혜로운 자는(이런 종류의 지혜로운 자는 신앙 밖에 있고, 하나님과 미래의 삶에 대해 알지 못하는 모든 사람이다) 알지 못하고, 깨닫지 못한다. 즉, 그들은 총명하지도 지혜롭지도 않고, 오히려 어리석은 자요, 장님이다. 비록 그들이 지혜롭게 보인다고 할지라도, 그럼에도 그들은 어리석은 자들이 되었다. 왜냐하면 그들은 숨겨진 지혜를 통해서가 아니라, 인간적인 방법으로 찾아질 수 있는 지혜에 근거해 지혜롭기 때문이다.

"하나님을 찾는 자도 없고"(롬 3:11)

이것은 명백히 하나님을 찾지 않는 자들에게도 해당되고, 또한 하나님을 찾는 자들, 더 정확하게 표현하면, 하나님을 찾는 것으로 보이는 자들에게도 해당된다. 왜냐하면 그들은 하나님께서 찾아지고, 발견되기를 원하시는 대로, 즉 자신을 과대평가하는 자신의 지혜를 통하지 않고, 믿음을 통해 그리고 겸손한 가운데 하나님을 찾지 않기 때문이다.

부가 설명

"의인은 없나니 하나도 없으며"라는 말씀이 두 종류의 사람들, 즉 오른 편으로 벗어난 사람들과 왼편으로 벗어난 사람들에 의해 이해되어져야 하는 것처럼, "깨닫는 자도 없고 하나님을 찾는 자도 없다"는 말씀도 그렇다. 전자는 그들이 불의하고, 깨닫지 못하고, 하나님을 찾지 않기 때문에 그렇고, 후자는 너무 과도하게 하고, 너무 결사적으로 하기 때문이다. 이들은 너무 의롭고, 너무 똑똑하며, 너무 하나님을 찾아서, 그들의 생각에 있어서 더 나아질 수 없다. 마치 "깨닫는 능력을 가지고 하지 않기에, 그들은 어떤 것도 깨닫지 못하지 않는가?"라고 한 희극 작가가 말하는 것처럼* 말이다. 또한 말한다. "최고의 의는 종종 최고의 어리석음이다."** 심지어는 불의라고도 할 수 있는데, 이것은 사람이 너무 완고하게 자기주장을 내세우고, 반대 입장에 조금도 양보하지 않을 때 그렇다. 그래서 "많이 아는 자가 더 바보다"(Weiss leut narrn groblich)라는 격언이*** 사람들 사이에서 회자된다. 더 지혜로운 자들이 더 심하게 미친다.

먼저 사도 바울은 '깨닫는 자도 없고'라고 말하고 난 뒤, 그다음에 '하나님을 찾는 자도 없고'라고 말한다. 왜냐하면 깨달음이 원하는 것과 행하는 것보다 먼저 이기 때문이다. '찾는 것'은 하고자 하는 마음과 행동을 요청한다. 그러나 이것은 이해하는

---

* 테렌스(Terence, 로마의 극작가, 주전 185–159), *Andria*, 17.

** Terence, *Heauton timorumenos*, 796.

*** Wander, *Deutsches Sprichwörterlexikon* III, 1, 198 Nr. 1272. 원문에서 루터는 독일어를 그대로 사용한다.

것보다 나중의 일이다. 그러므로 왼편의 불경건한 자들은 깨닫지 못한다. 그들이 보이는 것들을 통해 헛된 정욕에 눈이 어두워졌기 때문이다. 오른편에 있는 자들도 깨닫지 못한다. 지혜와 의에 대한 자기 자신의 생각에 사로잡혀 스스로가 방해가 되기 때문이다. 그래서 그들은 스스로 신적인 빛에 이르는 장애가 된다.

그러므로 이 두 경우로부터 분명히 드러난다. 인간은 그가 깨닫고, 그 깨달음에 따라 하나님을 찾을 때에야 의롭다고 불린다. 그런데 이 찾는 것이 없는 깨달음은, 마치 행함이 없는 믿음이 죽은 것이며 살리지도 의롭게 하지도 못하는 것처럼, 죽은 것이다. 반대로 깨닫지도, 하나님을 찾지도 않는 자는 불의한 자이다. 그래서 사도 바울은 '의인은 없다'라는 말을 앞에 두었다. 마치 '의인은 없다'는 말이 무엇을 의미하는지 설명하고자 한 것처럼, 그는 '불의한 자는 깨닫지도 못하고, 하나님을 찾지도 않는다'고 말한다.

부가 설명

여기에서 말하는 이 깨달음은 믿음 자체이거나 보지는 못하고, 믿을 수만 있는 것에 대한 지식이다. 이 깨달음은 숨겨져 있다. 그것이 사람이 자기 스스로는 알 수 없는 것에 대한 깨달음이기 때문이다. 이에 대해 요한복음 14:6이 증거 한다.* "나로 말미암지 않고는 아버지께로 올 자가 없느니라." 그리고 "나를 보내신 아버지께서 이끌지 아니하시면 아무도 내게 올 수 없으니"(요 6:44)라는 말씀과 "바요나 시몬아 네가 복이 있도다 이를 네게 알게 한 이는 혈육이 아니요 하늘에 계신 내 아버지시니라"(마 16:17)고 베드로에게 하신 말씀도 증거 한다. 왼편에 있고, 단지 보이는 것만을 중히 여기는 감각적인 불경건한 자들이 어떻게 그것을 깨달을 수 있겠는가? 그리고 자기 생각만 내세우고, 중요하게 여기는 오른 편에 있는 자들이 어떻게 깨달을 수 있겠는가? 둘 다 스스로 빗장을 걸고, 이 깨달음의 빛에 대항해 스스로에게 낯선 장애물을 세운다.

---

* 라틴어 원문에는 요한복음 6장이라고 나와 있으나 이는 오기이다.

하나님을 마음으로 갈망하거나 찾는 것은 오성이 우리로 하여금 깨닫게 하는 것을 원하고 사랑하도록 만드는 바로 하나님에 대한 사랑이다. 깨닫고 믿게 될지라도, 하나님의 은총이 없이는 믿어지고 깨달아진 것이 사랑이 될 수도 없고, 기꺼이 행해질 수도 없기 때문이다. "'하나님을 찾는 자도 없다'고 아주 적절하게 말했다." 왜냐하면 현세의 삶의 상태는 하나님을 소유하는 것이 아니라, 그를 찾는 것을 통해 완수된다. 항상 사람은 하나님을 찾고, 다시 찾고, 계속해서 새로이 찾아야 한다. "그의 얼굴을 항상 구할지어다"(시 105:4) 그리고 "지파들이… 그리로 올라가는도다"(시 122:4)라고 말하는 것처럼 말이다. 그래서 사람은 능력에서 능력으로, 명백한 것에서 명백한 것으로 나아가 같은 모습에 이를 것이다. 왜냐하면 시작하고 찾는 자가 아니라, '견디고', '끝까지' 찾는 자가 '구원을 얻기' 때문이다(마 10:22). 다시 말해, 계속해서 시작하고, 찾고, 찾은 것을 다시 찾는 자가 구원을 얻는다. 하나님의 길에서 앞으로 가지 않는 자는 뒤에 머물고, 찾지 않는 자는 이미 찾은 것을 잃어버린다. 하나님의 길에서는 머물러 있어서는 안 되기 때문이다. 성 베르나르는 "우리가 더 좋아지기를 원하지 않는 것을 시작하자마자, 우리는 좋은 자가 되는 것을 그만두는 것이다"라고 말했다.*

부가 설명

이 시편을 또한 원편에 있는 불경건한 자들도 이해할 수도 있지만, 사도 바울은 주로 오른 편에 있는 자들에 대해 말한다. 왜냐하면 전자는 "그의 마음에 이르기를 하나님이 없다"(시 14:1)라고 할 만큼 그렇게 깊은 잘못에 빠지는 것이 드물기 때문이다. 그들은 하나님과 그가 명령한 것에 대해 알고 있기 때문이다. 그러나 바로 그들의 삶의 행위를 통해 그들은 '하나님은 없다'라고 말한다. 진리가 존재하지 않고, 하나님이 존재하지 않는다고 그들이 말하는 것은 사실이 아니다. 후자의 사람들은 이것을 입으로만 하는 것과 같이 그렇게 행위로 한다. 그러나 무엇보다 마음으로 한다. 왜냐하면 실

---

* Bernard de Clairvaux, *Epistola ad abbates Suessione congregatos* (PL 182, 224).

제로 그들은 하나님을 알지 못하고, 그들이 그를 가지고자 하는 대로, 그를 만들기 때문이다. 또한 하나님께서 말씀하시는 것도 듣지 않고, 그것에 대해 알지도 못하면서도, 그들이 하나님의 말씀을 이미 가졌고, 그래서 사람들이 자신들의 말을 들어야 한다고 생각하고 말하기 때문이다. 그들은 마음으로 잘못을 저지른다. 그리고 그들이 하나님의 말씀을 들으면, 마치 하나님의 목소리가 아닌 것처럼, 말씀하신 분이 하나님이 아닌 것처럼 마음을 완고하게 한다. 그들이 이렇게 하는 이유는, 하나님의 목소리가 (의롭고, 지혜로우며, 완전히 하나님으로 충만한 것으로 보이는) 그들 자신의 생각에 반대되는 것을 말하기 때문이다. 그래서 그들은 바로 하나님에 대한 열심 때문에, 진리에 대한 사랑 때문에, 하나님에 대해 너무 많이 알기 때문에, '하나님이 없다'고 말하는 것이다. 그들은 자신들이 지혜롭다고 말함을 통해 진리를 부인하고 어리석은 자가 된다.

이 모든 것은 도덕적인 의미에서 모든 교만하고 자기 생각이 강한 사람들에게서 일어난다. 무엇보다 하나님과 영혼의 구원과 관련된 것이 문제가 될 때 더욱 그렇다. 왜냐하면 여기서 하나님께서 말씀하시지만, 말하는 자나 장소나 시간이나 말씀이, 교만한 자에게는 하나님께서 그런 자의 모습으로, 그런 방법으로 말씀하시는 것으로 나타나지 않게 말씀하시기 때문이다. 그러므로 불신자들과 깨닫지 못하는 자들은 하나님으로부터 몸을 돌리거나 대항한다. 그리고 어리석은 자로서 적어도 마음으로 '여기에 하나님이 없다'라고 말한다. 왜냐하면 겸손한 자만이 하나님의 말씀을 받아들이기 때문이다.

"다 치우쳐 함께 무익하게 되고"(롬 3:12)

여기서 '다'는 아직 믿음을 통해 하나님의 자녀가 되지 못하고, '물과 성령으로 나지 않은'(요 3:5) 사람의 자녀들을 의미한다. 그들 중에 어떤 자들은 좌편으로 치우쳐 돈과 명예와 쾌락과 이 세상의 권력에 종노릇한다. 다른 사람들은 우편으로 치우쳐 자기 자신의 의와 덕과 지혜를 갈망하며, 하나님의 의와 하나님에 대한 순종은 등한시 하고, 영적인 교만함으로 진리의 비천함을 논박한다. 그래서 잠언 4:27은 말한다. "좌로

나 우로나 치우치지 말고 네 발을 악에서 떠나게 하라." 다시 말해, 오른쪽을 향하는 길에서 떠나라는 것이다. 왜냐하면 이어서 다음과 같이 기록되어 있기 때문이다. '오른쪽으로 가는 길을 주님은 알지 못하신다. 왼쪽으로 가는 자들도 잘못되었다….'* 오른편에서 오른편으로 치우치는 것은 너무 많이 알고, 의롭게 행한다고 생각하는 것을 뜻한다.

'함께'라는 말은 집합적으로 이해되어야 한다. 그래서 모든 사람이 무익하게 되었다. 즉 헛되고 무익한 것을 추구하게 되었다는 것을 뜻한다. 왜냐하면 무익한 것을 찾는 자들은 당연히 무익한 자가 되고, 헛된 것을 찾는 자도 헛된 자가 되기 때문이다. 부자가 재물을 가지고 있기 때문에 그렇게 불리는 것처럼, 저 무익한 자는 무익한 것을 소유하고 있기 때문에 그렇게 불린다. 왜냐하면 우리가 무엇인가 좋아하면, 그 좋아하는 만큼 그렇게 되기 때문이다. 그래서 성 아우구스티누스는 "네가 하나님을 사랑하느냐? 그러면 너는 하나님이다. 네가 땅을 사랑하느냐? 그러면 너는 땅이다"**라고 말했다. 사랑은 사랑하는 자와 사랑받는 자로부터 무엇인가 하나를 만드는 힘이다. 그들은 또한 다른 방법으로도 '무익하다'고 불린다. 하나님에게 무익한 자들은 그 자신에게도 그렇기 때문이다. 그런데 첫 번째 생각이 나에게는 더 낳아 보인다. 왜냐하면 사도 바울이 그들이 하나님의 진리와 의에서 떠나 자신들의 길을 가기 때문에 헛된 자들이 되었다고 논증하고자 하기 때문이다.

이 세 문장은 일종의 반복과 강조로 이해할 수 있다. 그래서 "의인은 없나니 하나도 없다"는 말은 "다 치우쳤다"는 말과 같은 뜻이다. "깨닫는 자도 없다"는 말과 "함께 무익하게 되다"라는 말 그리고 "하나님을 찾는 자도 없다"는 말과 "선을 행하는 자는 없나니 하나도 없다"(3:12)는 말도 각각 같은 의미다.

왜냐하면 '치우치다'는 말은 불의하게 된다는 뜻이기 때문이다. 그리고 '헛된 자가 되다'는, 진리를 잃어버리고, 헛된 것을 생각하는 자가 된다는 것을 뜻하기 때문이다. 그래서 성경의 많은 곳에서 그들의 깨달음이 헛된 것이라고 언급되고 있다. 그리고 '선을 행하지 않는다'는 것은 하나님을 찾지 않는다는 것이다. 왜냐하면 그들이 외형적으로는 선한 것을 행한다고 할지라도, 그들은 이것을 마음으로 하지 않으며, 이

---

* 이 부분은 잠언 4장에 나오지 않는다. 히브리어 텍스트에도, 70인역에도, 불가타에도 나오지 않는다.

** Augustinus, *Tract. 2, in Epistula as Johannem* (PL 35, 1997).

를 통해 하나님을 찾지도 않고, 도리어 명예와 이익을, 또는 적어도 형벌로부터의 면제를 추구하기 때문이다. 그래서 그들은 사실은 선한 것을 행하는 것이 아니라, (이렇게 말해도 된다면) 선한 것을 감수하는 것이다. 다시 말해, 두려움과 사랑에 의해 자발적으로는 하지 않을 선한 것을 행하도록 강요되는 것이다. 그러나 하나님을 찾는 자는 아무것도 바라지 않으며 하고, 기쁜 마음으로 하고, 단지 하나님만을 위해 한다. 영적인 것이든, 육체적인 것이든 세속적인 것을 소유하고자 하는 마음에서 하지 않는다. 그런데 이것은 자연의 행위가 아니라, 하나님의 은총의 행위이다.

"그들의 목구멍은 열린 무덤이요"(롬 3:13)

13절의 세 구절에서는 그들이 다른 사람들에 대해 어떻게 악한 것을 하는지가 나타난다. 앞에서 사도 바울은 그들이 어떻게 자기 자신에게 악을 행하고, 불경건한지를 기술하였기 때문이다. 후자는 그들이 하나님으로부터 돌아섬을 통해 일어났고, 전자는 다른 사람들을 자신을 따르게 하여, 그들 자신이 하나님으로부터 돌아선 것처럼 그들도 하나님으로부터 돌아서게 함을 통해 일어났다. 이것은 무엇보다 그들의 말을 듣고 그들을 따라하는 자들에게 적용된다. 그들이 이들에게 하는 것은 세 가지이다.

첫 번째로, 그들은 죽은 자들을 삼킨다. 그래서 "그들의 목구멍은 열린 무덤"이라고 말한다. 무덤이 죽은 자, 즉 "무덤에 누운 자 같으니이다 주께서 그들을 다시 기억하지 아니하시니 그들은 주의 손에서 끊어진 자니이다"라고 시편 88:5의 말씀처럼, 죽어서 더 이상 부활에 대한 소망이 없는 자들의 처소인 것처럼, 그들의 가르침과 입, 혹은 목구멍(즉, 그들의 입과 목구멍으로부터 나오는 말)은 불신앙 때문에 믿음에서 떨어져 나가 죽은 자들을 삼킨다. 하나님의 특별한 능력이 아니고서는 불신앙의 죽음에서 다시 살아나는 희망이 더 이상 존재하지 않도록 삼켜버린다. 그럼에도 그들은 지옥에 가기 전에 다시 살 수 있다. 이것을 주님께서 사흘 동안 무덤에 있던 나사로에게서 보여 주신 것처럼 말이다. '열린'이라는 말은 그들이 많은 사람을 삼키고 유혹하기 때문이다. "그들의 말은 악성 종양이 퍼져나감과 같"(딤후 2:17)다. 마찬가지로 "죄악을 행하는 자는

다 무지하냐 그들이 떡 먹듯이 내 백성을 먹으면서 여호와를 부르지 아니하는도다"(시 14:4). 다시 말해, 다른 음식보다 더 많이 그리고 더 자주 빵을 먹지만 싫증을 느끼지 않는 것과 마찬가지로 그들은 죽은 자와 제자들을 끊임없이 삼킨다. 그러나 배부름을 느끼지 못한다. "아이 배지 못하는 태(즉, 지옥의 가르침)"(잠 30:16)이기 때문이다. 심지어 빵이 먹는 자에게로 들어가는 것처럼, 이들도 스승의 불신앙으로 빠져 들어간다. 여기서 사용되는 유사성은 차이점도 나타내 준다. 왜냐하면 바로 이 불경건한 자들이 의로운 자들도 삼키기 때문이다. 그러나 빵을 삼키는 것처럼은 아니다. 전자가 후자를 빵처럼 형체가 없게 만들지 못하고, 살아 있는 몸으로, 날 것으로 삼키기 때문이다. 그리고 후자를 변화시키지 못하고, 오히려 스스로 망하거나, 다른 사람들에 의해 바르게 고침을 받든지 한다.

그러므로 이단 혹은 불경건한 가르침은, 육체의 페스트에서 일어나는 것처럼, 많은 사람을 전염시키고 죽이는 역병과 페스트와 다르지 않다.

시편은 여기서 그들의 가르침의 효력과 설득력을 표현하기 위해 '입'이라는 말보다 '목구멍'이라는 말을 사용한다. 왜냐하면 그들은 강력하고, 목구멍 속에 있는 어떤 것이 이미 삼켜진 것처럼, 그렇게 삼킨다. 입속에 있는 것이 아니다. 이곳에서는 토해질 수 있고, 뱉어질 수도 있기 때문이다. 그들의 가르침은 효력이 있다. 그들이 상냥하고 기분 좋게 말하기 때문이다. 사도 바울이 "귀가 가려워서 자기의 사욕을 따를 스승을 많이 두고"(딤후 4:3)라고 말한 것처럼 말이다. 목구멍은 어떤 이도 가지고 있지 않지만, 입은 이를 가지고 있다. 입은 이로 씹지만, 목구멍은 씹지 않고 어려움 없이 삼키기 때문이다.

또 다른 이유가 있다. 이 스승은 씹지 않고, 되씹지 않고, 가루로 만들지 않기 때문이다. 다시 말해, 그들은 사람을 벌하지도 않고, 내리누르지도 않고, 회개하도록 시키지도 않고, 파멸시키지도 부러뜨리지도 않는다. 오히려 그들의 불경건한 모습에 손상을 입히지 않고 그대로 삼킨다. "네 선지자들이… 네 죄악을 드러내어서 네가 사로잡힌 것을 돌이키지 못하였도다"라고 예레미야애가 2:14이 말하는 것과 같다. 죄인을 말로 벌하고 징계한다는 것은 그를 이로 부수어 아주 작고 부드럽게(즉, 겸손하고 온순하게) 만든다는 것이다. 그러나 듣기 좋은 말로 아양을 떨고, 죄를 작게 보이게 만들고, 급하게 용서하는 것은 목구멍으로 삼켜버리는 것이다. 다시 말해, 부수지 않고, 크고 딱딱하게 내버려 두는 것이다. 즉, 교만하고, 회개에 무감각하고, 견책을 견디지 못하는 자로 내버려 두는 것이다. 그래서 아가 4:2에서는 신부에 대해 "털 깎인 암양"이라고 말한다. 이것은 성경에서 인용한 책망이지만, 처벌에 대한 열정은 없는 말이다. 사도 바울은 다른 두 문장과 함께 "그들의 목구멍은 열린 무덤이요"라는 말을 가지고 무엇을 나타내고자 하는지 그리고 그들이 그들을 삼키는 것이 어떻게 일어나는지를 설명한다.

두 번째로, 그들은 속임을 일삼는다. 그들이 거짓으로 가르치기 때문에, 그들의 목구멍은 텅 빈 무덤이고, 많은 사람들을 삼킨다. 목구멍에 독기가 차 있기 때문에, 그들은 삼키고, 그들의 목구멍은 무덤이다. 바로 후자를 통해서 그들은 사람을 죽이고, 전자의 방법을 통해서는 많은 사람들을 죽인다. 왜냐하면 아양을 떠는 말과 교활한 설득력은 많은 사람들을 유혹하고 끌지만, 독은 유혹당한 자들을 죽이기 때문이다. 그래서 "그들의 목구멍은 열린 무덤이요"라는 말씀은 아주 적합하다. '무덤'이란 죽은 자 때문에 그렇고, '열린'이란 말은 많은 사람들이기 때문에 그렇고, '그들의 목구멍'이라는 말은 그들이 어떤 사람을 아첨과 책략으로 죽이기 때문이다. 이렇게 앞에 있는 것을 지시한다. '혀로 행한다'는 말은 가르치고, 경고하고, 격려하고, 이 도구를 완전히 다른 사람을 위해 사용한다는 것을 뜻한다. 그러나 '속임을 일삼다'는 말은 마음에 들고, 가벼운 교리를 거룩하고 구원을 가져다주고 하나님으로부터 온 것으로 가르치는 것이다. 그래서 이렇게 현혹된 사람들은 그들의 말을 마치 하나님의 말씀처럼 듣고, 그들에게 설교가 좋고, 참되고, 하나님으로부터 오는 것으로 보일 때, 하나님을 듣는다고 믿는다. 그래서 이 마음에 들게 말하고 아양 떠는 것은, 이것 때문에 저 설교를 청중이 좋아하는데, 앞에 나온 '목구멍'이라는 말보다는 '그 혀로는'이라는 말로 더 잘 암시되고 있다. 왜냐하면 혀는 부드럽고, 뼈가 없고, 부드럽게 핥기 때문이다. 그들의 모든 말은 자신의 지혜와 의에 만족하는 사람들의 마음만을 어루만진다. 이사야 30:10에 기록된 것과 같다. "그들이 선견자들에게 이르기를 선견하지 말라. 선지자들에게 이르기를 우리에게 바른 것을 보이지 말라. 우리에게 부드러운 말을 하라. 거짓된 것을 보이라." 다시 말해, 우리의 생각에 반대되는 것을 말하지 말라는 것이다. 그래서 그들은 십자가의 말씀을 (이것을 통해 그들 자신의 생각이 죽여지고, 이빨로 물어뜯어져야 하는데) 몹시 두려워하고, 그들 자신을 지지해 주는 것만 듣고자 한다. 오, 참으로 무서운 말이다! 이 속이는 방법이 많은 사람을 준비하고, 독이 이 준비된 사람들을 죽인다. 그래서 그들의 목구멍은 열려 있고 넓은 무덤이다.

세 번째로, 그들이 이와 같이 가르침을 받은 자들을 죽이는 것이다. 왜냐하면 그 입술에는 독사의 독이 있기 때문이다. 바로 아양을 떨며, 마음에 들게 말하는 것은 그것을 믿는 자들을 살아 있게 하지 못할 뿐만 아니라, 심지어 그들을 죽인다. 사람들이 그들을 더 이상 도울 수 없도록 죽인다. 독사의 독에 대해서는 어떤 약도 없기 때문이다. 독사는 아프리카에서 서식하는 뱀으로, 그것이 물면, 아리스토텔레스가 말한 것처럼,* 치료할 수 없다. 그래서 불신앙자들과 이단자들은 더 이상 바른 길로 인도될 수 없다. 그런데 그들의 영혼을 죽이는 이 독을 가련한 자들은 보지 못한다. 그래서 '그 입술에는' 이라고 말한다. 이것은 겉으로는 생명과 진리가 바로 이 말 속에서 그들을 만나는 듯 보이지만, 죽음이 은밀하게 숨어 있다는 뜻이다. 독사의 독이 치료될 수 없고, 생명을 회복할 수 없게 완전히 죽이기 때문에, 그래서 그것은 '무덤'이라고 적절하게 표현되고 있다. 진리와 의의 외관상으로 유혹적인 모습은 왜 열린 무덤이 치료가 불가능하고, 절망적인 독인지에 대한 원인이다. 우리 모두는 진리와 의를 사랑한다. 그래서 그들은 그것이 아주 유혹적으로 보이는 곳에서는 그것에 집착한다. 그러나 그것이 추하게 보이면 곧바로 경멸한다. "고운 모양도 없고 풍채도 없"(사 53:2)는 그리스도에게서 명백하게 나타나는 바와 같이, 우리의 생각에 반대하는 모든 진리도 그렇다.

"그 입에는 저주가 가득하고"(롬 3:14)

보라, 먼저, 그들은 자신들을 따르지 않는 자들을 대항하는 한 '입'을 가지고 있다. 여기서는 '목구멍'도 아니고, '혀'도 아니고, 완전한 이를 가지고 있는 '입'에 대해서 말한다.

---

* Aristoteles, *Historia animalium*, VIII, 29.

그다음으로, 그들을 따르지 않고, 오히려 그들을 대항하며, 그들을 앞에서 말한 죽음에서 돌아서게 하기 위해 선하고 바른 것을 가르치는 사람들을 그들은 어떻게 대하는가? 단지 보라, 그들이 어떻게 그들에게 보응하는지를! 그들에게 그들은 같은 방법으로 세 가지를 행한다.

첫 번째는, 그들은 저주로 가득 찬 입을 가지고 있다. 이것은 그들의 저주가 그들이 저주하는 자에게로 가지 않고, 자기 자신들에게 머물기 때문에 좋은 표현이다. 그들은 "너를 저주하는 자는 저주를 받고"(창 27:29)라는 그리스도를 향하는 말씀에 의하면, 단지 그들 자신에게 해를 입힌다. 시편 58:6에도 "하나님이여 그들의 입에서 이를 꺾으소서"라고 기록되어 있다. 이는 다른 사람의 상처나 육체에 해를 끼치는 것이 아니다. 왜냐하면 하나님께서는 이빨로 하여금 물게 하지만, 그것들이 아무에게도 상처를 줄 수 없도록 하기 위해 그들의 입에서 이를 꺾으셨기 때문이다. 그래서 그들에게는 이빨과 저주가 없지 않다. 단지 입 안에만 있다. 입은 그것으로 가득하다. 이 '저주'는 누군가를 모든 사람이 보는 앞에서 모욕과 비방과 악담으로 치는 것과 그에게 악한 것이 일어나기를 바라는 것을 의미한다. 모든 사람들이 누군가가 확고한 자신의 생각에 반대한다는 것을 느끼면 (그가 의롭고, 진실한 자로 보이기에) 이것을 한다. 마치 자신이 진리의 수호자요, 하나님께 순종하는 자인 것처럼 이 모든 것을 놀랄 만한 열심으로 하는데, 올바른 지식을 따르는 것이 아니다(롬 10:2). 그들은 이것을 열의 없이 하는 것이 아니라, 이미 말했듯이, 대단한 열심을 가지고 한다. 그래서 '입이 가득하다'고 말씀한다. 즉, 그들은 저주로 가득 차 있다.

두 번째는, "악독이 가득하고"(3:14), 극도의 적개심이 드러나는 비방으로 가득하다는 뜻이다. 시기는 악독으로 가득 찬 마음이다. 그와는 반대로 자비는 즐거움으로 가득 찬 마음이다. 그러므로 교만한 자들과 불경건한 자들은 의인을 저주할 뿐만 아니라, 자기 자신들에게 있어서 또는 다른 사람들 앞에서 극악한 말들을 가지고 서로서로를 헐뜯는 것이다. 그러나 이 시기는 또한 그들의 입 안에 있다. 그래서 그들이 시기하는 사람들에게 어떤 해도 끼치지 못한다. 그래서 시기가 가득하다. 그러나 이 것은 밖에 있는 다른 사람들을 쓰리고, 불행하게 하지 못한다.

세 번째는, "그 발은 피 흘리는 데 빠른지라"(3:15). 또다시 아주 좋은 표현이다. 사람들은 손으로 그들이 원하는 것을 항상 수행할 수 없다. 그럼에도 그들의 뜻을 항상 이루려고 노력한다. 그들이 진리의 전달자를 저주와 비방으로 이길 수 없을 때는, 그들 자신의 생각이 박탈당하지 않도록, 그를 없애버리고 죽인다. 이것을 (사도 바울이 여기서 문자적으로 말하는) 유대인들이, 사도행전에 나타나는 바와 같이, 아주 단호하게 하였다. 그런데 오늘날도 진리의 적은, 그가 '좋은 의도를 가지고 있고, 하나님을 사랑하여' 행한다고 주장하면서, 자기 자신의 생각을 관철시키기 위해 같은 방법으로 그렇게 한다.

"파멸"(롬 3:16)

여기에서 사도 바울은 그들의 운명을 기술하고 있다. 첫 번째는 파멸이다. 다시 말해, 그들은 육체적으로 뿐만 아니라, 정신적으로도 부수어지고, 작게 되고, 비하되는데, 이것은 유대인들에게서 잘 드러난다. 시편 1:4에서 그들은 "바람에 나는 겨와 같다"고 말한다. 왜냐하면 크고 강력했던 자들이 겨로 부수어지고, 지금까지 계속 부수어져서, "거리의 진흙같이 밟히"(미 7:10)기 때문이다. 사람들 앞에서 이 육체적인 분쇄가 일어나는 것보다 그들을 짓밟으며, "돌 하나도 돌 위에 남지 않고 다 무너뜨"(마 24:2)리는 사탄에 의해 영적인 파멸은 더 비참하게 일어난다. 동시에 그들이 자신들의 길에 고착되어 있는 한, 그들은 그 길에서 훨씬 더 작게 되고, 더 나쁘고, 더 힘들게 된다. 반대로, 그리스도의 길을 걷는 사람은 더욱더 성장하고, 강해진다. 이와 같이 후자에게는 실제로 안정과 성장이 존재한다. 그러나 전자에게는 파멸과 감소가 있다.

두 번째는 고생, 즉 불행이다. 그리스도께서 행하는 모든 것에는 축복이 있지만, 그들이 행하는 모든 것은 전혀 잘 되지 않는다. 이것을 유대인들에게서 잘 볼 수 있다. 그들이 비록 그들의 불경건에서는 진보를 하지만, 다른 것에 있어서는 많은 고난 때문에 시달림을 받고 있다.

"평강의 길을 알지 못하였고"(롬 3:17)

왜 그들이 평강의 길을 알지 못했는가? 그 길이 숨겨져 있고 평화가 많은 고난을 통해서만 드러나는 영 안에서의 평화이기 때문이다. 그리스도인이 외적인 것과 명성과 명예와 육체에 있어서 박해를 받고, 그의 전 생애에 있어서 평화가 아니라, 십자가와 고난을 자신의 것으로 가지는 것을 보아야 한다면, 누가 이것을 평화의 길이라고 간주하겠는가? (저들은 그들의 의를 통해 육체 안에서의 평화를 얻으려고 노력한다. 그래서 둘 다 잃어버린다). 그런데 평화는 저런 많은 고난 속에 숨어 있다. 이 평화를 단지 믿고, 그것들을 겪는 자만이 안다. 그러나 저들은 믿고자 하지 않고, 그것을 경험하는 것도 싫어한다. "주의 법을 사랑하는 자에게는 큰 평안이 있으니 그들에게 장애물이 없으리이다"(시 119:165). 어떻게? 당신의 율법을 미워하는 자에게만 율법은 장애물이 된다. 앞에서 말한 모든 것의 원인은 사람들로 하여금 받지 못하게 만드는 교만이다. 하나님을 두려워하는 것은 모든 것을 겸허하게 한다. 그리고 겸손은 모든 선한 것을 받을 수 있게 만든다. 그들이 교만하기 때문에, 그들은 어떤 것도 이해하지 못한다. 그들이 하나님을 두려워하지 않기 때문에, 그들은 교만하다. 그들이 하나님을 두려워하지 않는 것은 하나님이 그들의 생각과 행위를 인정해 주실 것이라고 주제넘게 생각하기 때문이다. 하나님이 그들 자신에게 의롭고, 공의로우신 분으로 나타나시기 때문이다. 이때 그들은 하나님께서 심판하실 때 우리에게서 어떤 옳은 것도, 어떤 순수한 것도 발견하지 못할 것이라는 것에 주의를 기울이지 못한다. 왜냐하면 하나님의 심판은 매우 세밀하기 때문이다. 하나님 앞에 크지 않게 나타날 정도로 세밀하게 행해지는 것은 아무것도 없다. 불의하지 않을 정도로 그렇게 옳은 것은 아무것도 없다. 거짓이 아닐 정도로 참된 것은 아무것도 없다. 하나님 앞에서 흠이 없고, 불경스러운 것이 없을 정도로 깨끗하고 거룩한 것은 아무것도 없다. 그들이 이 사실을 명심한다면, 그들은 확실히 하나님에게서 개인의 평가를 추구해서, 하나님께서 그들의 눈에 의롭고, 참된 것으로 보이는 것을 심판하지 않고, 저주하지 않게, 즉 특별한 호의로 그들의 더러운 것을 깨끗한 것으로 간주하시게 할 것이다. 그들이 하나님을 두려워했더라면, 그리스도만이 그리고 그의 의요 진리가 하나님에 의해 심판될 수 없다는 것을 알았을 텐데. 이 모든 것이 영원하기 때문이다. 하나님께 찬송과 영광이 영원히 있기를! 하나님께서 우리에게 이 모든 것을 그리스도 안에서 그리고 그와 함께 선물로 주시어, 우리가 그를 통해 의롭고, 진실한 자들이 되었으며, 심판을 면하게 해 주셨다. 그래서 우리는 우리의 것 안에서 (언제 '우리의 것'이 되는지 확실하지 않지만) 항상 하나님 앞에서 두려워하는 마음으로 있어야 한다.

그들은 스스로 하나님을 최고로 두려워한다고 생각한다. "하나님을 두려워함"(롬 3:18), 교만한 자들이 자부하지 않는 덕은 어떤 것이 있겠는가? 그들이 자신을 의롭다고 생각하고, 하나님을 찾는 자라고 간주하는 것처럼, 그렇게 또한 하나님을 두려워하며, 사도 바울이 그들에게서 부인하는 모든 것을 가지고 있다고 생각한다. 그리고 그가 그들의 잘못으로 말하는 모든 것이 그들에게서 멀리, 아주 멀리 있다고 뻔뻔스럽게 생각한다. 그래서 사람이 이 시편에 있는 영의 말씀을(시 14:3), 즉 이 말씀이 참되며, 어떤 자도 하나님 앞에서는 의롭지 않다는 것을 확고하게 믿지 않으면, 스스로 의롭다고 여기는 어느 누구도 자기 자신으로부터 이런 자가 되리라고는 간주하지 않을 것이다. 그러므로 우리에 대한 이 말이 참이며, 불의하고 하나님을 두려워하지 않는 것이 우리 모든 개개인에게 적용된다는 것을 항상 생각해야 한다. 그래서 우리가 아주 낮아지고, 우리가 불경건하고 하나님 앞에서 미련하다고 고백하여, 그로부터 의롭다 함을 받을 만하게 되어야 한다.

"아래에 있게"(롬 3:19)

이 말은 '예속된, 빚진, 속박된, 죄가 있는' 등의 말로 이해될 수 있다. 그래서 그 의미가 행간 주석에서 이렇게 말하고 있다. 율법은 모든 자를 불의하다고 선언한다. 그러므로 모든 사람은 자기가 불의하다는 것을 인정하고, 자신을 의롭다고 간주하고 그렇다고 말하는 것을 그만 두어야 하며, 자신의 의로움에 대해 침묵하고, 하나님의 의에 빚진 자가 되어야 한다. 그래서 시편 37:7에 이렇게 기록되어 있다. "주께 복종하고 그에게 기도하라." 이 말은 히브리어 성경에 의하면 '여호와 앞에 잠잠하고 참고 기다리라'는 뜻이다. 이사야 41:1에는 "섬들아 내 앞에 잠잠하라 민족들아 힘을 새롭게 하라"고 기록되어 있다. 그 뜻은 그들은 침묵해야 하고, 입을 다물어야 하고, 그들이 내 앞에서 의롭다고 말하는 것을 그만 두어야 한다는 것이다. 시편 65:1에 "하나님이여 찬송이 시온에서 주를 기다리오며"라고 기록되어 있는데, 히브리어로는 "시온에 계신 하나님, 당신을 침묵 속에서 찬송하나이다"라는 뜻이다. 다시 말해, 우리가 당신에게 우리의 의에 대해 침묵해야 하는 의무를 지고 있다는 것이다. 바로 이것이 당신의 의를 찬양하는 것이다. 왜냐하면 사람은 "하나님, 당신에게 침묵하고 그리고 찬양하나이다"라는 말에서 접속사 '그리고'(et)를 생각해야 하기 때문이다. 그런데 이 문장은 접속사 없이 더 분명하게 된다. 이것은 우리가 우리 자신을 찬양하고, 우리가 무엇인가 되는 것처럼 생각하는 것을 그만둘 때, 하나님을 영화롭게 하고, 하나님을 찬양하는 것이기 때문이다.

율법의 행위 없이 칭의가 일어날 수 있으며, 율법의 행위로 의롭게 될 수 없다는 것이 어떻게 가능할 수 있는가 라는 질문이 제기될 수 있다. "율법의 행위로"(3:20), 왜냐하면 야고보서 2:26은 분명하게 "행함이 없는 믿음은 죽은 것"이며, 아브라함과 라합의 예를 들면서 "사람이 행함으로 의롭다 하심을 받고"(약 2:24)라고 말하기 때문이다. 이와 같은 것을 바울 자신도 갈라디아서 5:6에서 "사랑으로써 역사하는 믿음"에 대해 말한다. 그리고 로마서 2:13에서도 "하나님 앞에서는 율법을 듣는 자가 의인이 아니요 오직 율법을 행하는 자라야 의롭다 하심을 얻으리니"라고 하였다.

이에 대한 대답은 이렇다. 사도 바울은 율법과 믿음, 문자와 은총을 구분하는 것처럼, 또한 그들의 행위도 구분한다. 그는 믿음과 은총 없이 일어나며, 두려움으로 행하도록 강요하고, 현세적인 것에 대한 약속을 통해 유혹하는 율법으로부터 행한 것을 율법의 행위라고 부른다. 그리고 자유의 영으로부터 나오고, 하나님에 대한 사랑에서 일어나는 행위를 믿음의 행위라고 부른다. 후자는 단지 믿음을 통해 의롭게 된 자들에 의해서만 행해질 수 있다. 이 칭의의 율법의 행위는 어떤 방법으로도 영향을 미치지 못한다. 오히려 방해만 될 뿐이다. 그것이 인간이 스스로 불의하고, 칭의를 받을 자격이 없는 자로 나타나는 것을 허락하지 않기 때문이다.

이것과 비슷한 예가 있다. 한 평신도가 사제의 모든 직무 수행을 외견상으로 행할 때, 즉 미사, 견신례, 사죄 선언, 성례전을 집전하고, 제단, 교회, 예복, 기기들을 성별할 때, 이러한 행위는 모든 면에서 확실히 진짜 사제가 행하는 것과 일치한다. 어쩌면 진짜 사제가 행하는 것보다 더 적합하고, 더 완전할 수도 있다. 그러나 그 자신이 성별되고, 서품을 받지 않고, 거룩하게 되지 않았기 때문에 아무것도 하지 않은 것이다. 단지 흉내만 낸 것이고, 자신과 사람들을 속인 것에 불과하다. 칭의 밖에서 그리고 칭의를 받기 전에 일어난 의롭고, 경건하고, 거룩한 행위들은 바로 이렇다. 왜냐하면 저 평신도는 그런 직무 수행을 통해 사제가 되지 못하는 것처럼— 그러나 그는 사제가 될 수 있다. 심지어는 그런 수행 자체가 없이도 사제가 될 수 있는데, 바로 성직 수임식을 통해서이다— 율법으로 난 의인도 율법의 이런 행위들을 통해 의롭게 되지 못한다. 그가 의롭게 되는 것은 다른 것을 통해서인데, 바로 그리스도에 대한 믿음을 통해서이다. 그는 그리스도에 의해 의롭게 된다. 즉 그리스도에 의해 서품을 받아, 의의 행위를 하도록 의롭게 되는 것이다. 이것은 마치 평신도가 사제의 직무 수행을 하도록 사제로 서품을 받는 것과 같다. 율법과 문자적으로 의로운 자가 은총에 의해 의롭게 된 자보다 더 좋고 훌륭한 행위를 하는 것이 일어날 수 있다. 그렇다고 해도 그는 의롭지 않다. 오히려 그는 그것 때문에 의와 은총의 행위에 이르는데 더 방해를 받을 수 있다.

또 다른 비슷한 예가 있다. 한 원숭이가 인간의 행위를 잘 흉내 낼 수 있다. 그래도 인간이 될 수 없다. 원숭이가 인간이 될 수 있다고 한다면, 그것은 의심의 여지없이 인간을 흉내 내는 그런 행위 때문이 아니라, 다른 능력, 즉 하나님의 능력을 통해 될 수 있을 것이다. 그래서 원숭이가 인간이 되었다면, 그렇다면 인간의 행위를 제대로 할 수 있어야만 할 것이다.

사람이 그 행위로 의롭게 된다고 야고보와 사도 바울이 말할 때, 그때 그들은, 비록 사도 바울이 믿음은 그 자신에 고유한 행위가 없이 (그렇다면 믿음은 더 이상 없다. 철학자들이 말하는 것처럼, '행위는 이것을 행하게 하는 어떤 형태가 존재한다는 것을 증명'하기 때문이다)[*] 의롭게 하는 것이 아니라, 율법의 행위 없이 의롭게 한다고 말했을지라도, 행위 없는 믿음만으로 충분하다고 생각하는 자들의 잘못된 이해와 싸우는 것이다. 의롭게 되는 것은 율법의 행위가 아니라, 자신의 행위를 행하는 살아 있는 믿음을 요청한다.

믿음이 율법의 행위가 아니라, 자기 고유의 행위로 의롭게 한다면, 왜 이단들은 그들이 믿고, 이 믿음으로부터 위대한, 참으로 다른 신자들보다 더 위대한 행위들을

---

[*] 이에 대해서는 *WA* 56, 249의 각주 9를 참고하라.

하는데도 불구하고, 칭의 밖에 있는 자들로 간주되는가? 심지어는 더 위대하고, 더 많은 행위를 자랑할 수 있는 교회 안에 있는 모든 교만한 영적인 사람들이 그들의 행위가 완전히 믿음에서 나왔다고 하더라도 불의하다는 말인가? 그러므로 의롭게 되기 위해 행위를 가진 그리스도를 믿는 믿음 외에 다른 것이 요청되는 것으로 보이지 않는가?

이것에 대해 "누구든지 온 율법을 지키다가 그 하나를 범하면 모두 범한 자가 되나니"라는 야고보서 2:10의 말씀으로 대답할 수 있다. 왜냐하면 믿음은 전혀 분리시킬 수 없는 것으로 이루어져 있기 때문이다. 그것은 완전히 여기에 있고, 믿어야 하는 모든 것을 믿든가, 아니면 한 조각만이라도 믿지 않는 때는 전혀 믿음이 아니다. 그래서 주님은 그것을 하나의 진주로, 한 알의 겨자씨(마 13:45-46, 31-32)로 비유한다. (왜냐하면 "그리스도께서 어찌 나뉘었느냐*" 그러므로 믿음은 한 가지 때문에 완전히 부정되든가, 아니면 완전히 긍정된다. 그것은 어떤 말로는 부정되고, 동시에 다른 말로는 긍정될 수 없다). 그러나 이단들은 믿음의 보화로부터 자신들의 생각을 관철시킬 수 있는 단 한 부분이나 여러 부분을 선택하여 마치 자신들이 다른 사람들보다 더 좋은 것이 무엇인지 더 많이 아는 것처럼 행동한다. 그들은 더 이상 믿어야 하는 것을 믿지 않고, 믿음이 없이 그리고 하나님께 순종하지 않고 참된 것과 비슷한 그들의 위대한 행위 속에서 멸망한다. 이들은, 교회가 바른 방법으로 믿는 것 중에 많은 것을 믿지만, 한 가지 점에서, 즉 그리스도에 대해서는 그들의 교만한 마음의 생각으로 반대하는 유대인과 다르지 않다. 그러므로 그들은 그들의 불신앙으로 인해 멸망한다. 교만한 자들에게도 또한 이런 일이 일어난다. 그는 항상 계명이든, 구원에 이르도록 바르게 권고하는 조언이든 자신의 생각으로 반대한다. 이것을 믿지 않으면, 아무것도 믿지 않는 것이며, 믿음은 완고하게 한 생각만 붙잡기 때문에 헛수고로 돌아간다. 그러므로 항상 우리의 생각을 겸손하게 포기해야 하며, 걸림돌에 부딪치지 말아야 한다. 다시 말해, 우리를 겸손한 모습에서 만나며, 우리의 생각에 반대되는 진리와 부딪치지 말아야 한다. 우리가 거짓말하는 자이기 때문에, 진리는 우리가 생각하는 것에 대립되는 모습으로만 우리에게 올 수 있다. 왜냐하면 우리가 진리를 알고 있다고 으스대기 때문이며, 우리와 일치하고, 우리에게 박수갈채를 보내는 진리를

---

* 고린도전서 1:13. 그리스도께서 나뉠 수 없다는 뜻이다.

듣고 보고자 하기 때문이다. 그러나 이것은 일어날 수 없다.

그들의 모든 행위는 율법의 행위이지, 믿음과 은총의 행위가 아니다. 심지어 믿음에 반대하고, 믿음에 대항해 싸우는 행위이다. 그러므로 칭의가 일어날 수 없을 뿐만 아니라, 그런 율법의 행위 없이 일어나야 한다. 이 율법의 행위는, 사도 바울의 말로 표현하면, 그리스도를 위해 배설물로 간주되어야 한다(빌 3:8).

부가 설명

우리의 생각을 칭찬하고, 우리와 일치하기 때문에 박수갈채를 보내는 자들을 듣는 것보다 우리 생각에 반대하는 자들을 듣는 것이 항상 더 안전하다.

사람은 자신을 반대하는 자들을 기꺼이 듣는 것을 배우지 않고, 자신의 생각이 논박되는 것을 좋아하지 않고, 비난받는 것을 즐거워하지 않고, 대신에 그의 말과 생각과 행위가 인정을 받고, 칭찬을 받고, 지지받을 때, 두려워하지 않고 괴로워하지 않고, 또는 적어도 의심을 가지지 않는다면, 그는 확실히 구원 받을 수 없을 것이다. 왜냐하면 그의 생각과 말과 행위가 비난을 받고, 저주를 받을 때보다 그것들이 하나님으로부터 왔다는 더 확실한 증거가 없기 때문이다. 하나님으로부터 오는 모든 것은 (그리스도에게서 볼 수 있는 바와 같이) 사람들에 의해 건축자들이 버린 돌처럼(시 118:22; 마 21:42) 배척되기 때문이다. 그것이 하나님으로부터 온 것이 아니라면, 훨씬 더 안전하다. 그러나 사람들이 그 안에 머물러 멸망하지 않도록 필연적으로 거절되어야 한다. 불경건한 왕 아합이 선지자 미가야를 미워한 것은 다른 이유가 아니라 바로 그가 그에게 항상 재난을 예언했기 때문이다(왕상 22:8-28). 같은 이유로 여호야김 왕은 예레미야의 말을 듣고 두루마리를 찢고, 불태워 버렸다(렘 36:23). 그리고 예언자들이 유대인들에게 불행과 그들의 마음에 드는 것과는 반대되는 것을 예언하였기 때문에, 모든 유대인들은 예언자들을 박해하였다. 그러나 그들은 예언자들의 말을 겸손히 받아들여, 하나님 앞에서 자신이 죄인임을 깨달아야 했다. 하지만 그들은 "평강하다 평강하다"고 외치며(렘 6:14), 다음과 같이 말한다. '우리는 하나님의 백성이기에 그가 우리에게 어떤 악도 행하지 않을 것이며, 우리를 벌하지도 않을 것이다. 그리고 우리가 의롭기 때문에, 우리는 재난을 보지 않을 것이다.' 이와 같이 그들은 주님의 목소리를 전혀 듣지 못했다. 오히려 주님의 목소리에 항상 대적했다. 그래서 주님은 누가복음 6:26에서 말씀하신다. "모든 사람이 너희를 칭찬하면 화가 있도다. 그들의 조상들이 거짓 선지자들에게 이와 같이 하였느니라." 그러므로 저주를 받고, 비난을 받고, 질책을 받는 것이 더 안전한 길이다. 반면에 칭찬을 받고, 찬양을 받고, 인정을 받는 것은 더 위험한 길이요 멸망의 길이다. 왜냐하면 주님으로부터 축복을 받고 칭찬을 받는 것을 기다려야 하기 때문이다. "구원은 여호와께 있사오니 주의 복을 주의 백성에게 내리소서"라는 시편 3:8의 말씀처럼 축복은 사람에게서 오는 것이 아니기 때문이다.

"예수 그리스도를 믿음으로 말미암아 모든 믿는 자에게 미치는 하나님의 의"(롬 3:22).

교훈

이 말씀의 교훈은 다음과 같다. 우리가 그를 통해 의롭게 되는 이 그리스도에 대한 믿음이 그리스도를 믿는 것, 좀 더 자세하게 말하면, 그리스도의 인격을 믿는 것만이 아니라, 그리스도에 속한 것까지 모두 믿는 것이기 때문에, 교만한 자들과 이단들은 자신들이 그리스도를 믿는다고 아양 떨며 말하고, 그렇다고 생각한다. 그러나 그리스도에게 속한 것을 믿고자 하지는 않는다.

이처럼 그들 자신은 실제로 그리스도를 갈라 놓아, 그리스도를 믿는 것과 그리스도에게 속한 것을 믿는 것은 다른 것이 된다. 그러나 사도 바울이 말하는 것처럼 '그리스도는 나뉘지 않는다'(고전 1:13). 그리고 앞에서 그리스도에 대한 믿음에 대해서 언급한 바와 같이, 믿음도 마찬가지로 나누어질 수 없다. 그래서 그리스도와 그리스도에게 속한 것은 동일한 것이다.

이단들은 그들이 그리스도를 그에 대해 복음서가 전하는 바에 따라, 즉 태어나고, 고난을 받고, 죽었다고 전하는 바에 따라 믿는다고 고백하고 자랑한다. 그러나 그들은 그리스도에게 속한 것을 믿지는 않는다. 이것은 도대체 무엇인가? 교회와 교회의 고위 성직자들이나 경건하고 거룩한 자들의 입에서 나오는 모든 말이 "너희 말을 듣는 자는 곧 내 말을 듣는 것이요"(눅 10:16)라고 말씀하시는 그리스도의 말씀이다. 교회의 고위 성직자들을 피하고, 그들의 말을 듣고자 하지 않고, 오히려 자기 자신의 생각을 따르는 자들이 어떻게 그리스도를 믿어야 하는지 나는 묻는다. 그리스도가 태어나고, 고난을 받았다는 것을 믿는다면, 그들을 가르치는 분을 믿지 않는가? 그들이 앞부분에서는 그리스도를 믿지만, 뒷부분에서는 부인하기 때문에, "그리스도께서 나뉘었느냐?" 결코 아니다. 그들은 여기서 그리스도를 부인하는 것이다. 그리스도는 사람들이 부인하면서 동시에 고백할 수 있는 분이 아니다.

[이것이 「명제집」(Sententiae libri)의 선생이 말하는 것이다. "'하나님이 있다고 믿는 것'(credere Deum)과 '하나님을 신뢰하는 것'(credere Deo)과 (신앙의 대상으로) '하나님을 믿는 것'(credere in Deum)은 다른 것이다."* '그리스도를 믿는 것'(credere in Christum)도 이와 같다. 그리스도를 믿는 것은 전 마음으로 그를 향하는 것이고, 모든 것을 그를 향해 배열하는 것이다.]

그래서 주님은 마태복음 4:4에서 "사람이 떡으로만 살 것이 아니요 하나님의 입으로부터 나오는 모든 말씀으로 살 것이라"고 말씀하신다. 하나님의 입은 무엇인가? 사제와 고위 성직자의 입이다. 말라기 2:7에 "사람들은 그의 입에서 율법을 구하게 되어야 할 것이니 제사장은 만군의 여호와의 사자가 됨이라"고 기록되어 있다. 그리고 하나님은 예레미야에게 "너는 나의 입이 될 것이라"(렘 15:19)고 말씀하신다. 그런데 왜 '모든 말씀으로'라고 말씀하셨는가? 왜냐하면 만약 네가 한 말씀이라도 믿지 않는다면, 더 이상 하나님의 말씀 안에서 사는 것이 아니기 때문이다. 그리스도는 모든 말씀 안에 온전히, 모든 개개의 말씀들 안에 온전히 존재하기 때문이다. 그가 한 말씀 안에서 부인되면, 모든 것 안에 계시는 그는 완전히 부인되는 것이다(이처럼 그는 두 방향으로 에워 쌓인다). 네가 단지 한 사람의 그리스도인을 죽이고, 다른 모든 사람들은 구조해 주었을지라도, 이로써 너는 그리스도를 완전히 죽인 것이다. 다른 모든 것도 이와 같다. 네가 빵 한 조각으로 그리스도를 부인하면, 너는 모든 것에서 그를 부인한 것이다.

사정이 이렇기 때문에, 우리는 측정할 수 없을 정도로 깊이 낮아져야 한다. 우리가 모든 하나님의 말씀 안에서 살고 있는지, 또는 어떤 것도 부정하고 있지 않는지 알

---

* Petrus Lombardus, Sententiae libri, III, distintiones 23, 4(PL 192, 805).

수 없기 때문에(고위 성직자들에 의해서도, 형제들에 의해서도, 복음서와 사도들에 의해서도 하나님에 대해 우리에게 많은 것이 내적으로 들려졌기 때문에), 우리는 우리가 의롭게 되었는지, 우리가 믿음 안에 서 있는지 결코 알 수 없다. 그러므로 우리는 우리의 행위를 마치 율법의 행위인 것처럼 간주해야 하며, 하나님의 자비를 통해서만 의롭게 되기를 갈망하는 겸손한 죄인이 되어야 한다. 왜냐하면 우리가 그리스도를 믿는다고 확신한다 할지라도, 우리가 그에게 속한 모든 말씀을 믿고 있는지 확신하지 못하기 때문이다. 그래서 '그를 믿는다'는 이 말도 확실하지 않다.

예언자들에게 있어서도 주님의 음성이 그의 백성에 의해 들려지지 않았다는 것 외에 다른 어떤 것이 질책되지 않았다. 두려워하며, 겸손하게 고백하는 자에게 은총이 주어진다. 그래서 그는 의롭게 되고, 혹 숨겨지고 알려지지 않은 불신앙을 통해 무엇인가 했을지라도, 죄가 용서된다. 이렇게 욥은 모든 그의 행위를 두려워했다(욥 9:28). 그리고 사도 바울은 어떤 것도 알지 못했고, 그래서 자신이 의롭게 되었다고 간주하지도 않았다(고전 4:4). 그러므로 의는 단지 그리스도에게만 남아 있다. 그에게만 은총과 영의 행위가 남아 있다. 그러나 우리는 항상 율법의 행위 아래 있고, 항상 불의한 자이며, 항상 죄인이다. 그래서 시편 32:6은 "이로 말미암아 모든 경건한 자는 주를 만날 기회를 얻어서 주께 기도할지라"고 기록한다.

이러한 겸손을 모르고, 믿음의 이러한 섬세함을 이해하지 못하고, 도리어 자신이 믿음 안에 있고, 모든 믿음을 완전한 정도로 소유하고 있다고 생각하는 교만한 자는 주님의 음성을 들을 수 없고, 그것이 참된 것으로 간주하는 자신의 생각과 상반되기 때문에, 그것을 그릇된 것으로 여기며 그것에 대항한다.

너는 질문할 것이다. 그리스도가 한 부분에서만 부인되어도 모든 면에서 부인될 정도로 부정이 그렇게 강력하다면, 왜 긍정도 그리스도가 한 부분에서 긍정되면, 이로써 모든 면에서 긍정될 정도로 그렇게 강력하지 않는가? 대답은 이렇다. 선한 것은 완전하고 단순하다. 그래서 그것은 한 번의 부정을 통해 완전히 폐지된다. 그러나 한 번의 고백을 통해서는, 그것이 부정이 없는 순결한 고백이 아니고서는, 세워지지 않는다. 그것은 같은 것에 대해 두 가지 상반된 것이 동시에 존재할 수 없기 때문이다. 하나님께서는 모든 것을 순수하고 흠이 없이 가지기를 원하신다. 그러나 부정은 오점이고, 그래서 고백을 더럽힌다.

부가 설명

그래서 예언자들에게 있어서 '음성'은 절대적으로 주님의 음성을 뜻한다. 따라서 우리는 모든 입으로 한 말씀을, 그것이 누구에 의해서 말해지든, 마치 주님 자신이 그것을 말씀하시는 것처럼, 주님의 말씀으로 받아야 한다. 그리고 그 말씀을 신뢰하고, 그 말씀에 자리를 내어주고, 우리의 생각을 겸손하게 그것에 복종시켜야 한다. 이렇게 하면 우리는 의롭게 된다. 다른 방법으로는 되지 않는다. 그런데 '누가 아는가?' 또는 누가 그것을 알아차리는가? 그러므로 '오, 주님! 나를 숨은 허물에서 벗어나게 하소서'(시 19:12 이하)라고 기도해야 한다.

"율법으로는 죄를 깨달음이니라"(롬 3:20)

율법을 통한 이 깨달음은 두 가지 방법으로 일어난다. 첫 번째는, "율법이 탐내지 말라 하지 아니하였더라면 내가 탐심을 알지 못하였으리라"는 로마서 7:7의 말씀처럼 성찰을 통해서이다. 두 번째는, 경험을 통해서이다. 즉, 율법의 행위 또는 행위를 추구하게 하는 율법을 통해서이다. 율법은 악으로 기우는 인간의 의지가 율법을 통해 선을 행하도록 강요되면, 다루기 더 힘들어지고, 선한 것에 대해 싫증을 더 느끼기 때문에 죄를 짓는 기회가 된다. 인간은 성경이 말하는 대로 자기가 사랑하는 것을 그만두게 하는 것을 싫어하고, 악한 것을 좋아하기 때문이다. 그가 율법에 의해 강요되고, 억지로 행한다고 할지라도, 그는 죄와 악이 자신 안에 얼마나 깊이 뿌리를 내리고 있는지 안다. 그런데 만약 그가 율법을 가지지 않았고, 율법에 따라 행하는 것을 시작하지 않았더라면, 그는 이것을 알지 못했을 것이다. 이 구절에 대해 사도 바울은 간단하게 지나간다. 아래의 로마서 5장과 7장(롬 5:12 이하; 7:7 이하)에서 더욱더 상세하기 가르치기 때문이다. 여기에서는 율법의 행위가 의롭게 하지 않기에, 율법이 유익하지 않다는 반론에 짤막하게 대답하는 것으로 만족한다. 어떤 계명이나 금령이 우리에게 떨어지고, 우리가 억지로 그것을 한다는 생각이 들 때마다, 우리는 우리가 선이 아니라, 악을 사랑하고 있다는 것을 알아야 한다. 선을 명령하고, 악을 금하는 계명을 성취하고자 하지 않는 자가 죄인이라는 점을 미루어 보아 우리는 우리가 악한 자요 죄인이라는 것을 인식한다. 만약 우리가 의롭고 경건하다면, 우리는 기꺼이 율법에 동의하고, 우리가 죄와 악한 열망을 즐거워하는 것처럼, 율법을 즐거워할 것이다. 그러므로 "내가 주의 법을 어찌 그리 사랑하는지요"(시 119:97). 그리고 "오직 여호와의 율법을 즐거워하여 그의 율법을 주야로 묵상하는도다"(시 1:2). 보라, 율법을 통해 우리 안에 있는 죄를 깨닫게 된다. 다시 말해, 악으로 향하고, 선을 외면하는 악한 의지를 깨닫게 된다. 이런 깨달음이 얼마나 유익한가! 왜냐하면 이것을 깨닫는 자는 하나님께 신음하며, 이 의지를 들어 올려 바로잡아 주시기를 겸손하게 기도하기 때문이다. 아무것도 깨닫지 못하는 자는 또한 기도도 하지 않는다. 어떤 것도 기도하지 않는 자는 아무것도 받지 못한다. 그가 자신의 죄에 대해 알지 못하기 때문에, 또한 의롭게 되지 못한다. 그러므로 율법을 통해 '죄'를 깨달았다는 말과 '죄인'임을 깨달았다는 말은 같은 것이다. 바로 이를 통해 우리는 우리가 죄인이며, 죄가 우리 안에 있다는 것을 알고, 우리가 악하고 악한 것이 우리 안에 있다는 것을 알기 때문이다.

부가 설명

율법의 행위는 받아야 하는 의를 준비하는데 도움이 되는 행위가 아니라, 사람들이 그것 자체로 의와 구원을 얻는데 충분하다고 생각하는 그런 행위다.

왜냐하면 이렇게 행하여 자신을 의의 은총을 받을 준비를 한 자는 어떤 의미에서 이미 의롭기 때문이다. 의의 상당 부분은 의롭게 되고자 원하는데 있기 때문이다. 그렇지 않다면 그리스도를 향해 외친 모든 예언자들의 외침과 탄식은 헛되고, 모든 참회하는 자들의 비탄의 소리도 쓸모없는 것일 것이다. (그렇지 않다면 또한 그리스도와 세례 요한도 "회개하라 천국이 가까이 왔느니라"(마 3:2)고 헛되게 가르친 것이다).

심지어는 비록 모든 의인들이 그들이 점점 더 의롭게 되는 그런 율법의 행위만을 한다고 할지라도, 의인은 하나도 없을 것이다. 그들의 이 행위는 좋은 것이다. 그들이 이 행위 자체를 신뢰하지 않고, 이것을 통해 의롭게 되는 것을 준비하고, 이에 근거해서만 그들의 미래의 의를 기대하기 때문이다. 이렇게 행하는 자들은 율법 아래 있지 않는다. 그들이 은총을 갈망하고, 그들이 죄인인 것을 미워하기 때문이다.

('율법의 행위'와 '율법의 성취'는 다른 것이다. 왜냐하면 은총은 율법의 성취이지, 행위가 아니기 때문이다. 사도 바울은 아주 적절하게 '율법의 의지'가 아니라, '율법의 행위'에 대해 말하고 있다. 왜냐하면 그들이 율법이 명령하는 것을 행할지라도, 율법이 원하는 것을 하고자 하지는 않기 때문이다. 그러나 율법은 의지를 원하고 요청한다).

다른 사람들은 그들의 행위를 통해 자신들이 율법을 성취하였고, 그래서 의롭다고 믿는다. 그들은 은총을 갈망하지도 알지도 못한다. 그리고 자신들이 죄인이라는 것을 싫어한다. 그들이 단지 율법의 외형적인 것에 따라서만 행하기 때문이다. (그리고 그들의 행위가 찾아야만 하는 의를 향하지 않고, 이런 행위를 통해 이미 의를 완전히 소유한 것처럼 자만하기 때문이다). 그리고 얼마나 마지못해 그리고 의지와는 반대로 율법을 지키는지 또는 하나님에 대한 사랑이 아니라, 세속적인 재물에 대한 사랑과 탐욕 때문에 율법을 지키는지에 대해서는 주의를 기울이지 않는다. 이렇게 그들은 만족하는 자로 머물고, 그들의 행위를 은총을 찾는 것으로 간주하지 않는다. 이 은총이 율법에 대한 의욕을 얻을 수 있게 해줄 수도 있는데 말이다. (의에 선행(先行)하는 행위도 후속(後續)으로 따라 나오는 행위도 의롭게 하지 못한다. 율법의 행위가 얼마나 가치가 없는가! 선행하는 행위가 하지 못하는 것은 그것이 의를 비로소 준비하는 것이기 때문이다. 후속의 행위가 하지 못하는 것은 그것은 이미 일어난 칭의를 요청하기 때문이다. 우리가 의로운 것을 행하기 때문에 의인이 되는 것이 아니라, 의로운 자로서 의로운 것을 행한다. 그러므로 단지 은총만이 의롭게 한다).

"예수 그리스도를 믿음으로 말미암아"(롬 3:22)

교만한 자들의 반항에 대한 좋은 말이다. 왜냐하면 그들은 이렇게 말하기 때문이다. 좋다. 우리가 우리 스스로는 불의하다는 것을 시인한다. 우리가 악에 기울어져 있으며, 마음으로는 율법에 적대하고 있다는 것을 알고 있다. 그러므로 우리는 하나님으로부터 의롭게 되어야 한다고 믿는다. 그러나 우리는 기도하며, 슬피 울며, 우리의 죄를 고백하며 스스로 이것을 획득할 것이다. 그래서 우리는 그리스도를 원하지 않는다. 하나님께서 우리에게 그리스도 없이도 그의 은총을 선물하실 수 있다.

대답은 다음과 같다. 하나님께서는 이것을 원하시지도, 하실 수도 없다. 왜냐하면 그리스도가 또한 하나님이시기 때문이다. 의는 오직 예수 그리스도에 대한 믿음을 통해서만 선물로 주어진다. 그렇게 결정되었고, 하나님께서 기뻐하시는 것이며, 이것에 대해서는 어떤 것도 변화될 수 없다. 누가 그의 뜻을 거역하고자 하는가? 사정이 이렇기에, 그리스도를 통해 의롭게 되고자 원하지 않는 것은 훨씬 더 큰 교만이다.

여기서 내가 위에서 말한 그리스도를 믿지만, 그리스도의 말씀은 믿지 않는 그들도 눈을 뜨기를 바란다. 그들은 고위 성직자의 말을 듣지 않고, 자기 자신의 생각에 사로잡혀 있다. 그들은 자기 자신을 믿지, 고위 성직자나 경건한 자의 말을 믿지 않는다. 다시 말해, 그들을 통해 말씀하시는 그리스도를 믿지 않는다. 그리고 하나님에 대한 순종이 없이도, 그에 대한 믿음이 없이도 그들 자신의 행위를 통해 의롭게 된다고 자신하고 있다. 그러나 이것은 일어나지 않을 것이다. 왜냐하면 "예수 그리스도에 대한 믿음을 통한 하나님의 의"라는 말이 확고하게 서 있기 때문이다. 그것으로부터 추론이 나온다. '율법이 없이'라고 할 때, 그것은 율법 자체와 율법의 행위 전체를 아우르는 말로 이해되어야 한다. 이와 마찬가지로 '그리스도에 대한 믿음'이라고 할 때, 이것은 그리스도에 대한 믿음과 모든 사람들의 말, 즉 그들 안에서 그리스도께서 직접 말씀하시는 자들의 말에 대한 믿음으로 이해되어야 한다.

'율법이 없이'라는 말이 '율법의 협력 없이' 그리고 '율법의 행위의 협력 없이'를 의미하는 것과 마찬가지로, 믿음도 그가 어디에서 그리고 누구를 통해서 이야기하든 그리스도의 모든 말씀을 포함한다. 그러므로 우리는 우리 생각에 고집스럽게 머물지 않도록, 우리가 반대하고 믿지 않는 자가 그리스도가 아니기를 최대한 조심해야 한다. 우리는 그가 언제, 어디서, 어떻게, 누구를 통해 우리에게 이야기하는지 모르기 때문이다. 거의 항상 그는 어떤 곳에서, 어떤 시간에, 어떤 방법으로, 어떤 사람을 통해, 우리가 생각하지 못한 장소와 방법으로 말씀하신다. 그 자신이 다음과 같이 말씀하시는 것처럼 말이다. "바람이 임의로 불매(우리가 원하고 생각하는 곳에서가 아니라) 네가 그 소리는 들어도 어디서 와서 어디로 가는지 알지 못하나니"(요 3:8). 그리스도는 우리 가까이 그리고 우리 안에 계시는데 낯선 모습으로 계신다. 영광의 모습이 아니라, 겸손하고 부드러운 모습으로 계신다. 그래서 그가 그리스도가 아니라고 생각할 수도 있다. 그럼에도 그는 실제로 그리스도이다. 그래서 성령은 명령하신다. "딸이여 듣고 보고 귀를 기울일지어다"(시 45:10). 다시 말해, 너는 항상 그리고 모든 곳에서 듣고, 귀를 기울일 준비가 되어 있어야 한다. 너의 전 임무는 겸손하게 듣고, 너를 가르치게 하는 것이다. "그런즉 군왕들아 너희는 지혜를 얻으며 세상의 재판관들아 너희는 교훈을 받을지어다"(시 2:10)라고 기록된 것처럼 말이다.

"율법에게 증거를 받은 것이라"(롬 3:21)

이것에 대한 예는 다음과 같다. "의인은 그의 믿음으로 말미암아 살리라"(합 2:4). "진실함으로 네게 장가 들리니"(호 2:20). "내가 이스라엘 집과 유다 집에 새 언약을 맺으리라… 곧 내가 나의 법을 그들의 속에 두며 그들의 마음에 기록하여"(렘 31:31–33). 이와 비슷한 것이 창세기에 나오는 믿음으로 의롭게 된 아브라함(창 15:6)과 다른 사람들의 예에서도 찾아볼 수 있다.

성 아우구스티누스는 자신의 책 「영과 문자」 13장에서 다음과 같이 말한다. "행위의 법이 협박하며 명령한 것을 믿음의 법이 믿음을 통해 성취하였다. 전자가 탐내지 말라고 말하면, 후자는 말한다. 하나님께서 주시지 않으면, 달리 얻을 수 없다는 것을 알았기 때문에, 주님께로 나아가 그에게 기도하였다." "또 이 행위의 법을 통해서 하나님께서는 내가 명령하는 것을 행하라고 말씀하신다. 믿음의 법을 통해서는 하나님께 당신이 명령하시는 것을 주십시오 라고 겸손하게 간구한다. 그러므로 율법은 믿음이 무엇을 행하는지 (즉, 무엇을 행해야 하는지) 상기시키는 것을 명령한다. 다시 말해, 명령을 받은 자가 그것을 행할 수 있는 상태에 있지 않다면, 그는 무엇을 기도해야 하는지 알아야 한다."* 그리고 19장에서도 말한다. "그러므로 율법은 은혜를 갈구하도록 주어졌고, 은총은 율법이 성취되도록 주어졌다. 율법이 완성되지 않은 잘못은 율법에 있는 것이 아니라, 육체의 교활함에 있다. 이 악은 율법을 통해 나타났고, 은총을 통

---

* PL 44, 214.

해서 고쳐져야 했다."* 로마서 8:3-4에 기록되어 있다. "율법이 육신으로 말미암아 연약하여 할 수 없는 그것을 하나님은 하시나니 곧 죄로 말미암아 자기 아들을 죄 있는 육신의 모양으로 보내어 육신에 죄를 정하사 육신을 따르지 않고 그 영을 따라 행하는 우리에게 율법의 요구가 이루어지게 하려 하심이니라." 요한복음 1:17에도 이렇게 기록되어 있다. "율법은 모세로 말미암아 주어진 것이요 은혜와 진리는 예수 그리스도로 말미암아 온 것이라."

그러나 누가 우리에게 사탄의 사자(使者)들이 그것으로 우리를 조롱하는 모든 술책을 드러내겠는가? 우리 모두가 '당신이 명하는 것을 주옵소서'라고 기도할지라도, 우리는 아무것도 받지 못한다. 우리 모두가 믿고, 기도하고, 고백하고, 행할지라도, 우리 모두는 의롭게 되지 않는다.

사탄의 사자는 아직 경험이 부족한 다른 사람들을 기만하여, 그들이 약하다는 것과 그들의 의지가 악으로 향하고 있다는 것을 알지 못하게 한다. 또한 그들이 얼마나 마지못해 하나님의 율법을 행하는지, 얼마나 그것을 사랑하지 않는지, 그들이 얼마나 노예적인 두려움에 사로잡혀 믿고 행하는지, 스스로 탐구하지 않는다. 그럼에도 그들은 충분히 행했고, 자신들이 믿고 행했기 때문에 하나님 앞에서 의로운 자로 간주되어야 한다고 생각한다. 그러나 그들은 마음의 기쁨과 사랑으로 그리고 뜻을 다해 행하고, 이를 위해 하나님의 은총을 구하는 것에는 전혀 마음을 쓰지도 않고, 노력도 하지 않는다. 그들은 자기 자신들의 능력을 신뢰하면서 행하는데, 항상 불평하며 침울하게 행한다. 그런데 하나님께서 마음의 불평을 제거해 주시고, 그들의 의지를 기쁜 상태로 온전히 변화시켜주시고, 은총을 통해 악으로 향하는 경향을 제거해 주시기를 끊이지 않는 탄식으로 기도하며 하나님을 향해야 하는 데도 말이다. 이것을 위해 항상 기도해야 하고, 끊임없이 배워야 하고, 저 옛 본성이 뿌리 채 뽑아질 때까지 그리고 의지 안에 새로운 것이 생겨날 때까지 항상 노력하고, 개선해야 한다고 나는 강조한다. 왜냐하면 은총은 자기 스스로 이렇게 가꾸지 않는 자에게 선물로 주어지지 않기 때문이다. 그러나 그들은 잠을 자고, 열의가 식고, 몸이 굳어지고, 항상 황폐하고, 무감각해져서, 마침내 믿음을 잃어버리고, 성급해지고, 가장 나쁜 욕망으

---

* PL 44, 221.

로 가득 차 '모든 선한 일을 버리는 자'(딛 1:16)가 되었다.

더 품위 있는 사람은 사탄의 사자는 더 교묘한 빛으로 속인다. 그는 그들이 즐겁고 기쁘게 행하도록 허락하여, 이 휘장 속에 그들 자신의 약함을 은폐시킨다. 그래서 그들이 은총을 가지고 있다고 믿게 하고, 은밀하게 숨어 있는 자신을 뽐내는 마음을 가지고 다른 사람보다 우월하다고 여기며, 교만하게 만든다. 이것을 그는 그들이 진리와 의의 가면을 쓰고, 열심은 있으나 지식이 없는 이단이나 완고한 자들에게서 드러나는 것처럼, 탁월하고 진기한 것을 추구하는 자들이 될 때까지 계속한다. 그리하여 그들은 반역자가 되고, 순종과 하나님을 경외한다는 명목 하에 하나님의 사람들에게, 즉 그리스도의 대리자와 사자들에게 불순종하고, 그들을 이해하지 못하는 자들이 된다. 우리가 우리 자신을 신중하게 살펴본다면, 우리는 항상 우리 안에서 이것들 때문에 우리 자신에게로 향하고, 선을 행하는 것이 어렵고, 악으로 기우는 육체의 잔재들을 발견할 것이다. 왜냐하면 그러한 죄의 잔재들이 우리 안에 없고, 우리가 하나님을 순수한 마음으로 찾는다고 한다면, 그렇다면 인간은 즉시 해방되고, 그의 영혼은 하나님을 향해 올라갈 것이기 때문이다. 그런데 그들이 올라가지 못하는 것은 그들이 아직도 육체에 끈끈하게 붙어 있다는 증거인데, 하나님의 은총에 의해 완전히 해방될 때까지는 그렇다. 이것은 죽을 때에야 비로소 기대할 수 있다. 그 사이에는 사도 바울처럼 항상 탄식해야 한다. "오호라 나는 곤고한 사람이로다 이 사망의 몸에서 누가 나를 건져내랴"(롬 7:24). 그러므로 사람은 그냥 내버려 두어 더 깊이 빠지지 않도록 항상 염려해야 한다. 은총과 영이 성장하고, 죄의 육체가 작아지고 소멸되고, 옛 본성이 죽도록 항상 기도하고 일해야 한다. 왜냐하면 하나님은 우리를 아직 의롭게 하지 않으셨다. 다시 말해, 완성하지 않았고, 완전히 의로운 자로 만들지 않았으며, 우리의 의도 완전하게 되지 않았다. 하나님께서는 그것을 완성하기 위해 이제 시작하셨을 뿐이다. 그러므로 야고보서 1:18에 기록되어 있다. "그가 그 피조물 중에 우리로 한 첫 열매가 되게 하시려고…." 이것은 반은 죽어 여관에 맡겨진 사람이 보여 주는 것과 같다(눅 10:3-4). 그의 상처가 싸매어 졌지만, 그때 그는 아직 완전히 낫지 않았다. 그는 간호가 필요한 자로서 받아들여졌다.

사람이 조금만이라도 주의를 기울인다면, 악을 사랑하고, 선을 두려워하고, 육욕, 탐욕, 식욕, 교만, 명예욕과 같은 육체적인 일에 사로잡혀 있고, 반대로 정절, 관대함, 절제, 겸손, 모욕을 싫어할 때, 우리 의지의 일그러짐을 보는 것은 쉬운 것이다. 다시 말한다. 이런 상태에서 우리가 얼마나 우리 자신만을 찾고, 우리 자신만을 사랑하는지 그리고 우리가 행동으로는 그것을 할 수 없을 때, 적어도 마음속으로 우리 자신 안으로 얼마나 심하게 구부러지는지 아는 것은 쉬운 것이다.

그러나 영적인 일에 있어서는 (즉, 깨달음과 의와 순결과 경건에 있어서) 우리가 이런 것 안에서 우리 자신을 찾는 것은 아닌지 아는 것이 정말 어렵다. 왜냐하면 이것을 사랑하는 것이 명예로운 것이며 좋은 것이기에, 그것은 우리를 이 목적에 멈추게 하고, 우리가 이 모든 것을 하나님에게 돌리는 것을 허락하지 않는다. 그래서 우리는 그것들이 하나님의 마음에 들기 때문에 하는 것이 아니라, 우리를 즐겁게 하고, 우리의 마음을 안정시키기 때문에 또는 사람들로부터 찬양을 받기 때문에 한다. 그래서 우리는 하나님을 위해서가 아니라, 우리 자신을 위해서 그것들을 한다. 시련이 이것을 증명한다. 왜냐하면 우리가 그런 행위 때문에 비난을 받거나, 하나님께서 그것들을 통해 느끼는 감미로운 감정과 마음의 쾌락을 우리에게서 제거하신다면, 우리는 곧 그것들을 그만 둘 것이며, 우리를 비난하는 사람들을 같은 방법으로 앙갚음을 하고, 우리를 변호할 것이기 때문이다.

부가 설명

이러한 주제넘은 자부심과 교만으로 인해 은총의 행위가 율법의 행위로, 하나님의 의가 인간의 의로 변화되는 일이 일어난다. 그들이 은총의 능력 안에서 선한 행위를 하자마자, 마치 의를 이미 완전히 손에 넣은 것처럼, 앞으로 나아가는데 마음을 쓰지 않고, 그것에 만족하고 머물러 버린다. 그러나 그들은 그들의 선한 행위를 단지 준비로만 간주하며 앞으로 나아가야만 한다. 모든 의롭고, 은총 안에서 수행된 행위들은 칭의를 받는 다음 단계를 위한 준비의 의미를 가진다. 이에 대해 다음과 같은 말씀이 증거가 된다. "의로운 자는 그대로 의를 행하고"(계 22:11)라는 말씀과 "그들은 힘을 얻고 더 얻어 나아가고"(시 84:7)라는 말씀과 "영광에서 영광에 이르니"(고후 3:18)라는 사도 바울의 말씀이다. 그는 뒤에 있는 것은 잊어버리고 앞에 있는 것을 잡으려고 달려갔다 (빌 3:13). 그러므로 어떤 성인도 자신을 의롭다고 간주하거나 고백하지 않고, 의롭게 되기를 항상 기도하고, 그것을 항상 기다린다. 그래서 그는 하나님으로부터 의롭다고 여겨진다. 하나님은 겸손한 자를 돌아보시기 때문이다(눅 1:48). 이와 같이 그리스도는 유대인의 왕이다. 즉, 그들이 항상 죄 가운데 있다고 고백하며, 의롭게 되기를 갈망하고, 그들의 죄를 증오하는 자들의 왕이시다. "하나님은 그의 백성에게 힘과 능력을 주시나니"(시 68:35). 자신을 죄인으로 알고, 슬피 우는 자를 의롭다고 여기시지만, 스스로 의롭다고 간주하는 자들은 저주하신다. 그래서 시편 32:5-6에 이렇게 기록되어 있다. "내가 이르기를 내 허물을 여호와께 자복하리라 하고 주께 내 죄를 아뢰고 내 죄악을 숨기지 아니하였더니 곧 주께서 내 죄악을 사하셨나이다 이로 말미암아 모든 경건한 자는 (즉, 의로운 자는, 의롭다함을 받은 자는) 주를 만날 기회를 얻어서 주께 기도할지라." 의로운 자가 자신의 죄를 위해 기도한다는 것은 참으로 놀라운 일이다. 집회서 39:5에서 의인이 "자기 죄의 용서를 빈다"고 말하고, 기도 속에서 주님께 자신의 죄를 고백하는 것처럼 말이다. 여기서 '자기 죄'라고 말하는데, 이것이 바로 내가 말한 것이다. 즉, 의인은 자신을 죄인으로 알고, 자신의 죄를 미워한다. 그러나 불경건한 자는 자신의 의를 알고, 그것을 즐거워한다. 그래서 시편 51:4에 "내가 주께만 범죄 하여 (내가 그것을 알뿐만 아니라, 또한) 주의 목전에 악을 행하였사오니"라고 기록되어 있다. 그러므로 나는 "내가 주께만 범죄 하여 주의 목전에 악을 행하였사오니 주께서 말씀하실 때에 의로우시다"고 고백한다. 다시 말해, 내가 죄를 알고, 미워하기 때문에 당신은 나를 용서하시고, 나를 의롭게 하신다. 당신만이 의롭게 되시기 때문이다.

우리는 죄를 가지고, 죄 속에 살고 있는 우리가 죄를 가지고 있다는 것에 대해 통탄하며, 죄 사함을 위해 하나님께 탄식하며 기도하는 것을 통해서만 구원을 얻는다. 이것에 대해 "만일 우리가 죄가 없다고 말하면 스스로 속이고 또 진리가 우리 속에 있지 아니할 것이요 만일 우리가 우리 죄를 자백하면 그는 미쁘시고 의로우사 우리 죄를 사하시며 우리를 모든 불의에서 깨끗하게 하실 것이요"라고 요한일서 1:8-9 말씀이 증거 한다. 이와 같이 "하나님께서 구하시는 제사는 상한 심령이라 하나님이여 상하고 통회하는 마음을 주께서 멸시하지 아니하시리이다"(시 51:17). 솔로몬은 그의 기도에서 "범죄 하지 아니하는 사람이 없사오니"(왕상 8:46)라고 고백한다. 그리고 모세는 출애굽기에서 "당신 앞에서 스스로 죄인이 아닌 사람은 아무도 없다"라고 말한다.* 그리고 또다시 전도서 7:20에 "선을 행하고 전혀 죄를 범하지 아니하는 의인은 세상에 없기 때문이로다"라고 기록되어 있다. "내가 내 마음을 정하게 하였다 내 죄를 깨끗하게 하였다 할 자가 누구냐"(잠 20:9). "다 치우쳐 함께 더러운 자가 되고 선을 행하는 자가 없으니 하나도 없도다"(시 14:3). 그러므로 우리는 "우리 죄를 사하여 주옵소서"(마 6:12)라고 기도해야 한다.

도대체 어디에서 이런 죄와 과오가 오는가? 어느 누구도 그리스도 밖에서는 율법을 성취하지 못하기 때문이다. 어떤 살아 있는 자도 하나님 앞에서 의롭게 되지 않는다. 그의 마음이 선을 행하기에는 항상 약하고, 악으로 기울어져 있기 때문이다. 그는 어떤 방법으로든 먼저 불의한 것을 사랑하지 않고서는 의를 사랑하지 않는다. 그러나 그리스도는 "정의를 사랑하고 악을 미워하신다"(시 45:7). 사도 바울은 로마서 7:25에서 "그런즉 내 자신이 마음으로는 하나님의 법을 육신으로는 죄의 법을 섬기노라"고 고백한다. 그래서 우리는 부분적으로만 의로운 것이지, 전적으로는 아니다. 그러므로 우리는 죄와 빚을 가지고 있다. 따라서 우리의 의가 우리 안에서 온전하여 지고, 죄가 사라지기를 기도한다면, 그렇다면 우리는 동시에 이생의 삶을 끝내게 해달라고 기도하는 것이다. 왜냐하면 이생의 삶에서는 악으로 기우는 경향이 완전히 고쳐지지 않기 때문이다. (예를 들면 여부스 족속을 완전히 쫓아낼 수 없었던 예루살렘의 자녀들처럼 말이다). 그러므로 "이름이 거룩히 여김을 받으시오며"(마 6:9)(이것은 우리 자신을 악과 죄로부터 성화시킴을 통해 일어난다)라는 기도 다음에 곧바로 "나라가 임하시오며"(마 6:10)라는 기도가 나온다. 이 기도는 그가 그의 나라에서 완전히 거룩하게 되기를 간구하는 것이다. 그런데 이 나라는 오직 시련 속에서만 온다. 그래서 "뜻이 이루어지이다"라는 기도가 이어지는데, 이것은 그리스도께서 겟세마네 동산에서 시련의 시기에 기도하신 것이다(마 26:39-46).

누가 마치 자신이 다른 사람보다 더 의로운 것처럼 교만하게 다른 사람을 멸시할 수 있겠는가? 그가 다른 사람과 같은 것을 행할 수 있을 뿐만 아니라, 그가 사람들 앞에서 자신의 행위로 하는 것을 자신도 이미 마음으로 하나님 앞에서 행한다면, 그렇다면 죄를 짓는 다른 사람을 결코 무시해서는 안 된다. 오히려 그를 같은 고난을 받

---

* 출애굽기의 어느 부분인지 정확하게 알 수 없다.

는 자로 친절하게 떠받쳐주고, 같은 진흙탕에 빠진 두 사람이 서로를 도와야 하는 것처럼, 서로서로 도와야 한다. "너희가 짐을 서로 지라 그리하여 그리스도의 법을 성취하라"(갈 6:2). 그렇지 않으면, 즉 우리가 다른 사람을 멸시하면, 우리는 둘 다 진흙탕에서 죽을 것이다.

"하나님의 영광에 이르지 못하더니"(롬 3:23)

'영광'은 여기서 자랑한다는 말로 이해된다. 그리고 '부족하다'는 말은 무엇이 결여되다, 즉 원천(源泉)이 없다는 뜻이다. 그 의미는 그들이 하나님께 자랑할 수 있는 의를 가지고 있지 않다는 것이다. "이는 아무 육체도 하나님 앞에서 자랑하지 못하게 하려 하심이라"(고전 1:29)는 말씀처럼 말이다. "네가 하나님을 자랑하며"(롬 2:17)라고 위에, 그리고 "우리 주 예수 그리스도로 말미암아 하나님 안에서 또한 즐거워하느니라"(롬 5:11)고 아래에 기록되었다. 그러므로 "그들은 하나님의 영광에 이르지 못한다." 다시 말해, 그들은 시편 3:3에서 "여호와여 주는 나의 방패시요 나의 영광이시요"라고 기록된 것처럼, 하나님 안에서 그리고 하나님 앞에서 자랑할 수 있는 것을 아무것도 가지고 있지 않다. 그래서 "만일 아브라함이 행위로써 의롭다 하심을 받았으면 자랑할 것이 있으려니와 하나님 앞에서는 없느니라"고 기록되어 있다(롬 4:2). 이와 같이 그들은 사람들 앞에서는 자신의 의에 대해 자랑할 만한 것을 가지고 있다. 그러므로 의와 지혜와 능력과 마찬가지로 '하나님의 영광'이라고 기록되어 있다. 즉, 그것은 하나님으로부터 우리에게 선물로 주어지고, 하나님 앞에서, 하나님 안에서 그리고 하나님으로부터 그것을 자랑할 수 있다.

"하나님께서 길이 참으시는 중에 전에 지은 죄를 간과하심으로"(롬 3:25). 「명제집」의 스승과 다른 사람들은 "하나님께서 길이 참으시는 중에 전에 지은 죄를 간과하심으로"라는 말을 다음과 같이 해석하고 이해한다. 하나님께서 그의 의를 보여 주셨다. 즉, 옛 세대(즉, 옛 계약 속에 있던 조상들)가 행한 죄들을 용서하시기 위해 그의 진실하심을 보여 주셨다. 그들의 죄를 하나님께서는 "참으시는 중에", 즉 그리스도께서 하실 미래의 보속(補贖) 때문에 용서하셨다. 그가 용서하시면서 참으셨고, 보상이 용서를 따라 나오기를 견디셨다. 그러나 우리에게는 그리스도를 통한 보상이 앞서 갔다. 그래서 사도 바울의 텍스트를 이렇게 배열하는 것이 뜻이 더 분명해질 것이다. 그의 의를 나타내기 위해서, 죄를 용서함을 통해, 또는 지난 세대의 죄를 용서해주는 것을 통해, 하나님께서 길이 참으시는 중에. 왜냐하면 모든 사람들의 죄는, 지난 세대의 죄뿐만 아니라, 다가오는 세대의 죄도 오직 그리스도만을 통해 용서되기 때문이다.

"전에 지은 죄를"이라는 부분을 형용사나 명사적으로 이해하면, 더 좋은 의미가 도출되는데, 그 의미는 이렇다. 하나님께서 우리가 이전에 행했던 죄를 용서하심을 통해 자신을 모든 사람을 의롭게 하시는 분으로 계시하셨다. 그래서 죄의 용서는, "주께서 주의 말씀에 의롭다 함을 얻으시고"(롬 3:4)라고 위에 기록된 대로, 그를 의로우시고, 의롭게 하시는 능력을 가지고 계신 분으로 증거 한다. 이것을 사도 바울은 여기서 "자기도 의로우시며 또한 예수 믿는 자를 의롭다 하려 하심이라"(롬 3:26)는 말씀으로 다시 반복한다.

'전에 지은'이라고 말한 이유는 하나님께서 모든 죄를 용서하시지 않기 때문이다. 그래서 어떤 사람이 다음과 같이 말하지 못하게 하기 위해서이다. 죄가 그리스도를 통해 제거되었다면, 우리가 원하는 것을 마음 놓고 하자! 이제 어느 누구도 죄를 지을 수 없지 않은가! [성령을 "육체의 기회"(갈 5:13)로 주는 자들이요, '자유를 그들의 악을 가리는 것으로 만드는'(벧전 2:16) 자들이다.] 왜냐하면 은총과 용서는 사람이 죄를 짓고, 분방하게 행하도록 주어지지 않았기 때문이다. 이것은 우리가 율법 아래 있지 않다고 말하면서 "그런즉 어찌하리요 우리가 법 아래에 있지 아니하고 은혜 아래에 있으니 죄를 지으리요"(롬 6:15)라는 질문에 대한 대답에서 잘 나타나는 것과 같다. 사도 바울은 이렇게 대답한다. 하나님께서 죄를 용서하신 것은 어떤 자의 행위를 죄로 계산하지 않기 위해서도 아니며, 율법을 폐지하시는 것도 아니다. 오히려 그것은 하나님께서 길이 참으시는 중에 전에 지은 죄를 벌하시지 않고, 죄가 없다고 하시는 것이다. 하나님께서 죄를 용서하신 것은 우리가 이제는 죄를 방만하게 행할 수 있도록 하기 위해서 하신 것이 아니다.

같은 방법으로 이 구절에서 다음과 같은 사실이 분명하게 된다. 사도 바울에게서 하나님이 의롭다고 불리는 뜻은, 위에서 말한 것처럼, 그가 의롭게 하시다, 또는 의롭게 만든다는 것이다. 이와 같이 사도 바울의 말로부터 또한 분명하게 드러난다. 하나님의 의란 그가 그것을 통해 우리를 의롭게 하시는 것이다. 마치 하나님의 지혜가 하나님께서 그것을 통해 우리를 지혜롭게 만드는 것인 것처럼 말이다.

그러므로 사도 바울은 "전에 지은"이라는 말을 가지고 어리석고 육체적인 이해에 맞선다. 이 이해는 사도 바울의 말로부터 다음과 같이 이해할 수 있다. 하나님께서 율법을 성취하셨다. 그는 더 이상 죄를 계산하지 않으신다. 그는 그가 죄로 간주했던 것을 이제는 더 이상 죄로 간주하시지 않을 것이다. 그러므로 이전과 같은 것을 마음 놓고 하자. 왜냐하면 이전에는 죄였지만, 이제는 더 이상 죄가 아니기 때문이다.

"율법을 굳게 세우느니라"(롬 3:31)는 말은 두 가지 의미로, 즉 내적으로와 외적인 의미로 해석된다. 율법이 무엇을 해야 하고, 무엇을 하지 말아야 하는지를 보여 주고 나타내주는 율법의 내용과 본문 자체가 문제가 된다면, 내적으로 그리고 본질적으로 율법은 세워진다. 반대로, 율법이 더 이상 구속력을 갖지 못하고, 율법에 어긋나는 행동이 허락될 정도로 율법이 집어 올려지고, 그 권위가 떨어질 때, 율법은 '파기된다.' 이러한 방법으로 육체적으로 생각하는 자들은 사도 바울이 율법을 폐기한다고 말할 수도 있을 것이다. 율법을 통해 우리가 의롭게 되는 것이 아니다. "율법 외에 하나님의 한 의가 나타났으니"라고 말하기 때문이다.

다른 한편으로, 율법이 실현되고, 율법이 명령하거나 금지하는 것이 일어나거나 행해지지 않을 때, 율법은 외적으로 그리고 상징적인 방법으로 세워지고 확증된다. 그래서 "요나답이 그의 자손에게 포도주를 마시지 말라 한 그 명령은 실행되도다. 그들은 그 선조의 명령을 순종하여 오늘까지 마시지 아니하거늘"(렘 35:14)이라고 기록하고 있다. "그 명령은 실행되도다"는 말은 명령에 순종하였다는 뜻이다. 그다음 절에 다음과 같이 기록되어 있다. "요나답의 자손은 그의 선조가 그들에게 명령한 그 명령을 지켜 행하나 이 백성은 내게 순종하지 아니하도다"(렘 35:16). 즉, 그들이 내 계명을 지키지 않고, 세우지 않고, 파기하였다. 예를 들면 다음과 같다. "네가 완성한 것을 그들이 파기하였다"(시 11:3).* "그들이 주의 법을 폐하였사오니 지금은 여호와께서 일하실 때니이다"(시 119:126). "이러므로 율법이 해이하고 정의가 전혀 시행되지 못하오니"(합 1:4). "그들이 (불순종으로) 내 언약을 깨뜨렸음이라"(렘 31:32). 그러므로 율법이 명령하거나

---

* 개역개정에는 "터가 무너지면 의인이 무엇을 하랴"라고 기록되어 있지만, 루터가 사용하는 텍스트로 번역하였다.

금지하는 것이 일어나지 않거나 일어날 때, 외적으로 파기된다. 사도 바울은 이런 의미로 여기서 '도리어 율법을 굳게 세우느니라'고 말하고 있다. 다시 말해, 우리는 율법은 믿음을 통해 성취되고, 확증된다고 말한다. 그러나 너희는 너희가 성취하지 못하는 율법을 오히려 폐기한다. 심지어는 믿음이 없이 율법의 행위만으로 충분하다고 가르치면서 율법을 성취할 필요가 없다고 가르친다. 그래서 로마서 8:3은 "율법이 육신으로 말미암아 연약하여 할 수 없는 것"에 대해 말한다.

이와 같이 시편 18:36은 말한다. "내 걸음을 넓게 하셨고 나를 실족하지 않게 하셨나이다." 이 말은 다른 사람이 내 삶을 모방할 때, 내 생활의 모범이 확정되었다는 뜻이다. 이처럼 일반적으로 이런 직업이나 저런 직업, 또는 이런 당파나 저런 당파가, 많은 사람들이 그 쪽의 편을 들 때, 견고하고 강하다고 말한다. 그러나 그 쪽을 지지하는 사람이 아무도 없을 때는, 그것은 약해지고 몰락한다.

그러므로 율법은 그 자체로 그리고 우리 안에서 세워진다. 그 자체로란, 율법이 공공적으로 선포될 때이다. 우리 안에서란, 우리가 율법을 의지와 행위로 성취할 때이다. 그러나 믿음이 없이는 누구도 이것을 할 수 없다. 그러므로 우리는 그리스도에 대한 믿음을 통한 은총이 없을 때는, 항상 하나님의 계약을 파기한다.

"무슨 법으로냐 행위로냐 아니라 오직 믿음의 법으로니라"(롬 3:27)

행위의 율법은 필연적으로 우리를 으쓱거리게 만들고, 자만심을 조장한다. 왜냐하면 의롭고, 율법을 성취한 자는 의심할 여지없이 자랑하고, 자부심을 가질지도 모르는 무엇인가를 가지기 때문이다. 그들은 자신들이 일종의 그런 자라고 믿는다. 그들이 율법이 규정하고 금지한 것을 외적으로 행했기 때문이다. 그러므로 그들은 자신을 낮추지 않으며, 죄인처럼 자신들을 천하게 여기지 않는다. 그들은 의롭게 되는 것도 추구하지 않고, 그들이 이미 의를 가지고 있다고 확신하기 때문에, 의를 위해 간구하지도 않는다.

그러므로 위에서 성 아우구스티누스로부터 인용된 것, 즉 "행위의 율법은 내가 명령하는 것을 하라고 말하고, 믿음의 율법은 당신이 명령하는 것을 주옵소서"라는 말을 주목해야 한다. 율법의 백성은 율법과 율법 안에서 말씀하시는 하나님께 대답한다. '나는 당신이 나에게 약속하신 것을 행하였습니다. 당신이 명령하신 것이 일어났습니다.' 그러나 믿음의 백성은 말한다. '나는 그것을 할 수 없습니다. 하지도 못했습니다. 그러니 당신이 명령하신 것을 주옵소서. 나는 하지 못했지만, 그러나 그것을 하기를 갈망하고 있습니다. 내가 할 수 없기 때문에, 행할 수 있는 능력을 당신께 간청하고 기도합니다.' 이처럼 전자의 백성은 교만하고 허세를 부리는 자들이 되고, 후자의 백성은 겸손하고 자신을 낮추는 자들이 된다. 이 두 백성 사이의 진정한 차이는 바로 다음의 사실에 있다. 전자는 내가 행했다고 말하고, 후자는 내가 할 수 있기를 기도한다고 말한다. 전자는 당신이 원하시는 것을 명령하십시오. 그러면 내가 행할 것입니다 라고 말한다. 후자는 당신이 명령하는 것을 주시어 내가 할 수 있도록 해주십시오 라고 말한다. 전자는 그들이 이미 의를 획득했다고 확신에 차서 자부한다. 후자는 그들이 그것을 얻기를 기도한다.

그러므로 새로운 백성, 곧 믿음의 백성이요 영적인 백성의 전 삶은 다음과 같은 것이다. 마음의 탄식을 가지고, 행위로 절규하며, 육체의 행위를 가지고 갈망하고, 찾고, 기도하는 단 한 가지는 항상 의롭게 되고, 결코 머물러 서 있지 않고, 이미 의를 획득했다고 생각하지 않고, 어떤 행위도 이미 얻은 의의 목적으로 간주하지 않고, 그것이 아직도 우리 밖에 거하며, 우리 자신은 계속해서 죄 속에 살고 그 안에 있다고 생각하는 것이다.

그러므로 사도 바울이 "그러므로 사람이 의롭다 하심을 얻는 것은 율법의 행위에 있지 않고 믿음으로 되는 줄 우리가 인정하노라"(롬 3:28)고 말할 때, 그는 칭의를 추구할 때 일어나는 행위에 대해 말하는 것이 아니다. 왜냐하면 그런 행위는 더 이상 율법의 행위가 아니라, 믿음과 은총의 행위이기 때문이다. 그런 행위를 하는 자는 그가 이미 의롭다고 확신하지 않고, 의롭게 되기를 갈망하는 자이기 때문이다. 또한 그는 그가 그 행위를 통해 율법을 이미 성취했다고도 생각하지 않고, 그것의 성취를 추구한다.

사도 바울은 그 행위를 율법의 행위라 부른다. 이것을 행하는 자들은 그들의 칭의를 이에 근거지우고, 마치 칭의가 이미 일어난 것처럼, 그들이 행위를 완성하였기 때문에, 그들이 마치 의로운 양 생각한다. 그들이 행위를 하는 것은 의를 찾기 위해서가 아니라, 이미 얻은 의를 자랑하기 위해서이다. 그러므로 그들이 그것을 행할 때, 마치 율법이 이미 완전히 성취된 것처럼 그리고 더 이상의 칭의가 필요하지 않은 것처럼 머물러 있다. 이것은 의심의 여지없이 교만과 자만의 극치이다. 율법의 행위가 율법을 성취할 수 있다고 생각하는 것은 완전히 잘못된 것이다. 율법은 영적인 것이며, 위에서 여러 번 설명한 대로, 우리가 우리 자신으로부터는 도저히 가질 수 없는 마음과 의지를 요청하기 때문이다. 그래서 그들은 율법의 행위를 하는 것이지, 율법이 원래 원하는 것을 하는 것은 아니다.

민음의 백성은 자신의 전 삶을 의롭게 되기를 추구하며 산다. 다음과 같은 목소리는 그들의 것이다. "너는 나를 인도하라"(아 1:3). "내가 밤에 침상에서 마음으로 사랑하는 자를 찾았노라 찾아도 찾아내지 못하였노라"(아 3:1). "내가 그를 찾아도 못 만났고 불러도 응답이 없었노라"(아 5:6). 다시 말해, 내가 이미 찾았다고 결코 생각하지 않고, 계속 찾을 것이다. 탄식하고 찾기 때문에, 그의 목소리는 마침내 '비둘기의 소리라'(아 2:12) 불린다. 그리고 "의에 주리고 목마른 자는 복이 있나니 그들이 배부를 것임이요"(마 5:6).

"여호와를 경외하라 그를 경외하는 자에게는 부족함이 없도다"(시 34:9). "하나님을 찾는 자(즉, 그를 발견한 자)가 있는가… 하나도 없도다"(시 14:2-3). "그의 얼굴을 항상 구할지어다"(시 105:4). 이 말은 너희들이 그를 이미 한번 찾았다는 것을 믿지 않는다는 뜻이다. "그들이 그의 율례를 지키게 하려 하심이로다"(시 105:45). "네가 물으려거든 물으라"(사 21:12). "나는 나를 구하지 아니하던 자에게 물음을 받았으며 나를 찾지 아니하던 자에게 찾아냄이 되었으며"(사 65:1).

시편 119편은 8행으로 된 단락 단락마다 거의 일치하는 말들이 나온다. "내 길을 굳게 정하사 주의 율례를 지키게 하소서"(시 119:5). "내가 주의 교훈들을 지키리이다"(시 119:145). "내가 전심으로 주를 찾았사오니 주의 계명에서 떠나지 말게 하소서"(시 119:10).

이처럼 사도 바울도 이미 잡았다고 생각하지 않고, 찾았을 때는 뒤에 있는 것을 잊어버리고, 찾으면서 앞에 있는 것을 향해 달려간다(빌 3:13). 왜냐하면 자신의 마음과 행위로 찾는 자는, 그가 칭의를 위해 기도하는 것과 그가 이미 의인이라고 생각하지 않는 것으로 인해 의심의 여지없이 이미 하나님에게서는 의인이다. 그가 자신을 죄인이라고 고백하는 것은, 자신이 죄를 원하고 하나님에게서 떠나기 때문이 아니라, 다음과 같이 끊임없이 기도를 하면서 죄로부터 해방되고 의롭게 되기 위해서이다. "우리 죄를 사하여 주시옵고"(마 6:12). "이름이 거룩히 여김을 받으시오며"(마 6:9).

"나는 나를 구하지 아니하던 자에게서 질문을 받았으며 나를 찾지 아니하던 자에게 찾아냄이 되었으며"(사 65:1)라는 말씀은 무엇을 의미하는가? 사람이 하나님을 찾아서는 안 되고, 그가 우연히 발견될 때까지 기다려야 하는가? 이것은 첫 번째로 하나님께서 찾아지고, 발견되기를 원하시는 길이 아니라, 그들 자신이 선택한 길을 위해서 하나님을 찾는 어리석은 찾기로 이해될 수 있다.

두 번째로 이 말은 우리의 행위와 공로 없이 하나님의 의가, 하나님의 의와는 다른 것을 행하고 찾는 우리에게 주어진다고 이해될 수 있다. 왜냐하면 하나님께서 자신을 스스로 계시하지 않으셨다면, 누가 육신이 된 말씀을 찾았으며, 또는 찾았겠는가? 그러므로 하나님은 발견된 것이지 찾아진 것이 아니다. 한번 발견되면, 그는 계속 찾아지고, 더 잘 발견될 수 있다. 우리가 우리의 죄에서 그에게로 향하면, 그는 발견될 수 있다. 우리가 회개를 지속하면, 그는 찾아진다.

그러므로 죄인들 사이에도 차이가 있다. 어떤 죄인은 자기 죄를 고백하지만, 의롭게 되기를 갈망하지 않고, 더 낙담하고, 더 많은 죄를 짓는다. 그래서 죽음의 순간에도 절망하고, 사는 동안 세상에 종노릇한다. 또 다른 죄인은 자신이 죄를 짓고 있고 그리고 지었다고 고백한다. 이에 대한 고난을 짊어지고, 자기 자신을 미워하고, 칭의를 갈망하며, 끊이지 않고 하나님께 의를 위해 간구하고 기도한다. 이들이 바로 항상 십자가의 심판을 자기들 위에 지고 가는 하나님의 백성이다.

같은 방법으로 의인과 의인 사이에도 차이가 있다. 어떤 의인은 자신이 의롭다고 단언한다. 그래서 의롭게 되는 것을 갈망하지 않고, 보상을 받고, 화관이 씌워지는 것을 기다린다. 다른 의인은 자신이 의롭다는 것을 부정하고, 저주받는 것을 두려워하고, 의롭게 되는 것을 갈망한다.

우리가 온 힘을 다해 의롭게 되는 것에 열심을 낸다면, 우리가 죄인이라는 것은 아무 해도 되지 않는다.

그러므로 다재다능한 요술사인 사탄은 기묘한 간교로 우리에 대해 음모를 꾸민다. 그는 어떤 자를 바른 길에서 이탈시켜, 죄에 빠지게 한다. 다른 자들, 즉 자신이 이미 의롭다고 생각하는 자들을 유혹하여 머물러 있게 하고, 미지근하게 만들고, 그들의 갈망을 냉각시킨다. 이에 대해서는 요한계시록 3:14-16이 라오디게아 사자에게 말씀한다. 또 다른 세 번째 사람들은 미신적인 신앙과 광신에 빠지게 한다. 그래서 이들은 더 거룩한 자요, 이미 의를 획득한 것처럼 여기는 자들로서 미지근하지 않고, 불타는 열정으로 행위하며, 교만하고 모욕적으로 내려다보는 다른 사람들을 자신들에게서 분리한다. 네 번째의 다른 사람들은 압박을 받아, 순결하고, 거룩하고, 모든 죄에서 자유로운 자가 되려고 힘쓰지만 이것은 어리석은 수고이다. 그들이 죄를 짓고, 어떤 악한 것이 그들을 엄습하는 것을 알게 되면, 사탄은 그들을 심판을 받을 것이라 위협하며, 그들의 양심을 불안하게 만들어 거의 절망에 빠지게 한다. 사탄은 각 개인의 욕망을 파악하여, 그에 맞게 개개인을 시험한다. 네 번째 부류의 사람들이 불타는 열정을 가지고 의를 추구하기 때문에, 사탄은 그들에게 그 반대를 쉽게 설득할 수는 없다. 그래서 그는 처음에는 그들의 계획을 지지하여, 그들이 모든 악한 욕망을 벗어버리는데 지나치게 서두르게 한다. 그리고 그들이 그것을 할 수 없을 때, 그들을 슬퍼하고, 좌절하고, 소심하고, 절망하고, 무엇보다 양심이 매우 불안하게 만든다.

그러므로 우리가 죄 안에 머물러 있고, 하나님의 자비와 죄로부터의 구속에 대한 희망 속에서 탄식하는 것 외에 남아 있는 것이 없다. 너무 급하게 회복되고자 하는 환자는 확실히 더 심하게 재발할 수 있는 것과 같이, 우리는 점진적으로 치유되어야 하고, 많은 약함을 일정 시간 동안 견디어야 한다. 우리가 죄를 완전히 제거하지는 못한다 할지라도, 우리가 죄를 싫어하는 것으로 충분하다. 왜냐하면 그리스도께서 모든 죄를, 우리가 그것을 싫어하기만 하면, 짊어지시기 때문이다. 그래서 그것은 더 이상 우리의 죄가 아니라, 그의 것이다. 마찬가지로, 그의 의는 우리 자신의 의가 되었다.

로마서 4장

"그런즉 육신으로 우리 조상인 아브라함이 무엇을 얻었다 하리요 만일 아브라함이 행위
로써 의롭다 하심을 받았으면 자랑할 것이 있으려니와 하나님 앞에서는 없느니라 성경
이 무엇을 말하느냐 아브라함이 하나님을 믿으매 그것이 그에게 의로 여겨진 바 되었느
니라"(롬 4:1-3)

이 '아브라함의 믿음'을 창세기 15:6에 참고 표시만 하는 것이 아니라 절대적으로 그리
고 보편적으로 이해해야 한다. 즉, 아브라함이 항상 하나님을 믿을 준비가 되어 있었
고, 항상 하나님을 믿은 사람이라는 뜻이다. 이것은 그가 창세기 12-13장에 나온 대
로 그를 부르시고, 고향을 떠나 다른 곳으로 가라고 명령하신 하나님을 믿었다는 것
에서 분명해진다. 그래서 그곳에서도 그는 '의로운 자로 여겨졌다.' 또 창세기 22장에
의하면, 그는 자신의 아들 이삭을 재물로 드리라고 명령하셔도 하나님을 믿었다- 다
른 여러 성경 구절에서도 그랬다. 그가 이 모든 것을 믿음으로 했다- 는 것을 사도는
히브리서 11:8-10에서 분명한 말로 증거한다.

　　이 구절은 앞에 있는 문장과 연결해 주는 접속사 없이 나와서, 뒤에 나오는 것이

앞에 나오는 내용과 관련이 없고 완전히 아브라함의 믿음에만 적용된다는 것을 이해하도록 해준다. "네 자손이 이와 같으리라"(창 15:5)는 하나님의 마지막 말씀에 어떤 접속사도 없이 곧바로 다음 구절이 나온다. "아브람이 여호와를 믿으니"(창 15:6). '아브라함이 이것 때문에 하나님을 믿었다'라고 하지 않고 그가 믿었다고 간단히 말한다. "아브람이 여호와를 믿으니"는 그가 하나님을 진실하신 분으로 인정했다는 뜻이다. '하나님을 믿는다'는 말은 언제나 어디서나 믿는 것이다. 어리석은 사람이 사도 바울이 자신의 생각을 증명하기 위해 아브라함의 예에 믿음이라는 것을 추가했다고 비난하지 않도록 하기 위해, 또한 이 특별한 구절에 앞서 성경이 하나님이 아브라함을 마음에 들어 했음을 증명할지라도, '아브람이 여호와를 믿되 여호와께서 이를 그의 의로 여기신' 결과에 대해 어떠한 것도 말하지 않는다고 이의를 제기하지 않도록 하기 위해 말한다.

"일하는 자에게는 그 삯이 은혜로 여겨지지 아니하고 보수로 여겨지거니와 일을 아니할 지라도 경건하지 아니한 자를 의롭다 하시는 이를 믿는 자에게는 그의 믿음을 의로 여기시나니 일한 것이 없이 하나님께 의로 여기심을 받는 사람의 복에 대하여 다윗이 말한 바"(롬 4:4-6)

이 말은 다음과 같이 구성되어야 한다. 그의 믿음이 의로 계산된다. 다윗이 말한 대로(즉, 주장하는 대로), 복이 사람의 것이라고(즉, 사람이 복되다고 또는 복이 단지 사람에게만 속해 있다), 그에게 하나님께서 행함이 없는데도 의를 주셨다.* '행함이 없는데도'라는 말은, 앞에서 말한 바와 같이, 이 행위에 근거해 이미 의를 얻었고 소유하고 있다고 믿는 그런 행위를 말한다. 마치 어떤 사람이 그 행위를 했기 때문에 의로운 것처럼, 또는 그가 그 행위를 했기 때문에 하나님께서 그를 의롭다고 간주하시는 것처럼 말이다. 그러나 이것은 옳은 것이 아니다. 하나님께서는 행함 때문에 사람을 받아들이는 분이 아니라, 사람 때

---

* 루터가 문장의 구조를 재정리하기에 이 순서에 맞게 번역하였다.

문에 행함을 받아들이는, 특히 사람을 행함보다 먼저 받아들이는 분이시기 때문이다. 그래서 "여호와께서 (먼저) 아벨과 (그다음에) 그의 제물은 받으셨으나"(창 4:4)라고 기록되어 있다.

이것으로부터 정죄를 받는 것은 이런 행위가 아니라, 행위 자체에 대해 가지고 있는 어리석은 생각이요 평가라는 것이 분명해진다. 왜냐하면 동일한 행위를 의인들도 하기 때문이다. 물론 동일한 마음으로 하는 것은 아니다. 의인들은 그것을 통해 의를 찾고, 얻으려고 하는 반면에, 불경건한 자들은 그들의 의를 과시하고, 그들이 의를 이미 찾았다고 자랑하려고 한다. 의인은 그들이 행한 행위로 만족하지 않고, 마음이 또한 의롭게 되고 일그러진 욕망에서 치료되기를 갈망한다. 그러나 불경건한 자들은 외적으로 행해진 행위에 만족하며, 내적인 것에는 마음을 쓰지 않는다. 그래서 그들은 배우들이요, 위선자들이다. 다시 말해, 밖으로는 의인과 비슷해 보이지만, 내적으로는 실제로 의인이 아니다. 그래서 욥기 39:13에 이렇게 기록되어 있다. "타조는 즐거이 날개를 치나 학의 깃털과 날개 같겠느냐." 그러나 타조는 날 수 없고, 학이나 매처럼 먹이를 잡지 못한다. 전자는 자신들이 의롭다고 말한다. 그러나 후자는 주님으로부터 의롭다고 간주되는 것을 추구한다. 전자는 의로운 자는 어떠어떠한 일을 하는 자라고 말하고 가르친다. 후자는 의로운 자는 '주님께서 죄를 그에게 계산하지 않는 자이다'라고 말하고 가르친다. 전자는 의롭게 되기 위해 무엇을 그리고 얼마만큼 해야 하는지 알고 있다. 그러나 후자는 언제 그들이 의롭게 되는지 알지 못한다. 의인은 단지 하나님에 의해 판단되기 때문이다. 그런데 이 하나님의 헤아림은 아무도 알지 못하고, 단지 간구하고 소원해야 하는 것이다. 전자는 자신들이 더 이상 죄인으로 간주되지 않는 시기를 알고 있다. 후자는 그들이 죄인이라는 것을 항상 알고 있다.

이렇게 다음의 말씀은 이해되어야 한다. "불법이 사함을 받고 죄가 가리어짐을 받는 사람들은 복이 있고"(롬 4:7).

1. 성인들은 내적으로 항상 죄인이다. 그래서 그들은 자신의 밖에서는 항상 의롭게 된다. 그러나 위선자는 내적으로 항상 의롭다. 그래서 그들은 그들 자신의 밖에서는 항상 죄인이다

'내적으로'란 '우리가 우리 안에 있는 대로, 우리 눈으로 보는 대로, 우리가 생각하는 대로'라는 뜻이며, '외적으로'란 '우리가 하나님에게 그리고 그의 판단 안에 서 있는 대로'를 뜻한다. 우리가 우리 자신으로부터가 아니라, 우리 자신의 행위로부터가 아니라, 오직 하나님의 계산에 의해 의로울 때, 우리는 외적으로 의롭다. 그의 헤아림은 우리 안에 있지 않고, 우리의 능력 안에 있지 않기 때문이다. 그러므로 우리의 의는 우리 자신이나 우리 능력 안에 있지 않다. "이스라엘아 네가 패망하였나니 이는 너를 도와주는 나를 대적함이니라"(호 13:9).* 즉, '네 안에는 폐망 외에 어떤 것도 없다. 너의 구원이 네 밖에 있다'고 호세아 13:9이 전하는 바와 같이 말이다. 그리고 "나의 도움은 천지를 지으신 여호와에게서로다"라고, 즉 '나로부터'가 아니라고 시편 121:2도 전한다. 내적으로 우리는 상호 관계의 법에 따라 죄인이다. 하나님의 헤아림 때문에만 우리가 의롭다면, 그렇다면 우리의 삶과 행위를 통해서는 아니기 때문이다. 우리는 내적으로 그리고 우리 자신으로부터는 항상 불경건하다. 그래서 시편 51:3-4에 이렇게 기록되어 있다. "무릇 나는 내 죄과를 아오니 내 죄가 항상 내 앞에 있나이다(즉, 내가 죄인이라는 것이 항상 내 눈앞에 있다). 내가 주께만 범죄 하여(즉, 나는 죄인이다) 주의 목전에 악을 행하였사오니 주께서 말씀하실 때에 의로우시다 하고." 반대로 내적으로 자기 자신에게서 의로운 자는, 상호 관계의 법으로부터 내적인 필연성 때문에 드러나는 것처럼, 외적으로(즉 하나님의 헤아림에 의해서는) 의롭지 못하기 때문에 위선자이다. 이에 대해서는 "내가 근심하여 이르기를 그들은 마음이 미혹된 백성이라"(시 95:10)고 증거 한다. 마음이 미혹된 백성으로서 그들은 "내 죄가 항상 내 앞에 있나이다"와 같은 모든 성경의 말들을 전도시킨다. 그래서 그들은 내 의가 항상 내 앞에 있고(즉, 의를 눈앞에 가지고 있고), 구원을 받았고, 의의 행위를 한다고 말한다. 그들은 내가 주께 (죄를 짓지 않고, 오히려) 의롭게 행한다고 말한다. 심지어는 그들 자신의 눈에 그들이 의롭게 행한다고 말한다.

---

* 루터가 사용하는 불가타에 의하면 본 구절은 '이스라엘아, 너는 내 자신을 폐망으로 이끌었구나. 왜냐하면 너의 구원은 단지 나에게 있기 때문이다'로 번역된다.

2. "하나님이여 위엄을 성소에서 나타내시나이다"(시 68:35). 하나님 앞에서 그들은 의롭기도 하며 동시에 불의하기도 하다*

성인들은 항상 그들의 죄를 눈앞에 가지고 의에 대해 하나님에게 그의 자비를 간청하기 때문에, 그들은 하나님으로부터 항상 의롭다고 간주된다. 그들은 자신들의 눈으로 보기에는 그리고 실제로는 의롭지 않다. 그러나 그들의 죄를 고백하는 것 때문에 의롭다고 간주하시는 하나님에게서는 의롭다. 실제로는 죄인이지만, 그들을 불쌍히 여기시는 하나님의 은혜로우신 헤아림 때문에 의롭다. 그들은 그들이 알지 못하는 방법으로는 의롭지만, 그들이 아는 바에 따라서는 불의한 자들이다. 실제로는 죄인이지만, 희망 속에서는 의인이다.

이는 "허물의 사함을 받고 자신의 죄가 가려진 자는 복이 있도다"(시 32:1)라는 사도 바울의 말을 의미한다. 그래서 "내가 이르기를 내 허물을 여호와께 자복하리라(즉 내가 내 죄를 항상 눈앞에 두고 그것을 당신에게 고백하리라)… 주께서 내 죄악을 사하셨나이다"(시 32:5)라는 말씀이 따라 나온다. 나뿐만 아니라 모든 사람의 죄를 사해 주신다. 그래서 "모든 경건한 자는… 주께 기도할지라"(시 32:6)는 말씀이 따라 나온다. 여기서 경건한 모든 사람은 그 자신을 위해 기도하는 죄인임을 주목해야 한다. 의인은 사실 자기 자신을 고발하는 자이다. 그리고 '의인은 자기 죄의 용서를 빈다'(집회서 39:7). 그리고 '저지른 잘못으로 마음이 아파 그 죄를 아뢴다'(시 38:18). 우리를 죄인이요 동시에 죄인이 아닌 자로 간주하는 하나님의 자비하심은 놀랍고 감미로운 것이다. 우리에게는 죄가 남아 있기도 하고 동시에 남아 있지 않기도 하다. (그러므로 이것은 본 시편의 제목에 따라 이해되어야 한다).** 반면에, 하나님의 진노도 놀랍고, 준엄하다. 그는 불경건한 자들도 불의하며 동시에 의로운 자로 보신다. 그들의 죄가 제거되며, 동시에 제거되지 않는다.

---

* 여기서 '그들'은 '성소'를 가리키는데, 이는 루터가 사용하는 불가타에서는 '그의 거룩한 자들'로 나오기 때문이다.
** 시편 38편의 제목은 '다윗의 기념하는 시'이다. 루터는 그의 「시편 주석」에서, 기념하는 것은 우리들의 죄를 고백하는 것을 의미한다고 말했다(WA 3, 211).

부가 설명

사도 바울은 여기서 단지 행위와 말과 사고의 죄가 아니라 "내가 아니요 내 속에 거하는 죄니라"(롬 7:20)는 말로 정의한 죄의 '불쏘시개'에 대해 말하는 것이다. 그는 또한 이 불쏘시개를 "죄의 정욕"(롬 7:5), 즉 그가 '사망에 이르게 하는 것'이라고 말했던 죄에 대한 충동과 욕구와 성향을 말한다. 그러므로 (신학자들이 칭하는 대로의) '자죄'(自罪, *peccatum actuale*)는 더 참된 의미의 죄, 즉 죄의 행위요 결과이다. 그런데 죄 자체는 바로 저 격정이요, 불쏘시개요, 죄의 정욕이요, 악으로 향하는 성향이요, 선을 싫어하는 것이다. "내가 탐심을 알지 못하였으리라"고* 말하는 것처럼 말이다. (왜냐하면 탐심이 행위 자체가 아니라, 결과가 나타나도록 영향을 미치기 때문이다. 그것은 결과 자체는 아니다).

반대로, 하나님으로부터 오는 우리의 의는 바로 선한 것을 향하는 것이고, 악한 것을 피하는 것으로 내적으로 은총에 의해 주어진 것이다. 그러나 행위는 의의 열매이다. 이와 같이 죄도 바로 선한 것으로부터 돌아서서 악한 것으로 향하는 것이며, 죄의 행위는 바로 이 죄의 열매이다. 이것에 대해서는 로마서 7장과 8장에서 더 분명하게 보게 될 것이다.

이러한 죄에 대해서는 앞에서 말한 모든 것이 적용된다. 즉, "허물의 사함을 받고 자신의 죄가 가려진 자는 복이 있도다… 내가 이르기를 내 허물을 여호와께 자복하리라 하고 주께 내 죄를 아뢰고 내 죄악을 숨기지 아니하였더니 곧 주께서 내 죄악을 사하셨나이다(셀라) 이로 말미암아 모든 경건한 자는 주를 만날 기회를 얻어서 주께 기도할지라"(시 32:1, 5-6)와 "무릇 나는 내 죄과를 아오니 내 죄가 항상 내 앞에 있나이다"(시 51:3)와 "모든 경건한 자는 주를 만날 기회를 얻어서 주께 기도할지라"와 "무릇 나는 내 죄과를 아오니 내 죄가 항상 내 앞에 있나이다"와 "내가 주께만 범죄 하여 주의 목전에 악을 행하였사오니 주께서 말씀하실 때에 의로우시다" 등의 말씀이다. 이것이 실제로 죄인 악인데, 하나님께서는 그것을 알고, 고백하고, 미워하며, 그것으로부터 치유되기를 갈망하는 모든 자들에게 그의 자비로 계산하지 않으시고 용서해 주신다. 그래서 "만일 우리가 죄가 없다고 말하면 스스로 속이고"(요일 1:8)라는 말이 나온다. 이

---

* 로마서 7:7. 루터의 본문에서는 '탐심이 죄라는 것을 나는 알지 못했다'는 말로 인용되고 있다.

러한 악이 행위를 통해 치유될 수 있다고 생각하는 것은 잘못이다. 우리가 아무리 열심을 내어 선한 행위를 한다고 할지라도, 죄의 정욕이 남아 있고, 어느 누구도, 심지어 태어난 지 하루밖에 되지 않는 아기도 그것으로부터 깨끗하지 않다는 것을 경험이 말해 주기 때문이다. 그러나 이 악이 머물지만, 그럼에도 그를 부르고, 악에서 해방되기를 탄식하는 자들에게는 그것을 죄로 계산하지 않는 것은 하나님의 자비하심이다. 왜냐하면 이런 자들은 열심을 다해 의롭게 되기를 추구하기에 그들의 행위에 쉽게 주의를 기울이기 때문이다. 그러므로 우리는 우리 안에서는 죄인이지만, 하나님께서 우리를 의롭다고 간주하시는 한, 믿음을 통한 의인이다. 왜냐하면 죄가 지배하지 않도록 우리가 끝까지 견디고, 하나님께서 죄를 제거하실 때까지 인내하면, 하나님께서 우리를 구속해 주시리라고 약속하신 것을 믿기 때문이다.

이것은 자신에게 확실하게 건강을 약속해 주는 의사를 신뢰하고, 약속된 회복을 소망하며 그가 내린 명령을 순종하고, 그에게 금지된 것을 피하여, 의사가 약속한 것을 성취할 때까지 약속된 회복을 방해하지 않고, 병을 키우지 않는 환자의 경우와 같다. 이 환자가 그렇다고 건강한가? 아니다. 그는 환자이면서 동시에 건강한 자이다. 실제로는 환자이지만, 의사의 확실한 약속 때문에 건강하다. 그는 의사를 믿으며, 의사는 자신이 그를 치유할 것이라고 확신하기 때문에, 그를 이미 건강한 자로 간주하기 때문이다. 같은 방법으로 우리의 사마리아인이 되신 그리스도께서는 반은 죽은 사람인 그의 환자를 치료하기 위해 여관으로 데리고 가서, 영원한 생명이 이르도록 완전한 회복을 약속한 후에, 그를 치료하기 시작하셨다(눅 10:30 이하). 그는 죄, 즉 죽음에 이르는 욕망을 계산하지 않고, 약속된 회복의 소망 속에서 저 회복을 방해하고, 죄, 즉 욕망을 증가시킬 수도 있는 것을 행하는 것과 그냥 내버려 두는 것을 금했다. 이로써 그는 완전하게 의로운가? 아니다. 그는 죄인이면서 동시에 의인이다. 실제로는 죄인이지만, 하나님께서 그를 완전히 치유하실 때까지 죄에서 구속해 주시겠다는 그의 확실한 헤아림과 약속 때문에 의인이다. 이 때문에 그는 소망 속에서 완전히 건강한 자이지만, 실제로는 죄인이다. 그러나 그는 의롭게 되는 것을 시작했고, 자신이 불의하다는 것을 의식하면서 계속 찾는다. (이 환자가 자신의 약함에 대한 사랑 때문에 모든 것을 치유하게 하기를 원하지 않는다면, 그렇다면 그는 죽지 않는가? 세상에서 그들의 악한 욕망을 따르는 자들도 이렇게 된다. 또는 어떤 환자가 자신이 아프지 않고 건강하다고 생각하여 의사를 거절한다면, 이것은 자기 자신의 행위를 통해 의롭게 되고 건강하게 되고자 원하는 것과 같은 것을 의미한다).

이것이 사실이라면, 내가 죄와 은총에 대해 결코 이해하지 못했거나 또는 마치 빛이 어둠을 몰아내는 것처럼, 한 순간에 제거할 수 있는 것인 양, 원죄가 자죄처럼 완전히 제거되었다고 잠꼬대 같은 소리를 하는 스콜라 신학자들이 충분히 바르게 말하지 못한 것이다. 아우구스티누스와 암브로시우스 같은 고대 교부들은 이에 대해 성경의 방식을 따라 완전히 다르게 말하는 반면에, 저 스콜라 신학자들은 아리스토텔레스가 죄와 의는 행위에 따라, 즉 행위를 했느냐, 하지 않았느냐에 따라 정해진다고 주장하는 그의 「윤리학」의 방식을 따라 말한다. 그러나 성 아우구스티누스는 "죄의 욕망은 세례를 받을 때 용서되지만, 더 이상 존재하지 않기 때문이 아니라, 더 이상 계산되지 않기 때문이다"라고 아주 분명하게 말했다.* 그리고 성 암브로시우스는 "나는 항상 죄를 짓는다. 그래서 나는 항상 성찬에 참여 한다"고 말한다.**

그러므로 어리석은 자인 나는, 내가 죄를 뉘우치고 고해를 하는데도, 왜 내가 나를 다른 사람과 같은 죄인으로 간주하고, 어떤 사람보다 나를 더 낫다고 여겨서는 안되는지 이해할 수 없었다. 왜냐하면 내가 죄를 뉘우치고 고해를 하면, 모든 것이 사라지고 치워진다고 생각했기 때문이다. 심지어는 내적인 것까지도 말이다. 내가 전에 행한 죄 때문에 나를 다른 죄인들과 동일시해야 했을 때, 그때 그들은 용서를 받지 못했다고 생각했다. 하나님께서 죄를 고백하는 자들에게 용서해 주겠다고 약속하셨음에도 말이다. 그래서 나는 용서가 진짜일지라도, 소망 외에서는 죄를 완전히 제거할 수 없음을 알지 못하고 나와 싸웠다. 여기서 소망이란 죄가 이 죄를 제거하기 시작하는 은총의 선물을 통해 제거되어, 죄가 더 이상 계산되지 않는다는 소망을 말한다. 그러므로 사람은 자신의 능력으로 하나님을 모든 것보다 더 사랑하며, 명령된 행위를 율법을 주신 자의 생각이 아니라, 자신의 행위의 능력에 따라 할 수 있다고 주장한다면, 그것은 완전히 정신이 나간 것이다. 그것은 은총의 상태에서 행하는 것이 아니기 때문이다. 오, 어리석은 자여! 오, 돼지 새끼 같은 신학자여!*** 이와 같이 은총은 새로운, 율법을 능가하는 요청 때문에만 필연적이었다. 그들이 말하는 대로, 사람이 자

---

* Augustinus, *De nuptiis et concup.* I, 25, 28(PL 44, 430).

** Ambrosius, *De sacramento IV*, 6, 28(PL 16, 464).

*** 루터는 여기서 독일어 'Sawtheologen'이라는 말을 사용하는데 독일에서 '돼지 새끼'는 욕으로 사용되는 말이다.

신의 능력으로 율법을 성취할 수 있다면, 율법 자체를 성취하기 위해 은총은 불필요하고, 단지 새롭고, 율법을 넘어가는 요청, 하나님에 의해 부가된 요청을 성취하기 위해서만 필요하다. 도대체 누가 이런 신성 모독적인 생각을 참고 있겠는가? 사도 바울은 "율법은 진노를 이루게 하나니"(롬 4:15), "육신으로 말미암아 연약하여"(롬 8:3), 그리고 완전히 은총이 없이는 성취될 수 없다고 말하기 때문이다.

그들은 자신들의 이 생각이 아주 어리석다고 충고를 받을 수 있어야 했고, 적어도 그들 자신의 경험을 통해 그것을 부끄러워하고 뉘우칠 수 있어야 했다. 그들이 원하든 원하지 않든, 그들은 그들의 내면에 있는 욕망을 느낀다. 그러므로 여기서 나는 말한다. 자, 이제 열심히 해보아라! 남자답게 해보아라! 너희의 모든 능력으로 이 욕망이 더 이상 너희 안에 있지 않도록 해보아라! 사람이 온전한 능력으로 하나님을 자연적으로, 한마디로 말해 은총 없이 사랑할 수 있다고 말하는 것을 증명해 보아라! 너희가 욕망이 없다면, 우리는 너희 말을 믿을 것이다. 그러나 너희가 욕망과 함께 그리고 욕망 안에 산다면, 너희는 더 이상 율법을 성취하지 못한다. 왜냐하면 "탐내지 말라"(출 20:17), "네 하나님 여호와를 사랑하라"(신 6:5)고 율법이 말하기 때문이다. 무엇인가 다른 것을 탐내고 사랑하는 자가 하나님을 사랑할 수 있겠는가? 자, 이 욕망은 항상 우리 안에 있다. 그러므로 하나님에 대한 사랑이 결코 우리 안에 없다. 이 사랑이 은총에 의해 시작되지 않고, 치유되어야 하기 때문에 '온 마음으로 하나님을 사랑하지'(눅 10:27) 못하는 남은 욕망이 완전히 제거될 때까지 자비를 통해 죄로 간주되지 않고 그리고 온전한 하나님 사랑을 믿고 끝까지 참고 견디며 싸우는 자에게 선물로 주어지지 않는다면 말이다.

이 모든 터무니없는 것은 사람이 죄가 무엇인지도, 용서가 무엇인지도 모르기 때문에 오는 것이다. 사람이 죄를, 의와 마찬가지로, 사라지는 작은 영혼의 충동으로 제한하기 때문이다. 그래서 사람은 의지가 '천상적인 영혼의 능력'(synderesis)이기* 때문에, 그것이 약할지라도 '선을 지향하고 있다'고 생각하였다. 하나님을 향한 이 아주 작은 (영혼의) 움직임(사람이 자연적인 능력으로 행할 수 있는)이 하나님을 모든 것보다 더 사랑하는 행위라고 그들은 공상하였다. 그러나 전 인간이 (욕망에 반대해 약간의 움직임도 할 수 없을 정도로) 욕망

---

* 루터 당시에 'synderesis'는 독일어로 'Hymelisch selenkraft'(천상적인 영혼의 능력)라는 의미가 있었다. 이에 대해서는 WA 56, 275의 각주 20을 참고하라.

으로 가득 차 있다는 것을 들여다보아라! 율법은 그가 완전히 하나님께 쏠리도록 비워져야 한다고 명령한다. 그래서 "복을 내리든지 재난을 내리든지 하라"고 이사야 41:23은 그들에 대해 비난하면서 말한다.

이와 같이 이생의 삶은 죄로부터 치유되는 삶이다. 치유가 완성되었고, 건강이 이미 회복되어도 죄가 없는 삶은 없다. 교회는 병자들과 도움이 필요한 자들을 위한 숙소이며 병실이다. 그러나 천국은 건강한 자들과 의인들의 궁전이다. "그의 약속대로 의가 있는 곳인 새 하늘과 새 땅"(벧후 3:13)이라고 기록된 것처럼 말이다. 그러나 의는 현세에는 아직 살지 않고, 죄로부터 치유된 거처를 준비한다.

다윗이 시편 32편에서 예언한 것처럼, 모든 성인들은 죄에 대한 이러한 이해를 가지고 있었다. 그러므로 그들은, 성 아우구스티누스의 책에서 명백히 나타나듯이, 자신들을 죄인으로 고백하였다. 반면에 우리의 신학자들은 죄를 단지 행위에만 돌리고, 행위를 보증해 주는 것만을 가르치기 시작했다. 그리고 어떻게 구원하는 은총을 겸손하게 탄식하며 찾고, 자신을 죄인으로 인식해야 하는지에 대해서는 가르치지 않았다. 그러므로 그들은 피할 수 없이 인간을 교만하게 만들고, 그들이 행위를 외적으로 수행할 때, 그들이 이미 완전한 정도로 의롭다고 생각하고, 주님을 향한 끊이지 않는 탄식으로 그들의 욕망을 향해 전쟁을 선포하는데 전혀 자극을 받지 않는 사람들로 만든다. 그러므로 오늘날 교회 안에는 고해를 하는 것이 부쩍 늘었다. 왜냐하면 그들이 비로소 의롭게 되어야 한다는 것을 모르고, 그들이 이미 의롭다고 확신하고 있기 때문이다. 그래서 그들은 그들 스스로 안전하다고 생각하기 때문에 사탄의 어떤 수고도 없이 멸망한다. 이것은 확실히 행위로부터 의를 세우는 것이다. 그들이 하나님의 은총을 간구한다 할지라도, 그들은 그것을 바른 방법으로 하지 않고, 그들이 개인적으로 죄를 지은 것을 용서받기 위해서만 한다. 그러나 참된 그리스도인은 그리스도의 영을 가졌고, 바르게 행한다. 비록 그들이 우리가 방금 말한 것을 이해하지 못한다 할지라도 말이다. 그들은 이해하기 전에 그것을 행한다. 심지어 그들은 그들이 받은 가르침으로부터가 아니라 삶을 통해 이것을 이해한다.

의가 행위 없이도 믿는 자들에게 전가된다고 지금까지 말한 것에 대항하는 것이 아직 하나가 남아 있다. 우리는 많은 성인들의 전설 속에서 그들의 행위나 기도 중에 많은 것들이 하나님에 의해 받아들여지고, 나머지 사람들에게 모범으로 추천되었다는 것을 읽는다. 그들은 그런 행위에 근거해 의롭게 되었는가? 나는 대답한다. 이것은 한편으로는 큰 오류를 불러일으키는 좋은 증거이며, 다른 한편으로는 이미 말해진 것을 더 분명하게 이해하는데 도움이 되는 증거이다. 오류는 하나님에 의해 전가된 모든 것을 그들의 입장에서 자만하는 능력을 가지고 따라하고, 성인들이 하는 것과 같은 행위를 하기 때문에 의롭다고 간주되기를 원하는 사람들에게 있다. 그러나 이것은 바로 행위의 의를 찾는 것이지, 그들의 모범을 결코 따라하는 것이 아니다. 오히려 그들의 모범을 전도시키는 것이다. 왜냐하면 그런 행위가 계산되고, 인정되는 자들은 그들이 의롭다고 간주되기 위해 그것을 행한 것이 아니며, 그들은 심지어 그들이 하나님으로부터 받아들여졌는지도 몰랐고, 오히려 그들의 능력 안에 있는 것을 겸손한 믿음 안에서 그들이 행하는 것이 하나님의 자비하심을 따라 그의 마음에 들기를 끊임없이 기도하며 행했기 때문이다. 그래서 먼저 그들의 믿음의 겸손한 탄식 때문에 의롭다고 간주된 자들에게는 또한 행위도 계산되고 인정된다. 그런데 너, 어리석은 사람이여! 너는 먼저 (네 생각에) 의롭다고 인정된 행위로부터 시작하고, 내적인 탄식은 놓치는 구나! 성자들에게서와 같이, 이것을 통해 네가 먼저 의롭다고 간주되는데도 말이다. 단지 너의 행위 때문에만 너는 의롭다고 간주되기를 원하는구나! 사람이 '아벨'보다 먼저 '제물을 보기를' 원하는구나!(창 4:4) 이것은 일어나지 말아야 한다. 이런 미친 행위가 오늘날 하나님의 말씀을 설교해야 하는 자들의 강대상에서 열정적으로 가열되고 있다.

시편 주해*

이 본문의 히브리어 텍스트에는 죄를 의미하는 세 가지 다양한 표현이 사용되고 있다. 요하네스 로이힐린(Johannes Reuchlin)에 의하면 히브리어 본문은 다음과 같은 순서로 나온다. 복 있도다! '죄'(crimen)에서 사유함을 받고, '죄'(peccatum)가 가리워진 자는! 복 있

---

* 시편 31:1-2에 대한 주해이다.

도다! 주께서 그의 '불법'(*iniquitas*)을 헤아리지 않는 자는! 나는 이 죄들 사이의 차이점을 이해하지 못한다. 첫 번째 단어인 '*crimen*'은 히브리어로는 'פֶּשַׁע'(페샤)로 다양하게 해석되는데, 나는 이것을 죄를 짓는 행위 자체로 이해하고자 한다. 두 번째 단어인 '*peccatum*'은 히브리어로 'חַטָּאָה'(핫타아)로 거의 모든 곳에서 '죄'로 해석되는데, 우리 안에 있는 근본적인 죄 또는 악을 향하는 욕망을 뜻한다. 세 번째 단어인 '*iniquitas*'는 히브리어로는 'עָוֹן'(아온)이며, '악행'이라는 의미로 사용되는데, 나는 '위선'으로 이해하고자 한다. 이 뜻에 "나의 죄악을 말갛게 씻으시며 나의 죄를 깨끗이 제하소서"(시 51:2)라는 말씀이 상충되지 않는다면 말이다. 여기서 두 단어(*iniquitas*와 *peccatum*)는 같은 의미로 사용되는 것처럼 보인다.*

전자는 선을 외면했기 때문에 범죄요, 후자는 악을 향하기 때문에 죄인이다. 전자는 선을 행하지 않았기 때문에 범죄자라면, 후자는 악을 행했기 때문에 죄인이다. 피조물보다 하나님을 경시하는 것이 불의한 것이라면, 불의한 방법으로 경시되는 선이 발견될 수는 없다 하더라도, 그래도 피조물에 더 애착을 가지는 것은 죄다.

그래서 시편의 시인은 먼저 '복 있도다! 사함을 받은 자는!'이라고 말한다. 여기서 복 있는 자란 은총을 통해 죄, 즉 자신이 행한 자죄의 짐에서 자유롭게 된 자를 의미한다. 그러나 동시에 그에게 죄가 가려지지 않는다면, 다시 말해, 그의 안에 있는 죄의 뿌리가 죄로 계산되지 않는다면, 이것만으로는 충분하지 않다. 두 번째는, 비록 죄가 존재하지만, 그것이 보이지 않고, 관찰되지 않고, 계산되지 않을 때, 가려지기 때문이다. 그가 자유롭게 된다는 것은, 그가 자유롭게 됨을 통해 이미 자유를 누리는 사람이 되었다는 것은 그가 자신의 능력으로부터가 아니라, 하나님을 통해 능동적으로, 그러나 자신 안에서는 수동적으로 자유롭게 된다는 것을 뜻한다. 왜냐하면 스스로, 다시 말해 자기 자신의 공로를 통해 자유롭게 하는 자가 아니라, 자유롭게 되는 자가 복된 자라고 기록되어 있기 때문이다.

죄가 가려지는 것은 우리 안에 사시는 그리스도를 통해서이다. 이에 대해서는 룻의 비유가 있다. 룻은 보아스에게 "당신의 옷자락을 펴 당신의 여종을 덮으소서 이는

---

* 루터의 논지를 이해하기 위해서는 루터가 사용하던 당시의 불가타 본문이 어떻게 기록되어 있는지 아는 것이 필요하다. 시편 51:2의 "*amplius lava me ab iniquitate mea et a peccato meo munda me*"에서 우리말 '죄악'으로 번역된 라틴어는 '*iniquitas*'이며, '죄'로 번역된 말은 '*peccatum*'이다.

당신이 기업을 무를 자가 됨이니이다"(룻 3:9)라고 말했다. "가만히 가서 그의 발치 이불을 들고 거기 누웠더라"(룻 3:7)는 말은 영혼이 그리스도의 친절하심에 엎드리고, 그의 의로 덮임을 받았다는 뜻이다. 이와 같은 것을 다음의 성경 구절들도 증거 한다. "내 옷으로 너를 덮어 벌거벗은 것을 가리고"라는 에스겔 16:8과, "내가 주의 날개 그늘에서 즐겁게 부르리이다"는 시편 63:7과, "왕이 가까이 하는 여인들 중에는 왕들의 딸이 있으며"라는 시편 45:9 말씀이다. 왕이 가까이 한다는 말은 이를 통해 왕들의 딸이 명예롭게 되고, 왕도 그들 안에서 명예롭게 된다는 것을 뜻한다. 그리고 "왕의 영화와 위엄을 입으소서"(시 45:3)라고 말씀하는데, 이는 악한 행위가 사해지고, 죄의 잔재, 즉 죄를 짓게 하는 불쏘시개의 잔재가 치유될 때까지 계산되지 않기 때문이다. 세 번째로는, 이미 불경건한 자가 의롭게 되었다는 말이 따라 나온다. 물론 그는 아직 죄인이다. 그러나 더 이상 불경건한 자는 아니다. 왜냐하면 '불경건한 자'란 하나님을 예배하지 않고, 그에게서 등을 돌리고, 하나님을 두려워하지 않고, 하나님을 경외하지 않고, 공경하지 않는 자를 뜻하기 때문이다. 그러나 의롭게 되고, 죄가 가려진 자는 이미 하나님께로 방향을 돌린 자이며, 경건한 자이다. 그가 하나님을 예배하고, 그를 소망과 경외심 속에서 찾기 때문이다. 바로 이런 이유로 하나님께서는 그를 경건하고 의롭다고 간주하신다. 그래서 '주께서 내 죄의 불경건함을 사하셨나이다'(시 32:5)라고 기록되어 있다.* 시편의 시인이 여기서 '불경건'(impietas)이라고 말하는 것을 앞에서는 '죄'(peccatum)라고 표현하였다. '불경건함을 사하셨다'는 말과 '주께서 죄를 계산하지 않으셨다'는 말은 같은 뜻이기 때문이다. 그 의미는 우리가 우리 스스로 경건하다고 간주하는 것은 충분하지 않다. 계산하는 것은 주님께 속한 것이기 때문이다. 그는 "허물의 사함을 받고 자신의 죄가 가려진 자"만을(시 32:1) 계산하신다. 이들의 불경건은 계산되지 않고, 그들의 경건만 계산되어질 것이다. 왜냐하면 그들의 마음에는 '간사함이 없'(시 32:2)기 때문이다. 그런데 이 간사함은, 비록 하나님으로부터 자신들의 죄가 가려지지 않고, 그들의 악행이 사함을 받지 않았는데도, 자신들을 불경건하다고 간주하지 않는 자들에게는 필연적으로 있다.

---

* 루터가 사용하는 불가타에 따라 번역하였다.

부가 설명

"하나님께서 우리에게 은총을 소유하도록, 그래서 불가능한 것을 하도록 강제하셨다"는 말은* 참으로 어리석은 말이다. 나는 가장 경건하신 하나님을 변명하고자 하는데, 그분은 이 비난에 대해 무고(無辜)하시고, 이런 일을 하시지도 않았다. 그분은 은총을 소유가 아니라, 겸손하고 그의 은총을 간구하는 우리에게 은총을 주시기 위해 율법을 성취하라고 우리에게 의무를 지우셨다. 그러나 앞에 인용된 말을 하는 자들은 은총으로부터 언짢은 것을 만들어, 그것을 반감을 살만한 것이라고 생각한다. 율법을 주신 자의 의도에 따라 성취되지 않는다면, 실제적인 행함을 통해서 성취된 율법을 하나님께서 인정하시지 않기 때문에, 하나님께서 우리가 은총을 소유해야 한다고 강제하셨다고 말하는 것은 우리가 은총 없이도 율법을 성취할 수 있다고 말하는 것과 무엇이 다르겠는가? 하나님께서 그의 은총을 소유해야 한다는 새로운 강요로 우리에게 집요하게 요구하지 않고, 율법으로만 우리에게 짐을 지우는 것이 충분하지 않은가? 얼마나 교만한가! 죄에 대해, 하나님에 대해, 율법에 대해 얼마나 무지한가! 하나님께서 가련한 자인 우리가 율법을 성취할 수 없다는 것을 보시기 때문에, 우리에게 은총을 주시어 우리가 그의 은총에 근거해 율법을 성취하지만, 아직 우리는 겸손하지 않고, 율법이 (그들이 표현하는 대로) '실제적인 행위를 통해서' 성취될 수 없다는 것을 알지도 못한다. 그들이 '실제적인 행위'를 외적인 행위뿐만 아니라― 물론 이것도 그들은 결코 할 수 없다― 내적인 행위로도 이해하지 않는 한 말이다. 그들은 하나님을 위해 그리고 마음으로부터 행한 행위와 자연적인 방법으로 의지의 행위가 야기되는 행위 모두를 '실제적인 행위'에 속하는 것으로 이해한다. 의지가 자기 마음대로 할 수 있다면, 율법이 명령하는 것을 결코 하지 못한다는 것을 알지 못하는 어리석은 자들이다. 왜냐하면 인간의 의지는 선에 대해서는 싫어하고, 악으로 기울어져 있기 때문이다. 이 경험을 그들은 항상 스스로 하지만, 그래도 그와 같이 불경건하고 신성 모독적으로 이야기한다. 의지가 율법을 마지못해 하는 동안, 그것은 율법에 등을 돌리고, 결국 그것을 성취하지 못하기 때문이다. 그것은 그로 하여금 율법을 기꺼이 그리고

---

* 아마도 페터 다일리(Peter d'Ailli)의 말을 인용하는 것 같다. 이에 대해서는 *WA* 56, 278의 각주 25를 참고하라.

즐겁게 하게 하는 은총이 필요하다.

그러므로 우리의 모든 선은 우리 밖에 있는 그리스도라고 내가 말한 것은 옳은 것이다. "예수는 하나님으로부터 나와서 우리에게 지혜와 의로움과 거룩함과 구원함이 되셨으니"(고전 1:30)라고 사도 바울이 말하는 것과 같다. 이 모든 것은 우리 안에서 단지 그리스도에 대한 믿음과 그에 대한 소망을 통해 이뤄졌다. 그러므로 아가서에 나오는 교회의 모든 찬송은 교회에 믿음을 통해 내재하는 그리스도를 향한 것이다. 마찬가지로 땅의 모든 빛은 땅에서부터 오는 것이 아니라, 땅을 비추는 태양의 빛이다. 이와 같이 아가서의 교회는 자신이 아무것도 가지고 있지 않고, 기록된 대로 유일하게 신랑만을 그리워한다고 자주 고백한다. 그래서 "너는 나를 인도하라 우리가 너를 따라 달려가리라"(아 1:4)고 말한다. 그녀는 신랑을 항상 찾고, 항상 그리워하고, 항상 찬양한다. 이로써 그녀는 자신이 내적으로 텅 비어 있고, 가난하며, 그녀의 충만과 의는 그녀 밖에 있다는 것을 분명하게 보여 준다. 사람이 성인들의 고백을 단지 이전에 행한 죄로부터만 이해해야 한다면 그리고 그들이 현재 시점에서는 순수하다는 것을 보여 준다면, 그들이 지난 죄뿐만 아니라, 현재의 죄도 고백하는 것은 무엇 때문인가? 이것은 그들 안에는 죄가 거하지만, 그리스도 때문에 그것이 가려지고, 계산되지 않는다는 것을 그들이 아는 것에서 온다. 이로써 그들은 그들에게 있는 모든 선한 것이 그들 밖에 그리스도에게 존재하지만, 이 그리스도가 믿음을 통해 그들 안에 거한다는 것을 증언한다. 이처럼 예언자는 '그의 마음이 좋은 말, 즉 달고 감미로운 말을 토해 냈다'(시 45:1)고 전한다. 이 말이 무슨 뜻인가? "왕은 사람들보다 아름다워"(시 45:2)라는 말은 그리스도만이 아름답고, 모든 인류는 추하다는 뜻이다. "왕의 영화와 위엄을 입으소서 왕은 진리와 온유와 공의를 위하여 왕의 위엄을 세우시고 병거에 오르소서"(시 45:3-4). 우리는 그의 왕국이다. 그러나 우리 안에 있는 아름다움은 우리에게서 온 것이 아니고, 그에게서 온 것이다. 이 아름다움으로 그는 우리의 추함을 덮어 주셨다.

그러므로 많은 사람들은 "의로워지고자 원하는 것은 의의 상당히 많은 부분이다"라는 성 아우구스티누스의 말을* 신뢰하여 행하지 않고 태만함에 빠진다. 그래서

---

* Augustinus, *Epistulae*, 127, 5.

그들은 이 '원하는 것'을 '야기된' 가장 작은 행위로 간주한다. 이 행위가 곧 지쳐 어떤 것도 시작하지 못하지만, 그럼에도 그러한 것을 가지고도 가장 안전한 양 코를 골며 그들의 길을 간다. 의롭고자 하는 것이 사람이 이 생에 가질 수 있는 의의 큰 부분일 뿐만 아니라, 심지어는 전부라는 것은 사실이다. 물론 바로 앞에서 말한 원함이 아니라, "원함은 내게 있으나 선을 행하는 것은 없노라"(롬 7:18)고 사도 바울이 말할 때의 원함이다. 왜냐하면 우리의 전 삶은 매 순간마다 의를 원하지만, 결코 그것을 성취하지는 못한다. 이것은 미래의 삶에서 비로소 이루어진다. 그러므로 온 힘, 노력, 기도, 일, 인내를 다하는 것에서 우리가 의를 갈망하지만 아직 완성이 아님이 증명되는 것을 '원함'을 통해 알 수 있다(요일 3:2). 이것에 대해서 성 아우구스티누스의 여러 책에서 매우 아름답고 자세하게 읽을 수 있다. 특히 「율리아누스 반박」 2권이 좋은데, 여기에서 그는 성 암브로시우스, 힐라리우스, 키프리아누스, 크리소스토모스, 바질리우스, 그레고리오스, 이레나이우스, 레티티우스, 올림푸스를 인용한다.

그러므로 위선자의 어머니와 위선의 원인은 안일한 안전감이다. 하나님께서는 우리를 저 죄 안에, '불쏘시개' 안에, 욕망 안에 내버려 두시어 우리를 그를 경외하는 자요 겸손한 자로 지키고자 하신다. 이로써 우리는 그의 은혜로 더 달려가고, 우리가 죄를 짓지나 않을까 항상 두려워하게 되는데, 이는 하나님께서 우리의 죄를 계산하시지 않기를 그리고 죄가 우리 안에서 다스리지 않도록 항상 기도한다는 것을 의미한다. 우리는 바로 두려워하지 않는 것을 통해 죄를 짓는다. 이 악은 우리 안에서 이미 그 자체로 죄이다. 우리가 이로 인해 모든 것을 사랑하는 하나님의 사랑을 성취하지 못하기 때문이다. 그러나 이것은 용서할 수 있는 죄이다. 우리가 이것 때문에 슬퍼하는 것은 죄로 간주되지 않는다. 그리고 하나님께서는 그것 때문에 우리를 저주하지 않으신다. 우리의 죄로 간주하지 않으신다. 그러므로 애타는 마음으로 그의 자비를 간청하고, 죄가 그의 은총을 통해 제거되기를 기도하자. 그리고 우리를 죄인으로 고백하고, 통회하고, 괴로워하고, 눈물 흘리며 우리를 죄인으로 간주하자. 이 두려움과 불안이 사라지면, 그러면 저 안일한 안전감이 우리 안에 자리를 잡는다. 자리를 확고하게 잡으면, 그때 하나님께서 죄로 간주하시는 것이 또다시 나타난다. 하나님께서 탄식하고, 두려워하고, 끊임없이 그의 자비를 간구하는 자에게만 죄를 계산하지 않으시기로 결정하셨기 때문이다. 가장 경건하신 하나님께서는 이 자비로우신 권고를 통해 우리로 하여금 이 세상을 싫어하고, 미래의 삶을 소망하며, 그의 은총을 갈망하고, 죄를 미워하고 고해를 하도록 하셨다.

그러므로 성경에는 위선자들과 거룩하다고 생각하는 자들에게 안일한 안전감보다 더 비난한 것이 없으며, 교만의 원인으로 바로 이 안전감을 들었는데, 이것을 통해 그들은 하나님을 경외하는 것을 포기하였다. 이에 대해 "대저 너희가 지식을 미워하며 여호와 경외하기를 즐거워하지 아니하며"(잠 1:29)라고 증거한다. "그의 눈에는 하나님을 두려워하는 빛이 없다"(시 36:1)고 기록되어 있다.* "그들이 이제 이르기를 우리가 여호와를 두려워하지 아니하므로"(호 10:3)라고 기록되어 있다. 이러한 비참한 사실은 사람들이 내적인 죄를 깨끗이 씻으려고 하지 않고, 죄를 단지 행위와 말과 생각에만 제한하기 때문에 온다. 이러한 것들이 고해를 통해 말끔히 씻어진다면, 그들은 안전하게 자신의 길을 가며, 탄식을 통해 저 내적인 죄가 치유되고, 그것이 계산되지 않은 것에 조금도 염려하지 않는다. 이와 같이 요한계시록 3:17은 "네가 말하기를 나는 부자라 부요하여 부족한 것이 없다 하나 네 곤고한 것과 가련한 것과 가난한 것과 눈 먼 것과 벌거벗은 것을 알지 못하는도다"라고 증거 한다. 사도 바울은 "너희는 누룩 없는 자인데 새 덩어리가 되기 위하여 묵은 누룩을 내버리라"(고전 5:7)고 말한다. 그들이 누룩이 없는 자인데, 그런데 묵은 누룩을 내버려야 한다는 이 두 문장이 동시에 타당하다는 것을 그들 중에 누가 이해하겠는가? 이 둘의 공존이 타당한 것은 한편으로는 누룩이 존재하지만, 다른 한편으로는 두려움과 소망 안에서의 믿음의 겸손 때문에 그리고 하나님께서 계수하시지 않는 것 때문이다. 그들은 확실히 누룩을 가지고 있지만, 그것에 대해 슬퍼하며, 은총을 간구하고, 그래서 하나님의 헤아림에 의해 누룩이 없는 자들이 된다. 이 하나님은 그들의 누룩을 계산하지 않으시고, 깨끗하게 제거하시기 위해 남겨 놓으셨다. 그러므로 단지 자죄만을 보고 그리고 그것이 깨끗이 되는 데만 관심을 쏟는 자는, 성만찬과 고해를 통해 깨끗하게 되는 것을 알기 때문에, 곧 자신을 가지고, 안심하게 되고, 두려움 없이 자신의 길을 계속 가고, 결국은 어떤 죄도 느끼지 못한다.

반대로, 다른 사람은 극도로 겁에 질려 있다. 그들은 다른 방향으로 죄를 짓는다.

---

* 루터는 시편 14편(불가타는 13편)으로 말하나, 실은 36:1에 루터가 인용하는 성경 구절이 나온다.

즉, 그들은 누룩을 제거하고 완전한 건강에 이르기 위해 너무 지나치게 서두른다. 그들은 또한 내적인 죄를 철저하게 제거하기를 원한다. 그런데 그들이 그것을 할 수 없고, 오히려 자주 넘어지기 때문에, 그들은 비관하고, 낙심하고, 절망한다. 은총이 그들의 지나친 열심과 성급한 열정과는 협력하지 않기 때문에, 그들 자신의 행위를 통해 아주 깨끗한 사람이 되려고 노력한다. 그러나 그 둘, 즉 은총과 행위는 매우 불행하게도 서로 충돌한다. (후자는 비록 저 안전감을 가지고 있지는 않지만, 전자가 이미 이른 그것에 이르려고 노력한다. 두 부류의 사람들 모두 안전감을 찾는다. 그리고 하나님에 대한 두려움을 벗어나기를 원한다. 이것을 전자가 이미 행위를 가지고 한다면, 후자는 그들의 소원 속에서 한다. 이처럼 둘 다 하나님을 두려워하지 않는다). 후자는 지나치게 두려워한다. 심지어는 어리석은 방법으로 두려워한다. 그들이 깨끗할 때 하나님의 마음에 든다고 생각하기 때문이다. 그리고 그들이 깨끗하지 않으면, 피할 수 없이 하나님의 마음에 들지 않을 것이라고 생각한다. 그러므로 그들은 하나님의 자비하심에 대해 전혀 알지 못한다. 그들은 하나님이 그들이 깨끗하지 않다는 것을 계산하지 않도록 그의 자비하심에 매달려야 했지만 그러지 않았다. 그래서 그들은 아주 위험하게도 자기 자신들의 능력을 신뢰한다.

전자는 안전감을 통해 두려움을 내어 버리기에 우편에서 죄를 짓는다. 후자는 절망을 통해 자비하심을 내어 버리기에 좌편에서 죄를 짓는다. 후자는 내적인 죄가, 그들이 원하지만, 이생의 삶에서는 제거될 수 없다는 것을 알지 못한다. 그러나 전자도 같은 것을 원하는데, 그들이 두려워하지 않는 자들로 간주된다는 것을 알지 못한다. 둘 다 이 죄에 대해 아무것도 알지 못하고, 그것에 주의를 기울이지도 않는다. 단지, 내가 말한 대로, 깨끗해질 때까지 그것을 제거해야 한다고 믿는 자죄에만 주의를 기울인다. 이 죄에서 깨끗해지지 않으면, 그들은 버려진 자라고 간주하였다. 전자는, 그들이 스스로 깨끗하다고 간주하기 때문에 구원을 받았다고 믿는다. 저 근본적인 죄, 즉 원죄가 남아 있는 한, 사람이 모든 자죄없이 지내는 것이 완전히 불가능한 데도 말이다. 왕의 길과* 영 안에서의 평화의 길은 죄를 알고, 미워하며, 하나님을 두려워하는 가운데 앞으로 나아가, 하나님께서 죄를 계산하지 않으시고, 죄가 지배하지 않도록 하는 길이다. 또한 하나님께서 우리를 죄에서 구속하시고, 그것을 계산하지 않도

---

* 왕의 길이란 중심에 있는 길, 곧은 길을 의미한다. 이에 대해서는 *WA* 56, 283의 각주 7을 참고하라.

록 그의 자비를 간구하는 것이다. 두려움은 우편의 길을, 자비하심은 왼편의 길을 배제할 것이다. 전자는 안일한 안전감을, 후자는 절망을, 전자는 자신을 자랑스러워하는 것을, 후자는 하나님에 대해 절망하는 것을 배제할 것이다.

그러므로 마지막으로 이 시편 구절에 대한 결론을 내리기 위해 우리는 저 세 개념을 음미하고자 한다. 첫째, '페샤'(Pescha)는 범죄, 죄악, 행위를 통한 죄, 법위반, 범법 등을 의미한다. 둘째, '하타아'(Hatta)는 죄의 불꽃, 원죄, 욕망, 본성의 질병 등을 의미한다. 셋째, '아온'(Aon)은 불의, 즉 의의 결핍이나 어떤 사람이 선하고 바른 많은 행위를 할지라도, 하나님 앞에서는 의롭지 않다는 것을 뜻한다. 이런 '불의'(아온)가 우리에게 전가되는 것은 바로 '범죄'(페샤)와 '죄'(하타아) 때문이다. 이처럼 불의도 의처럼 하나님의 헤아림과 관련이 있다. 더욱이 불의는 하나님을 무시하는 죄이며, 하나님에 대한 공경과 경건의 결핍이다. 이에 대해서 사도 바울은 로마서 3:10에서 "의인은 없나니 하나도 없다"고 말했다. 이 말은 사람은 불의를 가진다는 말이다. 그런데 여기서 '가지다'(habere)는 아무것도 가지고 있지 않다고 말할 때의 의미가 아니다. 선한 일을 행할지라도, 하나님에 의해 의롭다고 간주되지 않는다는 것을 의미한다. 왜냐하면 행위가 불의를 폐지하지 못하는 것처럼, 의를 세우지도 못하기 때문이다.

히브리어에서 네 번째 표현은 'Rascha'(라샤)로 '불경건'을 뜻한다. 이것은 교만의 악습이요, 하나님의 진리와 의를 부인하는 것이요, 자신의 의를 세우는 것이요, 자기 생각의 지혜를 변호하는 것이다. 이러한 것은 사람들을 불신실하고, 이단자로, 파당을 일으키는 자로, 미신을 숭배하는 자로, 교만한 자들과* 은자로 만든다. 이에 대해 시편 80:13이 "숲 속의 멧돼지들이 상해하며"라고 비유적으로 말하고 있다.**

그러므로 시편(32편)의 의미는 '복 있도다! 죄악, 즉 페샤로부터 자유롭게 된 자는!(즉, 그의 악한 행위와 죄악이, 악의 불쏘시개가 야기하는 자죄와 법 위반의 사함을 받은 자) 그리고 그들의 죄가 가려진 자는!(히브리어 성경에는 단수로 나오기에, 그의 죄가 가려진 자는, 바로 불쏘시개가 겸손한 믿음 때문에 하나님의

---

* 'moniacos'는 그리스어 'μονός'에서 나온 말로 여기서는 'singularis'의 의미로 사용되었다. 이 'singularis'는 루터의 언어 사용에서는 '교만한'이라는 뜻을 가지는 'superbus'의 의미를 가진다. 'moniacos'는 교만한 자로서 또한 수도승을 의미할 수도 있다. 이에 대해서는 WA 56, 284의 각주 7을 참고하라.

** 이 시편을 인용하는 것이 문맥상 맞지 않게 보이지만 라틴어 원문으로 보면 논리적으로 연결된다. 왜냐하면 이 시편에서 'singularis'라는 단어가 사용되는데, 이는 앞에 나오는 'moniacos'와 'monicos'를 다르게 표현하는 것이기 때문이다. 따라서 바로 위의 각주에서 설명된 내용이 맞다는 것이 더 힘을 얻는다.

헤아리지 아니하심에 의해 가려진 자는!)'이다. 이 두 가지 악이 용서받은 자는 하나님께서 의롭다고 간주하시는 자이다. 그래서 바로 다음에 "마음에 간사함이 없고 여호와께 정죄를 당하지 아니하는 자는 복이 있도다"라고 나온다. 우리 성경에* '죄'(peccatum)가 뜻하는 것은 더 정확하게는 '불의'로 이해되어야 한다. 이것이 사도 바울의 의도와 일치하는 것인데, 그는 이 말을 가지고 의는 행위를 행함 없이 하나님의 헤아림을 통해서 일어나는데, 물론 이것은 단지 불의를 헤아리지 않는 것을 통해 일어난다는 것을 증명하고자 한다. 그러므로 하나님께서 그의 의를 계산하신다고 말하는 것과 주님께서 그의 죄를, 즉 그의 불의를 계산하지 않는다고 말하는 것은 같은 것이다. 사람이 아직도 위대한 행위를 한다고 할지라도, 하나님께서는 각 개인에게 죄를 계산하신다. 단지 사람에게 먼저 '죄'가 가려지고(죄의 뿌리, 원죄와 자연적인 죄가 회개와 세례와 탄식과 하나님을 두려워하는 것을 통해 가려지고) 그리고 죄악, 즉 악한 행동과 행위가 사함을 받을 때만 예외로 하신다. 이와 같이 이 시편에서는 다른 시편에서보다도 이 단어들의 불쾌한 혼란이 일어난다. 왜냐하면 "허물의 사함을 받고 자신의 죄가 가려진 자는 복이 있도다 마음에 간사함이 없고 여호와께 정죄를 당하지 아니하는 자는 복이 있"(시 32:1-2)기 때문이다. 그리고 "내 허물을 여호와께 자복하리라"(시 32:5)고 하는데, 여기서 '허물'(delictum)이란 우리의 성경이 위에서 '죄'(peccatum)라고 번역한 것과 같은 말이다. "내 죄악(iniustitia)을 숨기지 아니하였"(시 32:5)다는 정확하고 가장 적합하게 번역되었다. 왜냐하면 '주님은 죄를 계산하지 않았다'라고 (우리 성경이) 위에서 말한 것과 같은 말이기 때문이다. 단지 번역자가 '불의'라는 말 대신에 '죄'라는 말로 번역했을 뿐이다. 그다음으로 "내가 이르기를 내 허물을 여호와께 자복하리라… 주께서 내 죄악(impietatem peccati mei)을 사하셨나이다"(시 32:5)라는 말은 내 죄의 불의를 사했다는 말이다. 1절의 '죄'가 5절에서는 불의로 바르게 사용되며 말이 바뀌었다. 이 구절의 뜻은 '당신은 나에게서 근본적으로 그리고 깊이 뿌리를 내리고 있는 죄 때문에 내 안에 있는 불의를 계산하지 않았습니다'이다. "이로 말미암아… 주께 기도할지라"(시 32:6). 그들의 죄의 불의 때문에 말이다. 왜냐하면 모든 사람은 그들이 이 죄 때문에 당신 앞에서 실제로 불의하다고 고백할 것이기 때문이다. 그러므로 당신은 그들을 용서할 것이며, 그들의 죄를 덮으시며, 그들의 불의를 계

---

* 불가타를 말한다.

248

산하지 않을 것이다.

그다음으로 "악인에게는 많은 슬픔이 있"(시 32:10)다. 여기서 다윗은 '불경건한 자'라고 말을 했어야 한다. 불경건한 자는 스스로 자신을 의롭게 하고, 자신의 의를 하나님 앞에서 의로 여기며, 하나님의 의를 무시하는 자를 말한다. 이것은 불경건이고 이중적인 죄이다.

이 차이는 히브리어에서는 철저하게 지켜진다. 단지 우리의 번역에서만 모든 말이 모든 것을 위해 사용되며, 이로 인해 너무도 큰 혼동이 있다. 예를 들면 시편 51:1-9이다. "주의 많은 긍휼을 따라 내 죄악을(즉, 내 범죄를) 지워 주소서 나의 죄악을(불의라는 말 대신에) 말갛게 씻으시며 나의 죄를 깨끗이 제하소서 무릇 나는 내 죄과를(나의 허물이나 범죄라는 말 대신에) 아오니 내 죄가 항상 내 앞에 있나이다 내가 주께만 범죄 하여…" 그리고 "죄악(불의라는 말 대신에) 중에서 출생하였음이여 어머니가 죄 중에서(즉, 불쏘시개와 함께) 나를 잉태하였나이다… 주의 얼굴을 내 죄에서 돌이키시고 내 모든 죄악을(내 불의라는 말 대신에) 지워 주소서." "그리하면 내가 범죄자에게(불경한 자라는 말 대신에) 주의 도를 가르치리니 죄인들이(죄인들이라는 말 대신에)* 주께 돌아오리이다"(시 51:13).

부가 설명

"내가 죄악(즉, 불의) 중에서 출생하였음이여 어머니가 죄 중에서 나를 잉태하였나이다"라는 구절은 히브리어 성경에 의하면 원래 원죄에 대해 말한다. 왜냐하면 이 구절의 의미가 저 불의와 죄가 잉태하는 자와 해산하는 자가 아니라, 잉태되고, 태어나는 자와 관련이 있기 때문이다. 다시 말해, 나는 내가 잉태되었을 때, 당신 앞에서 불의의 상태에 있었고, 나는 의롭지 않았다. 내가 아담을 통해 의를 잃어버렸으며, 그래서 의 없이 잉태되었기 때문이다. 왜냐하면 잉태된 모든 자를, 부모가 죄를 짓는 일이 없어도, 유전되는 죄 때문에 불의한 자로 간주하시기 때문이다.

---

* 불가타에는 '불경건한 자들'(impii)이라는 말이 사용되고 있다.

그리고 "어머니가 죄 중에서(즉, 불쏘시개 또는 욕망을 가지고) 나를 잉태하였나이다." 왜냐하면 산고를 겪는 어머니가 죄를 짓는 것이 아니라, 아들이 죄를 짓기 때문이다. 다시 말해 태어난 아들이 죄인이기 때문이다. 다윗은 여기서 어떤 다른 사람의 죄가 아니라, 자기 자신의 죄를 고백하는 것이다. 이 구절에서 뿐만 아니라, 항상 '나의'(meum, mei, meam)라고 말하는 앞에 나오는 구절에서도 그렇다. 다윗이 여기서 '나의'(meis, meum)라는 말을 사용하지 않는데, 그것은 모든 사람들의 일반적인 죄를 말하기 때문이다. 그도, 그가 말하는 대로, 이 일반적인 죄 안에서 잉태된 것이다. 모든 사람에게 속하는 것이 이제 또한 자기 자신의 것이 되었다고 주장한다. 그래서 그는 "나의 죄악을 말갛게 씻으시며 나의 죄를 깨끗이 제하소서"라는 기도를 앞에 놓은 것이다.

　　또 다른 이유는 이 죄가 자기 자신의 죄이면서, 또한 아니기 때문이다. 그래서 그는 '내 죄악 중에서'라고 말하지 않고, 그냥 '죄악 중에서'라고 말했다. 이것은 이 죄의 본질이, 내가 그것에 어떤 것도 하지 않거나 그것에 대해 아무것도 알지 못해도, 또한 존재함을 의미한다. 이 죄 가운데서 내가 잉태되었고, 나는 죄를 행하지 않았다. 내가 존재하기 이전에, 이미 죄가 내 안에서 지배하기 시작했고, 동시에 나와 함께 있었다.

　　이것이 단지 자신을 낳은 부모의 죄라면, 그렇다면 나는 죄 중에 잉태된 것이 아니라, 그들이 나를 잉태하기 전에 죄를 지은 것이어야 한다. 그러므로 이들의 죄악과 죄가 존재하는 것이지 나 자신의 것은 아직 존재하지 않았다. 내가 죄 가운데서 잉태되었지만, 나는 그것에 대해 동의하지 않았다. 그러나 지금 그 죄는 나의 것이 되었다. 왜냐하면 이제 나는 내가 악하고 율법에 대항하며 행하는 것을 알기 때문이다. 율법은 '탐내지 말라'(출 20:17)고 명령한다. 그런데 내가 율법을 지키지 않으면, 나는 스스로 죄를 짓는 자이며, 실제로 탐욕 하는 자가 된다. 이처럼 죄는 이제 나의 것이 되어 버렸다. 다시 말해 내 의지에 의해 승인되었고, 내 동의에 의해 받아들여졌다. 왜냐하면 은총이 없이 나는 내 안의 죄를 극복할 수 없기 때문이다. 그러므로 죄가 나를 극복하였다. 그래서 나는 이제 바로 이 불쏘시개와 욕망에 의한 행위 때문에 '실제적인 죄인'이 되었다. 단지 원죄로 인한 죄인만이 아니다. 그러므로 나는 "무릇 나는 내 죄과를 아오니 내 죄가 항상 내 앞에 있나이다"라고 말했다.

부가 설명

'의'와 '불의'는 철학자들이나 법률가들이 이해하는 것과는 완전히 다르게 성경에서 이해된다. 이것은 전자가 그것들이 영혼의 속성이라고 주장하는 것에서 잘 드러난다. 그러나 성경이 이해하는 대로의 의는 인간의 실제적인 상태보다는 하나님의 헤아림에 따라 더욱 평가된다. 단지 이 속성만을 가지고 있는 자가 의를 소유한 자가 아니다. 그는 철저한 죄인이며 불의한 자다. 의를 소유한 자는 하나님께서 자신의 불의를 고백하고, 하나님의 의를 간구하기 때문에 순수한 자비하심으로 의롭다고 계산하시고, 자신에게서 의로운 자로 간주되게 하기를 원하시는 자이다. 이와 같이 우리 모두는 죄 안에서, 즉 불의 안에서 태어나고, 그 안에서 죽는다. 단지 우리를 불쌍히 여기시는 하나님의 은혜로우신 헤아림에 의해 그의 말씀에 대한 믿음을 통해 우리는 의롭다.

모든 사람이 죄 가운데 산다고 주장하는 성경 말씀을 함께 모아 보자.

첫째, "내가 다시는 사람으로 말미암아 땅을 저주하지 아니하리니 이는 사람의 마음이 계획하는 바가 어려서부터 악함이라"(창 8:21).

둘째, "인자를 천대까지 베풀며 악과 과실과 죄를 용서하리라 그러나 벌을 면제하지는 아니하고 아버지의 악행을 자손 삼사 대까지 보응하리라"(출 34:7). 즉, '죄를 용서하시는 분은 당신뿐이니이다'로부터 '당신에게서는 누구도 의롭지 않다'는 결론이 나온다.

셋째, "범죄 하지 아니하는 사람이 없사오니"(왕상 8:46; 대하 6:36).

넷째, "선을 행하고 전혀 죄를 범하지 아니하는 의인은 세상에 없기 때문이로다"(전 7:20).

다섯째, 욥기에는 다른 곳에서보다 더 많이 나온다. "사람을 감찰하시는 이여 내가 범죄 하였던들 주께 무슨 해가 되오리이까 어찌하여 나를 당신의 과녁으로 삼으셔서 내게 무거운 짐이 되게 하셨나이까 주께서 어찌하여 내 허물을 사하여 주지 아니하시며 내 죄악을 제거하여 버리지 아니하시나이까 내가 이제 흙에 누우리니 주께서 나를 애써 찾으실지라도 내가 남아 있지 아니하리이다"(욥 7:20-21). "진실로 내가 이 일이 그런 줄을 알거니와 인생이 어찌 하나님 앞에 의로우랴"(욥 9:2). "가령 내가 의로울

지라도 대답하지 못하겠고 나를 심판하실 그에게 간구할 뿐이며"(욥 9:15). 비슷한 말을 욥은 책 전체를 통해 말한다. 비록 그 자신의 의를 내세우며 "내가 내 공의를 굳게 잡고 놓지 아니하리니 내 마음이 나의 생애를 비웃지 아니하리라"(욥 27:6)고 말하지만 말이다. 심지어는 주님도 욥기 1:8에 따르면 사탄 앞에서 그를 자랑하셨다.

여섯째, "이로 말미암아 모든 경건한 자는 주를 만날 기회를 얻어서 주께 기도할지라"(시 32:6). "주의 눈앞에는 의로운 인생이 하나도 없나이다"(시 143:2). "그가 이스라엘을 그의 모든 죄악에서 속량하시리로다"(시 130:8). "그들의 생명을 압박과 강포에서 구원하리니"(시 72:14). 이와 비슷한 말씀이 많이 있다.

일곱째, "무릇 우리는 다 부정한 자 같아서 우리의 의는 다 더러운 옷 같으며"(사 64:6).

여덟째, "내가 법에 따라 너를 징계할 것이요 결코 무죄한 자로만 여기지는 아니하리라"(렘 30:11).

신약 성경으로부터는 다음과 같다.

아홉째, "그리스도 예수께서 죄인을 구원하시려고 세상에 임하셨다 하였도다 죄인 중에 내가 괴수니라"(딤전 1:15). "내가 원하는 바 선은 행하지 아니하고 도리어 원하지 아니하는 바 악을 행하는도다"(롬 7:19). "나는 아직 내가 잡은 줄로 여기지 아니하고"(빌 3:13).

열째, "우리가 다 실수가 많으니"(약 3:2).

열한째, "만일 우리가 죄가 없다고 말하면 스스로 속이고 또 진리가 우리 속에 있지 아니할 것이요"(요일 1:8). 비록 "하나님께로부터 난 자는 다 범죄 하지 아니하는 줄을 우리가 아노라"(요일 5:18)고 기록되어 있지만 말이다.

열둘째, "의로운 자는 그대로 의를 행하고"(계 22:11).

그러므로 성 아우구스티누스는 히에로니무스에게 보내는 29번째 편지에서 다음과 같이 말한다. "사랑은 한 능력인데, 사람이 사랑해야 하는 것이 이 능력을 가지고 사랑되는 것이다. 이것은 어떤 자에게는 더 강하고, 또 어떤 자에게는 더 약하다. 어떤 자에게는 전혀 존재하지 않고, 또 어떤 자에게는 더 이상 많아질 수 없을 정도로 가장 많이 있다. 사람이 여기에 살고 있는 동안은 어떤 자에게도 존재하지 않는다. 그것이 그러나 아직도 성장할 수 있는 동안, 되어야 하는 것보다 더 성장하지 않은 것은 확실히 과오로부터 온다. 이 과오 때문에 '범죄 하지 아니하는 사람이 없'(왕상 8:46)으며, 이 과오 때문에 '주의 눈앞에는 의로운 인생이 하나도 없다'(시 143:2). 이 과오 때문에 '만일 우리가 죄가 없다고 말하면 스스로 속이고 또 진리가 우리 속에 있지 아니할 것이다'(요일 1:8). 이 과오 때문에 우리는, 비록 우리가 저만치 앞으로 나아갔을지라도 '우리 죄를 사하여 주시옵고'(마 6:12)라고 말해야 한다. 세례를 받을 때 이미 모든 것이, 모든 말과 행동과 생각이 용서를 받았을지라도 말이다."*

이것으로부터 어떤 죄도 본질적으로든, 생래적으로든 '용서받을 수 있는' 죄가 없다는 것이 분명히 드러난다. 또한 공로도 마찬가지다. 선한 행위들이 죄의 불쏘시개와 육욕의 저항을 받으며 행해지기에, 그것들은 율법이 요구하는 대로 그런 의도와 순수함을 가지고 일어나지 않기 때문이다. 그것들이 모든 능력으로 행해지지 않고, 육체의 능력을 대항하는 영적인 능력으로만 행해지기 때문이다. 그러므로 우리가 선을 행할지라도 하나님께서 그리스도를 통해 우리의 불완전성을 덮어주지 않고, 그것을 우리의 탓으로 돌린다면, 우리는 죄를 짓는 것이다. 그것은 믿음과 탄식 또는 그리스도 안에서 은혜롭게 받아들여지는 불완전성 때문에 그것을 계산하지 않으시는 하나님의 자비하심만을 통해 '용서'된다.

그러므로 자신의 행위 때문에, 비록 이것이 하나님의 심판에 넘겨지면, 죄요 죄로 발견됨에도 불구하고, 의로운 자로 간주되어야 한다고 생각하는 자는 너무 어리석은 자이다. 시편 36:2에 기록된 대로 말이다. "그가 스스로 자랑하기를 자기의 죄악은 드러나지 아니하고 미워함을 받지도 아니하리라 함이로다." 이 말은 비록 그가 인간 앞에서는 행위로 의를 보여 준다 할지라도, 하나님 앞과 그의 영 안에서 내적으로는 사기이며, 참된 의가 아니라는 뜻이다. 왜냐하면 그는 내적으로는 하나님의 자비하심이 없이는 의로울 수 없기 때문이다. 이는 그가 죄의 불꽃에 의해 부패하였기 때문이다. 그래서 자신의 의 안에서 죄악이 발견된다. 다시 말해, 경건한 행위들조차도 불의하고 죄라는 것이다. 이 죄악은 믿고 탄식하는 자들에게서는 발견되지 않는다. 그리스도께서 자신의 충만한 순결을 가지고 그들을 도와주고, 그들의 불완전성을 덮어주기 때문이다. 이것을 그들은 그리스도에게 구하고 소망한다. 그러나 다른 사람들

---

* Augustinus, *Epistola*, 4, 15(PL 33, 739).

은 이것에 대해 기도하지 않고, 자신을 믿는다.

부가 설명

'페샤'(Pescha): 악행, 죄악, 범죄 등은 그 자체로 악한 행위와 죄와 관계가 있다.

'하타아'(Hattaa): 죄는 죄로 향하게 하고 죄의 원인인 죄의 불쏘시개를 말한다. 이것은 열매를 내는 나무와 같다.

'아온'(Aon): 불법과 불의를 말하는데, 심지어는 죄에 대항하여 일어나는 선한 행위도 뜻한다. 특히 이것이 의로 간주될 때 그렇다. 이 선한 행위가 달음박질하는 자의 열심에 의해서가 아니라, 긍휼히 여기시는 하나님의 너그러우심에 의해 일어나야 하기 때문이다(롬 9:16). 그러므로 그것은 그 자체로 불법이요 불의다. 즉, 의로운 것이 아니요, 하나님을 만족시키는 바른 행위가 아니다.

'라샤'(Rascha): 불경건은 이 불의 자체를 확고하게 구축하는 것이며, 죄를 부인하는 것이다. 그래서 죄를 고백하지 않고, 그의 선한 행위를 의로 시인하고, 단지 악행과 불법만 싫어하는 것이다. 그래서 그것이 사람들에게서는 의롭지만, 하나님에게서는 불의하게 보이게 된다.

너는 '그렇다면 사람들이 성인들의 공로에 대해 왜 그토록 설교하는가?'라는 질문을 제기할 수 있다. 이 질문에 대해 나는 다음과 같이 대답한다. '이 공로는 그들 자신의 공로가 아니라, 그들 안에 거하시는 그리스도의 공로이다. 그리스도 때문에 하나님께서 그들의 행위를 받아주시는 것이다. 그렇지 않았다면 그는 그것을 받아들이지 않았을 것이다. 그러므로 그들 자신은 공로적인 것을 행했고, 공로를 가지고 있다는 것을 결코 알지 못한다. 그들은 이 모든 것을 단지 하나님의 자비하심을 발견하고, 심판을 피하기 위해서, 교만하게 영광의 면류관을 바라는 것보다 더욱 용서해 주실 것을 탄식 가운데 기도하며 했다. "하나님이여 위엄을 성소에서 나타내시나이다"(시 68:35). 하나님은 그들이 성인일지라도, 그들 자신이 불경건한 자들과 다르지 않게 보이도록 그들을 감추신다. 이처럼 자비하심에 대한 소망을 통해 "너희 생명이 그리스도와 함께 하나님 안에 감추어졌(다)"(골 3:3). 심판에 대한 두려움을 통해 그들의 죽음과 그들의 죄는 그들과 함께 그리고 그들 자신에게 그리고 그들의 양심 안에 분명히 있다. 그들은 항상 두려움 속에서 자기 자신을 심판한다. 그들 스스로에 의해서는 하나님 앞에서 의롭게 될 수 없다는 것을 알기 때문이다. 그래서 그들은 그들의 모든 행위 속에서 하나님의 심판을 두려워하였다. 마치 "내 모든 고통을 두려워하오니 주께서 나를 죄 없다고 여기지 않으실 줄을 아나이다"(욥 9:28)라고 기도하는 욥처럼 말이다. 그럼에도 절망하지 않기 위해, 그들은 그리스도 안에 있는 자비하심에 호소하였는데, 응답을 받은 것이다.

이것이 신비 속에 숨어 있는 지혜요 진리이다(고전 2:7). 왜냐하면 우리가 하나님과 그의 경륜에 대해 알지 못하는 것처럼, 우리는 또한 우리의 의에 대해서도 알지 못하기 때문이다. 이것이 완전히 하나님과 그의 경륜에 달려 있기 때문이다. 그래서 시편 51:6은 "보소서 주께서는 중심이 진실함을 원하시오니"라고 말한다. (여기서 진실함이란 행동으로 나타나고, 율법적인 의와는 반대되는 참된 의를 말한다. 전자는 후자를 일종의 표지로 표상할 뿐이지 진실함은 아니다). 그러면 내가 어디에서 이 참된 의에 대해 알 수 있는가? "내게 지혜를 은밀히 가르치시리이다." 다시 말해 나는 그러한 내적인 의가 단지 당신의 마음에만 든다는 것을 안다. 당신은 그것을 사랑하는데, 당신이 숨어 있는 지혜를 나로 알게 하기 위해 나에게 주셨기 때문이다. 우리가 하나님의 계명을 성취할 수 없기 때문에 그리고 그래서 항상 불의한 자이기 때문에 우리가 항상 심판을 두려워하고, 불의에 대해 용서해 주시고, 그것을 헤아리지 말 것을 기도하는 것 외에는 다른 것이 남아 있지 않다. 왜냐하면 불의는 결코 완전히 제거되지 않고 남아 있으며, 헤아림을 받지 않는 것을 필요로 하기 때문이다. 그래서 시편 2:11에 이렇게 기록되어 있다. "여호와를 섬기고(이것은 큰 기쁨과 즐거움 안에서만 일어날 수 있다. 그러나 이것이 완전하게 일어날 수 없기 때문에, 그러므로) 경외함으로(즉, 두려움 속에서 기뻐하며 섬기고), 즐거워할지어다(그의 자비하심 때문에) 떨며(심판을 받는 너희의 죄 때문에)."*

---

* 루터의 논리적인 설명을 그대로 옮기기 위해 개역개정의 순서와 달리 배치하였다.

"율법으로 말미암은 것이 아니요"(롬 4:13)

의가 율법에서 나오지 않고, 믿음으로부터 오는데, 두려움과 이 둘의 공로에 따라서 온다고 다시 사도 바울은 증명한다. 왜냐하면 율법과 믿음은 서로 상반되는 것을 받았다. 즉, 율법은 진노와 약속의 상실을 받았다. 그러나 믿음은 은총과 약속의 성취를 받았다. 다시 말해, 너희가 성경과 본을 믿지 않는다면, 그렇다면 너희는 적어도 너희 자신의 경험을 믿는 것이다. 왜냐하면 율법을 통해 너희는 진노와 파멸을 얻었고, 믿음을 통해서는 은총과, 그리스도와 함께 전 세계를 다스리는 사도들에게서 볼 수 있는 바와 같이, 전 세계의 소유를 얻었기 때문이다. 이와 같이 아브라함에게도 율법을 통해서가 아니라, 믿음을 통해서 약속이 주어졌다. 그의 자손인 너희에게도 마찬가지다.

"율법은 진노를 이루게 하나니"(롬 4:15)

율법이 진노를 불러일으키는 것은 율법의 외적 사용에 맞는 것이다. 즉, 율법이 효력을 발휘하고 있지만 성취되지 않을 때(믿음이 없을 때, 필수적으로 효력을 발휘하는 것처럼), 그때 율법이 주어진 자들은 마땅히 진노를 받는다. 성 아우구스티누스는 「영과 문자」 19장에서 다음과 같이 말했다. "율법의 성취되지 않은 것은 율법 자체의 잘못 때문이 아니라, 육체의 지혜의 잘못 때문이다. 이 악은 율법을 통해 설명되고, 은총을 통해 고쳐져야만 했다."* 그래서 율법은 진노를 이루게 한다. 다시 말해, 율법은 그것이 성취되지 않을 때, 하나님의 진노를 미리 생각하지 못한 자들에게 이 진노를 드러낸다. 악한 것은 율법이 아니라, 율법이 주어진 자들이다. 그들에게 율법은 진노를 나타낸다. 그러나 다른 자들에게(즉, 믿는 자들에게) 율법은 구원을 이루게 한다. 다시 말해, 이것은 율법이 이루는 것이 아니라, 은총이 이루는 것이다.

---

* Augustinus, *De spiritu et littera*, 19, 34(PL 44, 221).

그러므로 율법을 통해 약속이 왔는데, 이 율법이 또한 진노를 불러일으킨다면, 그렇다면 약속은 더 이상 약속이 아니고, 위협이라는 결론이 나온다. 그러면 약속은 폐기되는데, 이와 함께 믿음도 폐기된다.

"만일 (율법에 속한 자들이) 상속자이면"(롬 4:14)

사도 바울은 율법에 의해 야기된 진노를 통해 약속이 폐기되는 것과는 다른 방법으로, 즉 육체적인 자손을 통해서도 믿음이 공허해진다는 것을 증명한다. 그들이 육체에 따라 후사라는 것이 의롭고 그리고 약속을 받기에 합당한 자가 되는데 충분하다면, 믿음은 필요가 없기 때문이다. 그렇다면 왜 아브라함이 그의 믿음 때문에 의롭게 되었고, 약속을 받을만한 가치가 있는 자로 여김을 받았는가? 왜 그 또한 육체 때문에 의롭게 되지 않았는가? 그렇게 되었다면, 믿음과 믿음에 대해 기록된 모든 것은 불필요한 것이다. 왜냐하면 육체와 율법을 통해 의롭게 된 자들은, 그들이 생각하는 대로, 믿음을 필요로 하지 않기 때문이다. 그러나 바로 그 반대가 맞다. 육체와 율법을 통해서는 오히려 저주를 받기 때문이다.

"율법으로 말미암은 것이 아니요"(롬 4:13)

즉 의와 율법의 행위를 통한 것이 아니라는 것이다. 그래도 사도 바울은 '율법의 의'가 아니라, 단적으로 '율법'이라고만 말한다. 그것이 사실은 의가 아니기 때문이다. 그러나 그가 동시에 '율법'을 '의'로 생각한다는 것은, 오직 믿음의 의로 말미암은 것이니라는 대조로부터 분명해진다. 왜냐하면 여기에서 '믿음으로 말미암아'라고 말하는 것으로 충분했기 때문이다. 그러므로 율법의 의와는 아무 관계가 없기 때문에, 사도 바울이 단지 율법에 대해서만 말한 것은 잘한 것이다. 이 구절은 먼저 말했던 것, 즉 아브라함이 아직 할례를 받기 전에 믿음의 의를 받았다고 말하는 것을 확증하는 것이다. 이 약속은 완전히 그에게 단지 이 믿음 때문에 주어졌다. 율법을 통한 것이 아니다. 그가 여기서 둘을, 즉 율법과 후사를 연루시키기 때문에, 그는 둘 다 약속을 받는데 충분하지 않다고 말한다.

"만일 율법에 속한 자들이 상속자이면 믿음은 헛것이 되고 약속은 파기 되었느니라"
(롬 4:14)

"믿음은 헛것이 되고, 약속은 파기 되었느니라"는 이 두 문장은 결합해서 이해할
수도 있고 분리해서 이해할 수도 있다. 결합되면, 그것들은 서로서로 연관을 맺고, 서
로서로를 제한한다. 난외주에서 언급한 것처럼 말이다.* 그 의미는 율법을 통해서도
아니고, 또한 후사를 통해서도 아니다. 왜냐하면 만약 후사나 율법 등을 통해 상속자
가 된다면, 그렇다면 믿음과 약속은 효력을 잃기 때문이다. 그런데 믿음의 후사를 통
해 효력을 잃는다는 것은, 약속도 율법을 통해 폐기된다는 결론을 내리게 하고, 그것
을 증명한다. 왜냐하면 '율법은 진노를 이루게 하기 때문이다.' 그래서 본문은 이해하
기가 힘들고 혼란스럽다. 본문이 '율법이나 후사를 통해서가 아니라, 믿음의 의를 통
해서 약속이 아브라함과 그의 자손들에게 주어졌고, 그래서 그가 세상의 상속자가
되는 것이다'라고 이해되면 잘 해결될 것이다. 왜냐하면 그들이 율법을 통해 상속자가
되고, 상속자가 후사로부터 나오는 자라면, 믿음은 헛것이고, 약속은 파기된 것이기
때문이다. '율법은 진노를 이루게 하기 때문이다.' 그런데 '후사'가 되는 것과 '율법'을
소유하는 것은 같은 것이다. 같은 족속이기 때문이다. 그래서 사도 바울은 어떤 때는
이것을 쓰고, 또 다른 때는 저것을 사용한다.

분리되면, 첫 문장은 그 앞 문장과 두 번째 문장은 그 뒤에 따라오는 문장과 서
로 연관을 가지는 것으로 이해될 수 있다. 이렇게 하면 그 의미는 이렇다. 후사와 육
적인 탄생이 한 사람을 의롭고 상속자가 되는 자격이 있는 자로 만들기에 충분하다
면, 그렇다면 칭의를 받고 상속자가 될 자격을 얻는데 믿음은 필요하지 않는다는 결
론이 나온다. 의롭고 자격이 있는 자는 의롭게 되고 자격을 얻게 되는 것이 필요하지
않기 때문이다. 그런데 이것은, 심지어 그 반대가 일어날 정도로 잘못되었다. 믿음으
로부터 오는 영적인 탄생이 의롭게 만들고, 약속을 받을 자격이 있게 만든다. 저 육적
인 탄생이 없이 이것만으로 충분하다. 저것은 결코 충분하지 않다. 혈통으로부터의

---

* WA 56, 44, 11-45, 16.

탄생은 헛것이 되었다. 그래서 믿음으로 태어난 자가 상속자가 되었고, 혈통으로부터 난 자에게는 상속자라는 권리가 파기되었다. 이에 대해서는 다음의 성경 말씀들이 증거한다. "여호와께서 그의 사랑하시는 자에게는 잠을 주시는도다 보라 자식들은 여호와의 기업이요 태의 열매는 그의 상급이로다"(시 127:2-3). "이는 혈통으로나 육정으로나 사람의 뜻으로 나지 아니하고 오직 하나님께로부터 난 자들이니라"(요 1:13). '너희가 물과 성령으로 새로 태어나야 한다'(요 3:5, 7). "후손이 그를 섬길 것이요 대대에 주를 전할 것이며"(시 22:30). "왕의 아들들은 왕의 조상들을 계승할 것이라 왕이 그들로 온 세계의 군왕을 삼으리로다"(시 45:16). 앞에서 증명된 이 전제(즉, 혈통으로 난 자가 상속자가 아니며, 혈통으로부터 태어나는 것은 헛것이 된다. 그래서 믿음으로 태어나는 자는 꼿꼿이 선다. 혈통으로 나는 자는 믿음이 헛것이 되고, 혈통을 세우기 위해 노력한다)로부터 나오는 결론은 약속도 율법을 통해 폐기된다는 것이다. 믿음이 혈통을 통해 폐기되는 것처럼 말이다. '왜냐하면 율법은 진노를 이루게 하기 때문이다.' [이것은 "율법이 없는 곳에는 범법도 없느니라"(4:15)는 말로부터 분명해지는데, 이 말은 범법은 진노가 일어나게 하지만, 율법이 없으면 진노가 일어나게 하는 일을 하지 않는다는 뜻이다.]

이것은 우인론(偶因論)적으로* 이해되어야 한다. 왜냐하면 진노를 불러일으키고, 약속을 파기하는 것은 바로 범법이기 때문이다. 그래도 율법이 없다면, 범법도 존재하지 않을 것이다. 율법이, 이것을 성취하는 믿음이 없이 존재하는 동안, 그것은 모든 사람을 죄인으로 고발하고, 죄인으로 만들고, 약속을 받을 자격이 없고, 오히려 진노와 파멸을 받을 자로 만들고, 약속을 협박으로 변경시킨다. 어떠한 경우든 율법은 이 모든 것이 일어나고, 이 모든 것이 인간에게 임하는 계기가 된다. 다시 말해, 율법이 그렇게 되고, 그렇게 오는 것을 사람이 알게 되는 계기가 된다. 위에서 "율법으로는 죄를 깨달음이니라"(롬 3:20)고 말한 것처럼 말이다. 율법을 믿음과 은총 없이 가지는 자는 어떤 상황 속에서도 그가 죄인이며, 진노를 받을 만하며, 그에게는 약속이 폐기된다는 것을 본다.

---

* 율법이 단지 동기만 또는 기회만 제공한다는 의미로 이해되어야 한다는 뜻이다.

"많은 민족의 조상으로"(롬 4:17)

'하나님 앞에서' 등의 말이 비록 히브리어 성경에는 없지만, 이 본문을 바르게 관찰하면, 그것을 본문에 있는 것으로 볼 수도 있다. 왜냐하면 아브라함은 많은 민족의 조상으로 세움을 받았기 때문이다. 육적으로인가 아니면 영적으로인가에 대해 나는 질문을 제기한다. 아브라함이 육적으로 조상이 될 수 없다. 많은 민족이 있고, 그에게서 시작하지 않는 항상 새로운 민족들이 있기 때문이다. 그럼에도 그는 약속에 따라 그들의 조상이다. 만약 누군가가 모든 민족이 다 멸망하고, 오직 그에게서 난 자손들만이 전 세계를 다스리고 있다고 말한다면, 그렇다면 아브라함은 단지 한 민족의 조상이지, 많은 민족의 조상이 아니다. 만약 모든 민족이 강제로 노예가 되고, 노예의 고역을 하게 된다면, 그렇다면 그 자신은 이미 더 이상 조상이 아니고, 민족도 그의 자녀가 아니고 노예일 것이고, 그는 민족의 지배자가 될 것이다. 이로써 아버지라는 신분이 사라지고, 오직 압제와 학대만이 있을 것이다. 물론 유대인들은 저런 억압과 통치자를 아양 떨며 서로에게 보증하며, 어리석은 소망 속에서 그것들을 기다렸다. 그래서 아브라함이 '하나님 앞에서'와 그의 목전에서와 영적으로 그들의 조상이 되리라는 약속이 그에게 주어지는 것밖에 남은 것이 없었다. 마치 수리아인인 나아만이 그의 종들에 의해 아버지라고(왕하 5:13), 그리고 민족의 지배자들이 그 나라의 아버지라고 불렸던 것처럼, 아브라함도 단지 직무상으로만 그리고 명목상으로만 아버지가 될 것이라고 이의를 제기한다면, 이것은 약속의 존엄성을 아주 약화시키는 것이다. 이렇게 되면 아버지라는 신분은 일시적인 것이며, 대리적인 것이다(그리고 이것은 많은 사람들에게 일어날 수 있는 것이지, 아브라함 한 사람에게만은 아니다). 직무상 아버지들이 통치권을 가지고 있는 동안만 '아버지'인 것처럼 지속되지 않기 때문이다. 그런데 건방진 것이 멈추지 않고, 후처인 그두라에게서 난 백성의 조상인 것처럼(창 25:1-4), 그런 조상이 될 것이라고 말한다면, 대부분의 민족은 이 민족과는 전혀 관계가 없고, 그들이 이들보다 훨씬 더 많다고 첫 번째의 경우처럼 대답되어야 한다. 그러므로 아브라함은 이 민족 때문에 아직 '많은 민족'이 아니라, '적은 민족의 조상'이 될 것이다. 유대인 자신들조차도 약속을 이 민족에 대한 것만으로 이해하지 않으며, 약속을 그 민족만을 위한 것으로 기다리지 않는다. 이 약속은 이제 그리스도 안에서 성취되었다. 그가 예전에 유대인이 가나 안의 민족을 이겼던 것보다 더 영광스러운 승리로 얻은 민족의 왕이요 주시다. 왜냐하면 이것은 영적인 방법으로 일어났는데, 말씀의 검(히 4:12)을 가지고 불경건한 자들을 경건한 자들로 만들고, 그들과 그들의 땅과 그들의 소유를 다스리기 때문이다.

"죽은 자를 살리시며 없는 것을 있는 것으로 부르시는 이시니라"(롬 4:17)

이것이 역사적으로 옳은 것이라 할지라도, 먼저 말한 것을 확증하기 위해 더 영적으로 이해되어야 한다. 민족들이 너의 자녀들이 될 것이다. 그들이 지금은 아직 아니고, 그들이 그렇게 될 것이라는 것이 요원할지라도, 그래도 주님은 강력하셔서 그들을 깨우고, 그들을 자녀로 부르신다. 세례 요한이 누가복음 3:8에서 "속으로 아브라함이 우리 조상이라 말하지 말라 내가 너희에게 이르노니 하나님이 능히 이 돌들로도 아브라함의 자손이 되게 하시리라"고 말하는 것처럼 말이다. 이것은 아브라함의 믿음을 강화시키는 것이며, 그가 많은 민족의 조상이 될 수 있다는 하나님의 약속을 확증하는 것이다. 비록 자기 자신의 능력으로가 아니라, 하나님의 능력으로이지만 말이다.

"바랄 수 없는 중에 바라고 믿었으니"(롬 4:18)

'희망'은 먼저 무엇인가를 자연적인 방법으로 기대하는 것이다. 당시 이런 희망은 없었다. 두 번째로, '희망'은 무엇인가를 초자연적인 방법으로 기대하는 것을 의미한다. 두 경우 다 '희망'이 무엇인가를 기대하는 것으로 이해되지, 어떤 능력으로 이해되지 않는다. 여기에서 세상 사람들의 희망과 그리스도인들의 희망 사이의 차이점이 잘 언급되고 있다. 사람들의 희망은 희망에 반대하지 않고, 희망에 순응한다. 다시 말해 일치하는 것이 확실히 가능하다. 왜냐하면 사람은 자신이 희망하는 것에 반대되는 것이 나타날 때는 희망하지 않고, 자신의 희망과 많은 부분이 비슷하거나 또는 자신이 희망하는 것이 성취될 수 있는 확실한 가능성이 존재할 때만 희망하기 때문이다. 그러므로 이 희망은 긍정적이라기보다는 더 부정적이다. 왜냐하면 안전하게 시작해야만, 자신이 희망하는 미래를 기대하기 때문이다. 자신이 희망하는 것에 대한 어떤 방해물이 등장하지 않아야만 사람은 희망한다. 긍정적인 희망에 대해서는 확신하기를 원하며, 알기를 원한다. 그러나 부정적인 희망은 불확실하게 남는다고 간주된다. 반면에 그리스도인의 희망은 부정적인 것에 대해서도 확신을 한다. 왜냐하면 이것은 희망하는 것이 반드시 오고, 방해를 받을 수 없다는 것을 알기 때문이다. 하나님께서는 어느 누구도 방해하실 수 없기 때문이다. 그런데 긍정적인 것에 대해서는 불확실하다. 왜냐하면 여기에서는 그것이 신뢰할 수 있는 어떤 보루도 가지고 있지 않고, 희망하는 것이 오히려 너무 깊숙이 숨어 있고, 그 반대만이 나타나기 때문이다. 그러므로 기독교적인 희망은 부정이라기보다는 더욱더 긍정이다. 사도 바울은 여기서 아브라함의 믿음을 가지고 이 두 희망에 대해 말한다. 첫 번째는, "그가 백세나 되어 자기 몸이 죽은 것 같고 사라의 태가 죽은 것 같음을 알고도 믿음이 약하여지지 아니하고" (4:19), 즉 긍정적인 것이다. 두 번째는, "믿음이 없어 하나님의 약속을 의심하지 않고" (4:20), 즉 부정적인 것이다. 왜냐하면 "약속하신 그것을 또한 능히 이루실 줄을 확신하였기"(4:21) 때문이다. 긍정적인 것은 외적인 것으로 믿음과 희망에 대적한다. 그것이 눈에 보이기 때문이다. 그러나 부정적인 것은 내적이다. 후자가 믿는 것에 대해 마음의 약함과 변덕스러움이라면, 전자는 믿어야 하는 것의 대상이거나 반대이다.

"하나님께 영광을 돌리며"(롬 4:20)

이 말로부터 하나님을 믿는 자가 하나님께 영광을 돌리는 것처럼, 반대로 하나님을 믿지 않는 자는 하나님께 영광을 돌리지 않는다는 결론이 나온다. 요한일서 5:10에 "하나님의 아들을 믿는 자는 자기 안에 증거가 있고 하나님을 믿지 아니하는 자는 하나님을 거짓말하는 자로 만드나니 이는 하나님께서 그 아들에 대하여 증언하신 증거를 믿지 아니하였음이라"고 기록되어 있다. 그러므로 하나님을 믿는 자는 하나님을 진실하신 분으로 그리고 자기 자신을 거짓말하는 자로 만든다. 왜냐하면 그는 자기 자신의 생각을 진리가 아니라고 신뢰하지 않으며, 하나님의 말씀이 자기 자신의 생각과는 전적으로 대립한다 할지라도, 이것을 진리라고 믿기 때문이다. 위에서 "그럴 수 없느니라. 사람은 다 거짓되되 오직 하나님은 참되시다 할지어다. 기록된 바 주께서 주의 말씀에 의롭다 함을 얻으시고 판단 받으실 때에 이기려 하심이라 함과 같으니라"(롬 3:4)고 말한 것처럼 말이다. 다시 말해, 사도 바울은 자기 자신을 신뢰하지 않고, 하나님을 신뢰한다. 그래서 그 자신은 거짓말하는 자가 되고, 하나님은 진실하신 분이 된다. 그러므로 성 아우구스티누스는 하나님은 믿음과 소망과 사랑을 통해 영광을 받으신다고 말한다.* 그리고 일반적으로 사용되는 말로 하면, 하나님은 불신앙과 절망과 증오라는 이 세 죄를 통해 직접적으로 모욕을 받으신다.

"예수는 우리가 범죄 한 것 때문에 내줌이 되고"(롬 4:25)

그리스도의 죽음은 죄가 죽은 것이고, 그의 부활은 의가 살아난 것이다. 왜냐하면 그의 죽음을 통해 그는 우리의 죄를 만족시켰고, 그의 부활을 통해 우리에게 그의 의를 가져오셨기 때문이다. 이처럼 그의 죽음은 가장 충분한 보속으로서 죄의 용서를 의미할 뿐만 아니라 그것에 영향을 미쳤다. 그리고 그의 부활은 우리 의의 성례만이 아니라, 우리가 그것을 믿을 때, 우리 안에서 의를 일으킨다. 그래서 그것은 의의 원인이다. 이것에 대해서는 아래에서 자세하게 다룰 것이다. 이 모든 것을 스콜라 신학자들은 단지 하나의 유일한 변화, 즉 죄를 제거하고 은총을 주입하는 것이라고 말한다.

---

* Augustinus, *Enchiridion ad Laurentium sive de fide, spe et caritate* 1, 3(PL 40, 232).

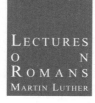

LECTURES
O   N
ROMANS
MARTIN LUTHER

로마서 5장[1]

"그러므로 우리가 믿음으로 의롭다 하심을 받았으니 우리 주 예수 그리스도로 말미암아
하나님과 화평을 누리자"(롬 5:1)

모든 선지자들이 찬양하고 있는 이 화평은 영적인 화평이다. "하나님과 화평을 누리
자"라는 것이 그가 말하는 이유이다. 이것은 이스라엘 자손들에게 주어진 평화를 의
미한다.

[이것은 하나님 안에서의 고요한 양심과 믿음이다. 반대로, 하나님 앞에서 거리끼는 양심과 불신은 영적인 폐해를 초래한다.
"그들이 바람을 심고 광풍을 거둘 것이라 심은 것이 줄기가 없으며 이삭은 열매를 맺지 못할 것이요 혹시 맺을지라도 이방 사람이
삼키리라"(호 8:7). 시편 1:4에 따르면 쉴 새 없는 양심의 형벌은 "오직 바람에 나는 겨와 같도다"].

그래서 그리스도께서는 '솔로몬'(Solomon)[2] 혹은 '평강의 왕'(Prince of Peace)으로 칭해진

---

1. 주석 노트(WA 56, 49, 17ff.). "이 장에서 제자들은 아주 큰 기쁨과 즐거움에 가득 차 말한다. 성경 전체에서, 적어도 이 표현 외에는
   이 장과 똑같은 본문은 거의 없다. 왜냐하면 자연과 우리를 향한 하나님의 영광과 자비의 규모를 가장 명확하게 서술하고 있기 때문
   이다."
2. 솔로몬, i.e., "*pacificus*"(참고 대상 22:9 "그는 온순한 사람이라").

다(사 9:6). 에베소서 2:14에서는 "그는 우리의 화평이신지라 둘로 하나를 만드사", "또 오셔서 먼 데 있는 너희에게 평안을 전하시고 가까운 데 있는 자들에게 평안을 전하셨으니"(엡 2:17)라고 하셨다. 요한복음 16:33에서는 "이것을 너희에게 이르는 것은 너희로 내 안에서 평안을 누리게 하려 함이라 세상에서는 너희가 환난을 당하나"라고 하셨다. 육적인 평안은 다른 것이다. 마태복음 10:34에서는 "내가 세상에 화평을 주러 온 줄로 생각하지 말라 화평이 아니요 검을 주러 왔노라"고 하셨다. 이런 이유로, 시편 72:7에서 말하는 "그의 날에 의인이 흥왕하여 평강의 풍성함"은 결코 많은 사람들이 생각하듯[3] 아우구스투스 황제 치세에 누렸던 일시적 평안에 대한 언급이 아니다. '하나님과 함께'하는 평안은 영적인 평안이다.

그러나 어떻게 바울이 이 영적인 평안을 '의'에 기초하고 있는가 하는 점이다. 그는 처음에 '믿음으로 말미암아 의롭게 됨'과 오직 '우리는 평안하다'는 것을 연결한다. 시편 85:10에서 "인애와 진리가 같이 만나고 의와 화평이 서로 입 맞추었으며"라고 말씀하는 것처럼, '의'는 '평안'에 앞선다. 또한 "그의 날에 의인이 흥왕하여 평강의 풍성함이 달이 다할 때까지 이르리로다"(시 72:7)라고 말한다. 곧, 평안을 먼저 추구하고 나서야 의를 추구하는 것은 인간의 악함이다. 그들은 평안을 찾을 수 없다. 이러한 관점에서 다음과 같은 바울의 글은 좋은 대조를 제시한다.

'의인은 하나님과 함께 평화를 누리나 영으로 살기에 세상에서 고난을 겪는다.'

'악인은 세상과 함께 평안을 누리나, 육으로 살기에 하나님과의 관계에서 평안이 없다.'

'영이 영원한 것처럼, 의인의 평안과 악인의 시련도 영원하다.'

'육이 일시적인 것처럼, 의인의 시련과 악인의 평안도 일시적이다.'

이런 이유로 이사야 57:21과 48:22에서는 "여호와께서 말씀하시되 악인에게는 평강이 없다"(사 48:22)고 한다. 이는 영적인 면에서 그렇다. 영적인 의미가 아니라면 악인도 분명 평안을 누리고 있다고 해야 할 것이다. 다음 인용을 보라. "이는 내가 악인의 형통함을 보고 오만한 자를 질투하였음이로다"(시 73:3). "악인과 악을 행하는 자들과 함께 나를 끌어내지 마옵소서 그들은 그 이웃에게 화평을 말하나 그들의 마음에

---

3. 리라가 이 주해를 예시로써 언급했다.

는 악독(하나님과의 관계에서 평안이 아닌 어긋남과 불안)이 있나이다"(시편 28:3).

"또한 그로 말미암아 우리가 믿음으로 서 있는 이 은혜에 들어감을 얻었으며 하나님의 영광을 바라고 즐거워하느니라"(롬 5:2)

사도는 '우리 주 예수 그리스도로 말미암는 믿음으로 의롭다 하심을 얻나니'에서, '그리스도로 말미암아'와 '믿음으로 말미암아' 이 둘을 연결시킨다. 첫째, 믿는 자가 그리스도로 말미암지 않고 마치 믿음만으로 충분히 하나님께 나아갈 수 있다는 생각은 잘못이다. 그래서 죄 사함의 은혜를 얻은 이후에는 더 이상 그리스도가 필요하지 않은 것처럼 생각한다. 그들은 그리스도를 통해서가 아니라 그리스도를 지나서 믿음으로만 하나님께 나아가고 싶어 한다. 요즘에는 믿음의 행위, 율법과 서신서에 강조하는 행위에 집중하는 사람들이 많다. 예를 들어, 세례와 속죄를 통해 믿음을 얻은 이후에는 그리스도를 통하지 않고 그들 스스로 하나님께 받아들여지기를 원한다. 그러나 둘 다 필요하다. 사람은 반드시 믿음을 가져야 하고, 동시에 이러한 믿음의 중보자이신 그리스도와 함께해야 한다. 시편 91:1에서는 "지존자의 은밀한 곳에 거주하며 전능자의 그늘 아래에 사는 자여"라고 하신다. 믿음이 우리를 의에 거하게 하고, 그리스도께서 은밀한 곳과 그늘이 되신다. 그리고 시편 기자는 고백한다. "그가 너를 그의 깃으로 덮으시리니 네가 그의 날개 아래에 피하리로다 그의 진실함은 방패와 손방패가 되시나니"(시 91:4). 또한 말라기 4:2에서는 "내 이름을 경외하는 너희에게는 공의로운 해가 떠올라서 치료하는 광선을 비추리니 너희가 나가서 외양간에서 나온 송아지같이 뛰리라"고 하고, 시편 31:3에서는 "주는 나의 반석과 산성이시니 그러므로 주의 이름을 생각하셔서 나를 인도하시고 지도하소서"라고 하며, 시편 90:1에서는 "주여 주는 대대에 우리의 거처가 되셨나이다"라고 말씀한다. 사도는 율법 안에 있는 상징적인 말씀들을 들어 의에 대한 진리를 설명한다.

오늘날 위선적인 도덕주의자[4]들은 그리스도를 믿기 때문에 그들이 구원 받았다고 하고 스스로 충분히 의롭다고 생각한다. 이것은 혐오스러운 자만심이다. 자신의 불의와 무지를 인정하기 싫어한다. 그리스도의 보호하심, 하나님께 나아가기 위해서 이것들을 벗어버리는 것, 오직 믿음으로 그리스도를 통한 구원 외에 다른 어떤 것이 또 있는가? 만일 믿음으로써가 아니라면 마치 노을이 질 때 태양과 더불어 그 빛이 함께 지는 것과 같다. 지혜로운 자는 태양을 떠난 빛을 가치 있게 여기지 않는다. 태양과 함께 빛을 원한다. 믿음으로 하나님께 나아가지만 동시에 그리스도를 통하여 나아가지 않는 자들은 하나님 앞에 설 수 없다.

둘째, 바울은 '그리스도'로 인한 평안을 말하면서도 '믿음'으로 인한 평안을 의지하지 아니하는 경우에 대하여 비판한다. 행위가 아니라 오직 그리스도로 구원 받게 되었으면서도 어떤 믿음의 증거도 없는 사람에 대해서 지적한다. 이런 사람은 너무 큰 믿음을 가지고 있어서 아예 믿음이 없는 것이나 마찬가지이다. 왜냐하면 '믿음으로 말미암아'와 '그리스도로 말미암아' 이 두 가지가 실제적인 것이기 때문이다. 우리가 믿음 안에서와 그리스도 안에서 모든 것을 행하기 위함이다. 우리 자신이 모든 면에서 무익한 종이며, 오직 그리스도를 통하여 하나님께 나아갈 수 있는 자격을 가질 수 있다는 것을 인지해야 한다. 믿음에 관한 모든 노력에 있어서는 그리스도의 위대하심과 그의 의로우신 날개 아래에 피난처를 삼는 것에만 관심을 두어야 한다. '믿음으로 말미암아 의롭다 하심을 얻는 것'과 '용서받는 것', 곧 하나님의 은혜와 평안에 나아가는 것은 오직 '우리 주 예수 그리스도로 말미암아'야 한다.

이것은 또한 신비주의의 길[5]을 따르는 자들에게 매우 중요하다. 그들은 인간의 언어들로부터 마음의 눈을 의롭고 정결케 하지 않는다. 자신들의 내면의 어두움 속에서 갈등하고 분투하며, 그리스도 고난보다도,[6] 그 너머에 있는 '창조되지 않은 말씀'(uncreated Word)만을 듣기를 갈망한다.

마음속에 인간의 말들로 가득 차 있는 것부터 정화되어야 한다. 그렇게 정화되고

---

4. Lit., *iuristae*.

5. 즉 디오니시오스 아레오파기테스의 "신비주의 신학". 루터가 사용한 몇몇 용어들을 이 논문으로부터 가져왔다(참고 *Myst. Theol.*, 1, 3). 이후 루터는 디오니시오스에 대해 혹독한 비판을 받았다(참고 *De capt. Bab.*, *WA* 6, 562, 4).

6. 피커는 루터가 사용했던 타울러의 논문들 중 첫 장에 십자가를 지고 가시는 그리스도의 그림이 있다고 언급했다(p. 300, n. 28).

나서야 인간의 말이 아닌, '창조되지 않은 말씀'으로 황홀한 상승이 일어난다. 그러나 누가 위에서 부르심이 없이, 그의 심령이 정결해지고 이것을 열망할 수 있겠는가? 하나님께서 취하셨던 사도 바울의 일(고후 12:2)과 '베드로와 야고보와 그 형제 요한을 데리시고 따로 높은 산에 올라가신'(마 17:1) 이런 황홀경만으로는 하나님의 존전에 나아감이 아니다.

"다만 이뿐 아니라 우리가 환난 중에도 즐거워하나니"(롬 5:3)

이 구절은 하나님의 이중적인 분노, 이중적인 자비, 혹은 이중적인 환난을 명확하게 보여 준다. 왜냐하면 하나님의 엄하심에서 오는 환난과 그분의 다정하심에서 오는 환난이 있기 때문이다. 그러한 그분의 다정하심은 아주 좋은 것이되 의도치 않게 다른 결과를 낳을 수 있다. 이것은 환란을 당하는 자가 자신의 연약함 때문에 겪게 되는 환란이다. 그 환란의 성격, 힘, 목적을 알지 못하는 한, 그 환란을 오직 겉으로 드러난 현상만으로 판단하고 평가하기 때문에 당하는 고난이다. 우리는 환란을 그리스도의 십자가와 같은 것으로 여기면서, 소중하게 생각해야 한다.

부가 설명

(1) 환난은 그것을 겪는 사람의 본성과 기질을 확대하며 강화시킨다. 만약 어떤 이가 육적이며 연약하고 깨닫지 못하며 악하고 화를 잘 내며 교만하다면, 그는 더 육적이고 더 연약하며 더 깨닫지 못하고 더 악하고 더 화를 잘 내며 더 교만하게 된다. 그러나 어떤 사람이 영적이고 강하며 지혜롭고 착하며 온유하고 겸손하다면, 그는 더욱 영적이고 더 강해지며 더 지혜로워지고 더 착하게 되고 더 온유하고 더 겸손해진다. 시편 4:1에 나오듯이 말이다. "내 의의 하나님이여 내가 부를 때에 응답하소서 곤란

중에 나를 너그럽게 하셨사오니 내게 은혜를 베푸사 나의 기도를 들으소서." 그러나 그 외의 사람들에게는 마태복음 7:27에서 "비가 내리고 창수가 나고 바람이 불어 그 집에 부딪치매 무너져 그 무너짐이 심하니라"고 한 것과 같은 결과가 임한다.

(2) 자신의 환란을 타인의 탓으로 돌리거나, 자신에게 해를 주고 곤란을 겪게 하는 사람들에 대해 참을 수 없는 사람들은 어리석게 말한다. 환난은 사람들을 인내하게 만들고 사람의 내면에 있는 조급함을 드러낸다. 모든 사람은 환난을 겪으면서 자신이 정말 어떤 종류의 사람인지 알 수 있게 된다. 마치 대식가가 굶주릴 때 자신이 누구인지 알게 되는 것과 같다.

(3) 겉으로는 십자가의 성물에 지극한 경배를 하지만, 환난과 역경을 몹시 싫어하고 그것들로부터 도망치는 자들은 바르지 않고 유치하며 위선적이다. 성경에 분명하게 드러나듯 환난은 그리스도의 십자가를 나타내는 것이다. 고린도전서 1:17은 "그리스도의 십자가가 헛되지 않게 하려 함이라"고 하며, 마태복음 10:38은 "또 자기 십자가를 지고 나를 따르지 않는 자도 내게 합당하지 아니하니라"고 한다. 그리고 바울은 갈라디아 성도들에게 말한다. "어찌하여 지금까지 박해를 받으리요 그리하였으면 십자가의 걸림돌이 제거되었으리니"(갈 5:11). 또한 빌립보서 3:18은 말씀한다. "이제도 눈물을 흘리며 말하노니 여러 사람들이 그리스도의 십자가의 원수로 행하느니라." 마찬가지로 오늘날의 신학자들과 교회의 지도자들은 '그리스도의 십자가의 원수'가 누구인지 생각할 때, 터키*인들과 유대인들만을 생각한다. 예를 들어 쾰른의 신학자들과 로이힐린[7]의 논쟁, 교황의 칙령과 법학자들의 주석에는 다 그렇게 되어 있다.[8]

그러나 그들 자신이 바로 '그리스도의 십자가의 원수'이다. 주님을 십자가에 못박은 사람들만이 십자가의 원수인 것은 아니다. 시편 38:11은 "내 친구들이 내 상처를 멀리하고 내 친척들도 멀리 섰나이다"라고 하며, "내 원수들이 종일 나를 비방하며 내게 대항하여 미칠 듯이 날뛰는 자들이 나를 가리켜 맹세하나이다"(시 102:8)라고

---

7. 참고 아놀드 폰 툰게른(Arnold von Tungern)의 서문 *"Articuli sive propositiones de iudaico favore nimis suspecto ex libello theutonico domini Ioannis Reuchlin"*(1512): *"Perfidi canes inimici nominis Christi."* 참고 또한 프페르콘(Pfefferkorn)의 글의 제목 *Sturm-wider die drulosen Juden; anfechter des leichnams Christi und seiner glidmossen*(1514).

8. 터키인들에 대한 교황 칙령. 참고 피커(p. 301, n. 26).

---

* 이슬람교도

한다. 어느 누가 높은 성직자들과 변호사들보다 더 환난과 고난을 싫어하겠는가? 부와 기쁨과 여가와 명예와 영광을 추구하는 것에 이들보다 더 뛰어난 사람들이 또 누가 있겠는가?

(4) 환난을 통과하기 원하지 않는 자는 누구든지 그리스도인이 아니고 터키인이며 그리스도의 원수이다. 사도는 우리 모두에게 "우리가 환난 중에도 즐거워하나니"(롬 5:3)라고 말한다. 사도행전 14:22은 "우리가 하나님의 나라에 들어가려면 많은 환난을 겪어야 할 것이라"고 한다. '우리가 겪어야 할 것이라'고 되어 있지, '우연히'나 '아마도'나 '우리가 그럴지도 모른다'는 것이 아니다. 또한 베드로전서 1:6은 말씀한다. "그러므로 너희가 이제 여러 가지 시험으로 말미암아 잠깐 근심하게 되지 않을 수 없으나 오히려 크게 기뻐하는도다." 이때, 베드로 사도는 "너희가… 근심하게 되지 않을 수 없으나"라고 말했다.

주의해야 할 사실은, 그리스도 십자가의 원수에는 두 종류가 있다는 것이다. 어떤 이들은 폭력을 사용하고, 다른 이들은 술책을 사용한다. 폭력은 그리스도의 십자가를 무력으로 없애려 한다. 이 방법은 전력을 다해 덤벼들려는 사람들이 사용한다. 이런 사람들은 누구든지 자기를 불쾌하게 만드는 사람들에게 복수하려고 하며 또 실제로 복수한다. 그리고 자신의 정당성을 입증할 때까지 쉼을 얻지 못한다. 그들은 증오, 험담, 중독을 즐기고, 특히 동료의 불행을 기뻐한다. 그러나 동료의 행복에는 배아파한다. 이것은 인격에 병이 든 것이다.

술책을 사용하는 사람들은 십자가를 회피함으로써 십자가를 저버린다. 그들은 어떤 사람에게든지 진실 되게 말하거나 행동하지 않는다. 그들은 모든 사람들을 기쁘게 해 주려 하고 구슬리고 아첨한다. 어느 누구에게도 기분을 상하게 하지 않고, 심각한 상황에서는 입을 다문다. 바울은 갈라디아서 6:12에서 이것을 말한다. "무릇 육체의 모양을 내려 하는 자들이 억지로 너희에게 할례를 받게 함은 그들이 그리스도의 십자가로 말미암아 박해를 면하려 함뿐이라."

환난은 인내를, 인내는 연단을, 연단은 소망을 이룬다. 그러나 이러한 은혜에 있지 않는 사람들을 변화시키기 위해서는, 연단의 정도나 연단의 단계에 대하여 가르쳐야 한다. 만약 그렇지 아니하면, 악한 영이 와서 그들의 심령을 장악하고 그 심령에 하나님께 대적하고자 하는 증오를 부어 준다. 그러므로 환난을 인내하지 못하는 사람은 적어도 하나님 앞에서 거절된 사람들이다. 이들은 아직 그리스도인이 아니라고 생각한다.

주님께서는 구세주이고 보혜사이시다. 그러므로 주님께서 당하신 것처럼, 고난 받기 거부하는 자에게는 합당한 칭호와 이름을 주지 않으신다. 따라서 주님은 기꺼이 저주받을 각오가 되어 있지 않은 사람을 위하여 구주가 되지 않으신다. 주님은 그의 하나님이 되지 않으며 그의 창조자가 되지 않으신다. 그가 주님께서 창조하시는 것을 원하지 않기 때문이다. 주님께서는 그의 능력, 지혜와 선함이 되지 않으신다. 왜냐하면 그는 주님의 약해지심, 어리석게 보이심, 형벌을 받기로 준비되심 등을 결코 원하지 않기 때문이다.

"이는 환난은 인내를, 인내는 연단을"(롬 5:3-4)

조급함에 관하여는 주님께서 살인하지 말라는 계명을 해석하신 것과 연관된 마태복음 5:21의 말씀에 잘 나타나 있다. 조급함은 분노의 원인이며 그 둘이 미치는 결과는 동일하다. 그러나 조급함을 화로부터 분리시키는 경우 각각의 단계를 세밀하게 살펴볼 수 있다. 조급한 사람은 어떠한 경우에도 인내하지 못한다.

그러나 바울은 여기에서 단순하게 인내의 단계를 제시한다. 밥티스타 몬타누스 (Baptista Montanus)[9]는 그의 연구의 첫 논문 마지막 장에서 이 둘을 아주 적절하게 구별했다. 환난을 견디기는 하지만 '고난을 겪지 말아야 하는데' 하면서 마지못해 하는 거라면 그것은 가장 낮은 단계이다. 기쁘게 자진해서 인내하면서도 고난을 겪지 않아야 한다는 생각을 하지 않는다면 다음 단계인 중간 단계이다. 그러나 고난을 바라고 추구하며 심지어 환난을 보배처럼 여긴다면 이것이 인내의 가장 높은 단계이다. 이것이 '우리가 환난 중에 찬양한다'는 것의 의미이며, 또한 갈라디아서 6:14에서 "그러나 내게는 우리 주 예수 그리스도의 십자가 외에 결코 자랑할 것이 없으니"라고 말한 이유

---

9. Baptista Montanus, *De patientia*, I, 32. 1513년 파리판 논문에 있다. 카르멜회(Carmelite)의 시는 널리 읽히고 있으며, 특히 공동생활(Common Life)수도회에서 많이 읽는다.

이다.

"연단은 소망을 이루는 줄 앎이로다"(롬 5:4)

'연단'은 환난을 통해 도달하고자 추구하는 목적이며 선한 것이다. 하나님께서는 연단 없이 의롭다고 해서 누구든지 받아들이시지는 않는다. 하나님께서는 환난의 불을 통과하게 하셔서 연단하신다. "주께서 내 마음을 시험하시고 밤에 내게 오시어서 나를 감찰하셨으나 흠을 찾지 못하셨사오니"(시 17:3). 전도자에 따르면 "그가 하나님을 기쁘게 하였고 그에게 흠을 찾지 못하였다"(참고 집회서 44:16-17)고 한다. "어느 누구에게서 흠을 발견할 수 없겠는가"(집회서 31:8). 또한 시편 11:5의 "여호와는 의인을 감찰하시고 악인과 폭력을 좋아하는 자를 마음에 미워하시도다" 등의 말씀에 나타난 연단은 인내를 통해서만 통과할 수 있다.

이런 시험은 그가 하나님만을 목적으로 삼는가, 하나님을 정말 사랑하는가를 드러나게 한다. 결국 모든 사람들로 하여금 자신의 내면 상태를 볼 수 있도록 만든다. 하나님은 시험이 없이도 사람의 내면을 아신다. 시편 139:23-24은 말씀한다. "하나님이여 나를 살피사 내 마음을 아시며 나를 시험하사 내 뜻을 아옵소서(내게도 알게 하소서) 내게 무슨 악한 행위가 있나 보시고 나를 영원한 길로 인도하소서."

이것이 하나님께서 인간에게 환난을 통과하게 하시는 이유이다. 시험하기 위해 환난을 주신다. 인내를 통해 시험을 이기는 경험을 하게 하시기 위해서 환난을 주신다. 하나님께서 우리를 환난으로 시험하지 않으신다면 어떤 인간도 구원 받을 수 없다. 이것은 원죄 때문이다. 원죄로 인하여 우리의 본성은 가장 깊은 곳에서부터 구부러졌다. 하나님만을 누리며 즐거워하기 위한(도덕주의자들[9a]과 위선자들이 분명히 했듯이) 본성이 구부러졌다. 하나님의 가장 좋은 선물인 우리의 본성이 구부러진 것이다. 뿐만 아니라 우리의 본성은 우리의 즐거움을 얻기 위해 심지어 하나님을 '이용'한다. 그러나 우리

9a. "Iustitiarii"(행위 구원을 믿는 자들).

의 본성은 사악하고 꼬였고 비뚤어져 있으므로 그러한 사실을 알지 못한다. 우리의 본성은 하나님을 포함하여 모든 것을 오직 자신을 위하여 추구한다. 예레미야가 "만물보다 거짓되고 심히 부패한 것은 마음이라 누가 능히 이를 알리요마는"(렘 17:9)이라고 말했듯이, 인간의 본성은 너무 구부러져서 아주 거룩한 사람도 본성이 그러한 것을 알 수 없다(시험의 경험을 제외하고). "자기 허물을 능히 깨달을 자 누구리요 나를 숨은 허물에서 벗어나게 하소서"(시 19:12). "이로 말미암아 모든 경건한 자는 주를 만날 기회를 얻어서 주께 기도할지라 진실로 홍수가 범람할지라도 그에게 미치지 못하리이다"(시 32:6). 성경은 이러한 죄를 사악함, 꼬임, 구부러짐이라는 뜻을 가진 '아와'(āwāh)라는 특별한 이름으로 부른다.[10] 「명제집」(Sentences)의 저자[11]는 그의 첫 번째 책의 첫 부분에서 '즐기는 것'과 '이용하는 것'의 차이, 우정인 사랑과 이기적인 사랑 간의 차이를 논한다.

우리를 조급하게 만드는 것은 본성의 구부러짐뿐이다. 조급함은 십자가를 혐오한다. 우리는 우리의 본성과 관련된 모든 부분들을 생기 있게 만들고자 노력한다. 그러나 십자가는 우리가 가진 모든 것들에 굴욕감을 준다. 선하신 하나님께서 왜 환난과 곤경 그리고 시험을 주시는지, 왜 인간을 구원하시자마자, 성령을 선물로 주시자마자, 인간에게 이런 고난을 가하시는지 십자가를 통하여 이해할 수 있게 된다. 신을 섬기지 않으려는 본성이 인간에게 있는데, 하나님께서는 그 본성을 제거하시려는 것이다. 또한 하나님께서 인간을 홀로 즐거워하시기 위해서이다. 인간이 너무나 사랑스럽고 가장 즐거운 대상이므로 하나님께서는 인간을 구원하고자 하신다. 그래서 인간을 영원히 지옥에 떨어지는 형벌로부터 구하기를 원하시는 것이다. 하나님께서 역사하시지 않는다면 인간은 결코 이것을 알 수 없다.

인간은 조건 없이 하나님을 사랑하고 예배하는 법을 배운다. 은혜와 선물이 목적이 되어서 예배하는 것이 아니라, 오로지 하나님만이 목적이 되어 예배한다. "주께서 그 사랑하시는 자를 징계하시고 그가 받아들이시는 아들마다 채찍질하심이라"(히 12:6). 만약 주께서 그렇게 하지 않으신다면 그 아들은 유업의 기쁨과 은혜의 선물로

---

10. "Curvitas." 이 단어는 스콜라 철학에서 사용되었다. 참고 Peter Lombard, II Sent., d. 25, c. 6.

11. 참고 Peter Lombard, I Sent., d. I, 아우구스티누스를 언급함. De doctr. Christ., I, 4-6 ("선한 자는 하나님을 즐거워하기 위해 세상을 사용하지만, 악한 자는 세상을 즐기기 위해 하나님을 이용한다").

말미암는 기쁨 속에서 흥청거리며 놀고, 이전보다 더 심하게 아버지가 속상하게 행동할 것이다. 따라서 가장 귀한 것은 '환난은 인내를, 인내는 연단을'이라고 바울이 말하듯, 바로 이것이 우리 삶의 경험 속에서 증명되는 것이다.

"소망이 우리를 부끄럽게 하지 아니함은"(롬 5:5)

시험이 없다면 소망은 혼란스러운 것이 된다. 즉, 소망이 아니라 막연한 기대가 된다(여전히 더 나쁜 행위이다). 그것은 창조자를 즐거워하는 것이 아니라 창조물을 즐거워하는 것이다. 만약 인간이 계속 이렇게 행동한다면 그는 영원히 혼란 속에 빠질 것이다.

환란은 인간의 인내를 시험하여 그에게서 모든 것을 빼앗고 그를 완전히 벌거벗긴다. 환란은 그가 육체적으로나 정신적으로 유익을 얻을 수 있는 구원과 도움을 찾게 내버려두지 않는다. 창조된 모든 것으로부터 절망하게 만든다. 그리고 모든 창조물과 자기 자신과 겉사람과 모든 것들로부터 버림을 받게 한다. 이것은 오직 하나님 한 분에게서 도움을 구하게 하기 위해서이다. "여호와여 주는 나의 방패시요 나의 영광이시요 나의 머리를 드시는 자이시니이다"(시 3:3). 이렇게 하여 소망이 무엇인지 알게 된다.

신을 섬기지 않는 것은 이것과는 전혀 다르다. 그들은 자신의 능력을 의지하는 데 익숙하며 시험 받기 위해 인내하는 것을 꺼린다. 그들은 하나님 한 분[12] 안에서 아무 조건 없이 소망함이 무엇인지 알지 못한다. 이는 피할 수 없는 사실이다. 마지막 심판 때에 그들의 소유와 산더미 같은 업적들은 무너지고 영원히 자멸하게 된다. 그리고 그들은 산들을 향해 말할 것이다. "우리 위에 무너지라"(호 10:8; 눅 23:30). 그들의 소망은 자신들의 성취와 자신의 의로움에 기초한 것이다. 이것은 구부러지고 건방진 믿음이며 소망이 아니다.

---

12. WA 56, 306, 5: "*Quomodo in nudum Deum sperandum sit.*" 루터는 그의 모든 연구에 'Deus nudus'(벌거벗은 하나님!)라는 문구를 사용했다(벌거벗은 하나님 = 하나님은 자기 안에 계시며, 또 스스로 계신다). 참고 그의 초기 설교에 있는 문구: "*Innudum Deum confidere*" (WA I, 85, 3).

환난은 두 종류가 있다. 첫째는 육의 사람은 육신적인 것으로 인하여 넘어진다. 육신의 소유에 대한 염려와 연관되어 있다. 재산, 건강 또는 명성에서 실패를 경험할 때, 그들은 조급함 때문에 하나님으로부터 멀어지며 절망의 나락으로 떨어진다. 따라서 육에게 굴복하며 하나님을 저버린다. 사도 바울은 이에 대하여 에베소서 4:19에서 말한다. "그들이 감각 없는 자가 되어 자신을 방탕에 방임하여 모든 더러운 것을 욕심으로 행하되."

또 다른 종류는 인간이 전적으로 신뢰하는 자기 의, 지혜, 양심으로 인한 영적 환란이다. 이것에 관하여 주께서 말씀하신 것은 신비스럽게 이해된다. "강한 자가 무장을 하고 자기 집을 지킬 때에는 그 소유가 안전하되 더 강한 자가 와서 그를 굴복시킬 때에는 그가 믿던 무장을 빼앗고 그의 재물을 나누느니라"(눅 11:21-22). 주님은 자신의 도덕적인 성취로 스스로 무장하고 있는 사람의 자기 의를 완전히 발가벗기신다. 그리고 도덕적 행위는 스스로의 자기만족을 위해서 행하는 것이 아니라 공익을 위해 행하여야 한다고 가르친다.

"우리에게 주신 성령으로 말미암아 하나님의 사랑이 우리 마음에 부은 바 됨이니"(롬 5:5)

이 말씀은 영적인 교훈이다. 어떻게 우리가 환난 중에 영광을 돌릴 수 있는가? 우리 스스로의 능력으로 그렇게 할 수 없고 오직 성령께서 주시는 사랑을 통해서 할 수 있다. 오직 '하나님의 사랑'으로 나아가는 것이다. 그 헌신은 하나님께 아무 공로도 주장할 수 없는 헌신이다.[13] 하나님의 사랑만이 인간으로 하여금 올바른 마음을 가질 수 있게 하고, 불의와 더불어 자기 의를 포기하게 한다.

하나님의 사랑은 오직 하나님 안에서, 오직 하나님을 위해서[14] 사랑하는 것이다.

---

13. "'*Charitas Dei*', *quae est purissima affectio in Deum.*"

14. "*Quia non nisi solum et purum Deum diligit.*"

이 사랑은 위선적인 도덕주의자들의 주장[15]처럼 육적인 것과 영적인 물질이 흘러들어 올 때 소멸되는 그런 것이 아니다. 하나님의 사랑은 육적이거나 영적인 악이 들어올 때도 허물어지지 않는다. "지식은 교만하게 하며"(고전 8:1). 또한 의로움도 마찬가지이다. 그러나 지식을 알고자 하는 마음으로 사람은 겸손케 된다. 환난 가운데 영광을 돌리며 사랑은 '모든 것을 참는다'(고전 13:7).

그러므로 '하나님의 사랑'으로 하나님을 사랑한다. 하나님의 사랑은 겉으로 보거나 마음으로 보아도 볼 수 없고 경험할 수 없다. 그러나 우리는 하나님의 사랑을 믿을 수 있고, 사랑하고 두려워한다. 우리는 볼 수 없고, 경험할 수 없고, 이해할 수 없는 하나님께로 옮겨진 존재들이다. 곧 내면의 심연으로 옮겨진 것이다. 그러나 우리는 그 심연이 무엇을 사랑하는지 알지 못한다. 다만, 그 심연이 무엇을 사랑하지 않는지를 알 뿐이다. 우리는 알려지고 경험된 모든 것에서부터 돌아섰다. 그리고 알지 못하는 것을 동경하고 이렇게 말한다. "내가 사랑하므로 병이 생겼음이라"(아 2:5). 내가 소유한 것을 원하지 않고 내가 소유하지 않은 것을 원한다. 자기 의를 보기 원하며 그 증거를 볼 수 없을 때 슬퍼하고 절망하는 자들에게 이 선물은 주어지지 않는다. 하지만 그들이 자기 의의 증거들을 볼 수 있어서 안전함을 느낄 때에는 그 증거들에 신뢰를 둔다. 이런 자들은 '환난 중에 영광'을 돌리지도 않고, 시험을 받지도 않으며, 소망을 가지지도 않는다.

바울은 이 숭고한 힘이 우리 안에 있는 것이 아니라고 주장한다. 우리에게서 나온 것이 아니라 하나님께로부터 오는 것이다.

이 힘은 어떤 방법으로도 우리로부터 나올 수 없고 우리에 의해 비롯될 수 없다. 이 힘은 오직 성령에 의해서 주어지며, 도덕적인 덕목들을 지킴으로 주어지는 것이 아니다. 그렇기 때문에 도덕적인 노력과 습관이 요구되지 않는다. 우리가 다다른 곳은 우리의 심령, 즉 심령의 가장 깊은 곳에 내려간 곳이지 물의 표면처럼 심령의 표면이 아니다. 표면적인 사랑은 사랑을 가졌다고 생각하고 사랑을 가진 척하는 위선자의 사랑이다. 그러나 시험은 조급함과 숨겨진 교만을 백일하에 드러낸다.

우리에게 주어진 것은 우리가 받을 만한 것이 아니다. 진실로 우리는 정확히 그

---

15. Lit., "*hipocritae iustitiarii.*"

정반대를 받는다. 본문에서 그렇게 증명된다. 정말로 '우리에게 주어진 것'은 우리가 받을 만한 자격이 있어서 받는 것이 아니다. 그리스도께서 다음과 같이 행하셨다. "우리가 아직 연약할 때에 기약대로 그리스도께서 경건하지 않은 자를 위하여 죽으셨도다"(롬 5:6). 그리스도는 강하고 자격이 있는 자들을 위해 죽으신 것이 아니다. 인간이 피조물을 사랑하는 것은 헛되며 질이 낮은 사랑이다. 그러나 그리스도의 사랑은 그와는 다른 사랑이다. '사랑'은 어떤 것을 몹시 소중하게 생각하거나, 어떤 것을 귀하게 여기고 그것을 경외하는 것을 의미한다. 하나님을 모든 것들보다 더 경외한다는 것은 하나님을 헌신적인 사랑으로, 고귀한 사랑으로 사랑하는 것을 의미한다. 그러나 하나님을 사랑함에 있어서 그분이 주시는 선물이 목적이거나 내가 받을 이득이 목적이라면 이것은 야비한 종류의 사랑이다. 즉, 이기적[16]으로 하나님을 사랑하는 것이다. 그것은 하나님을 이용하는 것이지 그분을 즐거워하는 것이 아니다.[17]

하나님을 사랑하고 하나님 때문에 이웃을 사랑해야 한다. 즉, 하나님의 뜻이 모든 것에 우선한다. 사랑이 머무는 장소는 오직 마음이며 마음 중에서도 가장 깊은 곳이다. 하나님의 자녀들과 종들은 이 점에서 차이가 있다. 하나님의 자녀들은 기쁘게 자원해서, 무상으로, 징계가 두려워서가 아니라, 찬양하고 싶은 갈망으로 하나님을 섬긴다.

그러나 노예들은 강제적으로 형벌이 두려워서 하기 때문에, 자기도 모르게, 시무룩하게, 돈을 바라고, 자발적으로 할지라도 삯꾼의 방식으로 하며 결코 하나님의 뜻과 일치하는 관점으로 하려고 하지 않는다(특히, 환난의 때에 노예와 삯꾼은 도망한다. 그러나 하나님의 아들은 인내하셨다. 요한복음 10:12 말씀과 같다. "삯꾼은 목자가 아니요 양도 제 양이 아니라 이리가 오는 것을 보면 양을 버리고 달아나나니"). 그러므로 하나님께서 말라기 1:10에서 노예와 삯꾼들에게 말씀하셨다. "너희가 내 제단 위에 헛되이 불사르지 못하게 하기 위하여 너희 중에 성전 문을 닫을 자가 있었으면 좋겠도다." 그리고 뒤이어 "내가 너희를 기뻐하지 아니하며 너희가 손으로 드리는 것을 받지도 아니하리라"고 한다. 하나님께서 그들을 기뻐하셨을 것을 생각하면 그들은 매우 건방진 자들이다. 말라기 1:7에서 "너희가 더러운 떡을 나의 제단에 드리고도"라는 여호와의 말씀에 마치 그들은 이것을 믿지 못하는 것처럼 질문

---

16. "*Concupiscentia.*"
17. 참고 Augustine, *De doctr. Christ.* V, 3-5, 22; Peter Lombard, I *Sent.*, d. l.

한다. "우리가 어떻게 주를 더럽게 하였나이까." 다시 말해, '우리는 여호와께서 명령하신 모든 것을 다했습니다'라는 것이다. 이에 여호와께서 대답하셨다. "너희가 눈 먼 희생 제물을 바치는 것이 어찌 악하지 아니하며 저는 것, 병든 것을 드리는 것이 어찌 악하지 아니하냐." 그들이 하나님을 사랑 없이 예배하고 오히려 자신의 이익을 추구하는 죄를 지은 것이다. 그들은 욕망에 기초한 동기로 삯꾼처럼 예배했다. 그들은 솔로몬의 아가서에 나오는 신부와 같지 않았다. 눈에 보이지 않지만 오직 하나님만을 바라보는 신부, 자신의 유익은 물론, 어떤 다른 피조물의 유익도 구하지 않는 신부 말이다.[18]

또 하나 우리가 주목할 점은 바울이 어떻게 '샘'과 '개울'을 연결했는가 하는 점이다. "우리에게 주신 성령으로 말미암아 하나님의 사랑이 우리 마음에 부은 바 됨이니"라고 말한다. 만약 주는 사람이 있지 않다면 선물을 받는 것이 가능하지 않다. 모세는 "주께서 친히 가지 아니하시려거든 우리를 이곳에서 올려 보내지 마옵소서"(출 33:15)라고 기도했다. 이처럼 사도 바울은 사랑하는 것과 사랑 자체는 하나님의 현현과 성령의 은사라고 말한다. 고린도전서 12:7 이하에 말하듯, 이 모든 일은 같은 한 성령이 행하사 그의 뜻대로 각 사람에게 나누어 주시는 것이지, 성령님 자신이 아니다. 그래서 성령이 먼저 우리에게 주신 바 되지 않으면, 사랑은 주어지지 않고 우리 마음에서 사라져 버린다. 그러나 사도 바울은 "이 모든 일은 같은 한 성령이 행하사 그의 뜻대로 각 사람에게 나누어 주시는 것이니라"(고전 12:11)고 말한다. 이것이 바로 "너희가 더욱 큰 은사를 사모하라 내가 또한 가장 좋은 길을 너희에게 보이리라"(고전 12:31)고 말한 이유이다. 모든 은사가 성령으로 말미암는 것이지만, 성령께서는 모든 사람에게 사랑을 제하지 아니하신다.

"우리가 아직 연약할 때에 기약대로 그리스도께서 경건하지 않은 자를 위하여 죽으셨도

---

18. Lit., 그들은 눈에 보이지 않는 하나님만 바라보며 자신과 다른 피조물의 어떤 것도 보지 않는 일편단심 신부의 눈을 가지고 있지 않다. 솔로몬의 아가 4:9에서 인용되고 중세 그리스도 신비주의 관점에서 해석되었다. "내 누이, 내 신부야 네가 내 마음을 빼앗았구나 네 눈으로 한 번 보는 것과 네 목의 구슬 한 꿰미로 내 마음을 빼앗았구나." 리라와 *Gl. ord*도 참고.

다 의인을 위하여 죽는 자가 쉽지 않고 선인을 위하여 용감히 죽는 자가 혹 있거니와 우리가 아직 죄인 되었을 때에 그리스도께서 우리를 위하여 죽으심으로 하나님께서 우리에 대한 자기의 사랑을 확증하셨느니라 그러면 이제 우리가 그의 피로 말미암아 의롭다 하심을 받았으니 더욱 그로 말미암아 진노하심에서 구원을 받을 것이니 곧 우리가 원수 되었을 때에 그의 아들의 죽으심으로 말미암아 하나님과 화목하게 되었은즉 화목하게 된 자로서는 더욱 그의 살아나심으로 말미암아 구원을 받을 것이니라 그뿐 아니라 이제 우리로 화목하게 하신 우리 주 예수 그리스도로 말미암아 하나님 안에서 또한 즐거워하느니라"(롬 5:6-11)

몇몇 사람들[19]은 '기약대로'의 구절을 바로 이어지는 문장들과 연관 짓는다. 그래서 이 구절의 의미를, '우리가 아직 연약할 때에 그리스도께서 경건하지 않은 자를 위하여 기약대로 죽으셨다. 비록 그리스도께서는 영원히 불멸하시지만 예정대로 죽으셨다. 인간의 시간 속에 그의 인성이 살아 있어서 죽으셨지만, 그의 신성은 영원히 살아 있으므로 그리스도께서는 영원히 계신다' 이렇게 읽는다. 또 다른 사람들은 이 구절을 다음과 같이 읽는다. '그리스도께서 우리가 아직 연약할 때에 기약대로 죽으셨다.' 즉, 그리스도께서 우리가 아직 의롭지 않고 완전하지 못하며 연약하고 아플 때(그래서 '기약대로' 구절은 우리가 여전히 연약할 때의 시간을 고려해서 이해해야 한다), 죽으셨다는 것이다. 다음 구절에 따르면 후자가 더 올바른 이해이다. "곧 우리가 원수 되었을 때에 그의 아들의 죽으심으로 말미암아 하나님과 화목하게 되었은즉"(롬 5:10). 또한 후자의 사람들은 그 말을 진행되는 문장과 연관시킨다. 따라서 '비록 하나님께서 이미 우리를 의롭다고 예정해 놓으셨지만, 우리가 기약대로 아직 연약할 때에'라는 뜻이다. 하나님의 예정 안에서 모든 것은 이미 일어났지만, 세상의 관점에서는 여전히 미래에 있다.

"그러므로 한 사람으로 말미암아 죄가 세상에 들어오고 죄로 말미암아 사망이 들어왔

---

19. 리라.

나니 이와 같이 모든 사람이 죄를 지었으므로 사망이 모든 사람에게 이르렀느니라"(롬 5:12)

바울은 여기서 '자죄'(actual sin)가 아닌 '원죄'를 말한다. 이 문장은 여러 의미로 해석될 수 있기 때문에 사실적인 관점에서 보아야 한다.

첫째, 바울은 '한 사람으로 말미암아'라고 말한다. 성 아우구스티누스[20]가 쓴 그의 첫 번째 논문 "죄의 유익과 죄의 면제"(On the Merits of Sins and Their Remission)에서 펠라기우스주의자(Pelagians)들을 반박하여 말했다. "만약 사도 바울이 전파가 아닌 모방으로 세상에 죄가 들어왔다고 생각하고자 했다면, 그는 아담을 말하지 않고 죄를 만들어 낸 사탄을 말했을 것이다. 솔로몬의 지혜서 2:24은 '그의 편에 있는 자를 그들이 모방하였다'고 했다. 이런 점에서 아담도 그를 모방했고 사탄은 그의 죄의 창시자가 되었다. 그러나 여기서 '한 사람으로 말미암아'라고 말하는데 이 점은 모든 자죄가 사탄을 통해서 이 세상에 들어오고 또한 계속 들어왔다는 것이다. 그러나 원죄는 한 사람을 통해 들어왔다." 같은 장에서 성 아우구스티누스는 말했다. "그러므로 바울은 한 사람으로부터 모든 사람들에게 유전으로 그 죄와 사망이 전해졌고, 창시자로서의 아담으로부터 모든 인류의 유전이 시작되었다고 제시한다." 그리고 아우구스티누스 논문에는 또 다음과 같은 적절한 구절이 있다.

[그리고 요안네스 크리소스토모스(John Chrysostom)[21]가 이 구절에서 말한다. "율법을 어긴 죄가 아니라 아담의 불순종에서 온 죄가 모든 것을 오염시켰던 것이 분명하다"].

둘째, "한 사람으로." 자죄는 많은 사람들을 통해서 이 세상에 들어왔다. 아우구스티누스는 모든 사람이 아담과 함께 자기들의 죄를 가져왔다고 말한다.

셋째, "죄가 세상에 들어오고." 자죄는 세상에 들어오지 않았지만, 에스겔 18:20에서 "범죄 하는 그 영혼은 죽을지라"고 말하듯이, 모든 사람은 자기의 죄에 대한 책임을 져야 한다. 죄는 다른 사람에게 전가되지 못하고 모든 개인에게 남아 있다. '세상'이라는 용어는 여기서 천국과 땅을 가리키는 것이 아니라, 로마서 3:6 "하나님께서 어찌 세상을 심판하시리요"와 요한복음 3:16 "하나님이 세상을 이처럼 사랑하사"에서

---

20. Augustine, *De peccat. merit. et remiss. et de bapt. parv.*, I, 9, 19.

21. Chrysostom, *Hom. in ep., ad Rom.*, 10, 아우구스티누스가 인용함, *Contra Jul.*, I, 6, 27.

말하는 인간들이 살고 있는 세상을 가리킨다. 또한, "세상이 너희를 미워하면 너희보다 먼저 나를 미워한 줄을 알라"(요 15:18), "너희는 세상에 속한 자가 아니요 도리어 내가 너희를 세상에서 택하였기 때문에"(요 15:19)라고 말할 때의 세상이다. 물질세계 그 자체는 죄를 지을 수 없기 때문이며 죄와 사망이 들어갈 수 없다. 물질세계는 죽지도 않고 죄를 짓지도 않고 오직 사람이 죄를 짓고 죽는다. 결과적으로 죄가 세상에 들어왔다는 말은 한 사람을 통해서 세상이 죄악으로 변했으며, 죄를 짓게 되었다는 것이다. 이는 바울이 말했던 것과 같다. "그러므로 한 사람으로 말미암아 죄가 세상에 들어오고… 모든 사람이 죄를 지었으므로"(롬 5:12).

넷째, "죄로 말미암아 사망이 들어왔나니." 죄를 짓지 않은 사람도 죽는 것을 고려하면, 세상의 사망(모든 인류의)은 당연히 개인의 죄의 결과가 아니다(다음 단락에서 보여 주듯이). 죄를 통해서 사망이 되고, 죄가 없이는 사망이 될 수 없으므로 죄가 모든 죽음의 원인이 된다. 결과적으로 여기서 개인의 죄는 의미가 없다. 만약 개인의 죄가 의미가 있다면, 사망이 죄를 통하여 세상에 들어왔다는 말은 틀린 것이다. 그랬다면 사도 바울은 그것이 하나님의 뜻에 따라서 되었다고 말했을 것이다.

다섯째, "사망이 모든 사람에게 이르렀느니라." 개인의 죄로 인하여 사망이 들어왔다고 해도 사망은 오직 죄를 저지른 당사자에게만 닥쳐야 한다. 율법에서 말하듯 "아버지는 그 자식들로 말미암아 죽임을 당하지 않을 것이요"(신 24:16).

여섯째, 아우구스티누스는 원죄를 한 사람이 저지른 한 가지 죄를 뜻하는 단수형의 '죄'라고 말했다. 만약에 그가 자죄에 관해서 이해하고 싶었다면, 바울이 "많은 범죄로 말미암아"(롬 5:16)라고 말했듯이 그도 복수형을 사용했을 것이다. 아우구스티누스는 자신이 단수형으로 말하는 한 가지 '원죄'를 여러 사람의 '자죄'와 분명하게 비교했다. 그리고 그로부터 은혜의 능력이 죄의 힘보다 더 강하다고 결론짓는다.

일곱째, "모든 사람이 죄를 지었으므로." 여기서 다른 종류의 개인의 죄는 없다. "모든 사람[22]이 죄를 지었으므로." 원죄와 더불어 모든 사람은 자기의 죄로 인하여 죄를 지었다.

여덟째, "죄가 율법 있기 전에도 세상에 있었으나"(롬 5:13). 자죄는 모세가 있기 전

---

22. "*In quo.*"

에도 세상에 있었다. 사람들은 죄를 짓고 그 대가를 치르는 것처럼 죄에 대해 책임을 졌다. 그러나 원죄는 모세가 창세기 3:16 이하에서 드러내기 전에는 알 수 없었다.

아홉째, "아담의 범죄와 같은 죄를 짓지 아니한 자들까지도 사망이 왕 노릇 하였나니"(롬 5:14). 아우구스티누스는 여기에서 펠라기우스가 이해하고자 했던[23] 비슷한 죄, 즉 모방해서 짓는 죄를, 모든 사람들이 저지르는 자죄로서 그런 죄를 짓는다고 말했다.

열째, 원죄(자죄가 아닌)로 인해, 아담은 오실 자의 모형이 된다. 아담 외에 모든 사람들은 그리스도의 모형이 될 수 있지만 여기서 아담만이 그리스도의 모형이 되는 이유는 그의 죄가 인류의 죄로 확대되기 때문이다.

바울은 성령으로 예견할 수 있었던 장차 등장할 이단들의 완고함과 그 오류를 입증하고 꺾기 위해서 강조한다. 어떻게 해서 아담이 그리스도의 모형인지 설명한다. 바울은 죄를 더 이상 단수로 말하지 않는다. 이는 어떤 조롱하는 자라도 이 모든 설명을 비논리적으로 만들 수 없도록 죄에 대한 교리를 확고히 한다. '죄'라는 단어를 집합적 용어로 간주하고, 성경에서 종종 그러듯이 복수로 사용하기보다 단수로 사용한다. 이렇게 강조한다. "한 사람이 죄를 지음으로", "심판은 한 사람으로 말미암아", 또한 "한 사람의 범죄로 말미암아", "한 사람이 순종하지 아니함으로", 그리고 그 뒤를 따르는 비교 문장을 특별히 강조한다. "심판은 한 사람으로 말미암아 정죄에 이르렀으나 은사는 많은 범죄로 말미암아 의롭다 하심에 이름이니라." 아우구스티누스는 앞서 언급된 논문의 12장[24]에서 말한다. "또한 심판은 많은 범죄로부터 사망에 이르게 한다." 그러나 바울은 이렇게 말하기보다는 "한 사람으로 말미암아"라고 하는 것으로 보아, 그가 원죄에 대하여 말하고 있는 것이 분명하다. 다시 말해 "한 사람의 범죄로 말미암아", "한 사람의 범죄를 통하여", "한 사람이 죄를 지음으로" 등의 표현을 통하여 한 사람이 죄를 지은 것이 아닌 다수가 죄를 지었다는 것을 부정한다. 그렇다면 어떻게 두 진술이 동시에 진실이 될 것인가. 오직 한 사람이 죄를 지었고 오직 한 가지 죄만이 범해졌다. 오직 한 사람이 불순종했다. 그런데 그 사람 때문에 사람들은 불순종한 죄인이 되었다.

---

23. 참고 Augustine, *Op. imperf. contra Jul.*, II, 214.
24. 참고 Augustine, *De peccat. merit. et remiss.*, I, 12, 15.

그러면 원죄란 무엇인가?

첫째, 스콜라 철학 신학자들의 정의에 따르면, 원죄는 '본래의 의로움'(original righteousness)이 부족 또는 결핍된 상태이다.[25] 그들은 의로움이란 주관적으로 의지 안에 있는 것이라고 생각하고, 또한 반대의 경우로써 의로움이 부족하게 될 수도 있다고 주장한다. 이 주장은 아리스토텔레스가 논리학(Logic)과 형이상학(Metaphysics)에서 자질의 범주에 대해서 말한 것과 일치한다.[26]

둘째, 그러나 바울과 예수 그리스도 안에서 나타난 간명한 해석에 따르면, 의는 단순히 의지 안에서 자질의 궁핍이 아니다. 의는 지적 능력이 부족하여 빛을 잃거나 기억력이 쇠퇴하는 것이 아니다. 원죄란 모든 정직함의 상실, 육신과 영혼의 능력 상실, 인간 내면과 외면 전체의 상실을 의미한다. 더 나아가 죄는 악에 대하여 유혹당하기 쉬운 것이며 선을 혐오하게 되는 것이다. 빛과 지혜를 무시하고 어리석음과 어둠을 사랑한다. 선한 일을 회피하며 멸시하고 악한 일을 하기를 갈망한다. 시편 14:3 말씀과 같다. "다 치우쳐 함께 더러운 자가 되고 선을 행하는 자가 없으니 하나도 없도다." 창세기 8:21은 "이는 사람의 마음이 계획하는 바가 어려서부터 악함이라"고 말씀한다. 사람들이 그들의 죄를 잊어버리고 의식하지 않는 점을 고려하면, 하나님께서는 단순히 부족함을 미워하거나 탓하시지 않는다. 그러나 죄로 가득 찬 탐욕은 "탐내지 말라"(출 20:17)는 율법을 어기게 만든다. 이에 대하여 사도 바울은 이 서신서의 7장에서 더 분명한 분석을 내놓았다. 이 율법이 우리의 죄를 보여 주기 때문에 바울이 말했다. "율법으로 말미암지 않고는 내가 죄를 알지 못하였으니 곧 율법이 탐내지 말라 하지 아니하였더라면 내가 탐심을 알지 못하였으리라"(롬 7:7).

교부들이 가르친[27] 원죄의 개념은 진리에 근접하고 있다. 교부들은 원죄를 죄의

---

25. 참고 피커(p. 312, n. 2)와 엘바인(p. 494, n. 20)의 전체 견해. 피커는 리라의 로마서 5장 주해와 특히 부르고스의 폴이 쓴 *Additio* III을 인용하였다. "*Peccatum originale licet habeat privationem originalis institiae, tamen non est pura privatio, sed est quidam habitus corruptus*"(확신하건대 원죄는 본래 의로움의 궁핍을 낳았다. 그렇지만 완전한 궁핍이 아니라 부패한 특정 기질이다). 또한 부르고스의 폴은 이러한 정의를 내렸다. "*Peccatum originale dicitur a doctoribus fomes peccati et peccati concupiscentia, quod sonat aliquid positivum*"(의사들은 원죄를 죄의 거친 파도와 죄의 욕정이라고 부른다. 그리고 이것은 뭔가 긍정적인 것을 의미한다). 부르고스는 인용했다. Peter Lombard, II *Sent*., *d*. 30; Thomas Aquinas, *Summa Theol*., II, 1, *q*. 82, *a*. 3; Duns Scotus, II *Sent*., *d*. 30, *q*. 1, *n*. 2(여기에 루터가 인용한 논증이 있다).

26. Aristotle, *Categor*., 8. 참고 피커 (p. 312, n. 5).

27. 루터는 아우구스티누스를 염두에 두었다. 이 문장은 아우구스티누스에 주로 의지한 Peter Lombard, II *Sent*., *d*. 30에서 인용한 것 같다.

'거센 파도',[28] 육체의 법, 구성원의 법, 자연의 무력함, 폭군과 타고난 질병 등이라고 설명했다. 불치병을 가진 아픈 사람이 단순히 그의 신체 중 일부가 아픈 것이 아니라 그의 몸 전체가 아프고 그의 감각과 힘이 약화된 것과 마찬가지다. 그는 자신의 건강에 좋은 것을 몹시 싫어하고 그에게 해로운 것만을 갈망하는 욕구에 휩싸인다. 이 죄는 히드라이다. 머리가 여러 개 달린 극도로 고질적인 괴물이고, 우리는 죽을 때까지 삶의 레르나 숲[29]에서 이 괴물 히드라와 싸워야 한다. 또한, 통제할 수 없이 짖어 대는 케르베로스[30]와 땅을 떠나면 무력하게 되는 안타이오스[31]가 있다.

제라드 그루테(Gerard Groote)[32]의 짧은 글에 나오는 '복 있는 사람'만큼 원죄에 대한 주제를 명확하게 다룬 것을 본 적이 없다. 그는 생각 없는 철학자가 아니라 분별 있는 신학자이다.

부가 설명

그러므로 만약 원죄가 단지 '의의 결핍'이라고만 생각한다면, 사람들로 하여금 자신의 죄에 대하여 참회하기를 주저하게 만들고,[33] 그 참회조차도 어서 빨리 끝내고자 하는 마음이 들도록 만든다. 사람의 마음에 교만과 건방진 태도를 심고 하나님을 두려워하는 마음을 뽑아낸다. 겸손을 무시하고 하나님의 율법이 틀렸음을 입증하려 하며 율법을 처음부터 끝까지 비난하게 만든다. 마침내 자신들 스스로의 가르침을 받아들

---

28. *"Fomes peccati."*

29. 신화에 따르면 레르나(Lerna) 혹은 레른(Lerne)은 아르고스(Argos)에 가까운 습지이다. 그곳에 헤라클레스(Hercules)가 죽인 레르나 히드라(Hydra)가 살고 있었다.

30. *"Latrator incompescibilis."* 참고 Vergil, *Aeneid*, 6, 417. 케르베로스(Cerberus) = 지옥 세계 타르타로스(Tartarus)로 들어가는 문을 지키는 머리 세 개 달린 개.

31. 안타이오스(Antaeus)는 리브야(Libya)를 다스리는 힘센 거인이었다. 그는 그의 나라에 들어오려는 모든 이방인들에게 억지로 그와 싸우게 했다. 그가 땅에 떨어질 때마다 새 힘을 얻는 것을 지켜보던 헤라클레스가 마침내 그를 하늘 높이 들어서 죽였다.

32. 루터는 제라드 그루테(알려진 것처럼 그런 문장을 쓴 적이 없다)를 말하는 게 아니라 주트펜(Zutphen)의 제라드 제르볼트(Gerard Zerbolt)이다. 그의 *devotus tractatulus de spiritualibus ascensionibus*는 시편 84:5을 인용해서 시작한다. "주께 힘을 얻고 그 마음에 시온의 대로가 있는 자는 복이 있나이다." 참고 피커 (p. 313, n. 14).

33. Lit., *Hoc est occasionem dare tepiditatis.*

이도록 만든다. 다른 사람들은 여전히 그 죄 속에 있지만, 자기는 그 죄로부터 자유로 워졌다고 느끼고, 스스로 다른 사람보다 더 우월하다고 느낀다.

자신이 겸손해야 하는 이유를 찾는 사람들은 오히려 스스로 그들의 과거의 죄들과 그들이 혹시 저질렀을지도 모를 죄들을 과대평가하느라 바쁘다. 그들은 또한 겸손을 연습하기 위해 그 죄들을 보면서, 자신의 현재의 죄와 앞으로 있을 은밀한 죄에 대하여 동일한 일을 하고 있다. 이런 식으로 당신은 당연히 무언가를 알 수 있다. 그러나 한번 보자. 분명히 눈으로 볼 수 있는 현재의 죄들이 있다. 그 죄들은 우리가 다른 사람이 비난받는 것을 볼 때, 조금이라도 우월감이나 현재 자신의 상태에 안주하려는 감정을 즐기도록 놔두지 않는다. 겸손해야 하는 분명한 이유는 죄가 우리에게 남아 있다는 사실이다. 그러나 말씀한다. "죄가 너희를 주장하지 못하리니"(롬 6:14). 왜냐하면 이것은 성령의 문제이며, 이전에 우리를 지배한 것들을 성령께서 파멸시킨다. 그러므로 어떤 사람이 다른 사람을 멸시하면 그는 죄인이다. 죄가 여전히 두 배로 그를 지배하고 있다. 그도 역시 죄인임을 고려하면 결코 자기 자신을 의인이었던 것처럼 다른 사람과 비교할 수 없다. 그렇지 않다면 그는 거짓말쟁이이고 자신이 죄인임을 깨닫지 못하는 것이다. 이것이 불의함의 분명한 예이다. 그는 판단하는 것이 금지되었으나 판단한다. 그러나 우월하거나 더 낫지 않은 한, 아무도 판단할 자격이 없다. 결과적으로 그는 다른 사람을 판단하면서 스스로 더 낫다고 생각하고 죄로 떨어진다. 비록 자신의 죄 성을 깨닫지 못하거나 스스로 의롭다는 생각을 머리에 넣었다는 것 외에 다른 죄를 아무것도 저지르지 않았다고 해도 말이다.

자신에게 죄가 있다는 사실을 아는 사람은 자신이 죄의 노예가 될 수 있음과 더 나아가 다른 사람을 판단할 수 있음을 두려워하며 자신을 철저히 다스려야 한다. 판단하는 사람은 주님께서 그에게 무어라 말씀하실지 알아야 하기 때문이다. 당신이 의롭지 않음을 고려하면 어떻게 마치 자신이 의로운 것처럼 다른 사람을 판단할 수 있는가? 만약에 당신이 의로웠던 때가 있었다고 해도 지금은 당신의 의로움을 더럽혔다. 왜냐하면 당신 스스로가 의롭다는 믿음을 가지기 때문이다. 당신은 두 배로 불의하게 되었다. 의로움에 당신의 죄를 세웠을 뿐만 아니라 또한 그것을 자랑했기 때문이다.

"그러므로 한 사람으로 말미암아 죄가 세상에 들어오고 죄로 말미암아 사망이 들어왔나니"(롬 5:12)

바울은 이 날카로운 표현을 사용해서 원죄가 사람으로부터 들어온 것이 아니라 사람에게로 들어왔다는 것을 나타낸다. 그러나 자죄는 우리에게서부터 나온 것이다. 주님께서 말씀하셨다. "마음에서 나오는 것은 악한 생각과"(마 15:19). 그러나 원죄는 사람에게로 들어갔고, 그들이 직접 저지르지는 않았지만 세상에 계속 있게 되었다. 또한 모세가 출애굽기 32:24에서 말하는 것과 같다. "이 송아지가 나왔나이다."

"이와 같이 모든 사람이 죄를 지었으므로 사망이 모든 사람에게 이르렀느니라"(롬 5:12)

그리스어로는 '이와 같이'라고 번역한 문구를 남성형으로 또는 중성형[34]으로 이해해야 하는지 확실치 않다. 그러므로 사도 바울은 두 가지 의미로 받아들여지길 원한 것 같다. 또한 성 아우구스티누스도 (우리가 앞에 인용한[35]) 그의 논문 10장에 두 가지 의미로 해석했다. "'이와 같이 모든 사람이 죄를 지었으므로' 분명하게 죄를 지은 사람들만 포함되는 개인적인 죄가 있고, 또 한 죄는 모든 사람을 죄인으로 묶어 버렸고, 모든 사람이 한 사람으로 인하여 죄인이 되었다. 이것이 바로 원죄이다." 아우구스티누스는 이 논문에서 원죄가 맨 처음 아담이 지은 죄라고 주장했다. 그는 "모든 사람이 죄를 지었으므로"라는 구절을 단순히 죄의 상태가 전달된 것이 아니라 실제적인 행위로 관련지어 해석했다. 그는 계속해서 말했다. "그러나 만약에 한 사람으로 말미암아 모든 사람이 죄를 짓게 되었다는 의미에서, 이 한 사람과 죄가 말이 안 된다면 어떤 설명이 이 설명보다 더 분명할 수 있겠는가?"

그러나 첫 번째 해석이 본문의 구절에 더 적합하다. 바울이 더 나아가서 말했기 때문이다. "한 사람이 순종하지 아니함으로 많은 사람이 죄인 된 것같이"(롬 5:19). 한

---

34. 여기에서 루터는 중성형으로 "*in quo*"("in that")라고 이해한 파버를 따른다. 반대로 리라는 남성형이라고 결정했다("in whom").
35. Augustine, *De peccat. merit. et remiss.*, I, 10, 11.

사람의 죄로 많은 사람이 죄인이 되었다는 말과 같다.

그렇기는 하지만, 두 번째 해석으로 더 나아갈 수 있다. 즉, 말하자면 한 사람이 죄를 지은 동안 많은 사람이 죄를 지었다. 이런 의미에서 이사야 43:26-27에서 "우리가 함께 변론하자 너는 말하여 네가 의로움을 나타내라 네 시조가 범죄하였고"라고 했다. 다시 말해, 당신은 의롭다 여김을 받을 수 없다. 왜냐하면 처음 죄를 범한 아담의 자손이기 때문이다. 그러므로 당신은 정말로 죄인이다. 당신은 죄인의 자손이기 때문이다. 죄인은 자신과 같은 죄인을 낳는다.

"죄가 율법 있기 전에도 세상에 있었으나 율법이 없었을 때에는 죄를 죄로 여기지 아니하였느니라"(롬 5:13)

성 아우구스티누스는 자신의 열 번째 책[36]에서 이 구절을 설명했다. 즉, 죄는 자연적인 것이든 기록된 것이든 율법에 의해서 없어지지 않는다. 아무도 율법의 적용으로 옳다 여김 받을 수 없기 때문이다. 「특정한 문제에 대한 설명」(*Exposition of Certain Propositions*)이라는 책의 다른 부분에서 그는 말했다.[37] "'죄가 율법 있기 전에도 세상에 있었으나' 이 구절은 '은혜가 있기 전에'로 해석해야 한다. 그는 율법으로 죄가 사해질 수 있다고 생각하는 사람들에게 직접적으로 반대하기 때문이다. 대신에, 그는 죄가 율법으로 인해 드러나게 되지만 율법으로 인해 사해질 수 없다고 말한다. '그러나 죄는 율법이 없다면 전가되지 않는다'고 말하지, '죄는 없으며, 죄는 죄로 인정되지 않는다'고 말하지 않는다. 율법이 주어졌을 때 죄가 사라진 것이 아니며, 율법이 주어지고 나서 죄가 죄로써 인정되었다. 다시 말해, 죄가 분명해지기 시작한 것이다. 그러므로 '율법 있기 전에도' 이 구절을 율법 아래에서 더 이상 죄가 없다고 이해하면 안 된다. 율법의 완성이신 그리스도까지 율법의 전체 시간을 계산한 것이다."

이렇게 하여, 성 아우구스티누스는 '율법 있기 전에도'라는 구절을 '죄가 있었다'

---

36. *Ibid.*, 10, 12.

37. Augustine, *Expositio quarundam propos. ex ep. ad Rom.*, 27-28.

는 진술과 연결시킨다. 그런데 사도 바울처럼 어떤 사람은 율법이 있기 '전'뿐만 아니라 율법 아래에서도 죄가 더 많고, 율법이 범죄를 더하기 위해 들어왔다고 억지스럽게 말한다. 그러나 만약 '죄를 죄로 여기지 아니하였느니라'를 부정해서 위 구절을 이해한다면, 어떤 경우에는 마지막을 가리킬 수 있는 '율법 있기 전에도'를 이렇게 억지스럽게 해석하는 것은 불필요하다. 그 구절의 의미는 이와 같을 것이다. 율법 있기 전에도 죄(확실히 세상에 항상 있었던)를 죄로 여기지 않았다. 다시 말해, 율법 있기 전까지 죄로 여기지 않았거나 죄인 줄 몰랐다. 율법이 죄를 앞으로 끄집어내었다. 이미 죄는 있었기 때문에, 죄가 존재하게 했다는 의미가 아니다. 마음이 주목하게 해서 죄가 죄임을 알 수 있게 했다는 의미이다. 또는 이렇게 말할 수도 있다. '죄가 율법 있기 전에도 세상에 있었으나' 죄가 있었고 남아 있었다는 사실을 넘어서서, 죄가 존재하는 한 율법을 통해서 죄가 인정되었다. 그래서 이 구절은 죄가 율법 있기 전에도 존재했지만, 율법이 있은 후 중단되었고, 율법을 통해서 이전까지 없던 죄에 대한 지식을 얻게 되었다는 의미로 이해해야 한다. 이제 이 의미는 바울의 이 말씀에서 분명하게 알 수 있다. "율법이 없었을 때는 죄를 죄로 여기지 아니하였느니라." 다시 말해, 죄가 사해진 것이 아니라 율법이 앞서게 되어 죄를 죄로 여기게 되었다.

"그러나 아담으로부터 모세까지 아담의 범죄와 같은 죄를 짓지 아니한 자들까지도 사망이 왕 노릇 하였나니"(롬 5:14)

다시 말해, 죄의 대가가 사망이라는 것은 경험을 통해서 모든 사람들이 잘 알고 있다. 그러나 사망의 원인이 죄인 것은 알지 못한다. 모세도 죽었고 모든 사람들은 이 세상이 끝날 때까지 언젠가는 죽을 것을 고려하면, 죽음이 오직 모세까지만 지배했다는 말을 이해하지 못할 것이다. 특히 불신자들에게는 사망의 지배가 계속될 것이다. '그러나 모세까지 사망이 왕 노릇 하였나니'는 왜 그리고 어떤 이유에서 사망이 왕 노릇 하였다는 것을 모세 때까지 알지 못했다는 것을 의미한다. 성 아우구스티누스는 사망이 왕 노릇 하였다는 것을(앞서 인용한 논문에서)[38] 해석하였다. 사망은 죄의 상태가 사람들을 지배하였을 때 만연한다. 진짜 생명인 영원한 삶으로 가지 못하게 막고, (영원한 형벌인) 두 번째 사망으로 끌고 간다.

"아담의 범죄와 같은 죄를 짓지 아니한 자들까지도 사망이 왕 노릇 하였나니"(롬 5:14)

성 아우구스티누스는 동일한 논문[39]에서 이 구절을 다음과 같이 해석한다. '아담과 동일한 방식으로 자기 의지에 따라 아직 죄를 짓지 아니한 자들에게도.' 또한 축복받은 암브로시우스(blessed Ambrose)[40]도 이렇게 이해했다. 그는 '아담의 범죄와 같은'을 '죄를 짓지 아니한 자들까지도'와 연결시킨다. 왜냐하면 바울이 '죄를 짓지 아니한 자들까지도'를 확실하게 하지 않으면, 앞서 진술한 '이와 같이 모든 사람이 죄를 지었으므로'와 모순되기 때문이다. 모든 사람이 아담과 유사하게 죄를 짓거나 범죄 한 것이 아니라, 아담의 속과 그의 죄 속에서 모든 사람이 죄를 짓는 동안 무슨 일이 일어나지 않았다면, 어떻게 모든 사람이 죄를 지었다고 하는데 몇몇은 죄를 짓지 않았다는 게 말이 되는가. 여기에 바로 '죄'와 '범죄'의 미묘한 차이가 있다. 상태로써의 죄가 남아 있는 한, 행위로써의 위반은 지나간다. 결과적으로, 모든 사람들은 죄를 짓지만 동일한 행위로 죄를 짓는 것이 아니라, 동일한 상태로 연루되는 것이다. 아담이 첫 번째 죄를 저지른 것에 있어서, 아담만이 행위와 상태로써 두 가지 모두 죄 지은 것이다.

그러나 파버[41]는 그 문제를 다르게 이해한다. '이와 같이 모든 사람이 죄를 지었으므로'와 '죄를 짓지 아니한 자들까지도' 구절 간의 모순을 다른 방법으로 조화시킨다. 그러나 나는 그가 제대로 말하는지 의심스럽다. 정말로 그가 잘하는 것인지 염려된다. 그는 '아담의 범죄와 같은 죄'는 '왕 노릇 하였나니'와 관련되어야 한다고 말한

---

38. Augustine, *De peccat. merit. et remiss.*, I, 11, 13.

39. *Ibid.*, I, 9, 19

40. Ambrosiaster, *Comment. in ep. ad Rom., ad loc.*

41. 파버의 해설에서, *ad loc.*

다. 이 말은 크리소스토모스 때문에 흔쾌히 인정한다. 크리소스토모스는 이 구절을 자세히 설명한다.[42] "어떻게 (사망이) 왕 노릇 할 수 있는가? 아담처럼 범죄한 후에." 이 말의 근저에, 그는 '죄를 짓지 아니한 자들까지도'가 삽입 어구에 들어간다고 생각한다. 그리고 먼저 나온 '이와 같이 모든 사람이 죄를 지었으므로'보다 '죄를 짓지 아니한 자들'은 개인의 죄와 관련지어 더 엄밀하게 이해해야 한다. 그가 어린이들에 대하여 말한 것과 같다.[43] "이러한 이유에서 어린이는 죄를 짓지 않았지만, 우리는 어린이들에게도 세례를 준다." 동일한 저자의 인용에 따르면 성 아우구스티누스는 「율리아누스 반박」 2권에서 개인의 죄도 상세하게 증명했다.

"오실 자의 모형이라"(롬 5:14)

성 아우구스티누스가 인용한[44] 크리소스토모스가 다음과 같이 해석한 것에 따르면, "오실 자의 모형인 아담의 범죄와 같은 죄, 이러한 이유에서 아담은 또한 그리스도의 모형이다. 그러나 어떤 사람은 어떻게 그가 모형일 수 있는가 질문한다. 왜냐하면 비록 아담에게서 태어날 자들이 나무의 실과를 먹지 않았지만— 먹음으로 그 사망은 발생하였다— 그들에게 사망의 원인이 되었다. 그래서 그리스도께서 그리스도인에게 의로움을 부여하는 자가 되셨다. 비록 그들이 의로울 것이 아무것도 없지만, 그리스도께서 십자가를 통해서 우리를 의롭다 칭하셨다." 마치 우리가 아담과 동일한 죄를 지은 것처럼, 아담의 범죄와 같은 죄가 우리 안에 있기 때문에 우리는 죽어야 한다. 마치 우리가 그리스도와 동일하게 의를 행한 것처럼, 그리스도의 의와 같은 의가 우리 안에 있기 때문에 우리는 생명을 가진다. 그러므로 아담은 '오실 자의 모형이라.' 즉, 아담 이후에 오실 그리스도의 모형이다. 아담과 같은 것을 없애버리고 우리에게 그리스도와 같은 것을 주시기 위하여 그리스도께서 "종의 형체를 가지사 사람들과 같이

---

42. Chrysostom, *Hom. 10 in ep. ad Rom.*, 아우구스티누스가 인용함. Augustine, *Contra Jul.*, I, 6, 27.

43. 아우구스티누스(*Ad neophyt. homil.*에서)가 인용하였다. *Contra Jul.*, I, 6, 22.

44. *Ibid.*, I, 6, 27.

되셨고"(빌 2:7), 또한 아버지가 "죄 있는 육신의 모양으로"(롬 8:3) 보내셨다. 그리고 동일하게 "아담 안에서 모든 사람이 죽은 것같이 그리스도 안에서 모든 사람이 삶을 얻으리라"(고전 15:22). 이와 같은 이유에서, 나는 크리소스토모스가 '아담과 같은'과 '왕 노릇 하였나니'를 연관 지어야 한다는 말과 같이 생각한다.

"그러나 이 은사는 그 범죄와 같지 아니하니"(롬 5:15)

크리소스토모스[45]는 이 구절을 다음과 같이 해석한다. "만약 유대인이 당신에게, 어떻게 한 사람 그리스도의 능력으로 세상이 구원을 받게 되는지 질문한다면, 어떻게 한 사람 아담의 불순종으로 세상이 지옥에 떨어지게 되었느냐고 답할 수 있다. 그럼에도 불구하고 은혜와 죄는 동일하지 않다. 또한, 사망과 생명, 하나님과 사탄도 동일하지 않다." "만약 죄가 능력이 있고 한 사람의 죄 역시 능력이 있다면, 어떻게 하나님의 능력과 한 사람의 은혜가 더 능력이 있지 않겠는가? 이것이 더 설득력이 있다. 한 사람을 다른 사람들을 위해 정죄해야 한다는 것은 합당하지 않아 보인다. 그러나 한 사람이 다른 사람들을 위해서 구원 받아야 한다는 말은 더 적합하고 타당한 것 같다."

"곧 한 사람의 범죄를 인하여 많은 사람이 죽었은즉 더욱 하나님의 은혜와 또한 한 사람 예수 그리스도의 은혜로 말미암은 선물은 많은 사람에게 넘쳤느니라"(롬 5:15)

바울은 은혜와 은혜로 말미암은 선물을 마치 서로 다른 것처럼 연결 짓는다. 그러나 그가 이렇게 한 이유는 오실 자의 본성을 명확히 보여 주기 위해서이다. 바울이 말했

---

45. Chrysostom, *Hom. 10 in ep. ad Rom.*, 아우구스티누스가 인용하였다. Augustine, *Contra Jul.*, I, 6, 27.

듯이 하나님께서 우리를 의롭다 칭하셨고, 우리는 하나님의 은혜를 받았다. 어떠한 우리 자신의 가치로 은혜를 받은 것이 아니다. 아버지께서 사람들에게 주셔야 하는 선물을 그리스도께 주셨다. "그가 위로 올라가실 때에 사로잡혔던 자들을 사로잡으시고 사람들에게 선물을 주셨다"(엡 4:8). 이 선물은 하나님의 은혜의 선물이고 그리스도께서 아버지께로 받은 선물이다. 우리에게 주시기 위해서, 그리스도의 가치와 그리스도의 개인적인 은혜로 받으셨다. 사도행전 2:33에서 말하듯이 "그가 약속하신 성령을 아버지께 받아서 너희가 보고 듣는 이것을 부어 주셨느니라."

그러면 다음의 구절은 이런 의미이다. '하나님의 은혜'(그가 우리를 의롭다 하신 것이거나, 또는 아담 안에 인간의 죄가 있는 것처럼 그리스도께 근원이 있는 것), 그리스도께서 그를 믿는 자에게 부어 주실 아버지께로 받은 '선물'은 '한 사람의 은혜로 말미암은 것'이다. 즉, 그의 가치와 하나님을 기쁘게 한 개인적인 은혜로 우리에게 이 선물을 주셨다. '한 사람의 은혜로 말미암아'는 그리스도의 개인적인 은혜에 대하여 아담의 특정한 개인적인 죄와 관련해서 이해해야 한다. '선물'은 우리에게 주어진 의로움이다. 그리고 말하자면 원죄는 한 사람 아담의 죄에 속한 선물이다. '하나님의 은혜'와 '선물'은 하나이고 같은 것이다. 즉 의로움은 그리스도로 말미암아 거저 주어지는 것이다. 이제 이 선물은 원수들에게도 자비를 통해 주어져야 한다. 그들은 오직 하나님의 자비와 은혜로 선물을 받을 만한 자격을 얻기 때문이다.

"그러나 이 은사는 그 범죄와 같지 아니하니 곧 한 사람의 범죄를 인하여 많은 사람이 죽었은즉 더욱 하나님의 은혜와 또한 한 사람 예수 그리스도의 은혜로 말미암은 선물은 많은 사람에게 넘쳤느니라 또 이 선물은 범죄한 한 사람으로 말미암은 것과 같지 아니하니 심판은 한 사람으로 말미암아 정죄에 이르렀으나 은사는 많은 범죄로 말미암아 의롭다 하심에 이름이니라 한 사람의 범죄로 말미암아 사망이 그 한 사람을 통하여 왕 노릇 하였은즉 더욱 은혜와 의의 선물을 넘치게 받는 자들은 한 분 예수 그리스도를 통하여 생명 안에서 왕 노릇 하리로다 그런즉 한 범죄로 많은 사람이 정죄에 이른 것같이 한 의로운 행위로 말미암아 많은 사람이 의롭다 하심을 받아 생명에 이르렀느니라

한 사람이 순종하지 아니함으로 많은 사람이 죄인 된 것같이 한 사람이 순종하심으로 많은 사람이 의인이 되리라 율법이 들어온 것은 범죄를 더하게 하려 함이라 그러나 죄가 더한 곳에 은혜가 더욱 넘쳤나니 이는 죄가 사망 안에서 왕 노릇 한 것같이 은혜도 또한 의로 말미암아 왕 노릇 하여 우리 주 예수 그리스도로 말미암아 영생에 이르게 하려 함이라"(롬 5:15-21)

"율법이 (옆으로) 들어온 것"(it came in besides)이라는 구절은 아주 적절하다. 즉, 죄가 들어왔고 율법이 그 옆으로 들어왔다. 그렇기 때문에 죄가 율법으로 말미암아 없어지는 것이 아니다. '율법이 옆으로 들어온 것'은 죄가 남아 있다는 것을 나타내기 때문에, 죄가 늘어날 수 있다. 율법에 어긋나는 것이 무엇인지 규정하고, 죄가 좋아하는 것을 금지한다. 죄를 촉발시키기 위해 죄가 들어오고 율법이 죄를 따랐다. 이런 이유로 바울은 범죄가 더하게 하려 함이라고 말한다. 그는 띄엄띄엄 말하지 않고 연결되게 말한다. 왜냐하면 접속사 'that'은 율법이 들어온 이유에 대해서 계속 설명할 것임을 가리키기 때문이다. 율법이 죄 때문에 들어온 것이 아니라고 사도 바울은 갈라디아서 3:19에서 말한다. "그런즉 율법은 무엇이냐 범법하므로 더하여진 것이라… 약속하신 자손이 오시기까지 있을 것이라." 여기서 율법은 죄를 더하기 위해 들어왔다고 말한다. 즉, 죄 때문이다.

다음은 구절의 의미이다. 율법을 범한 것이 첫 번째 죄를 알게 했다. 그러므로 율법은 범죄 때문에 들어왔지 범죄를 일으키려고 들어온 것이 아니다. 그러나 율법을 어기는 것을 통해서 그리고 나약함과 무지와 악한 욕망의 죄를 배우게 하기 위해서, 범죄는 율법의 선포를 필연적으로 따라야 한다. 율법의 선포가 범죄 때문에 필연적인 것은 아니다. 만약 이것이 의도되지 않았고 율법이 범죄에 대하여 선포되지 않았다는 것에 한해서, 율법을 필연적으로 어기게 된다. 왜냐하면 은혜 없이는 어느 누구도 욕정을 이겨 낼 수 없고 죄의 몸을 파괴할 수 없기 때문이다. 그렇기 때문에 이 확고한 문장 '율법이 들어온 것은 범죄를 더하게 하려 함이라'는 다음의 부정적인 진술을 가리키기 위한 것이다. 율법은 생명을 줄 수 없고 죄를 없앨 수도 없다. 율법은 죄를 없애거나 죄를 활발하게 하기 위해 들어간 것이 아니다. 이 문장에는 다음과 같은 긍정적인 문장이 반드시 따라야 한다. 그러므로 율법은 죄를 더하기 위하여 들어왔다. 이것이 정답이다. 그리고 이것이 의미하는 바는 율법이 들어왔다는 것, 그리고 죄를 더하기 위해 율법이 기여한다는 것이다. 이것은 율법을 지킬 수 없는 욕정 때문에 발생한다.

성 아우구스티누스가 그의 책 「이 서신서에 대한 진술」(*The Propositions of This Letter*)[46]에서 이렇게 말한 이유이다. "이 말씀을 통해서 유대인들이 어떤 목적으로 율법이 주어졌는지 모른다는 것을 그는 충분히 보여 주었다. 활발하게 하기 위해 주어진 것이 아니라― 믿음을 통해 은혜만이 활발하게 만든다― 그들의 능력으로 율법에 온전할 수 있다고 생각하는 사람들이 매여 있는 꽉 조여진 수많은 죄의 고리를 보여 주기 위해서이다." 이런 말을 종종 듣게 된다. 예를 들어, 외과 의사가 아픈 사람을 편안하게 해 주기 위해 들어왔다. 그런데 그는 나을 수 있는 희망이 없기 때문에 그를 도와 줄 방법이 없음을 알게 되었다. 이때, 환자는 '당신은 나를 편안하게 해 주기 위해 온 것이 아니라 나의 절망을 더하기 위해 왔군요'라고 말할 수 있다. 이처럼 인간은 율법으로부터 도움과 너무 간절히 원하던 치료(모든 철학자들과 진리를 추구하는 사람들이 보여 주듯이)를 얻을 수 없다. 아픔이 더할 뿐이다. 이 상징은 복음서에 나오는 혈루증을 앓고 전 재산을 의사에게 쓰고도 더 악화될 뿐이었던 여인이다(눅 8:43ff.). 따라서 우리는 사도 바울이 다음과 같이 말하는 것에 주목해야 한다. 하나님께서 율법을 선포하신 목적, '율법이 들어온 것'은 '범죄를 더하게 할 의도로' 그리하신 것이 아니라는 말이다. 그럼에도 불구하고 율법이 들어왔을 때 죄의 범죄는 더하게 되었다.

---

46. Augustine, *Propos. ex ep. ad Rom.*, 30.

로마서 6장

"그런즉 우리가 무슨 말을 하리요 은혜를 더하게 하려고 죄에 거하겠느냐 그럴 수 없느니라 죄에 대하여 죽은 우리가 어찌 그 가운데 더 살리요"(롬 6:1-2)

성 아우구스티누스는 이 구절[1]에 대해 말했다. "이 구절을 시작하면서 사도 바울은 비록 육신은 여전히 죄의 법에 제공되지만 그의 심령은 이미 하나님의 법에 제공되어 은혜 아래에 거하는 사람에 대해서만 서술한다." 그리고 아우구스티누스는 율법과 죄 아래의 두 가지 노예 상태에 대해 설명하기 시작한다. 또한 "그는 죄를 갈망하는 것을 금지하지 않았다. 그러나 많은 그의 갈망들이 여전히 선동하고 그에게 죄에 동의하도록 요청한다. 그의 육신의 부활 때까지 '죄가 우리 몸을 다스리지 못하게 하라'(롬 6:12). 이런 이유에서, 만약 우리가 비뚤어진 욕망에 굴복하지 않는다면, 우리는 은혜 안에 있게 된다. "죄가 너희 죽을 몸을 지배하지 못하게 하여"(롬 6:12). 그러나 비뚤어진 욕망이 그 힘을 쥐고 있는 사람은 아무리 그가 강경하게 죄에 저항해도 여전히

---

1. Augustine, *Propos. ex ep. ad Rom.*, 35.

율법 아래에 있고 은혜 아래에 있지 않다."

　　다음과 같은 명제들이 사도 바울이 말한 바를 명확히 이해할 수 있게 해 준다. (1) 죄에 죽은, (2) 이는 하나님에 대하여 살려 함이라. (3) 그런즉 내 자신이 마음으로는 하나님의 법을 육신으로는 죄의 법을 섬기노라. 죄는 우리 안에 여전히 남아 있다. 그러나 죄에 굴복하지 않는다. (4) 죄는 힘이 없고 지배하지 못한다. (5) 의가 다스린다. 로마서 13:14에서 '정욕을 채우기 위해, 육신에 아무것도 공급하지 말라'고 한다. 다시 말해, 죄의 갈망은 죄 자체이다. 원죄, 아담으로부터의 유산은 계속된다. 그러나 우리는 그것들에 복종하지 않는다. 영이 항복할 때가 아니라 저항할 때, "죄의 몸이 죽게"(롬 6:6)된다.

부가 설명

우리는 죽을 때까지 죄 안에 있다. 성 아우구스티누스는 이렇게 말했다.[2] "육신이 부활되고 사망이 승리 안에서 삼켜질 때까지, 악한 욕망은 사람을 괴롭게 할 것이다." 갈라디아서 5:17도 이와 같다. "육체의 소욕은 성령을 거스르고 성령은 육체를 거스르나니 이 둘이 서로 대적함으로 너희가 원하는 것을 하지 못하게 하려 함이니라." 그리고 로마서 7:19에서 '선한 것을 하길 원하지만 하지 않고, 악한 것을 하지 않길 원하지만 행한다'고 했다. 또한, 야고보서 4:1에서는 "너희 중에 싸움이 어디로부터 다툼이 어디로부터 나느냐 너희 지체 중에서 싸우는 정욕으로부터 나는 것이 아니냐"고 하고, 베드로전서 2:11에서는 "영혼을 거슬러 싸우는 육체의 정욕을 제어하라"고 했다.

　　이와 같이, 모든 사도들과 성자들은 육신이 재로 돌아가고 죄와 욕정에 자유로운 새 것이 부활할 때까지 죄와 욕정이 우리 안에 남아 있다고 고백한다. 베드로후서 마지막 장에서도 말했다. "우리는 그의 약속대로 의가 있는 곳인 새 하늘과 새 땅을

---

2. *Ibid.*

바라보도다"(벧후 3:13). 왜냐하면 죄는 이 세상에 속한 것이기 때문이다. 그래서 주님께서 예레미야 18:4에서 말씀하신다. '토기장이가 손에서 터진 그릇을 자기 의견에 좋은 대로 다른 그릇으로 만든다.' 이처럼 주님께서 우리에게 행하실 것이다. 주님께서는 죄의 육체를 미워하셔서서 다른 육체로 다시 만들 준비를 하고 계신다. 그러므로 주님께서 우리에게 육신의 소욕을 미워하고 파괴하고 억제하며, 육신을 소욕의 끝을 위해, "나라가 임하시오며"(마 6:10)를 위해 기도하라고 명령하신다.

그러나 죄의 육신을 미워하고 그것에게 굴복하지 않으려는 것은 쉽지 않고 대단히 어렵다. 고행이 안락함과 게으름에 대한 예방책이란 관점에서 본다면, 죄의 육신을 이겨 내기 위해서는 고행을 많이 해야 한다.

"무릇 그리스도 예수와 합하여 세례를 받은 우리는 그의 죽으심과 합하여 세례를 받은 줄을 알지 못하느냐"(롬 6:3)

성 아우구스티누스는 네 번째 책 「삼위일체론」(On the Trinity)의 3장[2a]에 기술한다. "우리의 두 번 사망을 위해 구세주께서 그의 처음 사망을 확장시키셨다. 몸소 예로써 우리 앞에서 그의 처음 부활을 이루셨다. 그는 인간의 육신을 입으셨고 오직 육신으로 죽으셨고 육신으로 다시 일어나셨다. 그리고 오직 육신으로 두 가지 요소로 된 것에 우리와 연합하신다. 육신으로써 속사람을 위해 성체가 되시고 겉사람을 위해 예가 되신다. 다음 말씀은 속사람을 위한 성체의 관점에서 얘기한다. '우리가 알거니와 우리의 옛사람이 예수와 함께 십자가에 못 박힌 것은 죄의 몸이 죽어 다시는 우리가 죄에게 종노릇하지 아니하려 함이니'(롬 6:6). 그러나 다음 말씀의 예는 말한다. '몸은 죽여도 영혼은 능히 죽이지 못하는 자들을 두려워하지 말고'(마 10:28). 여기에서 주님께서는 그에게 속한 자들의 죽음에 대해 매우 강하게 용기를 북돋아주신다."

속사람을 위한 성체에 적용되는 주님의 몸의 부활은 사도 바울의 골로새서 3:1

2a. Augustine, *De trin.*, IV, 3.

말씀에 나타난다. "그러므로 너희가 그리스도와 함께 다시 살리심을 받았으면 위의 것을 찾으라." 그렇지만 다음의 예는 이렇게 말한다. "너희 머리털 하나도 상하지 아니하리라"(눅 21:18). 또한, 주님께서는 부활하시고 제자들에게 그분의 몸을 보여 주셨다. 그리고 사도 바울은 예와는 관계있지 않지만 성체에 관련된 것에는 그리스도의 죽음과 부활에 대해 로마서 6:3에서 말한다.

이런 이유에서 우리는 두 번 사망이 있음에 주목해야 한다. 즉, 자연적인 사망이나, 그보다 더 나은 일시적인 사망과 영원한 사망을 말한다. 일시적인 사망은 육체와 영혼이 분리되는 것이다. 그러나 이 사망은 상징이며 우화이다. 일시적인 사망을 영원한 사망(영적인 사망)과 비교한다면 이것은 벽에 걸린 죽음을 그린 그림과 같다.[3] 바로 이것이 성경에서 흔히 일시적인 죽음을 잠, 휴식 혹은 수면이라고 부른 이유이다.

영원한 사망은 두 요소이다. 죄의 사망과 죽음의 사망이다. 이를 통해 영혼은 자유로워지고 죄와 타락의 몸에서 분리된다. 그리고 영혼은 살아계신 하나님의 은혜와 영광과 함께 연합한다. 이것이 바로 말씀에서 말하는 죽음의 엄밀하고 적절한 의미이다(다른 모든 죽음은 여전히 살아 있는 어떤 것들이 뒤엉켜 남아 있지만, 이것은 생명 그 자체, 즉 영원한 생명뿐이다). 사망의 조건은 오직 이 사망에만 전적으로 완전하게 들어맞는다. 죄의 사망과 사망의 죽음 안에서 죽으면, 어떤 것이든지 영원한 무(無) 속으로 전부 사라진다. 그리고 어떤 것도 그곳에서 돌아올 수 없다(영원한 사망 자체가 죽는 것이다). 따라서 죄는 영원히 돌아오지 않는다. 죄인이 의롭게 될 때, 죄와 죄인은 죽게 된다. 사도 바울이 말한 "그리스도께서… 다시 죽지 아니하시고"(롬 6:9), 이것이 성경의 주된 주제이다. 사탄이 아담을 통해 들여놓는 것들은 모두, 하나님께서는 그리스도를 통해 없앨 수 있도록 만들어 놓으셨다. 사탄은 죄와 사망을 가지고 들어왔다. 그러므로 하나님께서는 사망에 사망을, 죄에 죄를, 감옥에 감옥을 그리고 감금에 감금을 가지고 오셨다.[4] 호세아를 통해서는 "사망아 네 재앙이 어디 있느냐 스올아 네 멸망이 어디 있느냐"(호 13:14)[5]라고 말씀하셨다. 이스라엘 자손들이 이방인들을 죽인 모든 전쟁이 등장하는 구약성경에 상징적으로 나타나 있다.

---

3. 이 언급은 아마도 루터 시대에 종종 화가들의 주제로 사용된 '죽음의 무도'일 것이다.
4. 참고 에베소서 4:8.
5. 루터는 아우구스티누스 신봉자들 사이에서 이 견해들에 익숙했고, 예배학자들도 루터에게 제의했다.

또 다른 사망은 영원한 죽음이다. 즉, 지옥에 떨어져야 할 자들의 죽음이다. 사람은 죽었지만 죄는 살아 있어 영원히 남아 있는 것이다. "악이 악인을 죽일 것이라"(시 34:21). 사도 바울이 성례로써의 그리스도의 죽음에 대해 말할 때 그는 두 번째 영적인 죽음에 대해 말했다.

내가 말한 '죄 중의 죄'는 과연 무슨 의미인가? 죄의 죄를 저지른다는 것은 죄의 법에 거슬려, "내 지체 속에서 한 다른 법"(롬 7:23)을 거스른다는 것이다. 육신의 사악한 욕망에 맞선다는 것을 의미한다. 이것은 아주 바람직한 죄이다. 생명도 그러하듯이 사망의 저항이 사망 중의 사망인 것처럼 의로움은 죄 중의 죄이다. 이런 이유로, 설교자의 말씀 중에 "더 나은 것은 여자의 좋은 행위보다 남자의 불법이다"(집회서 42:14). 즉 육신의 법에 따라 행동하는 것보다 육신을 거슬러 행동하고 영혼이 육신의 법을 어기는 것이 더 낫다. 이것이 주님께서 기뻐하시고, 우리를 기쁘게 하시는 주님의 일이다. 기록된 바와 같다. "여호와는 자신께서 행하시는 일들로 말미암아 즐거워하시리로다"(시 104:31). 그리고 우리에게 쓴 편지 로마서 8:3에서 '죄 때문에 그는 죄를 고발하셨다'고 했다. 영은 그가 말하는 영원한 것을 표현하기 위해 긍정적인 말보다 더 달콤한 이런 부정적인 말을 사용한다. 왜냐하면 '사망이 죽임 당했다'는 '사망이 다시 오지 않는다'이고 '감금이 묶였다'는 '감금이 돌아오지 않을 것이다'라는 말이며 이것은 긍정적인 말로 표현할 수 없기 때문이다. 삶은 영원함을 제외하고 생각할 수 있다. 그러므로 또한 시편에서 말한다. "하나님은 우리에게 구원의 하나님이시라 사망에서 벗어남은 주 여호와로 말미암거니와"(시 68:20). 주님은 생명에 대한 사안이 아니라 사망에 대한 사안이시다. 생명으로 들어감은 이루어질 것이고 생명에서 떠나는 것도 정말 필연적으로 될 것이다. 그러나 '사망에서 떠남'은 사망이 없는 생명으로 들어가는 것을 의미한다. 이것이 '그리스도의 기쁨'[6]이다. 시편 16:3에서 "땅에 있는 성도들은 존귀한 자들이니 나의 모든 즐거움이 그들에게 있도다"라고 말한다. 또한 시편 11:2*은 "여호와의 만드신 만물이 위대함이여, 그의 모든 기쁨에 따라 지어졌도다"라고 한다.

---

6. 루터는 그의 시편 강의에서 '기쁨들'을 '그리스도의 기쁨'(voluntates Christi)으로 설명한다. "그리스도의 기쁨은 육신의 모욕과 십자가에 매달리는 형벌 그리고 모든 지켜보는 자들의 경멸이다"(WA 3 , 27f.).

---

* 영역자의 오역인 듯하다.

"그러므로 우리가 그의 죽으심과 합하여 세례를 받음으로 그와 함께 장사되었나니 이는 아버지의 영광으로 말미암아 그리스도를 죽은 자 가운데서 살리심과 같이 우리로 또한 새 생명 가운데서 행하게 하려 함이라 만일 우리가 그의 죽으심과 같은 모양으로 연합한 자가 되었으면 또한 그의 부활과 같은 모양으로 연합한 자도 되리라"(롬 6:4-5)[7]

영적인 사람은 그리스도께서 죽으시고 장사되신 뒤에 유대인들의 눈앞에 나타나신 것과 같은 방식으로 모든 것을 봐야 한다. 그리스도께서 우리를 이끄시고 우리는 오직 처음부터 마지막까지 그분께 반응할 뿐이다.

첫째로, 그리스도께서 죽으셨을 때, 비록 그는 여전히 밖에 계셨으나 밖에서 무슨 일이 일어나는지 더 이상 알 수 없으셨다. 영적인 사람도 이와 동일하다. 비록 그가 세상의 모든 것들을 느낄 수 있어도, 그의 심령은 그것들로부터 완전히 빠져나왔고 죽었다. 이것이 어떤 사람이 이생에 속한 모든 것들을 철저히 혐오하게 되었을 때 생기는 일이다. 아니, 오히려 이생의 모든 일들에 역겨움을 느낄 때이다. 그는 자신이 죽은 시체와 같다는 사실에서 기뻐하며 영광스럽게 생각한다. 바울이 말한 것과 같다. "우리가 지금까지 세상의 더러운 것과 만물의 찌꺼기같이 되었도다"(고전 4:13).

그러나 그들이 이런 죽음으로 세례 받자마자, 그에 따른 온전함에서 모든 것을 반드시 얻을 수 있는 것은 아니다. 왜냐하면 그들은 '죽으심'에 세례 받았다. 죽음을 향하여, 다르게 말하자면, 그들은 자신의 목표인 이 죽음을 얻기 위한 첫 발자국을 내딛었을 뿐이다. 영원한 생명과 하나님 나라를 위해 세례를 받았을지라도 그 온전함을 바로 물려받지는 못했다. 그러나 그들은 그것을 향한 첫 발자국을 떼었을 뿐이다. 세례는 죽음을 통해 우리에게 생명을 주기 위해 정해졌다. 그러므로 우리에게 규정된 것들을 준수하는 것이 필요하다.

이런 관점에서 세 종류의 사람들이 있다. 첫째로, 십자가와 앞서 묘사한 종류의 고행을 견뎌 내지 못하며 죽기를 꺼리는 사람들이다. 이런 사람들은 그리스도의 왼

---

7. 루터의 여백 주석에 적혀 있다(*WA* 56, 58, 22). "이것은 요한복음 12:24 말씀과 어울린다. '한 알의 밀이 땅에 떨어져 죽지 아니하면 한 알 그대로 있고 죽으면…' 사도 바울이 '그대로 있고', 즉 '같은 모양으로'라고 말한 것은 그가 육체적인 부활과 죽음을 말한다고 생각하지 않게 하기 위해서이다. '그의 죽으심과 같은 모양으로 연합한 자'의 본성을 가리키기 위해서이며, 요한복음 12:25 말씀에 '이 세상에서 자기의 생명을 미워하는 자는 영생하도록 보전하리라'고 나온다."

편 십자가에 매달렸던 강도와 같다. 그들은 그리스도를 그들의 생각과 행실로 모독한다.[8] 다른 이들은 십자가를 견뎌 낸다. 그러나 고통, 저항감 그리고 신음으로 가득 차 있다. 그럼에도 그들은 이 모든 것들을 이겨 내고 마침내 기꺼이 죽는다. 모든 사람들로부터 경멸당하고 혐오스럽게 여겨지는 것이 힘들다는 것을 안다. 십자가 우편에 매달렸던 강도와 같은 사람들이다. 정말로 그리스도께서는 그들의 슬픔과 고통을 그들과 함께 그리스도의 몸으로 계속해서 이끌어 오신다. 마지막 세 번째 집단은 내가 이미 말한, 기뻐하며 이 죽음으로 향하는 사람들이다. 그들의 원형은 그리스도— 큰소리를 지르시고 숨지신 그리스도(막 15:37), 가장 용감한 영웅 같은 그리스도이다.[9]

"우리가 알거니와 우리의 옛사람이 예수와 함께 십자가에 못 박힌 것은"(롬 6:6)

아담의 자손으로서 인간은 '옛것'이다. 본성으로 인한 것이 아니다. 본성의 결함 때문이다. 그의 본성은 선하지만 본성의 결함이 악하기 때문이다. '옛사람'이라는 말을 사용한 것은 단순히 육신의 일에 관한 것이 아니다. 옳고 스스로 지혜롭게 다스리고, 모든 종류의 영적인 소유에 열심을 내는 것을 말하는 것이다. 또한 하나님을 사랑하고 예배하는 것을 말한다. 그의 안에 있는 '옛사람'은 그가 받은 선물을 즐기기 위해서 하나님을 이용하게 만든다. 오직 은혜만이 그의 폭력적인 습관(성경에서 이것을 굽은 것,[10] 사악, 부정직함이라 말한다)의 사악한 행위를 고칠 수 있고 그를 바로 서게 할 수 있다. 전도서 1:15의 "구부러진 것도 곧게 할 수 없고 모자란 것도 셀 수 없도다"에서 이것은 부정직한 사람들의 완고함 때문이라기보다는 유전으로 받은 그의 내면에 있는 결함 때문이다. 또한 그가 태어날 때부터 내재된 독(毒)이 그의 본성의 깊은 곳에 영향을 끼쳤기

---

8. 이 해설은 전통적인 주해와 일치한다. 참고 the Gl. ord.와 리라.

9. Lit., quos Christus cum valido clamore ut fortissimus Gygas moriens significavit. [Gygas—거인. '거인들'(Gigantes)은 테라(Terra)의 아들이다. 그들은 하늘에서 폭풍을 일으켰으나 주피터(Jupiter)의 번개에 맞아 죽는다]. 피커(p. 324, n. 32)는 성 아우구스티누스의 은둔자들의 미사집(은밀한 기도자들이 사용한)이 시편 19:5의 "Exultavit ut gigas ad currendam viam"(그의 길을 달리기 기뻐하는 장사 같아서)을 사용해서 사계재일(Ember Days)에 대해 규정했다고 언급한다.

10. '굽은 것'(curvitas)이란 용어는 불가타 역에서는 사용되지 않았다. 이 용어의 중요성에 대해서는 5장 10번 주석 참고.

때문이다. 그래서 그의 이기적인 기질로부터 그는 심지어 하나님 안에서조차 오직 그 자신과 자신의 소유만을 추구한다.[11] "그들의 생명을 압박과 강포에서 구원하리니"(시 72:14). 예컨대, 이 사악함은 끝이 없기 때문에 아무도 그 깊이를 알 수 없다. 사람들이 흔히 말하는 그런 사악함이 아니다. 오직 사악함을 사랑함으로 형성되는 사악함이다. 사악함은 하나님의 자비도 틀렸음을 입증할 수 있다. "여호와는 의인을 감찰하시고 악인과 폭력을 좋아하는 자를 마음에 미워하시도다"(시 11:5).[12] "이로(사악함으로) 말미암아 모든 경건한 자는 주를 만날 기회를 얻어 주께 기도할지라"(시 32:6). 즉 그분이 사악함을 싫어하시기 때문에(눅 13:11)에 구세주께서 말씀하신, 복음서에 나오는 18년 사탄에게 묶여 있던 어떤 여인의 꼬부라짐에 이 모든 것이 상징적으로 나타나 있다.[13]

"죄의 몸이 죽어 다시는 우리가 죄에게 종노릇하지 아니하려 함이니"(롬 6:6)

여기서 '죽어'를 영적으로 받아들여야 한다. 만약 사도 바울이 육신의 죽음을 말하길 원했다면, 우리 안에 '옛사람'이 십자가에 매달려 죽어야 할 필요는 없다. 우리가 원하든 원치 않든, 육체적으로 죽을 것이고, 십자가형을 당하지 않은 '옛사람'의 경우에도 그럴 것이기 때문이다. 그러므로 필요가 무엇인지는 계명이나 조언이 될 수 없다. 왜냐하면 성 아우구스티누스가 언급했듯이,[14] 바울은 이 죽음의 본질을 설명하고자 했다. '우리는 더 이상 죄의 노예가 아닙니다.' 이것이 성 아우구스티누스가 말한 해석이다. '죄의 몸은 죽을 수 있다.' 그러므로 죄의 몸이 죽는다는 말은 육신의 정욕과 우리의 옛사람을 회개의 분투와 십자가로 부숴 버리고 나날이 감소시키고 처형시키는 것이다. 골로새서 3장에서 바울이 옛사람과 새사람에 대해 아주 명료하게 서술했다.

---

11. "*Quo etiam in ipso Deo per amorem concupiscentiae querit homo, quae sua sunt.*"
12. 파버에 따르면 루터는 이해하기 위해 시편을 택한다. "*Qui autem diligit iniquitatem, odit animan eius.*" 불가타 역에 있는 'suam'을 대신한다(그는 불의함을 사랑하고 자신의 영혼을 미워한다).
13. 누가복음 13:11ff.: "열여덟 해 동안이나 귀신 들려 앓으며 꼬부라져 조금도 펴지 못하는 한 여자가 있더라 예수께서 보시고 불러 이르시되 '여자여 네가 네 병에서 놓였다' 하시고 안수하시니 여자가 곧 펴고 하나님께 영광을 돌리는지라."
14. Augustine, *Propos. ex ep. ad Rom.*, 32-34.

"그러므로 땅에 있는 지체를 죽이라"(골 3:5).

이 죽음에 대해 시편의 여러 문두에 언급되어 있다. "그는 죽임을 당치 않을 것이며"(시 57:1; 58:1; 59:1). 시편 60:1은 "하나님이여 주께서 우리를 버려 흩으셨고 분노하셨사오나"라고 하고, 예레미야 1:10은 "뽑고 파괴하며 파멸하고 넘어뜨리며"라고 한다.

그러므로 '죄의 몸'을 모든 악한 행실더미로 생각하는 사람들이[15] 그렇듯이 뭔가 신비로운 것으로 이해하면 안 된다. 이것은 우리가 지닌 몸이며, '죄의 몸'이라 불린다. 창세기 3:15에서 주님께서 독사에게 "네 후손도 여자의 후손과 원수가 되게 하리니"라고 말씀하셨다. 여자의 후손은 하나님의 말씀이다.[16] 그는 의와 선을 추구하기 때문이다. 사탄의 후손은 바로 죄, 불쏘시개와 육신의 욕정이다. 그리고 이 원수는 끊임없이 계속된다. 갈라디아서에서 바울은 말씀한다. "육체의 소욕은 성령을 거스르고 성령은 육체를 거스르나니 이 둘이 서로 대적함으로 너희가 원하는 것을 하지 못하게 하려 함이니라"(갈 5:17).

"이는 죽은 자가 죄에서 벗어나 의롭다 하심을 얻었음이라 만일 우리가 그리스도와 함께 죽었으면 또한 그와 함께 살 줄을 믿노니 이는 그리스도께서 죽은 자 가운데서 살아나셨으매 다시 죽지 아니하시고 사망이 다시 그를 주장하지 못할 줄을 앎이로라 그가 죽으심은 죄에 대하여 단번에 죽으심이요 그가 살아 계심은 하나님께 대하여 살아 계심이니 이와 같이 너희도 너희 자신을 죄에 대하여는 죽은 자요 그리스도 예수 안에서 하나님께 대하여는 살아 있는 자로 여길지어다"(롬 6:7-11)[17]

---

15. The *Gl. ord.*와 리라.

16. The *Gl. ord.* 'mulier'를 '교회'로 해석했다.

17. 로마서 6:7-11에 대한 루터의 주해이다(먼저 나오는 것은 행간 주석이며 그다음에 나오는 것은 여백 주석이다. 후자에 대해서는 괄호 안의 숫자로 나타내었다). "'만약 우리가 함께 심기워졌다면'을 실현한 그는 선한 영적인 죽음으로 죽었기 때문에 그는 그의 죄로부터 선하게 되었다. 즉, 그는 영적인 부활 안에서 일어난 것이다. 자, 만약 우리가 그리스도와 함께 죄를 끝내기 위해 세례로써 영적으로 죽을 수 있다면, 왜냐하면 이 새 생명은 경험되어질 수 없고 믿어야만 하는 것이기 때문에 우리는 믿는다. 아무도 그가 다시 살아나거나 그가 의롭게 되었다는 것을 체험할 수 없음을 알 수 없다. 그러나 그는 우리가 또한 영으로, 새 것으로 살 것이며 현재 그리고 영원토록 그와 함께할 것이라고 믿고 바란다. 앎, 즉 우리는 그리스도가 죽으시고 죽음에서 다시 일어나셨고, 그분에게는 육체적으로 그리고 우리에게는 상징으로, 더 이상 죽지 않으신다는 것을 안다. (1) 영원 속에서 죽음은 더 이상 그를 지배하지 못한다. 다시 말해서 그러므로 죽음은 영적으로 당신에게 어떠한 지배권도 갖지 못한다. 그리스도께서 육체적으로 한번 죽으셨기 때문이다.

사도 바울은 우리가 오직 한 번 영적인 죽음을 겪어야 한다고 말한다. 영적으로 죽는 사람은 영원히 살 수 있다. 그러므로 우리는 다시 죽기 위해서 죄로 돌아갈 필요가 없다. 이런 해석은 노바티안주의(Novatianist)[18]와 반대된다. 일단 한 번 영적인 생명의 본질을 얻게 되면 반드시 영원하다. 요한복음[19]은 "누구든지 나를 믿는 자는 결코 죽지 아니하리라"고 말씀한다. 의지적으로 그리스도 안에 있는 생명을 떠나지 않는 한, 죽지 않는다. 이윽고, 영적인 생명은 점차적으로 더욱 강해지게 되어 그것으로부터 떠나가는 것이 완전히 불가능하게 된다. 변치 않는 영적인 생명에서 떠나려고 끝까지 고집을 부리는 사람은 없을 것이다.

태양이 영원하기 때문에 태양 광선은 영원하다. 그리스도께서 영원하시기 때문에 영적인 생명은 영원하다. 그는 우리의 생명이시다. 믿음을 통해 우리의 생명에 그리스도의 은혜의 광선이 흘러들어 온다. 그리고 우리 안에 거하신다.[20] 그리스도께서

---

(2) 죄에 대해서, 즉 죄는 죽어야 한다. 그러나 그가 살아난 것에 관해서는, 그는 부활 후에 살아서 선과 영광 안에서 하나님께(3; 4) 대하여 사셨다. 그래서 당신도 또한 당신이 죄에 대해 죽었다는 것을 생각하고, 즉 느끼고, 알아라. '우리로 죄에 대하여 죽고 의에 대하여 살게 하려 하심이라'(벧전 2:24). 그러나 그리스도 예수 안에서, 그리스도를 믿는 믿음으로 하나님께 대하여 '영적인 삶'(spiritual life)을 산다.

  (1) 그는 '살 것이고' 그러나 '또 더 이상 죽지 않는다'고 말하지 않았다. 왜냐하면 성경에서 부정적인 진술은 영원성이 의미 있다는 것을 보여 주고 모든 것을 더 강하게 강조하기 위해서 사용되기 때문이다. 예를 들어, '그 이후로 우리는 죄의 종이 아니다'는 '의미'는 우리가 영원히 의롭게 된다는 뜻이다.

  (2) '자기의 피로 영원한 속죄를 이루사 단번에 성소에 들어가셨느니라'(히 9:12). 그리고 다시 말씀한다. '그리스도도 많은 사람의 죄를 담당하시려고 단번에 드리신 바 되셨고'(히 9:28).

  (3) 그리스 문서에 나오기로(파버에 따르면) '죄에 대하여 죽은 것은, 죄에 대하여 단번에 죽었음이요.' 그리고 이것이 훨씬 낫다. '산 것은, 하나님께 대하여 산 것이라.' Quod는 '무엇이든지'를 의미한다. 이것은 접속사가 아니라 대명사로 보아야 한다. 그 구절은 그리스도의 죽음의 성례에 대해 얘기하고 있다. 다시 말해서 단번에 죽으시고 다시는 죽지 않으실 그리스도와 같이, 누구든지 죄에 대해 단번에 영적으로 죽은 사람은 결코 다시 죽지 않고 영원히 산다.

  (4) 이 본문은 번역자가 번역자뿐 아니라 동시에 해설자로서 기능하고 있음을 보여 준다. 번역자는 본문에 있지 않은 다른 의미를 전하는 중대한 실수를 저지를 수 없다. 그는 그의 의견이 아니라 번역을 해야만 한다. 그러므로 우리는 성 히에로니무스의* 의견에 대해 동의해서는 안 된다. 다니엘서에 대해 말한 그의 책에서 그는 처음에 다니엘서에 대해 이해한 것을 번역할 수 없었다. 이것은 이해하고 싶고 모든 것을 알고 싶고 확실하게 하고 싶어 하는 그의 겸손함에 맞는 한에 있어서 아무것도 아니다. 히에로니무스는 아마도 진실을 말했던 것 같다.

18. 루터는 아마 Ambrose, De poenitentia (노바티안주의에 반대). II. 9를 생각했을 것이다.

19. 루터는 요한복음 6:40로 생각했다. "내 아버지의 뜻은 아들을 보고 믿는 자마다 영생을 얻는 이것이니 마지막 날에 내가 이를 다시 살리리라." 그러나 루터는 사실 요한복음 11:26을 인용했다.

20. 로마 가톨릭 '성례전적 개념'(sacramental).

---

* 참고 Jerome, Contra Rufin., II. 32. "예언자들을 이해하기 어렵다는 것을 나는 안다. 그리고 그가 읽은 것을 처음에 이해하지 못하는 이상, 어떻게 그것들이 번역되어야 할지 아무도 판단할 준비를 할 수 없다." 이 구절(히에로니무스의 다니엘서의 프롤로그보다 앞선 이사야서 프롤로그에)은 리라가 히에로니무스의 De Daniele에 대한 그의 논평에서 인용되었다.

영원하시기 때문에 그로부터 영원히 은혜가 흘러나온다. 사람이 다시 죄를 범했을지라도 그의 안에 있는 영적인 생명은 죽지 않는다. 영적인 생명에서 떠나는 사람은 죽는다. 그러나 그리스도 안에 머무는 사람은 영원하다. 이것이 사도 바울이 여기서 말하는 바이다. "만일 우리가 그리스도와 함께 죽었으면 또한 그와 함께 살 줄을 믿노니." 어떻게 우리가 그와 함께 살 수 있는가? "앎이로라." "그리스도께서 죽은 자 가운데서 살아나셨으매 다시 죽지 아니하시고." "그가 죽으심은 죄에 대하여 단번에 죽으심이요." 그리스도께서는 더 이상 죽으시지 않으신다. 그도 더 이상 죽지 않고 그리스도와 함께 영원히 산다고 말한다. 그러므로 우리는 오직 한 번만 세례를 받고, 그리스도로 말미암은 생명을 약속받았다. 비록 우리는 자주 넘어지고 또다시 일어나지만, 그리스도의 생명은 계속해서 회복될 수 있다. 그러나 시작은 오직 한 번 뿐이다. 마치한 번도 부유하지 않았던 사람이 한 번 부유하게 되기 시작하면, 다시 반복적으로 부를 잃어도 곧 회복되는 것처럼 말이다.

"그가 살아 계심은 하나님께 대하여 살아 계심이니"(롬 6:10)

영원히 영적으로 살아간다는 것은 하나님께 대하여 사는 것이다. 하나님은 영원한 영이시기 때문이다. 오직 영적이고 영원한 것이 그분의 현현 안에 포함된다. 그러나 육체적이며 일시적인 것들은 그분 앞에서 아무것도 아니다. 이 생명이 영원한 점을 고려하면, 자기 죄 때문에 죽는 사람은 단 한 번만 죽어야 한다. 그런 죽음에는 영원한 생명이 따를 수 있다. 그곳에는 죽음이 없다. 죄로 인해 죽은 사람이 다시 죽는 것은 있을 수 없다. 왜냐하면 이 죽음에는 결코 다시 죄로 떨어질 수 없는 영원한 의가 따르기 때문이다.

부가 설명

노바티안주의 이단은 이 본문을 잘못 해석했다. '실수한 사람에게 다시 일어날 희망이 없다. 사람은 죄를 위해 단 한 번만 죽어야 한다'고 가르친다. '단 한 번'은 제한을 두거나 참회의 행동에 횟수를 정한 것이 아니다. '단 한 번'에서 영원한 은혜가 시작된다(또 다른 종류의 의가 있는 가능성을 배제한다).[21] 세례 받은 사람과 참회한 사람은 누구든지 다시 다른 죄를 회개하거나 다른 의를 얻을 필요가 없다는 것이다. 오직 '단 한 번' 얻은 의만으로 영원히 충분하기 때문이다. 그러나 이것이 전형적인 사람의 의가 될 수 없다. 도덕 철학자에 의하면 일단 '선'(virtue)을 한 번 얻으면 항상 또 다른 선이 남아 있다고 한다.[22]

그러나 이들이 주장하는 것은 누군가 이미 얻은 의를 잃어버릴 때, 다시 그것을 얻지 못한다는 것이다. 성경은 이 오류를 부정한다. "대저 의인은 일곱 번 넘어질지라도 다시 일어나려니와"(잠 24:16). 그리고 우리 주님께서는 베드로에게 말씀하셨다. "네게 이르노니 일곱 번뿐 아니라 일곱 번을 일흔 번까지라도 할지니라"(마 18:22).

그러므로 '단 한 번'은 의가 몇 번이나 교체될 수 있냐는 것을 정한 것이 아니다. 의의 다양성은 제한한다. 그리고 의의 영원한 본성을 강조한다. 의의 영원한 본성에 부합하는 생명 안에서 인간은 되풀이하여 의를 잃었다가 찾을 수 있다. 심지어 성 베드로는 성령님의 보내심을 받은 뒤 갈라디아서 2:11 이하에 나오듯이 외식하는 죄를 지었다. 그리고 이것은 당연히 복음에 반하는 심각한 죄일 뿐만 아니라 영혼의 구원에도 거슬린다. 사도 바울이 보여 주고 있는 점을 고려하면, 그는 복음의 진리를 따라 바르게 행하지 않은 것이다.

"이와 같이 너희도 너희 자신을 죄에 대하여는 죽은 자요 그리스도 예수 안에서 하나님

---

21. "*Et abnegat alietatem iustitiae.*"
22. (아리스토텔레스에 따른) 몇 가지 '선' 사이의 구분에 대해 참고하라. Trutvetter, *Physics* II, *de habitibus animae*; Ockham, III *Sent.*, q. 12, a. 2H ff.; Biel, III *Sent.*, d. 34, q. un., a. 1, n. 2 and 3.

께 대하여는 살아 있는 자로 여길지어다 그러므로 너희는 죄가 너희 죽을 몸을 지배하지 못하게 하여 몸의 사욕에 순종하지 말고 또한 너희 지체를 불의의 무기로 죄에게 내주지 말고 오직 너희 자신을 죽은 자 가운데서 다시 살아난 자같이 하나님께 드리며 너희 지체를 의의 무기로 하나님께 드리라 죄가 너희를 주장하지 못하리니 이는 너희가 법 아래에 있지 아니하고 은혜 아래에 있음이라"(롬 6:11-14)

죄는 율법 아래에 있는 사람을 지배하지 못한다. 이것은 앞서 3장에서 우리가 다룬 것을 고려하면 충분히 명확하다. 그리스도 안에 있는 믿음이 없는 사람은 항상 죄 안에 있다. 비록 그가 착한 일을 할지라도 말이다. 이것이 우리가 주목해야 하는 점이다. 사도 바울이 말하는 방식을 이해하지 못하는 사람들은 그가 단호하게 말하는 것을 이상하고 기이하게 여긴다. 그들은 '법 아래에 있음'이 '사람이 따라서 살아야 하는 율법을 가지고 있음'을 의미한다고 생각한다. 그러나 사도 바울이 뜻하는 바는 '법 아래에 있음'이 '법에 부응하는 것이 아니며' 법 앞에서, 채무자에게 그리고 범법자에게 피고가 된다는 것을 의미한다. 법이 사람을 올바르게 고발하고 비난하는 반면에 사람이 법을 만족시킬 수 없거나 그보다 우위를 점할 수 없다. 그래서 법과 죄는 사람을 지배하며 포로로서 구속한다. 이런 이유로 고린도전서 15:56은 "사망이 쏘는 것은 죄요 죄의 권능은 율법이라"고 했다. 죄는 강하게 우리를 지배한다. 법이 우리를 지배하기 때문이다.[23]

다음으로, 죄를 쏘는 사망은 우리를 지배하는 권능이 있다. "죄로 말미암아 사망이 들어왔나니"(롬 5:12)라고 한다. 그러나 율법은 권능이나 죄의 힘을 통해 지속되며 우리를 지배할 수 있다.

율법과 죄의 이러한 지배로부터, 인간은 오직 그리스도를 통해서만 자유롭게 될 수 있다. "우리 주 예수 그리스도로 말미암아 우리에게 승리를 주시는 하나님께 감사하노니"(고전 15:57)라고 바로 앞서 인용한 구절에서 말하듯이 말이다. 그리고 우리 주님은 요한복음 8:36[24]에서 말씀하셨다. "그러므로 아들이 너희를 자유롭게 하면 너희

---

23. 루터는 여기에 "*Virtus hic*, 즉 *potentia dicitur*"('*virtus*'는 여기서 권능을 의미한다)를 덧붙였다. 불가타 역의 고린도전서 15:56을 참고했다. "*Virtus veri peccati lex*"(죄의 권능은 율법이라). 루터는 종종 그의 강해서에서 '*virtus*'의 의미를 나타냈다.
24. 루터는 "요한복음 6장"이라고 썼다.

가 참으로 자유로우리라.'" "이것을 너희에게 이르는 것은 너희로 내 안에서 평안을 누리게 하려 함이라 세상에서는 너희가 환난을 당하나 담대하라 내가 세상을 이기었노라"(요 16:33). 요한일서 5장[25]에서는 "무릇 하나님께로부터 난 자마다 세상을 이기느니라 세상을 이기는 승리는 이것이니 우리의 믿음이니라"(요일 5:4), "예수께서 하나님의 아들이심을 믿는 자가 아니면 세상을 이기는 자가 누구냐"(요일 5:5)[26]라고 한다. 그리고 그는 여기서 우리가 죄의 통치 기간을 억제할 수 있다고 말한다. 왜냐하면 '우리가 법 아래에 있지 아니하고 은혜 아래에 있기' 때문이다. 이 모든 것들의 의미는 '죄의 몸은 죽게 되고' 의로움이 점점 완전해지게 된다는 것이다.[27]

"하나님께 감사하리로다 너희가 본래 죄의 종이더니 너희에게 전하여 준 바[28] 교훈의 본을 마음으로 순종하여 죄로부터 해방되어 의에게 종이 되었느니라"(롬 6:17-18)

몇몇 사람들은 이 구절의 부분들을 다르게 이해하길 원해서[29] 이렇게 읽는다. '당신에게 전해진 교훈의 본에 순종하게 되었다.' 나는 성령께서 사도 바울을 통해서 어떤 의도를 가지고 이 구절을 말했다고 믿는다. 인간의 지혜는 하나님의 말씀을 강력히 거부하지만 하나님의 말씀은 불변이고 넘어설 수 없다. 그러므로 인간의 지혜는 변화를 겪어야만 한다. 그 자신의 모양을 포기하고 하나님의 말씀의 모양을 택해야 한다. 이것은 믿음으로 항복하고 스스로를 열고 말씀에 순응할 때,[30] 말씀이 진리이고 자신은 허위라는 것을 믿을 때 일어난다. 육신이 말씀이 되기 위해서 그리고 사람이 말씀

---

25. 루터는 "요한일서 1장"이라고 썼다.

26. 여기서 그는 주석을 달았다. "4장."

27. "*Et perficiatur iustitia incepta*."

28. 여백 주석에서 루터는 말한다(*WA* 56, 62, 13ff.). "즉, 형식의 오류로부터 당신은 이제 복음의 형식으로 옮겨졌다. '여호와여 주의 말씀은 영원히 하늘에 굳게 섰사오며'(시 119:89). 왜냐하면 이것은 변하는 말씀이 아니라 우리가 변화되어야 하며 항복해야 하는 것이다. '풀은 마르고 꽃은 시드나 우리 하나님의 말씀은 영원히 서리라'(사 40:8). '너를 고발하는 자와 함께 길에 있을 때에 급히 사화하라'(마 5:25). 다시 말해, 당신 자신의 '화상'(likeness)을 포기하고 말씀의 '화상'을 입으라고 한다. '말씀이 육신이 되어'(요 1:14), 왜냐하면 '우리도 말씀이 되어야만 하기 때문이다'(*ut nos verbum efficiamur*)."

29. "*Per hipallagen*." 파버의 '주석'(Commentary)에 따르면.

30. "*Conformitas verbi*." 참고 Bernard of Clairvaux, *Sermones in Cantica*.

의 형체를 입기 위해서이다. "말씀이 육신이 되어"(요 1:14). "종의 형체를 가지사"(빌 2:7). 우리 앞으로 보낸 서신 로마서 3장에 따르면, 사람은 믿음으로 형체를 가진 말씀처럼 의롭고 진실 되며, 지혜롭고 선하고 온유하고 순결하게 될 것이다.

이런 이유에서 '너희에게 전해진 것'(which was delivered to you)보다 '너희가 전해진 그곳' (where unto you were delivered)이 훨씬 의미가 있다. 복음의 교훈이 죄 많은 자들에게도 전해졌지만 교훈을 받지 않았다. 또한 그것을 전하거나 순응하지 않았다. 그들은 진실로 온 마음을 다해 믿지 않았기 때문이다. 이와 거의 동일한 생각이 고린도 교인들에게[31] 쓴 말씀에 나타나 있다. "이제는 너희가 하나님을 알 뿐 아니라 더욱이 하나님이 아신 바 되었거늘." 그리고 정확히 똑같은 방식으로 "믿는 자들과 성자들의 특성으로써 너희에게 전해지기보다 너희가 전해진 그곳이다." 아래에서 어떻게 우리가 죄와 율법에 사는 것이 아니라 죄와 율법에 죽는지 설명하는 로마서 7장을 참고하였다.

"죄가 너희를 주장하지 못하리니 이는 너희가 법 아래에 있지 아니하고 은혜 아래에 있음이라"(롬 6:14)

이것은 일시적인 물질들과 부요를 향한 죄악의 욕망이다. 일시적인 사악함들과 역경들로부터 도망치려는 우리의 성향을 나타내고 있다. 왜냐하면 그리스도를 진정으로 믿는 사람은 어떠한 세속적인 물질들과 삶을 추구하지 않기 때문이다. 그러나 충분히 그것들이 그 사람에게 흥미를 유발할 수 있다. 그는 어떤 사악함, 심지어 죽음까지도 두려워하지 않는다. 그러나 사악함과 죽음을 두려워할 수도 있다. 그는 반석 위에 굳건히 서 있다. 쉬운 삶을 추구하지 않으며 굳은 마음을 갖지 않는다. 두려움이 그를 덮칠 때 도망치고 싶은 유혹에 넘어가지 않는다. 죄악의 욕망이 그를 유혹할 때도 넘어가지 않는다(그가 욕망이나 두려움에 둔감해서가 아니다). 비록 그가 거의 견뎌 낼 수 없는, 이겨 낼 수 없는 극도의 분투와 고통의 대가를 치러야 한다고 해도 끝내 그는 굴복하

---

31. 루터는 고린도전서 13:12을 생각했지만 실제로 인용한 것은 갈라디아서 4:9이다.

지 않는다. 이것은 베드로전서 4:18의 말씀과 부합된다. "또 의인이 겨우 구원을 받으면." 이런 시련과 싸움에서 의인은 항상 승자보다 패자와 닮았다. 이는 주님께서 금이 풀무 불에 연단되듯이 그가 극도의 한계까지 시험 받고 공격당하게 두시기 때문이다. "경기하는 자가 법대로 경기하지 아니하면 승리자의 관을 얻지 못할 것이며"(딤후 2:5).

부가 설명

(1) 그리스도보다 죽음을 두려워하고 그리스도보다 생명을 더 사랑하는 자는 진실된 믿음을 통하여 그리스도를 유업으로 받지 못한다. 죄가 그를 지배하고 그는 율법 아래에 있기 때문이다. 우리는 이것을 온전히 그의 가르침에 따라 이해해야 한다. "자기의 생명을 사랑하는 자는 잃어버릴 것이요"(요 12:25). 또 다른 말씀에는 "아버지나 어머니를 나보다 더 사랑하는 자는 내게 합당하지 아니하고" 그리고 "또 자기 십자가를 지고 나를 따르지 않는 자도 내게 합당하지 아니하니라"(마 10:37-38)고 한다. 그러므로 죄를 통제하기는 쉽지 않다. 만약 하나님께서 우리 안에 계시지 않는다면, 우리는 당연히 시험에 빠질 수밖에 없다. "오직 하나님은 미쁘사 너희가 감당하지 못할 시험 당함을 허락하지 아니하시고"(고전 10:13). 믿지 않는 자들은 유혹 당하게 두신다. 그리고 그들은 시험에 빠진다. 아니 오히려 그들은 이미 시험에 빠졌고 영원히 서지 못할 것이다. 그러나 하나님을 구하는 믿는 자들에게는 신실하시다.

(2) 성자들이 그들을 공격하는 죄의 지배를 받지 않게 될 때, 죄는 오히려 선을 이룬다. "하나님을 사랑하는 자 곧 그의 뜻대로 부르심을 입은 자들에게는 모든 것이 합력하여 선을 이루느니라"(롬 8:28). "너희가 감당하지 못할 시험 당함을 허락하지 아니하시고 시험 당할 즈음에 또한 피할 길을 내사 너희로 능히 감당하게 하시느니라"(고전 10:13). 그러므로 '소진'(dissipation)이 영혼을 공격할 때 영혼은 더욱 순결하게 된다. 교만은 영혼을 더욱 겸손하게 만든다. 게으른 자는 더욱 의욕이 넘치게 된다. 탐욕이 가득한 자는 더욱 관대하게 된다. 화를 내는 자는 더욱 온유하게 된다. 폭음하는 자는 더욱 술을 멀리하게 된다. 영적인 사람의 내면에서는 공격하는 것에 대항한 더 크고

훨씬 강한 혐오가 일어난다. 따라서 시험은 매우 유익하다.

만약 죄에 굴복한다면 죄는 죽을 수밖에 없는 우리 몸을 지배할 것이다. 그러나 우리가 저항한다면 죄는 우리의 종이 될 것이다. 부당함에 대한 증오를 일으키고, 의를 향한 사랑을 일으킬 것이기 때문이다. 그러나 미래에 변화될 영원한 몸은 죄에 지배당하지 않는다. 또한 죄의 통치를 받지 않으며, 죄의 종이 될 수 없다. 하나님의 지혜가 얼마나 놀라운지 인정하자! 그는 악을 통해 선을 더하시고, 죄를 통해 의를 완전하게 하신다. 우리에게 뿐만 아니라 다른 사람들에게도 동일하게 역사하신다. 하나님은 다른 사람들이 죄를 지을 때, 사람이 아닌 죄를 미워하게 하신다. 하나님을 향한 사랑과 경건함을 연습할 수 있도록 그 죄들을 포기하게 하신다. 우리가 의를 갈망하고 불의를 혐오하고, 순수하고 진실 된 믿음으로 그를 갈망한다면 그런 마음을 주신다.

"또한 너희 지체를 '불의의 무기'(instrument of iniquity)로 죄에게 내주지 말고"(롬 6:13)

여기에서 '불의'(unrightness)보다 '부당함'(iniquity)이 더 설득력이 있다. 그가 율법 안에 있기 때문이다. 만약 그가 불신앙에 있다면, 그는 '부당함'에 있을 것이다. 의는 믿음으로 결정되는 모든 일에 존재한다. 불의는 불신앙의 행위들과 함께한다. 동일하게 믿음은 선한 것과 거룩한 것들이 포함된 믿음의 행위들과 함께한다.

성 아우구스티누스의 저작 「영과 문자」(On the Spirit and the Letter)[32]에 따르면 '죄'는 죄의 행위를 뜻하지 않는다. 죄의 법, 지체의 법, 강한 정욕, 불쏘시개, 악에 끌림, 선에 저항함 등을 의미한다. 그러므로 사도 바울은 육신의 지체가 '죄'에, 즉 강한 정욕과 불쏘시개에, 순종함으로 굴복해서는 안 된다고 말한다. 죄의 욕망에 따라 행동하는 믿지 않는 자들의 행위를 하는 한, 그들은 불신앙의 무기가 된다. 그래서 믿는 자들은 믿지 않는 자가 되어 버린다. 우리는 하나님께 순종해야 하며, '우리 지체가 의, 즉 믿

---

32. 루터는 아마도 아우구스티누스의 *De nupt. et concup.*, I, 30 and 31을 생각한 것 같다. 여기서의 논쟁은 리라를 향한 것이다.

음과 신실한 삶의 무기가 되어야 한다.'

"너희 육신이 연약하므로 내가 사람의 예대로 말하노니 전에 너희가 너희 지체를 부정과 불법에 내주어 불법에 이른 것같이 이제는 너희 지체를 의에게 종으로 내주어 거룩함에 이르라 너희가 죄의 종이 되었을 때에는 의에 대하여 자유로웠느니라 너희가 그때에 무슨 열매를 얻었느냐 이제는 너희가 그 일을 부끄러워하나니 이는 그 마지막이 사망임이라 그러나 이제는 너희가 죄로부터 해방되고 하나님께 종이 되어 거룩함에 이르는 열매를 맺었으니 그 마지막은 영생이라 죄의 삯은 사망이요 하나님의 은사는 그리스도 예수 우리 주 안에 있는 영생이니라"(롬 6:19-23)

바울은 철저한 고행을 통해서 정욕을 다스릴 것을 말한다. 그는 심지어 결혼생활에 대해서도 엄격하다. 그러나 여기서 그의 요구를 완화하고 이렇게 말한다. 만약 육신의 연약함 때문에 욕망에 굴복해야 한다면, 적어도 믿음으로 신성하게 된 결혼생활이 더러워진 것과 불명예는 따로 생각해야 한다. 심지어 믿음 밖에 있는 사람들과 이교도들도 자신들의 관습에 따라 정결을 지킨다. 그러므로 이 구절의 견해는 간략한 형식이고 동일한 것으로 그는 더 자세하게 고린도전서 7장 전체를 통해서 전개시키고 있다. 거기서는 "음행을 피하기 위하여 남자마다 자기 아내를 두고 여자마다 자기 남편을 두라"(고전 7:2)고 하며, 더 나아가서 "이는 너희가 절제 못함으로 말미암아 사탄이 너희를 시험하지 못하게 하려 함이라"(고전 7:5)고 한다. 이것이 인간의 무절제이고, 그가 조언하고 있는 말보다는 덜 중요하다. "나는 모든 사람이 나와 같기를 원하노라." 그러나 모든 사람이 이렇게 할 수 없다. "그러나 각각 하나님께 받은 자기의 은사가 있으니 이 사람은 이러하고 저 사람은 저러하니라"(고전 7:7).

또한 그는 그러한 조언과 철저한 육신의 고행에 대해 계속 말했다. 육신의 고행은 육신의 요구에 엄격함을 다소 경감시키는 것 같다. "내가 사람의 예대로 말하노니." 만약 당신이 충족될 수 없다면, 적어도 순결한 행실로 믿음과 의의 손상 그리고 불의의 증가를 통해, 죄가 육신의 오염과 더러움으로 지배하지 못하게 해야 한다.

"부정과 불법에 내주어"(롬 6:19)

사도 바울은 이제 돌아서서 대조를 유지하지 않는다. 처음에 그가 말했듯 "부정과 불법에 내주어 불법에 이른 것같이" 그리고 "의에게 종으로 내주어 거룩함에 이르라"고 한다. 즉, 깨끗함이다(이런 이유로, 구약성경에 '정결하게 하고', '스스로 정결하게 할지어다', '너희 몸을 거룩히 하여', '육신의 정욕에서부터 깨끗하라'고 종종 말한다).[33] 그의 해석으로는 '신성'(sanctification)과 '깨끗함'(cleanness)이 동일하기 때문이다. 이것들은 몸의 순결을 의미한다. 모든 종류의 순결함이 아니다. 믿음의 '영혼'(spirit)인 내면으로부터 나오는 것이 순결하게 한다. 또한 이교도의 순결이 있다. 그러나 이것은 거룩한 순결이나 신성이 아니다. 그들의 '영혼'(soul)이 오염되었기 때문이다. 이와 같이 그는 처음에 이렇게 운을 뗀다. "의에게 종으로 내주어", "거룩함에 이르라." 영혼이 먼저 믿음으로 순결하게 되고 거룩한 영혼이 하나님으로 인해 육신을 정결하게 만들 수 있기 때문이다. 그렇지 않다면 무의미한 순결이 될 수 있다. 이와 같이 주님께서 외식하는 자들에게 말씀하신다. "눈 먼 바리새인이여 너는 먼저 안을 깨끗이 하라 그리하면 겉도 깨끗하리라." 만약 당신의 안이 깨끗해진다면, 몸과 모든 밖의 것들이 쉽게 저절로 깨끗하게 될 것이다. 결과적으로 만약 의에 종이 된다면 그 종은 순결함을 가지고 있다. "공의로 그의 허리띠를 삼으며 성실로 그의 몸의 띠를 삼으리라"(사 11:5). 달리 말하면, 믿고 영혼이 의로운 사람은 방탕을 쉽게 이겨내고 통제할 수 있다.

반대로, 부정, 방탕과 육신의 오염의 종인 사람은 점점 더 불의해진다. 죄가 그를 사로잡고 있기 때문이다. 죄가 그를 사로잡은 이유는 그가 믿음을 포기하고 믿지 않는 자가 되었기 때문이다.

---

33. 참고 창세기 35:2; 이사야 52:11; 에스겔 36:25; 민수기 11:18; 여호수아 7:13.

로마서 7장

"형제들아 내가 법 아는 자들에게 말하노니 너희는 그 법이 사람이 살 동안만 그를 주
관하는 줄 알지 못하느냐 남편 있는 여인이 그 남편 생전에는 법으로 그에게 매인 바
되나 만일 그 남편이 죽으면 남편의 법에서 벗어나느니라 그러므로 만일 그 남편 생전
에 다른 남자에게 가면 음녀라 그러나 만일 남편이 죽으면 그 법에서 자유롭게 되나니
다른 남자에게 갈지라도 음녀가 되지 아니하느니라"(롬 7:1-3)

사도 바울이 형이상학이나 도덕적인 견해가 아니라, 율법에 대해서 말하고 있는 것은
확실하다. 그러나 영적인 그리고 신학적인 관점에서, 우리가 앞서 이 서신서의 4장에
서 이에 대해 충분히 토론한 것에 따르면, 그는 속사람과 의지에 대한 율법을 다룬다.
겉사람과 그의 행위에 대한 것이 아니다. 일단 어떤 사람이 특유의 기본적인 명제와
개념이 무엇인지 안다면, 다른 모든 것도 쉽게 이해할 수 있다.

첫 번째 명제가 있다. 율법은 죄와 하나님의 진노를 가져온다. 그러므로 아무도
죄에 대해 죽지 않는 한, 율법에 대하여 죽을 수 없다. 그리고 누구든지 죄에 대해 죽
는 사람은 또한 율법에 대해 죽는다. 게다가 죄에서 자유하게 되자마자, 그는 또한 율

법에서도 자유롭다. 그가 죄에 노예인 한, 또한 율법의 노예이다. 그러므로 죄가 그를 다스리고 통치한다면, 율법도 지배하고 다스린다.

부가 설명

사도 바울의 논쟁하는 태도는 형이상학이나 도덕의 추론 방법과는 다르다. 사도 바울은 죄가 아니라 사람이 없어지는 것이라고 강조한다. 그래서 죄는 남아서 계속되고 사람은 죄로부터 깨끗해진다. 이와 반대로, 인간 스스로 해석하기는, 없어지는 것은 죄이고 남아서 깨끗해지는 것은 사람이라고 주장한다. 그러나 사도 바울의 해석은 최고의 지성이 도달할 수 있는 경지에 있으며 그 시각이 하나님과 일치한다. 또한 시편 81:6에서 말한다. "그의 짐에서 그의 어깨를 벗기시고." 여기에서 그는 그의 어깨에서 짐을 벗기신다고 말하지 않는다(롬 6:17에서 비슷하게 말한다. "너희가 구원 받은 바"). 이집트에서 탈출한 이스라엘은 이 문제 대한 하나의 우화이다. 하나님께서 이스라엘 자손들로부터 이집트인들을 없애신 것이 아니라, 이집트를 뒤에 남겨 두고 이스라엘을 이끌어 내셨다. 그리고 시편 21:12[1]에서 말씀한다. '너희의 남은 자들에게 그들의 얼굴을 예비하리라. 너희가 그들로 하여금 자기들의 등을 돌리게 할 것이기 때문이다.' 성경은 이런 방식으로 말씀한다. 의와 은혜는 인간을 취하고 변화시키고 죄로부터 떠나게 한다. 은혜는 죄를 남겨 둘지라도 영혼을 의롭게 만든다. 정욕은 육신과 세상의 한 가운데 죄를 남겨 둔다(이렇게 말하는 방식은 도덕주의자들에 대항할 때, 가장 효과적으로 사용할 수 있는 방법이다).[2]

그러나 인간의 의는 가장 먼저 죄를 제거하고 바꾸고, 사람을 온전하게 유지하기를 추구한다. 이것이 바로 의가 아니라 위선인 이유이다. 이런 이유로 사람에게 생명이 있는 한 그리고 그가 변화될 수 있게 갱신하는 은혜를 받지 않는 한, 그의 노력은 죄와 율법의 표적이 되는 것을 막을 수 없다.

그러므로 이것의 첫 번째 명제는 '죄는 율법을 통해 들어왔다'이다. 사도 바울은

---

1. 루터(Luther)는 시편 16편을 말한다(Vg.).
2. "*Iustitiarios.*"

로마서 7:7에서 결론 맺는다. 그러므로 율법은 남편이다. 죄의 율법이다. 그리고 그는 죄에 대해 죽는 사람을 위해서만 죽을 수 있다. 그러나 만약 사람이 죄에 대해 죽게 되고 그것으로부터 없어진다면 당연히 죄는 가장 효과적으로 그에게서 없어졌고 그에 대해 죽은 것이다. 그러나 사람이 죄로부터 없어지지 않고는 죄에 대해 죽을 수 없다. 죄를 제거하려는 모든 노력과 죄에 죽으려고 하는 것은 실패할 것이다.

사도 바울이 해석하기로 죄는 영적으로 없어졌다고 설명한다. 즉, 죄를 지으려는 의지가 굴욕감을 겪게 된다. 그러나 다른 사람들은 그들이 하얀색 페인트를 벽에서 없애고 물에서 열을 없애는 것처럼 죄에 대한 일들과 죄 가득한 욕망들이 제거된다고 말할 때, 이것을 형이상학적으로 이해하길 원한다.[3] 이것이 사무엘이 사무엘상 10:6 에서 말한 이유이다. "너도… 변하여 새사람이 되리라." '너의 죄들이 다른 어떤 것으로 바뀔 것이다'라고 말하지 않는다. '너는 먼저 변화되고 그리고 네가 다른 사람으로 변화되었을 때 또한 너의 행동들이 전부 변화될 것이다'라고 한다.

이런 이유에서 은혜로 그들 각자가 변화되기 위해 충분히 기도하며 스스로 겸손히 하는 대신에 자기의 '일들'(works)을 변화시키기 위해서 많은 노력을 하여 스스로 약하게 만드는 위선자들의 어리석음에 우리는 놀랄 수밖에 없다. 에베소서 2:10은 말씀한다. "우리는 그가 만드신 바라 그리스도 예수 안에서 선한 일을 위하여 지으심을 받은 자니." 그는 우리 안에서 선한 일이 있다고 말하지 않는다. 그리고 야고보서 1:18은 "그가 그 피조물 중에 우리로 한 첫 열매가 되게 하시려고"라고 했다.

그러므로 만약 우리가 먼저 죄에 대해 죽지 않는다면, 죄는 우리 안에 남아 있을 것이고 그로 인하여 그것이 우리를 통치하게 된다. 또한 그것 때문에 죄를 통하여 율법이 우리에게 지배권을 행사한다. 그의 의지가 성령님에 의해 더 활발해지지 않는 사람은 비록 그가 많은 선한 일들을 할지라도 죄에 노예가 된다. 또한, 잠언 11:15에서, 그의 친절함이 그에게 안 좋은 일을 닥치게 할 것이라고 말한다. "어리석은 자는 고통당할 것이다."

그러므로 성인들의 '노력'(works)과 그들의 아버지들과 조상들의 영광을 닮길 원하는 사람들은, 수도자들이 오늘날 하는 것처럼, 극도로 어리석다. 왜냐하면 이런 사람

---

3. 참고 Biel, II *Sent., d.* 35, *q. un., a.* 1; *n.* 1B.

들이 성취한 모든 것들은 그들을 흉내 낸 것이기 때문이다.[4] 어리석은 사람들은 그들처럼 되기 위해서 그들의 영혼을 먼저 살피지 않는다. 영혼에는 무심한 채 어리석은 사람들은 그들과 동일한 '노력'을 기울인다.

토마스주의(the Thomists), 스코투스주의(Scotists), 그리고 다른 학파들은 경솔한 무분별로 같은 유형을 보인다. 그들의 창립자의 글이나 말을 옹호할 때 그들 배후에 있는 정신과 질문에 대해 무시할 뿐만 아니라 그들을 향한 숭배에 과도한 열성이 그 질문들을 없애 버린다. 그들은 영혼과 상관없이 그들의 말만을 고집하는 것이 충분하다고 믿는다. 이와 같이 유대인들과 교만한 생각을 가진 모든 사람들이 해야 할 일은 성경을 문자 그대로 이해하는 것이다. 성령께서 해석하기를 원하시는 방식을 사용해야 하고, 이 해석에 앞서는 영혼에 대해서는 전혀 신경 쓰지 않아도 된다. 그러므로 이사야는 11장에서 제대로 말했다. '지혜'가 아닌 "그의 위에 여호와의 영 곧 지혜와 총명의 영이… 강림하시리니"(사 11:2). 오직 성령님께서 하나님의 뜻에 따라 올바르게 해석하시기 때문이다. 그러나 다른 모든 경우에 사람들은 비록 그들이 성경을 이해한다고 생각할지라도 이해하지 못한다. "듣기는 들어도 깨닫지 못할 것이요 보기는 보아도 알지 못하리라"(사 6:9; 마 13:13). 또한 이런 위선자들도 그렇다. 그들은 성자이지만 성자가 아니고, 그들은 의롭지만 의롭지 않다. 그들은 선한 일을 하지만 아무것도 선하지 않다.

그러므로 사람은 모든 것보다 먼저 은혜를 위해 기도해야 한다. 그렇게 하는 것은 영혼을 변화시킨다. 그래서 그는 모든 것을 기쁘고 준비된 마음으로 원하게 되고, 하게 될 것이다. 맹종하는 두려움이나 유치한 탐욕이 아닌, 자유롭고 남자다운 자세의 마음가짐으로 할 것이다. 그러나 이것들은 오직 성령님께서 주실 수 있다.

"그러므로 내 형제들아 너희도 그리스도의 몸으로 말미암아 율법에 대하여 죽임을 당하였으니 이는 다른 이 곧 죽은 자 가운데서 살아나신 이에게 가서 우리가 하나님을 위하

---

4. "*Simianam fabulam agere.*" 아마도 루터가 즐겨 사용한 독일 속담 "ein Affenspiel treiben"을 번역한 것 같다.

여 열매를 맺게 하려 함이라"[5](롬 7:4)

성 아우구스티누스는 이 구절에 대해 말한다. "세 가지가 여기서 이야기된다. '영혼'(soul)이 마치 여자인 것처럼, 죄의 욕정이 마치 그들의 남편 같고, 율법이 마치 남편의 법과 같다." 그리고 "남편이 죽었을 때처럼 죄가 죽었을 때 영혼이 자유롭게 되지 못하는 것에 대해 그가 이야기했듯 그런 닮음이 중단된 것에 주목해야 한다. 그러나 영혼은 죄에 죽어야만 하고 율법으로부터 자유를 얻어 다른 것과 결혼해야 한다."[6] 우리는 이미 왜 이렇게 되는지 말했다.

"우리가 육신에 있을 때에는 율법으로 말미암는 죄의 정욕이 우리 지체 중에 역사하여 우리로 사망을 위하여 열매를 맺게 하였더니 이제는 우리가 얽매였던 것에 대하여 죽었으므로 율법에서 벗어났으니 이러므로 우리가 영의 새로운 것으로 섬길 것이요 율법 조문의 묵은 것으로 아니할지니라"(롬 7:5-6)

사도 바울이 '문자'(조문)로 말하고자 한 것은 단지 상징적인 의미[7]를 지닌 성경의 어떤 부분과 율법의 가르침만이 아니라, 오히려 복음서나 모세오경에서 찾을 수 있는 선한 삶을 구성하는 것을 규정하는 모든 가르침을 의미한다. 어떤 사람이 그것을 배우

---

5. 루터는 여백 주석에 썼다(WA 56, 65, 14ff.). "사도 바울은 이 장에서 훌륭하고 심오한 판단을 나타낸다. 내가 알기로는 단 한 사람 아우구스티누스를 제외하고는, 리라와 다른 사람들은 피상적일 뿐 아니라 잘못되게 해석하였다. 결국 바울은 믿는 사람들 안에는 옛사람과 새사람 두 사람이 있다는 것을 보여 주고 싶어 한다. 한편으로는 아담이고 다른 한편으로는 그리스도이다. 그러나 우리는 율법이 알게 하고 선포하기 전에는 우리 안에 옛사람이 있다는 것을 알지 못한다. 말하자면 옛사람은 율법이 선포할 때 태어났기 때문이다. 그러므로 율법을 통해서 우리는 우리 안에 있는 옛사람과 죄의 지배를 받고(즉, 우리는 율법으로 우리가 그것들의 지배를 받는다는 것을 안다), 그리고 마치 남편이 아내를 다스리듯이 율법을 통해 죄가 우리를 다스린다. 율법이 없이는 우리를 통치할 수 없다. 즉, 우리는 죄가 우리를 다스렸다는 것을 알 필요가 없다. 그러므로 만약에 우리 안의 옛사람이 죽는다면 우리 또한 율법에 죽는다. 더 이상 우리를 죄의 표적으로 만들 수 없고 우리를 통치하는 힘을 잃게 된다."

6. Augustine, *Propos. ex ep. ad Rom.*, 36.

7. 참고 루터의 여백 주석(WA 56, 67, 18 이하): "아우구스티누스가 「영과 문자」의 4장과 6장에서 광범위한 논의를 한 것처럼, '문자'라는 용어가 성경의 상징적인 부분만을 의미하는 것으로 받아들여져서는 안 된다. 그러므로 리라는 그리스도가 율법을 도덕적 이슈들과 함께 다룬 면에서는 효과가 있으나, 재판과 의식의 사안을 다루는 한에 있어서는 율법이 아무 효과가 없게 만들었다고 잘못 말했다. 사실 사도 바울은 여기서 도덕적 이슈들과 율법을 함께 다룬다. 이것은 명확하고, 엄밀한 의미에서 사망의 법과 의문의 법이다.

고 그의 기억 속에 간직하지만 은혜의 성령님이 계시지 않을 때, 그것은 무의미한 문자와 영혼의 죽음이다. 이것이 성 아우구스티누스가 「영과 문자」(On the Spirit and the Letter)[8]의 네 번째 책에서 이렇게 쓴 이유이다. "생명을 주시는 성령님이 계시지 않는 한, 우리로 하여금 자제하게 하고 바르게 살게 하는 십계명의 가르침은 살인하는 문자이다. 왜냐하면 '문자'라는 용어를 통하여 사도 바울이 의미하는 바는 어떠한 비유적인 표현도 문자 그대로 받아들여져서 이해되어서는 안 된다는 것이다. '율법이 탐내지 말라고 말한 것 외에도, 탐심이 죄라는 것을 알았어야 했다.' 여기에 아무것도 비유적으로 말하고 있지 않다." 그리고 더 내려가서 14장에 그가 더욱 광범위하게 말한다.[9] "사도 바울이 율법이 어느 누구도 의롭게 만들지 못한다고 말할 때, 율법은 약속의 형태로 주어진 단순한 법령일 뿐만 아니라 그 '일'(works)을 통하여 그것을 행하는 모든 사람들을 의롭게 살게 하는 것이라고 해석하길 원한다." "그러나 그는 고린도 교인들에게 말할 때 훨씬 더 명확하게 주장한다. '율법 조문은 죽이는 것이요 영은 살리는 것이니라' (고후 3:6). 그 '조문'은 두 돌판에 새겨진 십계명이다."

부가 설명

소위 말하는 도덕, 더 정확히 말하면 성경의 영적인 해석은 오직 사랑과 마음의 성향을 다룬다. 즉, 의를 사랑하는 것과 불의를 증오함을 다룬다. 다시 말해서 성경이 우리에게 해야만 한다거나 해서는 안 된다고 가르치는 어떤 것이든지 함께 다룬다. 우리가 이렇게 행동하는 것 혹은 이런 행동을 하지 않는 것이 모두 하나님의 사랑과 우리의 온전한 마음을 통하여 자유로운 가운데 성취되어야 한다. 심판이 두려워 맹종하거나 이익을 얻기 위한 유치한 욕망으로 되는 것이 아니다. 그리고 이것은 성령님께서 널리 비추시는 사랑이 없이는 불가능하다.

사랑으로 행하지 않는 한, 하나님의 율법에 대한 진정한 준수는 없다. 이것은 스

---

8. Augustine, *De spir. et lit.*, 4, 6.
9. *Ibid.*, 14, 23.

콜라 철학의 교사[10]들이 매우 모호하고 전체적으로 이해할 수 없는 방식으로 말하는 것을 의미한다. '형성된'(formed)이라는 단어는 저주받은 단어이다. 이것은 영혼이 마치 사랑의 분출 전과 후에 똑같이 남아 있다고 생각하기 때문이다. 그리고 마치 그 형태가 행위를 하는 순간에 더해졌다고 생각하게 만든다. 사실 그와는 반대로, 사랑의 행위로 할 수 있게 되기 전에 영혼은 정제되고 새롭게 만들어져야 한다(행위의 중요성에 따라 어떤 일을 선하다고 할지, 입법자의 의도에 따라 선하다고 할지 구별하는 데 동일한 판단이 적용된다).[11]

또한, 사도 바울은 고린도전서 13:2에서 이러한 판단에 동의한다. "내가 예언하는 능력이 있어 모든 비밀과 모든 지식을 알고 또 산을 옮길 만한 모든 믿음이 있을지라도 사랑이 없으면 내가 아무것도 아니요." 그리고 분명한 결론은 모든 비밀과 모든 복음과 성경의 모든 '영적인' 해석은 '조문'(letter)이라는 것이다. 이런 것을 가르치는 사람들은 죽었다. '성령은 생명을 주시고 조문은 죽이는 것'이므로 그들 또한 성령이 결핍되었다. 이제 그들은 죽임을 당했고 그러므로 그들은 조문에 속하였다.

성 아우구스티누스는 더 나아가 동일한 책 24장에서 썼다.[12] "하나님의 법이 우리의 심령에 거룩하게 새겨지고, 하나님의 손가락이신 성령님의 임재 이것이 하나님의 법이 아니고 무엇이겠는가? 그분의 임재로, 사랑은 우리의 심령에 널리 비추이고, 율법을 충족시키며 율법을 완성한다."

부가 설명

많은 책들을 충분히 풍부하게 읽은 위대한 학자들은 최고의 그리스도인들이 아니다. 그들의 모든 책들과 학식은 '조문'(letter)이고 영혼의 죽음이기 때문이다. 그러나 학자들이 책에 써 놓은 것과 다른 사람들에게 해야 할 바를 가르친 것에 대하여 자유로운 마음과 준비된 심령으로 대하는 사람들은 최고의 그리스도인들이다. 그러나 성령님

---

10. Duns Scotus, IV *Sent.*, d. 14, q. 2, n. 13; Ockham, I *Sent.*, d. 17, q. 3B; Biel, IV *Sent.*, d. 14, q. 1, a. 1, n. 3.

11. 참고 로마서 4:7과 연관된 논의.

12. Augustine, *De spir. et lit.*, 21, 36.

을 통한 사랑을 가지지 않는 한, 그들은 자유롭게 준비된 심령으로 행동할 수 없다. 그러므로 우리는 두려워해야 한다. 우리의 때에, 많은 책을 만들어 냄을 통해 사람들은 그리스도인이 되는 것이 무슨 의미인지 전혀 모르는 학자들로부터 배우게 된다.[13]

그러므로 복음이 왜 성령님의 말씀, 영적인 가르침, 은혜의 말씀, 옛 율법의 조문에 대한 설명, 신비 속에 감춰진 지식인가에 대한 대답은 율법이 약속했고 정해 놓은, 예수 그리스도로부터 복음이 도래했다는 것이다. 복음이 우리가 어디에서, 어디로부터 은혜와 사랑을 얻을 수 있는지 가르치기 때문이다. 율법은 우리가 사랑을 그리고 예수 그리스도를 가져야 한다고 명한다. 그러나 복음은 두 가지를 우리에게 제공하고 선물한다. 이런 이유로, 시편 45:2에서 말하길 "은혜를 입술에 머금으니." 우리가 복음을 복음으로 받아들이지 않을 때, 그것은 '문자'(letter)에 지나지 않는다.[14] 그리고 복음이 그리스도를 전하는 곳에서는, 말 그대로 그것은 복음이다. 그러나 그것이 힐책하고 꾸짖는 곳에서는 자기 의를 드러내려는 교만을 산산조각 내기 위한 것이다. 그들 자신의 능력이 아니라 오직 우리의 심령에 '성령님'(the Spirit)을 널리 비추시는 그리스도를 통해서 율법을 만족시킬 수 있다. 이 사실을 이해하는 은혜의 공간이 필요하다.

옛 율법과 새 율법의 진짜 차이는 이것이다. 옛 율법은 자기 의를 드러내는 자들에게 말한다. 당신은 그리스도와 그의 영을 가져야만 한다. 새 율법은 자신에게 모든 의의 부족함을 겸손히 깨닫고 그리스도를 찾는 자들에게 말한다. 보라, 여기 그리스도와 그의 영이 계신다! 그러므로 그들은 복음을 '좋은 소식'이 아닌 다른 것으로 설명한다. 복음을 이해하지 말라. 바로 이것이 복음을 은혜로 말미암는 것으로 설명하지 않고 율법으로 바꿔 놓으며, 그리스도를 우리 앞에서 모세로 만드는 사람들이 말하는 바이다.

"그런즉 우리가 무슨 말을 하리요 율법이 죄냐 그럴 수 없느니라 율법으로 말미암지 않

---

13. *WA* 56, 338, 11 f.: "*Ideo nostro saeculo timendum est, ubi multiplicatis libris doctissimi fiunt homines, sed indoctissimi Christiani.*"

14. *WA* 56, 338, 20: "*Ideo evangelium, si non recipiatur, ut loquitur, similiter est litera.*"

고는 내가 죄를 알지 못하였으니 곧 율법이 탐내지 말라 하지 아니하였더라면 내가 탐심을 알지 못하였으리라 그러나 죄가 기회를 타서 계명으로 말미암아 내 속에서 온갖 탐심을 이루었나니 이는 율법이 없으면 죄가 죽은 것임이라 전에 율법을 깨닫지 못했을 때에는 내가 살았더니 계명이 이르매 죄는 살아나고 나는 죽었도다 생명에 이르게 할 그 계명이 내게 대하여 도리어 사망에 이르게 하는 것이 되었도다 죄가 기회를 타서 계명으로 말미암아 나를 속이고 그것으로 나를 죽였는지라 이로 보건대 율법은 거룩하고 계명도 거룩하고 의로우며 선하도다 그런즉 선한 것이 내게 사망이 되었느냐 그럴 수 없느니라 오직 죄가 죄로 드러나기 위하여 선한 그것으로 말미암아 나를 죽게 만들었으니 이는 계명으로 말미암아 죄로 심히 죄 되게 하려 함이라 우리가 율법은 신령한 줄 알거니와 나는 육신에 속하여 죄 아래에 팔렸도다 내가 행하는 것을 내가 알지 못하노니 곧 내가 원하는 것은 행하지 아니하고 도리어 미워하는 것을 행함이라 만일 내가 원하지 아니하는 그것을 행하면 내가 이로써 율법이 선한 것을 시인하노니 이제는 그것을 행하는 자가 내가 아니요 내 속에 거하는 죄니라 내 속 곧 내 육신에 선한 것이 거하지 아니하는 줄을 아노니 원함은 내게 있으나 선을 행하는 것은 없노라 내가 원하는 바 선은 행하지 아니하고 도리어 원하지 아니하는 바 악을 행하는도다 만일 내가 원하지 아니하는 그것을 하면 이를 행하는 자는 내가 아니요 내 속에 거하는 죄니라 그러므로 내가 한 법을 깨달았노니 곧 선을 행하기 원하는 나에게 악이 함께 있는 것이로다 내 속 사람으로는 하나님의 법을 즐거워하되 내 지체 속에서 한 다른 법이 내 마음의 법과 싸워 내 지체 속에 있는 죄의 법으로 나를 사로잡는 것을 보는도다 오호라 나는 곤고한 사람이로다 이 사망의 몸에서 누가 나를 건져내랴 우리 주 예수 그리스도로 말미암아 하나님께 감사하리로다 그런즉 내 자신이 마음으로는 하나님의 법을 육신으로는 죄의 법을 섬기노라"(롬 7:7-25)

이 구절의 시작부터 이 장의 마지막까지 사도 바울은 자신의 이름으로, 육의 사람이 아니라 영의 사람으로서 말한다. 성 아우구스티누스는 그의 책에서 처음으로 광범위하고 단호하게 펠라기우스주의자들(Pelagians)[15]에 대항해 주장한다. 이런 이유에서, 다

---

15. 참고 Augustine, *Contra duas epistolas Pelagian.*, 1, 10, 17.

음 구절에 대한 해설을 다루고 있는 그의 「재고」(Retractations)[16] 첫 번째 책 23장에서 말한다. "사도 바울이 말할 때 '우리가 율법은 신령한 줄 알거니와 나는 육신에 속하여'(롬 7:14), 나는 이 구절을 사도 바울이 자신의 이름으로 말했다고 해석하고 싶지 않다. 그는 이미 영적이기 때문이다. 그래서 아직 은혜 아래에 있지 않기 때문에 율법에 종인 어떤 사람으로 말하고 싶다. 이런 방식으로 내가 이전에 이 말씀들을 해석했다. 후에 매우 깊은 인상을 주는 권위를 가진 사람들이 해석하는 여러 글을 읽고, 그들에 대해 깊게 생각해 보았다. 그들도 사도 바울 자신으로 해석할 수 있다는 것을 알게 되었다."

그리고 「율리아누스 반박」 2권에서 그는 썼다.[17] "주의하라. 당신이 생각하는 것은 몇몇 유대인들이 말하는 그런 것이 아니다. '내 지체 속에서 한 다른 법이 내 마음의 법과 싸워 내 지체 속에 있는 죄의 법으로 나를 사로잡는 것을 보는도다'(롬 7:23). 그러나 암브로시우스에 따르면, 여기서 말하는 것은 사도 바울 자신의 이름이다." 그리고 더 나아가서, 그는 성 암브로시우스의 책 「중생의 성례에 대하여」(On the Sacrament of Regeneration)[18]에서 인용하길 "우리는 육신에 대항하여 싸워야 한다. 바울은 육신에 대항해 싸웠다. 마침내 그가 말하길 '내 지체 속에서 한 다른 법이 내 마음의 법과 싸워.' 당신은 바울보다 더 강한가? 육신에 공들이는데 자신감을 갖지 말고 그것에 대해 스스로를 신뢰하지 마라. 왜냐하면 사도 바울이 말하길 '내 속 곧 내 육신에 선한 것이 거하지 아니하는 줄을 아노니 원함은 내게 있으나 선을 행하는 것은 없노라'"(롬 7:18).

이처럼, 동일한 저자의 책 「낙원에 대하여」(On Paradise)에서 인용했다.[19] "같은 논문의 다른 곳에서, 다시 같은 교사가 말하길 바울은 그의 안에서 한 법이 육신의 법에 대하여 싸우는 것을 보고 괴롭다고 말한다. 바울이 말하길 '내가 원하는 바 선은 행하지 아니하고 도리어 원하지 아니하는 바 악을 행하는도다'(롬 7:19). 지식이 그의 죄에 불쾌감을 증가시키는 데도 사람은 지식에게 도움을 받는다고 생각하는가?" 그리

---

16. Augustine, *Retract.*, 1, 23.
17. Augustine, *Contra Jul.*, II, 5, 13 [인용: 암브로시애스터(Ambrosiaster), *De paradiso*, 12, 54].
18. Augustine, *Contra Jul.*, II, 5, 14 (인용: Ambrose, *De sacramento regenerationis vel de philosophia*, 사라진 논문이다).
19. Augustine, *Contra Jul.*, II, 5, 13 (인용: 암브로시애스터, *De paradiso*, 12, 60).

고 무엇보다 더 명확한 것은, 그는 동일한 논문의 6장 마지막에서 동일한 주장을 한다.[20]

그러나 사도 바울의 그 말씀들에서 이와 같은 통찰력을 가져와 보면 첫째, 이 전체 구절들은 명확하게 육신에 대한 증오와 반감을, 선과 율법에 대한 사랑을 드러낸다. 이제 그런 태도는 육신의 사람의 특징이 아니다. 왜냐하면 그는 율법을 미워하고 비웃었고 그의 육신의 뜻을 따르기 때문이다.

반면 영의 사람은 그의 육신과 싸우고 그의 의지로는 할 수 없다는 사실로 한탄한다. 그러나 육신의 사람은 육신에 대하여 싸우지 않고 굴복하고 허락한다. 이런 이유로 성 아우구스티누스의 유명한 의견은 "선하게 되려는 의지는 의로움의 큰 부분이다."[21]

그리고 솔로몬의 지혜서에서 설교자가 말하기를 "썩을 육체는 영혼에 짐이며, 땅에서의 삶은 마음을 짓누른다." 즉, '깊이 사색하는' 마음(계획하고 고안하는 많은 행동들을 하는 마음)— 성경에서 우리가 본 전체 구절을 자세히 설명한다. 왜냐하면 여기서의 '마음'[22]은 사도 바울이 말하는 지체의 법이 싸운다고 할 때 법에 대항하는 '마음'[23]과 같은 것이다. 그리고 설교자가 말하는 '깊이 사색하는 마음'을 여기서 사도 바울이 말한다. "그런즉 내 자신이 마음으로는 하나님의 법을… 섬기노라"(롬 7:25). 그리고 다시 "곧 선을 행하기 원하는 나에게 악이 함께 있는 것이로다"(롬 7:21). 그리고 "내 속사람으로는 하나님의 법을 즐거워하되"(롬 7:22).

이 구절에서 말하고 있는 것과 동일한 생각을 갈라디아서 5:17에서 찾아볼 수 있다. "육체의 소욕은 성령을 거스르고 성령은 육체를 거스르나니 이 둘이 서로 대적함으로 너희가 원하는 것을 하지 못하게 하려 함이니라." 그리고 또 다른 곳에서 "내가 내 몸을 쳐 복종하게 함은 내가 남에게 전파한 후에 자신이 도리어 버림을 당할까 두려워함이로다"(고전 9:27).

그러면 영의 사람이 여기서 다음과 같이 말하는 것을 첫 번째 말씀이 증명한다.

---

20. 참고 *Ibid.*, VI, 23ff.; 70ff.
21. 참고 Augustine, *Ep.* 127, 5. 참고 로마서 4:7에 대한 논의, 그리고 로마서 3:20의 필연적인 귀결.
22. "*Sensus.*"
23. "*Mens.*"

"나는 육신에 속하여"(롬 7:14). 자신이 육욕적이라는 것을 알고 스스로 만족할 수 없고 자신을 미워하며, 그래서 영적이신 하나님의 율법을 찬양하는 것은 영적이고 지혜로운 사람의 특징이기 때문이다. 반대로, 자신이 영적이라고 생각하거나 스스로 만족하고 이 세상에서의 자신의 삶을 사랑하는 것은 어리석고 육욕적인 사람의 특성이다.[24]

두 번째 말씀은 "내가 행하는 것을 내가 알지 못하노니"(롬 7:15). 이 구절을 성 아우구스티누스는 "나는 동의하지 않는다"고 해석한다.[25] 왜냐하면 마음에 의해 살아가는 영의 사람은 하나님께 속한 것을 위한 감각을 가지고 산다. 이와 같이 그는 그가 행하는 악한 것을 감지하거나 이해하지 않는다. 반대로 그가 행하지 않는 것에 대한 예리한 감지나 이해를 가지고 있는 것이 바로 선이다. "육에 속한 사람은 하나님의 성령의 일들을 받지 아니하나니 이는 그것들이 그에게는 어리석게 보임이요, 또 그는 그것들을 알 수도 없나니 그러한 일은 영적으로 분별되기 때문이라"(고전 2:14). 그러나 그는 순조롭게 그가 하는 것이 무엇인지 이해한다. 즉, 우리가 아래의 로마서 8:5에서 볼 수 있는 것처럼 그는 이것을 동의한다. "육신을 따르는 자는 육신의 일을, 영을 따르는 자는 영의 일을 생각하나니." 그러므로, 찬찬히 이해해 보면, 성령을 따르는 사람은 비록 육신의 일을 행할지라도, 육신의 것을 생각하지 않는다. 육신을 따르는 사람은 성령의 것을 생각하지 않는다.

그러나 여백 주석에 쓴 것처럼, 다음과 같은 단순한 방식으로 그 구절을 해석할 수도 있다. "나는 이해하지 않는다"는 의미는 내가 육욕적인 한, 악한 것을 행할 때, 죄가 나를 유혹하고 나는 속아 넘어갔다. 영의 사람으로서 나는 오직 선한 것만 이해한다. 나는 악한 것에 신경 쓰거나, 악한 것을 원하는 일 모두 하지 않는다. 다시 말해서, 내가 악을 행하는 것은 의도하거나 생각해서 한 결정이 아니다. 오히려 나는 선을 택하였다. 비록 나타나는 것은 반대의 것이지만. 그러나 육의 사람은 이 모든 것에 대해서 충분히 이해하고 있다. 그는 악을 행하길 원하며 그것을 계획하고 이루기 위해서 분투하고 행하기로 결정했기 때문이다. 그리고 만약 그가 어떠한 선을 행한 일이 있더라도 아주 우연히 된 것이다.

세 번째 말씀은 "내가 행하는 것을 내가 알지 못하노니 곧 내가 원하는 것은 행하

---

24. 참고 요한복음 12:25.

25. 참고 Augustine, *Propos. ex ep. ad Rom.*, 43.

지 아니하고 도리어 미워하는 것을 행함이라"(롬 7:15). 그런데 성경에서 육의 사람에 대해 말한다. "악을 거절하지 아니하는도다"(시 36:4). 만약 그가 악을 미워하였다면, 그들은 계속 행하지 않고 오히려 그것에 대항하여 있는 힘을 다해 싸울 것이다.

네 번째 말씀은 "만일 내가 원하지 아니하는 그것을 행하면 내가 이로써 율법이 선한 것을 시인하노니"(롬 7:16). 율법은 선을 원하며 그도 선한 것을 원한다. 그래서 그들은 서로에 대해 동의한다. 하지만 육의 사람은 이렇게 하지 않는다. 그는 항상 율법에 동의하지 않고, 오히려 율법이 없는 것처럼 행동한다(이것이 가능하다면). 그래서 그는 선보다 악을 원한다. 그리고 비록 그가 선을 행할지라도(앞서 내가 말하였듯이), 그는 이것을 정말 알지 못한다. 그는 두려움에 맹종하는 강요에서 행동하였다. 만약 선으로부터 도망칠 수 있다면, 그는 항상 선과 반대로 행동하길 강렬하게 열망할 것이다.

이로부터 도덕적 그리고 은유적인 관점에서 사도 바울이 한 말을, 마치 '그는 선은 전혀 행하지 않고 오직 악을 행한다. 자신이 혐오하는 악을 행하고, 행하길 원하는 선을 행하지 않는다'고 생각해서는 안 된다. 평범한 사람의 이해로는 이것이 그의 구절에서 의미하는 바인 것으로 보인다. 그러나 그는 자신이 원하는 만큼 순조롭게 자주 선을 행하지는 않는다고 말하고 싶어 한다. 그는 완전히 바른 마음, 자유 그리고 진심에서 육신이 저항하는 공격을 받지 않고 행동하길 원한다. 이것이 그가 할 수 없다는 것이다. 순결하길 원하는 사람은 어떠한 흥분되는 일을 통해서라도 더러워지길 원하지 않고 어려움 없이 순결을 깨닫고자 한다. 그러나 육신은 그렇게 되도록 내버려두지 않는다. 육신의 의지와 충동으로 순결을 가장 골칫거리인 짐으로 만들고 더러운 욕망을 고무시킨다. 영혼은 꺼려하지만, 그는 그의 동료를 보고 기도하고 돕기 시작한다. 항상 육신은 반역하며 또 다른 것을 음모하고 갈망한다는 것을 알게 될 것이다.

이처럼, 우리는 사도 바울이 '행하기 위해'와 '성취하기 위해' 사이에 구별 지어 놓은 사실을 특별히 주목해야 한다. 성 아우구스티누스가 「율리아누스 반박」 3권 마지막 부분에서 율리아누스를 반박하여 광범위하게 설명하였다.[26] '행하기 위해' 그는 여기서 시도하기 위해, 음모를 꾸미기 위해, 욕망을 고무시키기 위해, 의지력을 발휘하

---

26. Augustine, *Contra Jul.*, III, 26, 62.

기 위해 등의 의미로 사용한다. 모든 것은 영에 대항하여 육을 만들고, 육에 대항하여 영을 만든다. 만약 그가 '행하기 위해', '행동으로 충족시키기 위해'를 뜻했다면, 그는 다음과 같이 말하지 못했을 것이다. "내가 원하는 바 선은 행하지 아니하고 도리어 원하지 아니하는 바 악을 행하는도다." 왜냐하면 이 구절에서 영에 대항하여 육신이 싸우는 것을 분명하게 서술하고 있기 때문이다. 말하자면 그가 의미하는 것은 그는 선에서 기쁨을 얻고 성령에 의해서 확산된 사랑으로 선을 행할 준비가 되어 있다. 그러나 육신이 저항하고 강한 욕정이 그의 의지에 저항하기 때문에 그가 원하는 것을 이행하고 성취하지 못한다. 만약 그가 원하는 것을 이행하고 성취할 수 있다면, 저항 없이 기쁘게 행할 것이다. 이것이 바로 그가 하길 원하는 것이기 때문이다. 그러나 현재 그는 이렇게 행할 수 없으며, 원하지 않는 것을 행하고 있다.

이제 분투하는 것이 무엇인지 모르며, 육신에 항복하고 어떤 저항도 없이 그 소욕에 복종하는 사람은 "내가 행하는 것을 하지 않을 것이다"고 말하지 않는다. 그는 그가 행하는 것의 반대되는 것에 기쁨을 얻지 않기 때문이다. 그는 행함에서 기쁨을 얻는다. 그러나 "성취하기 위해서"는 무엇을 하길 원하고 갈망하는지를 깨달은 것을 의미한다. 그래서 하나님의 율법에 따라서 저항 없이 선이 원하는 것을 성취한다. 그러나 이것은 이생에서는 이루어질 수 없다. 왜냐하면 "선을 성취하기 위한 것을 찾지 못했기 때문"이다.

그러나 육신에 기쁨이 있고 어떠한 분투와 주저함이 없다면, 그것이 원하는 것을 성취한다. 이것이 이생의 방식이다. 사망의 신호이다. 세상이 타락한 것을 보여 준다. 악을 행하기는 매우 쉽다. 이런 이유에서 이 말씀은 바울이 여기서 말한 것을 육신의 사람이 아닌 매우 영적인 사람으로 증명한다고 주장한다.

다섯 번째 말씀은 "만일 내가 원하지 아니하는 그것을 하면 이를 행하는 자는 내가 아니요 내 속에 거하는 죄니라"(롬 7:20).

그의 동의 없이 육신이 탐하기 때문에 그가 죄를 짓는 것이 아니다. 정말로 엄밀하게 말하면 그 자신은 탐하지 않는다. 왜냐하면 그는 육신의 탐함에 동의하지 않았기 때문이다. 그렇지만 그는 말한다. "내가 선한 것을 행하길 원하지만 그렇게 하지 않는다." 왜냐하면 동일한 한 사람이 동시에 영과 육이다. 그러므로 한 사람의 전체는 육신에게 행하라고 말한다. 그렇지만 저항하는 것은 한 사람의 전체가 아니라 바로 그의 일부분이다. 그러면 두 가지 모두 사실이다. 행하는 사람이 그이면서 그가 아니다.

이는 말을 탄 사람과 같다. 그의 말이 정확히 그가 원하는 대로 빨리 걷지 않을 때, 빨리 걷게 하는 것은 그이지만 그렇게 행하는 것은 그가 아니다. 그러나 육신의 사람은 항상 죄가 행하는 것을 행한다. 왜냐하면 그는 그의 지체의 법에 항상 따르기 때문이다. 이런 경우에 마음과 육신은 한 사람뿐 아니라 한 의지에도 연결된다.

여섯 번째 말씀은 "내 속 곧 내 육신에 선한 것이 거하지 아니하는 줄을 아노니 원함은 내게 있으나 선을 행하는 것은 없노라"(롬 7:18).

그가 마치 그 자신이 과거에 육신이었던 것처럼, 그의 일부로서 육신을 대하는 것을 보라. 이것이 그가 앞서 말한 이유이다. '나는 육신에 속하였다.' 그리고 그는 이제 그 자신이 선하지 않고 악하게 되었다고 고백한다. 왜냐하면 그가 악을 행하기 때문이다. 육신 때문에 그는 육신에 속하였고 악하다. 그 속에 선이 없으며 그는 악을 행하기 때문이다. 반면에 영에 의하여, 선한 행동으로 그는 영적이고 선하게 된다. 그러므로 우리는 주목해야 한다. '나는 할 것이다'와 '나는 미워한다'는 영적인 사람 혹은 영을 가리킨다. 그러나 '나는 행한다'와 '나는 영향을 미친다'는 육의 사람과 육신을 가리킨다. 왜냐하면 바로 같은 한 사람, 동일한 사람이 육신과 영혼으로 이루어져 있기 때문이다. 그는 자기 자신 안에 존재하는 두 가지 상반되는 부분을 보면서 자기 자신 전체를 본다. 그러므로 그로부터 '속성의 교류'(communicatio idiomatum)[27]가 일어난다. 한 동일한 사람이 동시에 영적이고 육적이며, 의롭고 죄악이 가득하고, 선하며 악하다. 그리스도의 한 사람이 동시에 죽었고 살았으며, 고통을 겪고 복을 받고, 효력이 있고 효력이 없었던 것과 같다. 이것은 '속성의 교류' 때문이다. 사람의 영과 육이 그리스도의 신성과 인성 어디에도 속하지 않지만, 영과 육이 절대적으로 서로 다르다는 것을 누구든지 알고 있다.

그러나 이것은 결코 육의 사람에게는 적용되지 않는다. 그의 전인격은 육체 외에 아무것도 아니다. 왜냐하면 하나님의 성령께서 그의 속에 거하지 않기 때문이다. 그러므로 육의 사람은 '내 안에 말하자면 내 육체 안에'라고 말할 수 없다. 마치 그의 의

---

27. "적절한 자질들의 연합." 참고 E. Vogelsang, *Die Anfange von Luthers Christologie*, (Berlin, 1929), 178n.

지로는 그는 육체 외에는 아무것도 아닌 것 같다. 그러나 창녀나 간음하는 사람처럼, 그는 육체의 정욕에 복종하는 미덕으로 그의 육체와 동일하다. 남편과 아내가 비유적으로 한 몸인 것과 같다.[28]

이것에 비추어 남편이 죽은 뒤에 자유롭게 되는 아내에 대한 구절에 대해 사도 바울이 뜻하는 바가 무엇인지 훨씬 더 나은 해석을 할 수 있다. 영혼 자체는 말하자면 남편보다 아내가 자유롭게 되기 위해서 죽어야 한다. 반면에 남편, 즉 죄의 열정은 남아 있지만 억류되어 있다. 이 구절의 이러한 적용은 적절하지 않게 보인다. 그러나 개인의 정체성을 존중하는 사도 바울이 보기에 결혼한 모든 연합에서 육신은 아내를, 남편은 영혼이나 정신을 대표한다. 그들이 동일한 욕구에 동의할 때, 그들은 아담과 하와가 그렇듯이 한 몸이다. 그러나 육신의 남편 같은 정신이 영적인 죽음을 맞게 될 때, 우리의 전인격이 율법에 대하여 죽는다. 그러므로 우리는 우리 전인격에서 자유롭게 된다. 우리는 바로 육신과 영혼이 율법에 대하여 죽게 된 남편인 동시에 율법으로부터 자유롭게 된 아내이다. 그리고 이런 남편과 결혼을 만들어 낸 것은 율법이다. 율법은 욕망을 자극하고 더 강해지도록 만든다. 따라서 영과 육은 합의를 이룬다.

그러면 육체 때문에 우리는 육욕적인 아내이다. 영혼 때문에 우리는 육신에 사로잡힌 남편이다. 그래서 우리는 동시에 죽었고 자유하게 되었다. 이런 이중적인 사용이 비록 야기되는 부분은 다를지라도 '전인격'에 적용된다. 이런 이유에서 사도 바울이 말하길 "그러므로 내 형제들아 너희도… 죽임을 당하였으니"(롬 7:4). 비록 우리가 율법에 죽게 되었고 자유하게 된 속사람에만 적용된다. 마찬가지로 속사람 때문에 이것이 전인격에도 속한다. 그리고 또한 이것은 육신 혹은 겉사람과도 소통한다. 육신이 더 이상 율법과 죄에 종속되지 않기 때문이다. 오히려 속사람이 자유하게 되었기 때문에 그것들로부터 자유하게 되었다. 남편과 함께 아내는 현재도 육신이고 과거에도 육신이었으며 하나이고 동일한 존재이다.

일곱 번째 말씀은 "내 속 곧 내 육신에 선한 것이 거하지 아니하는 줄을 아노니 원함은 내게 있으나 선을 행하는 것은 없노라"(롬 7:18).

---

28. 창세기 2:18 이하의 도덕적 주해에서 리라는 아우구스티누스가 이성(reason), 호색과 남편, 아내 사이의 관계를 비교한 것이라고 본다(참고 예. *De opere monachorum*, 32, 40).

이 '원함'은 사랑이 가져다주는 영혼의 준비됨이다. 그가 말씀에서 말하는 이 신속함은 "내가 원하는 바 선은 행하지 아니하고"(롬 7:19)와 시편 1:2에서 "오직 여호와의 율법을 즐거워하여"에 나타나 있다. 그러나 여기서 "원함은 내게 있으나"가 의미하는 것은 율법이 명하는 것 안에 즐거움과 기쁨이 있다는 것이고, 더 나아가서 "내 속사람으로는 하나님의 법을 즐거워하되"(롬 7:22)라고 말한다. 그러나 육신의 저항으로 그는 이러한 율법의 선함을 '행하지' 못함을 깨닫는다. 그는 탐내고 싶어 하지 않으며, 그는 탐내지 않는 것이 선하다고 판단한다. 그럼에도 불구하고 그는 탐하고 결국 그가 원하는 것을 성취하지 못하며 자기 자신과 싸운다. 영혼과 육체는 비록 다르게 느끼지만 서로 긴밀하게 하나로 연결되어 있다. 그래서 마치 그가 한 번에 그리고 동시에 완전히 육신이고 완전히 영혼인 것처럼, 영혼과 육체가 하고 있는 것이 전인격으로서의 자신이라고 설명한다.

이제 그가 여기서 무엇을 말하는지 확실해졌고 다음의 명제를 확인할 수 있다. 만약 당신이 율법이 명한 것을 행하지 않는다면 그리고 대신에 만약 당신이 원하지 않는 것을 행하고 원하는 것은 행하지 않는다면, 죄를 짓지 않기 위한 방법은 무엇일까? 이에 대한 대답은 그는 선을 행하지만 그것을 성취하지는 못하였다. 왜냐하면 육신의 탐욕을 제거하지 않았기 때문이다.

그렇다면 어떻게 선을 행하기 싫어하는 완전한 육신의 사람이 될 수 있을까? 어떻게 시편 1편에서 말하는 복 있는 사람에 대해 설명하는, 오직 성령님께서 사랑을 통해 주시는 '의지'를 가질 수 있을까? 만약 어떤 사람이 이 구절에 극도의 폭력을 행사하거나 정말로 만약 그가 '나는 바란다', '나는 바라지 않는다', '바람', 이런 단어들을 잔인하게 다룬다면 그 사람은 그런 말들을 할 것이다.

여덟 번째 말씀은 "그러므로 내가 한 법을 깨달았노니 곧 선을 행하기 원하는 나에게 악이 함께 있는 것이로다"(롬 7:21). 내가 하나님의 율법에 따라 행하길 원하고 그렇게 하려는 준비가 되었을 때, 내 안에 거스르는 법이 있는 것을 알게 되었다. 그러나 육신의 사람이 원하고 있다고 말할 수 없다. 그래서 시편 112:1에서 이렇게 말한다. "여호와를 경외하며 그의 계명을 크게 즐거워하는 자는 복이 있도다." 정말로 하나님께서는 이것을 예비해 놓으셨다. 그래서 바라는 자와 그의 선한 기쁨에 욕정이 저항할 때, 이러한 바람이 그 완성을 성취할 수 있게 그리고 모든 탐욕에 대한 미움을 불타오르게 만든다. 이것이 저항할 수 있는 의지를 불러일으키고, 더 저항하고 탐할수록 그 자신에 대한 혐오는 증가한다. 이것은 화가 난 사람의 모습이다. 그를 모욕한 사람은 압박이 그 안에 더하게 될수록 그를 더 화가 나게 만든다. 그러나 육신의 사람은 그런 분노로 불타오르지 않을 뿐더러 어떠한 저항도 가지고 있지 않다. 왜냐하면 육신의 사람은 스스로 휩쓸려 가고 따라가기 때문이다.

뿐만 아니라 그는 '그 속에 악이 있다는 것'을 안다. 그가 악에 대항하여 선함으로 세워지지 않는 한, 아무도 그의 안에 있는 악을 모른다. 그가 악을 판단할 수 있고 알아차릴 수 있는 곳은 그의 내면이다. 마치 우리가 빛으로 어둠을 알 수 있고, 반대 것으로 비교할 수 있고, 우리가 소중히 여기는 것으로 가치 없는 것을 판단할 수 있는 것과 같다. 만약 영혼이 빛에 거하지 않는다면, 현재 함께 있는 악을 볼 수 없고 한탄할 수 없다. 이것이 세상에 빠져 있는 사람들이 가진 교만에 의해서 분명히 드러난다.

아홉 번째 말씀은 "내 속사람으로는 하나님의 법을 즐거워하되"(롬 7:22), 그가 속사람을 가지고 있다고 분명히 말하는 것을 주시하라. 그러나 이것은 영의 사람이다. 영혼이 없이는 전인격은 '옛사람'이고 겉사람이다. 속사람은 깨끗한 정신과 양심이고 하나님의 율법에서 기쁨을 얻는다. 그는 "하나님의 법을 즐거워하되"라고 말한다. "주의 말씀의 맛이 내게 어찌 그리 단지요"(시 119:103). 그리고 "주의 입의 법이 내게는 천천금은보다 좋으니이다"(시 119:72). 그러나 육신의 사람에게는 하나님의 법은 쓰고 거칠며 아주 혐오스럽다. 육신의 사람은 죄의 열기로 타올라 하나님의 법을 몹시 싫어한다. 다른 사람들에게 그가 형벌을 두려워해서 율법을 사랑하는 것으로 보인다. 우리가 몇 번이나 언급했듯이 이러한 기쁨은 사랑을 통하여 성령님께서 주시는 것이다. 그것이 없이는 율법과 그 의로움을 사랑하는 것은 불가능하다. 정말로 사람은 의로움을 극도로 싫어한다. 왜냐하면 그는 자기가 원해서 율법에 거하는 것이 아니기 때문이다. 만약 그에게 율법이 없었다면 그는 '그가 갈망하지 않는 것'(선한 것)을 알게 된 것을 혐오할 것이다.

열 번째 말씀은 "내 지체 속에서 한 다른 법이 내 마음의 법과 싸워 내 지체 속에 있는 죄의 법으로 나를 사로잡는 것을 보는도다"(롬 7:23). 이 말씀을 통해 그가 마치 두 반대되는 법들 사이에 선 전사같이 말하는 것을 알 수 있다. 그러나 육신의 사람의 경우 패배자가 아니다. 지체의 법과 마음의 법 사이에서 더 이상 싸우는 중이 아니다. 왜냐하면 마음이 항복했기 때문이다. 정말로 그는 오직 한 법을 섬기는 데 헌신되었고, 다른 법에 맞서고 있음을 보여 준다. 그 싸움들에 맞서고 있고, 다른 법을 섬기기를 거절하고 그것에 대항하여 싸우고 있다. 모두가 알다시피 그는 육신의 사람과의 앞서 언급한 갈등이나 갈등에 대한 불평에 대해 결코 귀 기울이지 않는다.

열한 번째 말씀은 "오호라 나는 곤고한 사람이로다 이 사망의 몸에서 누가 나를 건져내랴"(롬 7:24). 앞서 영의 사람이 여기서 말한 것보다 이 말씀을 통해 더욱 명확하게 알 수 있다. 왜냐하면 그는 탄식하고 비통해 하며 구해지길 갈망하고 있기 때문이다. 확실히 영의 사람 외에 아무도 그를 곤고하다고 선언하지 않을 것이다. 완전한 자기 이해는 완전한 인간성이다. 완전한 인간성은 완전한 지혜이다. 완전한 지혜는 완전한 영성이다. 이로 보아 오직 완전한 영의 사람이 '곤고한 사람은 바로 나다!'라고 말할 수 있는 것이다. 그러나 육의 사람은 구원 받아 인생을 끝내길 갈망하지 않는다. 그는 세상을 떠나는 것을 엄청나게 혐오하고 자신의 곤고함을 깨닫지 못한다.

그러면 여기서 바울이 "이 사망의 몸에서 누가 나를 건져내랴"라고 말할 때, 그는 "세상을 떠나서 그리스도와 함께 있는 것이 훨씬 더 좋은 일이라"(빌 1:23)에서 정확히 말하고 있다. 이런 이유로 사도 바울이 어떤 사람의 마음에 들어갈 수 있는 것과, 옛 사람과 육의 사람에 대한 이러한 말씀을 말할 수 있는 것은 놀라운 일이다. 그는 위선자처럼 스스로 생각하고 말하고 찬양하거나 죄인임을 부정하지 않는다. 우리가 하나님께 순종하길 원할 때 발견하는 비통함과 고통을 이렇게 위대한 사도도 동일하게 겪었다는 사실은 정말로 우리에게 커다란 위안을 안겨 준다!

열두 번째 말씀은 "그런즉 내 자신이 마음으로는 하나님의 법을 육신으로는 죄의 법을 섬기노라"(롬 7:25). 이것이 모든 것 중에 가장 강력한 구절이다. 동일한 한 사람이 하나님의 법과 죄의 법을 섬기는 것에 주목하라. 그래서 그는 의로운 동시에 죄를 짓는다. '내 마음이 하나님의 법을 섬긴다' 혹은 '나의 육신은 죄의 법을 섬긴다'고 말하지 않는다. 오히려 그는 '나는, 내 전인격, 여기 있는 이 사람은 이 둘에 노예 상태로 있다'고 말한다. 따라서 그는 하나님의 법을 섬기는 것에 감사하고 죄의 법을 섬기는 것에 대하여 자비를 구하고 있다.

육의 사람이 하나님의 법을 섬기는 것에 대하여 누가 말할 수 있나? 그러면 내가 앞서 언급한 것에 주목하라. 의로운 '성인'(saints)들은 동시에 죄인이다. 그들은 그리스도를 믿기 때문에 의롭다. 그리스도의 의가 그들을 덮고 그리스도께서 그들의 죄를 담당하시기 때문이다. 그럼에도 그들은 죄인이다. 왜냐하면 그들은 율법을 온전히 지킬 수 없으며 죄의 갈망이 없는 존재가 아니다. 그들은 의사의 진료가 필요한 아픈 사람들과 같다. 그들은 심각하게 아프지만 오직 소망 안에서 건강하다. 점점 더 나아지기 시작하는 한 그들은 나아가고 있는 것이다. 즉, 그들은 건강해질 것이다. 사실은 그들이 건강하지만 병을 악화시킬 것이라는 억지스런 추정조차도, 그 어떤 것도 그들을 해칠 수 없다.

두 번째 장 앞부분[29]에서 사도가 독선적인 사람들에 아주 강력하게 대항하여 말한 지식에서 알 수 있다. 그들은 다를 바 전혀 없으면서도 악을 행하는 사람들을 판단한다. 그들 자신이 도둑이면서 도둑질하지 말라고 가르친다. 비록 그는 겉으로 행하는 일들에 대하여 어떤 문제도 느끼지 못하지만, 그들이 은혜 밖에 거하는 한, 그들은 은밀하게 마음속으로 율법에 저항한다. 만약 자신이 해야 하는 것을 행하길 원하는 영의 사람이 그렇게 행하지 않는다면, 육의 사람이 자신이 해야 하는 것을 행하지 않음은 얼마나 더하겠는가. 사실 육의 사람은 하길 원하지 않을 것이고, 해야 할 것을 하도록 강요당할 것이다! 그러므로 "신령한 자는 모든 것을 판단하나 자기는 아무에게도 판단을 받지 아니하느니라"(고전 2:15).

마침내 이제 우리는 다윗이 말하는 바가 무엇인지 이해할 수 있다. "이로 말미암아 모든 경건한 자는 주를 만날 기회를 얻어서 주께 기도할지라"(시 32:6). 그리고 왜 그리스도께서 자신의 아내인 회당의 추함 때문에 거절하셨는지 알 수 있다.[30] 왜냐하면 그녀는 자신의 사악함을 알고 싶어 하지 않았고 하나님의 자비를 구하는 회개를 원치 않았기 때문이다. 자신이 의롭고 거룩하다고 여겼다. 우리는 앞서 4장에서 모든 것에 대해 충분히 다루었다.

---

29. 참고 로마서 2:1, 21 이하.

30. 중세 시대 예술에는 교회와 회당이 종종 두 여인, 추한 여인과 아름다운 여인으로 묘사된다.

"율법이 없으면 죄가 죽은 것임이라"(롬 7:8)

성 아우구스티누스는 이 구절을 설명하는데, 이성이 사용하기 전의 인간을 묘사하는 인용 문헌을 소개한다. 「율리아누스 반박」 2권에서 그는 말했다.[31] "아직 이성을 사용할 수 없는 어린 아이는 선하지도 악하지도 않은 자신의 의지대로 산다. 그러나 그가 나이가 들어가며 자라면 이성이 깨어난다. 율법은 찾아오고 죄는 깨어난다. 그가 자람에 따라 죄는 그와 싸우기 시작한다. 그리고 유아일 때 잠복하고 있던 것들이 나타날 것이다. 죄는 그를 정복하고 다스릴 것이다. 혹은 그가 죄를 정복하게 될 것이고 그는 치료함을 받을 것이다." 율법이 인생에 찾아오고 그가 율법을 깨닫기 시작하면 죄는 드러나기 시작한다. 그리고 유아기에 잠재되었던 욕정들이 폭발하고 나타나기 시작한다. 그리고 이것이 청소년기에 폭발할 때, 유아기에 감춰졌던 것이 완전히 표면화된다. 그렇기 때문에 어린 식물은 아직 어떤 열매를 맺을지 보여 주지 않는다. 그러나 잎사귀가 무성하게 되고 열매를 맺었을 때, 그 식물이 어떤 나무인지 알 수 있다.

우리는 여기서 매우 심오한 의미를 깨달을 수 있다. 비록 100세인 사람들이라고 해도, 정신적인 측면에서 어린 아이 같은 사람들이 있다. 그들은 영적으로 선한 형태로 나타나는 사탄의 메신저에 의해 자신이 홀리도록 내버려둔다. 그들은 간통한 사람이 여인을, 구두쇠가 돈을 간절히 바라는 것보다 더 열렬하게 이런 선함을 간절히 바라기 때문이다. 그래서 그들은 죄를 짓지 않은 유대인, 위선자, 분리주의자, 개인주의자, 비국교도들[32]처럼 율법과 하나님을 향한 복종을 저버린다. 왜냐하면 그들이 걱정하는 한 율법은 아직 주어진 것이 아니기 때문이다. 그러나 만약 율법이 그들의 죄에 대항함을 깨닫는다면, 의심할 것 없이 즉시 그들의 죄를 깨달을 것이다. 왜냐하면 그들은 율법에 경건한 열심으로 불타고 있기 때문이다. 그러므로 율법이 그들을 찾아왔을 때, 그들 안의 죄가 깨어났다. 그리고 그들은 자신들의 특별한 관심에 대한 깨달음을 위하여 더 열렬하게 간절히 바란다. 또, 율법에 대항한 더 강한 분노로 흥분한다. 율법이 그들 자신의 상상으로 본 율법에 대한 순응을 금하기 때문에 율법을 미

---

31. Augustine, *Contra Jul.*, II, 4, 8.
32. 참고 시편 80:13과 로마서 4:7과 관련된 *monius*(개인주의자)와 *singularis*(비국교도)의 토론.

위하게 된다. 그래서 율법은 '탐내지 말라'고 말한다. 모든 탐욕은 철저하게 금지된다. 하나님 외의 어떤 것이라도 탐내는 것, 심지어 하나님을 위한 탐심이라도 죄이다. 그들이 경건함을 연습하길 좋아하고 기도자들, 연구들, 독서, 헌신, 명상 그리고 이와 같은 다른 일들에 관련될 때, 그들 자신으로서는 선하고 하나님을 기쁘게 해 드리려는 것일 수 있다. 그러나 그들이 화가 나거나 짜증나게 되면 인색하게 섬기게 된다. 이것이 많은 사람들이 스스로 망치는 이유이다. 그들은 어리석은 자들이다. 많은 종류와 개수의 선한 일보다 하나님께서는 조용하고 온순한 순종하는 영혼을 요구하시는 것을 그들은 모른다. 시편 51:16에서 말했다. "주께서는 제사를 기뻐하지 아니하시나니 그렇지 아니하면 내가 드렸을 것이라 주는 번제를 기뻐하지 아니하시나이다"(즉, 주께서는 우리가 하기로 선택한 선한 일이 무엇이건 간에 신경 쓰지 않으신다). 그러면 무엇인가? '하나님께 드린 희생은 괴로운 것'(즉, 험한), '깊이 뉘우치는 영혼'[33](즉, 상한), '그리고 겸손한'(즉, 깊이 뉘우치는), "하나님께서 구하시는 제사는 상한 심령이라 하나님이여 상하고 통회하는 마음을 주께서 멸시하지 아니하시리이다"(시 51:17). 즉, 강퍅한 마음으로 굳어진 심령과 영혼이 아니다. 자복하여 주님의 뜻에 따라 가는 영혼을 가진 사람들이다. 그들은 자신이 일을 선택하지 않고 그 일이 어떤 것이든 부르심을 기대한다. 그리고 범사에 이런 방식으로 "주여 내 입술을 열어 주소서 내 입이 주를 찬송하여 전파하리이다"(시 51:15). 자기가 주도권을 가지고 할 일을 선택하는 사람들은 자화자찬 하지 않을 수 없다. 하나님께 찬송하는 대신 스스로를 높인다. 하나님을 기쁘시게 하고자 할 때조차도 오직 자신을 기쁘게 한다.

사람들의 소명의식을 텅 비게 만든다. 유혹하고 설득하여 부르시지 않은 것을 하게 만든다. 이렇게 악마가 모든 사람들의 마음을 흩뜨려 놓음을 우리는 알아야 한다. 마치 하나님께서 어리석어 사람들을 어느 곳으로 인도할지 모르는 것이라고 유혹한다. 이렇게 악마는 항상 하나님의 지혜에 맞서 싸우고 있다. 그리고 우리를 하나님께서 싫어하시는 우상 숭배하는 생각인 길로 '호도하기'(mislead) 위해, 우리의 눈에 하나님이 어리석어 보이게 만들려고 노력 중이다. 이것들이 곧 이스라엘 집에 신들이며, 예루살렘의 거리와 모퉁이마다 그것들을 위한 제단이 세워진 것을 말함이다(렘 11:13).[34]

---

33. 루터는 *Septem psalmi poenitentiales, ad loc.*에 있는 로이힐린(Reuchlin)의 주해를 참고했다.

34. 로마서 7:9에 대한 루터의 주석(*WA* 56, 68, 5 이하)에 "나는 가끔씩 율법 없이 살았다. 그러나 율법이 찾아왔을 때, 죄가 살아났

"이제는 그것을 행하는 자가 내가 아니요 내 속에 거하는 죄니라"(롬 7:17)

그러면 신뢰할 수 없는 아리스토텔레스의 형이상학과 전통적인 철학은 우리 신학자들을 속인 것이 아닌가? 그들은 죄가 세례와 회개에 의해서 없어진다고 믿지 않았다. 그래서 그들은 '내 속에 거하는 죄니라'고 하는 사도의 말이 터무니없다고 생각했다! 그러므로 이 말씀은 그들에게 공격이었다. 그래서 그들은 사도가 여기서 자기 이름이 아니라 육의 사람의 이름으로 말하고 있는 것에 대하여 잘못되고 유해한 의견에 도달했다. 그리고 여러 서신에서 그의 다양하고 아주 단호한 주장에 맞섰고, 그들은 사도 바울이 어떤 죄도 짓지 않았을 거라는 터무니없는 주장까지 내세웠다.[35] 이런 어리석은 의견은 가장 위험한 속임수이다. 세례를 받았거나 면죄 받은 사람들은 즉시 어떤 죄도 없게 된다고 하는 생각에 빠지게 한다. 그들은 의로움을 얻었기 때문에 안전하다고 느끼므로 아무것도 하지 않는다. 왜냐하면 슬픔의 눈물을 흘리는 노력과 신음하며 죄를 몰아내고 맞서 싸울 어떠한 죄도 깨닫지 못하기 때문이다.

그러나 은혜의 훈련을 위해, 교만의 굴욕을 위해, 그리고 건방짐의 규제를 위해, 영의 사람 안에 죄가 남아 있다는 것을 알아야 한다. 비록 우리가 멸망당할 어떤 죄

다. 그래서 이것은 교만한 위선자들과 도덕주의자들과 함께 있다. 왜냐하면 그들은 율법이 그들에게 불리한 것을 몰랐다. 그들의 죄를 아는 것은 그들에게는 불가능한 일이다. 이로 보아 그들은 또한 구제불능이다. 그러나 만약 그들이 율법을 깨닫는다면 그들은 즉시 그들의 죄를 깨달을 것이고, 지금까지 되살아나 있는 죄는 그들에 대하여 죽을 것이다."

35. 그리고 여기서 로마서 7:10에 대한 루터의 주석(*WA* 56, 68, 9ff.)에 "그리고 삶에 정해진 율법과 같은 것은 내게 죽음을 발견하게 했다. 리라와 다른 학자들의 말처럼 생각해서는 안 된다. 사도는 자신의 이름이 아니라, 어둠에 거하는 어떤 사람의 이름으로 얘기하고 있다. 율법을 표면적으로라도 아는 것이 아닌, 어두워진 무신경한 마음에 대해 말하는 것도 아니다. 그러나 그는 자신의 이름과 모든 성인들의 이름으로 우리 심령 가장 깊은 곳에 있는 어둠에 대하여 말한다. 성인들과 가장 지혜로운 사람들조차도 자신에 대해서 뿐만 아니라 율법에 대해 완전히 알지 못하기 때문이다. 다윗은 '자기 허물을 능히 깨달을 자 누구리요'(시 19:12)라고 말한다. 그러므로 자기 죄를 알지 못하고 율법을 이해하는 것은 불가능한 점을 고려하면, 누가 율법을 이해할 수 있겠는가? 시편 12:6에서 '여호와의 말씀은 순결함이여 흙 도가니에 일곱 번 단련한 은 같도다'라고 말씀하는 것처럼 율법은 모든 죄를 만진다. 이런 이유에서 만약 율법을 이해할 수 있다는 어떤 사람이 있다면 적어도 그 사람에 대해서는, '탐내지 말라'고 말하며 그는 어리석고 교만하다. 이것이 바로 위선자들이 하는 일이다! 그리스도를 배제한다면, 그가 욕정에서 순결로, 율법에 무지함에서 이해함으로 발전함에 따라서 위선자들의 행동은 모든 의로운 사람들에게 나타난다. 그러므로 모든 성인들은 반드시 시편 25:7의 '여호와여 내 젊은 시절의 죄와 허물을 기억하지 마시고 주의 인자하심을 따라 주께서 나를 기억하시되 주의 선하심으로 하옵소서'에 따라 기도해야 한다. '내 젊은 시절의', 즉 이미 거듭난 영적인 사람에게도 숨겨진 죄가 있다. 그러므로 오직 믿음으로, '무릇 나는 내 죄과를 아오니'(시 51:3)라고 말할 수 있다. 다음과 같은 관점으로 '보소서 주께서는 중심이 진실함을 원하시오니 내게 지혜를 은밀히 가르치시리이다'(시 51:6). 이것은 율법에서 가장 신비한 부분이다. 우리로 하여금 믿게 하기 위해서 드러난 방식으로는 우리는 결코 전체적으로 알 수 없다. 그러므로 그는 그가 알고 있고 분명한 몇몇 죄에 대해서만 고백하길 원한다. 그래서 '내 허물을 여호와께 자복하리라'(시 32:5)라고 말할 수 없다."

를 저지르는 것을 그만두었다 해도, 우리가 열심히 죄에 맞서기 위해 노력한다면 우리는 이미 이겼다. 우리는 쉬운 삶을 살기 위해 부르심을 받은 것이 아니라 우리의 열정[36]에 맞서는 노력을 위해 부르심을 받았기 때문이다. 그리고 그 죄들은 하나님께서 그분의 자비로서 우리에게 전가시키지 않는 한, 그것들에 책임이 없다(그것들이 정말로 죄이며, 지옥에 갈 수밖에 없는 것이지만). 그러나 하나님은 그것들을 우리에게 전가시키지 않으시고 은혜로 부르셨다. 단호하게 그들의 흠을 공격하시고 죄에 대항하여 싸우신다. 이러한 빛 안에서 어떤 사람이 죄를 고백할 때, 그는 그의 짐을 내려놓고 조용하게 살 것이라고 생각하지 않는다. 그의 짐을 내려놓고 하나님의 군사[37]가 됨으로써, 말 그대로 다른 짐이라고 할 수 있는, 하나님을 위해 악마와 자신의 허물에 맞서 싸운다고 우리는 말한다.

만약 그가 이것을 모른다면, 그는 곧 되돌아갈 것이다. 그러므로 만약 그가 자신의 죄에 맞선 이후 싸우기로 한 것이 아니라면, 왜 그는 죄 사함과 그리스도의 군사의 반열에 들어가기 위해 기도하는 것인가?

그들은 이런 것에 주의하지 않고 기도한다. 번역자들은[38] 사도가 히브리서 12:1에서 말하는 바를 오해한다. "모든 무거운 것과 얽매이기 쉬운 죄를 벗어 버리고." 그들은 '짐'(무거운 것)이 악마를 의미하고, '얽매이기 쉬운 죄'는 악한 행실이라고 받아들인다. 반면 사도는 '일들'(the works)이 짐(무거운 것)이며 내면에 있는 죄의 흠과 '불쏘시개', '얽매이기 쉬운 죄'라고 말한다.

사도가 영과 육이 둘로 분리된 독립체라고 말하지 않았다는 것에 주목해야 한다. 그는 그것들은 마치 상처와 육체가 하나인 것같이 하나라고 해석한다. 육체와 상처는 각각 객체인 것은 틀림없다. 그러나 상처가 육체에 생긴 상처이거나 약해진 육체이므로 그 둘은 하나이다. 우리는 육체를 상처의 속성으로 볼 수 있다. 이와 같은 방식으로 동일한 한 사람이 영인 동시에 육이다.[39] 육은 그의 약함이거나 상처이다. 그가 하나님을 사랑하는 한 그는 영이다. 그러나 그가 탐하는 한, 그의 영혼의 약함과 이미

---

36. WA 56, 350, 8ff. "Non enim ad ocium vocati sumus, sed ad laborem contra passiones."

37. Lit., "aggreditur militiam Christi"(그는 그리스도의 군사로 섬기기 시작한다).

38. 리라는 '우리를 얽매이는 죄'를 'occasiones peccati'로 번역한다. 다른 사람들, 예를 들어 토마스 아퀴나스(ad Hebr.)는 악마를 언급한다.

39. The Gl. ord와 리라.

치료되었을 죄의 상처를 보여 주는 것이다.[40] 그리스도께서 "마음에는 원이로되 육신이 약하도다"(마 26:41)라고 말씀하신 것과 같다.

그리고 성 아우구스티누스는 「율리아누스 반박」[41] 2권에서 말한다. "우리가 우리의 허물에 대해 말할 때 보통 죄의 법이 마음의 법에 저항한다고 의미한다. 이러한 허물들이 우리에게서 떨어져 나갈 때, 그것들이 어딘가에 있게 되는 것이 아니다. 우리 안에서 치유되자마자 아무 곳에도 존재하지 않게 된다. 왜 그것들은 세례로써 소멸되지 않는 것인가? 그들의 죄에 대한 죄책감은 사라지지만 약함은 남고, 죄책감 자체가 잘못된 것은 아니다. 우리를 끌어당긴 악한 행위에 무엇으로 죄책감을 느끼게 할까? 그리고 그들의 약함은 마치 살아 있는 것 같지만 이미 약해졌다. 그러나 우리 자신의 약함이다." 이렇게 훌륭한 권위 있는 연구는 우리 안에 있는 약함인 욕정이 어떻게 우리가 선을 행하지 못하게 만드는지 보여 준다. 죄책감을 느끼는 것 자체가 죄책감인 것은 확실하다. 오직 우리가 욕정에 굴복하고 죄를 짓는다면 우리는 그것에 죄책감을 느낀다. 이것은 우리가 책임이 있으나 죄책감을 느끼지 않는다는 놀라운 사실을 설명한다. 약함과 우리 자신은 분리[42]될 수 없기 때문이다. 죄책감이 사라지고 치유될 때까지 우리는 죄책감을 느낀다. 그렇지만 우리는 죄책감에 따라 행동하지 않는 한 죄책감을 느끼지 않는다. 하나님의 자비로 우리를 약함의 죄책감에서 사하여 주셨기 때문이다. 그러나 의지의 죄책감은 이 약함에 굴복한다.

우리는 이 변증법[43]으로 거의 죽은 사람에 대한 복음서의 예화(눅 10:30 이하)를 가장 좋은 방식으로 이해할 수 있다. 사마리아인이 그 사람의 상처에 포도주와 기름을 부었을 때, 그는 곧바로 낫지 않았다. 점점 나아지기 시작했다. 이처럼 우리가 말하고 있는 아픈 사람은 동일한 한 사람으로 연약하고 치료되는 과정 중에 있다. 그가 건강하다면 그는 선한 것을 갈망할 것이고 그가 아프다면 비록 그가 원하지 않더라도 연약함에 굴복할 수밖에 없다.

이 점을 고려하면 우리는 형이상학 신학자들이 어리석고 말도 안 되는 허구[44]를

---

40. Lit., "*quod incipit sanari.*"
41. Augustine, *Contra Jul.*, II, 5, 12.
42. "*Quia infirmitas illa not ipsi sumus.*"
43. "*Utrunque.*"
44. 오캄은 다음 관점의 대표적 권위자이다. 영혼의 힘과 이성의 영혼(*anima rationalisdptis*)에서 분리된 감각의 영혼(*anima*

다루는 것을 알 수 있다. 그리고 영혼, 즉 이성은 절대적이거나 스스로 나뉠 수 없는, 그 자체로서 완전한 하나인 것의 개념을 만들 때 동일한 대상 안에 반대되는 욕구가 있을 수 있는지 말이다. 또한 호색이나 육신도 동일하게 완전한 하나가 되는 것으로 여긴다. 이러한 멍청한 상상들은 육신이 전인격에 기본적인 약함과 상처이고, 은혜가 이제 막 그의 이성과 영혼을 치유하기 시작했다는 사실을 보는 눈을 잃어버리게 만든다. 누가 어떤 아픈 한 사람 속에 두 독립체가 있다고 생각할 수 있는가? 건강하길 바라는 것과 약함을 따르게 강요되는 것이 한 몸이다. (「율리아누스 반박」, 3권, 20장. "몸에 있는 상처가 완벽한 치유로 나을 수 있듯이 욕정은 그 정도에 따라 실제적인 전투를 통해 극복해야 하는 악이다").

비현실적인 것을 다루길 좋아하는 이런 신학자들에게 압력을 가하기 위해서 매우 구체적인 예를 들자. 추락하여 부서진 집을 재건축한다고 가정해 보자. 그 집의 건축과 상설 구조물들이 완성되지 않은 부분이 하나인가? 하나의 동일한 독립체이다. 우리는 지금 짓고 있는 부분과 완성된 부분이 동일한 집이라고 말할 수 있다. 그러나 동시에 완성되지 않은 부분에 대해서 우리는 아직 집이라고 말할 수 없다. 집의 특성이 결여된 상태이기 때문이다. 그러므로 "우리 곧 성령의 처음 익은 열매를 받은 우리까지도"(롬 8:23). 그리고 사도 야고보에 따르면 "그가 그 피조물 중에 우리로 한 첫 열매가 되게 하시려고"(약 1:18).[45] "너희도 산 돌같이 신령한 집으로 세워지고"(벧전 2:5). "그의 안에서 건물마다 서로 연결하여 주 안에서 성전이 되어 가고"(엡 2:21).

"이제는 그것을 행하는 자가 내가 아니요 내 속에 거하는 죄니라"(롬 7:17)

성 아우구스티누스는 「율리아누스 반박」[45a] 2권에서 다음과 같이 썼다. "어떻게 우리의 대적임에도 죄는 우리 안에서 수많은 일들을 벌일 수 있는가? '끌고 가는' 어리석

---

sensitiva) 사이에는 중요한 차이가 있다. 리미니의 그레고리오(Gregor of Rimini), 가브리엘 비엘(II Sent., d. 16)과 트루트페터는 영혼의 연합에 대하여 논쟁했다. 루터는 여기서 리라에 의존했다.

45. 참고 요한 하르(Johann Haar), *Initium creaturae Dei*. Eine Untersuchung über Luthers Begriff der "neuen Kreatur," etc. (Gütersloh, 1939).

45a. Augustine, *Contra Jul.*, II, 9, 32.

음과 해로운 욕망은 '파멸과 멸망에 빠지게 하는 것이라'(딤전 6:9)를 제외하고 이러한 많은 것들은 무엇인가? 그렇다면 우리는 죄가 세례를 통하여 죽음에 처하게 되는 것, 죄가 우리 지체 안에 거하는 것, 이미 죽었고, 장사되고, 치유 받은 죄가 어떻게 저항하고 우리를 사로잡을 수 있는가? 죄책감에 직면할 때 우리는 어떻게 회개해야 하는가? 그러나 이제 이것은 '죄'라고 불린다. 우리에게 죄책감을 느끼게 해서가 아니다. 첫 번째 사람이 지은 죄책감의 조건에서 나온 결과이다. 반란으로 우리를 죄책감의 상태로 끌고 가기 위해 분투하기 때문이다."

그러면 이 죄는 '불쏘시개'의 본래의 티이다. 앞서 언급한 것을 고려하면 이것이 우리에 대하여 죽는다고 말하기보다, 우리가 이것에 대하여 죽는다고 말하는 것이 낫다. 은혜로써 이 삶에서 빠져나오게 된 것이 바로 우리이다. 시편 81:6은 말씀한다. "내가 그의 어깨에서 짐을 벗기고."

발레리안(Valerian)[46]에 보낸 책 I의 23장에서 성 아우구스티누스는 (다음과 같이) 썼다. "동의하지 않는 이상, 욕정은 죄가 아니다. 그러므로 만약 어떤 사람이 '탐내지 말라'는 말씀을 충족시키지 못하였더라도 적어도 '욕망을 좇아가지 말라'(집회서 18:30)는 말씀은 충족할 것이다. 그렇지만 욕망은 일반적으로 죄라고 한다. 욕망은 죄로부터 들어오기 때문이다. 반면에 욕망이 인간을 정복할 때 죄책감을 느끼도록 만든다." 즉, 욕정은 그 원인과 영향에 따라 죄일 수 있다. 그러나 그 본질은 죄가 아니다.[47]

"원함은 내게 있으나 선을 행하는 것은 없노라"(롬 7:18)

'행함'과 '성취' 사이에는 차이가 있다. 성 아우구스티누스는 「율리아누스 반박」[48] 3권의 마지막 부분에 다음과 같이 썼다. "온전히 세례를 받은 갈라디아 사람들에게 사도가 어떻게 썼는지 기억하라. '내가 이르노니 너희는 성령을 따라 행하라 그리하면 육

---

46. Augustine, *De nupt. et concup.*, I, 23, 25.

47. "*Causaliter et effectualiter, non formaliter.*"

48. Augustine, *Contra Jul.*, III, 26, 62.

체의 욕심을 이루지 아니하리라'(갈 5:16). '육체의 욕심을 가지지 말라'고 말하지 않았다. 왜냐하면 그들은 그렇게 살 수 없기 때문이다. '이루지 아니하리라.' 즉, 육체의 욕심이 이행되도록 하는 의지에 동의하지 말라. 만약 육체의 욕심에 동의하지 않는다면 비록 그것들이 내면에서 주장하여도, 행하게 되지 않는다. 이런 이유로 육체의 욕심이 영혼에 대항하고 영혼이 육체에 대항할 때, 우리는 우리가 원하는 바를 행하지 않는다. 하지만 육체의 욕심이 충족되지 않을 뿐더러, 그들이 행한 것의 연속성에 상관없이 선한 행실 역시 충족되지 않은 것처럼 느껴진다. 마치 영혼이 행하고자 하는 목표에 동의할 때, 육체의 욕정이 충족되는 것 같다. 그래서 서로 대항하는 것이 아니라 함께한다. 육체가 영혼(영혼 역시 육체에 동의하고)에 동의하기로 준비되었을 때 우리의 선한 행실도 충족될 수 있다. 이것이 완전한 선을 이루길 원하는 것이다. 그러나 우리는 이 썩어질 육체 안에서는 완성시킬 수 없다. 사도가 로마인들에게 말했다. '원함은 내게 있으나 선을 행하는 것은 없노라.' 또는 그리스 고문서에서는 '원함은 내 안에 있지만 선을 행할 수는 없다'라고 했다. 즉, 선을 성취함은 없다. 그는 '행한다'고 하지 않고 선을 '성취한다'고 말한다. '선을 행한다'는 '욕망을 좇아가지 않는다'이기 때문이다(집회서 18:30). 그러나 '선을 성취한다'는 '전혀 욕망하지 않는다'이다. 그러므로 갈라디아 사람들에게 전한 말씀에서 '육체의 욕심을 채우지 말라'는 로마 사람들에게 전한 말씀과 비교된다. '어떻게 성취할 수 있는가(충족시킬 수 있는가), 나는 찾지 못했다.' 우리의 동의 없이는 욕망이 악을 충족시키지 못하고, 우리의 동의 없이는 우리의 원함이 선을 충족시키지 못한다. 그러므로 악한 욕망을 동의하지 않으면 영혼은 선을 행할 수 있다. 그러나 충족되지는 않는다. 왜냐하면 그것이 악한 욕망 자체를 파괴시키지는 않기 때문이다. 육체는 악한 욕망을 느끼지만 충족시키지는 못한다. 영혼이 동의하지 않았기 때문이다. 저주를 받을 수밖에 없는 상태를 실제로 실현시키지 못한다."

이 구절로부터 우리는 위로가 되는 사상을 이끌어 낼 수 있다. 비록 현대의 선생들[49]이 동기에 대해서, '불쏘시개'를 끄는 것에 대해서, 기쁨과 동의에 대해서 동일하게 말했지만 그들의 주장은 권위가 적다. 그들은 성경의 증거로 뒷받침하고 있지 않기 때문이다. 그러나 고대 선생들[50]은 훨씬 더 평이하게 사도와 같이 말한다. 우리는

---

49. 트루트페터. 그중에서도 특히, 던스 스코투스와 오캄 *"recentiores doctores"* 토마스 아퀴나스와 비교.
50. *"Doctores antiqui."* 주로 아우구스티누스와 암브로시우스이다.

그들이 우리에게 주는 커다란 위안에 격려를 받는다. 또한 양심의 가책에 준비된 도움을 준다. 스콜라 신학자들은 이 주제에 대해서 자세하고 정확하게 설명하기 위해서 하나님의 말씀을 인간의 언어로 너무나 잘 번역하려고 애쓴 나머지, 그 개념들이 너무나 정밀해져서 그 의미가 너무 어렵게 되고 말았다.

이런 이유로 아리스토텔레스를 해석하는 방식으로 가르치는 것은 헛되고 해로운 것이다. 그들이 사용하는 언어와 비유들은 너무나 미숙하다. 덕목과 사악함은 담벼락에 칠해진 회칠과 같이, 칠판에 적힌 글처럼, 형태를 갖춘 논제처럼, 인간의 영혼에 찰싹 달라붙는다. 내가 굳이 이 말을 하는 것은, 그들이 영과 육의 차이를 이해하는 데 완전히 실패했기 때문이다.

로마서 8장

"그러므로 이제 그리스도 예수 안에 있는 자에게는 결코 정죄함이 없나니 이는 그리스도 예수 안에 있는 생명의 성령의 법이 죄와 사망의 법에서 너를 해방하였음이라 율법이 육신으로 말미암아 연약하여 할 수 없는 그것을 하나님은 하시나니 곧 죄로 말미암아 자기 아들을 죄 있는 육신의 모양으로 보내어 육신[1]에 죄를 정하사 육신을 따르지 않고 그 영을 따라 행하는 우리에게 율법의 요구가 이루어지게 하려 하심이니라"(롬 8:1-4)

---

1. 루터의 행간 주석은 다음과 같다(*WA* 56, 74, 14ff.). "율법이 그 자체가 육신으로 말미암아, 율법의 요구는 성취되지 않았기 때문에, 그것은 율법이 할 수 없는 것을 할 수 있는 믿음의 영에 의하여 단지 강할 수 있다. 그러니까 율법은 '우리는 믿음을 통해 율법을 세운다'(롬 3:31)라는 말씀에 따라서 강하게 만들어지고 그것의 유효함 안에서 세워진다. 연약하여, 연약하므로 율법은 그것을 할 수 없었기 때문에, 할 수 없는, 즉 육신은 정죄 되었고 율법은 죄를 멀리하지만 대신에 죄가 증가하였다. 그것을, 그것이 구성원들의 율법으로부터 자유롭게 되었을 때, 그러나 대신에 그것은 연약했고, 하나님은 하시나니 곧 죄로 말미암아 성육신에 의하여 자기 아들을 죄 있는, 즉 그가 우리를 위하여 담당한 죄의 형벌을 통하여 육신의 모양으로 보내어, 그분은 단순한 육신이 아니셨고, 죄로부터 분리된, 그럼에도 불구하고, 모든 면에서 우리와 같은 분으로, 민수기 21:8-9에서 놋 뱀이 상징화 한 것처럼, 즉, 그분의 육신 안에 있지 않았던 그러나 그분은 자신을 그분의 육신 안에서 형벌을 담당하는 것으로 가져왔던 죄를, 육신에 죄를 정하사 즉, 그분은 죽임을 당하셨고, 죄, 즉, 육신에, 말하자면, 우리의 육신 안에 있는 불쏘시개와 죄의 욕망(강한 욕망)을 멸망시켰다."

자유는 어디에 있는가?[2] 우리의 자연적인 능력으로 모든 것보다 더 하나님을 사랑할 수 있는가? 단지 내가 '우리가 계명들을 지킬 수 없다'고 말한 것이라면, 나는 혹독한 비판을 받아야 할 것이다. 바울이 '율법이 정죄하는 것이 불가능했다'라고 말하는 이유는 바로 '육신 때문에 연약했다'고 하는 이유 때문이다. 우리가 자신만을 의지한다면 율법을 지킬 수가 없다. 하나님께서 그것을 은혜로 성취하길 원하신다고 하는 것이 아닌 한, 율법을 지킬 수 있는 자원함과 능력이 우리 자신으로부터 실제적으로 나오는 것이 아니다. 율법을 주신 자의 의도가 아닌 행위의 본질에 따라서 율법을 지킬 수 있다고 말하는 것은 소용이 없다. 은혜는 유용하다. 은혜를 필요로 하지 않는다면, 아담의 죄 때문에 존재하는 우리 안의 흠을 제거하지 않고서는 우리의 자연적인 능력들만이 소리치게 될 것이다. 그리하여 항상 이성이 최선을[3] 이룰 수 있다고 하는 것처럼, 철학은 우리에게 냄새를 풍기고, 우리는 자연의 법에 관해 허풍을 떨게 된다.

사람들은 자연의 법과 이성을 따르는 것이 최선이라고 한다. 그러나 무엇이 최선인가? 그것은 하나님의 표준들에 따른 것이 아니고 우리 자신에 따르는 것이다. 그것은 악한 것을 변호하는 것이다. 스스로의 자신을 추구한 것이기 때문에 하나님 안에 있는 것이 아니다. 믿음은 자기를 추구하지 않고 사랑 안에서 행할 뿐이다.

그러므로 모든 지식과 덕과 모든 좋은 것이라도, 그것이 우리의 자연적인 능력들에 의존하여 찾은 것이라면, 그것은 악한 것으로 판명 난다. 그런 것들은 하나님의 표준에 따라 측정된 것이 아니라 피조물의 표준이다. 우리 자신의 이기적인 것에 따라 된 것이기 때문이다. 하나님을 사랑하지 않는다면 하나님과 관련된 어떤 것을 어떻게 언급할 수 있겠는가? 하나님을 알지 못한다면 어떻게 그분을 사랑할 수 있겠는가? 원죄의 흠으로 인해 모든 사고와 감성이 어둠에 매여 있다면 어떻게 사람이 하나님을 알 수 있을까? 믿음이 그를 빛 비추고 사랑이 그를 자유롭게 하지 않는다면, 사람은 선한 것을 행하려 하지 않는다. 선을 소유할 수 없고, 행할 수 없다. 심지어 그가 선한 일을 하려고 할지라도 악을 행할 뿐이다.

---

2. 참고 루터의 로마서 4:7에서 언급한다("*O Sawtheologen!*").

3. 참고 Aristotle, *Eth, Nicom.* (ed. Bekker, I, 1102b, 15f.).

부가 설명

인간 본성은 선을 아는 것과 행하는 것에 대한 일반적인 관념이 있다.[4] 그러나 그것은 틀린 것이다. 특별한 것들에서는 선을 알고 행하지만, 일반적으로는 선을 알지도 못하고 행하려 하지도 않는다. 하나님과 다른 사람들에게 선한 것이 아니라, 단지 그 자신에게 좋은 것이거나, 그 자신만을 위하여 선하고 고결하고 유용하다. 그러므로 특별히 좋은 것, 참으로 개인적인 이기심에서 좋은 것을 주로 선한 것으로 알고 행하려 한다. 이것은 성경[5]에서도 동의하는 것이다. 성경은 인간이 물리적인 것뿐 아니라, 영적인 대상들까지도 자신을 향하도록 모든 것 안에서 자신을 추구하려 하고 자신을 향해 굽어진 존재로 묘사한다.

이 굽어짐은 본성적인 흠과 본성적인 악함이다. 인간은 그의 본성의 능력으로부터 절대로 도움을 얻지 못한다. 외부로부터의 도움을 필요로 한다. 이것이 사랑이다. 사랑 없이는 그는 계명에 대항하고 계속 죄를 지을 것이다. '탐내지 말라.' 당신 자신을 위하여 어떤 것을 굽게 하지 말고, 당신 자신을 위하여 어떤 것을 추구하지 말며, 당신의 모든 삶과 생각과 행동은 하나님만을 향하도록 해야 할 것이다. 그때 모든 특별히 좋은 것들과 함께 보편적으로 선한 것을 알 것이며, 그는 모든 것을 판단할 수 있을 것이다(고전 6:2).

계명은 우리에게 불가능한 것이다.

아우구스티누스는 그의 저서 「은혜와 자유의지」[6] 16장에서 "그는 그에게 물어야 할 것을 알도록 하기 위하여 우리가 행할 수 없는 것을 명령하신다. 그리고 이것은 율법이 요구하는 것을 성취하되 그 방법은 오로지 기도와 믿음으로 이루어지는 것이다" 라고 했다.

---

4. 루터는 신테레시스(syntheresis*)의 교리와 양심을 마음에 가졌다. 비교 Biel, II Sent., d. 39, q. un., a. 1, not. 3E and a. 3, dub. 1; Trutvetter, Physics VIII, Tract. 1,c. 2, De potentia intellectiva (synteresis, ratio, conscientia).

5. 참고 이사야 2:9-22.

6. Augustine, De gratia et lib. Arb., 16, 32. "Ideo iubet aliqua, quae non possumus, noverimus, quid ab illo petere debeamus. Ipso est enim fides, quae orando impetrat, quod lex imperat."

---

* 영혼의 불꽃

부가 설명

은혜[7]의 빛과 필적하는 것으로 본성의 빛을 매우 깊게 생각해 보겠지만, 본성은 어두움이고 은혜와 반대되는 것이고, 헛된 것이다. 이것이 왜 욥과 예레미야가 인간의 본성[8]을 '악한 날'이며 '매우 슬픈 모습'이라고 저주했는가 하는 이유이다. 본성의 빛은 "이에 그들의 눈이 밝아져"(창 3:7)라는 말씀처럼 죄를 범한 이후 즉시 나타난 것이다.

은혜는 하나님보다 다른 대상을 그 앞에 내놓을 수 없기에, 오직 하나님에게로 움직이게 하고 하나님께로 향하게 한다. 은혜는 오직 하나님을 보고, 그분만을 찾고, 만물 안에서 그분을 향하여 움직이고, 은혜와 하나님 사이에서 보는 다른 모든 것은 그것을 보지 않은 것처럼 지나치고, 단순히 하나님께로 향하게 한다. 이것이 '정한 마음'(시 7:10; 78:37)이고 "정직한 영"(시 51:10)이다.

한편 본성은 자아보다 다른 대상을 그 앞에 내놓을 수 없기에 자아에게로 움직이게 하고 본성으로 향한다. 본성은 오직 자아를 보고, 자아만을 찾고, 모든 것 안에서 본성에게 목적을 둔다. 다른 모든 것은 심지어는 하나님까지도 보지 않은 것처럼 지나가고, 자아에게로 향하게 한다. 이것이 바로 비뚤어지고 "사악한 마음"(시 101:4; 잠 27:21)이다.

은혜는 눈에 보이는 모든 것 안에 존재하시는 하나님을 인정한다. 자신보다 그분을 더 좋아하고 하나님의 것이 무엇인지를 찾는다. 자기 자신에 관한 것을 찾는 것이 아니라 하나님을 추구한다. 반대로 본성은 모든 것에 자신을 두고, 심지어 하나님에게서도 그 자신을 둔다. 그리고 하나님에게서도 하나님이 아닌 자신의 것을 구한다. 그리하여 자신[9]을 우상화하고 절대화한다. 자신을 위한 우상으로 하나님을 바꾸어 버리고, 하나님의 진리도 거짓으로 바꾸고, 마침내 하나님의 모든 창조물과 선물들도 우상으로 바꾼다. 은혜는 모든 것에서 하나님을 볼 수 없는 한 만족함이 없다. 하나님의 영광 안에서 생명과 존재를 가지는 모든 것을 원하고 바라며 기뻐한다. 그러나 본성은 보는 모든 것이 자신에게 이익을 주고, 자신을 가치 있게 만들지 않는 한,

---

7. 참고 루터의 로마서 4:7 해설. Duns Scotus, III *Sent.*, d. 14, q. 2, n. 4; Biel, III *Sent.*, d. 14, q. un., a. 2L

8. 참고 욥기 31장 이하; 예레미야 10:14.

9. "*Ideo idolum est ipsa sibi primum et maximum.*"

무가치하게 여긴다. 자신의 즐거움과 이익과 혜택을 위해 이용할 수 있는 것만 가치가 있다.

이것이 영적인 간음이며 사악한 것이고 가장 나쁜 종류의 굽어짐이다. 우리는 이것을 '빛'이라 부르지 말고 '어두움'이라 불러야 한다. 이성과 감각에 의해 알게 되었다고 그것을 '빛'이라고 할 수 없다. 모든 지식을 자신에게로 향하게 하는 한, 이성은 빛이 아니라 어두움이다. 본성에 의해 모든 것을 자신에게로 굽게 할 수는 없다. 사도가 여기서 말하듯이 그것은 하나님과 그분의 법을 사랑할 수 없기 때문이다.

이것을 알아볼 수 있는 표징이 있다. 본성은 그것이 원하는 모든 것을 가지는 한 행복해 하고 만족해 하지만, 그렇지 않으면 그는 방해를 받고 불안해한다. 은혜는 그렇지 않다. 그는 중립을 유지하고 사랑하고 오로지 모든 것 안에서 하나님의 뜻을 지키며, 무슨 일이 일어나든지 간에 자신과 그 밖의 모든 것에서 만족한다. 하나님과 그분의 뜻이 무엇이든지 간에, 너무 잘 연합하며, 얼마나 쓰라림이 있든지 개의치 않고, 그 안에서 기뻐한다. 참으로 하나님을 찬양하고 항상 경배하며, 어떤 일이나 슬픔이 닥쳐올 때도 그렇다. 슬픔 안에서 어떻게 즐거워하는지 알며, 즐거움 안에서도 어떻게 슬퍼할 줄 안다. 육신은 그 자신의 능력에 의존하여서 이것을 가능하게 할 수 없다.

"율법이 육신으로 말미암아 연약하여 할 수 없는"(롬 8:3)

성 아우구스티누스는 이 본문[10]에 주석을 달았다. "율법은 그 자체의 결함 때문이 아니라, 육신이 연약하므로, 즉 세속적인 소유들을 추구하므로 율법의 의로움을 사랑하지 않게 된다. 의로움보다는 세속적인 이익을 더 좋아하는 사람들 때문에 율법의 명령하는 것을 성취하지 않는 한 인간은 연약하다."

그러한 마음은 그 안에 처벌을 두려워하기 때문이든지 이익을 사랑하기 때문에

---

10. Augustine, *Propos. ex ep. ad Rom.*, 48.

율법을 지킬 때 일어난다. 다시 말해서, 하나님께서 그렇게 명령하셨거나 뜻하셔서가 아니라 율법이 좋은 것을 약속하기 때문에 율법을 지키고, 그리고 악한 것에 대하여는 경고하시기 때문에 율법을 지킬 때 더욱 그렇다.

율법을 지킴으로 어떤 좋은 것을 고려하는 것이 아니라, 하나님의 원하심으로부터 매우 떨어져 있는 그것이 바로 악이라는 것이다. 사랑[11]을 위한 준비는 그것이 하나님의 선한 즐거움이기 때문에 행동하는 것이며, 혹은 죄를 삼가하는 것이다.

본성은 이것을 행할 능력이 없으며, 오직 은혜로 그것을 행할 수 있다. 은혜는 성령을 통하여 예수 그리스도 안에 있는 믿음으로만 주어진다.

부가 설명

'율법이 연약하다'는 구절은 외적 행동보다는 내적 성질과 마음에 관련된 것이다. 행동에 의해 외적으로 율법을 지키는 사람들의 마음은 시편의 말씀, 즉 "그들은 그 이웃에게 화평을 말하나 그들의 마음에는 악독이 있나이다"(시 28:3)에서 말하는 것처럼, 내적으로는 그것을 싫어한다. 그들이 외적으로 나타내 보이는 것처럼, 자신 안에 내적으로는 나타낼 수 없다.

훔쳐서는 안 된다고 가르쳤던 사람들 자신이 도둑이었다. 사도는 이것을 알았기 때문에 이 서신의 두 번째 장에서 이것을 터놓고 확신 있게 주장했다. 은혜 없이는 모든 것이 창세기 8:21의 "사람의 마음이 계획하는 바가 어려서부터 악함이라"(그리고 율법이 명령한 선한 것에 기여한 바가 없다)에 기록된 것처럼, 이런 가르침이 '중요한 예언들'의 말씀에서[12] 동일하게 나타난다. 말로써 가르쳤던 것과 행위에서 외적으로 멀리 떨어져 보였던 것을 분명히 한다. 은혜 없이는 인간의 의지로 율법을 성취할 수 없다. 사도는 이 점을 확실히 알았다.

---

11. 엘바인(p. 281)은 번역한다. "*Solus amor voluntatis liberrimus.*"; "*Nur der vollkommen freiwillige Liebeswille.*"
12. 참고 Augustine, *De gratia et pecc. Orig.*, 2, 29, 34.

"죄로 말미암아 자기 아들을 죄 있는 육신의 모양으로 보내어 육신에 죄를 정하사"(롬 8:3)

아우구스티누스는 이 구절에 대해 "이것은 우리의 주께서 죽으심으로 성취한 것이다"라고 주석[13]을 달았다. 우리는 더 이상 죽음을 두려워하지 않고, 우리는 세속적인 좋은 것을 구하지도 않으며, 세속적인 악한 것들을 두려워하지도 않는다.

육신의 생각이 가진 목표 때문에 율법의 계명이 성취될 수 없다. 이러한 생각에서 해방된 그리스도인은 육신을 따라 걷지 않고 성령을 따라 걸음으로써 율법의 의로움을 성취할 수 있다.

'죄'와 '육신의 생각'을 벗어 버려야 한다. '정죄하는 것'은 '육신의 생각을 벗어버리는 것'과 같다고 성 아우구스티누스는 말했다. 자유롭게 된 사람은 죽음을 더 이상 두려워하지 않으며, 생명을 사랑한다. 그는 단지 하나님을 사랑하기 때문에 율법을 성취한다. 하나님 때문에 죽음을 두려워하지 않는 사람이고, 하나님보다 목숨을 더 사랑하지 않고, 마음속에서 자신을 싫어하고, 모든 것보다 하나님을 더 사랑한다. 사람들은 자신만큼 사랑하는 것도 없기 때문에 자신보다 하나님을 더 사랑하는 것이 불가능하다. 그러나 그는 모든 것보다 하나님을 사랑한다. 그러나 이것은 육신에게는 불가능한 것이다. 즉 육신의 생각의 길은 자신을 만물보다 심지어는 하나님보다 사랑하는 것이기 때문이다.

육신이 하나님을 사랑하는 것이 가능하다면 "그리스도께서 헛되이 죽으셨을 것이다"(갈 2:21). 왜냐하면 그러면 육신이 전부가 될 것이고, 하나님의 친구가 될 것이고, 사도가 말한 것처럼 "육신의 생각은… 하나님의 법에 굴복하지 아니할 뿐 아니라 할 수도 없음이라"(롬 8:7)는 말씀은 실패가 될 것이기 때문이다. 그래서 우리는 다시 한 번 순수한 자연인으로부터 의지가 하나님의 진실한 사랑의 행동을 산출할 수 있다고 주장하는 스콜라 학자들을 반박할 수 있다.[14] 만약, 인간의 '지성'(the intellect)이 '이것은 인간이 행해야 할 것이야'라고 생각한다면, '의지'(the will)는 곧 그것을 행동에 옮길 수 있다고 주장한다. 결국, 인간의 '지성'이 인간의 '의지'로 하여금 '생각하는 것'을 행동에

---

13. Augustine, *Propos. ex ep. ad Rom.*, 48.

14. "*Voluntatem posse elicere actum dilectionis Dei super omnia ex puris naturalibus.*"

옮길 수 있도록 한다고 주장한다. 그러나 이 견해는 잘못된 것이다.[15] 인간의 지성과 의지는 '하나님은 모든 것을 사랑한다'고 생각할 수 있다. 그러나 그런 생각만으로 하나님을 사랑할 수 있는 것은 아니다. 그런 '생각'은 인간에게 '행해야 한다'는 마음을 불어 넣어 줄 뿐이고 의무 수행에 필요한 동기부여를 할 뿐이다.

율법은 모든 사람이 행할 수 있는 것인가? 율법은 선을 행하기 위해 주어졌는가? 그렇다면, 율법은 자기 의를 의지하고 교만하게 행하는 자들을 부끄럽게 하기 위하기 위하여 주어졌다고 말하는 것은 아무런 의미도 없다. 어떻게 그리스도는 '죽음'으로 죄를 정죄했는가? 그는 어떻게 우리로 하여금 죽음을 두려워하지 않게 하였고, 죽음으로 자유를 가져왔는가? 그리스도는 어떻게 사람들 속에 있는 '육신의 생각'을 제거할 수 있었는가? 그것은 오직 그리스도의 죽음의 가치에 의해서다! 우리가 육신의 생각으로부터 해방을 얻은 것은 그의 죽음 때문이다.

'육신의 생각'을 죽이고, '속사람'을 자라게 하고, 죽음을 멸시하게 하고, 목숨을 포기하게 하는 것은, 솔로몬이 "사랑은 죽음같이 강하고 질투는 스올같이 잔인하며"(아 8:6)라고 말하는 것처럼 우리로 하나님을 사랑하게 하는 것은 영이다(롬 5:5에 의하면, 성령은 우리 안에 있는 욕망을 정죄한다. 우리가 우리 자신을 미워하는 지경에 이르도록 욕망을 정죄한다. 사랑을 선택하는 것은 인간의 성취가 아니라 하나님의 선물이다. 우리의 육신 안에 있는 죄를 정죄하고 멸하신 분은 하나님이시다. 우리의 마음 안에 각인된 성령으로, 그리스도 안에 있는 믿음으로 욕망을 멸할 수 있다).

또한 바울이 직접적으로 말하지 않고 있는 사실에도 주목하라. 그리스도는 '육신 안에 있는 원죄 때문에 육신 안에 있는 원죄를 정죄하였다.' 그리스도는 '죄'와 '육신 안에 있는 원죄'를 구별하신다('죄' 때문에 '육신 안에 있는 원죄'를 정죄하였다). 그리스도께서 인간의 죄를 자신의 육신 안으로 가져와 죄를 심판하셨다. 그리고 자신의 몸으로 원죄와 죄를 정죄하고 심판하셨다. 그리스도의 육신은 아무 죄가 없지만, 우리의 죄를 심판하기 위하여 죄 있는 육신의 모양을 취하셨다. 죄 없는 그리스도의 육신으로 인간의 모든 죄를 대신하게 하였다. 그리하여 모든 사람의 육신 안에 있는 죄가 그리스도로 말미암아 정죄되고 심판된 것이다.

---

15. In part lit., according to Ockham I *Sent.*, *d.* 1, *q.* 2, *concl.* 1. 참고 Biel, II *Sent.*, *d.* 28, *q. un.*, *a.* 2, *concl.* 1 and 2; Pierre d' Ailly, I *Sent.*, *q.* 2, *a.* 2f. 참고 also Lyra's use of the term "*dictamen rationis, dictamen legis naturalis.*"

"율법이… 할 수 없는 그것을"(롬 8:3)

우리는 연약하고 무능하여 율법을 성취할 수 없다. 우리에게 이런 불가능이 있음에도 불구하고, 바울이 '우리가 할 수 없는 것'이라 하지 않고, 오히려 '율법이 할 수 없는 것'이라고 말한다. 바울이 이렇게 말하는 것은 그가 로마인들에게 편지를 쓰고 있기 때문이다. 그들은 의로움과 선행을 얻기 위하여 자신의 자연적인 능력을 의지하고 있다. 바울은 먼저 로마인들과 논쟁하고 있다. 유대인이 그러했고 지금도 행함을 자랑하는 사람들이 그러한 것처럼, 그들은 율법에 대한 지식 외에 다른 어떤 것도 필요로 하지 않았다. 출애굽기 20:19에는 "당신이 우리에게 말씀 하소서 우리가 들으리이다"라고 말하고, 출애굽기 19:8에는 "여호와께서 명령하신 대로 우리가 다 행하리이다"고 말한다. 율법은 그들에게 충분하다고 생각하고 그들에게 잘못이 많이 있을수록 행위들로서 해결 될 수 있다고 생각한다.

바울은 자기 의에 의한 사죄와 공로를 '주제넘은 행동'으로 비난하고 자기 스스로의 힘으로는 율법의 요구를 만족시킬 수 없다고 주장한다. 그들은 다만 율법에 대한 지식과 그에 대한 공허한 확신을 가지고 있을 뿐이다. 이것은 율법 자체에 어떤 결함이 있어서가 아니라, 그들의 어리석음 때문이며 율법의 대한 그들의 신뢰가 공허함 때문이다. 율법은 그 자체로는 선하다. 그것은 마치 포도주를 마시기 원하는 병자와 같다. 그는 포도주를 마시면 병이 치료될 것이라고 생각한다. 의사는 포도주를 비난하지 않고 다만 말한다. "포도주는 당신을 치료할 수 없습니다. 포도주는 당신의 병을 더 위중하게 할 뿐입니다." 그는 포도주에 관해 어떤 비난도 하지 않는다. 그러나 그는 환자를 나무란 것이다. 그가 포도주를 마시기 위해서는 먼저 처방을 받아 자기 병부터 고쳐야 한다. 인간의 타락한 본성도 마찬가지이다. 율법을 지킬 수 있기 위해서는 율법이 아닌 다른 치료제를 필요로 한다.

"육신을 따르는 자는 육신의 일을, 영을 따르는 자는 영의 일을 생각하나니 육신의 생각은 사망이요 영의 생각은 생명과 평안이니라[16] 육신의 생각은 하나님과 원수가 되나니 이는 하나님의 법에 굴복하지 아니할 뿐 아니라 할 수도 없음이라 육신에 있는 자들은 하나님을 기쁘시게 할 수 없느니라 만일 너희 속에 하나님의 영이 거하시면 너희가 육신에 있지 아니하고 영에 있나니 누구든지 그리스도의 영이 없으면 그리스도의 사람이 아니라 또 그리스도께서 너희 안에 계시면 몸은 죄로 말미암아 죽은 것이나 영은 의로 말미암아 살아 있는 것이니라 예수를 죽은 자 가운데서 살리신 이의 영이 너희 안에 거하시면 그리스도 예수를 죽은 자 가운데서 살리신 이가 너희 안에 거하시는 그의 영으로 말미암아 너희 죽을 몸도 살리시리라 그러므로 형제들아 우리가 빚진 자로되 육신에게 져서 육신대로 살 것이 아니니라 너희가 육신대로 살면 반드시 죽을 것이로되 영으로써 몸의 행실을 죽이면 살리니"(롬 8:5-13)

'지혜'라는 단어보다 '생각'이라는 단어를 로마서 8장 내내 한결같게 사용한다(또한 아우구스티누스와 그리스어 사본이 그런 것처럼).[17] 사람이 행하는 데 신중함이 필요한 것으로 여기지만, 지혜를 반드시 염두에 두어야 한다. 사도는 여기에서 도덕과 관련된 의미에서 말한다.

사람이 선한 것을 선택하고 악을 피하기를 추구함으로써 생각을 연습한다고 생각해 보자. 이는 두 부분으로 이루어진다. 두 부분으로 된 종류의 생각을 여기서 기술한다. '육신의 생각'은 이기적인 이득에 있는 것을 선택하고 그것은 자신에게 해로운 것은 피한다. 그것은 공익은 거절하고 공동체 의식에 손상을 주는 것은 선택한다. 이것이 육신의 생각, 즉, 강한 욕망이나 의지이다. 단지 자신만을 즐거워하고 그 밖의 모든 사람 심지어 하나님까지도 이용한다. 그것은 자신을 추구하고 모든 것에서 자신

---

16. 루터 여백 주석에 기록한 것은 다음과 같다(WA 56, 75, 21 ff). "육체의 일은 분명하니 곧 음행과 더러운 것과 호색과 우상 숭배와 주술과 원수 맺는 것과 분쟁과… (그러나) 오직 성령의 열매는 사랑과 희락과 화평과 오래 참음과 자비와 양선과 충성과 온유와 절제니"(갈 5:19 이하). 여기서 우리가 주목할 것은 '성령'이 속사람을 의미한다는 것이다. 육체와 성령의 대조가 그것을 보여 준다. 그리고 더 아래에서 '영은 의로 말미암아 살아 있는 것이니라'(롬 8:10)고 한다. 그러나 영, 즉 속사람은 성령을 가져야 한다. 따라서 이 영의 열매들을 성령의 열매로 간주할 수도 있을 것이다. 결국 더 적절한 것은 '영'을 좋은 열매를 맺는 좋은 나무처럼 속사람으로 이해하고, '육체'를 악한 열매를 맺는 타락한 나무로 이해하는 것이다(마 7:17). 또한 성령 자체가 좋은 나무라기보다 성령이 좋은 나무를 생산한다고 말하는 것이 더 적절하다.

17. Augustine, *Propos. ex ep. ad Rom.*, 49. 파버는 로마서 8:7의 "*prudentia*"(소욕, 생각)에 대하여 "*sapientia*"(지혜)라고 읽는다. 그 차이점이 스콜라 철학자들에게는 어떤 중요성이 있다. 참고 Biel, Prolog. *Sent.*, *q.* 12, *a.* 2, *dub.* 1, where reference is made to Aristotle, *Eth. Nicom.*, VI, 3ff.

만의 흥미 있는 것들을 추구한다. 그것은 인간으로 하여금 오직 자신에게만 집중하도록 만든다. 이것은 그가 하는 모든 것, 감정, 일, 생각, 말을 결정하는 우상이다. 하나님은 단지 그를 위하는 좋은 존재에 불과하고, 그에게 좋지 않은 것은 그냥 다 나쁜 것이다.

성경에는 이러한 굽어진 마음, 부패함과 사악함은 간음과 우상 숭배라는 이름 아래 여실히 드러나 있다. 로마서 6장에서 보는 것처럼, 그것은 우리의 본성 안에 깊이 숨어 있고, 상처받고, 부패한 것이며, 그 자체가 본성이다. 이것은 은혜 없이 치유할 수 없다. 또한 인간은 이것을 인식할 수 없다. 그 관심들의 대상과 그 '지나친 즐거움'에 관하여 그것의 범위의 단계들을 지정해 보자.[18]

외적인 선물 { 부 / 권력 / 명예 } { 부모 / 친구 / 가족 } { 친척 / 자녀 / 아내 }

물질적인 선물: 건강 힘 아름다움

정신의 선물 : 재능 기억 지능 분별력

지식과 재능 { 물질적인 / 정신적인 } 장점 { 선천적인 / 후천적인 등 }

우월성, 즉, 인간됨 { 교양과목 / 철학 등 } 같은 지혜

지적인 지혜 { 성경 / 창조 } -의 { 지식 안에서 / 신비에 관하여 } 그리고

영성의 풍부함(의, 헌신, 성령의 은사들, 묵상) 안에서

그에게 있어서의 하나님은 그의 거룩한 속성들로 알려진 것[19]

하나님께서는 우리 사람들에게 여러 겹의 옷으로 우리를 입히시면서 이 모든 것을 주셨다. 그리고 '육신의 생각'은 이 모든 선물들에 매어 있다. 모든 사람이 그것들

18. On this term, 참고 Ockham, I Sent., d. 1. q. 4C; Biel, I Sent., d. 1. q. 4, a. 2, concl. 1.
19. "Deus affirmative"; 참고 perhaps Dionysius Areopagita, De coelest. hierarch., 2, 3.

모두를 아우르지는 않으며, 그것들 중 같은 것에 동일하게 흥미를 일으키지도 않지만, 한 사람은 좀 더 많고 다른 사람은 좀 더 적게 가진다. 어떤 경우에는 같은 것을 나누어 가지고, 한 사람이 그것들 중 몇 가지를 가지고 있기도 하고 다른 사람은 근소하다. 인간은 그것들 모두를 자기에게로 향하게 하고, 그것들 안에서 자기 자신의 좋은 것을 추구하고, 그 단계를 넘어 우상을 만든다. 그는 이것을 그가 할 수 있는 한 진실하신 하나님의 위치에 놓고 그것들이 하나님을 나타내게도 하지 않으며 그는 그것들을 빼앗길 때 불행해 한다. 그런고로, 누가 그의 의지에 반하여 그로부터 어떤 것도 깎아 내릴 수 없다.

그래서 심지어는 가장 낮은 등급의 것, 말하자면, 부일지라도 포기하기를 거절하는 어떤 사람들이 있다. 다른 사람들은 부와 결별할 준비가 되어 있지만 명예는 기꺼이 포기하려들지 않을 것이며 그렇게 한다면 그들은 자녀, 부모, 친구 등과 분리되기를 거절한다. 그러나 그들이 그것들을 포기하기를 선언한다면 그때 그들은 건강함, 아름다움, 또는 목숨을 내놓기를 거절한다— 그래서 계속해 나갈 수 있고 사람들이 붙잡혀 있는 매우 많은 견고한 덫에 주목하고 그들을 끊임없이 탐구한다. 인간 본성은 가장 작은 이러한 덫으로부터 자신을 풀어 줄 수 없는데 하물며 모든 것 또는 더 큰 것으로부터 풀어 줄 수 있는 것은 아니다. 그러나 은혜는 성경에서 말한 것과 같다. "그가 내 발을 그물에서 벗어나게 하실 것임이로다"(시 25:15). 그것을 속히 자유롭게 할 것이다. 이러한 인간의 가능성들은 "새 사냥꾼의 올무"(시 91:3)로 이것이 그들의 본성(그들은 선하게 창조되었기 때문에)이기 때문에 그들이 올무들로 향하는 것이 아니라 그들은 육신의 분별의 흠에 의하여 그렇게 된다.

'영의 생각'은 많은 사람에게 돌아갈 유익을 선택하고, 공공의 삶에 해를 끼칠 수 있는 것을 피하기를 추구한다. 그것은 이기적인 관심을 거절하고 이기심에 이득이 되지 않은 것을 선택한다.

그것은 "자기의 유익을 구하지 아니하"(고전 13:5)는 사랑 그러나 하나님과 그분의 모든 창조물에게 속한 사랑을 구하기 때문이다. 하나님과 모두에게 좋은 것을 오로지 좋은 것으로 여기며, 하나님과 모두에게 악한 것을 악한 것으로 여긴다. 그가 그분 안에 있는 것처럼 그 모든 관심은 오로지 하나님뿐이며 하나님과 관련된 것만 흥미가 있기 때문이다.[20] 그런고로 하나님 안에 있는 모든 것과 하나님을 즐거워한다.

이것이 어떻게 가능하며 말씀 안에서 쉽게 입증될 수 있을까. 단지 성령만이 실제적으로 하나님을 사랑하는 마음을 촉발할 수 있다. 그것을 경험한 사람만이 성령에 관한 지식을 가질 수 있다. 그렇게 많은 것들이 갑자기 보이지 않게 하고 공허함으로 사라지도록 야기하고 영혼에게 무가치한 것으로 여기도록 불러일으키는 분은 성령이시다. 그리고 모든 것으로부터 마음속으로 돌아선 영혼은 마리아와 같이 필요한 단한 가지를 찾는다(눅 10:38). 그러나 마르다는 모든 것을 통과하고 그것과 씨름할 때 그녀는 많은 것으로 곤경에 처해졌다. "오직 한 일 즉 뒤에 있는 것은 잊어버리고 앞에 있는 것을 잡으려고"(빌 3:13).

이제 부를 포기하고 가난을 주장한 사람들이 있다 하자. 그들의 혼은 정말로 이 덫으로부터 빠져 나왔다. 그러나 그들은 더 열악한 것으로 떨어진다. 즉 헌신과 올바른 생활과 관련하여 이기심으로 떨어지며, 또는 배우거나 연구하는 것과 관련하여 또는 그렇게 나쁘지 않은 것들, 혹은 명예로워지고자 하는 욕망 등 허영심으로 떨어진다. 그리하여, 그렇게 많은 올무 안에 있을 때 얽매어진 육신의 생각이 끊임없는 기도와 많은 눈물로 영의 생각에 의하여 극복될 때까지 많은 노력이 요구되어진다.

이러한 것들은 성 안토니가 세계 도처에서 보았던 올무들로서 그는 그것들을 한탄하며[21] "누가 그들을 이 모든 것으로부터 탈출시킬 수 있겠는가?"라고 말했다. 그리고 그는 답하기를 "단지 겸손이 할 수 있다"라고 하였다. 지금 나는 여기에 여덟 가지의 큰 올무들을 열거하였지만 그것들을 부분별로 나눈다면 매우 많은 것이 된다. 그리고 누군가가, 말하자면, 그가 돈을 무시하는 한에 있어서 한 측면으로는 부를 추구하는 올무에서 벗어났을 때, 그는 다른 측면에서, 말하자면, 땅의 소유나 다른 재산에 대하여 그가 갈망하는 한에는 올무 안에 잡혔다는 것은 정말로 사실이다. 그리고 그 밖의 모든 것에서도 그렇다.

그러니까, 육신의 생각의 흠에 의하여 올무가 있다는 것과 사람에 대한 장애물이 그가 하나님께로 가는 길을 돕는다는 것에 대해 영의 생각에 감사하자.

그런고로 사도는 말한다. "그들은 육신의 것들을 생각한다." 즉, 즐거움의 대상인

---

20. "*Quia non habet obiectum aliud nisi Deum negative et omnia cum Deo negative.*"
21. *Vitae Patrum III*, *Verba Seniorum*, 129 (PL 73, 785).

육적인 것들 등이다. 우리가 열거했던 모든 것들이 이런 종류의 것이다.

'육신의 생각'이라는 용어는 육적인 즐거움뿐 아니라 이생에서 가질 수 있는 하나님의 이면에 있는 모든 것을 언급한다. 그러나 다가올 삶은 창조된 세계에서 가질 수 없었던 것뿐 아니라 창조자 안에 있는 것이고 영의 생각의 관점에서 그는 좋은 존재일 것이다.

성 아우구스티누스는 이 구절에서 말한다.[22] "'하나님의 적'에 의해 우리는 거룩한 율법을 순종하지 않고 육신의 생각 때문에 순종하지 않는 사람임을 뜻한다. 즉, 세속적인 것들을 기다리고 세속적인 악한 것들을 두려워하기 때문이다. 통상적인 정의에 따라, 생각은 좋은 것들을 바라고 악한 것들은 회피하는 욕망이다." 그때 그는 사도의 말씀을 인용한다. "육신의 생각은 하나님을 향하여 적대감을 가지며 '적대감'은 말하자면, 적어도 마니교도가 하나님을 향한 적대감을 구성하는 반대편의 원리를 지향하는 어떤 본성으로 생각하지 않았을 '하나님의 말씀을 순종하지 않으려는 것을 뜻한다는 것'을 계속해서 보여 준다."

"그러나 우리에게서 세속적인 것에 희망을 갖는 것과 세속적인 악한 것에 대한 두려움을 갖는 것을 빼앗는 영의 생각이 뒤따르기 위하여 이 생각이 사라졌을 때 하나님의 말씀을 순종한다. '위엣 것'을 선택하고 사랑하는 한에 있어서는 영의 생각인 것처럼 '아래 것'을 갈망하는 한에 있어서는 육신의 생각을 가진 영혼의 같은 본성이며 특성인 것이다. 얼릴 때 얼고 가열할 때 증발하는 물의 같은 성질이나 특성과 마찬가지이다. 그런고로, 이르기를 '육신의 생각은 하나님의 말씀에 순종하지 않으며 그렇게 할 수도 없다.' 이것은 눈이 녹아서 물이 되고, 물이 가열되어 증기를 내뿜고 끓는 때는 아무도 그것을 더 이상 눈이라고 부를 수 없다."

그렇게 또한 주님은 마태복음 12:33에 다른 표현으로 말씀하신다. "나무도 좋고 열매도 좋다 하든지 나무도 좋지 않고 열매도 좋지 않다 하든지 하라." 나무가 좋지 않은 것인 '육신의 생각'이 나무가 좋은 것인 '영의 생각'으로 변화되지 않는다면, 좋은 열매를 맺으려고 수고할지라도 그것은 좋은 열매를 맺을 수가 없다. 열매가 나무를 내는 것이 아니라 나무가 열매를 낸다.

---

22. Augustine, *Propos. ex ep. ad Rom.*, 49. 루터는 그 자신의 요약과 논평으로 그의 인용을 섞어 사용함으로써 아우구스티누스의 구절들을 축약한다.

아리스토텔레스가 말한 것처럼[23] 노동과 행함이 선함을 산출하지 않는다. 그러나 그리스도께서 가르치신 것처럼 선함이 행동을 결정한다. 두 번째 행동은 첫 번째 행동을 상정하기 때문이고 원인 없는 결과는 없는 것처럼 행동의 전제조건이 핵심이요 능력이기 때문이다.

그래서 이제 우리가 이해해야만 하는 세속적인 것은 그것을 감각을 가지고 이해하든 또는 정신을 가지고 하든 생활이나 지식이나 올바른 삶을 가지고 이해하든 우리가 전에 말했던 것처럼 하나님 밖에 있는 모든 것이다. 유사하게 죽음, 무지, 죄 같은 것 등 이러한 선한 것들에 반대하는 모든 것을 악한 것으로 고려해야 한다. 영에 신중한 사람은 마치 그가 세속적인 것들을 향해 특별한 감사나 사랑을 하지 않는 것처럼 그것들을 두려워하지 않는다. 그러나 육신에 신중한 사람은 죽음과 우둔함과 죄 등에 끔찍한 두려움을 가진다.

그러니까 당신이 죽는다는 생각을 사랑하는 대신에 몹시 두려워한다고 느낀다면 당신은 아직도 육신의 생각에 연루되어 있다는 가장 명백한 신호로 그것을 가져갈 수 있다. 유사하게, 당신이 죄와 다가올 심판에 대하여 불안 해 하고 당신의 죄 때문에 절망한다면, 이것은 육신의 생각이 아직도 당신 안에 살아 있다는 것을 가리킨다. 하나님의 은혜로 안전의 소망을 받아드리고 약한 자가 아마도 이 공포로부터 그들 자신을 자유롭게 하는데 분주하도록, 그들은 전혀 두렵거나 혐오하지 않기 때문이 아니라, 육신의 생각이 무엇인지에 대해 인식함으로써 그것을 제자리에 놓으려 하기 때문에 죄와 죽음을 몹시 두려워하지 않는다. 이렇게 하여 연약한 사람들은 그들의 고통들을 멈춰 줄 은혜를 향해 그들의 얼굴을 간절한 마음으로 돌리지 않는 한 여전히 율법 아래에 있다.

그러나 '영의 생각'은 하나님의 뜻을 사랑하고 그들이 그것을 확신하기 때문에 그것을 특별한 것으로 묘사한다. 그래서 그들은 하나님의 뜻에 의해 그분의 진노를 표현할 때 모든 것을 공포로 채우는 마지막 심판이 다가온다는 지식에도 놀라지 않고 그들은 그것을 기쁨으로 고대하며 그것이 곧 오도록 기도한다. 다른 사람들이 가장 큰 공포로 몹시 두려워하는 것이 하나님이 하시려는 것을 완전한 의지를 가지고 그들

---

23. Aristotle, *Eth. Nicom.*, III ,7; V, 9; V, 10.

이 하기 때문에 그들에게는 순전한 기쁨의 대상이다. 그와 같은 의지가 우세할 때마다, 고통도 없고 몹시 두려워함도 없지만 고대하고 원했던 모든 것의 실현이 있고, 사람이 갈망했던 것의 조용한 성취가 있다. 시편 97:8에 "여호와여 시온이 주의 심판을 듣고 기뻐하며 유다의 딸들이 즐거워하였나이다"라고 말한 것처럼. 그리고 심판의 날에 있을 끔찍한 것들을 예언한 우리의 주께서 계속 말씀하셨던 "이런 일이 되기를 시작하거든 일어나 머리를 들라 너희 속량이 가까웠느니라 하시더라"라고 말한 것처럼 말이다(눅 21:28).

그러므로 사람들의 태도가 그것들을 기다리는 고통 때문에 자신들이나 다른 사람들에게 동정을 느낀 후에는 사람들에게는 쓸모가 없는 것이다. 두려움을 통해 이러한 고통을 어떻게 벗어날까 생각하려 해서는 안 되고, 뉘우침으로 무서워 할 필요가 있는 세상의 죄악에 나뒹구는 사람들의 경우를 제외하고는 심판에 대한 생각에 사람들이 놀라움과 두려움으로 가득 채워지는 방식으로 설교를 해서는 안 되기 때문이다. 그러나 이미 회개한 사람들과 그들의 죄 때문에 충분히 슬퍼한 사람들에게는 무슨 일이 일어나고 그 마지막 날이 곧 오는 것에 요청되는 것이 무엇인지에 대하여 그들이 기쁨으로 기다리는 것을 배우도록 격려하는 설교를 할 필요가 있다. 우리는 하나님의 진노와 마지막 심판의 공포와 고통으로부터 그것들을 두려워함으로 탈출하는 것이 아니라 그들을 사랑함으로 우리가 하나님의 뜻을 확신할 때 우리의 양심이 고요해지는 것이다.[24]

심판의 날의 오는 것을 두려워하는 것이 무슨 소용이 있을까? 그것을 두려워하는 사람은 그것을 싫어하기 때문에 심판이 오기 원치 않을 것이다. 그러나 이제는 심판이 오지 않는 것이 가능하게 할 수는 없고 심판이 오는 것을 싫어하는 사람에게 유익과 구원을 가져다주는 것이 가능하게 할 수는 없다. 그것은 하나님의 뜻이고 심판이 오는 것은 그분이 기뻐하시는 것이다. 하나님의 뜻에 저항하는 사람과 심판의 날을 두려워하는 사람은 그러므로 '하나님에 대항하는 반역자'로서 합법적으로 정죄 받을 것이다(민 14:9).

이런 이유로, 사도가 디모데후서의 마지막 장에서 다음과 같이 말하는 것은 옳

---

24. "*Conformitas voluntatis Dei*"(가브리엘 비엘, 클레르보의 베르나르, 슈타우피츠가 가장 좋아하는 구).

은 것이다. "이제 후로는 나를 위하여 의의 면류관이 예비 되었으므로 주 곧 의로우신 재판장이 그날에 내게 주실 것이며 내게만 아니라 주의 나타나심을 사모하는 모든 자에게도니라"(딤후 4:8). 그리고 베드로는 그의 두 번째 서신의 마지막 장에서 "이 모든 것이 이렇게 풀어지리니 너희가 어떠한 사람이 되어야 마땅하냐 거룩한 행실과 경건함으로"(벧후 3:11)라고 말한다. 그리고 디도에게 사도는 "우리를 양육하시되 경건하지 않은 것과 이 세상 정욕을 다 버리고 신중함과 의로움과 경건함으로 이 세상에 살고 복스러운 소망과 우리의 크신 하나님 구주 예수 그리스도의 영광이 나타나심을 기다리게 하셨으니"(딛 2:12-13)라고 말한다. 그리고 우리의 주님은 누가복음 12:36에서 "너희는 마치 그 주인이 혼인집에서 돌아와 문을 두드리면 곧 열어 주려고 기다리는 사람과 같이 되라"고 말씀하신다.

아무도 이 두려움을 없이하지 못했으나 그리스도께서 홀로 이루셨다. 그분은 죽음과 모든 세상적인 죄악과 심지어는 영원한 죽음까지도 이기셨다. 그분을 믿는 자들은 절대적으로 더 이상 두려워하지 않으며 복 받은 자긍심을 갖고, 그들은 멸망 받지 않으며 삼킴을 당하지 않음을 알면서, 그들은 이 모든 악들을 멸시하고 조소하며 그들 안에서 즐거워하는데, 그리스도께서 이 모든 죄악을 이기셨던 승리를 그들 자신의 눈으로 목도하며 경험하며 살 것이다. 그래서 그들은 말할 수 있다. "사망아 네가 쏘는 것이 어디 있느냐?"(고전 15:55).

우리는 우리의 힘과 능력으로 죽음과 죄악을 극복할 수 없고, 그것들로부터 탈출할 수도 없다. 우리는 너무나 연약하여 그것들에 대항하여 한 손가락도 올리지 못하고, 단지 그것들을 감내할 뿐이다. 이것이 그리스도께서 본을 보이시며 우리에게 가르치시는 교훈이다. 그분은 확신 있는 태도로 하나님의 자비와 자신의 죽음을 맞이하셨다.

"무릇 하나님의 영으로 인도함을 받는 사람은 곧 하나님의 아들이라"(롬 8:14)

"하나님의 영으로 인도함을 받는 것"은 자유롭게, 지체 없이, 기쁘게, 육신 즉 우리 안에 옛 사람을 굴복시키는 것, 즉, 하나님이 아닌 것 심지어는 우리 자신까지도 무시하고 거절하는 것을 뜻한다. 죽음 또는 그 부류들, 형벌의 맹렬한 경주[25]를 무서워하는 것이 아니고 '세상과 그 더러움과 부도덕한 것[26]의 헛된 즐거움들을 포기하는 것'이고 모든 좋은 것들과 대신에 악한 것을 받아드리는 것을 손쉽게 포기하는 것이다. 이것은 본성의 수행이 아니라 우리 안에 계신 성령의 성취이다.

"너희는 다시 무서워하는 종의 영을 받지 아니하고 양자의 영을 받았으므로 우리가 아빠 아버지라고 부르짖느니라"(롬 8:15)

사도는 대립을 만들어 낸다. 즉, 그는 한 가지를 다른 것에 대항하여 대화하고 비교하거나 대조한다. 요한복음 8:35의 "종은 영원히 집에 거하지 못하되 아들은 영원히 거하나니"에서처럼 '종'과 '아들'은 서로에 반대하여 놓여 있다. 같은 방식으로, 속박의 영은 자식의 신분 관계의 영과 대조되며 종의 두려움이 아들의 사랑과 대조된다.

　'속박'은 여기서 누군가가 그리 말한다면, '자식의 신분 관계'는 '아들'로부터 파생된 것같이 속박은 '종을 구속함'으로부터 파생된 듯이 추상적인 의미로 이해됨이 틀림없다.

　'속박'은 요한복음 8:34로 "예수께서 대답하시되 진실로 진실로 너희에게 이르노니 죄를 범하는 자마다 죄의 종이라"는 말씀처럼 여기서는 '죄에 속박됨'의 의미를 가짐이 확실하다. 율법은 누구든지 이 속박으로부터 자유롭게 할 수 없었다. 그렇기 때문에 형벌의 두려움이 스며들게 함으로써 사람들이 율법의 행위들을 하도록 단지 강요했으며, 그것 때문에 육신의 소행을 굴복시킨 것이 아니라 율법에 대한 증오심과 또한 그것을 벗어나려는 경향과 열망이 깊어지게 하였기 때문에 도리어 그것을 증가시켰다.

---

25. 아우구스티누스파 수도회의 브레비어리(Breviary)에서 찬가 "베르기니스 프로레스"(Virginis proles)로부터 인용되었다(참고 Ficker, p. 366, n, 16).
26. 이 또한 아우구스티누스파 브레비어리의 찬가로부터의 구절이다("*Jesu corona celsior, commune confessoris non prontificis*").

이 영은 두 가지 국면에서 '두려움'의 영으로 불린다. 첫째로, 우리가 입증했던 것처럼, 형벌로 사람들을 위협함으로써, 그들에게 율법을 가지고 규칙을 준수하라고 강요되었던 것과 같은 정도로 그들이 율법의 의도와 목적으로부터 내적으로 돌아섰던(사람은 두려워하는 것을 할 수 없고 싫어하기 때문에) 결과를 가진 율법의 행위들을 하라고 그들의 의지에 반하여 이것들을 강요했기 때문이다. 이것은 출애굽기 20:18에서 상징화되었다. 여기서 이스라엘 사람들은 멀리 떨어져서 산들로 가까이 이끌리는 것을 두려워하여 떨며 서 있었다. 마음과 사람의 선한 부분이 하나님과 율법으로부터 돌아설 때, 사람이 중요성이 적은 부분, 즉, 몸으로, 선한 일들을 하고 종교적인 격식을 준수함으로써, 겉으로 복종하기를 연습한다면 의미가 없기 때문이다. 우리의 주께서 위선자들에게 말씀하시기를 "이 백성이 입술로는 나를 공경하되 마음은 내게서 멀도다"(마 15:8; 사 29:13).

둘째로, 이 영은 두려움의 영이라 불린다. 왜냐하면 시련의 시간에 그리고 이 맹종하는 두려움이 심지어는 율법의 외적 준수라도 사람으로 하여금 무시하도록 강제하기 때문이다. 확신하건대, 이 두려움은 맹종하는 두려움보다는 오히려 세속적인 두려움으로 불린다. 왜냐하면 율법이 충족되지 않을지 모를 두려움이 아니라 세속적인 것들을 잃어버릴지 모르거나 악한 것들이 금방이라도 일어날지 모를 두려움이며 그러므로 맹종하는 두려움보다 더 좋지 못한 것이기 때문이다. 요한은 맹종하는 두려움을 요한일서 4:18에서 말할 때 언급한다. "사랑 안에 두려움이 없고 온전한 사랑이 두려움을 내쫓나니."

성경의 말씀들이 얼마나 심오한지 주목하라! 우리 중 아무라도 육신의 욕망이나 육신이나 자기 안에 '옛사람'이 존재하지 않는 사람이 없기 때문에 두려움 없이 결코 지낼 수 없거나 좀처럼 그렇게 하지 않는다. 그러나 탐심은 사람이 탐내는 것을 잃어버릴지 모를 두려움 없이는 결코 존재하지 않는다. 그리하여, 우리 중 아무라도 완전한 사랑을 줄 수는 없다. 유사하게, "죄를 범하는 자마다 죄의 종이다"란 말은 언뜻 보기에는 많은 사람에게 적용되지 않는 심판을 표현하는 듯이 보인다. 그러나 좀 더 가까이 그것을 들여다보면, 그것은 모든 사람에게 적용된다는 것을 발견한다. 우리 모두는 죄의 종이기 때문이고 죄를 범하기 때문인데, 참으로 그렇지 않다면 그때는 우리가 전에 충분히 설명했던 것처럼 원함과 성향에 의해서 확실하다.

아우구스티누스의 이 구절에 대한 주석에 따라,[27] '무서워하는 영'은 '죽음의 권능을 가진 그'(즉, 마귀)이고, '그리고 그들이 육신의 갈망을 섬기기 때문에 율법의 명령을 충족시킬 수 없는 사람들에게 주어진 것이다.'

그러나 율법이 선언되고 인지될 때 일어나는 육신의 생각 안에서 율법을 몹시 두려워하는 일이 시작된다고 말하는 것이 더 좋을 것이다. 왜냐하면 사람이 율법을 알지 못하는 동안에는 그것은 잠잠할 것이기 때문이다. 이것은 출애굽기 4:3에서 모세가 그가 땅에 내던진 지팡이가 뱀이 되었을 때 무서워서 피하였던 곳에서 상징화된다. 율법을 무시하고 그러므로 그것을 순종하기를 원치 않는 사람이 율법에 정통할 때 같은 일이 일어난다. 그는 무례하게 되고 율법을 혐오하게 되고 그가 이제는 중단한 자유에 대한 슬픔을 가지고 되돌아간 것처럼 보인다. 그와 같은 것이 두려움의 영이다.

사도는 한편 "너희는 다시 무서워하는 종의 영을 받지 아니하고"라고 말한다. 이전에 당신은 두려움의 영 안에 있었고 하기 힘든 일을 시키는 말하자면 당신을 재촉했던 율법 아래에 있었다. 그러나 이제 당신은 무서워하는 영을 다시 받지 아니하고 오히려 믿음을 신뢰하는 영인 양자의 영을 받아서 자유인이다. 이 신앙에 대하여 그는 말씀 안에서 가장 의미 있는 표현을 한다. 곧, 우리가 부르짖는 것은 '아바'다. 두려움의 영 안에서 우리는 어떤 것을 중얼 거리기 위해 입을 열기도 어렵고 확실히 부르짖을 수는 없다. 그러나 믿음을 의지하는 것은 마음을 넓게 열고 감정과 말을 풀어주는 반면에 두려움은 경험이 풍부하게 입증하듯이 그것들을 함께 이끌어서 단단하게 조인다. 두려움의 영은 '아바'라 부르지 않으며 대신에 마치 그분이 적이나 압제자인 것처럼 하나님을 싫어하고 그분으로부터 도망하며 그분에 대항하여 불평한다. 무서워하는 영 안에 있는 사람들은 양자의 영 안에 있지 않아서 주님이 얼마나 달콤하신지(시 34:8; 벧전 2:3) 맛보지 않으며 그분은 그들에게 나타내 보이기 어려우며 그들을 기뻐하기도 어렵다. 자기 주인의 돈을 숨기고 "나는 당신이 심지 않은 데서 거두는 굳은 사람임을 압니다" 등등 이라고 말했던 복음서(마 25:24)의 종들과 마찬가지로, 그들의 입으로는 '아버지'라고 말할지라도 그들의 마음에는 그분을 독재자라고 부른다.

---

27. Augustine, *Propos. ex ep. ad Rom.*, 52.

어떤 사람의 장점들을 받아드리지 않고 우리를 자유롭게 불쌍히 여기시는 주님을 기뻐하지 않는 사람들이 이런 부류의 사람들이다. 그런고로 그들은 "당신은 성취할 수 없는 계명들을 주시지 않았다. 당신은 우리에게 은혜가 아니라 단지 지식을 주셨다. 나는 그것을 여전히 가지고 있고 이제 나는 그것을 당신에게 되돌려 드립니다"라고 말한다. 그것을 겪는 대신에, 그는 우리 안에 우리의 희망을 두지 않고 그 자신 안에 두며, 그의 자비 안에 둔다는 것을 그들은 즐거워해야 한다. 그들처럼 세뇌된 모두는 하나님은 독재자처럼 행동한다고, 그는 우리의 아버지가 아니고 우리의 적이라고 그들의 마음으로 비밀스럽게 말한다. 그리고 그렇게 하는 것은 사실이다. 그러나 사람이 이 적에게 동의해야만 하고 그리하여 오로지 그렇게 함으로 그는 친구이고 아버지가 된다는 것을 그들은 알지 못한다. 그분은 우리에게 양도하려 하지 않고 우리가 그분의 친구와 자녀가 되기 위하여 그분 자신을 변화시킬 수 없기 때문이다. 그러므로 우리는 그분이나 그분이 뜻하신 것이나 사랑을 두려워할 필요가 없다. 그러나 이것은 우리가 그분이 사랑한 것을 같은 영을 가지고 사랑하고 그분이 행하신 같은 방식으로 그분이 싫어하신 것을 싫어하기 위하여 그의 영을 소유하지 않는 한 일어나지 않는다. 우리는 우리가 그분의 사랑하는 의지와 영을 갖지 않는 한 하나님이 사랑하신 것을 사랑할 수 없다. 사람이 사랑해야 한다는 것에 순응해야 한다면 사랑의 감정에 또한 순응해야 하기 때문이다. 그러한 사람들은 하나님의 성령에 인도함을 받기 때문에 신과 같은 사람들로 불리고 하나님의 아들들로 불린다.[28]

이러한 두 종류의 사람들 사이의 차이는 한편으로는 그분의 자비 안에서 그리스도에게 음료에 식초를 부은 것이나 쓸개를 탄 포도주를 주었던 사람들에 의하여(마 27:34; 요 19:29), 그리고 다른 한편으로는 부활 후에 구운 생선 한 토막과 '꿀'(honeycomb)을 그분에게 드렸던 사람들(눅 24:42 이하)에 의하여 나타난다. 처음 부류의 사람들은 그들의 눈에는 하나님이 쓸개보다 그들에게 더한 분이라는 것을 나타내 준다. 이것은 왜 그들이 그분에게 그들 자신의 것, 즉 격분하고 거리끼는 마음, 신맛 나는, 즉 멸시하는 마음을 주었는지에 대한 이유이다. 주께서 그것을 맛보실 때 그분은 그것을 마시길 원치 않으셨다(마 27:34). 그러나 다른 부류의 사람들은 그들의 눈에는 하나님이 꿀

---

28. 참고 Faber *ad* v. 15f.: "*Haec est conformitas filii Dei … Christi esse conformes, imo esse Christiformes.*"

처럼 달았고 그분에게 그들 마음의 이 감미로운 기쁨을 드리고 그분은 그들 앞에서 그것을 맛보시고 그것을 모두 잡수신다. 전자에 관하여 예레미야 15:10 하반절로 '다 나를 저주하는도다 주가 말하노라'고 말한다. 그리고 이사야 8:21로 '그들이 자기의 왕과 자기의 하나님을 저주할 것이다'라고 말한다. 그렇다면 하나님이 적이요 전쟁의 상대편이라고, 곧, 누가 그의 감정과 의지 안에서 그분을 반대하고, 하나님이 뜻하신 것을 반대하여 성취하려는 그 모든 능력의 시도 안에서 그분을 반대하고, 참으로 하나님과 그분의 뜻을 행하려 하지 않고, 자신의 소유 즉, 아무것도 아닌 것으로 그것을 변화시키는 것을 그들의 마음에 생각한다면 하나님을 저주한다는 것을 뜻하지는 않는가?

이제 이 부르짖음은 한낱 지나가는 소리가 아니라 갈라디아서 4:6-7에서 보인 "너희가 아들이므로 하나님이 그 아들의 영을 우리 마음 가운데 보내사 아빠 아버지라 부르게 하셨느니라 그러므로 네가 이 후로는 종이 아니요 아들이니 아들이면 하나님으로 말미암아 유업을 받을 자니라"고 한 것처럼 마음속의 진실한 고백이다. 이는 정확히 이 구절과 같고 그들은 명백히 같은 것을 말한다.

"성령이 친히 우리의 영과 더불어 우리가 하나님의 자녀[29]인 것을 증언하시나니 자녀이면 또한 상속자 곧 하나님의 상속자요 그리스도와 함께 한 상속자니 우리가 그와 함께 영광을 받기 위하여 고난도 함께 받아야 할 것이니라 생각하건대 현재의 고난은 장차 우리에게 나타날 영광과 비교할 수 없도다"(롬 8:16-18)

성령으로 충만했던 성 베르나르는 그의 "성수태고지의 설교"(Sermon on the Annunciation)에서

---

29. 루터의 주석은 이렇다(숫자 1과 2 아래의 여백 주석)(*WA* 56, 78f, 13ff.). "성령이 친히, 우리에게 부은 바 되신 분, 우리의 영과 더불어 우리가 하나님의 자녀인 것을 증언하시나니, 하나님에 대한 우리의 신뢰를 강화하심으로써(1-2), 우리가 믿는 만큼 되거나 가지기 때문이다. 그러므로 충분한 믿음으로 믿는 자마다 그리고 그분은 하나님의 아들이라고 확신하는 자마다 하나님의 아들이다. 이는 다음과 같은 말씀 때문이다. '그러므로 내가 너희에게 말하노니 무엇이든지 기도하고 구하는 것은 받은 줄로 믿으라 그리하면 너희에게 그대로 되리라'(막 11:24). '이에 예수께서 그들의 눈을 만지시며 이르시되 너희 믿음대로 되라 하시니'(마 9:29). (1) 강한 믿음과 소망에 의하여 그분이 하나님의 아들이라고 확신하는 자마다 하나님의 아들이다. 그러나 어느 누구도 이것을 성령 없이는 할 수 없다. (2) '사랑을 받을지 미움을 받을지 사람이 알지 못한다'(전 9:1)에 반하여."

명백히[30] 이 보증은 다름이 아니라 하나님 안에서 우리 마음으로 믿음을 신뢰하는 것임을 보여 준다.[31] 처음 장에서 그는 말하기를 "나는 이 보증이 세 부분으로 구성되어 있다고 믿는다. 무엇보다도 먼저, 당신은 오로지 하나님의 자비에 의해 죄들을 사함받을 수 있다고 믿어야 한다. 둘째로, 하나님이 당신에게 주시지 않았던 단 하나의 선한 일을 당신의 것으로 부를 수 없다. 마지막으로, 그 일이 또한 당신을 자유롭게 해 주지 않는 한 당신은 어떤 일을 함으로써 영원한 생명을 얻을 수 없다." 그러나 이 모든 것이 결코 충분하지 않다. 우리는 그것을 오히려 믿음의 시작의 어떤 것으로 이를테면, 그 기초로써 여겨야 한다. 왜냐하면 하나님만이 당신의 죄들을 제거할 수 있다고 당신이 믿는다면, 당신은 바른 믿음을 가지고 있으나, 여기로부터 당신은 믿는 것을 계속해야 하고 당신 자신이 믿어야만 하는 것은(그리고 이것을 할 수 있는 것은 당신이 아니라 거룩한 성령께서 당신이 믿도록 가능하게 해야 한다). "그분을 통해서 진정으로 당신의 죄들의 사함을 받을 수 있기 때문인 것이다. 이것이 그분이 우리에게 말한 네 죄들을 용서하였다는 우리의 마음 안에 있는 성령의 증거이다."

그리고 이것이 사람이 믿음으로 의롭게 된다고 사도가 말한 때 뜻한 바이다.[32](당신은 그것이 단지 선택받은 자에게가 아니라 당신 자신에게 적용된다는 것을 단호히 믿어야 한다. 그리고 그리스도에서 당신의 죄들 때문에 돌아가셨고 그것들을 위하여 희생을 치르셨다는 것을 믿어야 한다).

"훌륭한 요소들도 그와 같다. 우리가 그리스도를 통해서만 그런 것들을 가질 수 있다고 믿는 것으로는 충분하지 않다. 진리의 성령이 당신의 마음속에 당신 자신이 그분을 통하여 그것들을 갖는다고 보증해 주신다면 당신의 믿음은 단지 온전한 것이다." 그리고 당신이 한 일들이 장기간 내에 밝혀지는 것이 무엇이든지 간에 하나님께 받아들여지고 알맞다는 것을 확실히 믿을 때 이것은 사실이 된다. 그리고 심지어는 그것들이 선하고 순종으로부터 행해진 것이고 당신은 악한 일을 전혀 하지 않았기 때문일지라도 이러한 일 때문에 당신이 하나님 앞에서 아무것도 아니라고 느낀다면 그것들은 하나님께 알맞다는 이 믿음을 갖는다. 선한 일들이 이런 겸손함과 이런 물러섬의 느낌으로 행해질 때, 그것들은 하나님의 관점에서 받아들여진다.

---

30. 루터는 베르나르로부터 방해를 받으며 인용한다. *Sermo on festo annuncialonis b. Mariae virg.* 1.
31. "*Fiducia cordis on Deum.*"
32. 베르나르는 "*iustificari per fidem*"이라는 표현을 사용하지 않는다. 그러나 그는 "*gratis iustificari*"라고 말한다.

"영생에 대해서도 그렇다. 하나님이 그것을 은혜로 주신다고 믿는 것으로 충분하지 않다. 당신 자신이 하나님의 은총으로 그것을 얻었다는 성령의 보증을 가져야 한다."

사도가 이러한 세 가지 점들을 염두에 두고 있다는 것을 성경은 명백히 보여 준다. "누가 능히 하나님께서 택하신 자들을 고발하리요"(롬 8:33). 다르게 말하면 우리는 우리의 죄들이 우리의 책임 위에 놓이지 않는다고 확신하는 것이다. 마찬가지로, 그는 가치들을 말한다. "우리가 알거니와 하나님을 사랑하는 자 곧 그의 뜻대로 부르심을 입은 자들에게는 모든 것이 합력하여 선을 이루느니라"(롬 8:28).[33] 마찬가지로, 그는 영원한 영광에 대하여서 말한다. "내가 확신하노니 사망이나 생명이나 천사들이나 권세자들이나 현재 일이나 장래 일이나 능력이나 높음이나 깊음이나 다른 어떤 피조물이라도 우리를 우리 주 그리스도 예수 안에 있는 하나님의 사랑에서 끊을 수 없으리라"(롬 8:38-39).

"피조물이 고대하는 바는 하나님의 아들들이 나타나는 것이니"(롬 8:19)[34]

사도는 철학자들과 형이상학자들과는 다른 방식으로 세계 안의 것들에게 관하여 철학적으로 이야기하고 생각한다. 그리고 그는 그들이 하는 방식과 다르게 그것들을 이해한다. 철학자들은 현재 상태의 것들을 연구하는데 깊게 사로잡혀 있기 때문에 그들은 그것들이 무엇인지 무엇으로 되어 있는지를 탐구하지만 사도는 우리의 주의를 지금 있는 그대로의 것을 사려하는 것으로부터 돌리고 본질과 우연에서와 같이 그것들이 무엇인지로부터 우리의 주의를 돌리고 그것들이 무엇이 될 것인지에 관하여 그

---

33. 파버에 따라, 루터는 "*cooperantur*"(그들은 함께 일한다) 대신에 "*cooperatur*"(그는 함께 일한다)로 해석한다. 그는 주석(*WA* 56, 83, 16ff.)에서 논평한다. "그리스어 사본은 '그는 함께 일한다'로 되어 있고 이것이 더 좋다. 이 언급이 성령님에 대한 것이기 때문이다. 그러므로 그 의미는 이렇다. 그분이 우리를 위하여 중보한다는 것은 그분은 그들이 행하는 모든 것에서 성도들과 함께 일한다는 것이기 때문에 이상하지 않다. '그가 함께 일한다'는 말은 '그가 중보한다'는 것의 설명이다. 다시 말해, 그분은 마치 그분이 그 밖의 모든 것에서 우리와 함께 일하시는 것처럼 우리를 위하여 중보하신다."

34. 로마서 8:18-30에 대한 루터의 주석(*WA* 56, 79, 10ff.)은 8장 고전 방주의 우리 번역의 끝부분에 충분하게 주어졌다.

것들을 인지하는 것으로 우리를 향하게 한다. 그는 창조물의 '본질'과 그것이 '작동'하는 방식 또는 그것의 '행동' 또는 '비활동'과 '운동'을 말하지 않으며, 새롭고 낯선 이론적인 세계를 사용함으로써 '창조물의 기다림'을 말한다.

그의 혼이 피조물이 기다리는 것을 들을 수 있는 능력을 가짐으로 인해서 그는 그의 탐구를 피조물이 무엇을 기다리는지와 같은 것으로 더 이상 향하지 않는다. 그러나 아아, 우리가 범주와 본질에서 얼마나 깊고 고통스럽게 이끌려 갔는가! 얼마나 어리석은 의견들이 형이상학 안에서 우리를 몽롱하게 하였는가! 우리는 그러한 쓸모없는 연구들로 그렇게 많은 귀중한 시간을 허비하고 더 나은 것들을 무시한 것을 알기 위해 언제 배우려는 것일까? 우리는 세네카[35]의 격언 "우리는 불필요한 것들을 배웠기 때문에 우리가 알아야 하는 것을 알지를 못한다. 참으로, 우리는 우리에게 해로운 것만을 배웠기 때문에 우리에게 좋은 것을 알지를 못한다"에 부응하여 살기를 결코 멈추지 않는다.

참으로, 나는 이 직무가 철학에 대항하여 사람들이 거룩한 성경으로 돌이키도록 외치시는 주님의 덕분임을 믿는다. 왜냐하면, 아마도, 이 직무를 통과하지 않았던 누군가가 그것을 행하려 한다면 그는 그것을 행하는데 두려움을 가지게 되거나 믿게 되지 않았을 것이기 때문이다.

그러나 나는 이 근래 몇 년 동안 이러한 연구들을 갈고 닦아왔는데 그것에 의해 낡아빠져 진부한 자이고, 오랜 경험의 기초 위에, 그것은 영원히 계속되는 별이 되기에는 운이 다한 쓸모없는 연구라고 나는 막 설득 당하려 하고 있다.

이러한 이유로, 나는 내가 할 수 있는 한 진정으로 당신을 책망한다. 이러한 연구들이 빨리 행해지도록 하고 당신의 유일한 관심은 그것들을 확립하고 방어하는 것이 아니라 오히려 우리가 단지 배운 나쁜 기술들로 그것들을 제거하기 위함인 것처럼 또는 우리가 계속했던 실수들로 그것들을 거절하기 위함인 것처럼 그것들을 처리하게 하는 것이다. 그래서 우리는 그것들을 거절하기 위하여, 또는 적어도 우리가 관계를 유지해야 하는 사람들과 담론의 방식을 잘 해내기 위한 목적으로 다만 이러한 연구들을 착수한다. 우리가 다른 연구들로부터 옮겨와서 예수 그리스도와 "그가 십자가

---

35. *"Quia philosophi oculum ita in presentiam rerum immergunt, ut solum quidditates et qualitates earum speculentur."*

에 못 박히신 것"을 배우는 시간은 고귀한 시간이다(고전 2:2).

그러니까 당신이 사도에게 모든 피조물이 기다리며 신음하고 고통 가운데 산고를 치르는, 즉 지금 있는 것으로부터의 혐오감을 뒤집고 올 것을 갈망한다고 배운다면 당신은 최고의 철학자이며 자연에 관한 최고의 탐험가일 것이다.[36] 그때 사물의 본질에 관한 과학과 사물들의 우연적인 특징과 차이는 곧 쓸모없는 것이 될 것이다. 그리하여, 철학자들의 어리석음은 건축자의 곁에 그냥 가만히 서서, 건축자가 마침내 자기 일꾼들에 의해서 수행할 계획들이 무엇인지에 관해 전혀 무관심한 채로, 목재의 토막들과 널빤지들이 잘리고 베어지고 대충 모양을 다듬어 측량되어진 방식으로 기적을 행하고, 그 모든 것을 가진 내용물을 어리석게 남겨 놓는 사람과 같다. 이 일꾼은 머리가 텅 빈 사람이고 그의 일은 무의미한 것이다. 철학자들의 어리석음은 같은 방식으로 하나님의 창조물을 자세히 살핀다. 피조물은 다가올 영광을 위하여 지속적으로 준비된 것이지만 그들은 단지 그 자체 안에서 그것이 무엇인지와 그것이 어떻게 준비되었는지 만을 보고 그것이 무엇을 위해 창조되어 그 끝은 무엇을 위한 것인지는 생각이 없다.

철학의 찬사를 노래하는 우리의 일부는 순전히 미친 것이 아닌가? 우리가 사물의 본질과 운동과 '부동'(inaction)의 과학을 높이 생각하는 반면에, 사물 자체들은 그것들의 본질과 운동과 부동을 멸시하고 그것들 아래에서 신음하는 것은 그렇지 않은 때문인가? 우리가 창조 세계에 관한 우리의 지식을 즐거워하고 대단히 기뻐하나 아직 그것은 그 자체를 애도하고 그 자체를 만족해하지 않는 것이리라! 그렇지 않으면 사람을 미쳤다고 부르지 않아야 한다. 당신에게 물어보는 것은 누가 슬퍼하고 울고 있는 어떤 사람을 보면서 그가 즐겁고 행복해 보인다는 사실로 웃고 영광스러워 할 것인가? 그러한 사람은 모든 곳에서 정상이 아닌 미치광이로서 옳게 여길 것이다. 철학을 좀 더 중요한 것으로서 여기는 것을 알지 못하는 단지 교육받지 못한 무리들과 사물들의 탄식을 어떻게 해석하는지 알지 못하는 그들이라면 참을 수 있을 것이다. 그러나 지금 그들이 같은 '육신의 생각'이 있는 것처럼, 세계의 슬픈 사물들로부터 행복한 과학을 유도하고 피조물의 신음들로부터 웃으며 지식을 모은— 그리고 이 모든 것

---

36. Seneca. *ep.* 45, 4.

은 지적 능력의 경이로운 표현이다— 감염된 학자들과 이론가들이 있다.

그러므로 사도가 골로새서 2:8에서 철학에 대해 비판한 것은 정당하다. 이르기를 "누가 철학과 헛된 속임수로 너희를 사로잡을까 주의하라 이것은 사람의 전통과 세상의 초등학문을 따름이요." 사도가 어떤 철학을 선하고 유용한 것으로 이해하기를 원했다면, 그는 확실히 그것을 그렇게 명백하게 정죄하지 않았을 것이다! 그러므로 우리는 결론을 내린다. 오히려 그것들의 탄식과 진심어린 기대감들보다 피조물들의 본질들과 기능들을 찾는 자마다 확실히 어리석고 눈먼 것이다. 그는 또한 피조물들이 마지막을 위하여 창조되었다는 것을 알지 못한다. 이 구절은 이것이 분명히 충분하다는 것을 보여 준다.[37]

"피조물이 허무한 데 굴복하는 것은 자기 뜻이 아니요 오직 굴복하게 하시는 이로 말미암음이라"(롬 8:20)

대부분의 성경 해석학자는 이 구절에서 '피조물'은 사람이 창조된 모든 것에서 몫을 가지기 때문에 사람을 의미한다고 본다. 그러나 시편 39:5로 "진실로 모두가 허사뿐이니이다"에 분명히 그리고 매우 올바르게 말한 것처럼 단어 '헛됨'을 통하여 사람을 이해하는 것이 더 나을 것이다. 그것이 확실히 사실인 것은 옛사람이 아닌 사람이라면 헛됨은 없을 것이기 때문이다. 사도가 디모데전서 4:4의 "하나님께서 지으신 모든 것이 선하매"와 디도서 1:15의 "깨끗한 자들에게는 모든 것이 깨끗하나"에서 말한 것처럼 하나님께서 만드셨고 '매우 좋았고'(창 1:31), 지금까지도 그 모든 것은 좋은 것이다. 인간이 이것을 바르게 판단하지 않고 바르게 평가하지 않고 잘못된 방식으로 그것을 즐거워하게 된다면, 하나님이 창조하신 이 좋은 것들이 헛되고, 악하고, 유독한 것이 될 수도 있는 것이다. 이런 현상은 창조 그 자체가 문제가 있어서가 아니고 혹은 외부로부터의 파괴 때문이 아니다. 인간의 잘못된 사랑 때문에 피조물이 악한 존재로 다

---

37. *"Rerum speculatores."*

가오는 것이다. 하나님을 움켜잡을 수 있는 사람인 점을 고려하고 창조된 것들 안에서 이 평화와 만족을 홀로 소유하리라고 추정하는 하나님 안에서만[38](그의 마음과 영이 영향을 미치는 범위 내에서는) 자신의 성취를 발견할 수 있는 사람인 점을 고려하면 그는 그것을 사실과 허용하는 진리보다 좀 더 높이 평가하여 인식한다. 그러므로 잔디는 그 자체가 선한 것이고 가치 없는 것은 아닌 것처럼 피조물이 복종하는 이러한 헛됨(즉, 이 잘못된 즐거움)에 있다. 곧, 참으로 잔디는 좋은 것이고 필요한 것이고 소에게는 유용한 것이나, 인간에게는 그것이 가치가 없고 음식으로는 유용하지 않은 것으로, 만일에 인간의 식량으로 이용된다면, 그것의 본질이 허용하는 것보다 좀 더 크게 평가되고 고려될 것이다. 순수한 마음으로부터 하나님을 사랑하지 않고 열렬하게 그분을 갈망하지 않는 모든 사람도 그렇다. 이것이 아담으로부터 탄생하고 성령 없이 사는 모든 사람의 특성이다. 그런고로 시편 14:3에 모든 것을 말했다. '그들은 다 치우쳤다.' 즉, 그들은 헛되이 되었다. 그리고 사람을 통하여 모든 피조물이 헛되게 되었고 확신하기는 그것의 의지에 반하였을지라도 그렇다. 전도자가 "헛되고 헛되니 모든 것이 헛되도다 사람에게 무엇이 유익한가"(무익한 것보다). "해 아래에서 수고하는 모든 수고가"(전 1:2-3)라고 말한다. 그는 인간은 헛됨보다 다른 이익은 없다고 의미심장하게 말한다. 창조된 것들은 그 자체로 선하기 때문에, 그리고 하나님을 아는 사람들은 또한 자연의 본성을 헛된 것으로서가 아니라 그것들이 진리 안에 있는 것으로서 안다. 그리고 그들은 그것들을 사용하지만 그들의 이익을 취하지는 않는다. 그런고로 디도서 1:15에 말하기를 "깨끗한 자들에게는 모든 것이 깨끗하나 더럽고 믿지 아니하는 자들에게는 아무것도 깨끗한 것이 없고 오직 그들의 마음과 양심이 더러운지라"라고 한다. 그러나 순수하지 못한 자에게는 순수한 것이 없다. 그러니까, 동일한 것이 그들이 서로에게 다른 순수하거나 순수하지 않은 사람들이라는 사실 때문에 그것들이 순수하거나 순수하지 않다.

---

38. *"Qui Dei capax est et solo Deo saturari potest."*

"그 바라는 것은 피조물도 썩어짐의 종노릇한 데서 해방되어 하나님의 자녀들의 영광의 자유에 이르는 것이니라 피조물이 다 이제까지 함께 탄식하며 함께 고통을 겪고 있는 것을 우리가 아느니라 그뿐 아니라 또한 우리 곧 성령의 처음 익은 열매를 받은 우리까지도 속으로 탄식하여 양자 될 것 곧 우리 몸의 속량을 기다리느니라"(롬 8:21-23)

그는 두 가지를 말한다. 첫째로, 사악한 자들이 저주를 받아 없어지고 옛사람이 멸망 받을 때, 피조물은 자유롭게 될 것인데, 즉, 다시 말해, 헛됨으로부터 자유롭게 될 것이다. 그런 해방은 심지어는 지금도 매일 성도들 안에서 일어난다. 둘째로, 그것은 또한 더 이상 헛되거나 부패하지 않는다. 그런고로 이사야 30:26에 이르기를 "달빛은 햇빛 같겠고 햇빛은 일곱 배가 되어 일곱 날의 빛과 같으리라"고 한다.

여기서 많은 것을 말한다.[39] 세계가 창조된 일곱 날들의 처음에는 태양은 지금보다는 매우 밝았으나, 일곱 번째나 여섯 번째 날에 죄에 빠진 인간의 죄의 결함 때문에 어둡게 되었다. 그들은 또한 말하기를 다가올 세계에는 그것은 그때보다는 일곱 배나 밝아질 것이라고 한다. 이 주장은 어떤 의미에서는 인정될 수 있을지라도 성경으로부터 증명될 수는 없다. 이사야의 말씀은 이 주해를 요구하지 않는다. 우리는 그것을 다음 방식으로 설명함으로써 이해할 수 있다. "'태양의 빛이 일곱 배가' 즉, '일곱 날들의 빛과 같은', 즉, '일곱 날들의 밝기가 한 밝기인 양', 즉, 모든 일곱 날들의 밝기가 함께하듯이 될 것이다"

"우리가 소망으로 구원을 얻었으매 보이는 소망이 소망이 아니니 보는 것을 누가 바라리요 만일 우리가 보지 못하는 것을 바라면 참음으로 기다릴지니라"(롬 8:24-25)

문법적으로 이런 방식의 말은 비유적일 것이다. 그러나 이론적으로 이해하기로는, 그것은 가장 직접적이고 강력한 방법으로 가장 강렬한 느낌을 표현한다. 사랑스런 대

---

39. 참고 *Gl. ord. ad loc.*

상에 대한 기다림으로부터 일어난 소망이 지체될 때, 사랑은 모든 것을 더 위대한 것으로 만들 것이기 때문이다. 그리하여 무엇을 소망하는가와 소망하는 사람이 긴장된 소망을 통해 어떤 것이 된다는 것 또는 성 아우구스티누스[40]가 그것을 표현한 "*Anima plus est, ubi amat, quam ubi anima*"(영혼은 그것이 살아가는 장소보다 그것이 사랑하는 장소에 좀 더 있다)와 같다. 같은 방식으로, 우리는 속어로는 '나의 불꽃은 여기에 있다!'라고 말한다. 그리고 시인은 '당신은 나의 불꽃, 아민타스'라고 말한다.[41] 그리고 아리스토텔레스는 「영혼에 관하여」(*De anima*) 3편[42]에서 "지적 능력과 이해하는 것, 감각적인 자각과 인지하는 것, 그리고 일반적으로, 잠재력과 그것의 대상은 하나가 된다"고 말한다. 같은 방식으로 사랑은 애인을 대단히 사랑하는 자로 변화시킨다.

그런 이유로, 소망은 소망하는 그를 그가 소망하는 것으로 변화시키지만 그가 소망하는 것이 분명한 것은 아니다. 그러므로 그가 소망하는 것은 모르고 소망하지 않는 것은 알도록 하기 위하여 소망은 그를 미지의 숨겨진 것으로 이동시키고 내적으로 캄캄한 것[43]으로 이동시킨다. 그리하여, 그때, 소망이 소망되고 동시에 소망하는 것이 되게 하는 영혼이 있는데, 그것은 볼 수 없는 것, 즉, 소망에 머무르기 때문이다. 소망이 보이는 것이라면, 즉, 소망하는 그와 그가 소망하는 것이 상호적으로 서로를 인식한다면, 그는 그래서 그가 소망하는 것, 즉, 소망과 미지의 것으로 변화하지 않을 것이고 그는 그가 볼 수 있었던 것으로 휩쓸려 가버릴 것이고 그는 알게 되었던 것을 즐기게 될 것이다.

"이와 같이 성령도 우리의 연약함을 도우시나니 우리는 마땅히 기도할 바를 알지 못하나 오직 성령이 말할 수 없는 탄식으로 우리를 위하여 친히 간구하시느니라 마음을 살피시는 이가 성령의 생각을 아시나니 이는 성령이 하나님의 뜻대로 성도를 위하여 간구하심이니라"(롬 8:26-27).

---

40. 피커(p. 374, n. 10)에 따라서. 그 격언은 다음 자료 덕분임이 틀림없다. Bernard of Clairvaux, *De praecept. et dispensat.*, 20, 60: "*Neque enim praesentior spiritus noster est ubi animat, quam ubi amat.*" 루터는 그 격언을 아우구스티누스 덕분으로 돌린 타울러처럼 인용했다. "*De seel ist vilmeer da sy liebt dann sy in dem leib sey.*" 요한 폰 팔츠(Celifodina, Leipzig, 1511, J. III)는 그 격언을 생 빅토르의 위그의 것으로 돌렸고 다음 형태로 그것을 인용했다. "*Anima ibi plus est ubi amat quam ubi animat*"(영혼은 사는 집보다 사랑하는 집에 훨씬 더 있다).

41. Vergil, *Bucol. Ecl.*, 3, 66.

42. 참고 Aristotle, *De anima*, III, 1; 2; 5; 7.

43. 참고 Dionysius Areopagita, *Myst. Theol.*, 1, 3. *Opera Dionys.*

부가 설명

우리가 기도하는 바의 반대 것이 일어난다면 그것은 나쁜 것이 아니라 매우 좋은 표적이다. 우리의 기도들이 우리가 요청한 모든 것의 성취 안에서 결국 되어 간다면 좋은 표적이 아니다.

마치 이사야와 시편에서 말씀한 것처럼 하나님의 가르침과 뜻이 우리의 가르침과 뜻을 꽤 탁월하게 하기 때문이다. "이는 내 생각이 너희의 생각과 다르며 내 길은 너희의 길과 다름이니라 여호와의 말씀이니라 이는 하늘이 땅보다 높음같이 내 길은 너희의 길보다 높으며 내 생각은 너희의 생각보다 높음이니라"(사 55:8-9). "여호와께서는 사람의 생각이 허무함을 아시느니라"(시 94:11). "여호와께서 나라들의 계획을 폐하시며 민족들의 사상을 무효하게 하시도다"(시 33:10).

그런고로 우리가 그것이 무엇이든지 간에 어떤 것을 하나님께 기도드릴 때, 그리고 그분이 우리의 기도들을 들으시고 그것들을 막 수행하시려고 하시는 때, 우리가 기도를 드린 후에도 우리 때문에 그분이 좀 더 기분이 상하게 되시고 우리가 기도한 것이 이전 보다 이행 되지 않는 것처럼 보이시기 위하여 우리의 모든 구상들, 즉, 사상들을 그분께서 반대하시는 그러한 방법으로 그분이 그렇게 행하시는 일이 일어난다. 하나님은 그분의 우선적인 본성이 우리 안에 있는 것이 무엇이든지 아무것도 아닌 것으로 파괴하고 가져가는 것이기 때문에 그분 자신의 것을 우리에게 주시기 전에[44] 기록된 '여호와는 가난하게도 하시고 부하게도 하신다 그는 스올에 내리게도 하시고 거기에서 다시 올리기도 하신다'(삼상 2:6-7)처럼 이 모든 것을 행하신다.

이것에 의해 그분의 가장 복 있는 가르침은 그분께서 우리가 그분의 은사들과 직무들을 받을 수 있도록 만드시는 것이다. 오로지 그때 우리는 그분의 행하심과 가르침에 알맞게 된다. 우리가 계획하는 것을 멈추었을 때, 우리의 손은 안식하게 되고, 우리의 외적 행동뿐 아니라 우리의 내부에서 하나님과 관련하여 순수하게 수동적이 된다. 이것이 그분이 "내 생각이 너희의 생각과 다르며 내 길은 너희의 길과 다르다"(사 55:8)라고 말씀하신 때 그분이 뜻하신 것이다.

---

44. 여기서 루터는 독일 신비주의자 특별히 타울러의 가르침을 따르는 것으로 나타난다.

그러므로 우리 스스로에 관한 모든 것이 희망이 없어 보일 때, 우리의 기도와 소원과 반대하여 모든 것이 일어날 때, 이러한 '신음소리'는 우리 내면에 우리 스스로에 대한 불신을 일으킨다. 그리고 이때, "성령께서 우리의 연약함을 도우신다." 그분이 우리의 기도들을 들으시고 채워 주신다. 성령의 도우심이 없이는 우리가 인내할 수 없다. 그때 우리의 영혼은 "너는 여호와를 기다릴지어다 강하고 담대하며 여호와를 기다릴지어다"(시 27:14)라고 말하게 된다. 그리고 '여호와께 순복하고 그분께 기도하라.' '그가 그것을 이루시고'(시 37:7, 5)라고 말하게 된다. 그때 이사야 28:21에 말씀하셨던 것이 일어난다. "자기의 사역을 이루시리니 그의 사역이 기이할 것임이라."[45] 그리고 시편 103:11의 말씀 "이는 하늘이 땅에서 높음같이"(즉, 우리의 생각에 따른 것이 아닌), "우리를 향하신 그분의 인자하심이 크심이로다"라는 고백이 마음속에서 일어난다.

그리하여 하나님을 알지 못하고 그분의 뜻을 알지 못하는 사람들은 시편 106:13, 24의 "그들은 그의 가르침을 기다리지 아니하고", "그 기쁨의 땅을 멸시하며"라는 말씀에서 말하는 것과 같다는 것을 알 수 있다. 그들은 자신의 선함과 선한 경향만을 의지하고 자신이 찾고 원하고 기도하는 것이 올바르고 적절하다고 생각한다. 그러나 상황이 그들이 생각했던 것으로 흘러가지 않을 때, 하나님은 그들의 기도를 듣지 아니하시며 이루어 주시지 않는다고 생각하면서 무너지고 실망하여 포기한다. 겉보기에 모든 것이 그들의 생각과는 다르게 진행될 때, '그들은 먼지요 풀과 같은 사람'(시 103:14-15)이라는 것을 알아야만 했다. 그리고 그들은 일이 왜 이렇게 되어 가는가에 대하여 더 확신에 차고 더 정확한 것을 바라보아야 한다. 그러나 그들은 스스로 하나님처럼 되기 원했고, 그들은 하나님 아래에 있지 않고 그분을 벗어나고자 했다. 때로는 그들의 마음이 그분의 마음에 완전히 일치하기 원했다.[46] 이것은 마치 진흙 한 덩어리 항아리가 될 수도 있고 꽃병이 될 수도 있는 데, 스스로 예술가의 구상이나 유형에 부합할 수 있다고 생각하는 것과 같다. 이것은 불가능하다.[47] 이런 사람들은 어리석은 사람들이고 자신의 자만심으로 인하여 하나님도 그들 자신도 알지 못하고 있다.

---

45. "*Alienum est opus eius ab eo, ut operetur opus suum.*"

46. *WA* 56, 376, 19ff.: "*Ipsi vero sicut Deus esse volunt et cogitationes suas non esse infra, sed iuxta Deum, omnino conformes scil. atque perfectas.*"

47. 참고 타울러의 설교집에 대한 루터의 여백 노트(*WA* 9, 102, 17ff.)는 아마도 그가 이러한 강의들을 했을 때 동시에 기록된 것이다.

이사야는 이렇게 말한다. "그러나 여호와여, 이제 주는 우리 아버지시니이다 우리는 진흙이요 주는 토기장이시니 우리는 다 주의 손으로 지으신 것이니이다"(사 64:8). 그러므로 성령을 받지 아니한 사람들은 하나님의 손길로부터 벗어나 하나님의 역사가 자신에게 일어나기 원하지 않는다. 그들은 스스로 자신을 빚어서 자신의 삶을 살기 원한다. 그러나 성령을 받은 사람들은 그분에 의하여 도움을 받는다. 그러므로 그들은 간절하게 기도했던 것과는 정반대의 일이 그들의 삶에 일어나도 실망하지 않으며 믿음을 지킨다. 하나님의 사역은 우리의 눈에 숨겨져 있으며 우리는 그 길을 이해할 수 없기 때문이다.[48] 그것은 종종 우리의 마음이 생각하는 것과는 정반대로 드러나기 위하여 숨겨져 있기 때문이다. 가브리엘이 마리아에게 말한 "성령이 네게 임하시고"라는 말씀은 '네 생각을 넘어설 어떤 일이 일어날 것이다'는 뜻이고, "지극히 높으신 이의 능력이 너를 덮으시리니"(눅 1:35)라고 말한 것은 '너는 그것을 이해할 수가 없다. 그러므로 그것이 어떻게 일어날지 묻지 말라'는 의미이다. 하나님의 행하심의 모든 모습들[49] 중에서도 그리스도 안에서 행하심이 가장 중요하다.

하나님께서 그리스도를 영화롭게 하시고 그분의 왕위로 그를 세우시길 원하셨을 때, 그의 모든 제자들이 열렬하게 소원하고 소망했던 것과는 정반대로 하나님은 그를 죽게 하셨고, 그를 당황스럽게 하셔서 지옥으로 내려 보내셨다.[50] 하나님은 또한 성 아우구스티누스를 그 어머니의 기도에도 불구하고 잘못으로 점점 더 깊게 떨어뜨릴 때 하나님은 그녀의 요청을 넘어서 그녀에게는 그것이 당연한 것이라고 여기도록 하기 위해서 그렇게 하셨다. 하나님께서 성도들을 다루는 것도 그러하다.

이것이 시편 16:3에서 의미했던 것이다. "땅에 있는 성도들은 존귀한 자들이니 나의 모든 즐거움이 그들에게 있도다." 그리고 시편 4:3에서 '여호와께서 경건한 자를 훌륭하게 만드신 것을 아는 것', 다시 말해, '내가 그를 부를 때에 여호와께서 들으시기 때문에.' 그리고 시편 111:2에서 "여호와께서 행하시는 일들이 크시오니 이를 즐거워하는 자들이 다 기리는도다." 음탕함의 더 큰 유혹에 빠지는 자의 육체적 순결을 위

---

48. Lit., "하나님의 일은 숨겨짐에 틀림없으며, 그리고 사람은 그것이 일어날 때 그것을 이해할 수 없다."

49. "*exemplar*"의 중요성에 대하여, 참고 L. Thimme, *Christi Bedeutung für Luthers Glauben* (Leipzig, 1933), 19ff.; E. Seeberg, *Luthers Theologie*, Vol. II: *Christus* (Stuttgart, 1937).

50. 참고 E. Vogelsang, *Die Anfänge von Luthers Christologie* (Berlin, 1929), 99n.

하여 기도하는 사람에게 편지하는 것보다, 더 큰 연약함으로 미끄러지는 자의 강건함을 위하여 기도하는 편지를 보냄보다 더 훌륭한 일이 있는가? 그러나 사람이 그분 아래에서 참는다면, 그분은 사람이 요청했던 것보다 더 이룰 것이다. 이것은 에베소서 3:20에서 말한 "우리 가운데서 역사하시는 능력대로 우리가 구하거나 생각하는 모든 것에 더 넘치도록 능히 하실 이에게" 그리고 고린도후서 9:8-9의 "하나님이 능히 모든 은혜를 너희에게 넘치게 하시나니 이는 너희로 모든 일에 항상 모든 것이 넉넉하여 모든 착한 일을 넘치게 하게 하려 하심이라 기록된 바, 그가 흩어 가난한 자들(즉, 그분을 향하여 그들 자신이 수용하는 자가 된 사람들)에게 주었으니 그의 의가 영원토록 있느니라 함과 같으니라"고 말씀하신 것과 같다.

부가 설명

규칙으로써, 그것이 행해지기 전에 우리 자신의 행함을 이해하지만, 그것이 행해지기까지 우리가 이해할 수 없는 하나님의 일이 있다. 예레미야 23:20로 "너희가 끝 날에 그것을 완전히 깨달으리라." 다시 말해, 처음 또는 우선은, 우리가 계획한 것만을 이해하지만, 끝에는 하나님께서 마음에 가지신 것을 이해한다(요한복음 14:29로 "일이 일어날 때에 너희로 믿게 하려 함이라").

전에 말했던 것처럼, 그것은 예술가가 예술 작품으로 형상화하기에 알맞고 적합한 어떤 물질을 우연히 만나는 때와 같다. 이 물질의 적합성은, 말하자면, 그것의 적합성 내에서 고대해 왔던 것을 그가 만들기 시작할 때 예술가가 이해하고 수행하는 형상에 대한 느껴지지 않는 기도와 같다. 그렇게 또한 하나님께서도 우리의 감정과 생각[51]을 맞이하여 우리가 기도하는 것, 우리가 준비하는 것, 우리가 고대하는 것을 보신다. 그리고는 그분은 기도들을 승인하시고 우리를 그분의 예술이 계획했던 형상으로 빚으시기를 진행하신다. 그렇게 함으로써 우리가 구상한 형상과 아이디어는 필

---

51. "*Affectus*"(느낌)과 "*cogitatus*"(생각)은 명목상의 정신적인 용어이다.

수적으로 행해지지는 않는다. 그렇게 창세기 1:2에 또한 기록되었다. '어둠은 깊음의 표면 위에 있고 하나님의 영은 물들의 표면 위에서 움직이시니라.' '깊음 위에'가 아니라 '깊음의 표면 위에'라고 말하는데 주목하라. 우리가 볼 수 있는 한에 있어서는, 하나님의 영께서 우리에게 오셔서 우리가 요청한 것을 막 시작하려 하실 때, 모든 것이 우리에 반하여 진행하는 것처럼 보이기 때문이다.

하나님의 이러한 참으심과 묵인에 관하여, 나는 여러분에게 타울러를 언급하려고 한다. 그는 이 문제에 관하여 독일어로 그 누구보다도 더 잘 이해되도록 썼다.[52]

그렇다면 이것은 "우리가 해야만 하는 것으로써 어떻게 기도할지를 알지 못한다"는 말을 뜻하는 그런 것이다. 그런고로 우리는 우리의 연약 함들을 도우시는 성령이 필요하다. 이러한 말들이 그렇게 심오할 수 있는지를 누가 믿을 것인가!

그리스도는 요한복음 14:16에서 그의 제자들에게 말한다. "내가 아버지께 구하겠으니 그가 또 다른 보혜사를 너희에게 주사 영원토록 너희와 함께 있게 하리니" 등. 이제 '보혜사'는 '위로자'와 '옹호자'를 의미한다. 이 한 단어는 사도가 여기서 말한 것을 충분하게 확증한다. "우리는 우리가 기도해야 하는 것을 알지 못한다." 옹호자를 찾는 사람은 그렇게 함으로써 그는 그가 말해야 하거나 요청해야 하는 것을 알지 못한다는 것을 보여 주고, 위로자를 필요로 하는 사람은 그렇게 함으로써 그가 포기되고 낙담되어 있다는 것을 허용하는 것이다. 이것이 하나님께서 우리의 기도들을 승인하실 때 우리와 어떻게 함께 계시는지에 대한 것이다. 우리가 단지 우리를 위하여 좋고 이득이 되는 것만을 위하여 기도한다면 반대자가 일어나서, 우리는 필연적으로 슬퍼하게 되고 풀이 죽게 된다. 그때 우리에 관한 모든 것은 절망과 지옥살이다. 그때 다른 자– 이것을 이해하고 우리를 위해 기도하며 우리가 마음을 잃지 않도록 한동안 우리를 강하게 하는 사람– 가 개입해야 한다.

---

52. 참고 Tauler, *Sermones* (Augsburg, 1508), *Serm.* 62, 73, 82. 참고 Ficker, p. 378, n. 13.

부가 설명

영원한 생명의 영광을 향하는 것 뿐 아니라 처음 은혜로 향하는 것에서 우리는 항상 우리 자신을 한 여인이 임신할 때처럼 순응하는 자로 유지해야 한다.[53] 우리는 또한 그리스도의 신부이기 때문이다. 그런고로 우리가 은혜를 받기 전에 기도와 탄식에 사로잡힐지 모르지만 은혜가 들어오고 영혼이 성령으로 충만해지고 있을 때, 우리 쪽에서는 기도나 행동도 없고 단지 가만히 있음이 틀림없다. 이것은 하기에 확실히 어렵고 우리를 깊은 고통으로 던져 넣는 것도 확실히 어려운 것이다. 생각하지 않고 행동하지 않는 것은 영혼에게는 그것이 지배되고 아무것도 아닌 것으로 낮아지는 것처럼 어둠으로 가는 것과 같은 것이기 때문이고, 이것은 피하려고 영혼이 열렬히 찾은 것이다. 그래서 영혼은 자체로부터 은혜의 가장 고귀한 선물들을 빼앗는 것을 종종 야기한다.

나는 침례, 회개, 그리고 뉘우침처럼 거듭남의 초기에 스며든 것이 아니라[54] 그 다음의 모든 것, 은혜의 정도나 증가라고 우리가 부를 새로운 은혜를 '처음 은혜'라고 부른다.

하나님은 작용하는 처음 은혜를 주신다. 그분은 그것이 이용되게 하시고 다른 은혜가 스며들게 그분이 준비하실 때까지 그분은 그것이 협력하게 하신다. 그리고 그것이 스며들었을 때, 그것은 작동하는 처음 은혜였을지라도, 심지어 이전 것에 비하여 그것이 두 번째 것이라고 할지라도, 그것이 스며들 때, 그분은 다시 그것이 협력하는 은혜가 되게 하신다. 그것이 처음 작동하는 것이고 그때 두 번째로 협력하는 것이기 때문에 그 자체에 관하여 그것은 항상 '처음 은혜'라 불리운다. 이러한 이유로 얼간이들은, 우리가 속담에서 말하듯이, 그들이 그분을 만날 때[55] 그리고 하나님이 그들에게 제시하시는 선물들을 가질 때 하나님께 경의를 표하기를 배우지 않는다. 그러나

---

53. 참고 John von Staupitz, "Von der nachfolgung des willigen sterbens Christi" XI (*Opera*, ed. Knaake, Potsdam, 1867, Vol. I. 78)

54. 참고 Gabriel Biel, IV *Sent.*, d. 9, q. 1, a. 1, n. 2: "*Gratia iustificans, i.e.,··· prima gratia.··· Sacramenta per quae confertur prima gratia:··· baptismus et penitentia.*"

55. "*Wenn Gott grüsst soll man danken.*" 이 속담의 의미는 사람은 자신에게 제공되는 기회를 이용해야 한다는 것이다. 참고 Ernst Thiele, *Luthers Sprichwörtersammlung* (Weimar, 1900), 180.

소욕이 있는 사람들은 손쉽게 그리고 기꺼이 선물들을 가진다. 여기에서 우리는 우리의 마음들이 명백한(그때는 우리가 절망에 빠지기 때문에) 것 위에 놓이는 것이 아니라 다가올 알려지지 않은 명백하지 않은 것에 놓이도록 하기 위하여 가장 신중함을 필요로 한다는 것이다(히 11:1).

사도는 이 구절에서 매우 효과적인 단어를 사용한다. 우리의 텍스트에서[56] 읽는 '그가 성령이 바라는 것을 아시나니'(롬 8:27)라는 것이, 그리스어 사본[57]에는 '그가 무엇이 성령의 생각인지를 아시나니'라고 되어 있다. '프로네마'(phronēma)는 '생각'을 의미한다. 같은 단어가 "영의 생각은 생명과 평안이라"(롬 8:6)에서도 사용되기 때문이다.

우리는 사도가 '우리는 무엇을 기도해야 할지를 모른다'라고 말할 때 주의해야 한다. 그는 성자 같은 그리고 독실한 사람들은 그들을 반대하여 진행하는 것과 그들에게 해로운 것들을 위해 기도해야 한다는 것을 의미하는 것이 아니라 오히려 하나님이 주시고자 원하시는 것에 비교하여 너무 작은, 낮은, 또는 의미 없는 것들을 위해 그들이 기도해야 한다는 것을 뜻한다. 그런고로 그는 '우리의 부정함'보다는 오히려 '우리의 연약함'을 이야기한다. 우리는 너무나 약하고 무력해서 큰 것을 위해 기도할 수 없기 때문이다. 그런고로 하나님이 우리의 기도들을 들으시고 그것들을 승인하려 하실 때, 그분은 우리가 우리의 연약함 안에서 생각했던 무의미한 요청은 지나치시고 대신에 성령님이 우리를 위하여 요청하시는 것을 주신다. 그것은 이와 같은 것이다. 한 아들이 그의 아버지에게 편지를 보내서 적은 금액의 은화를 그에게 요청한다.[58] 반면에 그 아버지는 상당한 양의 금화를 그에게 배치하려 한다.[59] 아버지가 그 편지를 읽을 때 그는 그것을 던져버리고 그것을 무시한다. 그러나 아들이 그것에 관하여 들을 때 그리고 그가 요청한 적은 금액을 가질 수 없을 것이라고 깨달을 때 그는 무례하게 된다.

이것이 주께서 세베대(사도 야고보와 요한의 아버지)의 아들들에게 말씀하셨던 마태복음 20:22의 "너희는 너희가 구하는 것을 알지 못하는도다"의 이유이다. 그런데도 그들은

---

56. 즉 불가타역.

57. 파버.

58. Lit., *nummum* = 은화 동전, 로마 페니.

59. Lit., *milia aureorum* = 수천의 금조각들.

좋은 것을 요청했다. 그러나 그때 질문이 따라온다. "내가 마시려는 잔을 너희가 마실 수 있느냐?" 다시 말하면, 당신의 기도는 당신이 기대하는 방식으로 성취되지 않을 것이다. 당신은 잔을 요청하지 않았고 그런데도 그것을 마실 것이다. 당신은 해야 하는 것보다 덜 기도한다. 그러므로 이 연약함은 고통의 잔에 의하여 당신 안에서 못 박힐 것이다. 그리고 당신은 강하게 될 것이다. 요한복음 16:24에서 "지금까지는 너희가 내 이름으로 아무것도 구하지 아니하였으나 구하라 그리하면 받으리니 너희 기쁨이 충만하리라"고 했다. 그가 그들에게 주기도문을 기도하라고 가르쳤던 점을 고려하면 이것은 얼마나 사실일까? 그러나 그들은 그리스도의 이름으로가 아닌 그들의 이름으로 기도했고 그러므로 그리스도 보다 못한 것을 위해 기도했고 성령 안에서가 아니라 육신을 따라 기도했다. 그런고로 그분은 계속 말씀한다. "그날에 너희가 내 이름으로 구할 것이요"(요 16:26). 고통들 안에서 또한 기도하신 그리스도의 이름으로 사람이 기도하는 것이다.

결론으로 다가가 보자. 하나님께서 우리에게 제시하시는 것을 우리가 행해야 할 때 우리가 수락하지 않는다는 것보다 그러나 우리의 연약함 때문에 성령께서 우리를 위하여 기도하시고 우리를 도우시지 않는 한 그것으로부터 우리가 두려워하고 달아나기를 원하는 우리의 연약함 때문에 우리가 기도하는 것을 알지 못한다는 더 좋은 입증은 없다. 그에게 확실히 제시된 것을 그가 행해야 할 때 수락하지 않는 사람은 그렇게 함으로써 그가 기도하는 것을 알지 못했다는 것을 결론적으로 입증한다. 그는 문책 당함이 마땅하다. '너 어리석은 자야, 네가 기도했던 것을 수락하기를 원치 않는다면 도대체 왜 기도했니?' 우리는 그러므로 놀라움을 받아드려야 하고 하나님이 그분의 선물들을 주실 때 우리가 그것들을 요청한 것을 가지고 기다린 것보다 그것이 더 위대하다고 기쁨을 가지고 우리를 극복해야 한다.

그러나 하나님의 능력, 지혜, 선하심, 의로움, 그리고 자비가 크고 경이롭다고 널리 우리가 설교하지 않았는데도 그것들이 무엇인지를 우리가 이해한다고 할 수 있을까? 아니다. 우리는 그것들을 철학적으로 즉, 그것들이 분명하고 숨겨지지 않은 것으로서 이해하는 우리의 경향성에 따르기 때문에, 반면에 그분은 그분의 능력을 연약함 아래에, 그분의 지혜를 어리석음 아래에, 그분의 선하심을 엄격함 아래에, 그분의 의로움을 죄 아래에, 그리고 그분의 자비를 진노 아래에 단지 숨겨두셨다는 사실로서, 우리는 그것들이 무엇인지를 이해하지 못한다.

이것이 많은 사람들이 그들이 그의 연약함 등을 볼 때 하나님의 능력을 왜 깨닫지 못하는 지에 대한 이유이다. 시편 81:7에서 말씀한다. "우렛소리의 은밀한 곳에서 네게 응답하며." 여기 '은밀한 곳에서'라고 말씀하는 것을 주목하라. 그것이 의미하는 바는, '그분의 진노의 분노가 그분의 자비의 달콤함을 숨길 때' 등이다. 그분이 우리가 바라는 것의 반대를 행하심으로 우리의 기도들을 승인하실 때이다 우리는 구원을 위하여 기도하고 그분은 그리하여 우리를 구원하시려고 우리를 커다란 고통 아래에 두시고, 그리고 그러한 폭풍 아래에 두시고, 우리의 기도들을 승인하시는 그분의 길을 숨기신다. 이것은 우리가 말했던 것은 출애굽기 5:5 후반에 상징화 되어 있다. 즉, 하나님이 그의 백성을 자유롭게 하려고 하셨을 때, 그분은 그들을 자유롭게 하기를 전혀 원치 않았다고 보이는 것처럼 만들기 위하여 그분은 파라오를 일으켜 그들에 대한 그의 압제를 증가시켰다. 그리고 하나님의 은혜를 언급하는 구절은 다음과 같다. 시편에서 "쌓아 두신 은혜가 어찌 그리 큰지요"라고 하시고, "주를 두려워하는 자를 위하여 쌓아 두신 은혜"와 "주께 피하는 자를 위하여 인생 앞에 베푸신 은혜"(시 31:19)가 나타난다.

"우리가 알거니와 하나님을 사랑하는 자 곧 그의 뜻대로 부르심을 입은 자들에게는 모든 것이 합력하여 선을 이루느니라 하나님이 미리 아신 자들을 또한 그 아들의 형상을 본받게 하기 위하여 미리 정하셨으니 이는 그로 많은 형제 중에서 맏아들이 되게 하려 하심이니라 또 미리 정하신 그들을 또한 부르시고 부르신 그들을 또한 의롭다 하시고 의롭다 하신 그들을 또한 영화롭게 하셨느니라 그런즉 이 일에 대하여 우리가 무슨 말 하리요 만일 하나님이 우리를 위하시면 누가 우리를 대적하리요 자기 아들을 아끼지 아니하시고 우리 모든 사람을 위하여 내주신 이가 어찌 그 아들과 함께 모든 것을 우리에게 주시지 아니하겠느냐 누가 능히 하나님께서 택하신 자들을 고발하리요 의롭다 하신 이는 하나님이시니 누가 정죄하리요 죽으실 뿐 아니라 다시 살아나신 이는 그리스도 예수시니 그는 하나님 우편에 계신 자요 우리를 위하여 간구하시는 자시니라 누가 우리를 그리스도의 사랑에서 끊으리요 환난이나 곤고나 박해나 기근이나 적신이나 위험이나 칼이랴 기록된 바 우리가 종일 주를 위하여 죽임을 당하게 되며 도살 당할 양같이 여김을 받았나이다 함과 같으니라 그러나 이 모든 일에 우리를 사랑하시는 이로 말미암아 우리가 넉넉히 이기느니라 내가 확신하노니 사망이나 생명이나 천사들이나 권세자들이나 현재 일이나 장래 일이나 능력이나 높음이나 깊음이나 다른 어떤 피조물이라도 우리를 우리 주 그리스도 예수 안에 있는 하나님의 사랑에서 끊을 수 없으리라"
(롬 8:28-39)

우리 앞에 있는 서신의 여덟 번째 장의 마지막에 따라오는 전 구절이 이 텍스트 위에 있다. 사도는 하나님께 사랑받고 하나님을 사랑하는 택함 받은 자들에게, 성령은 모든 것을 만들고, 심지어 그것들이 악할지라도, 합력하여 선을 이룬다는 것을 보이기 원하는 것이다. 그는 여기에서 참으로 예정과 선택의 주제에 접근하며 그는 지금부터 그것을 논의한다. 이 주제는 사람이 일반적으로 믿는 것처럼 이해가 불가능한 것은 아니다. 우리는 오히려 그것은 택함 받은 자와 영을 가진 모두를 위로하기에 충분히 달콤한 것이고 그러나 육신의 생각을 판단하여 넘어가는 것은 쓰라린 것이고 어려운 것이라고 말해야 한다.

왜 그렇게 많은 역경들과 악한 것들이 하나님의 사랑으로부터 성도들을 분리하지 못하는지에 대한 유일한 이유와 원인은 그들이 부름을 받되 단지 부름 받은 것이 아니라 '목적에 따라 부름 받은' 것 때문이다. 그러므로 그들에게만 홀로 그렇고, 다른 사람들에게는 '그분이 모든 것을 합력하여 선을 이룬다'는 것은 아니다.

거룩한 목적이 아니라 우리의 구원이 우리의 의지와 행위들에 달려있다고 한다면 그것은 기회에 기초를 두게 된다. 얼마나 쉬울 수 있겠는가- 그러나 내가 말하려는 것은 아닌데, 즉시로 모든 악한 것들- 한낱 그것들 중의 단 하나의 것이라도 이 기회를 숨기거나 방해할 것이다!

그러나 '누가 고발하리요? 누가 정죄하리요?'라고 말함으로써 사도는 택함 받은 자는 우연히 아니라 필연적으로 구원 받았다는 것을 말한다. 그런고로, 단순한 기회도 매우 많은 악들에 훌륭하게 반대하는 저항도 그것을 막을 수 없다는 것은 명백하다. 이것이 하나님의 구원의 방식이라는 이유이고 그분이 그의 택함 받은 자를 거기에 있는 많은 탐욕스러운 욕심들에게 노출시키는 이유이고 하나님이 이 방법의 구원을 선택하신 이유는 그분이 우리의 장점들에 의해서가 아니라 순전한 선택과 불변의 의지에 의해 우리를 구원하심을 보이길 원하시기 때문이며, 그래서 그분은 매우 많은 욕심과 매우 험악한 역경들의 결과들을 헛되게 만드신다. 그분이 우리를 그리 많은 두려움을 통하여 인도하지 않았다면, 우리는 스스로의 공로를 매우 값진 것으로 생각하게 되었을 것이다. 그러나 그분의 불변의 사랑에 의해 우리가 구원을 얻게 되었다. 그리고 이 모든 것은 우리의 결정의 자유가 아니라 구부러지지 않고 확고한 그분의 예정의 의지로 말미암는다.

그분의 임재에 의하여 우리의 연약함을 도우시고 말로 표현할 수 없는 간구로 우리를 위하여 중보하시는 성령님을 통하여 하나님의 영원하고도 안정적인 사랑이 그를 이끄시지 않는 한 그가 수천 번 절망할 이 모든 것들을 통하여 사람은 어떻게 가능한 휴식을 누릴 수 있었겠는가? 그와 같은 상황에서는 사람은 그가 무엇을 해야 하는지와 그가 무엇을 기도해야 하는지를 알지 못하기 때문이다. 참으로 그는 그것으로부터 벗어나기를 기도 했을 것이고, 그의 구원에 반대해서 그것은 계속될 것이기 때문에 이것은 어리석었을 것이다. 그래서 우리는 특별히 연약한 상황 즉, 그러한 고통들의 상황에서는 우리가 무엇을 기도해야 하는지 알지 못한다.

그러면 우리의 의로움은 이제 어디에 있는가? 선한 행위들과 결정의 자유와 사물의 만일의 사태는 어디에 있는가? 그래서 설교해야 한다! 이것은 올바른 설교이다! 이것은 '육신의 생각'의 목구멍을 자르는 것을 뜻한다. 지금까지 사도는 육신의 생각의 손과 발과 혀를 잘랐지만 이제는 그것의 목구멍을 자르고 그것을 죽인다. 이제 모든 사람은 그가 그 자신 안에서는 아무것도 아니지만 그는 하나님 안에서 그의 모든 선한 것을 발견할 수 있다는 것을 보아야 하기 때문이다.

우리의 신학자들은, 틀림없이, 있는 그대로 영리하여, 그들이 이 맥락 안에서 그들의 '조건에 따라 달라짐'의 개념을 제시할 때, 할 수 있었는지는 내가 알지 못한다고 해도, 그들은 어떤 것을 성취했다고 상상한다. 그들은 택함을 받은 자가, 즉, 필요의 결과[60]로 일어나는 것에 의해서가 아니라 결과의 필요에 의해 필연적으로 구원되었다

---

60. 참고 Duns Scotus, I *Sent.*, d. 39, q. 5, n. 35; Gabriel Biel, III *Sent.*, d. 20, q. un., a. 1B. '결과적 필연'(consequent necessity, *necessitas consequentis or absoluta or simplex*)은 불변성을 의미하고 일반적으로 하나님 자신에게 의한 것임을 의미한다. 그

고 말한다. 이것은 특별히 그들이 이해하기를 원하거나 적어도 우리의 결정에 의하여 구원이 일어 날 수 있거나 일어날 수 없다는 의미인 '결과로 일어나는 조건에 따라 달라짐'의 개념을 이해하는 기회를 그들이 주기를 원한다는 사실의 관점에서 오로지 공허한 대화에 불과하다. 나 또한 전에는 그 문제를 이처럼 이해하였다.[61]

이 '결과의 조건에 따라 달라짐'의 개념은 논의 중인 주제와는 무관한 것이다. 게다가, 이 '결과로 일어나는' 것이 (그리고 이것은 질문에 암시되어 있다) 하나님이 이러한 의미에서만 필요하다는 점을 고려하면 필요할 수 있는 것처럼 조건에 따라 달라질지를 묻는 것은 무의미한 것이다. 그러므로 누가 말한다면 그것은 터무니없는 덧붙임이다. 택함 받은 자는 그러나 필요의 결과로 일어나는 것에 의해서가 아니라 결과의 필요에 의하여 필연적으로 구원 받는다. 즉, 결과로 일어나는 것은 하나님이 아니다 또는 그것은 하나님이 아니기 때문에 그러므로 구원은 결과의 필요에 의해서이다. '조건에 따라 달라짐'은 하나님이 아닌 '생명이 있는 존재가 되는 것'외 그 밖의 무엇을 뜻하는가? 그들은 발생의 필요를 사물의 본질의 필요로 전환함으로써 이해를 왜곡한다. 이런 얼버무리기는 여기서는 어울리지 않는다. 창조된 것이 그 존재 안에서 조건에 따라 달라

러나 '결과의 필연'(necessity of the consequence, *necessitas consequentiae or conditionis*)은 일단 효과에서는 더 이상 변화될 수 없는 원인에 의하여 결정된 필요성이지만, 그것은 달라질 수도 있는 일을 말한다.

루터는 같은 문제를 「노예의지론」(*WA* 18, 614-618)에서 토론한다. 그것은 몇 구절을 제외하고 패커와 존스톤의 번역, *Martin Luther on the Bondage of the Will* (James Clarke & Company, Ltd., London, 1957), 81 이하에 따라서 중요한 구절을 인용하는 데 도움이 될지도 모른다.

"이것은 소피스트가 이제 몇 년 동안 수고한 것을 파헤치는 것이다(그리고 적어도 패배 당했고 항복하도록 강요받았다). 즉, 그들은 모든 것은 필연적으로 일어나지만, '결과적 필연'이 아니라, '결과의 필연'에 의하여(그들이 그것을 놓았기 때문에) 일어난다는 것을 유지했다. 이 차이에 의하여, 그들은 그들 자신의 입장이 강요당함을 교묘히 빠져 나갔다– 또는 오히려 그들 자신을 피하였다." 나는 그 차이가 얼마나 이상한지를 보이는 것이 어렵다는 것을 발견할 수 없다. 그들이 뜻하는 '결과의 필연'에 의하여, 대충 말하면 이렇다. 하나님께서 어떤 것을 행하신다면, 그것은 필연이다. 그러나 도래하는 것 그 자체는 필연이 아니다. 왜냐하면 하나님만이 필연적으로 존재하시고 그 밖의 모든 것은 하나님이 그렇게 뜻한다면 중지될 수 있기 때문이다. 이것은 그분이 그것을 행하려 한다면 하나님의 행동은 필요하지만 행해진 것은 그것 자체가 필요한 것은 아니라고 말하는 것이다. 그러나 이런 단어 놀이에 의해 그들이 설립한 것은 무엇인가? 이것이다. 내가 추정한– 행해진 것은 필요한 것이 아니다. 즉, 어떤 행동이 그 자체로는 필연성이 없다. 즉, 행해진 것은 하나님 그 자신이 아니다! 그럼에도 불구하고, 하나님의 행동이 필요하다면 또는 '결과의 필연'이 있다면, 각각이 필연적으로 일어나야 하는 것은 사실로 남는다. 그러나 그것은 하나님이 아니고 그 자신의 본질적인 성질상 필연성을 가지지 않는다는 의미에서는, 그것이 필연적으로 일어나지 않는 것도 사실일지 모른다."

"그들의 터무니없는 공식에 의하면 모든 것은 '결과적 필연'이 아니라 '결과의 필연'에 의하여 일어난다. 모든 것은 필연에 의하여 일어난다, 그러나 일어난 것들은 하나님 자신이 아니다. 그러나 그것을 우리에게 말할 무슨 필요가 있었는가?… 그러나 우리가 처음부터 붙드는 원래의 논제는 모든 것들은 필요성에 의하여 일어난다는 것이고 우리는 그것을 여전히 지지하고 유지한다."

61. 참고 피에트로 롬바르도의 「명제집」에 대한 루터의 주석. II *Sent. d.* 26, *c.* 3 (*WA* 9, 71, 5ff.).

지는지 즉, 그것이 변할 수 있는지 또는 그것이 하나님이고 그래서 불변하는지 아무도 질문과 의심을 일으키지 않기 때문이다. 그러나 질문은 속편의 필요에 관한 것 또는 하나님이 운명 지었던 것이 필연적으로 일어날 것인지와 그들이 그것이 일어날 것을 수긍할 것인지에 관한 것이다. 그런데도 그들은 그들이 말할 수 있는 모든 것을 말한 후에 이 불필요한 덧붙임을 만든다. 당신이 결과의 필요에 의하여 어떤 것이 확실히 일어날 것을 안다면, 당신이 이 특별한 장소에서 그것이 조건에 따라 달라지는 것인지 아닌지 미래를 안다면 그것이 어떻든 무슨 상관인가?

이것은 당신에게 질문이 요청되는 경우, '한 아들이 필연적으로 그의 아버지를 죽인다면, 이것은 필연적으로 일어나야 하는가?'처럼 우스꽝스러운 것이다. 당신은 이렇게 말함으로 대답했을 것이다. 그것은 결론의 필요에 의하여 일어날 것이고 그때는 아들이 아버지가 아니거나 아버지는 아들이 없다는 것을 덧붙인다.[62] 이 질문을 일으킨 그들은 그러므로 조건에 따라 달라지는 것이 일련의 사건의 필요를 숨길 수 있는지를 묻고 있는 것이다. 그리고 그들은 조건에 따라 달라짐을 안다는 추정을 만들고 조건에 따라 달라지는 것이 있고 그들은 연속적인 사건의 필요한 발생을 숨기지 않는다는 선결 문제 요구의 허위에 의하여 당신은 가르친다. 당신의 대답은 옳다. 그러나 당신이 가르친 것은 덧붙인 것이고 관계없는 것이다.

평범한 사람들은 그 질문을 이런 방식으로 최소로 표현한다. 사건의 조건에 따라 달라지는 것이 하나님의 어떤 예정에 장애가 되는가? 대답은 다음과 같다. 나뭇잎 하나라도 아버지의 뜻 없이는 땅으로 떨어지지 않기 때문에 하나님에게는 그저 조건에 따라 달라짐이 없지만, 우리로서는 단지 있다는 것이다. 그러므로 사물의 본질처럼 시간들 또한 그분의 손에 달려 있다. 필요의 개념을 이제 주제와 결부시키고 이제 연결된 조항들에 결부시킬 때, 질문이 주제의 조건에 따라 달라짐의 방식이 아니라 단지 연결된 조항 또는 시간의 조건에 따라 달라짐을 언급한다는 점을 고려하면 얼버무리는 잘못을 범한다.

우리는 이 문제를 세 부분으로 다룰 것이다. 첫째로, 우리는 성경의 말씀과 하나님의 행하심으로부터 불변하는 예정의 증명들을 모을 것이다. 둘째로, 우리는 반대

---

62. "*Fiet necessitate consequentiae, sed filius non est pater, vel quia non habet filium.*"

들, 예외들, 그리고 책임을 하나님께 전가하는 자들의 논쟁들과 이유들을 비판적으로 분석할 것이다. 셋째로, 이 모든 것들로 놀란 자들에게 위로를 제공하기 위하여, 우리는 또한 그것의 좀 더 즐거운 국면들을 가져와서 그들에게 희망이 있게 할 것이다.

I

이 편지의 이 장과 다음 장에서, 사도는 철저히 그리고 대부분 정확히 글자 그대로 처음 주제를 처리하고 그는 내가 이미 지적한 것처럼 "우리는 하나님을 사랑하는 사람들을 안다" 등으로 시작한다.

그에 맞춰 그는 첫째로 말한다. '뜻대로 부르심을 입은 자들.' 그러므로 그것은 분명히 뜻대로 부르심을 입지 않은 사람들이 뒤따라온다. '뜻'은 여기서 하나님의 예정 또는 자유로운 선택 또는 숙고함 또는 생각을 의미한다. 「고백록」 1권에서 성 아우구스티누스는 이것에 관하여 말한다.[63] "당신의 작품은 경이롭습니다. 오, 하나님! 당신은 당신의 의견을 변화시키지만 당신은 당신의 생각을 변화시키지 않습니다."

둘째로, 로마서 9:8 이하에서 사도는 이삭과 이스마엘, 야곱과 에서의 두 이야기에 의해 예정을 묘사한다. 그는 단지 선택에 의하여 서로 달랐던 이들을 명확히 말한다.

셋째로, 같은 곳에서 그는 두 성경적인 구절들을 그것에 인용한다. 하나는 선택을 언급한다. "내가 긍휼히 여길 자를 긍휼히 여기고"(롬 9:15), 다른 하나는 거절을 언급한다. "내가 이 일을 위하여 너를 세웠으니" 등(롬 9:17). 그리고 그는 결론을 맺는다. "그런즉 하나님께서 하고자 하시는 자를 긍휼히 여기시고 하고자 하시는 자를 완악하게 하시느니라"(롬 9:18). 그는 로마서 10장과 11장에서 같은 방식으로 논의하는 것이 분명하다.

넷째로, 예정은 요한복음 10:29로부터 다음 인용으로 증명된다. "그들을 주신 내 아버지는 만물보다 크시매 아무도 아버지 손에서 빼앗을 수 없느니라."

---

63. Augustine, *Confessiones*, I, 4, 4.

다섯째로, 요한복음 13:18은 "내가 너희 모두를 가리켜 말하는 것이 아니니라 나는 내가 택한 자들이 누구인지 앎이라", 그리고 요한복음 6:44은 "아버지께서 이끌지 아니하시면 아무도 내게 올 수 없으니", 같은 곳에서 "그들이 다 하나님의 가르치심을 받으리라"(요 6:45)고 한다.

여섯째로, 시편 115:3은 "하나님은 원하시는 모든 것을 행하셨나이다." 그리고 디모데후서 2:19은 "하나님의 견고한 터는 섰으니 인침이 있어 일렀으되 주께서 자기 백성을 아신다"라고 한다.

더 깊은 증명은 하나님의 행하심이다.

첫째로, 다음 장에 따른 것으로 그가 이스마엘과 에서와 파라오와 이집트인들에게 행하셨던 것이다.

둘째로, 예정은 하나님께서 그분의 성도들을 그리 많은 악들에게 노출시키고 그것의 모두는 탐욕스러운 손과 같은데도 그분은 그들을 잃어버리지 않는다는 사실에 의해 보여 진다. 그렇게 함으로써 그는 충분히 그의 선택의 확고함을 보여 준다. 강퍅케 된 파라오의 예에서 그분이 보여 주시듯이, 그분이 전 창조물을 예정에 반하여 인도하신다는 사실에도 불구하고 어떤 피조물도 예정을 방해할 수 없다.

셋째로, 그분이 많은 사람들이 태초부터 선한 삶을 살도록 허락 하시고 많은 선한 행위들을 하기를 허용 하시지만 그들은 구원 받지 못한다는 사실에 의해 선택은 보여 진다. 반면에 정반대로 그분은 많은 사람들이 큰 죄악을 저지르도록 두신다. 그럼에도 불구하고 그들은 갑자기 변화되고 구원 받는다. 이들은 사울(삼상 13:13; 15:25f.; 16:1)과 므낫세(왕하 21:1하), 그리고 배반자 유다(마 26:14, 47ff.) 같은 자, 그리고 십자가 위의 강도(눅 23:33ff.) 등이다. 그리고 많은 매춘부와 상스러운 죄인들에 의하여 전형적인 예가 된다. 대조적으로, 그분은 자기들이 모든 것을 안다고 생각하는 사람들과 선한 행위들로 빛나려고 노력하는 사람들을 거절하셨다. 그리하여 그분은 40명의 순교자들 중 한 사람에게는 거절을 보이신 것이다.[64]

---

64. 소아르메니아(Armenia Minor)에서 리시니우스 황제(Emperor Licinius) 아래의 순교자 40인 중의 하나는 두려워 도망쳤다. 피커(p. 384, n. 30)는 아우구스티누스의 미사(Missal of Augustinians)이 바로 이 40명의 순교자들의 날에 관련된 전설을 언급한다고 지적한다(March 9).

II

예정에 반대하여 말할 수 있는 많은 이유들이 있지만, 그들은 '육신의 생각'으로부터 추진했다. 그런고로 그 자신을 부인하지 않고, 하나님의 뜻 안에서 그의 의문들을 깊이 가라앉히기를 배우지 않고, 그것들을 육신의 생각에 둘 수 있는 사람마다, 왜 하나님은 이것을 행하려 하시거나 저것을 행하시는지 항상 물어볼 것이고 그는 결코 답을 발견할 수 없을 것이다. 마땅히 그렇다. 이 어리석은 생각은 그 자신을 하나님 위에 놓고 자신의 뜻에 대한 심판을 열등한 것에 있는 것처럼 통과시키기기 때문이다. 반면에, 사실인즉 그것은 그분에 의해 심판을 받을 처지에 있다. 그러므로 사도는 하나의 짧은 말로 그 모든 이유들을 처리한다. 첫째로, 하나님의 뜻을 심판하는 자리에 앉아 있지 않도록 우리의 무모함을 저지한다. 그는 말하기를 "이 사람아 네가 누구이기에 감히 하나님께 반문하느냐"(롬 9:20). 달리 말하면, '너는 하나님의 뜻에 굴복해야 한다'는 것이다. 그런데 왜 그것에 답하기를 주저하고 그것과 논쟁하는가? 그다음 그는 결단력의 이유를 다음과 같이 말한다. "토기장이가 진흙 한 덩이로 하나는 귀히 쓸 그릇을, 하나는 천히 쓸 그릇을 만들 권한이 없느냐"(롬 9:21).

첫 번째 반대

그것은 또한 가장 비중이 적은 것으로 다음과 같다. 인간은 자유의지가 주어졌고 그래서 그는 장점과 단점을 배울 수 있다. 우리는 이것에 다음처럼 답한다. 은혜의 영향 아래에 있지 않는 한 자유로운 결정의 능력은 의를 깨닫기 위한 것에는 무엇이든지 능력을 가지지 않는다. 그러나 이것은 죄 안에서는 필연적이다. 그런고로 성 아우구스티누스는 율리아누스[65]에 대항한 그의 책에서 그가 그런 상태를 묘사하여 (모든 행동의 선택이) '자유를 위한 선택이 아니고 오히려 노예가 되기 위한 선택이었다. 선택은 옳았으나 그 선택의 목표가 잘못이었다'고 지적한다. 그러나 그것이 은혜를 받았을 때, 결정의 능력은 구원에 관해선 모든 사건에서 참으로 자유롭게 된다. 확신하건대, 그 본성에 따라 그것은 항상 자유롭지만, 단지 그것의 능력 안에 있는 것에 관해서만 그

---

65. Augustine, *Contra Jul.*, II, 8, 23.

렇고 그것보다 뛰어난 것에 관해서는 아니라서 그것보다는 열등하다. 그것이 죄악 안에 사로 잡혀 있기 때문이고 그러면 하나님에 따라서 선한 것을 선택할 수 없기 때문이다.

두 번째 반대

"하나님은 모든 사람이 구원을 받으며 진리를 아는 데에 이르기를 원하시느니라"(딤전 2:4). 그리고 그분은 우리 모든 사람을 위하여 그분의 아들을 주셨다. 그리고 그분은 사람을 영생의 목적으로 창조하셨다. 그리고 모든 것은 인간의 이익을 위하여 있고 그는 그를 즐거워하도록 하나님의 뜻을 위하여 그가 존재한다. 그러나 이러한 반대와 그와 같은 다른 것들은 쉽게 처음 것처럼 거부될 수 있다. 이러한 모든 말들은 사도가 디모데후서 2:10에서 말한 "택함 받은 자들"처럼 선택의 측면에서 이해할 수 있다.[66] 그리스도는 절대로 모두를 위하여 죽으신 것이 아니다. 그분이 말씀하시길 '이것은 너희를 위하여 붓는 나의 피다'(눅 22:20). 그리고 "많은 사람을 위하여"(막 14:24)라고 하셨기 때문이다– 그분은 모두에게 말씀하시지 않으셨다– "죄 사함을 얻게 하려고"(마 26:28).

세 번째 반대

하나님은 죄 없는 사람들을 정죄하지 않으신다. 그리고 죄 안에 필연적으로 있는 사람은 그릇되게 정죄 받는다. 이것에 내가 답하는 것은 우리는 모두 필연적으로 죄 안에 있고 정죄 안에 있지만 아무도 강제로 그리고 그의 의지에 반하여 죄인은 아니라는 것이다. 죄를 싫어하는 사람마다 이미 죄 밖에 있고 택함을 받은 자에게 속한다. 그 의지는 자발적으로 있고 죄에 머물고 악함을 사랑하는 것이다. 그와 같은 것은 강제가 아니라 필요의 불변성에 의하여 죄 안에서 피할 수 없다.

네 번째 반대

왜 그분은 계명들을 공표하고서 그들이 성취하는 것을 보기를 원치 않는가? 그

---

66. Augustine, *Enchiridion*, XXVII, 103.

리고 무엇이 최악이고, 왜 그분은 그들이 율법에 대항하여 행동하기를 심지어 좀 더 원하기 위해 인간의 의지를 강퍅하게 하는가? 그러므로 사람이 죄인이고 저주받아야 하는 이유는 하나님 안에 놓여 있다. 이것은 가장 강력하고 중요한 반대이다. 사도는 하나님은 그것을 그렇게 하실 것이고 그분이 그것을 그렇게 하실 것이기 때문에 그것은 악하지 않다고 말함으로써 그것에 주로 답한다. 진흙이 토기장이의 것인 것처럼 모든 것이 그분의 것이기 때문이다. 그분은 그러므로 그분의 계명들을 택함 받은 자들이 그것들을 성취하도록 주시고 타락한 자들이 그것들에 얽매이게 하신다. 그리하여 그분은 그의 자비뿐 아니라 그의 진노도 보여 주신다.

여기서 육신의 생각은 더 크게 말하여 이르기를 그가 나의 비참함에서 그의 영광을 찾는 것이니 잔혹하고 비참한 하나님이라고 한다. 육신의 소리에 귀를 기울여 보라! 그것은 '나의, 나의 비참함'이라 말한다! 이 '나의'를 제거하라 대신에 '오, 주여, 당신에게 영광이 있으시길!'라고 말하라. 당신은 구원 받을 것이다! 그리하여 육신의 생각은 단지 그 자신의 것을 추구한다. 그것은 그 자신의 고통을 하나님의 신성 모독보다 더 두려워한다. 그리고 이러한 이유 때문에 그것은 하나님의 의지보다 그 자신의 의지를 따른다.

그러므로 우리는 인간에 관하여 가진 것과는 다른 하나님에 관한 마음을 가져야 한다. 그분은 어느 누구에게 어떤 빛도 지지 않기 때문이다. 욥에게 그분이 말씀하시기를 "누가 먼저 내게 주고 나로 하여금 갚게 하겠느냐 온 천하에 있는 것이 다 내 것이니라"(욥 41:11). 이것은 사도가 이 편지의 11장의 끝에 인용한 말씀이다. 그가 여기서 말한 것은 "누가 주께 먼저 드려서 갚으심을 받겠느냐"(롬 11:35)이다.

III

예정에 관한 이 주제는 육신의 생각에서 매우 쓰라림을 맛본다. 참으로, 그것은 그것에 관하여 위배되어서 그것은 그 자체가 신성 모독의 극단에 이르기까지 수행되도록 한 것이다. 왜냐하면 여기서 그것은 완전히 파괴되었고 아무것도 아닌 것으로 낮추어졌기 때문이다. 구원이 자신의 행동의 길로 구성되는 것이 아니라 그 자체의 외부, 즉, 하나님의 선택 안에서 단지 발견할 수 있음을 깨닫도록 그것은 강요하기 때문이다. 그러나 '영의 생각'을 가진 모든 사람은 이 주제 안에서 즐거워하고 우리가 사도 안에서와 사무엘의 어머니 한나 안에서 볼 수 있는 것처럼 그들은 형언할 수 없는 행복으로 채워진다(삼상 2:1ff.). '육신의 생각'으로부터 막 돌이키기 시작한 사람들 또는 '영의 생각'을 향하는 중에 있는 사람들은 이러한 것들 사이에서 서 있다. 그들은 하나님의 뜻을 시작하고 기꺼이 그리할 것이다. 그러나 그들은 예정의 가르침에 관하여 들을 때 겁에 질려 떤다.

그래서 영혼에게 최선이고 가장 유익한 이러한 말씀들이 아직은 그들에게 직접적인 즐거움을 주지 않을지라도 그럼에도 불구하고 그들은 그들을 위로하고 조언함을 '안티페리스타시스'(antiperistasis)[67]에 의하여 즉, 대비의 조건에 의하여 찾는다는 것이다. 다시 말해, 이렇게 하여 좀 더 효과적으로 일깨워서 사람들의 자만심을 겸손하게 하고 장점에 의존하는 주제넘음을 원상태로 되돌려놓을 수 있는 말들이 없다. 그러므로 이러한 말씀들을 두려워하고 그것들에 의해 무서워하는 사람들은 성경에 이렇게 말씀했기 때문에 "그의 위에 여호와의 영 곧 지혜와 총명의 영이요 모략과 재능의 영이요 지식과 여호와를 경외하는 영이 강림하시리니"(사 11:2), "나 여호와가 말하노라 내 손이 이 모든 것을 지었으므로 그들이 생겼느니라 무릇 마음이 가난하고 심령에 통회하며 내 말을 듣고 떠는 자 그 사람은 내가 돌보려니와"(사 66:2). 이 반응을 매우 좋고 행복한 징표로 여길 수 있다. 또한 그리스도는 그들에게 말씀하신다. "적은 무리여 무서워 말라 너희 아버지께서 그 나라를 너희에게 주시기를 기뻐하시느니라"(눅 12:32). 그리고 이사야 40장[68]은 이렇게 말씀한다. "(겁내는 자들에게 이르기를 굳세어라, 두려워하지 말라, 보라 너희 하나님이 오사 보복하시며 갚아 주실 것이라 하나님이 오사 너희를 구하시리라) 하라." 그들이 정반대로 생각을 하는 것을 그분이 알지 못하셨거나, 그들이 하나님의 나라가 도래하지 않을 것이라는 절망적으로 두려워 할 것이라는 것을 주목하지 않으셨다면, 그분은 확실히 "너희 두려워하는 자들아, 안심하라, 보듯이 너희의 주가 이길 것이다." 그리고 다시 "할렐루

---

67. *Per antiperistasin,* 즉, *contrarii circumstantiam.* 참고 아리스토텔레스, 「물리학」, 8권. 웹스터는 오래된 물리학의 용어로 "안티 페리스타시스"로 부르고 그것을 "반대에 의하여 강함을 획득하는 질적인 것"으로 정의한다.
68. 루터는 정확히 이사야 35:4를 생각한 것이다.

야, 여호와를 경외하며 그의 계명을 크게 즐거워하는 자는 복이 있도다"(시 112:1)라고 말씀하지 않았을 것이다. 성경의 모든 곳에서, 하나님의 말씀에 의해 떠는 이런 부류의 사람들은 격려를 얻고 안위를 얻었다. 그들은 그들 자신에게 절망하기 때문에, 그리고 하나님의 말씀은 그들을 하나님 앞에서 떨게 함으로써 그들 안에서 역사한다. 하나님의 말씀을 향하여 둔감해지고 그들 자신을 의지하는 사람들이 이 마음 안에 있다는 점에서 매우 좋지 않은 징조를 가진 것처럼, 그것을 갈망하는 두려움 안에 서 있는 자들이 이러한 그들의 태도에서 시편 144:6에 기록된 것 "주의 화살을 쏘아 그들을 무찌르소서"처럼 정확히 매우 좋은 징조를 가지는 것도 그렇다.

그러므로 그가 택함 받은 사람들 중의 한 사람이 아니라는 두려움에 의해 완전히 압도당한 사람이라면 또는 그가 그의 선택여부에 관해 몹시 괴롭힘을 받고 고통을 겪은 사람이라면, 그가 그러한 두려움에 대하여 감사하게 하고 그의 갈망을 대단히 기뻐하게 하자. 즉, 그는 "하나님께서 구하시는 제사는 상한 심령이라 하나님이여 상하고 통회하는 마음을 주께서 멸시하지 아니하시리이다"(시 51:17)라고 말씀하셨던 하나님은 거짓말 하실 수 없다는 지식에서 확신할 수 있다. 지금, 그는 바로 그 자신이 '상해졌다'는 사실을 안다. 그러므로 그는 용감해야 하고 주저하지 않고 하나님의 진실성을 의지하여 그분의 약속을 받아드리고 그리하여 하나님은 단지 겁을 주신다는 그의 이전 생각으로부터 그를 자유롭게 하고 그래서 그는 구원 받고 선택 받을 것이다.[69]

최소한 이생에서는 그들이 하나님의 숨겨진 생각에서 떤다는 것은 확실히 타락한 자의 특성이 아니라 이것은 선택 받은 자의 특성이다. 왜냐하면 타락한 자는 그것을 멸시하고 그것에 어떤 주의도 기울이지 않기 때문이다. 또는 그들은 건방진 절망으로 말한다. 내가 저주받았다면, 좋다, 나를 저주 받게 내버려 두라고.

이제 택함 받은 사람들 안에서 세 가지 등급이 있다.

첫 번째 등급은 하나님의 뜻 그것이 무엇이든지간에 만족하는 사람들에게 속한다. 즉, 그들은 그것에 대항하여 투덜거리지 않으며 오히려 그들이 선택되었다는 것을 신뢰하고 그들은 저주받는 것을 원지 않는다.

두 번째 등급은 그것은 더 높은 것이며 그들 자신을 하나님의 뜻에 맡겼던 사람

---

69. *"Ergo in veritatem promittentis Dei audacter ruat (se transferat) de prescientia terrentis Dei, et salvus et electus erit."*

들에게 속한다. 하나님께서 그들을 구원하시기를 원치 않으셔서 거절된 자들 중에 그들을 두셨을 경우에 대비해서, 그들은 그 안에 있는 내용을 느끼거나 적어도 그들은 그와 같은 감정을 말한다.

세 번째 등급은 곧 가장 높은 등급은 하나님이 이것을 행하신다면 실제의 현실에서 그들 자신을 지옥에 맡기는 사람들에게 속한다. 죽음의 시간에 아마도 많은 것이 일어난다. 이들은 그들 자신의 뜻과 '육신의 생각'을 완전히 깨끗이 하게 된다. 그들은 "사랑은 죽음같이 강하고 질투는 스올같이 잔인하며"(아 8:6)가 의미하는 바를 안다. 놀랍도록 이상한 비유다! 사랑은 그것이 겉보기에는 부드럽고 달콤한 어떤 것인 한 가장 쓰디쓴 것들과 비유된다. 그러나 그것은 사실이다. 서로에게 즐거움을 발견하는 사랑은 그것은 사랑하는 자를 즐거워하기 때문에 달콤하다. 이 세상에서, 하나님은 그러한 사랑을 그의 택함을 받은 자들에게 잠시 그리고 부족하게 주신다. 참으로 그것을 풍부하게 그리고 오랫동안 소유하는 것은 가장 위험한 것 "그들은 자기 상을 이미 받았"(마 6:2)기 때문이다.

그러나 열망에 몰두하는 사랑은, 그와 같은 사랑은 이 세상 삶에서는 정말로 어려운 것이고 지옥처럼 강한 것이고, 하나님은 그분의 사랑을 그 안에서 놀랍도록 이상한 방법들도 행사하신다. 그래서 신부가 솔로몬의 노래에서 "내가 사랑하므로 병이 생겼음이라"(아 2:5)고 말한다.

그러므로 이 구절이 보여 주듯이 우리는 항상 그 세계를 십자가와 고통을 의미하는 '사랑'으로 가져가야 한다. 이것들 없이는 영혼은 힘없고 뜨뜻미지근한 것이 된다.

즉, 그것은 그를 기다리기를 그치며 그를 갈망하지를 않아서 이다. 이 사랑은 달콤한 것이다. 확실하기는 수동적으로 받을 때가 아니라 능동적으로 줄 때, 또는 노골적으로 놓아 둘 때, 그것은 그 대상자에게는 달콤한 것이지만 그것은 그 소유자에게는 쓴 것이다. 그것은 다른 사람들에게 좋은 모든 것을 원하고 그것을 그들에게 주지만 그것은 그들이 그것의 소유인양 모든 아픔들을 책임지기 때문이다. 이는 "자기의 유익을 구하지 아니하며 모든 것을 참으며 모든 것을 견디"(고전 13:5, 7)기 때문이다.

로마서 8:18-30에 대한 주석들

(먼저 롬 8:18-30에 대한 행간 주석을 두었고, 여백 주석들은 삽입 어구 내에 숫자들로 명시했다).

생각건대, 그것들이 정말로 가치가 있지 않는 한, 현재의 고난은 (1) 그러므로 고통들은, 그것들은 너무 작고 의미가 없으며, 장차 우리, 선택 받은 자에게 나타날 영광, 이미 하나님께서 준비하신, 그러나 아직 드러나지 않은 것과 비교할 수 없도다. '피조물', 즉 창조자의 행함으로써 형성되어진 과정 속에 있었던 것, 그것은 전 세계를 말함이다. '고대하는', 곧 피조물의 존재 그대로 붙잡혀 있다는 사실 때문에, 그것은 무가치한 것에 굴복한다. (2) 하나님의 아들들이 나타나는(부활과 영화 안에서) 것이니, 그것은 그것을 기다린다. 그러나 우리는 묻는다. 왜 그것은 그것을 기다리는가? 피조물이 허무한 데, 악한 것의 허무한 이용에, 굴복하는 것은, 자기 뜻이 아니요, 그 자신의 의지가 아니라 필요로부터, 오직 굴복하게 하시는 이로, 하나님, 그것이 무가치한 사람들에게 굴복하도록 하신이로, 말미암음이라, 굴복하는 것으로 만들어졌기 때문이라. (3) 그 바라는 것은 피조물도(마 24:35 '천지는 없어지리라'), (4) 썩어짐의 종노릇한 데서 해방되어, 그것이 썩어짐으로 굴복하는 데서 썩어지지 않는 종노릇으로, 바로 자유로, 곧 영광의 자유에, (5) 즉, 하나님의 자녀들의 영광의 자유에 이르는 것이니라. 이는 우리가 그것들이 죄의 종노릇으로부터 의의 종노릇으로, 또는 오히려 의의 자유로 변화된 의로움을 말해야 하는 것처럼, 그것의 종노릇은 그것의 자유가 될 것이다. 하나님께 종이 된다는 것은 왕 같은 통치를 뜻한다(*Quia servire Deo regnare est*. 참고 Augustine, *Enarr. in Ps.* 55:2; *De vera relig.*, 44, 82). 피조물이 다 이제까지, (7) 그러나 아직 그들을 생산하지 않았다. 함께 탄식하며, 구원에 대한 탄식, 하나님의 자녀들의 영광과 그 자신의 영광과, (8) 함께 고통을 겪고 있는 것을 우리가 아느니라. 전에(롬 8:28) "그의 뜻대로 부르심을 입은 자들에게는 모든 것이 합력하여 선을 이룬다"에서 말했던 것으로, 그뿐 아니라(이것은 그리스 사본에는 없다), 또한 우리, 믿는 자들, 택함 받은 자들, 곧 성령의 처음 익은 열매를 받은 우리까지도, (9) 그러나 아직 그것과 전체 추수 또는 포도수확이 충분하지 않다. 왜냐하면 우리는 '그의 피조물의 시작'(약 1:18)이기 때문이다. 우리가 요한일서 3:2은 "사랑하는 자들아 우리가 지금은 하나님의 자녀라 장래에 어떻게 될지는 아직 나타나지 아니하였으나 그가 나타나시면 우리가 그와 같을 줄을 아는 것은 그의 참모습 그대로 볼 것이기 때문이니"에 따라서 미래에 이루어 질 완전한 것이 될 것이기 때문이다. 속으로, 즉, 우리 자신 안에서, 탄식하여, 즉, 오로지 하나님이 보실 수 있는 곳에서 우리자신 속으로 신음하며 묻고 기도하여, 양자(하나님의 아들들) 될 것(이것은 사본의 부분이 아니다), 곧 우리 몸의 속량을 기다리느니라. 현재 삶의 지침과 올 삶에 대한 기다림, (10) 언젠가는 죽어야 함에서 불멸로, 썩어짐에서 영광으로. 우리가 '우리가 기다리는' 소망으로 구원을 얻었으매 보이는 소망이 소망(내가 말한 소망)에 의하여 우리가 기다리는 영원한 구원으로의 소망이 아니니(그런고로 그는 그 자신을 설명한다) 보는 것을 누가 바라리요, 그가 가지고 있어서 그의 손안에 그것을 잡고 있기 때문에, 만일 우리가 보지 못하는 것을 바라면 그리고 가지지 않고 잡지 않아서, 참음으로 기다릴지니라. 영혼을 낙담하게 하는 연기된 소망 때문에 이와 같이 깊은 탄식으로 기도하여 우리를 일으키시는 성령도 우리의 연약함을 도우시나니, (11) 그리스어 사본은 '우리의 연약함들'이라고 읽는다. 우리의 무기력과 무능을 도우시나니. 우리는 마땅히, 우리의 기도의 태도나 방법에 관심 있는 한에 있어서는, 기도할 바를, 우리의 기도의 대상이 관심 있는 한에 있어서는, 알지 못하나(마 20:22 "너희는 너희가 구하는 것을 알지 못하는도다." 요 13:7 "내가 하는 것을 네가 지금은 알지 못하나"), 오직 성령이 말할 수 없는, 어느 사람도 말로 표현할 수 없고, 하나님이 느끼실 수 있는 것 외에는 어느 누구도 느낄 수 없는 탄식으로, (12) 이것은 모든 사람에게 같은 방식으로 적용되지 않는다. 그러나 하나님에게만, 즉, 그분은 사람들의 마음을 찾으시며, 아시고 우리 마음 깊은 곳의 본 모습을 심지어는 우리 자신이 하는 것보다 알아보신다. 그리고 그분은 감지하시고 승인하신다. "우리를 위하여 친히 간구하시느니라." 즉, 그분은 우리를 위하여 중보하시다. (13) "마음을 살피시는 이가 성령의 생각(그리고 그분에게 그것들은 말로 표현할 수 없는 것은 아니다)을 아시나니 이는 성령이 하나님의 뜻대로 성도를 위하여 간구하심이니라." 즉, 그분의 뜻에 따라서 이것은 하나님께 기쁨이 되는 것이기 때문에, 전에 그분이 말씀하셨던 것처럼, 전 피조물과 우리 자신들과 거룩한 성령은 성도들을 위하여 함께 신음한다. 즉, 이것은 그분이 다음과 같이 말씀하심으로써 입증한다. "우리가 알거니와," 성령께서 중보하신 것이 이상하게 드러나지 않도록 이것을 말하고자 한다. "하나님을 사랑하는 자 곧, 그의 뜻대로 부르심을 입은 자들에게는", 예정에 따라서, 모든 사람이 다 부르심을 입은 것은 아니다. '많은 사람이 부르심을 받았으나, 선택된 사람은 많지 않다'(마 20:16). 모든 것이 합력하여 나쁜 것 뿐 아니라 좋은 것도, (14) "선을 이루느니라." "하나님이 미리 아신", 그들이 존재하기 전에 그분은 아셨다. 성도들(이것은 그리스어 사본에는 없다)은 '그분의 뜻을 따라 부르심을 받았다.' 그들은 그 아들 예수 그리스도의 형상을 (15) 본받고, 그의 고통과 부끄러움, 영광과 빛남도 본받게 하기 위하여, (16) 미리 정하셨고, 예정했고, 선발했고, 선택했다, 그리스도는 사람이시며 하나님이시고 유일한 독생자이다. 또한 선택 받은 모든 이들 중에서 (17) 맏아들이시며 처음 열매요, 하나님과 닮음이시며, 본체의 형상이시다. 그는 성도를 미리 정하시고, 계획하시고, 선택하시고, 믿음의 세계로 부르시고, 부르신 그들을 (18) 믿음의 영에 의하여 의롭다 하시고, 의롭다 하신 그들을 또한 영화롭게 하셨다. (이것은 '영화롭게 되었다'는 것을 뜻한다). 즉, 영생 안에서 영화롭게 되었다.

(1) 고난들은 그 자체로는 가치가 있을 수도 있고 가치가 없을 수도 있다. 우리가 그것들이 그리되도록 추정할 수 없기 때문이다. 그러나 그것들에 관한 우리의 판단은 우리가 그것들을 그것들이 진정으로 무엇인지에 관하여 평가할 때 그땐 올바르고 진실하다. 오만한 자들이 하는 것은 그렇지가 않다.

(2) 그는 피조물을 마치 살아 있고 감각들을 가질 수 있는 것 인양 말한다. 오용하여 하나님을 향한 고마움을 모르고 악한 자들에게 굴복하는데 그렇게 오랜 시간 동안 강요되어 온 것에 대해 피조물은 고통을 느낀다. 반면에 피조물은 사실 그것을 통하여 그리고 그것 안에서 성도들이 하나님을 영화롭게 할 것으로 끝까지 창조되었다. 이것 때문에 피조물이 '자연스럽게'(naturaliter) 기다리는 것은 그것의 '끝'(finem)이다.

(3) 마태복음 5:45 "이는 하나님이 그 해를 악인과 선인에게 비추시며 비를 의로운 자와 불의한 자에게 내려 주심이라."

(4) 이것은 그것들의 실체에 관하여가 아니라 그것들의 타락성에 관한 것으로 '천지는 없어질 것이다'(마 24:35)라고 말하는 것과 같다. 철학자들은 그들이 어떻게 이것을 이해하는지를 보려할 것이다! 나는 성경이 다음처럼 말하는 것으로 이해한다. 곧, 그것들의 실체에 관하여가 아니라, 즉, 그것들이 존재하기를 중단하는 것이 아니라, 그것들이 더 이상 타락할 수 없는 것으로, 그것들이 영화롭게 된다.

'그것들은 지나갈 것이다'는 말씀은 '그것들은 바뀔 것이다'(시 102:26)는 뜻이다. 그리스도께서 그분의 유월절을 통하여 지나가셨던 것처럼, 즉, 그분이 불멸의 영광으로 변화되었을 때처럼, 그래서 모든 성도가 갈릴리인들 즉, 지나간 사람들, 즉, 영광으로 변화되어질 사람들로 불린다는 것을 지시한다.

그것은 베드로후서 3:13에서 "우리는 새 하늘과 새 땅을 바라보도다"고 말한다. 그리고 이사야 65:17에서 "보라 내가 새 하늘과 새 땅을 창조하나니." 그리고 시편 102:26-27에서 '천지는 없어지려니와… 주는 그것들을 바꾸실 것이고 그것들은 바뀌어 질 것이다'라고 말한다.

(5) 다시 그는 '썩어짐의 종노릇함'과 '영광의 자유'를 대조한다(그가 원함으로서). 그것은 지금 썩어짐 안에서 악한 자들의 오용에 굴복하고 있으나 썩어짐으로부터 자유롭게 될 그때에, 그것은 '하나님의 자녀들의 영광을 위해' 섬길 것이다.

(6) 여기서 위대한 기도가 계속적으로 의에 대하여 그리고 불의에 대항함에 대하여 그 자신의 회복과 의의 회복에 대해, 그것 때문에 불의에 대항하여, 즉, 우리가 신음하고 마침내 성령 자신도 말할 수 없는 탄식으로, 외치면서 전 피조물의 신음으로써 말해왔던 것을 주목하라.

(7) '그것은 고역한다.' 즉, 그것은 영광을 낳기 위해 썩어짐의 끝에 대하여 열정적으로 분투한다. "여자가 해산하게 되면 그때가 이르렀으므로 근심하나 아기를 낳으면 세상에 사람 난 기쁨으로 말미암아 그 고통을 다시 기억하지 아니하느니라"(요 16:21).

(8) 그는 여기서 지구 생산물의 처음 열매로 제안되었던 비유— 말하자면, 추수의 시작, 또는 다가올 포도 수학을 미리 맛봄 안에서 말한다.

(9) 두려움의 영을 가진 사람들은 이 모든 것을 알지 못한다. 그들은 그것을 몹시 무서워하고 그것이 일어나기를 원치 않는다.

(10) 사람은 그가 얼마나 의롭든지 다가올 영광에 대하여 그 자신의 능력을 의지하여 필요한 만큼을 강렬하게 원하지 않는다. 그러므로 성령은 사람들이 기도할 수 없는 것에 대하여 숨겨진 면으로 그들 대신에 요청하신다. 또한 우리가 영원한 영광을 위해 기도하고 그것이 곧 오는 것 또는 그것이 그런 식으로 주어질 것을 요청할 때, 우리는 우리가 요청함으로써 영광이 주어지는 때나 그것이 곧 온다면 우리에게 큰 손실을 일으킨다는 가능성의 관점에서 기도할 바를 알지 못한다. 이것이 세상적인 것들을 위한 기도들에 얼마나 많이 더 적용되는가!

(11) 다시 말해서 탄식은 너무나 무거워서 오직 하나님만이 그것을 달 수 있고 적절히 그것을 감지할 수 있다. 시편 38:9에서 "주여 나의 모든 소원이 주 앞에 있사오

며 나의 탄식이 주 앞에 감추이지 아니하나이다"라고 말씀하셨던 것처럼.

(12) 시편 1:6의 "의인들의 길은 여호와께서 인정하시나"처럼.

(13) 그리스어 사본은 단수형으로 '그는 함께 일한다'로 읽는다. 그리고 언급하는 대상이 거룩한 성령님이기 때문에 이 표현이 더 좋다. 그때 의미인즉 그분이 우리를 위하여 탄원하는 것은 이상하지 않다는 것이다. 왜냐하면 그분은 그들이 하는 모든 것에서 성도들과 함께 모든 것을 행하시기 때문이다. '그가 탄원 한다'는 말은 앞선 것에 대한 설명이다. 다시 말해서 그분은 그 밖의 모든 것에서 우리와 함께 행동하시는 것처럼 우리와 함께 기도하신다는 것이다.

(14) 그는 단순히 '하나님 의'와 '그 의'를 덧붙이지 않고 '뜻에 따라서'라고 말한다. 하나님을 아는 모든 사람이 이해하듯이, 참으로, 단지 하나의 뜻, 즉, 하나님의 뜻이 있기 때문이다. 단지 하나님의 뜻이 있고 어느 누구의 뜻도 현실화되거나 수행되지 않기 때문이다. 전 피조물은 유딧서 16:14의 "당신의 피조물이 당신을 섬기게 하소서"에 따라서 그분에 따름이 틀림없다.

(15) 하나님께서 창조하시고 구원하실 때에는 마치 야곱이 자신에게 예정된 것을 그의 부친이 미리행하는 것을 목격한 것처럼 눈을 감은 채로 행동하지 아니하신다(창 48:17ff.).

(16) 그 구절은 다음처럼 읽어야 한다. '그는 순종하게 될 사람들을 미리 알았다.' 그는 또한 순종하게 될 그들을 미리 정하였다. 만일 그들 자신의 장점들에 의하여 그들이 그렇게 되었을 것이라고 하나님이 미리 아셨다고 그가 말하는 의미라면, 그는 기록하기를 '순종하게 되었을 그 사람들을 미리 알았다'고 했을 것이다.

(17) '많은'이라는 말은 여기에서 긍정적인 의미이다. 그것은 그리스도께서 많은 형제들 가운데 처음 열매이지만 모두들 가운데 처음 열매는 아니라는 의미는 아닌 것이 틀림없다. 시편 89:6에 기록되기를 "신들 중에서 여호와와 같은 자 누구리이까?"는 그때 이것을 의미한다. 즉, 그분은 그의 모든 형제들 가운데 처음 열매이다. 그의 모든 형제는 로마서 5:19에 "많은 사람이 의인이 되리라"라고 말한 것처럼 매우 많은 것이다.

(18) 그는 그가 의롭다고 한 모두를 영화롭게 하지 않으며 그가 부른 모두를 의롭다고 하지 않으며 미리 안 그들을 모두 부르지 않는다. 그런고로 사도는 여기에서 이

과정을 단지 예정된, 즉 '순종하게 될 사람들을 그가 미리 안다'는 것에 관한 것으로 만든다.

LECTURES
O N
ROMANS
MARTIN LUTHER

로마서 9장

"내가 그리스도 안에서 참말을 하고 거짓말을 아니하노라 나에게 큰 근심이 있는 것과
마음에 그치지 않는 고통이 있는 것을 내 양심이 성령 안에서 나와 더불어 증언하노니"
(롬 9:1-2)

이 구문은 명백하게 사랑, 그 자체가 정말 즐거움과 기쁨에 있는 것이 아니라 엄청나
게 큰 슬픔과 탄식에 있다는 것을 보여 준다. 사랑은 다른 사람들의 고통과 아픔으로
가장하여 자기 자신을 보여 주므로 정말로 사랑의 기쁨과 즐거움은 탄식과 슬픔에
있다. 그러므로 예수님은 그의 죽음의 아주 큰 고통 가운데 사랑에 불탔다. 극한 아
픔을 경험한 성 힐라리우스[1]는 극적인 사랑으로 가득 찬 사람이었다. 하나님의 방법
은 "이스라엘의 하나님은 그의 백성에게 힘과 능력을 주시나니"(시 68:35)*에서와 같이
그들이 극한 고통에서 고생할 때 가장 기쁘게 하시는 것이다.

---

1. 참고 Hilary, *De trin*, X, 45.

---

* 원문에는 "그분은 성도 중에 기이하시도다"(He is wonderful in his saints)라고 적혀 있다.

"나의 형제 곧 골육의 친척을 위하여 내 자신이 저주를 받아 그리스도에게서 끊어질지라도 원하는 바로라 그들은 이스라엘 사람이라 그들에게는 양자 됨과 영광과 언약들과 율법을 세우는 것과 예배와 약속들이 있고 조상들도 그들의 것이요 육신으로 하면 그리스도가 그들에게서 나셨나니 그는 만물 위에 계셔서 세세에 찬양을 받으실 하나님이시니라 아멘"(롬 9:3-5)

왜 그런지는 모르겠지만 많은[2] 사람들이 이것을 바울의 회심 전, 여전히 그리스도 밖에 있을 때, 아니 그리스도와 대항하고 있을 때의 모습이라고 이해하고 싶어 한다. 그러나 이러한 해석은 많은 이유들로 옹호할 수 없다. 첫째로, 바울은 '내가 ~할지라도'라고 말한다. 단지 그는 아직 이루어지지 않은 것을 바랄 뿐이다. 그러나 바울은 그때 이미 저주거리였다. 둘째로, 그는 그리스도로부터 끊어지기를 바란다. 그러므로 우리는 그가 이렇게 말했을 때는 그가 그리스도와 함께 했다고 이해해야 한다. 셋째로, 비슷한 방법으로 '내가 그리스도에게서 끊어질지라도'라고 말한 것은 그리스도와 연합으로 주께 성별되고 받아들여져야 할 때이므로, 그가 말한 저주는 추방, 매도, 거부라고 이해해야 한다. 넷째로, 그는 '나의 형제를 위하여'라고 말한다. 그러나 그런 후에 그는 저주받지 않았고 형제를 위하여 매도당하지도 않고 그들과 함께 하였다. 그리고 나서 그는 그들의 구원을 위해 거기에 머물고 싶은 것이 아니라 그들과 함께 멸망 받기를 원했다.

이런 점이 바로 다음의 이유로 연결된다. 다섯째로, 이 구문의 전체 맥락은 그가 간절히 형제들의 구원에 대해 염려하고 있다는 것을 보여 준다. 그는 예수님을 그들에게 전달하고 싶어 한다. 그러나 그는 확실히 좀 더 일찍 하지 않았다. 바울은 그들에게 신성한 서약으로 그들에게 간청하고 있는 것이다. 저주받은 사람들이 구원 얻기 위해서 한 명이 저주받아야 한다는 것은 믿을 수 없기 때문이다.

그리고 여섯째로, 그는 홀로 그리스도에게서 끊어지기를 바라고 있다. 이것은 더 가벼운 것이다. 회심 전에는, 그리스도와 그에게 속한 모든 사람들이 전 세계에서 저주를 받아야 한다거나, 그가 그리스도께로부터가 아니라 그리스도께서 그와 다른 모

---

2. *Gl. ord.*, 또한 리라와 파버를 참고하라.

든 사람에게로부터 떨어져야 한다고 원했다. 정말로 그는 그리스도와 대항하고 싶어했다. 왜냐하면 스스로 선택되었고 믿으면서 변하지 않은 채, 예수님을 파문하고, 도시와 지역 사회로부터 추방하고 죽이기까지 한 유대인과 한 마음을 가졌기 때문이다. 그것이 왜 그리스도를 시편 133편에서 '헐몬'이라고 부르는지의 이유이다. "헐몬의 이슬이 시온의 산들에 내림 같도다"(시 133:3)에는 교회가 그와 함께 '헤르몬'이라고 불린다. "내 하나님이여 내 영혼이 내 속에서 낙심이 되므로 내가 요단 땅과 헤르몬과 미살 산에서 주를 기억하나이다"(시 42:6). 그리스어로 '헐몬'은 '저주', 그리고 '헤르몬'은 '저주들'을 의미한다.[3] 그리고 '저주'는 나병환자나 불결한 사람들이 분리된 것과 같이 추방당하거나 떨어져 나감을 의미한다. 이런 면에서 그리스도께서 그의 제자들에게 예언을 하셨다. "사람들이 너희를 출교할 뿐 아니라"(요 16:2). 이것은 즉, 너희들이 헤르몬과 저주 받은 사람들이 될 것이다. 다시 말해서 사람들 사이에서 거절당하고 저주거리가 될 것이다 라는 뜻이다.

'내가 ~할지라도'라는 어구는 그러므로 유대인을 위해서 뿐 아니라 그리스도를 향한 가장 훌륭하고 진정한 사도적 사랑의 표현이다. 그리스도를 향한 깊은 사랑 때문에 그는 유대인으로부터 그리스도께서 영광을 받길 바랐다. 이러한 이유로 그는 그리스도를 증오하지도 않지만 기쁘게 그리스도로부터 자원함으로 분리되려고 한다. 이 전도된 사랑은 최고로 강하고 최고조의 사랑이다. 완전한 자기 증오는 상대방을 향한 최고조의 사랑의 증표이다.

그래서 그는 유대인들이 정말로 구원 받는 것을 보기를 간절히 원하고 그들의 구원을 이루기 위해서라면 자신의 구원도 포기할 준비가 되어 있다. 그는 똑같이 다른 책에서도 말한다. 고린도후서 12:15에 "내가 너희 영혼을 위하여 크게 기뻐하므로 재물을 사용하고 또 내 자신까지도 내어 주리니"라고 말한다.

우리는 이러한 말들이 스스로를 거룩하고 하나님을 욕심 많은 사랑으로 사랑하는 사람들, 말하자면, 자신의 구원과 영생 그리고 지옥을 피할 목적을 위해서, 다른 말로, 하나님을 위해서가 아니라 자기 자신을 위한 사람들에게 어리석고 심지어 우스꽝스럽게 들린다는 것에 주의해야 한다. 그들의 사랑의 순서[4]는 자신을 위함으로부

---

3. 루터는 여기서 *Gl. ord.*와 히에로니무스의 성경 주석에 근거하여 말하고 있다.
4. 참고 Duns Scotus, II *Sent., d.* 29, *q. un.*; Gabriel Biel, III *Sent., d.* 29, *q. un., a.* 2, *concl.* 4.

터 시작하고 모든 사람은 무엇보다도 자신의 구원을 바라고 그 후에 그것처럼 이웃의 구원을 바래야 한다고 지껄이는 사람들이다. 그러한 생각들은 그들이 구원 받는다거나 축복 받는다의 의미를 알지 못한다는 것을 보여 준다. 물론 그들이 스스로를 위한 사랑을 상상하기를 좋아하는 것같이 사랑이 행복하고 선한 삶을 의미한다고 받아들이지 않는다면 말이다. 그러나 사실, 축복 받는다는 것은 모든 것에서 하나님의 뜻과 그의 영광을 구하고 그리고 이생이든 죽은 후의 삶이든 자기 자신을 위해서는 아무것도 원하지 않는다는 것을 의미한다.

이제 타고난 역량이 아니라 오직 성령을 통해서 하나님을 아버지와 친구로 진실하게 사랑하고 경외하는 모든 사람들은 이러한 말이 아주 아름답고 그 말을 참으로 완벽한 예시의 증거로 받아들일 것이다. 왜냐하면 그들은 지옥이든 영원한 죽음이든지 무엇이든 간에 하나님께서 그의 뜻이 완전히 이루어지기 위해서 그렇게 하셔야만 한다면 기꺼이 하나님의 뜻에 순종하는 사람들이다. 그들은 완전히 그들 자신을 위해서는 구하지 않는다. 하지만 그들의 하나님의 뜻에 순전히 순응하는 한에는 그들은 절대로 지옥에 있을 수 없다. 왜냐하면 자기 자신을 완전히 하나님께 드린 사람은 하나님으로부터 영원히 떠나 있을 수 없기 때문이다. 그가 원하는 것이 하나님께서 원하시는 것이다. 그러므로 그는 하나님을 기쁘시게 한다. 그리고 그가 하나님을 기쁘시게 할 때 그는 하나님의 사랑을 받고 이 사랑에 의해 구원 받는다.

이제 어떤 사람이 하나님께서 언제라도 그가 원하시면, 또는 그의 뜻이 그렇다면 스스로, 자기 뜻대로, 자신을 포기하여 지옥에 떨어져서 그리스도께로부터 저주받고 저주가 되기로 작정하게 하실지 않을지 물어볼 수 있다. 그렇다면 나의 대답은 대부분의 경우에 그리고 무엇보다도 아직 하나님에 대한 사랑과 그에 대한 순전한 헌신이 미숙한 사람들의 경우에, '그렇다'이다. 왜냐하면 그들의 경우에 아주 뿌리 깊은 욕심 많은 사랑은 제거되어야 할 필요가 있기 때문이다. 그러나 넘치는 은혜의 부음이나 우리가 여기서 말하고 있는 가장 어려운 '체념'(resignation) 없이는 제거될 수 없다. "무엇이든지 속된 것이나 가증한 일 또는 거짓말하는 자는 결코 그리로 들어가지 못하되" (계 21:27).

그러나 하나님께서 그렇게 되기를 원하셔야 되지만 그가 구원 받기를 원하지 않는 것이 아니고 저주받기를 거절하지 않는다고 자체적으로 경험하지 않는다면 자신이 하나님을 순전한 마음으로 사랑하는지 아닌지 어느 누구도 알 수 없다. 저주받은 사람들은 엄청나게 큰 고통을 겪는다. 왜냐하면 그들은 저주받기를 원하지 않고 하나님의 뜻에 자기 자신을 포기하기를 원하지 않기 때문이다. 하나님의 은혜 없이는 그들은 그렇게 할 수 없다.

만약 미숙한 사랑의 영혼들이 스스로를 하나님의 저주거리라는 것에 동의하며 자신을 여길 때까지 이 체념의 현실로부터 반동하는 것이 지옥의 고통이라면 (나에게 그렇게 보이듯이), 우리가 이 삶에서 간절히 추구해야 하는 임무, 즉 미래에 있을 절망을 무력하게 기다리는 대신 하나님을 완전히 사랑하기를 미루는 한 우리는 비참한 바보들이다.[5]

그러나 진정한 성인들은 실제로 이러한 체념을 추구했다. 왜냐하면 그들의 마음이 사랑으로 넘쳐나서 큰 절망 없이 이것을 받아들이기 때문이다. 그들이 완전히 하나님께 드려졌기에, 지옥의 고통을 겪어 보지 않아도 어떤 것도 그들에게는 불가능한 것이 없어 보인다. 이러한 준비됨으로 그들은 큰 형벌을 피한다. 정말로 그들은 기쁘게 자원하여 하나님을 위해 저주받기로 체념하였기에 그들이 저주받는다는 두려움을 가질 필요가 없다. 그러나 저주받을 사람들은 저주로부터 도망하길 원하는 사람들이다.

그리스도께서도 모든 성인들보다 훨씬 큰 정도의 저주와 포기로 고통 받으셨다. 그의 고난은 어떤 사람들이 상상하듯이 그에게 쉬운 것이 아니었다. 그분께서는 정말로 진실로 우리를 위해 하나님 아버지께 자신을 영원한 저주거리로 드리셨다. 그리고 그분의 인성으로 그는 다름 아닌 바로 인간으로 영원히 지옥으로 저주받은 사람처럼 행동하셨다. 이와 같이 하나님을 사랑하기에 하나님께서는 그를 단번에 죽음과 지옥으로부터 올리시고 그러므로 지옥을 파괴하셨다. 모든 그의 성인들은 많든 적든 이런 예수님을 본받아야 한다. 그들이 더 완벽하게 사랑하면 할수록 더 기꺼이, 더 쉽게 그들이 그렇게 할 수 있을 것이다. 그러나 그리스도께서는 이 모든 것을 어느 것 보다도 가장 힘든 고통을 겪으면서 감수해 나가셨다. 그러므로 그는 지옥의 고통을 많은 아주 구절들에서 호소하신다.[6]

---

5. 루터는 이러한 연옥의 영적인 개념들을 독일 신비주의와 같이하고 있다. *Theologia Deutsch*, 11을 참고하라.
6. 루터는 여기서 기독론적으로 해석된 시편에 대해 생각하고 있다.

이런 해석을 받아들이기를 거절한 사람들은 그들의 육적인 상상에 의해 가게 하라. 그들은 '자신을 사랑하기'가 주로 선한 것을 자신을 위해서 원하거나, 갈망하는 의미로 생각한다.[7] 그러나 그들은 무엇이 선인지 알지도 못하고 사랑하는 것이 무엇을 의미하는지도 알 수도 없다. '사랑하기'의 뜻은 그리스도의 말씀에 따라 자기 자신을 증오해서 선고를 내리고, 자신에게 좋지 않은 것을 갈망하는 것을 의미한다. "이 세상에서 자기의 생명을 미워하는 자는 영생하도록 보전하리라"(요 12:25). 만일 어떤 사람이 "그러나 나는 다가올 세계에서 나의 생명을 위해 선한 것을 추구하기 때문에 이 세상에서 나의 생명을 사랑하지 않아"라고 이야기 한다면 나는 다음과 같이 그에게 대답한다. 당신은 자기애, 그것은 이 세상에 대한 사랑으로부터 그렇게 하는 것이다. 그러므로 당신은 여전히 그것으로부터 알 수 있듯이 이 세상에서 당신의 생명을 사랑하고 있다. 이런 모습으로 자신을 사랑하는 사람은 진정한 자기애를 실천한다. 그는 자체적으로가 아니라 하나님에 의해서, 즉 하나님의 뜻에 따라서 자신을 사랑하고, 모든 죄인들, 즉 우리 모두를 증오하고, 비난하고 헐뜯기 때문이다.

우리의 선은 감추어져 있다. 너무 깊게 감추어져 있어서 그것의 반대의 것 아래에 숨겨져 있다. 그러므로 우리의 생은 죽음 아래에, 자기애는 자기 증오에, 영광은 수치 아래에, 구원은 멸망 아래에, 왕국은 추방 아래에, 천국은 지옥 아래에, 지혜는 어리석음 아래에, 의로움은 죄 아래에, 강함은 약함 아래에 감추어져 있다. 그리고 우리의 믿음이[8] 본질과 선, 지혜, 의로움의 부정이시고 우리가 하는 모든 확언의 부정 없이는 소유할 수도 다가갈 수도 없는 하나님[9]안에 닻을 내릴 수 있게 하기 위해 일반적으로 우리가 어떤 선에 대하여 말하는 '예'라는 대답은 '아니오'에 숨겨져 있다.

그러므로 "천국은 마치 밭에 감추인 보화와 같으니"(마 13:44)라고 말씀하시다. 추려낸 보물과 반대로 그 밭은 더럽고 짓밟힘을 당한 것이다. 그래서 또한 "너희 생명이 그리스도와 함께 하나님 안에 감추어졌음이라"(골 3:3). 즉 우리가 느낄 수 있고, 가질 수 있고, 이해할 수 있는 모든 것과 반대로다. 그와 같이 우리의 지혜, 의로움도 우리에게 전혀 명백히 드러나지 않고 하나님 안에 계신 그리스도와 함께 감추어져 있다.

---

7. Gabriel Biel, III *Sent.*, d. 32, *q. un.*, a. 1, *n.* 1을 참고하라.

8. "*Ut fides locum habeat in Deo.*"

9. Dionysius Areopagita, *Myst. Theol.*, c, 3-5를 참고하라.

그것들의 반대들, 즉 죄와 어리석음이 "너희 중에 누구든지 이 세상에서 지혜 있는 줄로 생각하거든 어리석은 자가 되라 그리하여야 지혜로운 자가 되리라"(고전 3:18). 즉 스스로가 아니라 하나님 안에서 지혜롭고 부하게 하라는 사도 바울의 말에 따라 분명해진다면 모든 지혜가 빼앗겨서 어리석음밖에는 아무것도 남지 않게 될 것이다. 모든 다른 좋은 것들에게도 똑같이 적용된다.

우리가 우리 자신을 위해서 구해야 할 것(즉, 모든 나쁜 것)들은 그러므로 좋은 것이다. 왜냐하면 그것으로 인해서 우리가 하나님께로 순응할 수 있고 하나님은 우리 안에 어떤 선이든 인정하지도 고려하지도 않으시기 때문이다. 하지만 우리는 이미 하나님의 선을 선으로, 우리의 선을 악으로 인정하는 것에 의해 선하게 된다. 이런 방법으로 하나님과 한 마음인 사람은 지혜롭고 선하기 때문이다. 그는 하나님밖에는 선이 없고 모든 선한 것이 그리스도께서 말씀하시듯 하나님께 있다고 한다. "하나님의 나라는 너희 안에 있느니라"(눅 17:21). 즉 당신 밖은 추방이다. 당신의 밖에서는 모든 것이 보이고 만져질 수 있지만, 오직 믿음으로만이 믿을 수 있는 모든 것은 당신 안에 있다.

그러므로 하나님께서 선을 악으로 바꾸시는 것을 고려한다면 사람들이 철학에서 나온 선에 대해 논쟁하는 것은 아주 위험하다. 비록 모든 것이 아주 선하지만(창 1:31), 우리에게 어느 것도 선하지 않고 비록 모든 측면에서 어느 것도 악하지 않지만 우리와 이 모든 것에 있어 그것들은 악하다. 왜냐하면 우리 안에는 죄가 있기 때문이다. 그러므로 우리는 우리 자신들에게 선을 피하고 악을 취해야 한다. 그리고 우리가 단지 우리 입의 말과 간사한 마음으로부터가 아니라 우리의 전심으로 우리가 멸망으로 저주받기를 바라면서 이것을 고백해야 한다. 우리는 사람들이 서로 서로 증오할 때 하듯이 우리 스스로에 대하여 행동해야 한다. 증오하는 사람들은 거짓이 아니라 진심으로 그가 증오하는 사람을 파괴하고, 죽이고 저주하기를 갈망한다. 만약 그러므로 우리가 진심으로 우리 스스로에게 파괴와 핍박을 지우고 하나님과 그의 의를 위하여 지옥에 가기로 준비되었다면 우리는 그것에 의해 이미 하나님의 정의를 만족시키고 하나님은 우리에게 자비를 보이시고 우리를 자유하게 하실 것이다. "우리가 우리를 살폈으면 판단을 받지 아니하려니와"(고전 11:31)*라고 말씀하신다.

---

* 영어 성경을 직역하면 "만약 우리가 우리 스스로를 판단할 수 있다면"으로 되어 있다.

이러한 종류의 사람들은 그들의 죄를 씻고 그들을 회복하시는 하나님의 은혜, 한 가지에만 관심이 있다. 그들은 천국을 추구하지 않는다. 그들은 구원을 포기하기가 준비되었고 기꺼이 고통하며 저주를 받는다. 그러나 이미 마음을 달래신 하나님의 은혜 덕분에 그들은 형벌을 두려워하지 않고 오직 하나님을 향하여 반하는 그들의 적대감을 두려워한다.

이것은 그들이 우수하고 그들 나름대로의 선을 추구하면서 그러한 것들을 그들 자신들에게 그려보는 것을 상상하는 사람들과는 반대되는 방식이다. 그들은 악을 피하지만 그들 마음속 깊은 곳에는 아무것도 있지 않다. 왜냐하면 그들은 자신들을 위해서 간직하고 바라는 선을 맹목적으로 따라가고 전적으로 몰입하였기 때문이다.

"그러나 하나님의 말씀이 폐하여진 것 같지 않도다 이스라엘에게서 난 그들이 다 이스라엘이 아니요 또한 아브라함의 씨가 다 그의 자녀가 아니라 오직 이삭으로부터 난 자라야 네 씨라 불리리라 하셨으니 곧 육신의 자녀가 하나님의 자녀가 아니요 오직 약속의 자녀가 씨로 여기심을 받느니라 약속의 말씀은 이것이니 명년 이때에 내가 이르리니 사라에게 아들이 있으리라 하심이라"(롬 9:6-9)

이 말씀은 유대인의 철면피에 반하여 그리고 은혜를 위하여 그러므로 의로움과 선한 일에 놓인 모든 오만한 자신감이 무효가 될 수 있게 하기 위해 언급된 것이다. 유대인들은 그들이 아브라함의 자녀들이기 때문에 천국의 자녀들로 여겨지기를 원했기 때문이다. 바울은 그들을 대항하여 그들 스스로 그것의 정당성을 부인할 수 없기 때문에 반박할 수 없는 논쟁으로 설득하고 있다. 왜냐하면 만일 그들이 그들의 뻔뻔한 주장이 옳다면 이스마엘과 그두라의 후손 역시 아브라함의 후손이어서(창 25:1ff.) 정당하게 이삭과 같은 위치에 있을 것이지만 성경은 명백하게 그 반대로 말하고 있다. 그러므로 그들도 아브라함의 아들이라는 이유로 이삭과 같은 위치에 있다고 하는 것은 헛된 논쟁이다. 왜냐하면 이렇게는 확연히 나타나지 않기 때문이다. 만약 그들이 반박하고 이스마엘과 다른 형제들이 이삭과 같은 위치에 있는 것이 그들이 저지른 죄 뿐만 아니라 또한 그들이 사라의 태에서 나온 자녀들이 아니라서 자격이 없다고 말하면 바울은 어느 누구라도 다른 형제가 죄를 지었다고 하는 것을 어느 곳이든지 찾을 수 없고 이스마엘도 단지 한번 죄를 지었음에도 바울은 그들의 반박을 부정하지 않고 의견 상의 양보를 하며 또 다른 예시를 맞이한다.

그러나 만일 어떤 사람이 그들이 똑같은 엄마가 아니라는 것을 시인한다면 리브가의 경우는 어떠한가? 첫째로, 똑같은 엄마가 있다. 둘째로, 똑같은 아빠가 있다. 셋째로, 두 명의 형제가 있다. 둘 중 어느 누구도 아직 착하지도 악하지도 않고 공적도 없었지만 하나는 상속자라 불리고 다른 하나는 종이라 불린다. 반박할 수 없이 그렇게 되었다. 하나는 하나님의 아들이 되지 않았다. 하나님의 은혜로운 선택이 아니라 가계의 상속자라는 약속인데도 그렇지 않았다. 그러므로 오로지 성령과 하나님의 은혜만이 혈육의 교만이 내려앉을 때 올리실 수 있다.

그러면 왜 사람이 그의 뛰어남과 선한 행실에 자만심을 가져야하나? 그들은 어떻게든 하나님을 기쁘게 할 수 없다. 왜냐하면 하나님이 영원부터 그들이 하나님을 기쁘게 할 거라고 선택한 것이 아니라 단지 그들이 선하고 칭찬받을 만하기 때문이다. 우리는 선한 일을 감사에 근거하여야만 할 수 있다. 우리의 행위가 우리를 선하게 만들지 않고 우리의 선, 아니 오히려 하나님의 선이 우리를 선하게 하시고 우리의 행위를 잘 하게 하시기 때문이다. 우리가 하는 일 자체는 선하지 않고 오직 하나님께서 선하다고 하셔야만 그렇게 된다. 우리의 행위가 선하거나 선하지 않거나는 하나님께서 그 행위들을 그렇게 여기시거나 여기지 않거나의 정도에 달려 있다. 그러므로 우리가 우리 행위를 달아보거나 달아보지 않거나는 아무 가치가 없다. 이것에 대해 알고 있는 어떤 사람은 항상 두려움과 하나님의 신성한 측정하심에 떨고 있다. 그는 그러므로 자만하거나 자신들이 한 특별한 선행에 대해 자랑하는 윤리주의자[10]의 방식과 같이 논쟁하는 것에 대해 어느 것도 모른다.

그러므로 아리스토텔레스의 방법처럼 미덕을 정의하는 것은 잘못되었다.[11] 그 방법은 우리를 완벽하게 하고 우리의 행위들을 사람들 앞과 우리 눈앞에서 칭찬받게 한다는 점에서 우리를 완벽하게 하고 논쟁을 좋아하게 유발한다. 하나님 앞에서 이것

---

10. "*Iustitiarii.*"

11. Aristotle, *Eth. Nicom.*, I, 12를 참고하라.

은 혐오스럽고 그 반대가 그를 훨씬 더 기쁘게 할 것이다.

"그뿐 아니라 또한 리브가가 우리 조상 이삭 한 사람으로 말미암아 임신하였는데"(롬 9:10)

비록 그리스어 성경책이 두 방법으로, 하나는 '리브가가 한 사람과 침실을 같이 쓰고 또 우리 조상 이삭과도'와 '한 사람과 침실을 같이 쓰고, 바로 우리 조상 이삭의 침실'[12]이라고 읽힐 수 있음에도, 두 번째 해석이 더 낫다. 이것은 어느 누구도 '리브가는 한 남편에 의해, 사라는 많은 남편에 의해'라고 생각함으로 사라에 대해 비방할 수 없도록 하게 한다. 이 본문의 의미는 이것이다. 혈육의 혈통은 장자권을 위해서는 아주 중요하지 않다. 리브가조차도, 성스러운 여자, 한 침실을 오직 성스러운 이삭, 모든 이스라엘 자녀들의 아버지와 같이 사용해서 오직 다른 아들들이 아니라 그녀의 아들들 중 한 아들이 그가 약속을 소유하고 상속할 수 있게 하기 위해 신성한 약속을 받았다. 그러므로 이러한 약속의 모든 사람들은 특별히 강조되어야 한다. "우리 조상, 이삭으로 말미암아." 즉 그것은 바로 그 아버지와 그 어머니와 야곱이 아주 순결하게 태어나게 되고 그 혈통에 따라 태어나고 거기서 첫째가 된 야곱같이 에서는 아무런 유익이 없다. 그러면 훨씬 나중에 태어난 믿지 않는 유대인들은 얼마나 적은 유익이 있을까? 그들은 신체적 혈통에 의해 그 족장의 아들이 되었다. 만약 그들이 믿음 없이 그렇게 판명되었다면, 즉 그들이 하나님께로부터 선택되지 않았다면!

마침내 우리는 사도 바울이, 그리스어로 쓰고 있으면서, 그의 번역가보다도 훨씬 더 부드럽게 말하고 있다는 것에 주목해야 한다. 왜냐하면 그는 '침실'이라고 했는데, 번역가는 '성적인 관계'라고 했다.[13] 그렇게 함으로 그는 많은 사람이 바울이 리브가가

---

12. 글자 그대로 "*Ex uno cubile habens*"이며, 불가타 역은 "*patris nostril*"이고, 에라스무스는 "*patre nostro*"를 더 좋아한다.

13. 불가타 역이 *concubitus*라고 번역한 그 단어는 그리스어로 koitēn이다. 파버는 cubile이라 하고, 에라스무스는 두 용어에 대해 설명했다. 여기서부터 루터가 에라스무스를 지속적으로 언급한 것에 주의해야 한다. 1516년 2월의 마지막에 바젤의 인쇄업자 프로벤이 에라스무스의 신약성경과 에라스무스의 *Annotationes Novi Testamenti*의 그리스어 판을 출판했다. 피커는 루터가 앞선 두 학기에 로마서 1-8장까지 강의하고 나서 1516년 여름에 로마서 9장 해설을 시작한 것으로 추정했다(p. 29). 그러므로 루터는 에라스

한 번의 성적인 관계를 통해 쌍둥이를 배었다고 말하고 싶어 했던 것처럼 바울을 이해하게 했다.

"그 자식들이 아직 나지도 아니하고 무슨 선이나 악을 행하지 아니한 때에 택하심을 따라 되는 하나님의 뜻이 행위로 말미암지 않고 오직 부르시는 이로 말미암아 서게 하려 하사 리브가에게 이르시되 큰 자가 어린 자를 섬기리라 하셨나니 기록된 바 내가 야곱은 사랑하고 에서는 미워하였다 하심과 같으니라"(롬 9:11-13)

바울은 '선하지도 않고 악하지도 않고'라고 말하기보다 '무슨 선이나 악을 행하지 아니한'이라고 말함으로 잘 설명하고 있다. 왜냐하면 비록 어떤 사람들이 야곱이 그의 어머니의 뱃속에서 성화되었다고 생각하는 사람들이 있더라도 그 두 형제가 원죄 때문에 나쁘다고 의심 할 수가 없기 때문이다.[14] 그러나 그들이 가진 공적에 따라 그들은 똑같이 균등하게 멸망의 무리에 속해 있다.

"그런즉 우리가 무슨 말을 하리요 하나님께 불의[15]가 있느냐 그럴 수 없느니라"(롬 9:14)

바울은 하나님께서 불의가 있느냐에 대한 진술에 다음과 같이 말하는 것 외에는 어떤 증거도 대지 않고 있다. 그는 "내가 긍휼히 여길 자를 긍휼히 여기고"(롬 9:15). 이것은 '내가 긍휼히 여기기로 작정한 사람에게나 나의 긍휼을 받기로 작정한 사람을 긍휼히 여기고'라는 것과 똑같다.

무스의 책이 출판되자마자 그의 책을 사용하기 시작한 것임에 틀림없다.

14. 참고 *Gl. ord. ad* 불가타 역의 호세아 12:3에는 다음과 같이 기록되어 있다. "뱃속에서 그는 그의 형제를 대신했고, 그의 힘으로 그는 천사와 싸움에서 이겼다."

15. 불가타 역은 "*iniquitas*"라고 하고, 루터는 "*inustitia*"라고 읽는다.

자신이 어느 것이든 다 알고 있다는 사람에게는 참 어렵고 온유하고 겸손한 사람에게는 참 달콤하고 반가운 말이다. 왜냐하면 그들은 스스로에게 절망하고 그 이유로 하나님께서 그들을 받으시기 때문이다.

하나님의 정의에는 아무런 이유가 없고 하나님의 뜻 이외에는 아무 다른 것이 있을 수 없다. 왜 그러면 사람이 하나님께서 법대로 실행하지 않으신다고 하며 불가능한 것에 대해서 투덜댈 수 있을까?

하나님께서 하나님이 아니실 수 있을까? 더욱이 그의 뜻이 가장 선한 것임에도 왜 우리는 하나님의 뜻이 이루어지기를, 특별히 하나님의 뜻이 악할 수 없다는 사실에도, 준비하고 고대하지 않는가?

그러면 만일 당신이 나에게 '그것은 악한 것이에요'라고 말하면 나의 대답은 '아니오, 그것은 어느 누구에게도 악한 것이 아니오'라고 말한다. 하지만 그의 의지가 손댈 수 없는 것이고 사람이 하나님의 뜻을 이루어지게 할 수 없다는 점에서 사람들에게는 악한 것이다. 만약 어떤 사람이 하나님께서 뜻하시는 것을 원한다면 심지어 그것이 저주받고 거절당하는 것임에도 그 사람에게는 악이 없다. 그러면 그 사람은 하나님께서 뜻하시는 바를 원하고 인내가 그 사람으로 그것을 감당하게 한다.

"모세에게 이르시되 내가 긍휼히 여길 자를 긍휼히 여기고 불쌍히 여길 자를 불쌍히 여기리라 하셨으니"(롬 9:15)

그리스어 성경은[16] "나는 내가 긍휼을 여기는 자를 긍휼히 여기고 내가 불쌍한 마음이 있는 자를 불쌍히 여길 것이다"라고 쓰여 있다. 즉, 예정의 순간에서 긍휼을 베풀 자, 그에게 '나는 이 후에라도 긍휼히 여길 것이다'라는 것이다. '내가 긍휼이 여기는 자'가 현재 시제로 쓰였다는 것은 예정하신 하나님께 내재하는 긍휼이 있다는 것을 의미하고 미래 시제의 긍휼은 예정된 자에게 주는 긍휼이다. 똑같이 '내가 불쌍히 여

---

16. 루터는 에라스무스의 번역을 따르고 있다.

길 자를'이라는 구문에도 적용된다.

히브리어 성경에 "나는 은혜 베풀 자에게 은혜를 베풀고 긍휼히 여길 자에게 긍휼을 베푸느니라"(출 33:19)고 기록되어 있다. 이것은 그것이 명확하지 않는 것처럼 쓰였다. 여기에서는 긍휼이 좀 더 특정한 예정의 언급 없이 기회라는 용어로 더 말해지고 있다. 똑같이 하나님께서는 출애굽기 3:14에 "나는 스스로 있는 자이니라" 또는 '나는 스스로 있을 자'라고 같은 방식으로 말씀하신다.

바울은 이러한 유형의 표현들을 명백히 그들 자신과 다른 사람의 예정에 대해 알아보기를 열망하는 사람들을 퇴짜 놓기 위해 사용하고 있다(마치 바울이 그들이 생각하는 모든 것과 예정에 대해 알아보는 것을 철회시키기 원하는 것처럼). 우리는 보통 말한다. 내가 가질 때 나는 가지고 내가 맞을 때 나는 맞는다.[17] 즉 어느 누구도 내가 긍휼히 여길 자와 내가 불쌍히 여길 자에 대해 알 수 없다. 어느 누구도 그의 공적이나 행한 일 또는 다른 어떤 것 때문에라도 확신할 수 없다. 그러므로 이것은 두려움과 수치를 서서히 불어 넣는 발언이다.

그러므로 우리는 히브리어로 첫 번째 언급된 단어 '내가 긍휼히 여길'이 '어떤 사람에게 긍휼을 가지고 있는'을 의미하고 있다는 것에 주목해야 한다. 긍휼을 가진 사람은 선물이나 혜택을 다른 사람에게 준다. 그 사람이 어떤 잘못을 저지르지 않거나 어떤 죄도 범하지 않을 뿐 아니라 단지 불쌍하고 가난한 사람들에게 준다. 그러므로 'Hannan'(히브리어로 '긍휼을 베푸는 자'라는 뜻이다)은 '혜택을 주는 자'를 의미한다. 그러므로 'Hanna'는 '은혜' 또는 '혜택' 또는 '선한 선물'을 의미한다. 이것은 Johannan이나 Johannes처럼 그리스어 엔딩에서와도 같다.

'내가 은혜를 베풀 것이다'나 '내가 긍휼을 베풀 것이다'는 '용서하다' 혹은 '은혜롭다'를 의미한다. 이것은 은혜의 선물 없이 어떤 사람이 범죄를 저질러 형벌을 받아 마땅한 경우에도 실제로 적용할 수 있다. 그러므로 하나님께서 지옥의 형벌을 면제하시고 죄를 용서하실 때 하나님께서는 긍휼을 베푸신다. 그러나 하나님께서는 은혜의 선물과 하나님 나라를 줄 자에게 긍휼을 베푸신다. 히브리어로는 '리켐'(richem)이다.[18]

---

17. 루터는 독일어 표현을 쓰고 있다. "Wem es wirt, dem wirt es; wen es trifft, den trifft es."
18. 파버와 에라스무스를 참고하라.

"그런즉 원하는 자로 말미암음도 아니요 달음박질하는 자로 말미암음도 아니요 오직 긍휼히 여기시는 하나님으로 말미암음이니라"(롬 9:16)

우리는 이것을 '결정적인 한 가지는 하나님의 긍휼이고 그러므로 어느 누구도 자신의 힘으로 원하거나 달려가는 것이 필요하지 않다'로 이해해서는 안 된다. 우리는 사람이 원하고 이루어가는 능력을 소유하는 데 그것이 자신의 힘이 아니고 오직 '원하고 달려가는 데 힘을 주시는 하나님의 긍휼이다'라고 말해야 한다. 그것 없이 사람은 원할 수도 달려 갈 수도 없다. 바울이 빌립보서 2:13에 "너희 안에서 행하시는 이는 하나님이시니"라고 말하고 있다. 여기서 그는 똑같은 의미를 정확히 표현하고 있다. 하지만 다른 어휘를 사용하여서 '소원을 가지거나 그것을 이루어 나가는 것이 사람이 아니라', 즉 행하게 하시는 분 '긍휼이 있으신 하나님으로부터만', 즉 '은혜의 선물을 주시는 분에 의해서'라고 말하고 있다.

그래서 시편 119:32에도 "내가 주의 계명들의 길로 달려가리이다", 즉 '내가 이루었다', '주께서 내 마음을 넓히시면', 즉 '주께서 나를 달리게 하실 때'이다. 그리고 시편 1:2은 "오직 여호와의 율법을 즐거워하여"라고 하였다(만약 어떤 사람이 '달리다'라는 말이 무슨 의미인지 묻고 싶다면, 나는 그 의미가 '살다 그리고 하나님 안에서 존재하다'라고 말해야 할 것이다. 이것이 시 1:6에서처럼 의인의 삶이 왜 '길'이라고 불리는지의 이유이다. "무릇 의인들의 길은 여호와께서 인정하시나").

또한 예레미야 10:23에서 "여호와여 내가 알거니와 사람의 길이 자신에게 있지 아니하니 걸음을 지도함이 걷는 자에게 있지 아니하니이다"라고 말하고 있다. 이제 이 모든 말씀들은 일종의 모순을 포함하고 있다. 왜냐하면 만약 사람의 길이 그의 길이 아니라면 왜 '그의 길'이라고 말하나? 사람의 길은 그의 길이 아니다. 또한 다음에서도 그렇다. "경주는 달리는 사람의 것이 아니고 뜻은 뜻하는 사람의 것이 아니다." 참 이상한 일이다. 뜻이 뜻하는 사람의 것이 아니고 경주가 달리는 사람의 것이 아니고 다만 모든 것을 주시고 만드시는 하나님의 것이다. 같은 의미로 바울은 말했다. "내가 사는 것이 아니요"(갈 2:20). 그리고 그리스도께서도 말씀하셨다. "내 교훈은 내 것이 아니요"(요 7:16). 전도서 9:11은 "빠른 경주자들이라고 선착하는 것이 아니며 용사들이라고 전쟁에 승리하는 것이 아니며 지혜자들이라고 음식물을 얻는 것도 아니며 명철자들이라고 재물을 얻는 것도 아니며 지식인들이라고 은총을 입는 것이 아니니"라고 말씀한다. 그러면 누구의 것인가? 그러면 경주는 앉아서 하품하는 자들의 것인가? 그리고 싸움은 약한 자들의 것인가? 물론 아니다. 그러나 그들 모두는 '모든 것 안에 역사하시는'(고전 12:6) 하나님의 도구들이다. 비슷하게 나무를 자르는 것은 도끼가 하는 것이 아니라 나무꾼의 일이고 개를 때리는 것은 막대기의 일이 아니라 그것을 휘두르는 자의 일이다. 그러므로 이사야 10:13 이하의 말씀은 다른 사람들에게 피해를 입히고 상하게 하는 힘을 가졌다고 자랑하는 사람들에 대항하여 직접적으로 하는 말씀이다. "그의 말에 나는 내 손의 힘과 내 지혜로 이 일을 행하였나니" 등등. 그러면 다음과 같은 질문이 나온다. '도끼가 그것을 가지고 나무를 자르는 사람에 대항하여 자랑할까? 또는 톱이 그것으로 켜는 사람에 대항하여 자기 자신을 찬양할까? 막대기가 막대기를 드는 사람에 대항하여 자신을 높이고 지팡이가 단지 나무인 자기 자신을 찬양할까?' 그리고 더 나아가서 이사야 41:23에 하나님은 그들을 보고 웃으시며 말씀하신다. "또 복을 내리든지 재난을 내리든지 하라."*

그 반대의 경우에도 똑같이 적용된다. 악을 행하는 것, 즉 다른 사람을 상하게 하는 것의 경우도 그렇다. 당연하게도, 많은 사람들이 큰일을 하려고 하지만 그들은 하나님이 그들을 반대하시고 그들과 연합하기를 거절하시기 때문에 실패한다. 이것은 바로의 경우에서 명백히 보여 준다. 바로는 이스라엘 백성을 상하게 하고 싶었지만 그럴 수 없었다. 하나님께서 그분 안에 있는 능력을 보여 주셨다. 바로는 강퍅하게 되어서 그것을 바랄 수 없었다. 그리고 그는 그가 뜻하는 것보다 훨씬 더 적게 달렸다.

사람의 달리는 것과 바라는 것은 아무것도 아니라는 것은 이 본문에서 나오는 것은 아니지만 그것들이 그의 힘으로 오지 않는다는 것은 이 본문에서 나온다. 하나님의 역사는 아무것도 아닌 게 아니다. 그리고 사람의 바라는 것과 달리는 것은 하나님의 일이다. 정말로 바울은 여기서 하나님에 의해 바라고 달리는 것에 대하여 말하고 있다. 즉 사랑과 신성한 의로움의 삶에 대하여. 그러나 바라는 것과 달리는 것은 헛되다. 즉, 하나님의 길 안에서 바라거나 달리지 않은 사람은 비록 그들이 큰일을 바라고

---

* 영어 성경을 직역하면 "네가 할 수 있다면 선을 행하든지 악을 행하든지 하라"이다. 즉 나의 도움 없이 네가 정말로 도움이 필요한 어느 누구에게 네가 선을 행할 수 있는지 없는지 우리로 보게 하라. 경험은 어느 누구도 하나님이 벌하시는 사람을 고치거나 도와줄 수 없다고 확연히 알게 해 준다.

힘차게 달린다 하더라도 헛될 뿐이다. 왜냐하면 그들이 하는 것은 하나님으로부터 나오지 않았고 하나님을 기쁘시게 하지 않는다. 이사야 41:24에서 언급한 사람들이다. "보라 너희는 아무것도 아니며 너희 일은 허망하며."

그러나 나는 여기서 이런 경고를 하고 싶다. 어느 누구라도 그의 마음이 깨끗이 정화되지 않은 사람은 공포와 절망의 나락에 떨어지지 않기 위해서 이런 심사숙고에 몰입해서는 안 된다. 그는 먼저 그의 마음이 예수님의 상처에 두고 묵상해야 한다.[19] 내가 이것에 대하여 논쟁하려 하지도 않고 강의의 순서와 필요도 나에게 그렇게 하라고 강요하지도 않는다. 이것은 완전한 자에게 아주 강한 포도주와 가장 완벽한 식사와 단단한 음식이다. 즉 이것은 말의 가장 좋은 지각에 있는 신학이다.[20] 이것에 대하여 바울은 "우리가 온전한 자들 중에서는 지혜를 말하노니"(고전 2:6)라고 말하였다. 나는 여전히 그리스도 안에 있는 작은 자라서 단단한 음식이 아니라 우유가 필요하다(고전 3:1-2). 나 같은 사람은 그것과 같이하게 하라. 예수님의 상처, '바위의 갈라진 틈'은 우리를 충분히 안전하게 한다.[21]

강하고 완벽한 사람은 아마도 '문장'(the Sentences)의 첫 번째 책에 대해서 토론할지도 모른다. 그 첫 번째 책은 아마도 첫 번째가 아니라 마지막 책이어야 한다.[22] 그러나 요즘에 많은 사람들이 이 책을 급하고 부주의하게 읽는다. 그 결과 그들은 이상하게도 눈 먼 봉사가 된다.

"혹 네가 내게 말하기를 그러면 하나님이 어찌하여 허물하시느냐 누가 그 뜻을 대적하느냐 하리니 이 사람아 네가 누구이기에 감히 하나님께 반문하느냐 지음을 받은 물건이

---

19. 피커(p. 400, n. 3)는 베르나르의 영향 아래 있는 것처럼 보이는 루터의 이런 생각들이 고해 수행과 중세의 종교 예술에 반영되었다고 지적한다.

20. "*Excellentissima theologia.*"

21. *Gl. ord.*, 그리고 리라와 파버의 주석에서 또한 "*in foraminibus*"를 "바위의 갈라진 틈에서"로, "*vulneribus Christi*"를 "예수님의 상처 안에서"로 해석되었다.

22. I *Sent., d.* 35, 여기서 예정과 신성한 의지의 문제점에 대하여 설명되고 있다.

지은 자에게 어찌 나를 이같이 만들었느냐 말하겠느냐"(롬 9:19-20)

라우렌티우스 발라(Laurentius Valla)와 같은 어떤 사람들은 이 어구[23]를 수동형으로 받아들인다. 파버는 그것을 사람을 언급하는 것으로 이해하지만 에라스무스는 모든 그리스 번역가들이 이것은 '디포넌트'(deponent)로 받아들인다며 그들의 의견에 동의한다.[24] 이제 당신은 바울이 하나님께 대항하여 그들의 죄 많은 자만과 하나님이 마치 하나님이 악을 행하는 자이거나 그들과 같은 것처럼 하나님께 분개하며 불평하며 논쟁하는 사람들의 이름에 이 말을 인용한 것에 대하여 알아야 한다. 이것이 왜 그리스어 본문이 우리가 사용하고 있는 본문처럼 말하고 있지 않은 이유다. "그에게 대답하는 너는 누구냐?" 그러나 '네가 대항하는 말하는 자' 또는 그와 '반대하여'[25], 다른 말로 당신이 당신의 창조주와 싸우고 그를 반대하고 그에 대항하여 말하고 한 치도 물러서지 않도록 대담하게 되었다.

이제 누군가 하나님을 두려워하며 겸손하고 경건하게 "왜 당신은 저를 이렇게 만드셨나요?"라고 물어볼지라도 전혀 죄가 아닐 것이다. 심지어 만일 그가 그의 신앙을 공격하는 저항할 수 없는 힘 아래 있을 때 하나님을 욕한다 하더라도 그는 그것으로 멸망하지는 않을 것이다.[26] 왜냐하면 우리의 하나님은 믿지 않는 자에게 참을성이 없는 잔인한 하나님이 아니시기 때문이다. 나는 끊임없이 불경스러운 생각 때문에 고통받고 매우 동요하는 사람들을 위로하기 위하여 말한다. 정말로 그들의 의지에 반해서 그러한 벌 받을 생각들을 사람들로부터 억지로 축출하는 것은 마귀(사탄)이기 때문에 그 생각들은 때때로 주를 찬미하는 노래나 찬송가보다 더욱 하나님께 순응한다. 만일 마음이 그 자체에서 자발적으로 모독을 발설하지 않기 때문에 신에 대한 모독을 말하는 것을 원하지 않을 때에 한해서 더욱 무섭고 불쾌한 모독일수록 더욱 하나님께 순응하기 때문이다. 만일 어떤 사람이 그가 신성 모독을 말해서 마음이 두려움

---

23. "*Queriter*"(잘못을 찾다).

24. 라우렌티우스 발라의 *Annotationes in Novi Testamenti interpretationem* (ed. 에라스무스), Paris, 1505f. 28을 참고하라. 또한 파버와 에라스무스의 것도 참고하라.

25. 루터는 에라스무스의 의견을 따르고 있다.

26. "*Si ex abundanti tentationis violentia blasphemaret.*"

과 공포로 가득 차 있다면 이것은 그가 정말로 그렇게 하길 원하지 않았고 악의 없이 했다는 것을 뜻한다. 이 악에 대한 두려움은 그 사람이 선한 마음을 가지고 있다는 명백한 표시이다. 따라서 이러한 생각에 대한 최선의 해결책은 그것에 대해 걱정하지 않는 것이다. 한 가지 예로 위대한 성인 욥을 들어보자. 성령은 그가 하나님께 대항하여 그의 입술로 범죄 하지 않은 것과 그가 그의 모든 시련에서도 하나님에 대하여 어리석게 말하지 않은 것에 대한 증인이시다.[27]

하지만 한번 이상 그는 하나님께 대항하여 이렇게 말했다. "사람이 무엇이기에 주께서 그를 크게 만드사 그에게 마음을 두고, 주께서 내게서 눈을 돌이키지 아니하시며 내가 침을 삼킬 동안도 나를 놓지 아니하시기를 어느 때까지 하시리이까"(욥 7:17, 19). 그리고 다시 말했다. "주께서 어찌하여 날리는 낙엽을 놀라게 하시며 마른 검불을 뒤쫓으시나이까"(욥 13:25). 하지만 그의 가장 솔직한 말은 이것이다. "주께서 나를 태에서 나오게 하셨음은 어찌함이니이까"(욥 10:18). 예레미야와 하박국도 하나님에 대하여 똑같은 불평을 하였다.[28]

"성경이 바로에게 이르시되 내가 이 일을 위하여 너를 세웠으니 곧 너로 말미암아 내 능력을 보이고 내 이름이 온 땅에 전파되게 하려 함이라 하셨으니"(롬 9:17)

만일 우리가 '바울은 전에 언급한 것과 일치하게 이것을 말하고 있는가?'라고 묻는다면 우리는 그가 가장 질서 있는 형태로 말했다고 대답할 수밖에 없다. 왜냐하면 바울이 모든 것이 하나님의 선택에 의해 일어났다고 말했기 때문이다. 야곱은 선택되었기 때문에 사랑받았고 하나님께서 영원부터 긍휼하기를 기뻐하시므로 긍휼을 얻었다. 하나님께서 모세에게 말씀하시듯 "긍휼을 베푸느니라" 등등(출 33:19). 이러한 진술에 명백히 암시되어 있는 결론을 적절하게 덧붙였다. 즉, 만일 하나님께서 긍휼을 베풀지 않으시면 모든 사람이 똑같이 멸망의 무리 안에 있을 것이고 어느 누구도 하나

---

27. *"Tentationibus."*
28. 예레미야 20:18을 참고하라. 히브리서에는 이런 종류의 말이 없다.

님 앞에 의롭다 하심을 얻을 사람이 없는 것과 마찬가지로 누군가 사랑받고 의롭다는 것은 오로지 하나님의 긍휼 때문이다. 그리고 이어지는 구절이 있다. "성경이 말씀하시기를." 이것의 의미는 이것이다. 모든 것은 하나님의 긍휼에 달려있지 어느 누군가의 바라는 것에 달려있지 않다는 것은 다음과 같은 사실이 명백히 보여 준다. 이것을 증명하고 사람이 그가 바라는 것이나 달리는 것이 사람의 달리는데 있지 아니하고 하나님의 긍휼에 있다는 것을 알게 하시려고 하나님이 바로로 하여금 이스라엘을 다스리게 하셔서 그들을 극심한 고통에 몰아 넣으셨다. 그 결과 그들은 자신들의 힘이 아니라 긍휼히 여기시는 하나님의 힘으로만 의해 바로에게서 탈출할 수 있다는 것을 깨달았다. 그러므로 이스라엘 백성의 탈출은 그들 자신의 성취가 아니라 그들을 이끄시는 주님의 것이었다.

오늘날 하나님은 그의 선민을 동일한 방법으로 다루신다. 그들을 겸손하고 오로지 하나님의 긍휼에만 의존하도록 가르치시기 위해 그 사람들의 의지와 행위에 있는 모든 건방진 자만을 꺾으시며 하나님께서는 그 선민들을 절망의 끝에서 고통 받게 하시고 그들이 마귀(사탄)와, 세상과, 인간들에게 핍박을 받게 하신다. 정말로 거듭 거듭, 특히 우리 시대에 하나님은 마귀를 자극하여 그의 선민들을 무서운 죄로 몰아넣게 하고 잠시 동안 마귀에게 그들을 다스리는 권한을 주시고 최소한 계속적으로 그들의 선한 의지를 방해하게 하시고 그 결과 그들은 그들이 원하는 것과 반대로 하고 이러한 모든 것은 그들이 그들의 의지대로 할 수 없음과 어떤 선한 것을 행할 수 없음을 자랑하기에 이르기까지 한다. 하지만 이 모든 것을 통하여 하나님은 계속하여 그들의 인도자가 되신다. 그들의 희망이 없어지고 자신들이 악을 행하기 원하고 실제로 많은 악을 행한다는 사실과 그들이 열망한 어떤 선한 것이든 하려는 의지나 의도조차도 가질 수 없는 사실에 절망하는 자신들을 발견하였을 때 하나님은 마침내 그들을 자유하게 놓아주신다. 그러므로 그렇다. 그래서 "내 능력을 보이고 내 이름이 온 땅에 전파되게 하려 함이라 하셨으니"가 이루어진다.

'virtus'(힘)가 조금 더 나아가서 로마서 9:22의 "그의 능력을 알게 하고자 하사" 구문에 쓰인 단어 'potential'(힘)과 같은 의미인 것에 주의하라. 'virtus'는 로마서 9:22의 '그의 능력을 알게 하려 함이라'는 구절에 사용된 단어인 'potentia'(능력)와 같은 의미다. 우리의 번역자는 이상하게도, ‘*virtus*’를 다양한 방법[29]으로 ‘*fortitudo*’(strength, 힘), ‘*imperium*’(dominion, 지배), ‘*virtus*’(power, 능력), ‘*potestas*’(power, 힘)로 바꿔가며 사용하고 있다. 하지만, 이들 간에는 큰 차이가 있다. 그리스어 ‘dynamis’, 히브리어 ‘gebura’, 그리고 라틴어 ‘*vis*’, ‘*vires*’, ‘*robur*’와 아주 특징적인 ‘*virtus*’는 사람이 파괴하려 애쓰는 것을 실제로 정복하거나 파괴할 때 사용하는 그런 능력을 의미한다. 성경에서는 그 반대되는 것을 ‘*infirmitas*’(weak, 연약함)로 불리며, 이는 ‘*aegritude*’(sickness, 아픈 것), ‘*morbus*’(질병)를 뜻하지는 않는다. 예를 들면, “내 능력이 약한 데서 온전하여짐이라”[30](고후 12:9). 그리고 또 ‘약해졌지만 당신이 완전하게 하셨나이다’(잠 68:10).* 또한 시편 6:2의 ‘나를 긍휼히 여기소서, 주님, 저는 약하니이다.’ 혹은 독일어로는 ‘Er vermag vill’(그분은 많은 것을 하실 수 있다)의 의미는 ‘*Crefftig*’, ‘*mechtig*’(능력 있는), 이에 반대되는 ‘*Crafftlos*’, ‘*machtloss*’(능력 없는), ‘*vermags nit*’(그는 많은 것을 할 수 없는), ‘*er kans woll thun*’(그는 그것을 할 수 있는)[31]이 있다. 따라서 우리는 하나님에 대하여는, ‘하나님은 능히 이루실 수 있다’(롬 4:21)고 말할 수 있으며, 또한 ‘하나님은 전쟁에 능하시다’(시 24:8)라고 말할 수 있다.

그런데, 그리스어 ‘exousia’는 무엇인가를 처리할 수 있는 자유로운 능력과 자격이라는 의미에서 ‘능력’(*potestas*)을 뜻한다. 이는 말하자면 ‘평화의 힘’(a power of peace)을 의미하며, 다른 능력(힘)은 ‘전쟁의 힘’을 의미한다. 우리에게 있고 소유하고 있는 것에 관련하여서는 우리에게 마음껏 처분할 수 있는 능력과 자격이 있다. 그러나 우리가 반대하는 것들에 대하여는 힘이 있고, 강하다.

히브리어에는 ‘strength’(*fortitudo*, 능력)에 대해 다른 말이 있다. 이는 ‘ethan’으로, ‘단단한’, ‘혈기 왕성한’이란 뜻이다. 엄밀히 말하면, 이는 수동적인 능력을 의미하는데, 이 능력은 적극적인 능력을 지속시킬 수 있는 능력이다. 독일어로는 ‘fest’(strong, 강한)이다. 민수기 24:21의 ‘너의 거처가 견고하고’는 하나님이 이사야 50:7의 “내 얼굴을 부싯돌같이 굳게 하였으므로”에서 말씀하시는 바와 같이 마치 바위와 성이나 도시가 견

---

29. 파버와 에라스무스는 *virtus*를 *potentia*로 설명하며, 파버는 *potestas*로 설명하고 있다. 참고 Biel, III *Sent.*, *d.* 23. *a.* 1. *n.* 1.

30. “*virtus in infirmitate perficitur.*”

31. 루터는 “*kraftlos, machtlos, er vermag viel, er vermag's nicht, er kann's wohl tun*”에 대해 자신만의 철자법을 사용하고 있다.

---

* 잠언 68:10이 아니라 67:10이며, 한글로는 번역판이 없음.

고한 것과 같다. 이와 같이, 휘거나 쇠하지 않는 사람을 '강하다'(storng)고 말할 수 있다. 우리는 또한 목이 곧은 사람, 즉 설득당하지 않는 사람도 강하다고 부른다. 그러나 그런 때는 'gebura'와 반대되는 것을 의미한다. 속담에 있는 바와 같이 "단단한 두 개의 돌(맷돌)은 돌지 않는다."[32] 'gebura'(virtus)와 'ethan'(fortitudo)이 균형을 이루고 있다면, 아무것도 할 수 없다. 왜냐하면 두 개가 똑같은 힘을 가지고 있을 때, 이 둘 사이에는 어떤 변화도 일어나지 않기 때문이다.

본문으로 돌아와서, 하나님은 그 능력을 보여 주시고자 바로를 세우셨다. 선민들이 자기 자신의 능력을 찬미하지 못하도록 하나님이 먼저 이 선민들의 힘을 감춰 아무것도 아닌 것으로 만들어 버리지 않고서는 하나님의 선민들 안에서 그 능력을 보여 주실 수가 없기 때문이다. 하나님은 이 선민들에 맞설 더 강한 자를 세우지 않고서는 이를 이루실 수가 없었다. 그들을 무능하게 해서 그제야 자신들이 자유하다는 그 사실에 오로지 하나님의 능력만이 드러날 수 있도록 말이다. 본문의 의미는 다음과 같다. 내가 너를 일으켜 세웠은즉 이는 내 백성의 '오만스러운 추측'(proud presumption)을 무너뜨려 내 백성들이 억압으로 인하여 부르짖어 너와 내 백성들이 내 힘을 알게 하려 함이라. 이는 글로스(Gloss)[33]에서 이해한 내용이다.

우리는 본문을 다르게 읽을 수도 있다. '능력'(power)이라는 용어를 우리의 구원이 아닌 다른 사람들의 멸망과 관련하여 이해하는 것이 더 좋을 것이다. 이 경우, 전체 본문의 느낌은 다음과 같을 것이다. 하나님이 긍휼을 베푸심으로 선하게 된 야곱은 모든 것이 사람의 의지나 노력에 의함이 아니라 오로지 하나님의 긍휼하심에 달려 있다는 사실을 보여 주는 가장 적절한 예이며, 바로의 경우는 하나님의 긍휼이 없이는 아무도 선하게 될 수 없다는 사실을 보여 주는 예이다. 그렇다면 두 가지 가능성을 보

---

32. "Duo lapides fortes non molunt"(Zwei feste Steine mahlen nicht). 참고 E. Thiele, Luthers Sprichwörtersammlung, Nr. 463.

33. 글로스(Gloss)에서 루터는 로마서 9:17을 다음과 같이(WA 56, 92, 15) 해석하고 있다. "구할 능력은 오로지 나의 것으로 어느 누구의 능력이나, 공로(merit), 의로움이나, 어떠한 선행에도 있지 아니하다. 이는 내가 너희들에게 나타내고자 했던 것이며 내게 주의를 기울이기 원하는 것이로되, 내가 너의 마음을 강퍅하였으며 또한 내가 이스라엘을 풀어줬노라. 다시 말하면, 내가 이 모든 것을 일어나게 했나니, 이는 나의 은혜의 선택(the election of my grace)이 구원을 가져왔으며, 택함 입은 자는 구원을 얻으며, 택함을 입지 못한 자는 버림을 받게 됨을 알게 하려 함이라. 이 은혜를 아는 지식은, 만약 하나님이 이렇게 행하시는데 그러나 모든 사람이 하나님의 긍휼이 아닌 자신의 노력으로 구원을 받는 것처럼 자신의 의(righteousness)를 억지스럽게 믿으려 한다면, 결코 가능하지 않을 것이다.

여 주는 샘플이 있다. 즉 누군가 하려 할 때 긍휼히 보시는 하나님의 모습, 그리고 의지도 노력도 안할 때는 긍휼의 하나님이 아니라 강퍅하게 하시는 하나님의 모습이 두 가지다. 이 해석이 내 맘에 드는 것은 어떤 경우에든, "하나님께서 하고자 하시는 자를 긍휼히 여기시고 하고자 하시는 자를 완악하게 하시느니라"(롬 9:18). 게다가 "너로 말미암아 내 능력을 보이고"(롬 9:17)라는 말씀에 입각해서는 이 해석이 더 맘에 든다. 하나님의 능력이 인간의 영원한 형벌을 극대화되어 보이기를 바라신다.

"토기장이가 진흙 한 덩이로 하나는 귀히 쓸 그릇을, 하나는 천히 슬 그릇을 만들 권한이 없느냐 만일 하나님이 그의 진노를 보이시고 그의 능력을 알게 하고자 하사 멸하기로 준비된 진노의 그릇을 오래 참으심으로 관용하시고 또한 영광 받기로 예비하신 바 긍휼의 그릇에 대하여 그 영광의 풍성함을 알게 하고자 하셨을지라도 무슨 말을 하리요 이 그릇은 우리니 곧 유대인 중에서뿐 아니라 이방인 중에서도 부르신 자니라 호세아의 글에도 이르기를 내가 내 백성 아닌 자를 내 백성이라, 사랑하지 아니한 자를 사랑한 자라 부르리라(내 긍휼을 받지 못한 자들이 내 긍휼을 받으리라) 너희는 내 백성이 아니라 한 그곳에서 그들이 살아 계신 하나님의 아들이라 일컬음을 받으리라"(롬 9:21-26)

성 아우구스티누스는 「엔키리디온」(*Enchiridion*) 99장[34]에서 말하길, "전 인류는 배교적(이교도의, 죄 성의) 뿌리에 정죄함이 있은즉, 한 사람도 구원을 받지 못해도, 아무도 하나님의 공의에 불평할 수 없다. 구원 받아야 하는 자들이 구원 받는 데 조건이 있다. 구원받지 못하고 버린 바 되어 철저히 지옥에 떨어지게 될 수많은 사람과 대조적으로, 하나님의 감당할 길 없는 긍휼이 끼어들지 않는다면, 모든 사람들에게 무엇이 기다리고 있는지, 또 마땅히 받아야 할 하나님의 심판의 끝은 무엇인지에 대하여 보여 주는 조건이다. '우리가 알거니와 무릇 율법이 말하는 바는 율법 아래에 있는 자들에게 말하

---

34. Augustine, *Enchiridion*, 99.

는 것이니 이는 모든 입을 막고 온 세상으로 하나님의 심판 아래에 있게 하려 함이라' (롬 3:19), '자랑하려는 자는 주 안에서 자랑하라'(고전 1:31)."

이것은 신중하게 생각해 봐야 할 아주 중요한 말이다. 왜냐하면, 우리를 겸손하게 만들며, 우리를 억제시키는 영향력이 있기 때문이다. 정말로, 성 아우구스티누스는 사도 바울이 왜 그렇게 말했는지 아주 잘 보고 있다. 즉, 우리를 겸손으로 훈계하기 위함이다. 이는 단순히 우리가 은혜를 찬양하고, '오만한 추론'(presumptous pride)을 내려놓게 하려 함일 뿐, 우리를 절망의 공포 가운데로 몰아넣기 위함이 아니라, 이는 아주 유익한 절망이다. 그러므로 성 아우구스티누스는 같은 책 98쪽에서[35] 정말로, 모든 것을 아주 심오하고 유익한 신비라고 말하면서, '거룩한 성경 말씀'(the Holy Scriptures)을 눈으로 보면서, 사도 바울은 "자랑하는 자는 주 안에서 자랑하라"(고전 1:31)고 훈계하고 있는 듯하다. 그리고 같은 곳에서[36] 또 쓰고 있다. '하나님은 그 크신 선하심으로 긍휼을 보이시며, 악함이 없이 강퍅하게 하신다.' 그럼으로써 구원 얻는 자가 자신을 자랑할 수 없게 하며, 또한 죄 있다 함을 받는 자 또한 불평할 수 없게 하려 함이다. 왜냐하면, 영원한 형벌을 받은 무리 안에 모두가 하나로 섞여버린 속에서, 은혜만이 잃어버린 자들로부터 속죄 받은 자들을 구별하기 때문이다. 영원한 형벌은 공통된 원인에서 기인하며, 결국 공통의 근원으로 이끈다.

이런 말들은 사람이 자신의 죄를 인식하게 하며, 자기 능력으로는 구원 받을 수 있는 가능성이 전혀 없다는 절망으로 이끈다. 일반적으로, 아담 안에 자신의 죄가 있다는 생각은 사람을 침착하게 만든다. 왜냐하면, 사람은 자신의 자유의지로 스스로를 세울 수 있기를 희망하고, 그리고 사실 당연히 가능하다고 생각하기 때문이다. 그러나 여기서 은혜가 자신의 자유의지보다 먼저, 그 이상으로 자신을 일으켜 세울 수 있음을 인식하지 않을 수 없다.

---

35. *Ibid.*, 98.
36. *Ibid.*, 99.

"또 이사야가 이스라엘에 관하여 외치되 이스라엘 자손들의 수가 비록 바다의 모래 같을지라도 남은 자만 구원을 받으리니"(롬 9:27)

'램넌트'(remnant)라는 단어와 이 특별한 말씀에 나타난 생각이 선지서에 자주 등장한다. 예를 들면 다음과 같다. "시온에 남은 자, 예루살렘에 머물러 있는 자 곧 예루살렘 안에 생존한 자 중 기록된 모든 사람은 거룩하다 칭함을 얻으리니"(사 4:3). "야곱의 집이여 이스라엘 집에 남은 모든 자여"(사 46:3). "포도송이에는 즙이 있으므로 사람들이 말하기를 그것을 상하지 말라 거기 복이 있느니라 하나니 나도 내 종들을 위하여 그와 같이 행하여 다 멸하지 아니하고 내가 야곱에게서 씨를 내며"(사 65:8-9). "여호와께서 이와 같이 말하시되 목자가 사자 입에서 양의 두 다리나 귀 조각을 건져 냄과 같이 사마리아에서 침상 모서리에나 걸상의 방석에 앉은 이스라엘 자손도 건져냄을 입으리라"(암 3:12). "내가 반드시 이스라엘의 남은 자들을 모으고"(미 2:12). '이스라엘의 남은 자는 많은 백성들 가운데 있으리니 이는 여호와께로부터 내리는 이슬 같고'(미 5:7).

이렇게, 다른 많은 부분에서 사도들과 유대인 중 신실한 자들을 'the remnants' 혹은 'the remains'로 부르고, 심지어는, 마치 우수한 자들이 멸절되어 버려야 한 것인 양 '이스라엘 민족의 잔재'(쓰레기)로 불린다. 이사야에 있는 바와 같다. "네가 나의 종이 되어 야곱의 지파들을 일으키며 이스라엘 중에 보전된 자를 돌아오게 할 것은 매우 쉬운 일이라 내가 또 너를 이방의 빛으로 삼아"(사 49:6). "그들 중 강한 자를 죽이시며 이스라엘의 청년을 쳐 엎드러뜨리셨도다"(시 78:31). 즉 변변찮은 것들은 구원하시고, 뛰어난 것들은 앞 못 보게 만들어 버린다. 이는 마치 전체 포도송이들은 버려 버리고 딸기 한 알 남겨 놓은 것과 같다.

이 램넌트는 왕과 왕비, 선지자들 등 능력 있고, 똑똑하고, 덕망 있는 사람들이 바벨론으로 추방되는 그 당시 조국에 뒤쳐져 남겨져 있던 소수 가난한 자들을 대표한다(왕하 24:12ff.). 이와 같은 방식으로, 오늘날의 유대인들은 불신앙의 바벨론 제국으로 옮겨왔는데, 뒤에 남겨진 소수를 제외하고 모든 뛰어난 자들이 이렇게 옮겨가야 했다. 이것은 예레미야가 아가서에서 밝히고 있는 바로 그 추방을 말한다(애 1:3). 영으로 예레미야는 그 당시 일어났던 것이 오늘날 일어나고 있다는 것을 알았다.

램넌트는 사무엘상 30:11 이하에 나오는 주인의 그 군대와 전리품을 가지고 가버린 후 남겨진 아말렉 소년으로 상징된다. 이사야가 이스라엘에 남겨진 소수의 사람에 대해 말하는 이유이다. '이스라엘이 두려움으로 도망할 것이며, 그의 숲에 남은 나무의 수가 희소하여 아이라도 능히 계수할 수 있으리라'(사 10:17f.). 숲의 나무는 아주 빽빽하고 커다랗고 자랑스러운 모습으로 회당에 모인 이스라엘 자손들을 나타낸다.

이사야의 예언에서 단순히 볼 수 있는 바와 같이, 저들은 남겨진 자들이기 때문에 '램넌트'라고 불린다. 하나님이 다른 사람들은 멸망하도록 버려두었지만, 이들은 다른 사람들은 위한 씨앗으로 하나님 자신을 위해 남겨 두셨다.

"주께서 땅 위에서 그 말씀을 이루고 속히 시행하시리라 하셨느니라 또한 이사야가 미리 말한 바 만일 만군의 주께서 우리에게 씨를 남겨 두지 아니하셨더라면 우리가 소돔과 같이 되고 고모라와 같았으리로다 함과 같으니라 그런즉 우리가 무슨 말을 하리요 의를 따르지 아니한 이방인들이 의를 얻었으니 곧 믿음에서 난 의요 의의 법을 따라간 이스라엘은 율법에 이르지 못하였으니"(롬 9:28-31)

그는 '완전하게 하시며 모든 것을 간략하게 하시며'(consummate and cut short)란 말은 성령과 문자와 관련이 있으며, 육체와 육의 지혜로는 하나님의 정의와 지혜를 이해하기란 불가능하기 때문이다. 믿음이라는 말의 공의와 지혜란 말은 결코 육체와 육의 지혜와 의로 연장되어서는 안 되며 육이 이해하거나 이해되어서도 안 된다. 따라서 육적인 사람은 반드시 대항해야 하며, 자신이 이 범주 밖에 있음을 발견하고, 거기서 떨어져야 한다.

성령의 말씀, 즉, 믿음의 말씀이 나타나기 전에는, 유대인들의 꾸물거려 모든 것이 신호와 그림자로 덮여 있었으며, 말이 불완전, 불완전하여 모두가 쉽게 이해할 수 있었다. 왜냐하면, 말씀은 감각으로 접근 가능한 것들에 대해서만 신호로 말했기 때문이다. 하나님이 감지할 수 있는 것들과 신호들로부터 돌이키셔서 성령의 말씀 즉 감춰진 믿음의 말씀을 말하기 시작하시고 완전하고 완벽한 말이 쏟아지자마자, 감각과 신호나 상징들로부터 끊어져야 함은 필수 불가결하였다. 그러므로 감각과 상징(표징)을 고수하고자 하는 사람은 누구나 끊어져야 했고, 더욱이 말씀이 그들로부터 끊어졌다.

사도 바울은 현실이 말씀에 나타내기보다 그가 '말을 줄여 버릴 거다'라고 한 것은 타락한 자들로 인함이다. 보이는 것을 거부하고, 아직 오지 않아 보이지 않는 것을 유보한 채, 사도는 이들 가운데 말씀만을 심어놓았다. 그러므로 믿지 않는 자는 누구든지 멸망하리라(사 7:9). 믿지 않는 자는 말씀으로 만족하지 못하고 말씀에 나타나는 현실이 자신에게는 부인된다는 사실에 분개한다.

자신을 '끊어지게' 자르고 완전하게 한 사람들에게 이 짧게 완성된 말씀은 공의를 가져다주지만, 그렇지 않은 자들에게는 믿지 않음으로 인해 죄와 불의함을 가져다준다. 왜냐하면, 이는 의로 말미암아 간략하게 완성된 말씀으로 이 말씀을 믿는 자들은 의롭기 때문이다. 그러나 그 생각을 보이지 않은 것에 두지 않으면, 또 보이는 것을 보는 것에서[37] 자신을 구별시키지 않으면 믿지 않는다. 왜냐하면 말씀이 보인 것과 떨어져 나와 구별된다는 의미에서는 말씀 또한 '짧아진다.' 이는 보이는 것을 약속하거나 나타내지 않으며, 오히려 보이는 것에서 끊어져 버린다. 이는 보이는 것을 포기해야 한다고 가르치고 있다. 이는 완전하게 된 말씀이기에, 오로지 완벽하고 완전한 말씀이라는 것 이외에 다른 어떤 말로 나타낼 수 없다.

모든 말씀은, 보이고 창조된 것들을 나타내고 선포하는 말씀은 바로 이런 연유로, 완벽하지도 완전하지도 않다. 이는 전체가 아닌 일부분만, 즉 전인적으로 만족시키지 못하여 사람을 육체나 감각을 적당히 자극만 해 줄 뿐이기 때문이다. 이것이 전인적으로 만족시켜 주는 완전한 것을 공표하고자 한다면, 만들어지거나 볼 수 있는 육적인 것을 만족시키는 것을 널리 보이는 것이 아니라 하나님 그분만을 만족시키는 것을 선포해야 한다. 따라서 완전한 것은 간단하게 줄인 것이요, 반대로, 줄인 것은 완전한 것이다. 성령을 대신해 완전하게 되었는데, 이는 성령이 유익한 것을 공표하기 때문이다. 여하튼, 끊어지는 것은 육에 대항하여 이루어지며, 이는 육에 이로운 모든 것을 거부하기 때문이다.

문자로 된 말이나 오랜 된 신호, 'thus', 대조적으로, 일시적인 선이나 약속에 관한한 이해되어야 하기 때문에 불완전하고, 완벽하지 않다. 바로 이런 이유로 축약되

---

37. *"Ab intuitu omnium visibilium."*

어지기 보다는 길게 늘여지고 상세하게 되었다. 왜냐하면 이것들은 영이 그의 선함과 그 선함을 이해하는 데서부터 더욱더 멀어지게 분리되게 하였기 때문이다.

간단히 요약하면, 육적으로 이해한 율법의 말이 불완전하고, 길게 늘여진(확대된 말) 말이라면, 영의 말, 즉 영적으로 이해된 율법의 말씀, 완전하게 짧게 된 말씀이다.

율법의 말씀은 무엇인가를 뜻하지만 정말 뜻하는 바를 실제적으로 뜻하지 못하기 때문에 불완전하다. 이 때문에, 사람이 율법의 말을 육적인 무엇인가로 여기고 이해하는 한 영적인 것을 나타내기는 불가능하다는 것을 고려해 보면, 율법의 말씀은 늘어나고 팽창되어져서, 더욱더 불완전하고 육적으로 이르게 된다. 이것은 또한 신호에도 해당한다. 사람이 신호가 나타내는 것만을 취하는 한, 그것이 나타내는 것을 정말로 취할 수 없다. 그래서 이 말씀 또한 종국에 공의로 인도하지 못하고 사악한 것, 속이는 것과 '허영'(vanity)으로 이끌게 된다.

이와 반대로, 복음의 말씀은 복음이 뜻하는 바 즉, 은혜를 실제로 뜻할 수 있게 하기 때문에 완전하다. 바로 이런 이유로, 이것이 선포하는 것의 실현을 미루지 않기 때문에 이 또한 함축적이다. 그러므로 이 또한 의로 짧아지며 이는 의가 완벽하게 축약된 사람에게 소용이 되게 하며, 이는 믿음으로 말미암아 가능하다.

부가 설명

구약의 말씀과 새 계명은 같은 것이다. 그러므로 우리의 이해력이나 이해 결여 조건에서만 완전하다거나 불완전하다거나, 혹은 길다거나 짧다거나 말할 수 있다. 그러므로 가장 성결한 복음을 자만과 실수(이교도와 개인주의자들[38]이 하는 바와 같이) '완전하고 축약된' (consummated and abridged) 말씀에서 자신들에게 맞게 불완전하고 장황한, 즉 헛되고, 쓸모없고, 속이는 말을 만들어냈다.

자신이 다른 모든 것을 포기하고 자신에게서 없애버리지 않으면, 자기 이성의 주

---

38. "Monii"(singulares) 참고 로마서 4:7과 로마서 7:8에 관한 루터의 주석.

권과 자기 온 마음[39]을 겸손하게 포기하지 않으면, 아무도 그리스도의 말씀을 받아들일 수 없다. 그러나 대부분의 사람들은 자신의 자만(오만함)을 고집스럽게 집착하므로, 말씀을 붙잡을 수 없거나 말씀에 붙잡힌 봐 되지 못하기 때문에, 남은 자(램넌트)는 구원 받기 쉽지 않다. 말씀이 멸망하는 사람들에게서 끊어지며 믿는 자들에게서 완성되어진다.

이는 비유적인 '축약과 완성'(abridgement and consummation)으로, 이는 영적인 말씀을 의미하는 한은 문자가 의미하는 바이다. 이와 같은 의미가 도덕적인 해석으로 발견될 수 있다. 성령의 말씀이 모든 자만과 자기 의지에 대해 'No'라고 선포하기 때문에, 오만하고 자기 자신의 지식에 충분한 사람들에게도 동일하게 'No'라고 선포하여야 하며, 이들로부터 단절시켜야 한다. 따라서 '교훈적인'(tropological) '축약'(abridgement)은 비유적인 축약을 암시한다. 왜냐하면 말씀은 겸손함과 자원하는 순종을 완전하게 하므로, 겸손하고 순종할 준비가 되어 있는 모든 사람들은 완전하게 완벽하게 한다. 도덕적인 '완전함' 또한 비유적인 완전함을 암시한다.

그러므로 믿음은 구원의 완벽한, 축약된, 구원의 요약이다. 요약된 말씀은 다름 아닌 믿음이기 때문이다. 어떻게 이것을 증명할 수 있을까? 말씀은 이것이 요약된 것임을 이해하는 사람에게만 요약되어진다. 그러나 이런 이해도 오로지 믿음에 의해서 할 수 있다. 따라서 믿음은 생명이며, 요약된 살아 있는 말씀이다.

이것이 '보이지 않는 것의 짧은 증거'(히 11:1)임을 즉, 이것이 어떻게 다른 모든 것들로부터 스스로를 분리시켜 구별되게 하는지 눈여겨보자. 이와 같은 방법으로, 믿는 자 또한 오직 믿음으로 자신을 다른 것들로부터 분리시켜, 분명하지 않는 것에 자신의 존재를 넣는다. 그제서야 믿음은 완전하며, 이는 믿음이 "바라는 것들의 실상"(히 11:1)으로 현재의 것이 아닌 영원한[40] 미래의 것들을 지배하는 힘이기 때문이다. 믿음은 현재의 것에서 자신을 분리한다.

사도 바울은 '공평'(in equity)[41]이나 '의'를 추가한다. 죽은 문자도 완전하고 요약되었

---

39. WA 56, 408, 23ff. "Quia verbum Christi non potest suscipi nisi abnegatis et precisis omnibus, i.e., etiam intellectu captivato et omni sensu humiliter submisso."
40. "I.e., possessio et facultas futurarum verum, quae sunt eternae." 참고 루터 주해서에서 히브리서 11:1 주해(WA 57, 228).
41. 불가타 역에서는 "in aequitate"라고 한다.

기 때문에, 그 반대, 즉 의롭지 못함도 마찬가지이다. 성령의 말씀이 겸손함과 겸손한 사람을 완전하게 하고 오만과 오만한 사람을 잘라내고, 즉, 영적인 것들을 완전하게 하며 육적인 것을 폐하며, 성령의 지혜를 완전하게 하며, 육의 지혜를 없이하며, 예루살렘을 세우고 여리고를 무너뜨림과 같이,[42] 그 말대로, 죽은 글자로 된 말씀도 오만한 자들을 완전하게 하며 강퍅하게 하며, 겸손한 자들을 망하게 하며, 성령의 지혜 없이 지낼 수 있으며, 예루살렘을 무너뜨리고 여리고를 세운다. 따라서 전자가 '의'로 완전하고 축약되어지는 말씀이고, 후자는 '불의함으로' 완전하고 축약되는 말씀이다.

여기서 두 용어는 다른 것을 지칭하고 있음을 명백히 알 수 있다. '완전한'은 'terminus ad quem'을 '끊어진'(혹은 축약된)은 'terminus a quo'를 말한다. '완전하게 됨'은 이 말씀이 가리키는 바, 즉, 의의 완전에 이르는 것을, '분리'(cut short)는 말씀이 사람을 육의 지혜와 불의에서 돌이키는 것을 말한다. 이 두 개 중 어느 것도 원하지 않는 사람들에게서 말씀은 완전히 떠나며, 이들은 육에, 불의함에 남겨 두게 된다.

이 말씀은 너무 짧아 한 사람은 덮을지라도 다른 사람을 감싸지 못하는 침대보나 이불에 비유된다.

"침상이 짧아서 능히 몸을 펴지 못하며 이불이 좁아서 능히 몸을 싸지 못함 같으리라"(사 28:20). 믿음의 말씀은 좁아서, 둘이 함께 거할 수 없어, 우리의 '옛사람'은 몸을 펴지 못하고 떨어진다. 하나밖에 없는 이불은 둘을 동시에 감쌀 수 없어, 오로지 우리 안에 '새사람'만 덮은 뿐이다. 그제야 말씀이 실제로 완전하고 완벽하며, 이는 사람을 아름답게 너무도 잘 완전하게 하며, 그러나 너무나 짧아서, '옛사람'인 채인 사람을 완전하게 하지 않으며, 오히려 모든 것에서 끊어버린다. 다시 말하면, 하나님은 완전함을 이루시는데, 아주 짧고 좁을 것이다. 대부분 사람들의 경우, 완전함의 온전함에 따라 전체 옛사람을 단절시키는 한 축약될 것이며, 따라서 '축약'의 정도까지다. 이제, 이스라엘 거의 모든 백성들이 정욕에 사로잡혔으며 육을 자랑하였고, 그들 가운데 일어났던 '축약'(abridgement)은 육적인 사람들의 무리에 비례해 격렬한 것이었다. 하나님이 씨앗을 남겨 두지 않았다면, 모두가 잘려 나갔다 해도 이상할 것이 없었을 것이다(이들은 모두 육의 자손이며, 그들 안에 옛사람에 대하여는 이들 모두 선조들의 후손이었기 때문이다).

---

42. Josh., 6장의 도덕적 해석에서 리라는 여리고를 "악마의 도시"로, 예루살렘을 "신의 도성"으로 본다.

그러므로 "넘치는 공의로 파멸이 작정되었음이라"(사 10:22). 이 '축약'(consummation)이 결코 짧지도 좁지도 않은 공의로 넘치고 있음이 기이한 것이다. 어느 누가 좁은 홍수를 본적이 있는가? 누가 '좁으면서 온전하게 되는 것'을 본 적이 있는가? 축소되면서 동시에 완전하게 되는 것을, 작아짐과 동시에 커지고, 가득 차면서 동시에 비어 버리는 그 어떤 것을 본 사람이 있는가? 여기에 그런 일이 벌어진다. 멋지게 옷을 입고 덮었던 것이 완전히 벗어버린 알몸이 되는 그런 일. 하나님이 약속하신 바가 이루어지는 동시에 거의 모든 것이 분리되어(없어져) 버린다. 그러나 완전히 성취된 곳에, 공의로 넘치도록 이루어진다.

"부딪칠 돌에 부딪쳤느니라 기록된 바 보라 내가 걸림돌과 거치는 바위를 시온에 두노라 그를 믿는 자는 부끄러움을 당하지 아니하리라"(롬 9:32–33)

히브리서 본문은 다음과 같다. '그것을 믿는 이는 다급하게 되지 아니하리로다.'[43] 두 버전 간의 차이는 이렇게 바로잡을 수 있겠다. 그리스도를 믿는 자는 그 양심이 안정적이며, 공의로우며, 성경이 말한 바와 같이 '사자처럼 용감하다'(잠 28:1). 그리고 '의인에게는 어떤 재앙도 불안하게 만들지 못하며'(잠 12:21), "악인은 쫓아오는 자가 없어도 도망하나"(잠 28:1)! 또 "악인은 평온함을 얻지 못하고 그 물이 진흙과 더러운 것을 솟구쳐 내는 요동하는 바다와 같으니라"(사 57:20). "내 하나님의 말씀에 악인에게는 평강이 없다 하셨느니라"(사 57:21)고 한다. 그 외에도 시편 1:4 "악인들은 그렇지 아니함이여 오직 바람에 나는 겨와 같도다", 레위기 26:36 "그들은 바람에 불린 잎사귀 소리에도 놀라 도망하기를", 이사야 30:15 이하 "주 여호와 이스라엘의 거룩하신 이가 이같이 말씀하시되 너희가 돌이켜 조용히 있어야 구원을 얻을 것이요 잠잠하고 신뢰하여야 힘을 얻을 것이거늘 너희가 원하지 아니하고 이르기를 아니라 우리가 말 타고 도망하리라 하였으므로 너희가 도망할 것이요 또 이르기를 우리가 빠른 짐승을 타리라 하였

---

43. 이사야 28:16 (Vg.) "*Qui crediderit, non festinet.*"

으므로 너희를 쫓는 자들이 빠르리니 한 사람이 꾸짖은즉 천 사람이 도망하겠고" 등이 있다.

이 모두가 뜻하는 바는 그리스도를 믿는 자는 서두르지도 도망하지도 않고 아무것도 두려워하지 않기에 두려움이 없으며 잠잠히 요동치 않으며, 마태복음 7:28의 가르침에 따르면 반석에 기초하고 있다. 그러나 그를 믿지 않는 자는 소동과 불안이 일어날 때, 정말로 '서두르며' 도망하려 할 것이나, 무엇보다 하나님의 심판이 닥쳐올 때는 도망할 수 없을 것이다. 이는 끝이 없는 초조함이란 형벌로, 하나님에게서 도망가나 하나님을 피할 수 없는 형벌이다. 이는 그리스도를 잊어버린 모든 악한 양심의 상태이기도 하다. '네가 아침에 이르기를 아하 저녁이 되었으면 좋겠다 할 것이요 저녁에는 이르기를 아하 아침이 되었으면 좋겠다 하리라'(신 28:67). "여호와께서 거기에서 네 마음을 떨게 하고 눈을 쇠하게 하고 정신을 산란하게 하시리니"(신 28:65).

이런 두려움과 빨리 도망하고자 하는 양심의 두려움은 양심의 혼란이다. 플리니(Pliny)[44]가 "살아 있는 어떤 존재보다도 사람을 더 혼란하게 하는 것은 두려움이다"라고 말한 바와 같이 우리 번역은 70인역[45]과 너무나도 적절하게 맞아떨어지고 있다! 70인역에 의하면, '당황하지 말지라'이다. 이들은 공포와 두려움에서 기인하는 양심의 혼란과 동요에 대해 말하고 싶어 했다. 사람은 정돈된 생각과 계획 세우기가 불가능하며, 오로지 모든 것에서 벗어나고 싶어 하지만 여전히 그럴 수 없다. 그것은 전쟁의 소동 속에서 일어나는 혼란과 같다. 두려움과 공포가 엄습하면, 사람들은 이리저리로 도망하면 당황하게 된다. 죽거나 아니면 그리스도 밖에서 고통당하는 모든 사람들이 당하는 벌이 이와 같다. 저들은 상당히 불안하여 무엇을 해야 할지 모른다.

리라가 따랐던 히에로니무스가[46] 말했다. "그는 서두르지 않으며." 즉 그에게 주님의 재림이 가깝게 보이지는 않는다. 데살로니가인들이 주의 날이 금방 온 듯, 마음이 흔들리고 두려워졌던 것과(살후 2:1ff.) 대조적으로 보인다. 다른 말로 하면, 그리스도를 믿는 사람은 두려움이 없는 고로, 어떤 소동이 일어날 때마다, 심판의 날이 도래했다

---

44. Pliny, *Nat. hist.*, VII, 5.

45. 참고 n. 43. Jerome, *Comm. in Isaiam*, 9, 28. Erasmus (in the *Annot.*) compares both versions. He himself makes text read neither *festinet* nor *confundetur*, but "*pudefiet*"(he will be ashamed).

46. 참고 Jerome and Lyra *ad loc.*

고 생각한다. 하지만, 나는 이 번역을 이해할 수 없다. 완전히 거부하지는 않지만, 이것에 대해 좀 더 시간을 가지고 다루고 싶지는 않다.

또 다른 해석이 가능하다. 이는 내가 이전에 좀 더 진보적이 되려고 사용하였지만, 너무 강요하는 것 같기도 하다. 즉 그리스도를 믿는 사람은 어리석은 열정으로 서두르지 않으며, 다른 사람들을 판단하고 자신에게 관대하려고 한낮의 악마[47]처럼 다니지 않고, 그러나 겸손한 마음을 가지고 가르칠 만하고, 가르침 받기를 좋아하는 자이다. 수련 중에 있는 수사와 같은 열정으로 많은 사람들이 불타오르는 열정으로 천국을 향해, 공의와 지혜를 향해 과도하게 서두른다. 이런 것들은 그들 속에 자극하는 것은 악마이며, 시작부터 지쳐서, 결국에는 쓸모없게 된다. 왜냐하면, 이들의 마음이 모든 선한 노력에 역겨움을 느끼게 되어, 선한 모든 것에 대한 미지근하고 느릿한 태도를 가지게 되기 때문이다. 바로 첫 시작 때부터 자신을 물처럼 낭비해 버린 때문이다. 따라서 "처음에 속히 잡은 산업은 마침내 복이 되지 아니하느니라"(잠 20:21). 아우구스티누스는 「축복의 삶」(On the Blessed Life)에서[48] 너무나 많은 열정으로 시작한 것은 보통 싫증나서 끝나거나 넌더리를 치게 된다고 했다.

그런데, 어떤 사람들은 다른 사람들을 쉽게 판단하고 자기 말을 들으라고 요구하며 가르치려 한다. 그러나 이들은 자신이 판단 받기를 저어하며, 다른 사람의 말을 듣고 싶어 하지 않는다. 그러나 그리스도를 믿은 사람은 이와 같지 않아 성 제임스가 말하는 사람 같다. "사람마다 듣기는 속히 하고 말하기는 더디 하며"(약 1:19). 유대인들은, 그러나 마음에 조급함이 있어, 듣기를 원하지 않는다는 것 등이다.

'confundetur'(그는 서두르지 않으며, he shall be confounded)라는 말의 그리스어는 위에 언급한 라틴어에서와 같이 '혼돈'이나 '동요된'이란 뜻을 나타내는 단어가 없다. 그러나 'confundetur'는 '치를 당하다' 혹은 '창피함으로 얼굴이 상기되다'를 뜻한다. 이 경우, 이미 언급한 '서두름'(the haste)와 창피함으로 얼굴이 상기되는 것은 다음과 같이 서로 조화롭게 사용된다. 수치당한 자는 자신을 보이기 두려워하며, 도망가서 숨기를 원한

---

47. 참고 시편 91:5f. (Vg.) "Thou shalt not be afraid of the terror of the night, of the arrow that flieth in the day, of the business that walks about in the dark, of invasion, or of the noonday devil"[킹 제임스 버전(시 91:6)은 "어두울 때 퍼지는 전염병과 밝을 때 닥쳐오는 재앙을 두려워하지 아니하리로다"].

48. *De beata vita*나 아우구스티누스의 다른 어떤 곳에서도 찾을 수 없다.

다. 격언에 있는 바와 같다. '산들더러, 우리 위에 무너지라'(호 10:8; 눅 23:30).

그의 혼란이 그를 서두르게 만들며, 두려워 도망하게 한다. 그러나 그리스도를 믿는 사람은 이런 유의 행동을 하지 않으며, 동요하지 않으며, 수치로 얼굴이 붉어지지 않음은, 그리스도가 그를 안전하게 (요동치 않게) 하시기 때문이다.

두 해석은 그 의미가 같다. 그러나 70인역은 원인에 대해, 히브리어 버전은[49] 결과에 대해 말하고 있다. 다른 데서도 종종 그러하듯이. 당황하거나 창피당할 때, 급히 도망하게 되는데, 이는 그런 모습 보이는 것이 두렵기 때문이다.

---

49. 즉 히에로니무스가 70인 역을 수정한 것을 예로 들 수 있다.

로마서 10장

"형제들아 내 마음에 원하는 바와 하나님께 구하는 바는 이스라엘을 위함이니 곧 그들로 구원을 받게 함이라 내가 증언하노니 그들이 하나님께 열심이 있으나 올바른 지식을 따른 것이 아니니라"(롬 10:1-2)

이 말씀은 무시무시한 말씀이다. 이것은 믿음에 대한 가장 영향력 있는 하나의 반대를 구성한다. 이것은 복종을 거부하며, 사람들을 이단자들과 종파 분리론자들이 단호히 주장하는 것과 같은 완악하며 구제불능의 사람들로 만들어버린다. 마치 그들이 절대로 틀릴 가능성은 없는 것 마냥, 그들은 그들의 선한 의도를 단호한 강퍅함으로 덮어씌우고, 신성한 열심을 가지고 영적인 일에 바쁜 것에 그들의 구원을 걸었다. 성경은 이러한 사람들을 두고, 이들의 육체가 부패하거나 결함이 있는 것은 아니지만, 이들은 뒤틀리고 굽은 심장과 부패한 마음을 가졌다고 묘사한다. 그들이 그들 자신만의 주장과, 영적인 선한 것을 추구함에 있어서 그들만의 길을 완고하게 고집하는 한, 그들은 영적으로 부패한 것이다. 성모 마리아는 이렇게 말함으로써 그러한 사람들을 비난했다. "그의 팔로 힘을 보이사 마음의 생각이 교만한 자들을 흩으셨고"(눅 1:51).

오늘날 자신들 고유의 의무를 등한시한 채, 하나님을 향한 열심과 '정직한'(upright) 의도[1]로 다른 일에 전념하는 고위 성직자들과 추기경들이 이에 속한다. 또한 더 선한 것– 마귀의 속임수로 더 커 보이는– 을 추구하기 위해서 자신이 해야만 하는 덜 선한 것을 포기하는 모든 사람들도 이에 속한다. 사탄은 옛날 그 뱀의 생각과 머리이며, 모든 불화의 원인이며 근원이요, 오만과 완고함, 불신의 아버지이기 때문에, 겉으로 자기 자신이 구원의 행위를 대신하는 것처럼 보이게 하며 구원을 방해한다.

따라서 우리는 "하나님께 열심이 있으나 올바른 지식을 따른 것이 아니라"는 것이 독실함에서 나온 무지와 정신적인 어두움의 상태에서 하나님께 열심을 가지는 것을 의미한다는 것을 유념해야 한다.[2] 다른 말로 하면, 그 어떤 것도 어마어마하게 선한 것으로 여기지 않으며, 심지어 그것이 하나님과 그의 영광으로 보인다고 할지라도, 마치 항상 준비되지 않은 것처럼 두려움과 떨림으로 그에게 지시되어지기 위해서 어떤 종류의 덜 선한 것으로라도 이끌어지고 인도되는 것이다. 아무것도 안다거나 느낀다거나 생각한다고 주장하지 않고, 하나님이든 사람이든 다른 어떤 피조물에 의해 요구되는 그 모든 것에 무관심하다. 이 사람은 무엇을 선택할지 알 수 있다고 주장하지 않기 때문에, 그는 선택 받고 불리기를 기대한다. 따라서 시편 18:26은 '이미 선택된 자에게 당신은 선택될 것이다'라고 말씀하고 있는 것이며, 선택하는 행위 그 자체에 의해서 당신은 선택될 것이라고 하지 않는 것이다.

이러한 사람들은 어떤 모양으로도 만들어지고 형성될 수 있는 금(金)과 같이 부드러우며 가르침을 잘 받는다. 따라서 성서에서 '정직한'과 '선한'을 구분하고 있다는 것을 볼 수 있다. 예를 들면, 시편 125:4-5에서 "여호와여 선한 자들과 마음이 정직한 자들에게 선대하소서 (그러나) 자기의 굽은 길로(즉, 정직함으로부터 떠나 자기의 굽은 길로) 치우치는

---

1. "Pia intentione."

2. 루터는 그의 강의에서 이 문장들 다음에 오는 것을 생략한 것으로 보인다(WA 57, 207, 10ff.). "따라서 우리는 '하나님께 열심이 있으나 올바른 지식을 따른 것이 아니라'는 것이 독실함에서 나온 무지와 정신적인 어두움의 상태에서 하나님께 열심을 가지는 것을 의미한다는 것을 유념해야 한다. 최고의 지식은 그 사람이 아무것도 모른다는 것을 아는 것이다. 진정한 믿음은 이 지식을 수반한다. 이러한 지식을 가진 사람들은 그 어떤 것도 어마어마하게 선한 것으로 여기지 않으며, 심지어 그것이 하나님과 그의 영광으로 보인다고 할지라도, 마치 항상 준비되지 않은 것처럼 두려움과 떨림으로 덜 중요한 선한 것으로 끌어 당겨지고 인도된다. 따라서 그들은 모든 것에 무관심하며, 어떤 것에도 특정한 지식을 소유하지 않고, 그들 스스로만의 생각을 가지지 않는다. 그들 스스로는 선택하지 않지만, 그들은 선택 받고 불리기를 고대한다. 따라서 시편 18:26에서, '선택받은 자에게 당신은 선택될 것이다'라고 했지, '선택하는 자에게 당신은 선택될 것이다'라고 하지 않은 것이다."

자들은 여호와께서 죄를 범하는 자들과 함께(즉, 그들의 부정직한 헛된 기준에 따를 때, 그들에게 가치 있는 선한 것을 하는 사람들과 함께) 다니게 하시리로다"라고 한다.

이 '정직함'(uprightness)[3]이라는 단어는 보통 '공평함'(equity)으로 해석된다. 정확하게 이해됐다면, 이것은 올바른 종류의 '의'(righteousness)가 올바른 '선'(good)이며, 그른 종류의 '의' 혹은 '독선'(self-rightouesness)은 틀린 것이고 비뚤어진 '선'(good)이라는 것을 의미한다. 전도서 1:15은 "구부러진 것도 곧게 할 수 없고"라고 한다. 따라서 시편 45:6은 '공평한 규' 혹은 '방향'을 알려 주는 막대기, 즉 '주의 나라의 규'인 의의 막대기에 대해 말하는 것이다.[4] '(그것은) 온유한 자(즉 아무것도 모르며 그들 자신이 스스로의 판단과 생각에 따라 행하지 않는 사람들)를 정의로 지도'하기 때문이다. '지식을 따르는 열심'이란, 그 사람이 무엇을 위한 열심을 가졌느냐를 의미하는 것이 아니다. 모른다는 것을 아는 것[5]과 같은 지식은, 유대인들이 그들의 열심의 근거로 두지 않는 지식이다. 왜냐하면 그들은 그들이 지식을 가졌다는 것을 알기 때문이다. 그러나 그가 모른다는 것을 아는 사람은 온화하고 기꺼이 인도함을 받을 사람이다. 그는 완악하지 않으며 모든 사람들을 도와줄 준비가 되어 있다.

"하나님의 의를 모르고 자기 의를 세우려고 힘써 하나님의 의에 복종하지 아니하였느니라 그리스도는 모든 믿는 자에게 의를 이루기 위하여 율법의 마침이 되시니라 모세가 기록하되 율법으로 말미암는 의를 행하는 사람은 그 의로 살리라 하였거니와 믿음으로 말미암는 의는 이같이 말하되 네 마음에 누가 하늘에 올라가겠느냐 하지 말라 하니 올라가겠느냐 함은 그리스도를 모셔 내리려는 것이요 혹은 누가 무저갱에 내려가겠느냐 하지 말라 하니 내려가겠느냐 함은 그리스도를 죽은 자 가운데서 모셔 올리려는 것이라 그러면 무엇을 말하느냐 말씀이 네게 가까워 네 입에 있으며 네 마음에 있다 하였으니 곧 우리가 전파하는 믿음의 말씀이라 네가 만일 네 입으로 예수를 주로 시인하며 또

---

3. *"Rectitudo."*
4. 루터는 여기에서 *Psalterium Quincuplex*의 파버를 따르고 있다.
5. 참고 Tauler, *Sermones* (Serm. 6).

하나님께서 그를 죽은 자 가운데서 살리신 것을 네 마음에 믿으면 구원을 받으리라"(롬 10:3-9)

모세는 이러한 말을 신명기 30:12에 썼다. 그가 여기서 말하는 의미를 생각한 것은 아니지만, 그의 풍부한 영적인 통찰력은 사도 바울로 하여금 그 내적 의미를 끄집어 낼 수 있게 한다. 비록 이것이 하나의 사인이며 그림자인 한에서는 외적으로 다르게 들릴지라도, 만일 내적으로 깊이 생각해 본다면 성경 전체가 모든 곳에서 그리스도에 대해 다루고 있다는 것을 그가 인상적인 증거로 제시하려는 것만 같다. 이것이 그가 '그리스도는 율법의 마침이다'(롬 10:4)라고 말하는 이유이다. 다르게 표현하면, 성경에 있는 모든 말은 그리스도를 가리키는 것이다. 이것이 정말 그렇다는 것을 증명하기 위해, 그는 여기에 나오는 그리스도와 전혀 상관없어 보이는 이 말씀이, 그럼에도 불구하고 그리스도를 의미한다는 것을 보여 주고 있다.

이 구절을 해설하기 위해서는 몇 가지 방법이 있다. 첫 번째, 내가 주석에서 했던 것과 같은 설명이 있다.[6] 사도 바울은 두 가지 종류의 '의'(righteousness)를 서로 비교한다. 그는 선한 일을 법의 의의 덕으로 돌리지만, 그 말은 믿음의 의의 덕으로 돌린다. 법은 행위를 필요로 하지만, 말은 믿음을 필요로 한다(어떤 사람이 그가 무엇을 해야만 하는지를 알기 위해서 행위는 법을 필요로 하지만, 사람이 알기 위해서가 아니라 그가 믿기 위해서 믿음은 말을 필요로 한다). 첫 번째 종류의 의는 사람이 하는 선한 일에 달려 있지만, 두 번째 종류의 의는 사람이 믿는 말에 달려 있다. 지금 이 말이 무엇인지에 대해 그는 다음과 같이 말함으로써 명백하게 한다. '네 마음에 누가 하늘에 올라가겠느냐 하지 말라.' 혹 다르게 말하면, 사람이 믿어야만 하는 말은 다른 것이 아니라 바로 이것이다. '그리스도는 죽으셨고 올려지셨다.'

이것이 바로 이 부정문적, 의문문적 형식의 표현이 매우 강한 주장을 담고 있는 이유이다. 예를 들면, '누가 하늘에 올라가겠느냐' 하는 질문은, 항상 당신의 마음에 그리스도는 하늘로 올려 지셨고 당신이 구원 받을 것이라는 걸 말하라는 의미이다. 그가 올려 지셨다는 것을 추호도 의심하지 말라. 왜냐하면 이것이 당신을 구원할 말이기 때문이다. 이것이 믿음의 의가 가르치는 바이다. 이것이 구원을 향한 지름길이

---

6. 다음에 이어지는 설명은 루터가 글로스(Gloss)에서 했던 것과 사실상 동일하다.

며, '요약된 방법'(the way of the compendium)이다! 하지만 법의 의는 마치 사막에서의 이스라엘 백성에 의해 상징적으로 그려진 바와 같이 길고, 꼬불꼬불하며, 돌아가는 길이다.

두 번째, 파버[7]는 모세가 이 말씀을 통해 그리스도의 의와 그가 지옥에 내려가심, 그리고 하늘로 올리심을 넌지시 비추고 있다고 생각했다. 따라서 그는 다음과 같이 번역했다. "믿음의 의로 그는 이렇게 말한다. 누가 하늘에 올라가겠느냐? 이것은 그리스도의 내려가심을 의미한다. 혹은, 누가 무저갱에 내려가겠느냐? 이것은 그리스도가 죽은 자 가운데서 살아나심을 의미한다." 그러므로 그는 '이것이~ 의미 한다'는 구절을 '누가 올라가겠느냐?', '누가 내려가겠느냐?' 하는 의문문의 문장에 연결시키지만, '네 마음에 말하지 말라'는 연결시키지 않는 것이다. 그러나 이 설명은 너무 억지이고, 그 안에서 어떤 의미도 찾을 수 없다는 것에 대해 자신조차도 확신하지 못한다.

세 번째, 에라스무스[8]는 여기에는 아무런 어려움이 없으며 해설가들이 헛되게 애쓰는 것이라고 생각하는데, 왜냐하면 그의 생각에 이 말씀을 통해 모세가 직접적인 증거를 보지 않는 이상 믿지 않는 이들을 구속하려 했다는 것을 말하기를 사도 바울이 의도했기 때문이다. 그렇다면 '누가 하늘에 올라가겠느냐'라는 질문의 의미는 다음과 같을 것이다. 그리스도는 하늘에 계시지 않다고 네 마음에 말하지 말라. 혹 네가 그를 보지 않더라도, 적어도 그것을 믿어라. 이것을 믿지 않고 '누가 하늘에 올라가겠느냐'고 말하는 자는 그리스도가 거기 계시다는 것을 부인하는 사람, 혹은 증명과 그의 믿음을 위한 증거를 요구하는 자와 똑같은 행동을 하는 것이다.

그렇지만 어떻든지 간에, 사도 바울은 구원으로 이끄는 사람의 의란 것은 모두 믿음에 의해 이해되는 말에 달린 것이지, 지식에 '기반한 일'(work)에 달린 것이 아니라고 말하고 있다. 이것이 바로 하나님께서 그의 모든 선지자들에게 백성들이 다른 것이 아니라 그의 목소리를 듣기를 원치 않음을 인해서 책망하게끔 하시는 이유이다. 따라서 그는 그의 선지자들에게 일이 아니라 말씀과 설교를 맡기신 것이다. 예레미야는 일부러 이렇게 말한다. "만군의 여호와 이스라엘의 하나님께서 이와 같이 말씀하시되 너희 희생 제물과 번제물의 고기를 아울러 먹으라 사실은 내가 너희 조상들을

---

7. 참고 Faber's *Comm., ad loc.*
8. Erasmus, *Annot., ad loc.*

애굽 땅에서 인도하여 낸 날에 번제나 희생에 대하여 말하지 아니하며 명령하지 아니하고 오직 내가 이것을 그들에게 명령하여 이르기를 너희는 내 목소리를 들으라 그리하면 나는 너희 하나님이 되겠고"(렘 7:21-23). 그리고 이사야 1:10-11에서는 "너희 소돔의 관원들아 여호와의 말씀을 들을지어다 너희 고모라의 백성아 우리 하나님의 법에 귀를 기울일지어다 여호와께서 말씀하시되 너희의 무수한 제물이 내게 무엇이 유익하뇨"라고 말하며, 그 다음에 계속해서 말씀한다. "너희가 즐겨 순종하면 땅의 아름다운 소산을 먹을 것이요"(사 1:19). 그리고 이사야서의 마지막 장에서는 "무릇 마음이 가난하고 심령에 통회하며 내 말을 듣고 떠는 자 그 사람은 내가 돌보려니와 소를 잡아 드리는 것은 살인함과 다름이 없이 하고… 분향하는 것은 우상을 찬송함과 다름이 없이 행하는 그들은 자기의 길을 택하며"(사 22:2-3) 등을 말하고 있다.

오로지 믿음만이 이것을 이룰 수 있다. 믿음은 육체의 모든 지혜와 지식의 모든 주장을 꺼지게 하고, 한 사람을 가르침 받고 인도 받으며 기꺼이 듣고 따를 준비가 되도록 만든다. 하나님은 많은 양의 일을 요구하시는 것이 아니라 우리 안에 있는 옛 사람의 '억제'(mortification)를 요구하신다. 하지만 이 옛사람은 믿음에 의하지 않고는 억제될 수 없는데, 그 믿음은 우리의 아집을 꺾으며 이를 다른 사람에게 복종시킨다. 마치 뱀이 머리에 그 중심이 있는 것처럼, 옛 사람의 모든 삶은 생각하는 것이나 지성, 혹은 육체의 지혜나 '총명함'(prudence)에 집중되어 있다. 만약 이 머리가 밟혀 깨진다면, 모든 옛 사람은 죽은 것이다. 또한 내가 이전에 말한 바와 같이, 하나님의 말씀 안에 있는 믿음은 이런 일이 일어나게 만든다. 이 믿음은 하늘로부터 나오는 소리의 말씀 안에 있을 뿐만 아니라, 어떤 선한 사람이라도, 특별히 교회의 권위자의 입에서 나오는 말씀 안에도 있다.

이것이 바로 불신자들이 토론하기 좋아하며 항상 믿음의 말씀에 화를 내는 이유이다. 그들이 믿음을 가지도록 요청받을 때, 그들은 눈에 보이는 증거를 요구하는데, 왜냐하면 그들은 주제넘게도 그들이 무엇이 옳은지를 알고 있으며 다른 모든 사람들은 틀렸다고 생각하고 있기 때문이다. 복종하지 않은 채 언제나 자신이 옳다고 생각하는 사람 안에는 아담과 옛사람이 여전히 살아 있다는 건 절대적으로 확실하다. 그런 사람 안에서는 그리스도가 아직 올라와 계시지 않다.

따라서 하나님은 복종을 숨기셨는데, 이것은 그의 눈에는 크든 작든 똑같이 대단히 큰 가치를 지닌 것이다. 하나님은 일의 차이는 생각하지 않으시고 단지 복종의 가치를 생각하신다. 하지만 어리석은 자의 슬기란 언제나 일이 말씀보다 더 중요하다고 여기며, 말씀의 가치를 그 일이 가치가 있는가 무가치한가에 따라 판단하려 한다. 그 일이 하잘것없고 낮은 것으로 증명되면, 말씀 또한 하잘것없고 초라한 것으로 판단하고 경멸해 버린다. 선과 악을 구별하는 '육체의 슬기'는 선악을 알게 하는 지식의 나무에서의 첫 번째 죄에서 시작됐을 때와 같이 지금도 살아 있다(창 2:9, 17; 3:6ff.).

반대로, 영적인 사람의 총명은 선도 악도 알지 못한다. 그는 언제나 말씀을 주시하지 일을 주시하지 않으며, 그 일의 가치를 말씀에 의해서 판단하고 비중을 잰다. 따라서 만약 어떤 일이 모든 일 중에서 가장 보잘것없더라도, 그는 그것을 가장 귀중한 것으로 여기는데, 그것은 그가 말씀을 모든 것 중에 가장 귀중한 것으로 여기기 때문이다.

이러한 속임수로 옛날 그 뱀은 하와를 속였지만, 아담은 아니며, 그리고 같은 속임수로 그는 오늘날의 모든 오만한 자들을 속인다. '왜 하나님은 너에게 명령하셨느냐'(창 3:1)고 말함으로써 그는 이브를 말씀으로부터 일로 단번에 돌아서게 했다. 그 일의 사소함이 확신되면서, 단번에 그녀는 또한 그 말씀을 경멸하는 데에 나아갔다. 이런 식으로 사울도 또한 제물로 바쳐졌어야 했던 많은 수의 동물들 때문에 하나님의 말씀을 무시한 것이다(삼상 15:1ff.). 그리고 오늘날에 그들의 일에 합당하는 종류의 구원을 얻기를 바라면서 그들의 선행에 의지하는 도덕가[9]들도 마찬가지이다. 하지만 그들이 오직 그들의 일의 크기와 넓이에만 관심이 있다는 사실이 그들을 그들의 자만 때문에 말씀을 경멸하는 불신자로 식별할 수 있는 가장 확실한 표시이다. 만약 어떤 사람이 위대한 선행을 하는 데에 유혹되도록 자신을 내버려둔 채, 사소한 것을 무시하고 그것으로부터 돌아서서 위대한 것들을 하기 위해 헐떡거린다면, 그는 유대인들이나 이교도들과 같이 걸려 넘어지게 하는 돌에 걸린 것이다. 이런 종류의 일이 발생할 때를 위해, 그리스도는 말씀에 의해 누려지는 보잘것없는 일들에 머무르셨으며, 사탄이 육체의 총명을 통하여 비춰주는 위대한 일들만을 오직 행하기를 갈망하는 자들을 버리셨다.

---

9. "*Iustitiarii.*"

따라서 우리는 단순하게 우리의 눈을 감은 채로 우리의 모든 총명을 말씀에만 향하도록 하면서, 우리의 온 마음과 힘을 다해 말씀을 듣는 것 외에는 아무것도 하지 말아야 한다. 그리고 우리가 무엇을 하느냐에 따라 말씀을 평가하는 게 아니라 말씀에 따라 우리가 하는 것을 평가하면서, 그 말씀이 요구하는 어떤 것이 어리석거나 나쁘거나 크거나 작거나 상관없이 우리는 그것을 해야만 한다.

우리는 또한 다른 표시를 통해서도 불신자들을 알아볼 수 있는데, 그것은 즉 사람들 앞에서 위대하다고 여겨지고 대중들이 경탄하는 그런 일들에 그들이 달려드는 방식이다. 하지만 사람들이 그것들을 경탄하기를 그치고 가치 없는 것으로 여기기 시작하는 순간, 그들은 지치고 그 일에 대한 관심을 잃어버리게 되어, 그것들을 하는 데 있어서 선행이나 하나님에 관심을 가진 것이 아니라 그들 자신의 허영에 관심이 있었다는 것이 명백해진다. 그렇게 그들은 가치가 없고 사람들에 의해 높게 평가되지 않는 일들에는 관심이 없지만, 그것은 우리가 말씀 없이 행동한다면 하기를 바라 마지않을 바로 그런 일인 것이다.

지금 이것이 배우지 못한 설교가들이 관심을 가진 것이며, 결과로써 그들은 일반 사람들을 잘못 이끈다. 그들은 성자들의 전설에 쓰여 있는 위대한 일들에 대해 설교하거나 소리 내어 읽으면서 그 일들을 강조하여 사람들에게 그것들에 대한 인상만을 준다. 그러면 그것을 듣는 일반 사람들은, 그런 선행에는 무언가가 있다고 결론을 짓고는 즉시로 일체의 다른 일들로부터 등을 돌린 채 열정적으로 성자들을 모방하려 애쓴다— 이것이 바로 그 많은 면죄부의 승인과 너무나도 많은 건물과 교회의 장식, 수많은 의식들에 대한 허가가 나올 수 있었던 이유이며, 그동안에는 아무도 하나님의 부르심에 따라 모든 사람이 하나님께 무엇을 빚지고 있는가에 대해서는 조금도 신경 쓰지 않는 것이다.

그리고 교회의 일시적인 재정 지원을 위해 면죄부를 승인해주는 데 너무나 관대한 교황과 고위 성직자들은, 만약 그들이 영혼의 구원과 하나님에 대한 염려에도 똑같이, 아니 심지어는 더 관대하다고 하더라도, 무엇이 옳은지에 대한 개념이 부족하다. 그들은 그들이 가진 모든 것을 값없이 받았으며, 또한 값없이 그것들을 주어야 한다. 그러나 "그들은 부패하고 그 행실이 가증하니"(시 14:1), 그들 자신을 그릇 이끈 채, 그들은 하나님께 드리는 진정한 예배로부터 그리스도의 사람들을 빗나가게 한다.

이것과 관련해서, 내가 들었던 재미있는 이야기가 떠오른다. 어떤 한 순진한 친구가, 성(聖) 시미언(Simeon Stylites)의 '지주(支柱) 성인들의 삶'(Lives of the Pillar Saints)[10]에서 든 예에 따라서 사람은 하나님을 위해 무언가 정말 위대한 것을 해야만 한다는 설교— 사람이 따라야만 하는 본보기에 대한 시끄러운 소리— 를 들었던 것이다. 이런 종류의 '목사 행세를 하는'(pulpit-performers)[11] 사람들의 바보 같은 이야기를 비웃기 위해, 그리고 만약 사람들이 이러한 쓸데없는 허튼소리에 복종하면 그 결과가 어찌될 지를 증명하기 위해, 그는 하나님의 뜻에 의해 그리고 하나님에 대한 사랑에서, 소변을 보지 않기로 결심했다. 그가 며칠 동안 이렇게 한 후에, 그는 너무 병들어서 거의 죽을 것 같았다. 다른 사람들이 그가 하고 있는 것을 단념시키려 할 때에도, 그는 아무런 주의도 기울이지 않았다. 하지만 바로 그때 하나님의 또 다른 조언자에 의해, 그의 일로부터 어떻게 그가 자유로워졌는지를 보라. 한 약삭빠른 친구가, 하나님의 도우심으로 모든 일에 대해 전해 듣고는 그에게 나타나서 그의 일에 대해 그를 확신시키고 그 일을 계속하도록 열심히 권하였다. 그는 말했다. "물론 당신이 옳습니다. 형제여! 단지 당신이 지금 하고 있는 것을 계속하십시오! 나 스스로도 당신이 하고 있는 것을 해야 합니다. 단지 나의 모든 친구들에게 내가 그들을 신경 쓰지 않는다는 것을 보여 주기 위해서 말입니다. 당신의 친구들이 당신을 좋아하지 않는 것처럼 그들도 나를 좋아하지 않기 때문이지요." 그 친구가 그가 하고 있던 것이 거의 의미가 없다는 것과, 사람들의 생각에 그것이 그 어떤 것도 되지 않는다는 것, 정말로 그가 그들을 좋아해서가 아니라 싫어해서 그것을 하고 있다고 사람들이 말한다는 것을 들었을 때, 그는 곧 다 낫게 되었고 이렇게 말했다. "만약 그들이 이게 내가 이 일을 하고 있는 이유라고 생각한다면, 나는 이것을 하지 않겠어." 그가 했던 것은 사람을 위한 것이었다! 이것은 그의 마음에 있는 죽음에 이르게 하는 종기였다. 그러나 이것이 잘려나가자 마자, 그는 나았던 것이다. 어떻게 그가 그렇게 현명한 조언자를 받았던 것인지, 오직 하나님과 같은 선생님만이 그런 조언자를 줄 수 있다! 얼마나 직접적으로 그것이 그의 병을 다루었는가!

이 이야기의 교훈은 이렇다. 성인들의 일에 대해 이렇게 설교해서는 안 된다. 즉,

---

10. 참고 *Vitae patrum* I; *Vita S. Simeonis Stylitae*, 5 (PL 73, 528).
11. "*Ambonistae.*" 루터 스스로 만든 비꼬는 말이다.

다른 사람들에게 다음과 같은 말을 덧붙임이 없이 성인들을 닮도록 권해서는 안 된다. '여길 보라. 삶에서 이 사람은 그의 위치에서 이런 방식으로 혹은 저런 방식으로 살았다. 하지만 이것은 본보기로써 당신의 삶 당신의 위치에서 마찬가지로 행동하도록 하기 위한 것이지, 당신의 위치를 포기하고 그의 위치로 뛰어 넘어와 그와 똑같이 하게 하기 위한 것은 아니다.'

"사람이 마음으로 믿어 의에 이르고"(롬 10:10)

이것은 마치 그가 이렇게 말하고 싶어 하는 것과 같다. 어떤 일이나, 지혜나, 혹은 어떤 노력이나 부나 명예에 의해서도 사람은 의에 이를 수 없다. 비록 오늘날 많은 사람들이 그들이 2페니를 지불함으로써 죄로부터 놓일 수 있다고 생각하더라도 말이다. 그리고 많은 사람들은 그들이 위대한 학자이며 선생님이래서, 혹은 그들이 높은 직함이나 지위를 가져서, 그리고 신성한 일의 목사라서 자신들이 의롭다고 여긴다. 하지만 이것은 의를 얻는 새로운 방법으로, 아리스토텔레스[12]를 거스르거나 혹은 그를 지나쳐 가는 것이다. 그에 따르면 의란 행동에 의해 주어지는 것이며, 비록 그들이 전적으로 표면적인 것이라고 하더라도 만약 그것이 충분히 자주 반복되어진다면 말이다. 하지만 이것은 정치적인 의로써, 하나님 앞에서 유효할 수는 없는 것이다.

하지만 바울이 이 편지의 앞에서 말한 것처럼, 진정한 의는 오직 전심으로 하나님의 말씀을 믿을 때에만 일어난다. "아브라함이 하나님을 믿으매 그것이 그에게 의로 여겨진 바 되었느니라"(롬 4:3). 하지만 마치 철학자들[13]이 이해하는 것처럼 의를 배분 가능한 것과 교환 가능한 것, 그리고 일반적인 것으로 나눈다면,[14] 이것은 정신적인 실명으로 인한 것이거나, 이성으로 다루어져야 하는 – 예를 들어 어떤 한 사람은 아무에게도 빚이나 책임을 지지 않았고, 다른 사람은 몇몇 사람에게, 여전히 또 다른

---

12. Aristotle, *Eth. Nicom.*, II, 1; III, 7; V, 9, 10.

13. 참고 Aristotle, *op. cit.*, V, 5.

14. Biel, III *Sent.*, d. 34, a. 1, n. 3(Duns Scotus, III, *Sent.*, d. 34, q. un., n. 17에 따르면).

사람은 많은 사람에게 져 있는 것과 같은 일들이 발생할 수 있는- 세속적인 것들에만 집중하는 인간의 지혜로 인한 것이다.

하지만 하나님의 의에 있어서는, 사람은 모든 사람에게 빚져 있다. 왜냐하면 "모두 범한 자가 되"(약 2:10)기 때문이다. 그가 거스르던 창조주에게 그는 영광과 결백한 삶을 빚지고 있으며, 창조물에게는 선하게 사용하는 것과 하나님을 섬기는 것 안에서 함께 협력할 것을 빚지고 있다. 그리고 그가 가장 낮은 자리를 차지하며 겸손하게 이 모든 것을 떠맡고 어떤 것에서도 그 자신을 위해서는 아무것도 구하지 않는 이상 그는 이 빚을 갚을 수 없다. 그 변호사들이 '모든 재산(goods)을 포기한 사람은 만족을 얻었다'라고 말한 것과 같다. 따라서 하나님과 그의 창조물들에 복종하는 사람은, 비록 이것이 그의 삶을 희생시키더라도, 무(無)와 죽음과 비난을 향해 기꺼이 걸어갈 준비가 돼 있는 사람, 그리고 이 '재물'(goods)의 어떤 것에도 자신은 공유할 만한 가치가 없다고 여기는 사람이며, 이런 사람이 진정으로 하나님을 만족하게 하고 의롭다. 그는 그 자신을 위해서 어떤 것도 취하지 않고 모든 것을 하나님과 그의 창조물들에 주었다. 이것은 믿음에 의해서 성취된다. 그런 후에 자신에 대해서와 다른 모든 것들에 대해 죽은 채로, 그는 그의 생각이 십자가의 말씀에 사로잡히게 하고 그 자신을 부인하며 모든 것을 포기한다. 그렇게 그는 하나님 한 분만을 위해서, '모든 살아 있는 것을 위해', 심지어는 죽은 것을 위해 산다.

"입으로 시인하여 구원에 이르느니라"(롬 10:10)

다른 말로 하면, 의로움으로 이끄는 믿음은, 만약 이것이 시인으로 이르지 않는다면, 의(義) 혹은 구원의 목표에 도달할 수 없다는 것이다. 시인은 믿음의 첫째 되는 일이다. 자기 자신을 부인하고 하나님께 시인한다. 그리고 그 자신에게 단언하기 전에, 그것은 그가 심지어 삶과 다른 모든 것을 부인할 것이라는 정도로 한다. 하나님께 시인하고 스스로를 부인함으로써, 그는 죽는다. 그리고 하나님께 시인하기 위해서 죽는 것 보다 어떻게 하면 더 잘 스스로를 부인할 수 있겠는가? 그렇게 그는 하나님과 그에 대한 시인이 지켜지도록 그 자신을 버린다.

"유대인이나 헬라인이나 차별이 없음이라 한 분이신 주께서 모든 사람의 주가 되사 그를 부르는 모든 사람에게 부요하시도다"(롬 10:12)

새로운 형식의 표현이다! 그는 '준비된', '기꺼이 하는' 이라거나, 율법이 말하는 것처럼 '그에게 부르짖는 자에게 자비로우시고 인애로우셔서 그들을 들으시니'(출 22:27; 욜 2:13) 라고 쓰거나, 시편 86:5[15]에서 말하는 것처럼 "주는 선하사 사죄하기를 즐거워하시며 주께 부르짖는 자에게 인자함이 후하심이니이다"라고 말할 수 있었다. 하지만 사도 바울은 그가 다른 곳에서도 말하는 것을 강조하고 싶었는데, 즉 하나님은 그에게 부르짖는 자에게 그들이 구하는 것 이상의 것을 주시며, 그래서 그들이 받는 것에 비교하면, 그들이 구하는 것은 초라하고 간소한 것이라는 것이다. 기도할 때는 아무도 그렇게 좋은 선물에 대해 생각하지 못하고, 훨씬 적은 것들을 구한다. 에베소서 3:20에서 말하는 바와 같이, "우리가 구하거나 생각하는 모든 것에 더 넘치도록 능히 하실 이"시며, 앞에서 살핀 것처럼 "우리는 마땅히 기도할 바를 알지 못하나"(롬 8:26), "능히 모든 은혜를 너희에게 넘치게"(고후 9:8) 하실 분이신 것이다.

따라서 하나님은 우리의 기도를 들으실 때 부요하시지만, 우리가 그에게 부르짖을 때 우리는 가난하다. 그가 우리의 기도를 이루실 때 그는 강하시지만, 우리가 기도할 때 우리는 주저하며 약하다. 우리는 그가 할 수 있고 우리에게 주고 싶어 하시는 것만큼 기도하지 못한다. 다르게 말하면, 우리는 그의 능력에 비례하여 기도하지 못하고, 우리의 약함에 비례하여 그의 능력의 한참 밑에서 기도한다. 그렇지만 그는 그의 능력에 따라서가 아니면 주실 수 없다. 따라서 그는 언제나 그가 부탁받은 것보다 더 많이 주신다. 그러므로 "네 입을 크게 열라 내가 (그 안에 무언가를 떨어뜨리겠다가 아니라) 채우리라"(시 81:10)고 말씀하신 것이다. 즉 '네가 할 수 있는 한 최대로 기도해라. 그러면 내

---

15. 루터는 시편 43편이라고 썼다.

가 더 줄 것이며, 내가 주는 것은 너의 기도의 힘보다 더 강력하다'고 말씀하시는 것이다. 따라서 우리가 기도할 때 '성령이 우리의 연약함을 도우신다'(롬 8:26).

지금 여기 하나님과 관련되어 단언되고 있는 '능력 있다 혹은 힘이 있다'(being able or potent)는 것은, 마치 논리에서처럼, 불확실하고 마음대로 해버리는 능력이나 원하는 때와 장소에서 행동하는 능력과 같이 이해될 수 있는 게 아니다. 이것의 그리스어 'dynameno'는 '능히 하실 이'[16]를 말한다. 이것은 내가 위에서 '힘'(strength) 혹은 '능력들'(powers), '능력'(power)으로 정의했던 그 능력을 의미한다. 따라서 이것의 뜻은 이렇다. 하나님이 주실 때에는, 그는 너무나 능력 있고 힘이 세기 때문에 그가 주시는 것은 우리가 이럴 것이라고 상상할 수 있는 것을 훨씬 뛰어넘는다. 그가 너무나 능력 있기 때문에, 즉, 강대하고 강력하기 때문에, 그는 우리의 약함이 구하는 것보다 더 많은 것을 주신다. 그러나 그는 '우리 가운데서 역사하시는 능력을 따라'(그리스어로는 'dynamin')라고 덧붙여 말한다. 따라서 그는 육신의 힘을 배제하며, 성령의 힘을 따른다. 이것이 '우리가 생각할 수 있는 것을 넘어서', 그리스어 'noumen'가 의미하는 바, 즉 마음과 생각과 '판단으로부터'(noys[17]) 우리가 느끼거나 아는 것을 넘는다는 것이다.

우리의 기도에 응답하시는 하나님의 방법은 우리의 생각을 뛰어 넘는 것이다. 즉, 이것은 우리가 미리 예상하는 것, 우리가 보기에 신중하게 생각해 내고 분별력 있게 바라는 그것과 같지 않다. 우리는 연약하고 무력하게 원한다. 또는 다르게 말한다면, 만약 우리가 구하는 것이 우리가 간구하는 그 약함을 따라 주어진다면, 그것은 약하고 무능할 것이며 우리 이해의 한계를 넘어설 수 없기 때문에, 따라서 우리는 일시적인 어떤 것들처럼 곧 그것에 싫증날 것이다. 같은 방식으로 빌립보서 4:7은 "그리하면 모든 지각("noun", 즉 우리가 앞에서 말했듯이 아는 것, 느끼는 것, 이해하는 것)에 뛰어난 하나님의 평강이… 너희 마음과 생각("noemata", 즉 당신이 이성과 지성, 혹은 우리가 말하듯 "당신의 생각"[18]에 의해 당신이 느끼고 생각하는 것)을 지키시리라"고 말하고 있는 것이다.

---

16. 참고 에베소서 3:20. 여기서 루터는 파버를 따른다.
17. *Nous* 대신.
18. 여기서 루터는 에라스무스를 따른다.

"누구든지 주의 이름을 부르는 자는 구원을 받으리라 그런즉 그들이 믿지 아니하는 이를 어찌 부르리요 듣지도 못한 이를 어찌 믿으리요 전파하는 자가 없이 어찌 들으리요 보내심을 받지 아니하였으면 어찌 전파하리요"(롬 10:13-15)

유대인이나 이단, 종파 분리론자(schismatics)처럼 거만한 마음을 가진 자들은 이 네 가지 명제를 하나씩 자기 것으로 해버린다. 그들은 모두 신앙심으로 보이는 것에 의해 현혹되었다. 이 네 진술이 각각 너무나 연결돼 있어서 하나 다음에 다른 하나가 나오고 마지막 하나는 다른 모든 것들에 가장 앞서는 원인이 된다. 다르게 말하면, 보냄을 받지 않는다면 설교할 수 없다. 이 말은 설교를 받지 않는다면 들을 수 없다는 데에서 따라 나왔다. 그리고 여기에서 나온 것은, 듣지 않는다면 믿을 수 없다는 것이며, 그런 다음엔 믿지 않는다면 하나님을 부를 수 없다는 것이 나오고, 결국 하나님을 부르지 않는다면 구원 받을 수 없다는 것이 나온다.

따라서 구원의 모든 원천과 기원은 하나님의 보내심이다. 만약 그가 그들을 보내지 않는다면, 설교자들은 틀리게 설교할 것이고, 그러한 설교는 설교를 하지 않는 것과 같다. 정말로, 그들에게는 아예 설교하지 않는 것이 나을 것이다. 그리고 모든 듣는 사람들은 틀리게 듣게 되니, 그들에게는 아예 듣지 않는 것이 더 나았을 것이다. 그리고 그들을 믿는 사람들은 틀리게 믿으니 그들에겐 아예 믿지 않는 것이 더 나을 것이다. 그리고 따라서 하나님께 간구하는 자들이 그를 부르지 않으니, 그들은 아예 그러지 않는 것이 나을 것이다. 이런 종류의 설교자들은 설교하지 않기 때문에, 듣는 자들은 믿지 않고, 하나님께 간구하는 자들은 그를 부르지 않으며, 구원 받고자 하는 자들은 파멸된다. 잠언 1:28은 "그때에 너희가 나를 부르리라 그래도 내가 대답하지 아니하겠고"라고 한다. (시 110:2 "여호와께서 시온에서부터 주의 권능의 규를 내보내시리니… 다스리소서." 즉 '강력하게 행하소서. 그러면 당신의 가르침이 당신의 원수들 중에서 효과를 발휘할 것입니다'라는 뜻이다. 하지만 이 사람들은 그들의 친구들 중에서 다스리고 그들에게 아부하여 그들을 자신들에게로 이끈다). 시편 18:41은 "그들이 부르짖으나 구원할 자가 없었고 여호와께 부르짖어도 그들에게 대답하지 아니하셨나이다"라고 한다. 따라서 그들은 하나님 앞에서 반사되는 이미지와 같다. 그들은 귀가 있지만 듣지 않으며, 입이 있어도 말하지 않는다(시 115:5 이하; 135:15f.). 어째서인가? 왜냐하면 그들은 하나님으로부터 온 자들이 아니기 때문이다. 하나님이 그의 말씀을 보내실

땐, "*sso geets mit gewalt*"(그것은 능력과 함께 나아가며), 따라서 그 말씀은 친구들이나 그 말씀에 박수를 보내는 자들뿐만이 아니라 원수들과 그것에 반대하는 자들까지 변화시킨다.

따라서 우리는 다른 어떤 것보다도 먼저 설교자가 요한이 보내심을 받은 것처럼(요 1:6) 보내심을 받았는지를 보아야 한다. 만약 그가 기적과 하늘로부터 오는 증거— 보내심을 받았음을 보여 주는 것— 로써 입증하거나(사도들처럼), 혹은 후에 위로부터 세워진 사도적 권위에 의해 보내심을 받았으며, 언제나 이 권위의 판단 아래에 서서 그가 좋아하거나 만들어 낸 말이 아닌 명령 받은 것만을 말함으로써 그 권위에 대한 겸손한 순종으로 설교한다는 것을 입증한다면 우리는 그것을 알아볼 수 있다[슥 13:3에 "사람이 아직도 예언할 것 같으면 그 낳은 부모(즉 교회의 윗사람이나 교회)[19]가 "그에게 이르기를 네가 여호와의 이름을 빙자하여 거짓말을 하니 살지 못하리라(즉 너는 비난받아 마땅하며 추방되어야 한다) 하고 낳은 부모가 그가 예언할 때에 칼로 그를 찌르리라"고 한 것과 같다]. 이것은 매우 날카로운 창이며 이것에 의해 이단들은 꿰뚫릴 것이다. 그것은 그들이 하나님의 증거나 거룩하게 세워진 권위 없이 그들 스스로의 주도로 설교하며, 그들은 종교성과 비슷한 것에 의해 그들의 지위로 높여짐을 받은 자들이기 때문이다.

예레미야 23:21에 "이 선지자들은 내가 보내지 아니하였어도 달음질하며"라고 나와 있다. 그럼에도 그들은 감히 말하기를, 우리가 주의 이름으로 간구했기 때문에 우리는 구원 받을 것이다. 우리는 듣기 때문에 믿는다. 우리는 설교하기 때문에 듣는다고 한다. 그렇지만 그들은 우리가 보내심을 받았기 때문에 설교한다고는 말할 수 없다. 이 시점에, 여기서 그들은 넘어져 버린다! 이것이 구원에 있어서 가장 중요한 것이다. 이것과 분리되면, 그들은 그렇게 생각하지 않는다고 하더라도 모든 것은 틀린 것이다. 이것이 사도 바울이 로마서 1:2에서 복음이 한 사람을 통해 세상에 온 것이라고 생각하지 않도록 그렇게 강하게 강조하는 것이다. 첫째로, 복음이 오기 오래 전에 이것은 이미 약속되었다. 이것은 새로운 발명품이 아니다. 게다가, 복음은 한 사람에 의해 세상에 온 것이 아니라 여러 사람들— 하나님의 선지자들, 그리고 입으로 말해지는 형식뿐만 아니라 성경의 형태로도— 을 통해 온 것이다. 이단은 이런 종류의 증

---

19. 이 구절에 대한 리라의 해설 참고하라.

거를 그의 이단적인 교리를 위해 내 놓을 것이다. 그는 또한 이전에 어디에서 이것이 약속되었는지 그리고 누구에 의한 것인지 보여 줄 것이며, 그런 다음 누구에 의해 이것이 가르쳐졌고 결국 '글들'(writings)을 증거로써 제시하기 위해 어떤 성경에서 찾을 수 있는지를 보여 줄 것이다. 그러나 그들은 이것에 대해 거의 관심이 없으며, 우리는 진리를 갖고 있다. 우리는 믿는다. 우리는 듣는다. 우리는 하나님을 부른다고 어리석게 말한다. 마치 하나님으로부터 왔다고 상상하는 것만으로 어떤 것이 하나님으로부터 왔다는 충분한 증거가 되는 것 마냥, 그리고 마치 하나님이 그의 말씀을 확증하시고 후에 그 말씀에 따르는 계시와 선행하는 약속과 예언들로써 함께 일하는 것이 하나님에게는 필요하지 않다는 것처럼 말이다.

그리고 그렇게 로마 가톨릭 교회가 오늘날까지 유지하는 교회적 권위가 설립되었다. 단지 그들은 누가 다른 데에서 나온 결함 없이 복음을 가르치는지에 대해서만 안전하게 설교할 뿐이다.

현재 이교도들이 가르치는 말씀은 그들이 듣고 싶은 대로 들리기 때문에 그들에게 큰 만족[20]을 준다. 그들은 가장 높은 종교성[21](그들이 보기에)을 향해 겨냥한다. 그래서 그들 자신의 생각과 의지는, 바뀌거나 부러지지 않은 채로 남아 있게 된다. 그 말씀은 그들에게 거스르거나 그들이 생각하는 것 이상으로 넘어가지 않고, 마치 그들이 그것과 동일하거나 심지어는 재판관이라도 되는 것처럼, 그 말씀은 그들 스스로의 생각을 따른다.

하지만 실질적으로는 하나님의 말씀이 오는 것이며, 하나님의 말씀이 올 때에는 우리의 생각과 소원과는 반대에 있다. 그것은 우리의 생각이 우세하도록 두지 않으며, 심지어 우리에게 가장 신성한 것일지라도, 그것은 파괴하고 뿌리째 뽑으며 모든 것을 흩뜨려버린다. 마치 예레미야 1:10과 23:29에서 "내 말이 불같지 아니하냐 바위를 쳐서 부스러뜨리는 방망이 같지 아니하냐"(렘 23:29)라고 하는 것과 같다.

따라서 만약 어떤 사람이 만족하지 않으면서도 오직 그 자신에 대해서만 불만이 있으며, 그가 알고 말하고 행동하고 고통 받는 모든 것에 대해 걱정스러워하고 오직 다른 사람들을 위해 혹은 하나님 안에서만 기쁨을 찾는다면, 이것은 그가 정말로 하

---

20. "*Suaveplacentiam.*" 아마도 *Wohlgefallen*(good pleasure – 충분한 기쁨)의 번역일 것이다.
21. "*Summam pietatem.*"

나님의 말씀을 가졌고 그것을 그의 가슴에 담았다는 절대 틀릴 수 없는 증거이다.

반대로, 만약 어떤 사람이 그 자신에게 만족하며 마치 그가 그 말씀을 다 만들어 내기라도 한 것처럼 그가 말하는 것, 아는 것, 행동하는 것과 고통 받는 것에 대해 기뻐한다면, 이것은 그의 안에 하나님의 말씀이 없다는 가장 명백한 표시이다.

이것은 하나님의 말씀이 '바위를 부스러뜨리기' 때문에 그러한 것이다. 그것은 우리의 모든 자기만족을 부수고 십자가에 못 박으며, 오직 우리 자신에 대한 불만족함만을 우리 안에 남겨 놓는다. 따라서 하나님 한 분 안에서만 우리가 기쁨과 즐거움, 자신감을 갖도록 가르치며, 우리 자신의 밖에서와 우리의 이웃들 안에서 행복과 안녕을 찾도록 한다.

"기록된 바 아름답도다 좋은 소식을 전하는 자들의 발이여 함과 같으니라"(롬 10:15)

첫째로, 그들은 그들의 순전함으로 '아름답다'고 일컬어지는데, 그것은 그들이 오늘날 모든 곳에서 그렇듯 이익이나 헛된 영광을 위해서가 아니라, 하나님에 대한 복종과 듣는 자들의 구원을 위하여 복음을 전하기 때문이다.

둘째로, 히브리어의 특정한 뜻을 보면, '아름답다'는 것은 '바람직하다'(desirable)는 것을 뜻한다. 이것은 호감이 가며 사랑과 애정을 줄 만하다는 것을 가리키며, 독일어로 한다면 'Liblich und genehm'(사랑스럽고 마음에 드는)이라고 할 것이다. 따라서 이 본문의 뜻도 다음과 같다. 율법 아래에 있는 자들에게는 복음을 전하는 것은 사랑스럽고 바람직한 것이다. 율법이 죄를 드러내고, 죄책감을 주며, 두려움으로 양심을 옥죄인다면, 복음은 이러한 애로사항에 처한 사람들에게 바람직한 치료책을 알려 준다. 따라서 율법은 무언가 나쁜 것을 선언한다면, 복음은 무언가 좋은 것을 선언하며, 율법이 분노를 선포한다면, 복음은 평화를 선포한다. 율법은(갈라디아서 3:10에서 사도 바울이 인용한 것에 따르면)[22] "누구든지 율법 책에 기록된 대로 모든 일을 항상 행하지 아니하는 자는 저주

---

22. 신명기 27:26을 참고하라.

아래에 있는 자라"(갈 3:10)고 말한다. 하지만 같은 곳에서 "무릇 율법 행위에 속한 자들은 저주 아래에 있나니"(갈 3:10)라고 쓴 것처럼, 아무도 그것들을 행하여 지키지 못한다.

하지만 복음은 말하길 "보라 세상 죄를 지고 가는 하나님의 어린 양이로다"(요 1:29)라고 한다.

율법은 그것이 드러내 놓은 죄를 통해서 양심을 억압하지만, 복음은 이것을 자유롭게 하며 그리스도 안의 믿음[23]으로써 평화를 준다.

이것이 로마서 10:5에서 우리에게 말하는 바이다. "모세가 기록하되 율법으로 말미암는 의를 행하는 사람은 그 의로 살리라 하였거니와." 그리고 사도 바울은 아무도 그렇게 할 수 없으므로 아무도 그 의로 살 수 없다고 말하고 있다. 따라서 다시 한 번 갈라디아서 3:11-12에서 "또 하나님 앞에서 아무도 율법으로 말미암아 의롭게 되지 못할 것이 분명하니 이는 의인은 믿음으로 살리라 하였음이라 율법은 믿음에서 난 것이 아니니 율법을 행하는 자는 그 가운데서 살리라 하였느니라"고 하며, 로마서 2:13에서 그는 "하나님 앞에서는 율법을 듣는 자가 의인이 아니요 오직 율법을 행하는 자라야 의롭다 하심을 얻으리니"라고 말하고 있다. 다른 말로 하면, 하나님 앞에서 믿음 밖에 있는 자들은 오직 듣기만 하는 자인데, 그것은 행하는 자라야만 살 수 있기 때문이다. 하지만 아무도 행하지 않는다. 그렇지 않다면 왜 믿음이 필요하겠는가?

'복음을 전하는 자들의'라는 구문에서, 성령은 우리가 '글로스'[24]에서 언급했던 것을 넘어서는 그 어떤 것을 표현하고 있다. 즉, 여기서 언급된 '평화'와 '좋은 것들'은 보이지 않는 것이며 이 세상에 있는 그 어떤 것일 수 없다는 것이다. 이것들은 감추어져 있어서 오직 말씀에 의해서만 알려질 수 있고 말씀 안에 있는 믿음에 의해서만 뜻이

---

23. "*Fides Christi.*"

24. 여백에 있는 루터의 주석에는 다음과 같이 나와 있다(*WA* 56, 102, 19ff.). "사도 바울은 이 한 구문 '복음을 전하는 자들'을 통해서 그가 보내심을 받지 않고는 전할(설교할) 수 없다는 것을 입증하고 있다. '복음을 전하는 것'이 '그것을 선포하는 것'과 같기 때문이다. 하지만 하나님이 보내지 않았고 하나님이 그의 말을 둔 자가 아니면 아무도 하나님의 말씀을 선포할 수 없고 그의 사자가 될 수 없다. 아무도 하나님의 말씀을 빼앗을 수는 없다. 말씀은 하나님이 그에게 맡기고 이를 전파하도록 그를 보냄으로써 하나님으로부터 받아야만 한다. 이것이 아닌 다른 상황에서 말씀을 전하는(설교하는) 설교자는 혹 그가 진실을 말하는 것처럼 보일지라도 거짓말을 하고 있다는 것은 매우 명백하다. 또한 그는 평화와 좋은 일들의 본질을 이 구절에 의해 정의하고 있는데, 즉 그것은 그들이 말씀을 통해서만 들어질 수 있고, 믿음에 의해서 이해되어야만 한다는 성질을 갖고 있다는 것이다. 그들은 유대인들이 기대하는 것처럼 시각적으로 보여질 수 없다."

파악될 수 있다. 이 좋은 일들과 평화란 것은 직접적인 이해의 영역에 있지 않으며, 말씀에 의해 선포되어지고 따라서 오직 믿음에 의해서만 지각될 수 있는 것이다. 즉, 그들은 미래의 삶이 오기 전에는 경험될 수 없는 것이다.

여기서 '좋은 일들'이라는 표현은 은혜의 선물을 누리는 것을 가리키며, '평화'라는 단어는 악의 제거를 의미한다. 따라서 사도 바울은 평화를 '좋은 일들'보다 앞에 놓는다. 이 '좋은 일들'은 십자가 밑에서 찾을 수 있으며, 세상적인 평화와 '좋은 것들' (goods)을 제일 먼저 포기하고 믿음을 위해 이 세상과 그의 양심의 악함과 문제들을 참을성 있게 감내하지 않는 한, 아무도 이 평화와 좋은 것들을 받을 수 없다.

그러면 '발'(foot)의 의미는 무엇인가? 첫 번째 해석에 의하면, 이것은 전하는 자의 내적인 태도를 의미한다. 그것은 이익과 영광을 위한 모든 욕구로부터 자유로워야만 한다.

하지만 히브리어 본문과 더 적합한 주석[25]에 따르면, 우리는 다음과 같이 말해야 한다. 비록 '발'을 문자적으로 해석하여 죄와 악한 양심의 고통에 있는 자들이 좋은 소식을 전하는 자들이 오기를 간절하게 바라는 것이라고 할 수 있지만, 좀 더 정확하게 하면 그것은 말씀이나 설교에서 그들이 하는 바로 그 말이나 소리 그리고 음절이나 그 발음을 의미하는 것이다. 목소리는 발이나 교통수단, 바퀴와 같아서, 이것을 통해 말이 전달되고, 옮겨지며, 듣는 자들의 귀로 이동한다. 그렇기 때문에 "그의 소리가 온 땅에 통하고"(시 19:4)라고 나와 있는 것이다. (온 땅에) 통했다는 것은 발이 있다는 것이다. 또한 "그의 말씀이 속히 달리는도다"(시 147:15)라고 나와 있다. 달리는 것은 발이다. 말로 하는 말은 달리므로 따라서 발을 가졌으며, 그들은 말의 소리와 어법이다. 그럴 수밖에 없는데, 그렇지 않을 경우 이사야 32:20의 "모든 물가에 씨를 뿌리고 소와 나귀를 그리로 모는 너희는 복이 있느니라"는 말씀이 엉터리가 되기 때문이다. 그리고 시편 91:13은 "네가 사자와 독사를 밟으며 젊은 사자와 뱀을 발로 누르리로다"라고 하는데, 이것은 말에 의할 때에만 가능한 것이다. 듣는 자가 조용하게 앉아서 말씀을 받는 동안에, 전하는 자의 '발'은 그를 능가하기 때문에 그를 넘어 뛰어다니며 발 아래로 그를 짓밟는다. 미가 4:13에서는 "딸 시온이여 일어나서 칠지어다 내가 네

---

25. 루터는 에라스무스의 *Annot*에 의존하고 있다.

뿔을 무쇠 같게 하며 네 굽을 놋 같게 하리니 네가 여러 백성을 쳐서 깨뜨릴 것이라"고 말한다. 여기서 '치는' 것은 황소가 그의 발로 차는 것과 같다. 따라서 말씀을 전할 때의 교회의 발이란, 교회가 사람들을 강타하고 흔들어서 '쳐서 깨뜨리는' 말이며 언설(言說)이다. 교회는 그 말과 언설 외에 아무것으로도 이렇게 하지 않는다. 하지만 죄로 가득 찬 양심에 억압된 자들에게 이것은 '아름다우며' 바람직하다.

따라서 두 쌍의 구문이 각각 반대로 놓여 있다.

율법-죄: 율법은 죄를 드러낸다. 율법은 죄인을 유죄로, 병 걸린 자로 만든다. 참으로 이것은 그가 죄의 선고 아래에 있음을 증명한다.

복음-은혜: 복음은 은혜를 주며 죄를 용서한다. 이것은 병을 치료하고 구원으로 이끈다.

"그러나 그들이 다 복음을 순종하지 아니하였도다 이사야가 이르되 주여 우리가 전한 것을 누가 믿었나이까 하였으니 그러므로 믿음은 들음에서 나며 들음은 그리스도의 말씀으로 말미암았느니라 그러나 내가 말하노니 그들이 듣지 아니하였느냐 그렇지 아니하니 그 소리가 온 땅에 퍼졌고 그 말씀이 땅 끝까지 이르렀도다 하였느니라"(롬 10:16-18)

이것은 이전에 말했던 것을 가리킨다. 이것은 순서대로 각각 따라 나오던 그 네 개의 명제를 확실히 하기 위한 것이다. 무엇보다도 먼저, 우리는 여기서 그가 말하는 것을 "누구든지 주의 이름을 부르는 자는 구원을 받으리라"(롬 10:13; 욜 2:32)의 말씀과 연결시켜야 한다. 만약 '그들이 다 복음을 순종하지 않았다'면, 왜 그들이 선지자의 말에 따라 주의 이름을 부를 것이라고 가정하는가? 만약 주를 믿지 않는다면 어떻게 그들이 주를 부를 수 있겠는가? 하지만 분명히 그들 모두가 믿지는 않았으며, 이사야는 주여, 우리가 들은 것을 누가 믿었나이까? 라고 말하고 있다.

또한 두 번째로, 그가 '믿음은 들음에서 나며'라고 말함으로써 이 문장이 확인되고 있다. "듣지도 못한 이를 어찌 믿으리요"(롬 10:14). 즉 다른 말로 하면 이사야의 말씀에 언급된 것처럼 만약에 그들이 듣지 않으면, 그들은 믿을 수 없다는 것이다.

세 번째로, 듣는 것은 그리스도의 말씀을 통해 나오는 것이므로, 그는 그 명제-어떻게 그들이 전하는 자 없이 들을 수 있겠는가?- 를 확증하고 있다.

네 번째로, 같은 해석이 우리가 위에서 충분히 설명한 '아름답도다'에도 적용된다.

여기서 '우리가 들은 것'[26]은 그것의 소리와 목소리를 들으면서 '듣는 것'[27](즉, 듣는 말씀을 인식함)을 의미한다. 그는 '우리가 들은 것'이라고 말하는데, 그것은 오직 그들이 그것을 받았기 때문이다. 그리고 그는 소리가 온 땅에 퍼져 들리고 지금도 들리고 있는 그 복음에 대해 말한다. 그렇다면 그 말을 하는 의미는 분명히 이런 것이다. '오, 주님! 온 땅에서 말하고 전파되어 우리가 지금 듣고 있는 것, 혹은 지금 들리는 이것을 누가 믿었습니까.' 여기에서 사도 바울이 그 자신을 이런 식으로 표현하고 있다는 것은 근거 없는 것이 아니다. 왜냐하면 그가 본문에서 '그들이 다 복음을 순종하지 아니하였도다'라고 말하는 한, 그는 '누가 복음을 믿었는가?'라고 말할 수도 있었기 때문이다. 하지만 그는 여기에서 이런 방식으로 그 자신을 표현함으로써 그 말씀이 들음에 의하여 그리고 믿음에 의하여 받아들여지지 않는 한 아무도 그 뜻을 파악할 수 없다는 것을 명백하게 하고자 한다. 유대인들은 그들이 표적과 기사들을 따르는 것으로 인해 이 부분에서 배알이 뒤틀리게 된다.

"그러나 내가 말하노니 이스라엘이 알지 못하였느냐 먼저 모세가 이르되 내가 백성 아닌 자로써 너희를 시기하게 하며 미련한 백성으로써 너희를 노엽게 하리라 하였고 이사야는 매우 담대하여 내가 나를 찾지 아니한 자들에게 찾은 바 되고 내게 묻지 아니한 자들에게 나타났노라 말하였고 이스라엘에 대하여 이르되 순종하지 아니하고 거슬러 말하는 백성에게 내가 종일 내 손을 벌렸노라 하였느니라"(롬 10:19-21)

이것은 은혜의 말씀이다. 즉, 이것은 은혜를 찬양하기 위한 것이다. 하나님은 오직 죄

---

26. "*Anditus*"(우리가 들은 것, 보고하다).
27. "*Auditio*"(듣기).

인들만을 구원하신다. 그는 미련하고 어리석은 자들만을 인도하시며, 가난한 자만을 부요케 하시고, 죽은 자만을 소생시키시며, 그리고 참으로 그는 그 자신이 죄인이라고 단순히 상상하거나 생각하는 자들이 아니라 정말로 죄인이며 그들 자신을 죄인으로써 고백하는 자들만을 구원하신다. 그래서 이교도들은 하나님의 백성이 아니며 미련한 백성이기 때문에, 아무런 공적과 그들 스스로의 노력 없이 구원 받으며 그들은 하나님의 은혜를 고백할 것이다.

그러나 스스로의 공적과 지혜를 믿는 오만한 자들은, 그들 자신이 열과 성을 다해 구하던 것이 받을 자격이 없는 자들에게 값없이 주어지는 것을 볼 때 성을 내며 불평하게 될 것이다. 복음서에서 그리스도는 이런 경우에 대해, 방탕한 동생을 쫓아 보내며 그가 들어오는 걸 원치 않았던 형에 대한 비유(눅 15:28), 또 하루 종일 일하고 한 실링을 받은 자들이 주인이 나중에 온 자를 처음과 같이 대했다고 불평하는(마 20:11) 비유를 통해 말씀하신다.

이들이 바로 '미련한' 자들이다. 다른 사람들의 구원을 기뻐하는 대신에 그들 자신의 행위에 따라 주제넘은 요구를 한다. 그렇게 함으로써 그들은 그들이 하나님을 위해서가 아니라 그 자신들을 위해, 즉 자기애와 개인적인 이익을 위한 열망으로부터 (즉, 불순하게) 하나님을 찾는다는 것을 보여 준다. 그리고 그들은 심지어 이 불순함과 그들의 역겨움에 대해서 자랑스럽게 여기고 따라서 그들이 배알 꼴리는 자들보다 두 배로 역겨워진다. 만약 그들이 진실로 하나님을 찾는다면, 그들은 다른 이들의 구원에 대해 배 아파하면 안 되며 그 안에서 즐거워해야 한다. 우리는 하나님의 선한 기쁨을 그 어떤 것보다도 사랑해야 하기 때문에, 그들은 하나님이 기뻐하시는 것을 보는 것으로 기뻐해야 한다.

그렇다면 이것은 이사야가 너무나 대담하게 '나는 나를 찾지 아니하던 자에게 찾아냄이 되었다'(사 65:1)고, 즉 나는 나의 은혜로써 그들에게 알게 한 것이지 어느 누구의 노력이나 공적으로 인한 것이 아니라고 말했던, 그들 자신의 공적으로 세운 헛된 높은 자리와 정 반대에 있다. 그렇다면 당신은 왜 당신의 공적이 너무나 위대해서 당신이 나를 찾을 수밖에 없다고 오만하게 생각하는가?

이런 종류의 사람에 대해서는 한 강도가 천국으로 올려지는 걸 봤을 때, 매우 분개하며 다시 세상으로 돌아왔다는 어떤 은둔자의 이야기가 전해진다.[28] 같은 부류의 또 다른 은둔자는 한 회심한 강도가 그를 닮고 싶다는 소원을 표했을 때, 이렇게 말했다고 한다. '좋습니다! 당신은 나처럼 되기를 바랄 수 있어요. 그러나 오, 당신이 어떠했는지!' 그리고 그는 지옥에 떨어졌다. 같은 부류의 사람으로 또한 어떤 수녀가 있었는데, 그녀가 임종 시에 누워 있었을 때 그녀는 자신에 대해 좋은 이야기를 하며 서 있는 사람들을 보았다. 그런 후에 그녀는 그녀의 손가락으로 그녀의 잔치가 열리게 될 그녀의 사망일을 계산하기 시작했다. 그렇게 본다면 "누구든지 자기를 높이는 자는 낮아지고"(마 23:12)라는 것은 진실이다.

　　따라서 오만하여 주제 파악 못하는 사람들이 겸손하고 하나님의 은혜를 찬양하도록, 그래서 "자랑하는 자는 주 안에서 자랑"(고전 1:31)하도록 하기 위해 이 모든 것들을 말하고 썼으며 행했다.

　　그의 삶에서 많은 것을 성취한 어떤 사람이, 만약 하나님이 어떤 가난하고 보잘 것 없는 여인을 그보다 더 사랑하시고 '보라, 그녀는 자녀를 낳는 것으로써만 나를 섬겼지만[29] 나는 너의 모든 위대한 업적보다 그녀가 나에게 한 것을 더 기쁘게 여긴다'라고 말씀하신다면 그 오만한 사람은 무엇이라 말할 것인가? 모든 행위는 하나님이 그들에게 갖도록 한 만큼의 가치만을 가지며, 또한 하나님은 정말 하찮고 매우 작은 것에 많은 가치를 두고 정말 위대하고 중요한 것은 거절하실 수 있다. 그렇다면 우리는 선행을 하지 말아야 하는가? 아니다. 그러나 우리는 반드시 겸손함으로 해야만 한다. 그러면 하나님께서는 물리치지 않으실 것이다. 따라서 오늘날의 그런 사람들- 그들이 많은 수고를 대가로 지불했고 그들에게 좋아 보인다는 이유로 그것이 좋은 것이라고 믿어서, 그들이 거대하고 많다고 여기는 선행을 쌓아올리는- 은 엄청 이상한 바보들이라 할 수 있다. 그렇지만 이 모든 것은 헛된 것이다. 오직 겸손함에서 나오는 행위만이 선한 것이다. 그리고 그러한 사람들은 겸손이란 게 무엇인지 알지도 못한다!

---

28. 이 이야기와 뒤에 나올 이야기는 *Speculum exemplorum*에서 찾을 수 있다. (참고 Ficker, p. 427, n. 26).
29. 디모데전서 2:15을 참고하라. 아우구스티누스에 의해 자주 인용되는 문구이다. 예를 들면, *De trin.*, XII 7, 11.

"우리가 전한 것(들은 것, hearing)을 누가 믿었나이까"(롬 10:16)

우리가 '글로스'[30]에서 언급한 것처럼, 성경이나 성경을 번역한 사람은 '들린 것'과 '보인 것'을 말하기 위해 '들은 것'(hearing)과 '보는 것'(seeing)을 자주 사용한다. 그렇게 하는 이유는 첫째로 선포되는 그것은 보이지 않으며 오직 듣고 믿음으로써만 알 수 있기 때문이며, 더 적합한 두 번째는, 하나님의 말씀은 그 자체만으로 매우 선한 것이지만 이것이 사람들에게 퍼짐에 따라서 이것은 다양한 것이 되고, 다양성 없이 그 자체만으로 있는 것은 변화를 겪어야만 한다[31]는 것이다. 이것은 선한 사람들에게는 생명이요 악한 자들에게는 죽음이며, 선에게는 선한 것이고 악에게는 악한 것이다.

여기에서 이러한 구별이 가능한 것은 오직 이것이 전해지고 들려졌을 때에 한해서이다. 그것을 듣고자 하는 의로운 소망, 악한 자들은 이렇게 좋은 말씀을 듣지 않는다는 것에 대한 슬픔과 놀라움으로 가득 차서, 그들은 이렇게 말한다. '우리가 들었던 것을 누가 믿었나이까?' 다른 말로 하면 이렇다. 왜 다른 사람들은 우리가 듣고 믿었던 그 좋은 소식[32]을 믿지 않습니까?

---

30. 주석에서 루터는 이 말을 증명하기 위해 성경 몇 군데를 인용하고 있다. 예를 들면, 에스겔 7:26; 오바댜 1:1; 시편 16:45; 110:7; 히브리서 3:2; 이사야 1:1.

31. *WA 56, 428, 18. "Verbum Dei in seipso est optimum, sed diffusum ad homines fit varium et patitur differentiam ipsum indifferens."*

32. *"Auditio."*

로마서 11장

"그러므로 내가 말하노니 하나님이 자기 백성을 버리셨느냐 그럴 수 없느니라 나도 이스라엘인이요 아브라함의 씨에서 난 자요 베냐민 지파라 하나님이 그 미리 아신 자기 백성을 버리지 아니하셨나니 너희가 성경이 엘리야를 가리켜 말한 것을 알지 못하느냐 그가 이스라엘을 하나님께 고발하되 주여 그들이 주의 선지자들을 죽였으며 주의 제단들을 헐어 버렸고 나만 남았는데 내 목숨도 찾나이다 하니"(롬 11:1-3)

사도는 보다 중요한 것을 증명하기 위해 조금 덜 중요한 것을 설정한다. 즉 작은 것에서 논쟁을 시작하여 큰 것으로 진행한다. 만일 하나님께서 자기 백성들을 버렸다면 하나님을 대항해 온 힘을 다해서 싸웠던 바울을 누구보다 먼저 버렸을 것이다. 그러나 하나님은 자신의 백성을 버리지 않았다는 것을 보여 주기 위해, 하나님은 소망 없이 버려진 사도 바울조차 용납하신 것은 하나님이 얼마나 그의 예정하심과 선택에 대해 신실하신가를 증명한다. 그것은 스스로 희망 없다고 자포자기하는 누구도 그 신실함을 막을 수 없는 것이다. 그리고 그는 하나님은 미리 아신 자기 백성을 버리지 않았다고 분명히 말한다. 다시 말하면 바울 자신의 경우를 예로 들어 증명하고 있다.

바울은 다른 사람들보다 하나님을 더 멀리 떠나 있었음에도 불구하고, 하나님을 떠나지 않았던 다른 사람들은 버리셨지만, 하나님을 멀리 떠나 있었던 바울을 버리시지 않았다.

"그에게 하신 대답이 무엇이냐 내가 나를 위하여 바알에게 무릎을 꿇지 아니한 사람 칠천 명을 남겨 두었다 하셨으니"(롬 11:4)

'그들은 남겨졌다'는 의미에서 '남은 자'라 불린다. 하나님이 하나님 자신을 위하여 그들을 남기셨기 때문이다. 이 단어는 하나님의 은혜와 선택의 아름다운 표현이다. 사도는 그것이 확실한 사실임에도 불구하고 '그들이 남았다'라고 말하지 않는다. 왜냐하면 이 남겨짐은 남은 자들 자신의 결정이 아니라 하나님이 그들을 남겨지는 상태로 유지 하신 것으로 "달음박질하는 자로 말미암음도 아니요 오직 긍휼히 여기시는 하나님으로 말미암"(롬 9:16)기 때문이다.

사실, 이스라엘을 바벨론에 포로로 잡혀가게 할 그때, 그 자리에서 다른 사람들을 벌하는 분은 하나님 자신으로 이 말을 간접적으로 쓰시기도 했다(왕하 25장). '내가 나를 위해서 남겼다'는 의미는 '내가 그들을 모두 버릴 때 내가 나를 위해서 칠천 명을 남겼다'를 뜻한다. 하나님은 '그들이 모두 도망칠 때 칠천 명이 남았다'라든가 '느부갓네살 혹은 악인들이 그들을 데려가고 칠천 명이 남았다'라고 하지 않고 '그들을 남아 있게 하고 남겨 둔 것도 나 하나님이고 다른 이들을 버린 것도 나 하나님이다'라고 하신다. 이것은 이전에 기록된 대로, "토기장이가 진흙 한 덩이로 하나는 귀히 쓸 그릇을, 하나는 천히 쓸 그릇을 만들 권한이 없느냐"(롬 9:21), "내가 긍휼히 여길 자를 긍휼히 여기고"(롬 9:15)와 같다.

"바알에게"(롬 11:4)

바알은 우상이다. 바알이 어떠한 종교 의식으로 숭배를 받았는지에 대해서는 모른다. 다만, 열왕기에서 말하는 바(왕상 18:26, 28), 손에 키스를 하거나 제단을 돌며 춤을 추거나, 칼과 창으로 피부를 자르면서 의식을 가졌다는 것을 알 수 있을 뿐이다. 열왕기의 같은 본문에서 말하듯이 이런 제의 행위는 이스라엘의 참 하나님에게 드리는 참된 예배를 드리고자 깊은 사랑과 열성이 동기가 되어 만들어진 것이다.* 이것이 바로 아합이 이스라엘을 괴롭게 하던 엘리야를 부른 이유였다(왕상 18:17). 그는 바알을 따르는 사람들로부터 도망쳤을 때 마치 하나님을 예배하는 것을 반대하는 것처럼 보였다. 또 호세아 2:16에서 하나님이 말씀하셨다. "그날에 네가 나를 내 남편이라 일컫고 다시는 내 바알이라 일컫지 아니하리라."

당시 그들은 참된 하나님을 예배하고 있었지만, 미신적인 의식과 이름 아래에서 행해진 이 예배는 금지된 것이었다. 그들은 스스로 어떤 우상이나 형상을 만든 것은 아니다. 거짓된 하나님의 형상이라면 금지되어야 마땅하다. 하지만, 어리석은 열심에 끌린 그들은 참 하나님에게, 하나님의 이름 아래 드려지는 이 예배는 옳은 일이라고 생각했다. 이 거짓된 열심이 선지자들도 죽였다. 그리고 그들은 그 어떤 형상도 금지되어야 한다고 말했다. 하나님을 사랑하는 의도의 표시로, 열심으로 그렇게 행하였다.

바알은 무서운 정의와 미신적인 종교를 뜻한다. 이 두 가지는 지금도 만연하다. 이것들은 유대인들, 이교도나 무신론자들[1] 사이에서 볼 수 있다.

그들은 각자 자신의 마음대로 참 하나님을 경배하는 교만한 개인주의자들이다. 도를 지나친 어리석은 열심과 이상한 종교관은[2] 무신론자보다 더 나쁘다. 하나님을 찾지만 하나님의 적들이며, 하나님을 경외함 대신에 하나님을 속이고, 하나님이 안 계신 것처럼 살아간다. 화평을 찾지만 화평을 방해하고, 사랑과 성스러움 대신 질투하고 세속적으로 변해간다. 그들은 겸손 대신 교만해져 간다.

---

1. *"Monii."*
2. *"Nimia pietate."*

---

* 바알 숭배도 그것이 하나님을 섬기는 예배라고 착각하여 잘못된 열심으로 바알을 숭배한 것이라고 루터는 해석한다. 즉, 바알을 숭배하면서 이스라엘은 그것이 하나님을 숭배하는 것이라고 생각을 했다는 것이다.

바알은 원래 '사람' 또는 '주인'을 의미한다. 그러므로 바알제붑(Beelzebub)은 '파리들의 대왕', 베엘페고르(Beelphegor)는 '시체의 대왕'[3]을 의미한다. 사람에게 적용한다면, 영웅, 리더, 왕자, 명령자, 권력자를 의미한다. 자신의 고의적인 마음과 광신이 만들어 낸 경건은[4], 그것은 그 스스로 예배를 가장해서 하나님의 방법을 자기가 이끌어 내고, 하나님을 향해, 의로운 구속과 모든 선행에 대해 자기 스스로가 선생이 되어 진정한 순종의 행함은 거절하고, 진리의 가르침, 말씀들, 하나님, 행위, 하나님의 법규들에 주의를 기울이지 않는다. 모든 하나님의 것들을 어리석은 바보와 같은 것으로 조롱하고 미친 짓으로 취급한다.

나아가 그들 마음의 우상을 마치 하나님 자신을 대신한 참된 의(義)인 것처럼 경배한다. 어떻게? 그 손에 입맞춤 하는 등등… 이런 행위와 자기 의의 극치를 즐기므로 자기만족[5]을 취한다. 그리고는 자신들의 노력과 성취의 주위를 돌며 흥분과 기쁨으로 춤춘다. 마침내 칼과 창으로 자신의 몸을 찌르고 겸손과 회개의 말들로 자신을 고소하며 말하길, 오, 나는 얼마나 불쌍한 죄인인가, 나는 천국에 갈 자격이 없구나, 저를 불쌍히 여겨 주소서 하나님, 등등… 그래서 의로움을 추구하기 위해 엄청난 노력을 하기에 바쁘고, 뜨겁게 노력할수록 하나님과 사람 앞에서 존중 받으리라 기대하게 된다. 그것들이 무시될 줄 알았더라면 그런 여러 쓸데없는 방법으로 그를 힘들게 하진 않을 텐데, 자만이 크면 클수록 상상도 부질없는 것을 그의 종교적인 노력이 부정한 "다 더러운 옷 같"(사 64:6)다는 것을 알지 못하고, 스스로 죄인인 것을 알기에는 너무나 마음이 강퍅했다. 이것이 바로 모든 방법을 동원해서라도 피하고 싶었던 일이었음에도 불구하고 피할 수 없었다.

---

3. 참고 Reuchlin, *Lex. heb.* 에라스무스(*Annot., ad loc.*)는 "Beelphogor"과 "Beelzebub"를 "*cadaveris*"와 "*muscarum idolum*"으로 번역했다.

4. "*Hic est enim obstinatae mentis opiniosa pietas et induratae cervicis religiosa sapientia.*"

5. "*Magniputatione iustitiae suae.*"

"그런즉 이와 같이 지금도 은혜로 택하심을 따라 남은 자가 있느니라"(롬 11:5)

지금 이 시대에도 여전히 은혜의 선택으로 인한 남은 자들이 있다. 그 시대에 어떤 이들은 사라졌을지라도 남은 자가 있었던 것처럼, 은혜의 선택으로 남은 자들은 지금도 여전히 이 시대에도 존재한다. '있다'라는 단어는 지금 현재라는 단어와 연관되어 있다. 다른 말로 표현하자면, 남은 자가 그때 있었기 때문에 지금도 '있는' 것이다. 두 시대 모두 하나님께서 그분을 위해서 은혜의 선택으로 몇몇 사람들을 남게 두셨다. '그가 말씀하시기로 나를 위해서 남겨 두었다'란 표현은 은혜의 선택에 의해서 라는 표현과 연결되어 있다. '내가 위와 같이 말한 것처럼 내가 남겨 두었다'가 의미하는 것은 선택이고 선택은 은혜를 가리킨다.

"만일 은혜로 된 것이면 행위로 말미암지 않음이니 그렇지 않으면 은혜가 은혜 되지 못하느니라 그런즉 어떠하냐 이스라엘이 구하는 그것을 얻지 못하고 오직 택하심을 입은 자가 얻었고 그 남은 자들은 우둔하여졌느니라"(롬 11:6-7)

선택은 분명히 능동적인 의미이며 포괄적 개념이다. 즉 창세기 12:2에서 아브라함에게 말씀하셨던 것과 연관된 개념의 택하심이다. '내가 너를 축복하겠고 너는 복의 근원이 되리라.' 이처럼 이사야 19:24-25에서 "그날에 이스라엘이… 세계 중에 복이 되리니… 나의 기업 이스라엘이여, 복이 있을지어다." 또한 이사야 65:8에서 "만일 포도송이에서 즙이 발견되거든 상하게 말라 거기 복이 있느니라"고 하셨다.

"기록된 바 하나님이 오늘까지 그들에게 혼미한 심령과 보지 못할 눈과 듣지 못할 귀를 주셨다 함과 같으니라"(롬 11:8)

'혼미함'에는 두 종류[6]가 있다. 하나는 유익함이다. 시편 4:4에는 유익함에 대해 쓰여 있다.[7] "자리에 누워 심중에 말하고 잠잠할지어다." 사람은 자신으로 인하여는 기뻐할 수 없고 다른 것으로 인하여 기뻐한다. 디도서 1:15에 의하면 깨끗한 자에게는 모든 것이 깨끗하다. 다른 하나는 완악함이다. 이것은 사람이 자기 자신으로 인하여 기뻐하고 다른 어떤 것으로도 기뻐하지 않는다. '더럽고 믿지 아니하는 자들에게는 깨끗한 것이 없고 저희 마음과 양심이 더러우니라.' 이 두 가지의 모두의 이유는 영의 빛이다. 만일 영이 없으면 그 결과는 두 번째의 혼미함이다. 만일 영이 있으면 첫 번째의 경우이다. 왜냐하면 사람은 하나님이 빛이 될 때에만 자신 스스로를 알 수 있기 때문이다. 하나님을 떠나서는 사람은 스스로를 전혀 알 수 없다. 그러므로 하나님을 떠나서는 사람이 스스로 전혀 기뻐할 수 없다.

여기에서 언급하는 영은 창조할 때의 영이나 강림하는 영을 말하는 것이 아니고, 사람의 영이나 의지를 의미한다. 즉 다음의 말씀에 나오는 것과 같다. "사람의 일(사정)을 사람의 속에 있는 영 외에 누가 알리요"(고전 2:11). "영혼이 떠나시니라"(마 27:50). "영은 그것을 주신 하나님께로 돌아가기 전에"(전 12:7). '주께서 저희 호흡을 가져가시면 저희가 죽으리다'(시 104:29). '생명의 영이 있는'(창 6:17).[8] 사도는 이사야를 인용하지만 시작과 끝에는 자신의 이야기를 한다. 더욱이 내가 글로스(Gloss)[9]에서 말한 바와 같이 문장을 삽입하기는 하나 문체 그대로가 아닌 의미 중심의 인용이다. "하나님이 그들에게 완악함을 주사 오늘날까지 눈이 있어도 보지 못하고, 귀가 있어도 듣지 못하게 하셨다."

---

6. 참고 Faber, *ad loc.*

7. 불가타 역에는 "너는 심중에 말하고, 말한 것들을(*compungimini*) 침상에서 슬퍼할 것이다"라고 기록되었다.

8. 루터는 "창세기 1장"이라고 썼다.

9. 루터는 여백 주석에 다음과 같이 썼다(*WA* 56, 108, 20ff.). 이사야 6:9로 "가서 이 백성에게 이르기를 너희가 듣기는 들어도 깨닫지 못할 것이요 보기는 보아도 알지 못하리라." 그러나 사도는 이 말씀들의 의미만 인용했다. '듣기는 들어도'는 '들을 수 있는 귀는 있지만'이며 '깨닫지 못하며'는 '듣지 않는다'를 의미한다. 또 '보기는 보아도'는 '눈은 있지만' '알지 못하리라'는 '보지 않는다'를 의미한다. 나아가 그들이 좋아하는 것은 보지 않고, 그들이 증오하는 것은 보고 들음으로써, 장님이 되어 감을 의미한다.

"또 다윗이 이르되 그들의 밥상이 올무와 덫과 거치는 것과 보응이 되게 하시옵고 그들의 눈은 흐려 보지 못하고 그들의 등은 항상 굽게 하옵소서 하였느니라"(롬 11:9-10)

이 올무는 성전 그 자체이다. 거짓 방법이라는 나쁜 의미로 폄하되어 이해되기 때문에, 속는 자와 영과 단순한 자들은 유혹을 받는다. 시편 91:3은 "그가 너를 새 사냥꾼의 올무에서와 심한 전염병에서 건지실 것임이로다"로써, 즉 불안하고 거짓된 사냥꾼의 정신으로부터 배운 것, 믿을 수 없는 가르침을 말한다. 이런 점에서, 아우구스티누스가 「고백록」[10]에서 마니키 파우스투스(Manichee Faustus)를 '악마의 올무'라고 부르는 것을 연상한다. 여기서는 '덫'이 '기만'[11]이라기보다는 '사냥'[12]이라는 의미이다. 사냥꾼은 덫을 놓아 잡는다. 그리스어 원문에는 '그들에게'라는 말이 빠져 있지만, 시편에서 이 부분을 첨가한 것은 같은 곳에서 같은 거룩한 말씀[13]을 이해하는 데 적절한 것이었다. 어떤 사람은 죽음을, 다른 사람은 생명을, 또 어떤 사람은 꿀을, 또 다른 사람은 독물을 마치 하나의 같은 장미나 꽃에서 거미가 독을 모으고, 벌꿀이 꿀을 모으는 것과 같다. 거치는 돌이 여기서는 기만한 자들을 방해한다. 그들은 잘못 이해하는 덫에 걸린다. 그들은 이 잘못된 이해 속에서 즐거움을 찾기 때문에 그 덫을 깨닫지 못한 채 그곳에 빠져들어 있게 된다.

이제 그들이 방해하고 있는 것은 그들 앞에 놓여 있는 진리이다. 하지만 그들은 그것을 외면하고, 또 빠져 나올 수 없을 때는 그것을 왜곡하며, 그들이 말한 대로 반드시 이해되어야 함에도 불구하고 그것을 부정한다. 따라서 올무는 그들이 진리를 모름을 의미하고, 덫은 진실이라는 것이 인정할 때만 받아들이기 원하는 것이며, 거치는 돌은 그들 앞에 있지만 그들이 외면한 진실이며 그들 스스로의 자만으로 치달은 것이다. 이것은 시편 35:8에서 '그가 알지 못하는 올무를 놓으시고, 보지 못하는 덫을 놓으셔서 그를 잡는 것'과 같다.

이단은 진리에 대하여 무지함에 사로잡혀 있다. 진리를 무시하는 순간 그는 이미

---

10. 참고 Augustine, *Conf.*, V, 3.
11. "*Decipula.*" = "*deceptio.*" 참고 Erasmus, *Annot.*
12. "*Venatus.*"
13. 이것이 일반적인 중세의 성경 해석이었다.

올무에 잡힌 것이고, 그의 눈에 진실이라고 보이는 것을 받아들일 때 또다시 그는 덫에 걸리는 것이다. 모든 일이 순서대로 제자리를 찾아가고 있다고 생각하기 때문에, 마치 더 이상은 올무나 덫에 걸릴 염려 없는 진리를 찾았다고 생각하면서, 마침내는 자신을 거스르거나 반대하는 모든 일에 반대하고, 누구의 말에도 귀를 기울이지 않는다. 그리고 적개심은 더 커지고, 마음의 소리에 광신적으로 집착하고, 박해나 훼손은 점점 더 쌓여 가고, 그의 반대자들에게 해를 끼치게 된다. 스스로 만든 보상을 그는 받게 되는 것이다.

그리고 마침내 그들의 눈들은 어두워져서 모든 사람이 보는 것을 보지 못할 뿐 아니라, 눈을 뜨는 행동조차 하지 못하며, 모든 사람들이 똑바로 서 있을 때, 그들은 등을 굽힌 채[14] 있게 되는 것이다.

"그러므로 내가 말하노니 그들이 넘어지기까지 실족하였느냐 그럴 수 없느니라 그들이 넘어짐으로 구원이 이방인에게 이르러 이스라엘로 시기 나게 함이니라 그들의 넘어짐이 세상의 풍성함이 되며 그들의 실패가 이방인의 풍성함이 되거든 하물며 그들의 충만함이리요"(롬 11:11-12)

유대인의 실족으로 구원이 이방인에게 이른 것은 그들의 넘어짐이 전혀 열매 없음이 아니요 선함이 없는 이 죄악 때문으로, "모든 것이 합력하여 선을 이루느니라"(롬 8:28)는 말씀처럼 얼마나 그들의 이 죄악조차 예수님과 하나님을 위해 선한 일이 되는지!

사실 하나님이 일하실 때는 악조차 선을 위해 풍성하게 봉사한다. 그때는 악이 선을 위해서뿐 아니라, 악 그 자체를 위해서도 일하게 된다. 이런 맥락에서 그들의 넘어짐은 이방인의 구원이요, 이것이 마지막 목적하는 바는 아닐지라도, 중요한 사실은 유대인의 넘어짐이 그들의 시기심을 유도하여 다시 일어서게 하는 점이다.

---

14. 루터는 로마서 11:10(시 69:23) 여백 주석에 다음과 같이 썼다(*WA* 56, 110, 23ff.). 이것을 은유적으로 이해해야 한다. 어떤 사람이 등을 구부릴 때, 그는 위를 볼 수 없다. 그러므로 그는 하늘로부터 비취는 의로움을 볼 수 없고, 땅 위에 있는 그 자신의 의로움만 볼 수 있다. 그 자신의 의로움에 그는 의존하고 기댄다.

선하고 좋으신 하나님이 하시는 가장 극적인 치료는 이것인데, 만일 그 아들에게 조치, 계명, 금지 사항, 심판을 주시고, 결과와 상관없이, 그의 아들이 보는 앞에서 하나님의 유산을 다른 사람에게 줄 때, 그의 아들은 이 광경에 마음이 아파서 그것을 얻기 위해 막 달려가는 것과 같이, 이와 같은 방법으로, 하나님은 유대인의 넘어짐이 유대인 자신들에게도 이익임을 깨닫기 원하신다. 하나님은 이방인들에게 은혜가 넘치게 하셔서, 유대인들이 그들의 넘어짐과, 그들이 잃은 은혜가 이방인에게 넘어간 것을 목격하고 깨달은 유대인들로 하여금 그 질투를 일으키게 하신다. 정확히 같은 방법으로 (이것은 도덕적 해석이다) 하나님이 한 인간이 중대한 죄에 빠지게 하실 때 실족하는 그는 하나님의 싫어하심 때문이라고 생각하지만, 그의 실족 앞에서 다른 사람들을 순전함으로 만들 것을 알게 된다.

"내가 이방인인 너희에게 말하노라 내가 이방인의 사도인 만큼 내 직분을 영광스럽게 여기노니 이는 혹 내 골육을 아무쪼록 시기하게 하여 그들 중에서 얼마를 구원하려 함이라 그들을 버리는 것이 세상의 화목이 되거든 그 받아들이는 것이 죽은 자 가운데서 살아나는 것이 아니면 무엇이리요"(롬 11:13-15)

어찌 그가 그의 직분을 영광스럽게 할 수 있나? 영광스러운 사실은 유대인의 넘어짐 그 이후에 따르는 이방인을 향한 예수님의 풍성함에 대해 그는 선포한다. 유대인이 하나님의 선물을 거절함으로, 가난하고, 작고, 죄에 가득 찼으나, 반면에 이방인들은 그가 전한 복음 덕분에 부하여졌다. 그렇다면, 이런 많은 좋은 것들이 유대인에게서 이방인에게 옮겨진 것은 그의 사도직 덕분이며, 그렇다면 그의 사역의 영광은 감동 있게 증명된다. 그러나 그는 그 영광을 개인적인 만족보다는, 유대인의 넘어짐으로 부자가 된 이방인을 만든 그의 복음을 듣는 일에 유대인이 열심을 내게 하기 위하여, 그 영광을 다른 사람들의 구원으로 돌린다. 그가 이방인에게 전한 복음이 가치 없거나, 유대인이 잃은 것이 전혀 없다고 말한다면 어찌 유대인들이 그의 말에 열심히 귀 기울이겠는가?

여기서 우리가 알게 되는 것은, 형제간의 사랑이라든가 다른 사람들의 구원에 관한 것 혹은 개인 자신의 헛된 만족을 찾는 것이 아니고 다른 사람들을 위한 것이라면 영광이란 말은 허용된다는 것이다.

두 번째로, 그가 중요하게 말하는 바는 그도 유대인의 한 사람일진대, 유대인에 대해서 오직 나쁜 점과 피해되는 것만 왜 말하는가, 왜 그는 이방인이 아닌데, 이방인의 좋은 점과 부, 더욱이 그는 이러한 것들을 선물로 까지 승화 시키고, 유대인을 비하하며, 그것으로 인한 악으로 까지 통탄하는가? 그의 답은 그의 사역이 그것을 요구하며, 이방인의 사도인 그가 이방인에게 중요하지 않고 가치 없는 것들을 전할 수 없으며, 그들 중 극히 작은 숫자만 그의 복음을 듣는다면, 그의 사역은 너무 열매 없이 될 것이기 때문이다. 선물을 주는 사람 스스로가 가치 없다고 여기는 선물을 받으면서 감사할 사람이 누가 있겠는가? 그렇지 않더라도, 유대인은 이일로 시기심을 내게 하여 그의 사역에 대해 이중의 효과를 얻을 수 있기 때문이다. 이방인들은 사도의 사역으로 인하여 아주 좋은 복음으로 풍성하여지고, 또 유대인들은 이방인들이 받는 이 좋은 복음들로 그 숫자가 충만하여지는 것을 보고 그들도 똑같이 좋은 것을 추구하도록 하기 위함이다.

여기 그가 말하길 내가 너희, 이방인에게 말한다. 즉 너희는 부름 받는 것이 너희의 영광이라고… 그러나 그는 유대인에게는 이렇게 말하지 많음은 그들의 항변을 줄이기 위해서다.

"제사하는 처음 익은 곡식 가루가 거룩한즉 떡덩이도 그러하고 뿌리가 거룩한즉 가지도 그러하니라 또 한 가지 얼마가 꺾이었는데 돌감람나무인 네가 그들 중에 접붙임이 되어 참감람나무 뿌리의 진액을 함께 받는 자가 되었은즉 그 가지들을 향하여 자랑하지 말라 자랑할지라도 네가 뿌리를 보전하는 것이 아니요 뿌리가 너를 보전하는 것이니라 그러면 네 말이 가지들이 꺾인 것은 나로 접붙임을 받게 하려 함이라 하리니"(롬 11:16-19)

불가타 역에 사용한 'delibatio'라는 단어는 그리스어로는 'aparchē', 즉 '처음 열매'

혹은 '처음으로 익은 가장 좋은 열매'를 뜻한다. 이 말이 사도가 의미하고자 한 뜻에 더 적합하다. 다시 말해서 처음 열매인 이스라엘에서 나온 사도들이 거룩하다면, 가장 좋은 열매인 모든 이스라엘 사람들도 거룩하다. 따라서 누구도 그들의 불신앙으로 인하여 그들을 업신여기면 안 된다.

"옳도다 그들은 믿지 아니하므로 꺾이고 너는 믿으므로 섰느니라 높은 마음을 품지 말고 도리어 두려워하라 하나님이 원 가지들도 아끼지 아니하셨은즉 너도 아끼지 아니하시리라"(롬 11:20-21)

이 번역[15]은 이상한 변덕을 보여 준다. "사페레"(sapere, 마음에 있는)는 그리스어의 '프레네인'(phronein)과 같은 말이다. 위에서 언급한 로마서 8:5에서 '그들은 마음을 품었다'와 '그들은 느꼈다'로 번역했다. 같은 맥락으로 그는 '육체의 지혜', '육체의 신중함', '영혼의 신중함' 등으로 사용했다. 이 로마서 11장에서 그는 또 '사페레'를 '지혜 있는'(롬 11:25)과 같이 다음 장에서도 언급한다. "내게 주신 은혜로 말미암아 너희 각 사람에게 말하노니 마땅히 생각할 그 이상의 '생각'(sapere)을 품지 말고 오직 하나님께서 각 사람에게 나누어 주신 믿음의 분량대로 지혜롭게 생각하라"(롬 12:3).

이제 이 단어는 보통의 경우 불리는 '지혜'(sapientia, 그리스어로는 'sophia')나 '신중'(prudentia), 그리스어로는 'euboulia'나 'promētheia'와는 다른 의미이다. 그것의 정확한 의미는 자기만족[16]을 가진 어떤 것을 마음에 둠이며 그리스어에서는 때때로 마음에 둠, 어떤 경우는 '영광을 가진', 또는 가끔 '높이기 위해'로 이해되는데, 지성적[17] 의미보다는 내적인 상태의 표현으로 쓰인다. 이것은 보통 스스로 아무것도 아닌데 무엇인가 되었다고 생각하는 사람(갈 2:6; 6:3)을 가리킬 때 쓰인다. 따라서 'phronēsis'는 이런 종류의 자기만족을 나타낸다. 'phronēma', 이 'phronēsis'의 감각과 현실감, 그리고

---

15. 즉 불가타 역.

16. "*Cum guadam sui complacentia sapere.*"

17. 참고 Erasmus, *Annot. ad Rom.* 11:25

'phronimos'는 자기만족을 느끼는 사람을 의미한다. 만일 어떤 사람이 'sapere'를 한 가지 의미로만 동일하게 번역하고자 한다면 '느끼다'(sentire)를 사용하는 것이 더 나으며, 이것이 마음의 태도[18]를 설명하는 데 보다 이해하기 좋은 것이다. 보통 우리가 표현하는 '좋은 대로'[19]라는 말이다. 또는 독일어로 'gutdüncken'인데 거만이라고 할 수도 있지만 좋은 뜻으로는 '내가 느끼는 바로 그거야', '이것이 내가 마음에 품었던[20] 바로 그거야'라고 할 수 있다. 그러나 이 말은 그리스어에서는 강제적인 표현이 아니고, 다음 문장에서처럼 '너 스스로를 속이기 위해 지혜롭지 마라', 즉 '너의 생각 안에서 자기만족 하지 마라', '네가 전능하다고 느끼지 마라'는 의미이다.

"그러므로 하나님의 인자하심과 준엄하심을 보라 넘어지는 자들에게는 준엄하심이 있으니 너희가 만일 하나님의 인자하심에 머물러 있으면 그 인자가 너희에게 있으리라 그렇지 않으면 너도 찍히는 바 되리라"(롬 11:22)

이 본문이 가리키는 바는 유대인이나 이교도나 또는 다른 사람들이 넘어지는 것을 볼 때, 넘어지는 그 사람이 아닌, 그들 안에 역사하시는 하나님의 일하심에 초점을 둠으로써 넘어지는 그 사람의 불행이 하나님을 경외하는 교훈이 될지언정 우리 자신을 위한 교만으로 즐거워하지 말아야 한다. 더 나아가 사도가 여기서 우리에게 강조하는 바는 우리 자신과 남을 비교하기보다 이 역사를 주관하시는 분께 관심을 두어야 한다는 점이다.

이와는 반대로, 유대인들은 그들이 하나님 앞에서 어떤 종류의 사람들로 보이는지 모르는 채, 유대인들이 '개들' 또는 '저주 받은 자들' 또는 그들이 이방인을 부르고 싶은 대로 불렀던 이름들로 부를 때, 많은 놀라운 어리석음들이 보여진다. 유대인들은 유대인 자신들도 이방인과 비슷한 심판을 받을 수 있다는 두려움으로, 이방인들

---

18. "*De sensu mentis intelligendo.*"

19. "*Bonum videri.*"

20. "*Ego sentio, sic sapio.*"

에게도 연민을 느끼기는커녕, 이방인들에게 경솔하게 많은 불경스런 모욕감을 준다. 그들이 마치 자신들의 운명을 자신 있게 확신하는 것처럼, 유대인은 축복을 받았고 이방인은 저주를 받았다고 자신 있게 말했다. 오늘날 쾰른의 신학자들이 이런 종류의 사람들이다. 그들은 열심으로 어리석어서 신문 기사나 온당치도 않고 분명하지도 않은[21] 문학 작품들을 통하여 뻔뻔스럽게 유대인을 저주 받은 자들[22]이라고 부른다. 왜? 그들은 로마서 12:14과 같은 구절에서 "축복하고 저주하지 말라"고 말하는 것들을 잊었기 때문이다. 또 다른 구절에서 '모욕을 당해도 축복하고, 비방을 받아도 권면하라'(고전 4:12-13)고 말씀하신다. 그들은 유대인에게 힘과 비난을 퍼부어 개종하길 원한다. 하나님께서 그들에게 대항하시길!

"그들도 믿지 아니하는 데 머무르지 아니하면 접붙임을 받으리니 이는 그들을 접붙이실 능력이 하나님께 있음이라 네가 원 돌감람나무에서 찍힘을 받고 본성을 거슬러 좋은 감람나무에 접붙임을 받았으니 원 가지인 이 사람들이야 얼마나 더 자기 감람나무에 접붙이심을 받으랴 형제들아 너희가 스스로 지혜 있다 하면서 이 신비를 너희가 모르기를 내가 원하지 아니하노니 이 신비는 이방인의 충만한 수가 들어오기까지 이스라엘의 더러는 우둔하게 된 것이라 그리하여 온 이스라엘이 구원을 받으리라 기록된 바 구원자가 시온에서 오사 야곱에게서 경건하지 않은 것을 돌이키시겠고 내가 그들의 죄를 없이 할 때에 그들에게 이루어질 내 언약이 이것이라 함과 같으니라"(롬 11:23-27)

이 본문은 '세상 끝 날에 유대인들이 그들의 믿음으로 돌아갈 것이다'라는 일반적인 의견을 기본으로 한다. 그러나 이것은 너무 어두워서, 사도들이 이 방법[23]으로 복음을 전하게 하시는 아버지의 심판을 기쁘게 받아들이지 않는다면, 아무도 할 수 없다

---

21. *"Inerticulis."*

22. 참고 아놀드 툰게른(Arnold von Tungern)이 쓴. *Articuli sive propositiones de iudaico favore nimis suspecto ex libello theutomico domini Ioannis Reuchlin*, 1512. 이런 종류 중 네 번째 책이라 불리는 페퍼콘(Pfefferkorn)의 반유대주의 저서에 대해 벌인 로이힐린과 콜롱(Cologne) 신학 교수의 논쟁이었다(참고 Ficker, p. 436, n. 18).

23. Chrysostom, *Hom, in ep. Ad Rom.*, 19,7. Ambrosiaster, *ad loc.*

는 것을 이 본문이 분명히 보여 준다. 하나님은 사도의 이 말에 동의하신다. "그날에는 아이 밴 자들과 젖먹이는 자들에게 화가 있으리니 이는 땅에 큰 환난과 이 백성에게 진노가 있겠음이로다 그들이 칼날에 죽임을 당하며 모든 이방에 사로잡혀 가겠고 예루살렘은 이방인의 때가 차기까지 이방인들에게 밟히리라"(눅 21:23-24). 정확히 이것은 그가 여기서 말한 이방인의 충만한 수가 들어오기까지이다. 모세도 신명기 4:30에서 그가 선지자로 부름 받고 모든 열방을 흩어지게 되고 "이 모든 일이 네게 임하여 환난을 당하다가 끝 날에 네가 네 하나님 여호와께로 돌아와서 그의 말씀을 청종하리니 네 하나님은 자비의 하나님이라"고 한다. 또 이와 같이 호세아 3:4 이하에서도 기록한다. "이스라엘 자손들이 많은 날 동안 왕도 없고 지도자도 없고 제사도 없고 주상도 없고 에봇도 없고 드라빔도 없이 지내다가 그 후에 이스라엘 자손이 돌아와서 그들의 하나님 여호와와 그들의 왕 다윗을 찾고 마지막 날에는 여호와를 경외하므로 여호와와 그의 은총으로 나아가리라." "내가 에브라임에게는 좀 같으며 유다 족속에게는 썩이는 것 같도다"(호 5:12). "그들이 그 죄를 뉘우치고 내 얼굴을 구하기까지 내가 내 곳으로 돌아가리라"(호 5:15). 또한 주님께서 말씀하셨다. "보라 너희 집이 황폐하여 버려진 바 되리라 내가 너희에게 이르노니 이제부터 너희는 찬송하리로다 주의 이름으로 오시는 이여 할 때까지 나를 보지 못하리라 하시니라"(마 23:38-39).

따라서 사도가 말하고자 하는 것은 이렇다. '형제여, 이 신비에 대해 너희가 모르기를 원치 않는다. 자랑하지 마라! 이것이 왜 유대인이 넘어져야 하는지의 거룩한 신비이며, 아무도 모르는 이 비밀은 지금 넘어진 이 유대인들은 이방인의 충만한 수가 이르면 돌아와 구원 받을 것이라는 것이다. 유대인들은 계속 밖에 남아 있는 것이 아니고 때가 되면 돌아올 것이다.'

이것은 매우 분명하게 예수님의 표상인 요셉으로 대표된다. 그의 형제들에 의해 이집트에 팔려가(창 37:28), 그곳에서 총리가 되고 마지막에는 그의 아버지와 형제들과 극적으로 만남으로 창세기의 마지막 부분을 아름답게 장식한다(창 45:3; 46:29).[24] 동일한 방법으로 예수님을 이방인에게 추방한 유대인들은 끝 날에는 예수님이 머물고 계신 그곳으로 돌아올 것이다.

---

24. 참고 창세기 45:3; 46:29. 요셉과 예수님의 평행은 *Gl. ord.*에서 찾아볼 수 있다.

그 말씀에 대한 굶주림이 그들을 그렇게 이끌 것이며, 이방인들은 그들을 맞아들일 것이다. 이것이 사도가 이사야를 인용하여 쓴 '그리하여 모든 이스라엘이 구원을 얻으리라'이다. 우리말 번역[25]으로는 이사야 59:20의 "구속자가 시온에 임하며 야곱의 자손 가운데에서 죄과를 떠나는 자에게 임하리라"이다. 그러나 다만 죄과를 떠나는 자에게만, 지금 유대인에게서 돌아올 것이다. 악이나 죄과, 그리스어로 '아세베이아'(asebeia)는 특별한 죄의 종류를 의미하는 것이 아니라 하나님을 경배하는 일에 위배되는 것, 즉 자기 의[26]로 말미암은 믿음 없음을 말한다. 히브리어에서는 'rāsha'인데, 전도서 8:8에서 '악은 행악자를 건져 낼 수 없느니라' 즉 자기 의는 사람을 구할 수 없다(그 사람은 자기가 구할 수 있다고 생각하겠지만)고 한다. 왜냐하면 그것은 자기 의가 아니라 악이기 때문이다.

다음 부분의 문장인 "내가 그들의 죄를 없이 할 때"는 이사야의 부분이 아니고 사도의 첨가 부분이거나 다른 선지서[27]에서 인용하여 두 가지 약속 사이에 적어 넣었다. 죄가 늘어 가는 곳에 옛 언약이 있었다. 그러나 하나님이 죄를 없이할 때에 새로운 언약이 있다. 여기서 그가 말하고자 하는 것은 사죄의 언약으로써, '야곱에게서 경건치 않은 것을 돌이키겠고'를 마치 악으로 갔던 죄와는 다른 새로운 언약을 말하는 것이다.

그리스도는 아직 유대인에게는 오지 않으셨지만, 우리가 인용한 대로, 마지막 날에 그들에게 오실 것이다. 사도는 유대인들에게 예수님의 이 신비스런 모험을 말한다. 다른 면으로 이사야의 이 부분은 예수님 자신의 육신적인 사건을 명백히 완성한다. 이것이 내가 앞에서 사도가 어둡게 말했다고 했던 내용으로 아버지의 해석을 알지 못했다면 결코 이해할 수 없는 본문의 내용이다. 지금은 이스라엘 중 더러는 우둔하게 된 것이지만, 그때는 이스라엘이 부분적이 아닌 전체가 구원 받으리라. 지금은 부분적으로 구원 받지만, 그때는 모두가 구원 받을 것이다.

---

25. 즉 불가타 역.
26. 파버와 에라스무스 모두 *impietas*라는 용어를 사용했다.
27. 이 단어는 아마도 이사야 27:9에서 온 것이다.

부가 설명

이 본문에서 '신비'라는 단어는 우리에게 알려지지 않은 특별한 단어로 이해되어야 한다. 예를 들면 난해한 의미같이, 일반적으로 이해되는 비유나 문학적인 의미로 쓰일 때와는 전혀 다른 의미로 이해해야 하고, 겉모양과 그 속의 깊이까지 구분되어야 한다. 모든 것으로부터 감추어진 것이 여기서 말하는 신비인데, 그것은 이방인이 충만함으로 들어가는 것이 유대인의 얼마의 스러짐이다. 사도는 이 표현을 로마서 16:25과 골로새서 1:26[28]에서 "영세 전부터 감추어졌다가"에서도 사용한다.

모든 본문을 통해서 사도의 목적은 이 사람들을 돌아오게 하는 것이다. 사도를 정확히 이해하기 위해서 우리가 꼭 알아야 하는 것은, 그가 많은 수의 유대인들에게 확장시키려는 것과, 과거와 현재뿐 아니라 미래에도 그들 중 선한 사람들을 기대하고 있다는 것이다. 그들 중 얼마는 거절한다 하더라도 대다수가 돌아와야 하고, 그 공동체들 중에 죄인들이 있다 할지라도, 함께 있을 많은 선한 이들이 돌아오기를 원하고 있다.

여기에, 그 부분이 이곳에 적용되는 성경을 이해하는 한 가지 법칙이 있는데, 같은 하나의 신비의 몸체에 함께 동시에 선과 악이 존재한다는 것이다. 이런 관점에서 유대인들이 택함을 받은 것으로는 '거룩한 덩어리'나 거절 받은 것으로는 '잘라진 가지'이다. 따라서 유대인들은 충만함과 줄어듦이며 이방인의 영광을 위해서는 적군이지만, 그들 아버지로부터는 많은 사랑을 받는 자들이다. 여러 번 말하지만 성경은 그들에 대한 다양한 가능성이 그들 안에서 이루어지고 있다고 말한다. 이 얘기는 마치 사도가 개개인 각 사람을 구별하고, 그들이 모두 같은 덩어리에 속해 있다고 강조하는 만큼, 그가 개인과 전체 모두를 적으로 또는 사랑하는 친구로 간주한다. 그가 그들을 덩어리라 부르는 이유는, 어떤 개인을 지칭해서 부르지 않고, 거룩하지 않은 다수의 사람이 있을지도 모르는 모든 종족 전체를 말하고자 함이다.

---

28. "이전에 나이와 세대로부터 감춰졌던 신비가 지금은 성도들에게 나타난다."

"복음으로 하면 그들이 너희로 말미암아 원수 된 자요 택하심으로 하면 조상들로 말미암아 사랑을 입은 자라"(롬 11:28)

원수란 단어는 여기서는 능동적인 의미로 쓰였다. 즉 그들이 미움 받을 짓을 한 것이다. 하나님은 그들을 싫어하고 사도와 하나님께 속한 모든 이들이 그들을 미워한다. 이것은 반대의 경우인 사랑을 입은 자의 경우도 명백하다. 다시 말하면 그들은 원수 된 자지만 아직은 사랑 입은 자, 즉 모든 덩어리가 사랑 받고 원수 된 자이며 복음으로 하면은 너희는 복음에 의하면 사랑 받는 자이며, 복음으로 하면 너희는 원수 된 자이다. 택하심을 받았던 조상들 때문에 사랑 받고 있으며, 그 택하심이 그들 중 어떤 이들에게 지금까지 이어져 오고 있다.

"하나님의 은사와 부르심에는 후회하심이 없느니라 너희가 전에는 하나님께 순종하지 아니하더니 이스라엘이 순종하지 아니함으로 이제 긍휼을 입었는지라 이와 같이 이 사람들이 순종하지 아니하니 이는 너희에게 베푸시는 긍휼로 이제 그들도 긍휼을 얻게 하려 하심이라 하나님이 모든 사람을 순종하지 아니하는 가운데 가두어 두심은 모든 사람에게 긍휼을 베풀려 하심이로다"(롬 11:29-32)

이것은 탁월한 문장이다. 하나님의 은사는 누구의 장점이나 단점에 의해 바뀔 수 없다. 하나님은 자신이 약속하신 그의 은사나 부르심에 대해 후회가 없으시다. 왜냐하면 지금 가치 있는 사람들은 유대인이 아니고 너희들, 이방인이기 때문이다. 하나님은 너희가 변한다 해도 하나님은 변하지 않으신다. 유대인들은 돌아올 것이고 결국에는 믿음의 진리에 의해 인도 받게 될 것이다[이것이 그리스 원문에 하나님의 은사는 '아메타멜레타'(ametamelēta), '임포에니티빌리아'(impoenitibilia),[29] 즉 돌이킬 수 없다고 쓰인 이유이다].

그런고로 우리의 후회가 아니고 하나님의 후회이며, 그가 바꾼 것과 어긴 것에 대

---

29. 참고 Erasmus, *Annot., ad loc.*

해 하나님이 후회하도록 하신다.

"깊도다 하나님의 지혜와 지식의 풍성함이여, 그의 판단은 헤아리지 못할 것이며 그의 길[30]은 찾지 못할 것이로다 누가 주의 마음을 알았느냐 누가 그의 모사가 되었느냐 누가 주께 먼저 드려서 갚으심을 받겠느냐 이는 만물이 주에게서 나오고 주로 말미암고 주에게로 돌아감이라 그에게 영광이 세세에 있을지어다 아멘"(롬 11:33-36)

지혜와 지식이라니! 축복 받은 아우구스티누스[31]에 의하면, 이건 정확한 구별이다. 영원한 것에 대한 깊은 생각은 지혜와 관계가 있고, 일시적인 것에 대한 인식은 지식이다.

창조적인 지혜는 믿음이나 하늘나라[32]와 관련된 것이 아니고서는 우리가 볼 수도 이해할 수도 없는 것이다. 하나님의 지혜는 모든 일이 발생[33]할 때, 그 일의 안과 앞, 위 모든 것에 하나님 자신이 깊이 상고하는 지혜이며, 하나님의 지식은 그 일들이 발생할 때 그것들을 알고 있는 그 하나님의 지식이다. 이것을 '보는 지혜'[34]라 부른다.

---

30. 루터의 여백 주석에서는 다음과 같이 설명한다(*WA* 5, 115, 19ff.). "사도가 이 단어에서 우리에게 말하고 싶은 것은, 위에서 결론지은 바와 같이, 우리가 이해하기에는 너무 깊고 감춰진 무엇이 있다는 것이다. 그가 말한 것처럼, '이방인의 충만함이 될 때까지'(25절), 그래서 그들도 긍휼을 얻게'(31절), '그가 모두에게 긍휼을 베풀길'(32절). 이 모든 일들은 악으로부터 선한 일을 만드시기 위해 악을 존재케 하시는 하나님의 방법이다. 그러나 왜 하나님이 이런 방법으로 일하시는지, 왜 그들에게 이런 일들이 일어나게 두시는지, 왜 같은 사람들에게 선과 악을 동시에 행하지 않으시는지, 이것 모두를 우리는 이해 할 수 없다. 다음의 진술은 진짜로 이상하다. '그들은 구원 받기 위하여 넘어지며, 그들은 믿기 위하여 믿지 않는다.'"

31. Augustine, *De trin.*, XII, 15, 25.

32. 루터는 "*raptu anagogico*"이라고 말한다.

33. "*Antequam fiant et supra quam fiant et intra quam fiant.*"

34. 환상에 대하여 다음을 참고하라. Gabriel Biel, I *Sent.*, *d.* 39, *a.* 1, *coroll.* 3.

로마서 12장

"그러므로 형제들아 내가 하나님의 모든 자비하심으로 너희를 권하노니"(롬 12:1)

사도 바울은 기독교 윤리[1]를 가르치려 한다. 로마서 12장부터 끝까지 사도의 주된 관

---

1. 난외 주석에서 루터는 다음과 같이 말한다. "앞 장에서 바울은 '그리스도라는 참된 터'(고전 3:11)를 또는 반석 '기초 돌'(마 7:24)을 놓았다. 그 반석 위에 지혜로운 자는 집을 짓는다. 그리고 거짓된 터, 즉 어리석은 사람이 그 위에 집을 짓는 '모래'로써의(마 7:26) 사람의 자기 의와 유익을 파괴한다. 여기에서 바울은 더 나아가 '금이나 은이나 보석으로 이 터 위에 세우면'이라고 말한다(고전 3:12). 터 위에 세워진 집에 해당하는 선행은 무엇보다도 확실하고 믿을 만한 터를 가지고 있어야 한다. 그러면 마음이 그 터 위에 자리를 잡고 영원히 기댈 수 있는 것이다. 아직 그 터 위에 집이 지어져 있지 않을 때에라도 언제든 그 위에 집을 지을 수 있도록 터 가 마련되어 있어야 한다. 그러나 도덕주의자들은(iustitiarii) 그들의 선행으로 이와 정반대의 일을 한다. 도덕주의자들은 많은 선행 을 행하고, 할 만큼 충분히 했다고 생각되어 자신들이 안전하다고 느낄 때 자신의 양심에 신뢰를 두려 한다. 이것은 모래 위에 집을 짓고 그리스도를 거부하는 것과 다를 바 없다. 바울은 이를 막기 위해 부단히 노력한다. 이것이 바울의 모든 편지의 목적이다. 즉, 흔 히 행해지는 것처럼(참고 the Gl. ord.과 리라), '모래'가 세상의 부를 의미한다고 하는 것은 피상적이고 약한 해석이다. 왜냐하면 여기 서 그리스도는 집을 짓는 사람들(즉, 선을 행하는 사람들)에 대해서 말하고 있다. 뭔가를 짓기보다는 스스로를 파괴하고 있는 구두쇠 나 속물에 대해서 말하고 있는 것이 아니다. 그러므로 바울이 모래라고 부르는 것은 바로 선행인 것이다. 이런 부류의 사람들이 자신 의 양심 둘 곳과 마음의 평화를 얻기 위해 자신들이 세워 가는 의라는 집을 놓는 터가 바로 선행이다. 그러나 사실 그리스도만이 모 든 선행에 앞서는 이 터가 될 수 있다. 왜냐하면 우리가 충분히 행하거나 뭔가를 세워 가겠다는 생각을 하기 이전에도(praeveniens omne nostrum satisfacere vel aedificare), 그리스도는 우리에게 값없는 선물로 이 터, 즉 조용한 양심과 믿는 마음을 주셨기 때 문이다. 그 터를 놓을 만큼 어리석은 건축자가 있었던가? 건축자들이란 땅에 이미 놓인 터를 찾거나 자신들에게 제공되는 것을 그대 로 받아들이는 것이 아닌가? 그러므로 땅이 우리에게 우리의 노력이 없어도 터를 제공하듯이 그리스도께서도 이제부터 우리가 선 을 행할 때에 그리스도를 기초로 행할 수 있도록 우리에게 우리의 의와 평화, 마음의 평안으로서 자신을 내주셨다. 지금까지 바울은

475

심은 인간 스스로의 지혜와 완고함을 근절하는 것이다. 그래서 사도는 이 유해한 권리를 처음부터 다루고 있다. 이것은 모든 것 중에서 가장 유해하다. 왜냐하면 선행을 이끌어 내는 가식적 위장은 성령 안에서 시작한 것을 무익하게 만들고 그것을 점점 그 자체의 선행만으로 타락하게 만들기 때문이다. 사도는 이 로마서에서 뿐만 아니라 다른 모든 서신서에서도 이를 매우 신중하게 근절하고 있다. 왜냐하면 사도는 선행이란 화합과 평화, 겸손과 분리될 수 없는 것인 반면 인간 스스로의 지혜는 이런 것들을 순간적으로 없애 버린다는 것을 알기 때문이다.

그러므로 사도는 빌립보서 2:1-5에서 말한다. "그러므로 그리스도 안에 무슨 권면이나 사랑의 무슨 위로나 성령의 무슨 교제나 긍휼이나 자비가 있거든 마음을 같이하여 같은 사랑을 가지고 뜻을 합하며 한마음을 품어 아무 일에든지 다툼이나 허영으로 하지 말고 오직 겸손한 마음으로 각각 자기보다 남을 낮게 여기고 각자 자기의 일을 돌볼 뿐더러 또한 각각 다른 사람의 일을 돌보아 나의 기쁨을 충만하게 하라. 너희 안에 이 마음을 품으라." 같은 맥락에서 고린도후서 6:1에서 사도는 다음과 같이 썼다. "우리가 하나님과 함께 일하는 자로서 너희를 권하노니 하나님의 은혜를 헛되이 받지 말라." 사도는 또한 다음과 같이 말한다. "내가 하나님의 은혜로 너희에게 간구하노니, 이 은혜는 너희가 받은 바라. 이 은혜를 헛되이 받지 않도록 하고 너희 몸을 거룩한 제물로 드리라." '거룩한 제물로 드린다'는 것이 무슨 뜻인지 사도는 고린도후서 6:4에서 다음과 같이 말하고 있다. '오래 참음과 환난과 궁핍과 고난 중에.'

새 사람이 된다는 것이 무엇을 의미하는지에 대해서 설명해 왔다. 그리고 새로운 존재를 가져다주는 거듭남에 대해 묘사해 왔다(요 3:3). 이제 바울은 거듭남이 하는 일에 대해 말한다. 아직 새로운 사람이 되지 못한 사람은 자신이 그런 일을 하고 있다고 생각하지만 그것은 헛수고이다. 왜냐하면 존재란 행함보다 선행하고, 본받음(being-acted upon)이란 존재보다도 앞서는 것이기 때문이다. 그러므로 됨(becoming), 존재(being), 행함(doing)은 서로 순환한다."

"너희는 이 세대를 본받지 말고 오직 마음을 새롭게 함으로 변화를 받아 하나님의 선하시고 기뻐하시고 온전하신 뜻이 무엇인지 분별하도록 하라"(롬 12:2)

사도는 과정에 대해서 말하고 있다. 왜냐하면 사도는 이미 그리스도인이 된 사람들에게 말하고 있고, 그들의 삶이 정체되어[2] 있는 것이 아니라 좋은 것에서 더 나은 것으로 항상 움직이고[3] 있기 때문이다. 마치 아픈 사람이 아픈 상태에서 건강한 상태로 끊임없이 움직여 가고 있듯이 그리고 우리 주님도 선한 사마리아인이 돌보아 준(눅 10:34) 거반 죽은 사람에게 나타나셨듯이. 이와 마찬가지로 창세기 1:2에서도 '하나님의 신은 쉬지 않고 수면 위를 운행하셨다.' 신명기 32:11에서도 다음과 같이 말한다. "마치 독수리가 자기의 보금자리를 어지럽게 하며 자기의 새끼 위에 너풀거리며 그의 날개를 펴서 새끼를 받으며 그의 날개 위에 그를 업는 것같이." 시편 18:10에는 다음과 같이 쓰여 있다. "그룹을 타고 다니심이여 바람 날개를 타고 높이 솟아 오르셨도다."[3a] 그래서 베르나르는 다음과 같이 말한다. "당신이 더 이상 더 나아지고 싶지 않으면, 당신은 선하기를 멈춘 것이 된다."[4] 나무가 푸르게 자라 꽃을 피우는 것은 의미가 없다. 만약 꽃이 열매로 바뀌지 않는다면. 그러므로 많은 것이 한창 꽃을 피우다가 사라진다."

아리스토텔레스에 따르면, 자연적 성장에는 다섯 단계가 있다. '무'(없음–being), '생겨남'(becoming), '존재'(being), '행함'(action), 다른 사람들에 의해 '본받음'(being acted)이다. 즉, 결핍, 물질, 형태, 작용, 열정[5]이다. 그리고 이것은 성령에 대해서도 마찬가지이다. 결핍은 이름이 없는 시기이고 인간이 죄 가운데 있는 시기이다. 생겨나는 단계는 의롭게 되는 과정인 것이고 존재는 의로운 상태에 있는 것이며 행함의 단계는 의롭게 살고 행하는 단계인 것이고, 본받는 단계는 완벽해지고 완성되는 단계이다. 이 다섯 단계

---

2. "*In quiescere.*"

3. "*In moveri.*"

3a. 우리는 루터가 이 말들이 그리스도에 대한 말이라고 이해하고 이런 말들을 읽었다는 것을 기억해야 한다.

4. 참고 Bernard of Clairvaux, *Ep.* 91(참고 로마서 3:11에 대한 루터의 해석).

5. 이 모든 용어들은 아리스토텔레스의 저서들 중 어느 한 단락에서 발견되지는 않을지라도 아리스토텔레스에게서 기원한다. 루터는 중세 물리학 입문서를 의존한다. 참고 Ockham, *Summule in lib. physicorum*, c. IX; c. XXV f. (Ficker, p. 441, n. 23).

는 인간 안에서 끊임없이 움직인다. 인간의 본성이 위의 다섯 단계의 어떤 방식으로든 설명될 수 있을 것이다. 누구나 첫 단계를 나와서 마지막 본받을 만한 단계로 나아가는 중이다. 왜냐하면 이 첫 번째와 마지막 단계 사이에 있는 세 단계는 끊임없이 움직이기 때문이다. 거듭남으로 인간은 죄에서 의로 옮겨간다. 그리고는 '무'(not being)에서 '생겨남'(becoming)을 거쳐 '존재'(being)된다. 그런 후에 그는 의롭게 행한다. 그런 다음 사실상 '무'(not being)인 이 '새로운 존재'(new being)로부터 그는 또 전진하여 '본받음'(being acted upon)을 거쳐 또 다른 '새로운 존재'(new being)로 나아간다. 즉, 새로워지면서 더 나은 존재로 나아가게 되는 것이다. 그러면 거기서 다시 새로운 존재가 되는 것이다. 인간은 항상 결핍된 상태에서 뭔가 되어 가는 상태, 즉 잠재 상태나 존재 상태로 나아간다. 이런 면에서 아리스토텔레스는 이런 문제들에 대해 철학적으로 잘 체계화하였으나 충분히 인정받지는 못했다.

인간은 언제나 무의 상태나 되어 가는 상태 또는 존재 상태, 즉 결핍, 잠재, 행동하는 상태에 있다. 다시 말해, 죄 가운데 의롭게 되어 가는 상태, 또는 의로운 상태에 있는 것이고, 그러하기에 언제나 죄인이고 늘 회개하면서 항상 의롭다. 왜냐하면 회개함으로써 의롭지 않은 상태에서 의로운 상태가 되기 때문이다. 그러므로 회개는 불의와 의 사이의 매개물이다. 인간은 일시적으로 죄인이면서 일시적으로 의인이기도 하다. 우리가 항상 회개하면 우리는 언제나 죄인이다. 정확히 말해 회개함으로써 우리는 의롭게 되는 것이다. 우리는 부분적으로 죄인이고 부분적으로 의인이다. 즉 오직 회개하는 자일 뿐인 것이다.

이와 대조적으로 의로운 상태에서 이탈한 경건한 사람들은 죄와 의의 중간에 머물러 있으나 반대 방향으로 가고 있는 것이다. 그러므로 현세는 천국 또는 지옥으로 가는 노정인 것이다. 어느 누구도 마지막에 우리의 모습이 되어 갈 때까지 더 나아질 것이 없을 만큼 너무나 훌륭한 사람도 없고, 또한 더 나빠질 수 없을 만큼 너무나 나쁜 사람도 없다.[6]

사도는 이 문제를 매우 민감하게 다룬다. 그는 '새로운 존재'로 변화되라고 말하지 않는다. 그리스어로 말하면 마음을 새롭게 하여 변화되라고 하듯이 새로운 상태

---

6. *"Usque dum ad extremam formam perveniamus."*

로 또는 새로워지는 과정을 거쳐 더 낮게 변화되라고 말한다. 사도는 마음의 불안한 상태를 말하고자 함이 아니므로 '새롭게 함으로'라는 말을 추가한다. 마음을 날마다 새롭게 한다는 것은 점점 더 훌륭해져 감을 의미한다. 고린도후서 4:16에서처럼 "우리의 속사람은 날로 새로워지도다." 또한 에베소서 4:23에서는 다음과 같이 말한다. "오직 너희의 심령이 새롭게 되어." 그리고 골로새서 3:10에서는 "새 사람을 입었으니 이는 자기를 창조하신 이의 형상을 따라 지식에까지 새롭게 하심을 입은 자니라"고 하였다.

"너희의 몸을 하나님이 기뻐하시는 거룩한 산 제물로 드리라 이는 너희가 드릴 영적 예배니라"(롬 12:1)

하나님께 드리는 진정한 제물은 우리 밖에 있는 것이 아니고 우리에게 속한 것 밖에 있는 것이 아니다. 그것은 하루의 어떤 시간으로 제한된 시간의 문제도 아니다. 우리 자신이 바로 이 제물인 것이다[시 110:4에 따르면 영원히 그러하다. 너는 영원한 제사장이라. 그러므로 그리스도는 영원한 제사장직을 가졌다(히 7:17)]. 잠언 23:26에서 "아들아, 네 마음을 내게 주며"라고 하였고, 이는 예전에 죽은 채로(리라[7]가 말했듯이 그리고 그레고리[8]가 설명했듯이) 드려지던 동물의 제물과는 대조적으로 살아 있는 제물인 것이다. 그러나 로마서 6:6에서 언급되었듯이 산 제물이 선한 것을 이끌어내는 한 영적인 삶과 관련하여 해석하는 것이 더 낫다. 왜냐하면 하나님 앞에서 죄 된 육신은 죽었기 때문이다. 그러나 도덕적으로 타락한 사람들에 의해 행해진 선행은 아무 가치가 없다. 그러므로 '거룩'이란 말이 붙어야 한다. 리라는 이것을 확고하고 잘 견디는 것으로 해석했다. 이것은 적절하지만 딱 맞는 해석은 아니다. 왜냐하면 성경에서 '거룩'은 확고하게 확립되어서 위반될 수 없는 무언가를 의미하는 것이 아니다. 또는 지상의 것이 아닌, 원어 자체의 뜻이 그러하

---

7. 루터는 리라가 아니라 부르고스의 폴이 쓴 *Additio* 1을 참고한 것 같다. 거기에는 이런 종류의 것이 언급된다.

8. 참고 Gregory, *Hom. in Ezech.*, II, 10, 9.

듯이 '겉보기에 그럴싸한 것', 즉 'ageos'를 의미하는 것도 아니다.[9] 이것은 순수한 상상력이다. '거룩'이란 분리되어 따로 떼어진 것이다. 세속적인 것으로부터 구별된 것, 다른 용도로부터 분리된 것, 하나님에게만 합당한 신성한 용도에만 부착된, 출애굽기 19:10처럼 헌신된 신성한 뭔가를 의미한다. "너는 백성에게로 가서 오늘과 내일 그들을 성결하게 하며 그들에게 옷을 빨게 하고." 여호수아 3:5에는 "너희는 자신을 성결하게 하라 여호와께서 내일 너희 가운데에 기이한 일들을 행하시리라." 사무엘상 21:4-5에서도 "소년들이 여자들을 가까이 하지만 아니하였으면 주리라 하는지라 다윗이 제사장에게 대답하여 이르되 우리가 참으로 삼 일 동안이나 여자를 가까이 하지 아니하였나이다." 이와 같이 '거룩'은 깨끗하고 순결하다는 뜻이다. '이 길은 더럽혀졌지만 이것은 오늘 거룩하게 될지어다'하며 제사장은 거룩한 떡을 그들에게 주었다.

'거룩'은 명백히 '청결', '순결', '구분됨'과 같은 것이다. 이것은 주로 우리가 하나님께 드려야 하는 순결을 의미하는 것이다. 그레고리는 그의 책 「에스겔서 강론」(Homily on Ezechiel)[10]에서 이렇게 말한다. 그 육체가 주님을 위하여 고통 중에 있는 한 산 제물은 육신이다. 육체가 산 제물인 것이다. 왜냐하면 덕에 대해서는 살아 있고 악에 대해서는 죽어 있기 때문이다. 또한 이 세상에 대해서 죽어 있고 어떤 악도 행하지 않기 때문에 제물인 것이다. 그리고 그 모든 행위가 선하므로 살아 있는 것이다.

사도는 우리의 몸이 방탕으로 더럽혀져서는 안 된다는 의미에서 '거룩'을 '순결'로 이해한다. 로마서 6:19에서 다음과 같이 말하고 있다. "너희 지체를 의에게 종으로 내주어 거룩함에 이르라." 고린도전서 7:34에서도 "몸과 영을 다 거룩하게 하려 하되"라고 말하였다. 간단히 말해 '거룩'이란 '신성함', '하나님 앞에서 순결하고 깨끗함'과 같은 것이다. 이것은 인간관계에서 볼 수 있는 청결함과 단정함과는 다른 것이다. 그럼에도 불구하고 '거룩'과 '신성함', '신성하게 함'과 '성화'의 구분에는 이상한 혼란이 만연해 있다.

---

9. 베다(Beda) 때문이라고 여겨지는 이 파생어는 누가복음 1:49과 관련하여 리라에 의해 언급된다(능하신 이가 큰일을 내게 행하셨으니 그 이름은 거룩이시며). 자누아의 존 발부스(John Balbus de Janua)의 책 「카톨리콘」(Catholicon)에서 생 빅토르의 위그가 이 어원적 암시의 창시자라고 명명된다.
10. Gregory, *Hom. in Ezech.*, Ⅱ, 110, 19.

선을 행하고 청결하게 사는 것은, 그것에 대해 자랑하려는 마음으로 한다면 그것은 아무 가치도 없는 것이다. 그러므로 사도는 하나님에게까지 받아들여지도록 해야 한다고 말한다. 사도는 선행 이면에서 종종 발견되는 허영과 자기 자랑을 비판하기 위해 이와 같이 말하는 것이다. 시기가 교묘히 다른 사람의 행복을 탐내듯이 자기 자랑과 허영은 자신의 행복을 추구하는 것이다. 그래서 사람들은 미련한 처녀가 되는 것이다(마 25:3). 그들은 등불을 가졌다. 즉, 거룩한 삶을 살고 있다. 그러나 그들은 기름이 없었다. 왜냐하면 그들은 사람에게 받아들여지는 것을 추구하고 있었기 때문이다. 하나님께 받아들여진다는 것은 거룩해지는 것보다 더 위대한 일이다. 그것으로 자신이 받아들여질 것이라 느끼는 '성스럽게 되는 것' 같은 것을 갖고 있는 사람들은 자신에 대해 불만족스러워지기가 매우 힘들고 다른 사람들에 대한 비판에 관심 갖지 않기가 힘들다.

어떤 것이 여러분에게 합당한 제사인가. 리라는 이것이 사람이 자신의 몸 전체를 파괴하지 않기 위하여 육신의 욕정에 대해 몸을 단지 통제만 하는 대신 몸을 드리는 "분별 있고 온유한" 예배를 의미한다고 해석한다. 이것이 좋고 건전한 충고이긴 하지만 이는 사도가 이 로마서 문장을 통해서 우리에게 전달된 것은 아니다. 사실, 그리스어에서는 사도가 앞부분과 이 특정한 부분을 관사를 이용하여 구분한다. 사도는 이 말을 할 때 마치 그가 왜 몸을 제물로 드려야 하는지 이유를 말하고 싶은 것처럼 "*tēn logikēn latreian hymōn*"이라고 말한다. 다시 말해서 사도가 말하고 싶은 것은 다음과 같을 것이다. 새 율법의 관점에서 말하자면 우리는 하나님께 짐승의 제사가 아닌 합당한 제사를 드려야 한다는 것을 지적하고자 했을 것이다. *Logikos*는 '합리적'이라는 뜻이고, *alogos*는 '불합리'하다는 뜻이다. 그리고 '예배' 또는 '*latreian*'은 제물로써의 제물이라는 뜻과 살아 있는 제물을 실제로 드리는 행위를 의미한다. 예컨대 사도는 다음과 같이 말하고 싶은 것이다. '네가 드릴 합당한 예배를 드려라. 즉, 너의 몸을 산 제물로 드려라.'

"하나님의 선하시고 기뻐하시고 온전하신 뜻이 무엇인지 분별하도록 하라"(롬 12:2)

몇몇 주석가들은[11] '선'하다는 것은 초심자들과, 받아들여질 만하다는 신앙이 성숙한 사람들과 완벽하다는 온전한 사람들과 관련짓는다. 이런 적용이 불합리한 것은 아니다. 이것을 앞에서 언급했던 "살아 있는, 거룩한, 하나님께 받아들여질 만한"이라는 용어와도 관련지을 수 있을 것이다. 왜냐하면 사람이 선을 행하는 것은 하나님의 선한 의도이고, 청결하게 살고 절제하는 것은 하나님이 받아들이는 의도이고, 오직 하나님께만 "받아들여지기를" 원하는 것은 하나님의 완벽한 의도이기 때문이다.

그러나 하나님의 이 세 단계의 의도를 분별하는 것은 새로운 사람으로 거듭나는 것으로부터 야기된다고 말함으로써 사도는 글로 전달할 수 있는 것 이상의 뭔가, 경험을 통해서만 알게 되는 뭔가를 암시하고 있다. 그래서 "성령의 인도하심을 받는"(롬 8:14) 사람들은 마음과 생각이 유연하다. "하나님의 오른 손이 그들을 놀라운 길로 인도하리라"(시 45:4). 그들이 원하지도[12] 생각지도 않았던 길로 그들이 인도함을 받기 때문에 하나님의 의도가 그들과 다른 것 같을 수도 있다. 그 길이 거칠고 유쾌하지 않으며 완전히 희망이 없을 수도 있다. 그러나 그들은 겸손함으로 하나님의 인도하심에 순종하며 믿음 안에서 인내한다. 비록 겪는 과정 중에는 몰랐고 알 수도 없었을지라도 그들이 혹독하게 시련을 겪어야만 하나님의 의도가 얼마나 선한가를 알게 된다.

그러나 불신자들은 "하나님의 권면을 기다리지 않는다"(시 107:11). 그들은 행하고, 자신들의 정해진 마음을 따라 행해진 행위를 보고 싶어 한다. 그들은 자신들의 생각을 포기하기를 거부한다. 바꾸기를 원하지도 않는다. 그러므로 그들은 하나님의 선한 의도가 무엇인지를 알아내려고 하지도 않는다. 그러나 그들은 자기들의 감정과 경험에 의해 살아가기 때문에 이 세상에 순응하고 있는 것이다. 세상에 순응하지 않고 살게 될 수가 없다. 왜냐하면 믿음만이 마음을 변화시켜 하나님의 의도를 이해하게 하기 때문이다. 사도는 비슷한 생각을 에베소서 3:18-19에서 다음과 같이 표현하고 있다. "능히 모든 성도와 함께 지식에 넘치는 그리스도의 사랑을 알고 그 너비와 길이와 높이와 깊이가 어떠함을 깨달아 하나님의 모든 충만하신 것으로 너희에게 충만하게

---

11. 리라.
12. 참고 요한복음 21:18.

하시기를 구하노라."

　하나님이 우리에게 새로운 차원의 은혜를 주실 때마다, 하나님은 이와 같은 방식으로 주시기에 은혜가 우리의 모든 이해와 계획과 충돌하게 된다. 그러므로 순종하지 않고 기꺼이 자신의 마음을 바꾸어 기다리지 않고 비웃으며 인내하지 않는 사람들은 절대 이 은혜를 얻을 수 없는 것이다. 그러므로 마음의 변화는 그리스도를 믿는 사람들에게 모든 것 중에서 가장 유익한 것이다. 또한 우리 자신의 마음을 고집하는 것은 가장 성령을 거스르는 일인 것이다. 예를 들어 아브라함이 자신이 어디로 가는지 알지 못하고 본토를 떠나라는 명령을 받았을 때(창 12:1ff.), 이것은 그의 생각에 반하는 것이었다. 마찬가지로 아들을 제물로 바치라는 명령을 들었을 때(창 22:2ff.) 그의 마음에 엄청난 변화가 필요했다. 로마서 4장에서 말하는 바와 같이[13] 이삭을 향한 하나님의 뜻은 아브라함에게는 혹독하고 받아들일 수 없는 것이어서 절망할 정도에까지 이르렀다. 그러나 후에 이것이 선하고 받아들여질 만하며, 모든 면에서 완벽한 것이었음이 밝혀졌다. 마찬가지로 우리는 또 다른 예로써 다윗[14]과 동정녀 마리아[15]를 들 수 있다. 그러나 모든 사람이 자신만의 경험을 가질 필요는 없다. 자신에게 찾아오는 순간을 주의 깊게 관찰하면 되는 것이다.

　물론 이때 자신의 의지는 대단한 방해가 될 것이다. 왜냐하면 자의지는 다른 것들과의 차이를 야기하기 때문이다. 게다가 자의지는 자신보다 위에 있는 존재와 그들의 말과 행동으로 하나님이 자신의 뜻을 보여 주고 싶어 하는 그런 사람들에게 반대하는 마음을 갖게 한다. 그러므로 사도는 이렇게 말한다. "너희 각 사람에게 말하노니 마땅히 생각할 그 이상의 생각을 품지 말고"(롬 12:3), 왜냐하면 교회에서는 하나님께서 사람의 마음을 바꾸는 것 이상의 것은 하지 않기 때문이다. 그러나 독선적인 사람들은 변화되기를 거부한다. 그들은 모든 것을 방해하고 분열을 일으키고 이단을 만든다. 그들은 사도가 다른 곳에서 그들에 대해 말한 것처럼 "마음이 부패한 자들"이다(딤후 3:8).

---

13. 루터는 아마도 히브리서 11:17과 야고보서 2:21 이하를 생각했을지도 모른다. 이 두 곳에서 창세기 15:6(바울이 롬 4:3에서 인용한)이 이삭의 제물과 관련된다.
14. 참고 사무엘상 17:33.
15. 참고 누가복음 1:28ff.

그러므로 하나님의 지혜가 어리석음의 형태로, 진실이 거짓의 형태로 감추어져 있듯이, 하나님의 말씀이 나타날 때마다 우리의 생각이 스스로 진리를 가진 척 하는 한 우리의 생각과는 반대되는 형태로 나타난다. 그러므로 말씀이 우리와 상반되며 우리의 마음은 말씀을 거짓말이라고 비난한다. 이것은 그리스도께서 자신의 말씀이 우리의 적이라고 말한 사실과 일치한다(마 5:25).[16] "너를 고발하는 자와… 사화하라." 호세아 5:14에서는 이렇게 말한다. "내가 에브라임에게는 사자 같고 유다 족속에게는 젊은 사자 같으니 바로 내가 움켜갈지라. 내가 탈취하여 갈지라도 건져낼 자가 없으리라." 즉, 주님께서 우리의 적이 된다는 것이다.

이것은 하나님의 뜻에 대해서도 마찬가지이다. 그 본성상, 하나님의 뜻은 선하고, 받아들여질 만하고, 완벽하다. 그러나 악과 용납할 수 없음과 희망 없음으로 위장한 형태로 숨겨져 있기에, 만약 사람이 자기 의지와 선한 의도를 버리고 의, 선, 진리에 대해 미리 갖고 있던 개념들을 총체적으로 부인하는 경험을 거친 경우가 아니라면 우리의 의지 소위 말하는 선한 의도로 보기에는 단지 매우 나쁘고 절박한 의지, 결코 하나님의 의지가 아닌 악마의 의지로만 보인다. 만약 사람이 총체적인 부인의 경험을 하게 되면 예전에 매우 나쁘게 보였던 것, 대단히 불쾌했고, 상실된 것으로 생각되었던 것이 이제 달콤하게 느껴져 받아들일 만해지고, 그가 그것을 모든 면에서 완벽하다고 인식하게 된다.

그래서 주님은 베드로에게 다음과 같이 말씀하신다. "네가 젊어서는 스스로 띠띠고 원하는 곳으로 다녔거니와 늙어서는 네 팔을 벌리리니 남이 네게 띠 띠우고 원하지 아니하는 곳으로 데려가리라"(요 21:18). 얼마나 놀라운가! 베드로는 자신이 가지 않았을 곳으로 인도되었다. 그러나 베드로가 이것을 따르지 않았다면 그는 하나님을 영화롭게 하지 못하고 죄에 빠졌을 것이다. 그러므로 베드로는 의지적으로 행하기도 하고 동시에 의지적으로 행하지 않기도 한다. 마찬가지로 죽음의 고통 속에서 그리스도는 자신이 의도하지 않았던 바를 가장 열렬한 의지[17]로 완성했다. 이렇게 하여 하나님께서는 모든 신자들 가운데서 일하신다. 하나님은 그들이 자신들이 하기를 원하지 않는 일을 매우 기꺼이 하게 하신다. 이 모순이 철학자들을 당황하게 한다. 그리고 사

---

16. 글로스에서는 *adversarius*를 *sermo divinus*로 해석하였다.

17. 참고 Biel, II *Sent.*, d. 40, 1. *un.*, n. 2.

람들은 이것을 이해하지 못한다.

그러므로 나는 사람이 실제적인 경험을 통해서 이 모순에 익숙해지지 않으면 그는 절대 이 모순을 이해하지 못한다고 생각한다. 그리고 분명히 만약 실제적인 경험이 의의 그림자를 가르치는 율법에서 필요했다면 신학에서는 얼마나 더 필요하겠는가. 그러므로 모든 그리스도인은 뭔가가 자신의 의지와 선한 의도[18]와는 다르게 행해졌을 때 가장 기뻐해야 하고, 자신의 방식대로 되었을 때 가장 염려해야 되는 것이다. 나는 이것을 육체의 욕망에 대해서만 얘기하고 있는 것이 아니라 의가 가장 큰 성취에 대해서도 말하고 있는 것이다.

그래서 오늘날에 변호사들이 자신들이 알고 있는 법률 지식에 따라 주저함 없이 마땅히 행해야 할 의무에 대해서 말할 때 그들은 위험한 충고를 하게 되는 것이다. 이런 식으로 하여 그들은 율리우스 교황에게 조언을 구했고, 사람들은 그를 축복받은 사람으로 여겼다. 같은 방식으로 사람들은 조지 공작에게도 조언을 구했다. 진실로, 전 세계가 이 오류로 치우쳐 갔다. 추기경, 주교, 그리고 국왕들까지 예전에 유대인들이 바벨론 왕에게 반대했을 때 그랬던 것처럼(왕하 24:20; 25:1).

그들 모두 자신들의 특별한 권리를 주장했다. 그러므로 그들은 어떤 문제도 해결하지 못하고 단지 황폐하게 되었을 뿐이다. 왜냐하면 하나님은 모든 이에게서 모두에 의해 모두를 통해 무엇이 행해져야 하는지를 결정하는 보편적인 권리[19]로 전 세계를 다스리시기 때문이다. 그러나 유대인들은 너무나 눈이 멀고 어리석어서 자신들의 특별한 권리에 따라 나아가게 되었다. 이 문제에 대해서는 어떤 변호사도 소용이 없다. 그들은 모두 비슷하다. 그들은 너무나 어리석어서 농부들조차도 감히 내밀지 않을 너무나 어리석은 제안을 하고도 수치스러워 하지 않는다. 예를 들어 그들은 이렇게 말한다. 여기 이 사람은 옳다. 하나님 앞에서도. 그러나 저기 저 사람은 신의 법이나 사람의 법 중 하나에 따르면 옳지 않다. 그러므로 그들은 선한 의도와 정의에 대한 자신들의 위대한 관심에 비추어 가장 큰 확신을 가지고 나아간다.

그러는 동안에, 어떤 사람이 한 부분에서는 옳지만 하나님 앞에서 다른 모든 부분에서는 잘못된, 적어도 여러 가지 다른 부분에서는 잘못된 그런 일은 누구에게도

---

18. "*Sic Christus in agone suo voluntatem suam (ut sic dixerim) ferventissima voluntate perfecit.*"

19. "*Iustitia universali.*"

발생하지 않는다. 그러므로 하나님은 마치 그가 의로운 사람인 듯이 그를 도울 준비가 되어 있어야 하고 그동안에 그가 행하는 모든 잘못은 눈감아 주고 그가 잘못한 많은 것보다 그가 잘한 한 가지를 더 좋아하는 것처럼 여겨진다.

예를 들어(비슷한 경우에 여러분이 비슷한 판단을 할 수 있도록 성경이 의미하는 바를 드러내기 위해서 나는 이것을 말하고자 한다). 조지 공작이 프리지아[20]에서의 자신의 권리를 주장하도록 권유 받았을 때, 그에게 감히 이렇게 말하는 사람은 없었다. 선한 왕이시여, 하나님께서 이 반역적이고 불의한 놈을 통하여 당신을 징벌함으로써 당신을 정당히 처벌하지 말아야 할 정도로 당신의 공로와 당신 국민의 공로가 대단하지는 않습니다. 그러므로 진정하시고, 이 사악한 행위에서 자비로운 하나님의 뜻을 인정하시기 바랍니다. 왕은 그분의 뜻에 순종하셔야 합니다.

마찬가지로 누군가가 율리우스 교황에게 이렇게 말함으로써 충고했어야 했다. 오늘날 로마 교회는 베네치아 사람들이 로마에게 가하고 있는 이 고통보다 더 끔찍한 고통을 받지 않아도 될 만큼 그렇게 거룩하지 않습니다. 진정하십시오. 이것이 하나님의 뜻입니다. 그러나 교황은 이렇게 말할 사람이었다. 아니오, 우리는 정의를 바로 잡아야 하오.

마찬가지로 누군가는 브란텐부르크[21]의 우리 주교에게 충고해야 한다. "주교님도 종종 보편적으로 죄를 짓습니다. 부디 이 불의의 사건을 참아 주시기 바랍니다. 그리고 프리드리히 왕자님, 당신은 지금까지 천사에 의해 보호받아 왔습니다. 만약 당신이 이것을 인정하기만 한다면! 얼마나 자주 당신은 불의에 의해 분노하게 되고, 얼마나 자주 단지 명분을 위해 전쟁을 일으켰겠습니까! 그러나 당신은 묵묵히 이 모든 것을 견디어 왔습니다. 그러나 나는 당신이 이같이 한 것이 신실한 마음의 죄의 고백으로 행한 것인지 손해를 보는 것이 두려워 행한 것인지 모르겠습니다."

그래서 나는 (내 자신에 대해서 말한다면) 이 '정의'라는 단어를 혐오한다. 그 단어를 들으면 누군가가 나에게 강도질을 하려고 할 때보다 더 고통스럽다. 그러나 변호사들은 이

---

20. 루터는 여기서 작센(Saxony)의 조지(George) 공작과 동 프리지아(Frisia)의 에드자르(Edzard) 백작 사이의 불화를 언급한다. 조지는 1514년에 프리지아를 침략했다.
21. 이것은 브란텐부르크 선거인 재무장관이었던 재롬 스쿨테투그[Jerome Scultetus(Schultz)]의 말을 참고한 것 같다.

단어를 끊임없이 입에 올린다. 이 문제에 대해서는 지상의 어떤 사람도 선한 의도[22]를 읊조리며 자신을 우월한 지성의 소유자로 생각하고 있는 변호사들보다 더 배워야 할 사람들은 없다. 왜냐하면 나는 종종 나 자신과 다른 많은 사람들을 보며 우리가 옳을 때 하나님은 우리를 비웃고 계심을 경험했기 때문이다. 그러나 나는 감히 이렇게 말하는 사람들을 안다. 나는 옳은 쪽이 내 편임을 안다. 그러나 하나님은 이런 문제에 관심을 기울이지 않는다. 그리고 정말로 그러하다. 그의 편이 옳았다. 그러나 어떤 특정한 경우에서만이다. 그러나 하나님은 그것이 얼마나 옳으냐는 신경 쓰지 않는다.

보편적인 권리, 즉 정의는 겸손이다. 겸손은 모든 사람을 다른 모든 사람에게 복종시킨다. 그리고 그렇게 함으로써 모든 이에게 모든 것을 주는 것이다. 마치 그리스도가 세례 요한에게 다음과 같이 말했듯이. 이와 같이 하여 모든 의를 이루는 것이 합당하니라.

다니엘 3:27에서 아사랴(Azarias)는 사악한 왕에 의해 가해지는 악행으로 다니엘과 그와 함께한 사람들이 고통을 겪고 있을지라도 그 모든 것이 옳다고 고백했다. 왜냐하면 악을 행하는 사람이 잘못되었을지라도 그가 마땅히 받아야 할 고통이므로 그에게 악을 행하는 것이 아니기 때문이다. 그가 정당하게 고통을 당하는 것이기 때문이다. 무슨 권리로 악마는 그들을 소유할 수 있을까? 또는 무슨 권리로 악한 사형 집행관이 도둑을 교수형에 처하게 할 것인가? 분명 이는 그 사람의 권리가 아니다. 판단자의 권리이다. 그러므로 자신이 옳다고 자랑하는 사람들은 자신들의 관심을 최고 재판장에게 돌리기를 거부한다. 그들은 자신들의 판단만 신경 쓸 뿐이다. 그리고는 사실은 자신에게 죄를 범한 사람에 대해서만 무죄인데 자신이 모든 면에서 무죄라고 생각한다.

그러므로 하나님 앞에서 어떤 의인도 없는 한 비록 그가 옳은 편이라 할지라도 불의가 어느 누구에 의해서도 그 누구에게도 행해지고 있는 것이 아니다. 그러므로 모든 사람은 다툼의 원인을 제거해야 한다.

그러므로 악한 일을 당할 때마다 또는 당신이 선을 행하고 있는데 악을 만나게 될 때마다 그 악으로부터 시선을 돌려 당신이 다른 방법으로 얼마나 많은 악을 행해

---

22. "Boneintentionarii."

왔는지를 생각해 봐라. 그러면 당신이 당하는 그 악에 대해서 하나님의 뜻이 얼마나 선한지를 알게 될 것이다. 이것이 마음이 새롭게 되어 변화되어 하나님께 속한 것에 대해 관심을 갖게 되었다는 것이 의미하는 바이다.

이제 우리는 확신할 수 있다. 만약 베드로가 스스로 띠 띠고 자기가 가고 싶은 곳으로 갔더라면 비록 그가 악한 길을 걷지 않고 의의 길로 갔을지라도 하나님을 영화롭게 할 수 없었을 것이라고. 실로 우리 주님은 베드로가 자신의 위대한 의를 보이려 할 때에는 제동을 거신다. 그런 까닭에 베드로가 그가 의도하지 않은 곳을 갈 때 다른 이에게 이끌려 갈 때는 그가 하나님을 영화롭게 하게 되는 것이다.

그러므로 우리도 우리가 원하지 않는 것을 하지 않고는 하나님을 영화롭게 할 수 없다. 비록 우리가 옳다고 생각할지라도, 우리가 계획한 것이 옳고 행하는 것이 선하다 할지라도, 우리는 '자기의 십자가를 지고', '그리스도의 제자가 되어야' 한다(눅 14:27). 그리고 '마음을 새롭게 함으로 변화를 받아야 한다'는 것은 자신을 미워하고 자신의 의지에 반하도록 뜻을 세우고 우리의 이해[23]를 뛰어넘는 것에 마음을 쓰면서 자기 의의 반함에도 불구하고 자신이 죄인이라고 양보하고 자신의 지혜의 반대를 무릅쓰고 어리석은 자들에게 귀를 기울이는 것이다.

그러므로 우리는 '좋고', '받아들일 만하고', '완벽하다'는 단어들이 하나님의 뜻 자체를 가리키는 것이 아니라 그 목적[24]과의 관계를 가리키는 것임을 주목해야 한다. 왜냐하면 하나님의 뜻을 선하고, 받아들일 만하고, 완벽하게 하는 것은 우리의 분별이 아니기 때문이다. 우리의 분별로 그것이 그러하다는 것을 깨닫게 되는 것이다. 그것이 우리에게 선하게 된다는 것은 그것이 선하게 인식된다는 뜻이고, 받아들여질 만

---

23. "*Sapere contra suum sapere.*"

24. 참고 "*Non formaliter, sed obiective.*" 루터의 로마서 11:8에 대한 행간 해석(*WA* 56, 108, 3ff.). "하나님은 그들의 불신과 자기 의에 대한 주제넘은 자존심 때문에 다른 사람들이 받아들인 복음이라는 말씀을 통해서 그들에게 양심의 가책을 주셨다."
    난외 주석에서 루터는 다음과 같이 언급한다(*WA* 56, 108, 9ff.). "하나님은 그들이 원하지 않는 것을 함으로써 그리고 그들이 원하는 것은 완전히 하지 않음으로써 그들을 분개하게 하기 위하여 그들에게 이 정신을 준다. 그래서 하나님은 그들에게 부러움의 정신(*obiective*)을 준다. 그러나 그것은 그들을 부러워하게 만든 것이 하나님의 목적이기 때문은 아니다(*non effective seu formaliter*). 만약 우리가 하나님께서 자신들에게 이런 정신을 우연히 다시 말해, 하나님의 허락하셔서 받게 된 것이라 이해한다면 그것이 정확한 이해이다. 하나님이 사람들이 그런 생각을 갖기를 바라기 때문이 아니다. 왜냐하면 하나님께서는 사람들이 자신들이 처벌받고 있다는 것을 깨닫기를 원하신다. 그러나 하나님은 시편 112:10에서처럼 행하신다. '악인들은 이를 보고 한탄하여 이를 갈면서 소멸되리니 악인들의 욕망은 사라지리라.' 다른 사람들에게 선한 것을 줌으로써 하나님께서는 사람들에게 그들이 싫어하고 추구해야만 하는 악을 주시는 것이다."

하다는 것은 대단히 받아들여질 만한 것으로 입증되었기 때문이며, 완벽하다는 것은 그것이 모든 것을 완벽하게 하기 때문에 즉, 우리에게 선하게, 받아들여질 만하게, 완벽하게 되기 때문인 것이다.

이런 말들이 위로와 함께 넘쳐흐른다. 왜냐하면 정확히 악이 우리에게 닥칠 때 우리는 선한 용기를 가져야만 한다. 왜냐하면 그 속에서 하나님은 우리에게 자신의 의지를 보여 줄 것이기 때문이다. 우리는 우리에게 가장 불쾌한 일이 닥칠 때 가장 크게 기뻐해야 한다. 왜냐하면 그 속에 틀림없이 받아들일 만한 하나님의 뜻, 즉 매우 친절하고 기쁨을 주는 뜻이 있기 때문이다. 그리고 뭔가 절박하고 가망 없는 일이 우리에게 닥칠 때 우리는 가장 크게 확신해야 한다. 왜냐하면 하나님의 완벽한 뜻, 모든 것을 온전히 하며 완전한 구원으로 이끌어갈 하나님의 뜻이 그 안에 있기 때문이다.

사무엘상 2:6에 따르면 '죽이기도 하고 살리기도 하며 음부에 내리게도 하고 거기서 올리기도 하는 것'은 바로 신성한 의지의 본성인 것이다. 이것은 우리에게 해를 줌으로써 선을 행하고, 불쾌감을 일으킬 때 가장 받아들일 만하며, 파괴하면서 완벽하게 한다는 뜻이다. 그러므로 우리는 어리석어서도 안 되고 이 세상에 순응해서도 안 된다. 이 세상은 스스로의 감각과 경험으로만 판단한다(세상은 오직 지금 여기에서 경험하는 것만 이해한다). 우리는 점점 더 새롭게 되어야 한다. 왜냐하면 이것이 우리가 하나님의 뜻을 분별한다는 것을 의미하기 때문이다. 우리가 느끼고 경험하는 것을 바탕으로 판단하기 위해서가 아니라 어둠 속을 걷기 위해서 새로워져야 한다.

변화되기를 원하지 않는 사람들은 사악하고, 받아들일 수 없고, 파괴적인 것이 분노한 하나님의 뜻이라고 생각하게 될 것이다. 그들은 이렇게 생각한다. 하나님의 뜻은 악하다. 왜냐하면 그것은 고통과 해를 주기 때문이다. 하나님의 뜻은 받아들일 수 없다. 왜냐하면 그것은 사람에게 고통에 대해 분노하게 만들기 때문이다. 하나님의 뜻은 파괴적이다. 왜냐하면 그것은 인내하지 못하고 분노하는 사람들이 완고함과 파멸에 이르게 하며 그 상태로 신을 저주하며 살다가 죽게 되기 때문이다.

그러나 하나님의 뜻은 선하다. 왜냐하면 악으로부터 선을 끌어내기 때문이다. 하나님의 뜻은 받아들일 만하다. 왜냐하면 그것은 사람들로 하여금 이 선을 즐거이 사랑하게 하고 그 안에서 좋은 진정한 기쁨을 발견하게 하기 때문이다. 하나님의 뜻은 완벽하다. 왜냐하면 그것은 그 뜻을 기뻐하는 자를 처음 시작한 것을 완전하게 하면서 완성에 이르도록 이끌기 때문이다.

그러나 이 모든 것은 행할 힘을 갖고 있으며 스스로를 책임질 수 있는 사람들에게만 해당된다. 그러나 다른 사람들보다 위에 있는 사람들의 경우에는 문제가 좀 다르다. 그들은 자신만 돌보며 사는 사람들이 아니라 하나님의 일을 돌보며 살아야 하기 때문이다. 그러므로 정의로 따르는 사람들을 다스리고 서로에게 악을 행하지 않도록 하는 것이 그들의 책임이다. 그들은 모든 것에 관용을 베풀도록 권한을 부여 받았다. 인내는 그들에게 적합하지 않다. 왜냐하면 하나님은 그들에게 기대하는 것은 겸손, 인내, 복종이 아니라 신속한 판단, 권력 행사, 처벌 부과이다. 그들은 하나님의 대리인들이다. 그러나 그들 중 어느 누구라도 하나님의 신뢰를 깨지 않고 양보하는 것이 가능하다면 앞에서도 얘기했듯이 양보하는 것이 자신에게는 해로움과 곤란함을 동반할지라도 그는 그렇게 해야 한다.

"내게 주신 은혜로 말미암아 너희 각 사람에게 말하노니 마땅히 생각할 그 생각을 품지 말고 오직 하나님께서 각 사람에게 나누어 주신 믿음의 분량대로 지혜롭게 생각하라" (롬 12:3)

'믿음의 분량'이란 우선 다른 모든 은사와 구별되어 어떤 믿음이 주어졌는지에 따라 분량 또는 방식이라고 이해될 수 있다. 그러나 여기서 그런 의미로 이해될 수는 없다. 왜냐하면 사도는 다른 은사들이 믿음의 분량대로 주어졌다고 명백하게 말하고 있기 때문이다.

그러므로 '믿음의 분량'이라는 표현은 두 번째로 믿음이라는 은사의 분량으로 이해되어야 한다. 다시 말해서, 믿음에는 많은 은사가 있다. 그리고 신자들은 하나의 같은 믿음으로 살아가지만 그들은 믿음의 다른 분량을 가졌다. 이제 사도는 이것을 믿음의 분량이라고 부른다. 왜냐하면 믿음 없이 행하는 사람들은 이런 은사들과 분량이 없기 때문이다. 믿음도 하나, 세례도 하나, 교회도 하나, 주도 하나, 성령도 하나, 하나님도 한 분이신 것은 분명히 사실이다(엡 4:4). 그럼에도 불구하고 이 하나의 믿음 안에, 하나의 교회 안에, 한 분의 주님 안에 다양한 은사가 있다. 이는 다음과 같이 말할 수 있을 것이다. 각 사람은 왕이 그에게 할당해 주는 만큼, 어떤 이는 마을만큼의 분량을 받고 어떤 이는 한 가정만큼의 분량을 받은 것이다.

믿음은 이 모든 것이다. 왜냐하면 믿음은 영의 순종이기 때문이다. 그러나 영의 순종에는 다양한 정도가 있는 것이다. 우리 중 한 사람이 여기서 믿음과 순종을 행하지만 또 다른 이는 다른 곳에서 할 것이다. 그러나 우리의 믿음은 다 한 가지 믿음에서 나오는 것이다. 왕에 대한 복종이 한 마을에 두루 펴져 있지만 이 복종을 행하는 방식은 다양하다. 어느 누구도 다른 사람의 방식을 채택하여 자신의 책임을 소홀히 할 수 없다. 왜냐하면 혼란과 방탕과 반역이 국민 사이에서 생겨나기 때문이다.

"우리가 한 몸에 많은 지체를 가졌으나 모든 지체가 같은 기능을 가진 것이 아니니 이와 같이 우리 많은 사람이 그리스도 안에서 한 몸이 되어 서로 지체가 되었느니라 우리에게 주신 은혜대로 받은 은사가 각각 다르니 혹 예언이면 믿음의 분수대로"(롬 12:4-6)

지금까지 사도는 우리가 하나님 앞에서 어떻게 행동해야 하는지를 보여 주었다. 즉, 그것은 우리가 하나님의 뜻을 분별할 수 있도록 우리의 마음을 새롭게 하고 우리의 몸을 성화시키는 것이다. 그러나 지금부터 로마서 끝까지 사도는 우리가 이웃에게 어떻게 해야 하는지를 가르치고 이웃에 대한 사랑의 계명을 매우 자세히 설명한다. 그토록 위대한 사도의 이토록 중요한 가르침에 대해 우리 가운데 더 많은 관심이 생기지 않는다는 것이 실로 이상하다 할 수 있다. 이 가르침은 명백히 성령의 가르침이다. 우리는 우리 자신을 비교적 사소한 문제들로 가득 채워 놓고 있다. 교회를 짓고, 교회 소유지를 확장하며 돈을 축적하고, 교회에 좀 더 많은 장식과 금, 은그릇을 채워 넣고, 오르간을 설치하며 요란한 전시품들을 갖다 놓는 데만 열중하고 있다. 우리는 이런 종류의 활동에는 온갖 경건을 다 행하면서 사도가 여기서 명령한 바에는 조금도 관심이 없다. 그리고 나는 모든 기업들과 연결되어 있는 자만, 과시, 탐욕, 방탕, 야심 같은 것에 대해서는 아직 언급도 하지 않았다.

사도는 먼저 거짓 선지자들을 지적한다. 예언은 믿음을 따라 행해져야 하기 때문이다. 예언은 인간의 생각을 기초로 또는 행위와 피조물의 여러 징표로부터 이끌어낼 수 있는 개연성의 조합을 따라 행하는 사람들에 의해서, 예를 들어 하나님의 계획을 별이나 그들이 가지고 있는 다른 개연성이 높은 추측을 통해 예언하는 사람들에 의해서 위반되는 것이다. 그러나 하나님이 주시는 예언은 그 방법이 달라서 마치 불가능한 것을 선포하듯이 모든 인간의 감각과 맞지 않는다. 그러므로 하나님이 주시는 예언은 그 예언과 관련된 모든 것이 희망을 넘어서는 것 같아서 사람들로 하여금 오히려 그 반대의 것을 예상하게 하기 때문에 대부분의 사람들이 못 믿게 만든다. 예레미야의 예언이 그러하다(렘 32:15). 모든 것이 가망 없어 보이던 예루살렘 점령기 동안에 그는 다음과 같이 예언했다. "만군의 여호와 이스라엘의 하나님께서 이와 같이 말씀하시니라. 사람이 이 땅에서 집과 밭과 포도원을 다시 사게 되리라 하셨다 하니라." 그러나 모든 것이 이미 폐허가 되고 예루살렘 사람들도 이미 떠나 버린 상태였다. 그래서 예레미야는 다음과 같이 외쳤다. "주는 책략에 크시며 하시는 일에 능하시며." 그러나 예레미야가 예루살렘의 멸망과 이스라엘이 포로로 잡혀 가게 됨을 예언했을 때는 그렇게 될 것 같은 징조가 없었기에 사람들이 믿지 않았다. 도시를 둘러 싼 높은 성벽, 군사력, 보조 군사력 등 모든 상황이 그 예언과 맞지 않았다. 그래서 예루살렘의 파괴는 불가능한 것 같아 보였다. 너무나 불가능해 보여서 이 모든 정황을 근거로 하나냐는 감히 그와 반대의 예언을 했다(렘 28:1). 그도 예언자였다. 잘못된 예언을 하는 것은 거짓 예언자들만이 아니다. 진정한 예언자들도 믿음을 따라 예언하기를 잊으면 거짓 예언자가 되는 것이다. 나단 선지자도 다윗에게 성전을 지으라고 권했을 때 분명히 실수한 것이다(삼하 7:3). 그리고 민수기 22:21에 따르면 발람도 그 전에 그토록 평범하지 않은 예언을 했다는 사실에도 불구하고 실수하여 거짓 예언자가 되었다. (왕상 끝부분에) 미가야 선지자는 확실한 승리를 거머쥐게 될 것임을 암시하는 징표가 곳곳에 있을지라도 아합 왕이 죽게 될 것이라고 다수의 생각과 반대되는 예언을 했다. 그러나 시드기야(Zedekiah)는 이런 징표를 따라 예언했기 때문에 미가야 선지자와 다르게 예언하게 된 것이다.

예언이란 경험이나 인간적 증거에 기초했을 때는 사실이 아니다. 그러므로 로마서는 예언할 때 "규칙을 따라" 또는 "믿음과 비교하여" 하라고 말하는 것이다. 왜냐하면 어떤 주석가들[25]은 "규칙", "비교", "비율", "유사성" 등을 의미하기 위해 "유비"(analogia)라는 단어를 사용하기 때문이다. 바울은 다음과 같이 말한다. "너희가 예언하고자 한다면 예언하되 예언이 믿음을 초과하지 않도록 하며, 너희의 예언함이 믿음의 독특함과 조화를 이룰 수 있도록 예언하라." 독일어로 우리는 이렇게 말한다. "Es ellichi ym. Es sihet ym gleich."[26] 즉, "그것은 같은 특성이 있다", "그것은 그것과 닮았다", "그것은 그와 비슷하다"는 의미이다.

예를 들어 여러분이 성과 비슷한 수도원을 보면 그것이 성과 유사하다고 말할 것이다. 이는 수도원이 성이 가졌을 법한 비율과 독특한 특징과 위치를 가졌다는 의미일 것이다. 마찬가지로 사도가 여기서 말하고자 하는 것은 예언은 믿음과 조화를 이루어야 한다는 것이다. 예언은 그것이 세상적인 지혜가 되지 않도록 눈에 보이지 않는 것과 관련되어야 한다(히 11:1). 세상적인 지혜의 원인과 결과에 대해 말하자면 그것은 명백한 것들의 부분인 것이다. 이 말은 주목할 필요가 있다.

그러므로 유사란 동화이다. 지성에 의해 만들어지는 동화가 아니라 그 문제 자체 안에 포함되어 있는 동화 또는 그 두 가지가 아니라 하나가 다른 하나와 특정한 특징에 대해서 동의하고 그것을 닮아가게 될 때의 동화이다. 분명히 말해, 사람은 뭔가 새로운 것을 예언할 수 있지만 그렇게 할 때 믿음의 특징적 속성을 초월해서는 안 된다. 다시 말해, 누군가가 예언하는 것이 반드시 경험상 개연성이 높아야 되는 것은 아니다. 예언은 징조나 또는 다른 지표들에 의해서는 전혀 명백하지 않은 것들의 상징이어야만 한다. 그렇지 않으면 예언에 의해 믿음이 파괴될 것이고, 믿음은 어떤 지식 있는 사람도 이해할 수 있는 그런 종류의 평범한 지혜가 되고 말 것이다. 그런 지혜로 사람은 유사한 예언을 짜 맞추는 것이다. 그런 경우에 예언은 더 이상 예언이 아니고, 사실 현시이거나 경험의 증거가 될 것이다.[26a]

---

25. 파버와 에라스무스를 참고하라.

25. 파버와 에라스무스를 참고하라.

26. 중세 독일어식 표현으로 그 뜻은 다음과 같다. Es ähnelt ihm; es sieht ihm gleich.

26a. "*Experimentum.*"

"혹 섬기는 일이면 섬기는 일로"(롬 12:7)

그리스어로 'diakonian'(디아코니안)과 'in diakonia'(인 디아코니아)는 '섬기는' 이라는 뜻이다. 성직자란 사제, 집사, 차부제 그리고 신성한 것과 관련된 모든 사람들, 하나님의 말씀을 집행하는 자와 교사를 돕는 사람들을 제외하고 교회 내에서 어떤 직분을 담당하고 있는 모든 사람을 말한다. 사도는 종종 자신의 동역자들에 대해서 말한다.

이 규칙은 무엇보다도 야심이 많은 사람들에 의해 깨어진다. 그들은 자기들의 직분을 싫어하고 그들이 훈련 받지 못했음에도 불구하고 (이는 관용의 대상이 될 수도 있다) 가르치고 싶어 할 뿐 아니라 가르치는 일에 은사도 없다. 가르치는 것은 학식 있고 지적이기만 해서 되는 것이 아니기 때문이다. 가르치는 사람으로 하나님께 선택 받으려면 은혜의 은사도 필요하다. 그러나 오늘날 우리 모두는 온 세상을 가르치기 위해 열정적으로 전진한다. 우리 자신이 무엇을 가르치는지 이해도 못한 채로. 경우에 따라 우리가 이러한 이해를 가지고 있다 할지라도 은혜의 은사나 하나님이 우리를 보내셨다는 명령이 없다. 이런 점에서 사도는 이렇게 말한다. 여러분은 보낼 권리가 없습니다. 왜냐하면 여러분은 종이지 주인이 아니기 때문입니다. "그러므로 추수하는 주인에게 청하여 추수할 일꾼들을 보내 주소서 하라 하시니라"(마 9:38). 이런 이유로, 설교하는 법을 모르거나 아직 설교하도록 부르심을 받지 못한 사람이 비록 그가 설교하는 법을 안다고 생각할지라도 그의 현재 직분에 만족하게 하라(마 25:14 "또 어떤 사람이 타국에 갈 때 그 종들을 불러 자기 소유를 맡김과 같으니." 그는 먼저 종들을 불렀다).

여기서 어느 정도까지 선한 의도가 작용하는지를 보는 것은 분명 이상하다 할 수 있다. 설교함으로써 많은 열매를 맺을 수 있다. 그러나 우선, 그것은 훈련된 것이 아니고, 두 번째 훈련되었을지라도 아직 부르심을 받지 않았고, 세 번째 훈련되었으나 아직 은혜의 은사가 공급되지 않았을 수 있다. 왜냐하면 하나님이 누군가를 설교자로 부르실 때에는 이미 이런 은사를 가진 사람을 부르시거나 아니면 부르실 때에[27] 이 은사를 주신다. 누군가가 만약 부르심 없이 설교한다면 그는 허공을 울릴 뿐이다(고전 9:26). 또는 그가 자랑하는 열매는 단지 그의 어리석은 상상 속에만 존재할 것이다.

---

27. Lit., "Nam vocatio vel invenit gratiam vel confert eam."

오늘날 주교와 대수도원장들이 곳곳에서 단상으로 올려 주려 하는 완전히 어리석고 무능력한 설교자들에 대해서 말하는 것을 삼가려 한다. 우리는 그들이 부르심을 받고 보내심을 받았다고 말하고 싶을지라도 그렇게 말할 수 없다. 왜냐하면 이런 경우 무능력하고 무가치한 사람들이 부르심을 받기 때문이다. 이것은 하나님의 진노의 작품이다. 왜냐하면 바로 하나님께서 우리의 죄에 대해서 하나님의 말을 취소하고 수다스러운 말쟁이들과 장황한 수다쟁이들의 숫자만 늘리게 되는 셈이기 때문이다.

"혹 가르치는 자면 가르치는 일로"(롬 12:7)

많은 사람들이 대단한 학식은 없을지라도 가르치는 은사를 갖고 있다. 또 어떤 이들을 둘 다 가지고 있다. 예를 들어 아우구스티누스, 암브로시우스, 히에로니무스와 같은 사람들은 최고의 선생이다. 그러므로 이런 은사를 사용하지 않지만 다른 문제에 연루된 사람들은 사도 바울의 명령과 하나님의 명령에 반하여 죄를 짓게 되는 것이다. 이 구절은 특히 비록 그들이 아직은 교사라는 이름으로 부르심을 받은 것은 아닐지라도 부르심을 받아 가르치는 입장에 놓인 사람들에게 해당되는 것이다. 왜냐하면 부드러운 귀는 험한 진실에 귀를 기울이려 하지 않는다.[28] 그러나 사도는 부르심을 입은 사람들에 대해서 주로 다루고 있다. 그러므로 그는 자신의 편지들에서 자신의 부르심을 강조한다. 왜냐하면 부르심이 없이는 어떤 사역도 가르침도 성공할 수 없기 때문이다. 그러므로 사역자들이 가르치는 일을 자기가 하려고 하는 것은 악마의 선동 때문이다. 대조적으로 교사들은 어떻든 하나님의 일이 방해된다는 결과 때문에 가르치는 직분에서 도망가려 한다. 분명히 고린도전서 12:28뿐만 아니라 로마서에서도 사도는 가르치는 일을 세 번째 순위에 놓았다.

---

28. 참고 Persius, *Satira*, I, 7.

"혹 권면하는 자면 권면하는 일로"(롬 12:8)

가르치는 것과 권면은 다음과 같은 점에서 다르다. 가르치는 것은 모르고 있는 사람에게 하는 것이고, 권면은 지식이 있는 자에게 하는 것이다. 교사는 기초를 놓은 것이고 권면하는 자는 그 위에 세워 가는 것이다. 교사는 지식을 전하고 권면하는 자는 전해진 지식이 열매를 맺도록 자극을 주고 지켜보는 것이다. 한 사람은 심고 다른 사람은 물을 주는 것이다. 이는 사도 바울이 고린도전서 3:6에서 "나는 심었고 아볼로는 물을 주었으되 오직 하나님께서 자라나게 하셨나니"라고 말한 것과 고린도전서 3:10에서 "내가 지혜로운 건축자와 같이 터를 닦아 두매 다른 이가 그 위에 세우나"라고 말한 것과 같다. 우리 시대의 거의 모든 설교자들이 이와 같은 입장에 있는 것이다. 그들이 예전에 어떤 설교도 없었던 곳에서 설교하고 있는 것이 아니라면 그들은 이미 심겨진 믿음에 물을 주고 있는 것이다. 그러므로 이 은사를 받고 부르심을 받은 사람들은 다른 것에 시간을 써서는 안 된다. 그러나 오늘날에는 다른 일에 시간을 쓰는 것이 흔한 관행이 되었다. 이교도 호라티우스(Horace)가 이에 관해 잘 알고 있는 듯하다. "게으른 소는 안장이 필요하고, 소는 쟁기를 열망한다."[29] 아무도 자신의 운명에 만족하지 않지만 생소한 길을 가는 사람들을 칭찬한다.[30] 또한 테렌스는 이렇게 말한다.[31] "우리들 대부분은 우리가 가진 것에 만족하지 못하는 그런 마음을 가지고 있다." 어떤 것을 하기에 적합한 사람들이 그 일을 싫어한다. 그리고 무능력한 사람들이 그 일을 갈망한다.

"구제하는 자는 성실함으로"(롬 12:8)

다른 모든 사람이 자신이 받은 신령한 은사를 하나님을 위해 순수하게 믿음으로 키

---

29. Horace, *Ep.* I, 14, 43. "*Optat Ephippia bos piger, optat arare Caballus.*"
30. 호라티우스의 첫 풍자에 대한 자유로운 번역.
31. Terence, *Phormio,* I, 3, 20.

워 가지 못하도록 자신을 괴롭히는 특정한 악마에 의해 은혜의 상태에 있을 때 미혹되듯이, 구제하는 사람에게도 특별한 악마가 배정되어 있다. 그것은 이 계명이 다음의 두 가지 방식으로 깨어진다는 것을 의미한다.

첫째는 조건을 달고, 즉 거저 주지 않을 때이다. 자신이 준 것에 이자까지 붙여 돌려받게 될 것이라는 기대감으로 줄 때를 말한다. 오늘날 우리는 그리스도인들 사이에서 이러한 행동 방식들을 종종 보게 된다. 흔한 속담에 다음과 같은 말이 있다. 요즘 사람들은 먹을 것이 많은 사람들에게 습관처럼 먹을 것을 준다.[32] 독일어로는 이렇게 말한다. "Geschenk unnd eer."[33] 낮은 계층의 사람들은 높은 계층의 사람들, 왕이나, 고위 성직자, 주교, 부자들 그리고 권력을 가진 사람들에게 준다. 그러나 만약 즐거움으로, 즉 어떤 것을 돌려받을 것이라는 기대감 없이 구제한다면 아무것도 돌려받지 못할 것이다. 이상하게도 이런 악이 오늘날 널리 퍼져 있다. 누가복음 14:12-14의 말씀도 이와 관련이 있다. "네가 점심이나 저녁이나 베풀거든 벗이나 형제나 친척이나 부한 이웃을 청하지 말라. 두렵건대 그 사람들이 너를 도로 청하여 갚음이 될까 하노라. 잔치를 베풀거든 차라리 가난한 자들과 몸 불편한 자들과 저는 자들과 맹인들을 청하라. 그리하면 그들이 갚을 것이 없으므로 네게 복이 되리니 이는 의인들의 부활시에 네가 갚음을 받겠음이라." 오늘날 이것만 지켜진다면 얼마나 많은 끔찍한 악을 교회가 면하게 되겠는가! 그러면 변호사들이 그렇게 많은 사례와 팁을 받게 되겠는가? 호의를 사는 이러한 관행은 전 사회 계층에 두루 퍼져 있다. 틀림없이 이런 종류의 구제는 때때로 큰 기쁨을 주지만 돌려받는 것은 언제나 훨씬 더 큰 기쁨을 준다. 이것은 특히 위에 있는 사람들보다 밑에 있는 사람들에게 적용된다.

사도의 명령이 깨지는 두 번째 경우는 상위 계층에 속한 사람이 자기 밑에 있는 사람들에게 베풀 때나 같은 계층의 사람들끼리 주고받을 때이다. 이것은 훨씬 더 큰 기쁨을 준다. 왜냐하면 이것이 자랑과 허영을 위한 좋은 기회가 되기 때문이다. 이런 경우에는 진실로, "주는 것이 받는 것보다 복이 있다"(행 20:35)고 그들의 자만으로 그들은 생각한다. 자신들이 하나님과 비슷하다고 생각한다.

---

32. "*Mos nunc est genti, quod panis praepetur habenti.*"

33. 즉, "*Geschenk und Ehre.*" 이런 말들은 루터가 자신의 서신에서 인용하려고 했던, 본문에서 인용된 라틴어 속담에 해당되는 독일어 속담을 가리키는 말들이다.

이렇게 드러내놓고 구제하는 것은 내게는 옳게 보이지 않는다. 왜냐하면 사도가 말씀의 교사들과 교회의 지도자들이 마땅히 받을 것에 대해서 얘기했기 때문이다. 그는 갈라디아서 6:6에서 다음과 같이 말했다. "가르침을 받는 자는 말씀을 가르치는 자와 모든 좋은 것을 함께 하라." 분명히 이것은 위선이 아닌 성실한 마음으로 행해져야 한다. 이스라엘 자손들도 "너는 삼가 네 땅에 거주하는 동안에 레위인을 저버리지 말지니라"(신 12:19)는 명령을 받았다. 그러므로 사도는 갈라디아서 6:7에 덧붙여 말하고 있다. "스스로 속이지 말라. 하나님은 업신여김을 받지 아니하시나니." 사도가 고린도전서 12:28에서 염두에 둔 것이 바로 이 은사라고 나는 생각한다. 사도는 여기서 말씀과 기도에 헌신하는 교사와 지도자들에게 합당한 병 고치는 은사와 서로 돕는 은사[34]에 대해 말하고 있다. 왜냐하면 주님이 그들의 분깃이고(민 18:20; 시 73:26) 일꾼이 그 삯을 받는 것이 마땅하기(딤전 5:18; 마 10:10) 때문이다. 평범한 사람들은 이것을 "*eyn gnade adder fruntschaft*"[35]라고 부른다. 나는 일꾼의 명단에 기독교 설립자들과 우리 시대에 매우 흔해진 성자들[36]도 넣어야 할지 말아야 할지 모르겠다. 왜냐하면 그들에게 기부한 사람들은 명예와 영광을 얻는 데에 주로 관심이 있었고, 자신들에게 고마워하는 사람들에게 어떤 부담을 지우면서 영원한 보상뿐만 아니라 일시적인 보상도 바랐기 때문이다. 미래의 영광을 위해서 구제하는 사람들도 있다. 그들은 자신들이 성실히 베풀며 방금 언급한 사람들보다 자신들이 더 신실하다고 믿는다 (왜냐하면 그들은 영원한 보상을 얻기 위해서 일시적인 보상을 받는 것같지 않기 때문이다. 그러나 그들은 마치 자신들이 미리 예상한 만큼 오지 않았거나 미리 정한 방식대로 하지 않으면 정당한 대가를 못 받기라도 하는 것처럼 성가대가 노래를 어떻게 할 것인지에 대해서 미리 정해둔다. 그러나 예전에는 대학 교회들[37]에서 볼 수 있듯이 성가대가 어떤 특정한 사람들의 이름으로 구성된 것이 아니었다). 그러나 그들도 기여하고 있는 것이다. 하나님의 영광을 위해 성실히 하는 것은 아니지만 장차 천국에서 받을 보상을 위해서 하고 있는 것이다. 그들은 대가를

---

34. 이것은 에라스무스의 해석이다.

35. "Eine Gnade oder Freundschaft."

36. 루터는 여기서 아마도 프리드리히 3세(Elector Frederick the Wise)가 비텐베르크에서 모든 성도들에게 준 은사를 생각하고 있을지 모른다.

37. 루터는 여기서 명백히 15세기 말에 독일에서 더욱 흔해지게 된 교회 봉사 활동 중 특정한 수와 종류의 찬송가를 부르도록 하는 관행에 대해 말하고 있는 것 같다. 기부자들은 이런 목적으로 기관을 설립하거나 기금을 제공한다. 루터는 아마도 비텐베르크 올 세인트(All Saints) 교회에 있는 그런 성가대나 작센 마이센(Saxony Meissen) 성당에 있는 "영원한 성가대"를 생각했을지 모른다. 이 성가대의 노래를 설립자들은 그 조상들을 기념하는 영원한 기념물로 생각한다.

받을 가능성이 없는 일에는 자신의 은사를 발휘하지 않는다. 그러므로 이것은 헛된 기대이다. 왜냐하면 그들은 이중성으로부터 자유로울 수 없기 때문이다. 그러나 그들이 이런 문제는 조금도 생각해 보지 않고 마치 확실히 대가를 받게 될 것처럼 안심하고 살아갈 수 있다. 자신들이 자기의 상을 이미 받았다는 사실을 모른 채로(마 6:2; 5:16) 말이다.

분명히, 나는 그들이 이미 충분히 받았으나 파괴해도 괜찮은 그런 것을 회복하기 위해서 또는 예전 기반을 더 넓혀가기 위해 구제하는 것을 더 좋아하는 한 그들이 하나님의 영광을 위해서 구제했다고 생각하지 않는다. 그러나 하나님을 예배하고 경배하는 것이 마치 장사하는 일처럼 되어 버렸다.

"다스리는 자는 부지런함으로"(롬 12:8)

그러나 오늘날은 다음과 같다. 영적으로 다스리든 세속적으로 다스리든 오늘날 다스리는 자는 사치와 안이함으로, 부와 쾌락으로, 명예와 영광으로, 그리고 권력과 공포로 다스리고 있다(이에 관하여 에스겔 34:2-4에서는 다음과 같이 말한다. "자기만 먹는 이스라엘 목자들은 화 있을진저… 너희가 살진 양을 잡아 그 젖을 먹으며 그 털을 입되 양떼는 먹이지 아니하는도다. 너희가 연약한 자를 강하게 아니하며 병든 자를 고치지 아니하며 상한 자를 싸매 주지 아니하며 쫓기는 자를 돌아오게 하지 아니하며 잃어버린 자를 찾지 아니하고 다만 포악으로 그것을 다스렸도다." 이 말씀들이 사람을 떨게 하고 머리가 쭈뼛 서게 하지 않는가?). 이 계명을 어기는 자들은 바로 이런 종류의 사람들이다. 이들은 야곱의 사닥다리를 타고 천사들이 내려온 것처럼(창 28:12) 내려가기 위해 오르지 않는다. 왜냐하면 올라간다는 것은 다스리는 것을 의미하고 내려간다는 것은 부지런함을 의미하기 때문이다. 높여진 모든 사람이 자신을 위해 아무것도 구하지 않고 자신을 위해 살지 않도록 하기 위해, 오히려 자신이 자신의 종들의 종으로 세워졌다는 것을 인식하도록 높여졌을지라도, 그들은 섬기기 위하여 다스리지 않는다.

사도가 여기서 말하고 있는 것처럼 모든 다스리는 자가 갖추어야 할 분명하고 구분된 자질은 근면함이다. 게다가 오직 자신과 자신의 것에 신경 쓰지 않는 통치자만이 다른 사람들과 관련하여 근면할 수 있다. 왜냐하면 근면은 사람으로 하여금 자신의 것에 신경 쓰지 않게 만든다. 잘못된 근면은 잘못된 방식으로 올바른 근면은 올바른 방식으로. 그러므로 다스리는 자가 자신에 대한 염려 없이 근면함으로 다스리게 해야 한다.

"긍휼을 베푸는 자는 즐거움으로 할 것이니라"(롬 12:8)

고린도후서 9:7에서는 "각각 그 마음에 정한 대로 할 것이요. 인색함으로나 억지로 하지 말지니 하나님은 즐겨 내는 자를 사랑하시느니라"고 말하고 있다. 이것은 사도가 이전에 구제하는 자는 성실함으로라고 말한 것과 다르다. 왜냐하면 그때는 사람이 대가를 받을 것을 기대하고 주는 것이었지만 여기서는 가난하고 궁핍한 사람들에게 주는 것을 말한다.

리라가 매우 신경 썼던 문제, 즉 이 선행의 목록이 왜 특정한 순서로 되어 있는지에 대한 문제를 무시해도 괜찮을 것이라 생각한다. 각 선행들을 따로 떼어서 생각하면 전체 문맥의 진정한 의미를 잃게 되기 때문이다. 리라가 성경을 부분으로 나누어 각 부분에 어마어마한 지식을 끌어다가 자신이 가장 탁월하게 해설할 수 있다고 생각하고 그렇게 할 때마다 이런 의문들이 발생하기 때문이다.

그렇게 하지 않으면 수치를 느끼거나 또는 뭔가 위험을 감지하기 때문에 궁핍한 사람들을 도우려 하는 사람은 긍휼을 베풀 때 즐거움으로 하지 않는다. 그래서 오늘날 많은 사람들이 모금함에 기부를 하지만 그로 인해 아무 유익도 얻지 못한다. 왜냐하면 그들은 자신의 의지에 반해, 즉 기쁨 없이 기부했기 때문이다. 없어 보이거나 냉정해 보이거나 긍휼이 없어 보일까 두려워 모금함에 기부한 사람들도 마찬가지이다.

"사랑에는 거짓이 없나니"(롬 12:9)

이 두 용어 간의 연관성은 꼭 필요하고 가장 중요한 것이다. 거짓으로부터 가장 자유롭고 가장 순수해야만 하는 것은 사랑밖에 없기 때문에, 거짓에 의해 가장 쉽게 더럽혀질 수 있는 것도 사랑이다. 그 어떤 것도 사랑만큼 거짓을 싫어하는 것이 없고, 그 어떤 것도 사랑이 견뎌 내야 하는 것만큼 거짓을 고통스러워하는 것도 없다. 이런 이유에서 사람들의 입에 오르내리는 속담이 있다. 당신은 아무도[38] 믿을 수 없다. 또한 설교자[39]들의 말에 누가 신실한 사람을 발견할 수 있는가? 모든 것이 볼연지에 가려져 있고 우정이란 가장 아래 숨겨져 있다.

실제로, 두 종류의 위장된 사랑이 있다. 첫 번째로, 겉으로는 사랑인 것처럼 나타나지만 속에는 진짜 증오가 숨겨져 있는 경우이다(이 경우는 상급자에 대한 하급자의 관계, 동급자 간의 관계에서의 특징이다). 여기에서 우리는 두 가지 구분을 해야 한다. 사무엘하 3:27처럼 아브넬을 무너뜨린 요압처럼 고의로 위장하는 사람들이 있다. 폄하하는 자들, 속이는 자들, 추문을 퍼뜨리는 자들, 일구이언하는 배반자들이 여기에 속한다. 그러나 이는 알 수 없는 어리석은 위장이기 때문에 사도가 여기에서 말하는 것이 이런 종류의 위장을 말하는 것은 아니다. 오늘날 이런 악은 도처에 퍼져 있고 더러움[40]으로 만연해 있다.

그리고 자신도 모르게 행하는 자들이 있다. 그들은 시련과 역경이 그들의 사랑하는 사람에게 닥칠 때까지 깨닫지 못한다. 오비드(Ovid)가 말하듯이 행복할 때는 많은 친구들이 있지만, 어려운 시기에는 당신 혼자뿐이란 걸 발견하게 된다.[41]

사도들조차도 그리스도의 고난의 시기에 그러하였고, 다른 성자들도 마찬가지였다. 이런 위장은 너무 깊어서 내재된 그 위장을 인식하는 사람은 거의 없다. 감히 말하건대, 많은 이들이 그렇게 생각하지 않을지라도, 아무도 이 위장으로부터 자유로울 수는 없다. 그리스도와 함께 생활함으로 강건해졌던 사도들보다 더 완전할 수 있는

---

38. "*Nusquam tuta fides.*"
39. 루터는 "*Ecclesiastis*"라고 썼으나, 잠언 20:6에서 인용했다.
40. "*Quamquam toto gurgite hoc vitium grassatur hodie.*" 피커 생각에 이 용어 "소용돌이"(*gurges*)는 루터 시대의 계시록 연설의 부분이다. 그는 로마서에서 "*quasi gurges flatitiorum*"이라고 표현했다.
41. 오비드, *Tristia*, I, 9, 5.

사람이 누가 있겠는가?

　두 번째로, 거짓 사랑을 숨기지 않거나 진짜 증오 자체를 드러내는 유형이 있다(이 유형은 하급자에 대한 상급자의 관계 그리고 동급자 간에 관계에서의 특징이다). 이런 사랑 역시 두 종류가 있다. 이웃이 자신에게 커다란 해가 되는 잘못이나 죄를 짓는 것을 그들 자신의 눈으로 볼 때, 그 이웃을 꾸짖거나 책망하여 고쳐 줄 수 있는 힘이 있음에도 그렇게 하지 않는다. 그러나 이런 유형의 위장된 사랑은 너무 사소하면서도 흔해서 이 서신에 이런 구절을 쓰고 있는 사도마저도 그러한 마음을 가졌었다는 것이 믿을 수 없다. 그러나 스스로는 깨닫지 못한다 할지라도 이런 위장을 행하는 많은 사람들이 있다. 어떤 사람들은 자신도 모르게 이런 위장된 사랑을 나타낸다. 그들은 다른 사람들의 악을 마치 선인 양 칭찬한다. 그들은 겸손의 높은 정도에 달해서 분명한 악을 선처럼 해석하기도 한다. 그들은 칭찬에는 빠르나, 그 칭찬이 옳은 것인지를 증명하는 것에는 느리다. 그 칭찬이 아주 악한 것으로 바뀔지라도, 또 악이 선의 얄팍한 위장에 가리워져 있다면, 실제로 선의 어떤 증거를 볼 수 없을지라도, 사람은 칭찬할 것을 찾을 수 있다. 이 경우에 좋은 것을 취하고 모든 것을 헤아리지 않고(살전 5:21), 표면적인 멋진 인상에 만족하여 서둘러 좋은 것을 말하고는 친구로 사귄다. 그렇게, 첫 번째 유형의 사람들은 선을 행하지 않고, 두 번째 유형의 사람들은 악을 행하지 않지만, 사랑은 두 가지 모두가 요구된다. 전자는 악을 행하고 후자는 선을 행하지만 이 둘은 사랑을 거스르는 것이다. 이 둘 사이에 있어 중립주의자[42]들은 그들 나름의 방법이 있다.

　압살롬처럼(삼하 13:22), 그들은 선에 대해서도 악에 대해서도 말하거나 행동하지 않는다. 오늘날의 신학자들이 그러하다. 그들은 '이끌려진 행위'[42a] 안에서 견고하고 안전하게 서 있고, 결코 효과적인 행동은 하지 못한다. 그들의 이웃이 건강하고 잘 살기를 기원하고, 그들 동료의 악, 혐오, 비난을 거절함으로 자신들이 최선을 다했다고 생각한다. 그리고 '이끌려진 행위'에 의해서만 그들은 이 모든 것을 행한다. 이끌려진 행위가 아니면, 그들은 아무것도 하지 않고, 앞에서 언급한 시뮬레이터처럼 행동한다(더 나아가, '이끌려진 행위'에 의해 누군가의 건강을 바라는 것은 위장된 사랑이라고 나는 주저 없이 말한다).

---

42. "*Neutrales.*"

42a. "*In actibus elicitis.*"

"악을 미워하고 선에 속하라"(롬 12:9)

악한 것을 사랑하고 선한 것을 미워한다고 말하는 사람은 아무도 없다. 그럼에도, 사도는 이 계명이 헛되지 않길 바라는 것은, 인간은 악한 것에 치우치고 선을 행하는 것에 주저하기 때문이다. 기쁘게 하는 것은 선이고, 불쾌하게 하는 것은 악이라고 모든 사람이 부르기 때문에, 감정은 우리가 깨닫지 못하는 가운데 선과 악을 방어하도록 이끈다. 그가 말하고자 하는 것은 "범사에 헤아려 좋은 것을 취하고"(살전 5:21)의 계명처럼 바로 보이는 좋은 것의 겉모습을 붙잡을 줄 알아야 한다.

여기서 새 사람으로의 선과 새 사람으로의 악 모두를 이해해야 한다. 이제 선은 두 부분이고 악 또한 그렇다. 그중 하나는 보이지 않는 믿음 즉 하나님이고, 다른 하나는 보이는 것이다. 그것은 감각에는 나쁘고, 우리 안의 옛사람과는 반대로, 우리 안의 옛사람을 꾸짖고 선한 일들을 훈련한다. 또 반대로, 보이는 악은 우리의 옛사람에게 좋고 이해될 만한 모든 것이다. 예를 들면, 육체의 소욕과 영혼의 게으름이다. 두 가지 전부 하나의 다른 두 면이다. 하나는 자기 자신에게, 다른 하나는 이웃에게 연관되어 있다. 사도가 여기서 말하는 것은 후자에 관해서다. '위장됨 없이 사랑하는 것'의 의미는 만일 그것이 악이라면 이웃의 두려움이나 호의[43]에 상관없이 미워해야 하고, 선이라면 두려움이나 호의에 상관없이 선한 것을 붙잡아야 한다.[43a]

(악한 것을 '미워하기'란 표현을 쓴 것은 항상 악한 것이 있지만, 그 악을 이길 힘이 우리에게 있는 것은 아니다. 그러므로 피하고자 하는 악을 미워하고 다른 사람의 선에 자신을 맞추어라. 악은 미워하고, 선은 할 수 있는 곳 어디에서나 소중히 하고, 좋아하고, 부흥시키고, 선포하라. 때때로 사람들은 아무 일도 하지 않으면서 그저 악은 미워하고 선은 사랑한다. 마치 평화를 지키는 교회 사람들을 대항하여 격노하는 배움 없는 이교도들처럼…).[43b]

(만일 악을 미워하는 사람들이 높은 성직자와 왕자들의 법정에 있다면 교회는 운이 좋을 것이다. 그러나 오늘날은 반대의 경우이다. 이런 이유로 교회는 그들 자신이 악해서가 아니라 교회에서 발견될 수 있는 악을 미워하지 않는 비참한 상태에 있다.)

미움이나 선은 이 판단을 완전히 뒤엎는 개인에게 치중되는데, 예를 들어 로이힐

---

43. *"Sine adulatione et timore."*

43a. *"Sine simulatione et favore."*

43b. *"Ut in haereticis et obstinatis contra catholicos et mites frentibus."*

린과 쾰른의 신학자들의 경우에서 우리가 오늘날 볼 수 있다.[43c] 전적인 확신과 헌신이 없는 한 사람에게 우리가 사랑을 줄 때, 우리는 그가 무슨 생각을 하든지 방어할 준비가 되어 있다. 그러나 그 사람 안에 있는 선과 악을 어떻게 우리가 구별할 수 있는가에 대해 우리 자신에게 묻지 않는다. 우리는 그런 종류의 사람이 자신이 가진 선이나 악을 나타내길 원치 않기 때문이다. 이렇게 선한 것을 미워하고 악한 것에 집착하는 것이 위장된 사랑의 본성이다. 사실, 모든 종류의 사랑의 특징은 눈멀게 하는 것이 아닌가? 그러면 누가 눈멀지 않았는가? 사랑이 없는 사람— 감각적인 사랑 아닌— 은 누구인가? 죽은 사람은 제외하고 말이다.

"형제를 사랑하며"(롬 12:10)

그리스어 본문에 "형제애"는 "필라델피아"(philadelphia)이다. 따라서 "필라델포스"(philadelphos)는 "신도들을 사랑하는 사람" 또는 "그의 형제를 사랑하는 사람"을 의미한다. 그 때문에 사도는 그리스도인들 사이의 사랑은 이방인이나 적에게 보여 지는 사랑보다 특별한 부류이어야 하고 더 완전해야 한다고 말한다. 사도는 갈라디아서 6:10에서 "그러므로 우리는 기회 있는 대로 모든 이에게 착한 일을 하되 더욱 믿음의 가정들에게 할지니라"고 말한다. 우리 번역에 쓰인 "사랑하기"는 그리스 본문에 "philostorgoi"; philos=amor[44]이다. *storges*는 보통 말에서 사용하듯이 "애정" 또는 "동정"을 의미한다. 그러므로 *philostorgos*는 형제애로 그가 사랑해야 할 누군가를 향해 부드러운 영향을 주는 사람이다. 사도는 *philadelphia estote philostorgoi* 즉 "형제간의 사랑은 서로에게 부드럽게 영향을 주는 것"이라 말하면서 사랑을 의미하는 이 두 단어를 함께 사용하여 더욱 강조한다.

43c. 참고 루터의 로마서 11:22 주석.

44. 필로스(*philos*)를 아모르(*amor*)로 번역하는 것은 중세 시대에는 흔한 일이었다.

"서로 우애하고 존경하기를 서로 먼저 하며"(롬 12:10)

사도는 빌립보서 2:3에서 "겸손한 마음으로 나보다 남을 낮게 여기고"라고 말한다. 그리고 누가복음 14:10에서 주님은 "청함을 받았을 때에 차라리 끝자리에 앉으라"고 하신다. 그는 동료들에 대해 높은 우애와 배려가 마음속 깊은 곳에서 표현된 것이 존경이라고 말한다. 존경은 대부분의 경우 과장되거나 자비와 함께 보여진다. 사람은 자기가 베푼 존경을 되돌려 받고 싶어 한다. 돌려받지 못할 경우 존경을 베푸는 일에 게으르거나 중지하게 된다. 각자 스스로를 남보다 높이 여기라고 말하지 않고, 서로가 자신보다 남을 낮게 여기라고 사도가 말한 이유가 여기에 있다.

그러나 자기 스스로를 부인하는 것 없이는 이런 종류의 존경을 남에게 표현할 수 없다. 나아가 자기 스스로는 부끄럽게 느끼기까지 겸손하고, 다른 사람은 나보다 존경할 만한 가치가 있다고 인정하는 데까지 가야 한다.

다시 말하면, 겸손한 사람만이 다른 사람을 존경 할 수 있는 것이다. 교만도 마찬가지로 존경을 주지만, 겸손이 존경을 행동하는 반면, 교만은 존경을 주고 난 다음에 따른다. 교만은 존경보다 앞서기를 원하지만, 겸손은 존경이 따라오는 것은 원하지도 않으면서 다른 사람들보다 앞서 의무를 행한다. 다른 이들에게 존경을 양보하는 것은 얼마나 아름다운 섬김인가! 우리의 육체로 남에게 어떤 것을 주거나 하는 일보다, 자기 자신에 대해서 아무 이익 없이 나보다 남의 모든 것을 높게 여기기는 어렵다.

어떤 이들은 존경이 자신에게로 보답되기를 기대하며 빠르게 존경을 표현한다. 이방인들도 그랬다. 로마 도미티우스[45]는 말하길 너희들은 내가 상원의원인지 모르는데 왜 나는 너희가 왕자인지 알아봐야 하느냐? 이는 그리스도인이 아니고 이교도들이 하는 말이며, 우리는 누가 먼저 존경을 표시하고 누가 나중인가에 상관없이 서로에게 존경하기를 먼저 해야 한다.

---

45. 이 이야기는 키케로(Cicero, *De orat.*, 3, 4)로 돌아간다. 이것은 루터가 의지했던[참고 *Ep. ad Nepot.*, 52. 7(PL 22, 533f.)] 히에로니무스에 의해 보고된 것이다.

"부지런하여 게으르지 말고"(롬 12:11)

이것은 그리스어로는 "부지런하여", "열심으로", "봉사로 자진하여"이다.

사랑은 스스로를 위해서 무엇을 갖기보다는 다른 사람에게 속한 것에 대해 관심을 갖는 것임을 우리는 안다. 이제 사도는 어떻게 우리의 소유와 가진 것들을 다른 사람들에게 선물로 주고, 자비와 부지런함을 보여 주고, 또 어떻게 존경과 우리가 가진 열심을 보여 줄 수 있는지 가르치고자 한다. 우리 자신을 주고, 몸으로 그들을 돕는 행위로, 그들이 필요한 것들을 돕고, 봉사하고, 구조하는 것 등이 우리가 해야 할 일임을 말한다. 압살롬파(Absalomites)는 반대로 행한다. 즉 "화평의 아버지"[46]는 다른 사람을 돕는 일로 방해 받고 싶어 하지 않는다. 만일 그들이 다른 이들을 돕는다면 그들은 마지못해 억지로 할 것이고, 그것은 법정 용어로 하면, 합법적인 행동에 걸 맞는 비슷한 기업을 받을 것이다.

"열심을 품고 주를 섬기라"(롬 12:11)

이 명령은 잠들어 있고 게으르며, 어떤 일에도 재미를 못 느끼는 사람들 때문에 깨어졌다. 무슨 일을 하던지 소용없는 일로 판명되었다. 잠언 18:9에서 "자기의 일을 게을리 하는 자는 패가하는 자의 형제니라." 이런 종류의 사람은 사람에게도 게으르고 하나님께 아무것도 아닌 사람이다. 요즘 누구나 하는 경험은 숙련공을 고용했더니 그가 잠자며 일한다는 것이다. 사실 승려나 사제는 기도하는 중에 자주 졸며 실제 잠들기도 한다. 내가 그들의 정신적인 게으름에 대해 말하지 않겠지만, 그들은 무엇을 하든 게으르다.

선한 일을 행함에 게으름이나 따분함의 큰 죄를 사도는 이 문자에서 꼬집어 쓰

---

46. 압살롬파(Absalomites)가 해석한 "평화의 아버지들"은 문자적 어원(참고 Augustine, *Enarr. in Ps.*, 3, 7)에 의해 해석했다. 참고 로마서 12:8에서 압살롬에 대한 루터의 주석은 사무엘하 13:22의 '압살롬이 암논을 미워했기 때문에 암논에 대하여 잘잘못을 말하지 않았다'를 염두에 두었다.

고 있다. 그리스어 'akēdia'나 'acedia'는 '지루한', '까다로운', '똑같은'을 의미한다. 이 죄악은 너무 넓게 퍼져 있어서 누구도 자신이 그 죄악에 오랫동안 물들어 있다고 생각하지 않는다. 만일 어떤 사람이 정신적으로 열정적이지 않으면 육체로도 열정적 일 수 없다. 정신이든 육체이든 둘 중에 하나는 열정으로 타 올라야 한다. 하나가 열정으로 타오를 때, 다른 하나의 열정이 차가워져서 죽게 된다. 유혹의 시험일 때는, 하나님은 육체의 소욕 가운데 정신의 열정으로 일을 감당하므로, 소용없는 일이 된다. 예를 들어 어떤 게으른 요리사가 이런 식으로 이미 준비한 식사를 차갑게 해서 제공한다면 누가 그를 미워하지 않겠는가. 그것이 당연하지 않은가?

"주를 섬기라"(롬 12:11)

이것은 직접적으로 탐욕, 세상, 그들 자신의 욕심을 섬기는 것뿐 아니라, 더욱 강조하는 바는 어떤 사역을 위한 선한 일에 순종하도록 부르심을 받은 일에 강력히 저항하는 것도 포함된다. 주님께 드려질 단단히 매여 놓은 나귀를 가졌던 성경의 사람처럼(마 21:2; 막 11:2; 눅 19:30), 그들은 자신의 목적으로 옷 입고, 하나님의 일이나 다른 성스러운 이유일지라도, 그 일에 부름 받지 못한다. 따라서 그들은 주님보다는 그들 스스로에게 충성한다. 그들이 선택하지 않으면 하나님의 뜻이 무엇이든지 순종할 준비가 되어 있지 않다. 그들은 핑계하기를, 다른 곳에서 일하기 위해 내가 지금 하고 있는 것을 떠나는 것은 옳지 않다고 말한다. 내가 생각하기로, 이런 종류의 사람들은 많은 수의 왕자들로, 그들은 항상 교회에 있으면서도, 법정에 있고 싶어 하는 높은 관료들이다. 프리드리히 3세[47]와 그의 관리들이 같은 경우이다.

그들을 찾으면 그들은 없다. 하나님이 찾을 때 그들은 떠나 있으면서 말하길, '아, 하나님께 기도하고 충성해야 하는데!'라고 한다. 얼마나 어리석은가! 하나님을 섬기기 위해 그들은 하나님을 거절한다. 하나님께 충성하는 것은 주님이 부르시는 그곳에 충

---

47. 즉, 루터의 군주, 프리드리히 3세, 에른스타인 작센 공작.

성되게 머무르는 것임을 그들은 모른다.

"소망 중에 즐거워하며"(롬 12:12)

이것은 현재 경험과 지식으로 즐거워하지 말라는 의미이다. 기쁨은 두 가지가 있다. 하나는 보이는 기쁨이며, 안과 밖으로 어떤 식으로든 알게 되는 기쁨이다. 하지만 이 것은 일시적이기 때문에 헛된 기쁨이다. 다른 하나는 보이지 않는 기쁨인데, 믿음으로만 가능하다. 이 기쁨은 진짜이며, 영원하고, 머무르는 기쁨이다. 소망이 없다면 이 기쁨은 실제가 될 수 없다. 절망하고 의심하는 어떤 일에 대해 누가 기뻐할 수 있는가? 사도는 그리스도인이면, 어떤 특별한 일을 기대해서가 아니라, 항상 기뻐하라고 한다. "애통하는 자는 복이 있"(마 5:4)기 때문에, 특별한 일은 바로 지금 여기에서 소망 중에 기뻐하는 것이다. 우리가 욕심이나 의지하는 것이나 기뻐하는 것 모두를 포기한다면 소망을 가질 수 있고, 따라서 그 소망을 통해 기쁨을 가질 수 있다. 더욱이 이 세상에서는 많은 염려 때문에 기뻐할 수 없도록 우리는 갇혀져 있다. 이것들 모두를 기쁘게 견딘다면, 우리는 소망을 얻고 소망을 통해 기쁨을 얻는다. 그는 계속해서 다음과 같이 말한다.

"환란 중에 참으며"(롬 12:12)

로마서 5:3-5에서 "환란은 인내를, 인내는 연단을, 연단은 소망을 이루는 줄 앎이라 소망이 우리를 부끄럽게 하지 아니함은." 즉 그것은 기뻐하고 쾌활하며 확신이 있다. 그러나 우리의 신학자들은 있는 그대로가 아니고 '이끌린 행동'[48]에 의해 제한된 소망

---

48. 참고 Ockham, III *Sent.*, q. 8, *H ad tertiam*; Pierre d'Ailly, III *sent.*, d. 26, q. un., Biel, III *Sent.*, d. 26, q. un., a. 2, concl. 3.

을 갖는다. 그래서 입술로는 말하지만, 그들 중 누구도 진짜 소망이 무엇인지 알지 못한다. 우리가 믿고, 의지하는 모든 일들이 잘 되어 가고 있을 때에도, 우리에게 소망의 행동을 유도하라고 그들은 말한다. 그런 유도된 행동으로는 소망의 맛조차도 볼수 없다. 소망은 사람의 내면의 것들, 그가 의지해 온 모든 좋은 것들, 모든 모양의 악한 것들을 벗겨 낸다. 그때 인내가 필요하고, 소망을 만들어 낸다.

"기도에 항상 힘쓰며"(롬 12:12)

이것은 기도 중에 시편을 그냥 단순히 읽고, 읽고 있는 것에 마음을 두지 않는 사람들에게 직접적으로 거스르는 말이다. 나는 교회에서 기도들이 도움보다는 거침이 되는 것이 두렵다. 첫 번째, 시편을 그저 읽어 나가고, 읽고 있는 그곳에 우리의 마음이 없으면 하나님을 방해하는 것이다(마 15:8; 사 29:13)에서 '이 백성이 입술로는 나를 공경하되 마음은 내게서 멀었도다'라고 하나님 스스로 말씀하셨다.

　두 번째, 시편을 읽을 때 마치 이미 기도를 한 것처럼, 안전하고 평화롭다고 느끼도록 속이게 된다. 나아가 진짜 기도하려는 노력도 하지 않고, 우리의 기도가 완벽한 방법이라고 믿으며, 진짜 기도를 드린 것이라고 생각함으로, 더 이상 두려워하지도 않는다는 것이다. 이 일은 우리를 심각한 위험에 빠지게 하며, 그리고 그 후에 위험의 보답으로 오락과, 안전한 세금, 주택, 그리고 사람들의 장려금 등에 소비한다.

　'항상'이란 말을 쓴 이유는 모든 사람이 조심해야 하기 때문에, 특히 성직자들이 꼭 듣고 두려워해야 하기 때문이다. 기도에는 끊임없는 노력이 반드시 요구된다는 것은 꼭 필요하고 중요한 경고이다. 과거 조상들이 말하길 '기도[49]보다 어려운 노동은 없다'라고 했다. 사제직에 들어가고자 하는 사람이 있다면 첫째로 생각해야 하는 것은 어떤 노동보다 힘든 노동, 즉 기도이다. 기도는 부드럽고 상한 마음과 높고 정복하는 정신을 요구한다. 이 관점에서 법학자[50]의 아주 좋은 설명을 소개하면, 그들은 몇

---

49. 참고 *Vitae Patrum V, Verba Seniorum* XII, 2 (PL 73, 941).

50. "*Iuristae.*"

시간을 기도[51]했다고 하지 않고, 읽거나 말하거나 한다. 그리고 그들은 교회법의 모든 단어들의 무게를 잰 지식으로, 기도 시간에 안전하게 잠잘 수 있다.

그러나 교회법의 시간과 상관없는, 기도에 관한 중요한 것들을 말하고자 한다.

기도는 입으로 하는지 또는 정신[52]으로 하는지의 두 가지가 있다.

습관상 말하는 '음성 기도'라고 하는 데는 '가상의 의도'(virtual intention)[53]로 충분하다. 게으름과 나태를 감추기에는 너무나도 좋다! 이 방법을 택한 사람은 기도의 좋은 의도에 자신을 먼저 묶어, 그것에 의지하곤, 더 이상의 노력을 포기한다.

이 음성 기도의 주의 깊은 연습은 세 가지 면이 있다. 한 면은 재료(감각)에 대한 주의이다. 이 사람은 단어에만 주의한다. 수녀[54]와 그밖에 주님의 기도조차도 이해하지 못하는 단순한 부류의 사람들이 이 방법으로 기도한다. 기도라기보다 그저 일 일뿐인 이 기도는 직접적인 기도라 할 수 없고, 외부 감각으로 드리는 기도이며, 좋은 일은 모두다 기도로 불릴 수 있는 것과 같은 의미의 기도이다.

이렇게 기도하는 것은 그저 순종을 행동으로 옮긴 것 이상의 아무것도 의미가 없다. 그래도 이 순종은 아마 하나님 입장에서는 허용하실 것이다. 이런 기도는 무시되어지지 않고, 순종의 행위를 구성하지는 않더라도 여러 면에서 좋다. 첫째로, 소리 내어 영의 명료함[성령의 임재 아래에서 영으로 찬송(고전 14:15) (이것은 사울 앞에서 다윗이 하프를 연주한 것을 연상한다)]을 크게 말할 때, 악한 길에서 멀리 떠나게 된다. 따라서 우리가 많은 예에서 배우는 것은 하나님의 말씀이 크게 말하여질 때(고전 14:2로 "방언을 말하는 자는 하나님께 하나니"), 악한 영은 그것을 견딜 수 없다는 것이다. 둘째로, 사람이 그 말을 이해하지 못하더라도, 신성한 말은 영에 영향을 준다(이것은 본성이다). 이유는 그것이 "은혜를 입술에 머금으니"(시 45:2)와 "네 입술에서는 꿀 방울이 떨어지고"(아 4:11)처럼 은혜의 말이기 때문이다. 셋째로, 기도는 지적 능력과 다른 것으로(이것은 엘리야의 기도[55]의 심볼이다), 바꿀 수 없는 그 상황

---

51. "*Orationes horarias*."

52. 스콜라 학파는 *oratio vocalis*와 *oratio mentalis*를 구분한다.

53. 참고 Garcia, *Lex. Scholast.*, 359ff.

54. "*Moniales*."

55. 참고 열왕기하 3:15. 만약 루터가 이 구절을 참고했다면, 아마도 리라의 주석을 염두에 두었을 것이다. 리라의 설명에 의하면, 예언의 영이 언제나 예언자의 마음을 감동하는 것은 아니다. 이 말은 헌신의 마음을 자극할 수 있다. 또 이 헌신은, 그들이 하나님께 찬양하기 위해 악기를 연주할 때 그 멜로디에 의해 일어날 수도 있다. 엘리사는 그런 종류의 음악을 요청했다. 참고 Ficker, p. 467, n. 13.

에 맞는 느낌을 주기 때문이다.

넷째로, 이 방법으로 기도하는 사람이 기도하는 사람의 음색의 특성[56]을 이해하지 못할지라도, 그와 상관없이 많은 사람이 감명을 받는 것으로 그들의 영이 하나님께까지 올려지기 때문이다. 또한 지적 깊음으로 하는 기도가 있다. 이 기도는 직접적으로 말의 의미와 중요성에 집중한다(마 25:14). 모든 이들이 하나님께 소유를 맡김과 같이, 교육받고 지적인 사람들이 이 기도를 훈련해야 한다.

다음은 영적으로 또는 애정적인 주의 깊음으로 드리는 기도이다. 직접으로 그의 관심을 자기 느낌의 목소리나 영적 단어들로 드리는 이 기도는, 슬펐던 일로는 한숨짓고, 기뻤던 일로는 기쁨을, 영광의 기쁨으로는 외치며 기도의 말들 구석구석에 넣어 하나님께 드리는 참 기도이다.

이 두 가지에 대해 사도는 고린도전서 14:15에서 "내가 영으로 기도하고 또 마음으로 기도하며"라고 말한다. 그가 '영으로 기도하고'는 이해를 추구하지 않고 감정적인 부분을 자제하면서 드리는 기도로, 헌신된 수녀나 버려진 사람들이 훈련하곤 했다. '마음으로 기도하고'는 지적인 주의 깊음을 의미하며 영으로 기도 하지 않고도 성취될 수 있다.

영으로 드리는 기도는 마음[57]이 아닌 영적으로 하나님께 기도하는 것이다.

사도가 우리에게 권하는 기도는 '쉬지 말고 기도하라'이며, 그리스도인들은 기도를 열심을 가지고 자주 훈련하라고 말한다. '항상'은 '어떤 일에 계속해서 관여하라'는 뜻뿐만이 아니라, '압박을 가하여', '보다 더 빠른 속도로', '성실함으로'라는 뜻까지 포함한다. 따라서 그리스도인들은 가장 많은 노동과 노력이 요구되는, 기도보다 더 능숙해야 하는 것은 없을 정도로 기도함으로, 가장 효과적이고 가장 아름다운 열매를 맺어야 되는 이유이다. 마태복음 11:12에서 "천국은 침노를 당하나니 침노하는 자는 빼앗느니라"고 말씀하신 것처럼, 내 생각에는 기도가 하나님께 올려질 때, 그것은 실로 계속해서 하늘을 침노하는 영의 행동이다. 이 행동은 파도를 가르며 계속 전진하는 배와 비교될 수 있다. 이 때문에 축복의 사람 마틴은 무적의 정신을 가졌고, 결코

---

56. *"Affectum."*
57. 중세 시대에는 흔히 기도를 이렇게 정의했다. 이것은 다마스커스의 요한에게서 유래했다.

기도[58]를 쉬지 않았다.

분명한 것은, 성령이 은혜를 통해서 우리 마음을 높은 곳으로 이끄는 일이 일어날 때마다 이 강력한 행동은 부드러워져서 멈춰지고, 그때는 압박과 근심이 기도 안에서 피난처를 발견하게 한다. 이 두 가지가 없다면, 기도는 매우 어렵고 지루한 일이다. 그러나 그 효과는 엄청나다. 진정한 기도는 주님이 말씀하신 것처럼, "구하는 이마다 받을 것이요 찾는 이는 찾아낼 것이요 두드리는 이에게는 열릴 것이니라"(마 7:8)는 무제한적이다. 모든 사람은 기도가 악과 육에 대항하여 싸운다는 것을 깨닫고 담대하게 기도해야 한다.

기도하는 시간에 관해 얘기해 보자. 성경에 쓰인 방법은 무엇인가? 답은 이렇다. 교회는 지적이거나 호의적인 주의 깊음보다는 감각적인(개인의 기도는 소리 내어 말해야 한다 등등) 주의 깊음을 요구한다. 어느 정도 개인의 행동은 허용되지만. 기도의 능력은 어떤 개인이 기도의 이해나 경험을 갖도록 명령하는데 있지 않으며, 다만 상황에 맞게 공급되는 처방에 능력이 있다.

이런 이유로 만일 요즘의 사람들이 기도 시간을 그저 기부하는 것처럼 한다면, 그건 어리석은 일일 뿐이다. 그들은 엄청난 믿음으로 기도하는데, 무엇이 기도되고 있는지에 관심을 갖기보다는, 자기 자신들을 위한 기도를 얼마나 많이 하는 것에 집중하고 있다. 나아가 그들은 마치 기도를 사기 위한 힘이 그들에게 있다고 착각한다. 그들이 아무 조건 없이 그들의 은사를 드려서 기도할 수 있게 해달라고 기도한다면 얼마나 좋을까.

그들은 옛날 방식을 따라 기도한다고 생각한다.

하지만 그것이 사실이 아닌 것을 나는 안다. 우리의 조상들은 하나님의 영광을 구한 반면, 그들은 기도로부터 어떤 이익만을 구하려고 할 뿐이다.

또 여기에 기초한 말씀은 이것은 우리 영혼[59]의 구원을 위하여 이루어짐을 분명히 말한다. 하나님이 우리에게 은사를 주신 목적을 모르실 수 있는가? 또는 우리가

---

58. 성 마틴의 성만찬 예배 교창(Responsorium)에서는 다음과 같이 말한다. "Oculis ac minibus in caelum semper intentus. Invictum ab oratione spiritum non relaxabat"(눈과 손으로 그는 항상 천국으로 유도되어 간다. 그는 결코 기도의 천하무적 정신으로부터 쉬지 않는다). 참고 Ficker, p. 468, n. 8.

59. 이 양식은 비텐베르크 올 세인트의 모든 성도들의 자질과 관계된 서류들에서 자주 나타난다.

하나님의 영광을 위해서만 우리의 은사를 쓴다면 그가 우리에게 충분히 주시지 않겠는가? 우리가 나의 은사를 가지고 무슨 목적으로 쓸지 하나님에게 말씀 드리지 않았다면, 또 동역자들 앞에서 나 자신의 나팔을 불지 않았다면, 만일 나 스스로를 속인다면? 거짓 선지자로 돌아설 수 있는가? 나는 이 올 세인트 교회가 불행한 기초와 모든 성도[60]의 교회에 불러올 큰 재앙이 두렵다.

"성도들이 쓸 것을 공급하며"(롬 12:13)

오늘날 우리는 '성자'(saint)를 영광스럽게 축복 받은 자, 또는 '사도'로 이해하지만, 성경 전체는 성도를 예수님을 믿는 사람 모두를 말한다. 이것이 요즘은 누구도 사도, 즉 '더 이상 성도는 없다'로 부르지 않는 이유일 것이다. 그럼 왜 사도는 로마서 1:7에서 "성도로 부르심을 받은 모든 자에게", 고린도전서 7:14에서 "믿지 아니하는 남편이 아내로 말미암아 거룩하게 되고" 그리고 베드로전서 1:16에서 "내가 거룩하니 너희도 거룩하라"고 했을까? 그는 열정의 느낌으로 그리스도인들로 하여금 성도의 필요가 열정을 통한 일반적인 관심을 만들도록, 히브리서 10:33로 "혹은 비방과 환난으로써 사람에게 구경거리가 되고 혹은 이런 형편에 있는 자들과 사귀는 자가 되었으니" 등등 이라고 말한다. 이것은 성도의 필요를 보고도 그것을 부끄러워한 사람들이 무시해 왔다. 그러나 이 문장에서 깨닫는 것은, 그 효과가 의미하는 것이 희망이 없다는 것이다. 우리가 앞에서 얘기해 온 것["긍휼을 베푸는 자는 즐거움으로 할 것이라"(롬 12:8)]과는 다른 것을 의미한다. 거기서는 사도가 그들이 성도이든 아니든, 필요와 공급의 일반적인 것을 말하는데, 여기서는 박해 받은 자들, 소유를 잃은 자들에게 사람들은 동정 이외에는 아무것도 주지 않았다. 성인 안나스타샤와 성인 나탈리는 감옥을 방문했을 때 순교자들을 격려했다.[60a] 누군가 그들에게 무엇을 나눠 줄 수 있다면, 그들이 필요한

---

60. 루터는 새로운 빌딩을 생각한 것 같다. 1513–1514년, 프리드리히 3세가 비텐베르크에 성직 대표자와 아우구스티누스회 수도원 두 개 모두를 짓도록 주문했다.

60a. 참고 Ficker, p. 470, n. 11.

것이 많아서가 아니라, 그들의 고통이 의의 영광을 위해 필요하기 때문이고, 그 필요는 그들이 박해의 희생자였기 때문이다.

그러나 오늘날, 그 성도들은 분명치 않게 살고 있고 따라서 그들이 필요한 것을 알지 못한다. 필요한 것이 많은 사람들은 말하지 않고, 구걸하거나 가난을 대중 앞에 폭로하는 것을 부끄러워하며, 그런 사람들은 옛날 순교자와 같은 위치에 있다고 생각할 수 있다. 이 모든 것은 일시적인 필요를 말한다.

다른 것들은 정신적인 고난이다. 그들은 동료나 악의 영향을 받는 극심한 유혹의 시험에 있다. 우리는 그 시험이 너무 크므로 그들을 보호하고 위로해야 한다. 이 말은 '자비를 베풀고'에 포함된 의미 이상이다. 사도는 앞에서는 절약으로 고통 받는 가난한 사람에 대해 말했다면, 여기서는 가난과는 다른 고통을 겪는 사람에 대해 염려하고 있다.

"성도들의 쓸 것을 공급하며 손 대접하기를 힘쓰라"(롬 12:13)

디도서나 디모데전서에서 사도는 이 명령을 감독에게 하지만(딛 1:8; 딤전 3:2), 여기서는 모든 성도에게 말한다. "손님 대접하기를 잊지 말라 이로써 부지중에 천사들을 대접한 이들이 있었느니라"(히 13:2). 또는 다른 번역으로, 어떤 이들은 알지 못하는[61] 천사를, 즉 그들은 그들이 천사를 대접하고 있다는 것을 알지 못했다. 예를 들면 아브라함과 롯(창 18:2; 19:2)이 그랬다. 이런 일은 지금도 일어날 수 있다. 우리가 알지 못하는 상태에서 성도에게 대접을 베풀거나 또는 거절할 수도 있다. 나아가서 사도는 여기서 한 대접을 마음에 두는데 그것은 한 하숙집을 지불하는 한 사람이 아니라 자유롭게 확장한다. 그리스어로 *philoxenia*인데, "나그네들을 사랑하는" 또는 "나그네들을 돌보기를 좋아하는"의 뜻으로 *philoxenos*는 나그네들을 사랑하는 사람을 의미한다. 따라서 사도는 자비의 이유로 베푸는 대접보다는 그들의 마음에서 우러난 자유로운 사랑

---

61. 파버는 "*per hanc enim quidam latuerunt angelis hospicio receptis*"라는 번역을 선호했다. 에라스무스는 이 번역을 반대하여 *latuerunt* 대신 *placuerunt*를 사용했고, 루터도 이 의견에 동의했다.

으로 대접하기를 명령한다. 이것은 이교도들도 이런 대접을 한다. 말할 필요 없이 나쁜 일은 아니고, 제대로 하면 상 받는 일이다.

"너희를 박해하는 자를 축복하라 축복하고 저주하지 말라 즐거워하는 자들과 함께 즐거워하고 우는 자들과 함께 울라 서로 마음을 같이하며 높은 데 마음을 두지 말고 도리어"(롬 12:14-16)

사도는 높음과 겸손한 사람을 말하는 것이 아니라 어떤 일들을 말하는 것이다. 사도는 다른 성경에서도 같은 것을 말한다. "하나님께서 세상의 미련한 것들을 택하사 지혜 있는 자들을 부끄럽게 하려 하시고 세상의 약한 것들을 택하사 강한 것들을 부끄럽게 하려 하시며"(고전 1:27), "하나님의 어리석음이 사람보다 지혜롭다"(고전 1:25). 그가 말하려 하는 것은 너의 마음을 높은 곳에 두지 말고, 세상에서 높은 위치에 있는 사람들과 연관 지어 만족을 구하지 말며, 또 괄시 받는 그들과 함께하는 것을 슬퍼하지 말라는 것과, 단지 가장 중요한 관심을 겸손함에 두고 너 자신 스스로에 만족하라는 것이다. 복 받은 아우구스티누스가 생활신조로 삼았던 말은 부모가 유명한 부자라서 영광스러워 하지 말고, 가난한 형제[62]들과 친구가 되라는 것이었다.

　반드시 짚고 넘어갈 사실은, 우리 번역에서는 *"humile"*(humble)를 구별 없이 썼지만, 그리스어에선 tapeinōsis와 또 다른 tapeinophrosynē를 쓴다. *Tapeinōsis*는 겸손, tapeinos는 "겸허" 또는 "낮음"을 의미하므로, "tapeinōsis"는 반드시 겸손으로 번역되어야 한다. 누군가 라틴어에 특별히 예민한 사람이라면 "높음"이나 "고상"의 반대 의미가 겸손인 것을 안다. Tapeinophrosynē는 tapeinos와 phronein에서 유래된 단어이며, 그것이 의미하는 바는 "겸손한 일을 마음에 두다"[63]란 뜻이다. 그것은 어떤 사람이 하급, 또는 하급으로 괄시 받지 않으려고 하는 겸손이나 준비를 의미한다. 다시 말하면, 이것은 경멸의 기본과 표현에 대해 관심을 가진 어떤 사람의

---

62. 참고 *Regula Augustini*, c. 5 (PL 32, 1379).
63. 이 모든 문법적인 구별은 에라스무스의 *Annotationes*에서 유래한 것으로 보인다.

성격인데, 높게 생각되는 이 모든 것을 그 사람은 개의치 않는다. 이런 사람이 겸손한 사람이고, 소위 겸손의 덕목이라 말한다. 다른 한편으로는 겸손하기 때문에(눅 1:48), 또 다른 구절에서 "겸손한 마음으로 각각 자기보다 남을 낫게 여기고"(빌 2:3)에서는 그리스어 'tapeinophrosynē'가 쓰이고, "겸손과 온유로"(엡 4:2)에서는 그리스어 "tapeinophrosynēs"가 쓰였다.

또 "alta"를 '높은 일'로 "humilia"를 (겸손한 일들)로 번역할 수 있는데, 이 경우 그들은 직접적인 사물(중성이며 성별이 없는)로 취급한다. 따라서 문장의 의미는, 사람이 관심을 끌어서 중요한 사람처럼 보이고자 노력하지는 않는 반면, 사람이 낮아져서 아무도 모른 사람이 되거나 괄시 받는 처지에 있으면 그대로 머물게 된다. 이렇게 번역하면, 높은 사건들과 연관된 느낌을 만들기 원하는 욕망 있는 사람에게는 직접적으로 거스르는 말이 된다. 지금 나라와, 공작과 도시에서 통용되고 있는 서로의 관계들, 즉 불일치와 악한 사람들은, 심하게 얘기하면, 이교도들보다 더 심하다. 나는 베네치아인이나, 이탈리아인, 프랑스인이나 독일인을 선택한다. 독일인은 독일의 시를 좋아하고, 프랑스인은 프랑스 것을 좋아한다. 이런 모두는 높게 인정 되는 반면, 우리가 그리스도인이란 것은 거의 잊었다. 예수님의 말씀인 "민족이 민족을, 나라가 나라를 대적하여 일어나겠고"(막 13:8)가 이루어지고 있다.

"낮은 데 처하며 스스로 지혜 있는 체 하지 말라"(롬 12:16)

이 말은 냉정하고, 독단적이며, 머리가 뻣뻣한 사람들, 소위 결의를 끝까지 지키는 사람들[64]에게 직접적으로 거슬린다. 성경은 그들을 '목이 곧은 백성 또는 믿음 없는 자'(출 32:9; 신 9:13)라고 부른다. 우리 모두는 이 잘못에 대해 이상한 경향과 성향이 있는데, 사실 이런 성향이 없는 사람은 거의 드물다. 독일어로는 "스타이프사이닉"(steifsynnig)[65]라고 부른다. 이런 종류의 사람은 마음을 바꾸는 것이 어렵고, 모든 이유 있는 논쟁

---

64. *Immansivos*(아마도 멍텅구리들로 번역할 수 있다).
65. *Steifsinnig* = 구부러지지 않는 마음의.

에서라도 마음 바꾸기를 거절한다. 만일 누군가가 반대의 방법[65a]을 쓰더라도, 그들 반대자의 계략이 들통 날 때까지 기다리며, 똑바로 서서 박수치며 기다린다. 이런 사람들이 문젯거리이다. 그들은 실망하고, 평화를 깨뜨리며, 정신적인 일치를 망가뜨린다. 사도는 이 일을 염두에 두고 에베소서 4:3에서 "평안의 매는 줄로 성령이 하나 되게 하신 것을 힘써 지키라"와 빌립보서 2:2에서 '한 뜻으로 한 마음'을 썼다.

"아무에게도 악을 악으로 갚지 말고"(롬 12:17)

시편 37:27[65b]에서 '악에서 떠나라'와, 베드로전서 3:9에서는 성 베드로가 '악을 악으로 갚지 말고 어떤 악도 행치 말라'고 한다. 우리는 금지 명령인 선을 행하라(시 37:27)를 이해하되, 선한 것을 위한 선을 만들뿐 아니라, 선한 일을 행하는 것을 최우선으로 삼아야 한다. 주님은 그의 제자들이 하늘에서 불 내리기를 요구했을 때 말씀하시길 '너희는 무슨 정신으로 말하는지 모르는구나'(눅 9:55)라고 하셨으며, '생명을 멸망시키러 온 것이 아니요 구원하러 왔노라'(눅 9:56)고 하신대로 우리도 지켜 행해야 한다.

"모든 사람 앞에서 선한 일을 도모하라 할 수 있거든 너희로서는 모든 사람과 더불어 화목하라 내 사랑하는 자들아 너희가 친히 원수를 갚지 말고 하나님의 진노하심에 맡기라 기록되었으되 원수 갚는 것이 내게 있으니 내가 갚으리라고 주께서 말씀하시니라 네 원수가 주리거든 먹이고 목마르거든 마시게 하라"(롬 12:17-19)

베드로전서 2:12에서는 "너희가 이방인 중에서 행실을 선하게 가져 너희를 악행 한다고 비방하는 자들로 하여금 너희 선한 일을 보고 오시는 날에 하나님께 영광을 돌리

65a. 즉 불합리.
65b. 루터는 시편 33편(Vg.)을 인용했다.

게 하려 함이라" 하고, 디모데전서 5:14에서는 "대적에게 비방할 기회를 조금도 주지 말기를 원하노라"고 하며, 디도서 3:1–2에서는 "모든 선한 일 행하기를 준비하게 하며 온유함을 모든 사람에게 나타낼 것을 기억하게 하라"고 했다. 또 고린도전서 10:32에서는 "유대인에게나 헬라인에게나 하나님의 교회에나 거치는 자가 되지 말고"라고 했는데, 이처럼 내가 할 수 있는 한 모든 사람을 기쁘게 하는 것을 찾으라고 했다.

"좋은 평판을 얻는 일에 관심을 갖지 않는 사람은 좋은 감정이 결여된 사람이다. 당신 개인적으로는 좋은 양심으로 충분하더라도 당신의 이웃을 위해서는 당신의 좋은 평판이 필요합니다"라는 성 아우구스티누스[66]의 유명한 말은 여기에서 출발했다. 이상하게도 이 말이 잘못 사용되는 것을 자주 본다. 사람들은 자기의 인내심 없는 것, 다투기 좋아하는 것 또는 교만한 것을 위장하기 위해 이 말을 인용한다. 그들은 성 아우구스티누스의 이 말을, 누구도 그들을 모욕하지 않고, 얕보지 않고, 벌주지 않는 것으로 이해한다. 그러나 아우구스티누스는 사도가 여기서 정확히 말한 것처럼, 다른 사람들에게 어떠한 공격도 해서는 안 되며, 좋은 의도로 했을지라도 그 공격은 악이라고 말한다.

모욕을 받은 사람은 화를 내지 말고 조용히 자신을 변호하며, 모욕을 준 사람과 싸우거나, 화를 내거나 하지 말고, 또한 그 모욕을 정당한 것으로 여기지 말아야 한다. 자신에게 가해진 잘못으로 인해 일곱 번 매를 맞아야 했던 여인은 그럼에도 자기를 죄인으로 여기지 않았고 자기의 평판도 잃지 않았으며 자기를 변호하지도 않았다. 마음속으로 자기의 결백함[67]을 알았던 것이다.

이와는 반대로 양심의 자유뿐 아니라, 더 나쁜 것인, 의도의 자유 또는 거짓 양심의 자유에 관한 충격적인 것[68]이 외국에 있다. 어디서나 고위 성직자는 그들이 좋아하는 대로 시혜를 베푼다. 소위 '좋은 의도'라고 하면서 더 낮은 사제는 교활하게 계획한 구실을 들어 교회의 이익을 얻어 서로 교환하거나 합하기도 하면서 재정적인 거래에서 사기를 일삼고 있다.

---

66. 참고 Augustine, *Sermo* 355, 1, 1.
67. 베르첼리에서 어느 여인에게 종교적인 박해로 가해진 부당한 판결로부터 참고한 내용이다. 이 이야기는 *Ep.* 1에서 히에로니무스가 말한 내용이다.
68. "*Monstrum.*"

"그리함으로 네가 숯불을 그 머리에 쌓아 놓으리라"(롬 12:20)

아우구스티누스가 쓴 말씀[69]을 우리는 다음과 같이 이해해야 한다. 우리는 우리에게 해를 끼친 사람을 유도하여 그가 한 일을 회개하게 해야 한다. 이것이 그에게 선을 행하는 일이다. 숯불의 이익은 그의 영혼을 태우는 힘이 있어, 그를 괴롭게 한다. 이것은 문자 그대로의 의미, 즉 시편 120:4에 있는 "장사의 날카로운 화살과 로뎀 나무 숯불이리로다"이다. 또한 하나님은 회개한 사람들에게 하나님의 선함을 보이신다. 이것이 모든 사람에게 사랑과 친절을 보이심으로 회개케 하는 유일한 방법이다. 협박이나 두려움 때문에 회개한다면, 그 변화의 성품을 유지하는 한, 결코 진실된 회개가 될 수 없다. 왜냐하면 두려움은 그에게 회개하게 한 그 사람을 증오하게 만들기 때문이다. 그러나 사랑으로 회개한 사람은 자기비판으로 불타올라서 그 어느 누구보다도 스스로 상심하여 자기로 깊이 반성하게 된다. 나아가 그를 금지시킬 어떤 일도 필요치 않고, 그를 지켜볼 필요도 없고, 만족을 요구할 필요도 없게 된다. 왜냐하면 사랑은 그가 해야 할 모든 일을 스스로 가르쳐서 사랑의 영향력 안으로 들어옴과 동시에 그를 공격한 것들을 찾아 낼 것이기 때문이다. 그때는 상대를 위해 행한 일들이 이익이 되고 그것이 숯불이다. 그러나 친구들의 은인은 다른데 있다. 친구는 착한 행실을 적이 했다고 느끼지 않으며, 오히려 생각하기를, 좋은 이익을 얻었기에, 좋은 일[70]에 놀라며 만족한다. 그러나 적은 다르게 생각한다. 그는 자신이 가치 없다는 인식 때문에, 모든 이익을 만든 은인은 자기라고 여긴다. 더욱이 하나님은, 그의 적인 우리를 위해, 그를 위한 위대한 사랑을 심기 위해, 우리를 위해 깊은 증오심을 깨뜨리기 위해, 하나님의 외아들을 주셨다. 주님이야말로 불[71]로 가득 찬 용광로이며, 이사야 31:9의 "여호와의 말씀이라 여호와의 불은 시온에 있고 여호와의 풀무는 예루살렘에 있느니라"처럼, 우리는 우리 은인의 머리 위에 숯불을 쌓았지만, 하나님은 그 위에 큰 불을 쌓았다.

---

69. 참고 Augustine, *Propos. ex ep. ad Rom.*, 71.

70. "*Gratiam.*"

71. "*Caminus totus est Christus.*" 피커(p. 474. n. 26)는 이 번역이 *Gl. ord.*와 리라에서는 발견되지 않는다고 말했다. 이것은 아마도 루터 자신의 표현인 것 같다.

"악에게 지지 말고 선으로 악을 이기라"(롬 12:21)

우리를 다치게 하는 사람으로 하여금, 그 사람이 우리도 악한 사람이 되게 하도록 하지 말고, 그의 악함으로 우리의 선함을 방해하도록 두지 말라. 왜냐하면 자기는 변함없이 있으면서도, 다른 사람에게 악한 동기 부여를 함으로 다른 사람을 그 사람처럼 바꿀 수 있다. 이것은 그 사람에게 승리를 주는 것이니, 그러지 말자. 우리는 그에게 선을 행함으로, 우리를 닮은 좋은 사람으로 만들어야 한다.

나아가 우리의 선함이 그의 악함을 극복하고, 그가 우리를 닮게 된다. 확신하건대, 승리라 함은 마지막 말을 가지고 마지막 한판 붙기를 하는 사람이지만, 그와 반대는, 마지막까지 고통을 주고, 더 나쁜 곳으로 떨어져, 악이 그와 함께 남아 있는 사람이다. 이 경우를 성 그레고리우스는 침묵으로 분노에서 도망치는 것보다 친절함[72]으로 답하면서 극복하는 것이 더 영화롭다고 말한다. 잠언 26:4에서 "미련한 자의 어리석은 것을 따라 대답하지 말라 두렵건대 너도 그와 같을까 하노라"라고 말한다.

우리가 언급했던 진실을 무시한 채로, 어떤 이들은 이 말을 그들의 분노를 위장하는데 잘못 이용한다. 그들은 지혜자는 미련한 자에게 어리석음으로 대답하고, 악에는 악으로 대응하라는 것이 본문의 내용이라고 말한다. 또 많은 유식자들이 그들의 판결문에, 이 말을 인용함으로 그들의 학자 됨을 나타내곤 한다. 그러면서 자신 스스로가 악으로 극복하며, 그 어리석음을 고치지 않을 뿐더러, 미련한 자에게 어리석은 답을 함으로, 그의 어리석음으로 같은 악의 피해자가 되어, 그와 비슷한 사람이 된다. 그러나 악을 선으로 이긴 사람은 미련한 자에게 지혜로운 체하지 않고 대답하되, 결과적으로 그가 그의 어리석음을 깨닫고, 어리석음을 미워하며 비탄하게 한다. 만일 우리가 어리석은 자에게 어리석음으로 답한다면 결코 그 미련한 자가 스스로를 알 수 없지만, 친절로 대답한다면 그를 조금은 낮게 만들 수 있다.

"미련한 자의 어리석은 것을 따라 대답하지 말라"의 뜻은 무엇일까? 여기 쓰인

---

72. 이 인용은 그레고리우스 I세의 글에는 없었다.

'따라서'[73]는 여기서 '에게'[74] 또는 '반대로'[75]로 쓰였다. "하나의 일이 다른 물건에 대하여 놓였다"라고 할 때 우리는 "서로의 옆에 놓였다"[76]라고 말한다. "반대되는 것들이 나란히 있을 때 각각의 것이 더 잘 드러난다"와 같은 맥락으로, '서로에 대하여' 또는 '서로에 연관하여'라고 말한다. 이런 표현처럼 "그의 어리석음으로 인하여"는 사람이 같은 미련함으로 답하는 것을 의미하지는 않는다. 단지 다른 것을 비교하여 그다음에 둠으로, 우리가 그것이 얼마나 불쾌한지 알게 된다. 그리고 이것은 비슷해서가 아니고, 누구도 그 실체가 얼마나 무서운지 모른다. 어리석음이 그 자신에게서 자신과 비슷한 무엇을 발견하는 동안은, 스스로 만족하게 되고, 만일 자기 안에서 닮은꼴을 전혀 볼 수 없다면, 어리석음은 실망하게 된다.

---

73. "*Iuxta.*"

74. "*Ad.*"

75. "*Contra.*"

76. "*Iuxta*"는 "에 의하면" 과 "다음에" 모두를 의미한다.

로마서 13장[1]

"각 사람은 위에 있는 권세들에게 복종하라 권세는 하나님으로부터 나지 않음이 없나니 모든 권세는 다 하나님께서 정하신 바라[2] 그러므로 권세를 거스르는 자는 하나님의 명

---

1. 루터는 여백 주석에(WA 56, 123f, 16ff.) 이렇게 기록했다. "여기서 사도는 그리스도의 사람들이 더 높은 권위들을 향하여 어떻게 처신해야 하는지를 가르친다. 그리고 유대인들의 개념과 대조적으로, 그는 그들이 악하고 믿지 않는 통치자들에게도 굴복해야 한다고 가르친다. 베드로전서 2:13 이하에 기록된 것처럼, '인간의 모든 제도를 순종하라, 그것이 덕망 있는 왕이든지, 그를 위하여 보냄 받은 통치자들이든지, 그렇게 하는 것은 하나님의 뜻이다.' 통치자들이 악하고 믿지 않을지라도, 정부의 명령과 다스림에 대한 그들의 권위는 그럼에도 불구하고 선하고 하나님으로부터 나온 것이다. 우리의 주님께서 빌라도에게 말씀하셨던 것처럼, 모든 본을 우리에게 보이기 위하여 그분은 기꺼이 복종하려 하셨다. '위에서 주지 아니하셨더라면 나를 해할 권한이 없었으리니'(요 19:11). 그리스도인들은 종교를 구실로 사람들 특히 악한 자들에게 순종하는 것을 거절해서는 안 된다. 유대인들은 요한복음 8:33에 따라 그들이 행해야 한다고 생각했다. '우리는 아브라함의 자손이고 어느 누구에게도 속박되어 본 적이 없다.' 그러므로 그분은 그들에게 더 높은 권위를 존중해야 할 것과 은혜의 자유를 악의 망토로 만들지 말 것을 명령한다. 베드로가 말한 것과 같다. '너희는 자유가 있으나 그 자유로 악을 가리는 데 쓰지 말고 오직 하나님의 종과 같이하라'(벧전 2:16). 앞 장에서, 그는 사람은 교회의 질서를 방해하지 말아야 한다고 가르쳤다. 이 장에서, 그는 세속적인 명령이 지켜져야 한다고 또한 가르친다. 양쪽이 다 하나님의 것이다. 전자의 목적은 정신에게 안내를 하는 것이고 평안을 주는 것이며 그에게 영향을 미치는 것이다. 그리고 후자의 목적은 그의 관심 안에 있는 육체에게 안내를 주기 위한 것이다. 이 세상의 삶에서, 정신은 육체 없이는 존재할 수 없기 때문이다."

2. 책 내용 여백에 요약하는 주석에, 루터는 다음과 같이 쓴다(WA 56, 124, 17ff.). "그리스어 사본은 다음과 같이 되어 있다." 즉, '관헌들은 하나님에 의하여 임명된 것이다.' 지금 이 말은 다른 방식들로 해석된다. 파버는 그것을 다음처럼 말한다. '하나님의 관헌들이 명령을 받는다'(Comm. Ad Rom.). 그때 그는 권위가 이중 의미를 갖는다는, 즉, 명령을 받거나 명령을 한다는 언급을 한다. 그러나 나는 이 논평을 좋아하지 않는다. 권위가 명령을 한다는 것은 없다. 그러나 사람은 그것을 명령되지 않은 방식으로 열망하고, 마치 다른 모든 선한 것들이 악한 이용을 통하여 그것들의 선함을 잃어버리지 않는 것처럼 그것을 명령되지 않은 방식으로 처리한다. 그렇지

을 거스름이니 거스르는 자들은 심판을 자취하리라 다스리는 자들은 선한 일에 대하여 두려움이 되지 않고 악한 일에 대하여 되나니 네가 권세를 두려워하지 아니하려느냐 선을 행하라 그리하면 그에게 칭찬을 받으리라 그는 하나님의 사역자가 되어 네게 선을 베푸는 자니라 그러나 네가 악을 행하거든 두려워하라 그가 공연히 칼을 가지지 아니하였으니 곧 하나님의 사역자가 되어 악을 행하는 자에게 진노하심을 따라 보응하는 자니라 그러므로 복종하지 아니할 수 없으니 진노 때문에 할 것이 아니라 양심을 따라 할 것이라 너희가 조세를 바치는 것도 이로 말미암음이라 그들이 하나님의 일꾼이 되어 바로 이 일에 항상 힘쓰느니라 모든 자에게 줄 것을 주되 조세를 받을 자에게 조세를 바치고 관세를 받을 자에게 관세를 바치고 두려워할 자를 두려워하며 존경할 자를 존경하라 피차 사랑의 빚 외에는 아무에게든지 아무 빚도 지지 말라 남을 사랑하는 자는 율법을 다 이루었느니라"(롬 13:1-8)

왜 바울은 각 사람이라고 하지 않고 각 '영혼'이라고 했을까? 숨겨진 의미라도 있는 것일까? 아마도 바울은 위에 있는 권세들에 대한 복종은 신실해야 하며 마음으로부터 우러나는 것이어야 한다고 말하려 했을 것이다. 바울이 각 영혼이라고 말한 또 다른 이유는 영혼은 육과 영 사이에 존재하는 것이기 때문이다. 그러므로 바울은 신자란 한편으로는 모든 것 위에 있지만 또한 모든 것 아래에 있기도 하다는 것을 지적하고 싶었을 것이다. 그리스도가 그러하듯이, 신자도 이중적 존재이므로 자신 안에 두 가지 형상을 가지고 있는 것이다.[3] 왜냐하면 성결의 영으로는 그는 모든 것들의 '주'(lord)이시며, '모든 것이 합력하여 선을 이루고'(롬 8:28), '세계나 생명이나 사망이나 지금 것이나 장래 것이나 다 신자의 것이기'(고전 3:22) 때문이다. 신자는 자신이 이러한 것들에 의해 어떤 식으로도 영향 받지 않고, 그것들을 신뢰하지 않고, 오직 이 모든 것들이 그의 영광과 구원을 위해 일하게 한다는 점에 있어서 믿음으로 모든 것이 자기 아래 있게 하는 것이다. 하나님을 따른다는 것은 이와 같은 방식으로 통치하며 요한계시록

않으면, 돈은 도둑을 통하여 사악한 것이 될 것이다. 그러므로 다음이 더 좋은 해석이다. '권위자들은 하나님의 명령을 받는다.' 즉, 권위들이 있기 때문에, 그들은 하나님에 의하여 홀로 명령을 받는 것처럼 그들은 명령을 받는다. 그것은 다음과 같이 말하는 것과 같다. '하나님으로부터 나오지 않은 권위는 없다.' 그러므로 무슨 권위들이 존재하고 넘치든지 존재와 넘침은 하나님께서 그것들을 명령하셨기 때문이다."

3. "*Gemellus*" = 쌍둥이로 태어난.

5:10에서와 같이 영적인 통치를 하는 것이다. "그들로 우리 하나님 앞에서 나라와 제사장들을 삼으셨으니 그들이 땅에서 왕 노릇 하리라."

세상을 이기고 영적 통치하에 두는 가장 좋은 방법은 세상을 경멸하는 것이다. 그러나 요즘에는 영적 왕국이 거의 알려져 있지 않아 교회에 주어진 일시적인 것들이 영적인 것들이라고 믿는 생각이 만연해 있다. 그러므로 영적 통치자들도 오직 이런 것들만이 중요하다고 생각하며, 그들이 여전히 죄를 정하고, 율법을 선포하며 천국의 열쇠를 가지긴 했지만 일시적인 관심사가 되어버린 영적인 일에 그들은 훨씬 더 적은 관심과 열정으로 통치력을 행사한다.

그러므로 신자의 영은 어느 누구 아래에 있지도 않으며 그럴 수도 없다. 오히려 하나님 안에서 그리스도와 함께 높아졌으며 이 모든 것들을 자기 발아래 두고 있다. 이 상징적 표현이 요한계시록 12:1의 '발아래 달', 즉 일시적인 것들을 두고 있는 여인이다.

영혼은 인간의 정신과 같다. 그러나 영혼이 살아 있고 활동적이며 보이는 세상과 일시적인 것들로 가득 차 있는 한 주를 위하여 모든 인간에게 순종하게 해야 한다(벧전 2:13). 순종하게 함으로써 하나님께 순종하는 것이고 하나님이 의도하는 바를 하게 되는 것이다. 그럼으로써 이 일시적인 세상을 극복하는 것이다.

잠시 여담을 해볼까 한다. 우리는 이 시대에 만연해 있는 이해할 수 없는 어둠에 놀라지 않을 수 없다.[4] 요즘 교회의 자유와 권리, 특권, 재산을 파괴하는 것보다 영적 통치자를 더 괴롭히는 것은 없다. 영적 통치자들은 이 같은 일을 하는 사람들을 속히 이단으로 규정하고 제명을 선포한다. 심지어 이들을 하나님과 교회, 베드로, 사도 바울의 적으로 분류하는 놀라운 대담함까지 보인다. 그렇게 하면서 영적 통치자들은 자신들이 비난하고 있는 사람들보다 자신들이 더욱 하나님의 편인지 더 끔찍한 하나님의 적인지에 대한 생각으로 갈등하지 않는다. 그렇게 할 정도까지 그들은 자신들이 일시적인 것을 보호, 확대, 방위하고 있는 것을 순종과 신앙으로 동일시하였다.

당신은 교만과 방종으로 죄책감을 느낄 수도 있다. 탐욕스럽거나 다투기를 좋아할 수도 있다. 화내기를 속히 하고 감사치도 않으며 자신의 행위를 사도 바울이 디모

---

4. "*Voragines amplissimae rerum temporalium.*"

데전서 3:1[5]에 적어 놓은 온갖 종류의 악으로 간주할 수 있다. 당신의 모든 악행이 하늘을 향해 소리친다. 그러나 만약 당신이 교회의 권리와 자유의 수호자라면 당신은 좋은 그리스도인이다. 그러나 교회의 권리와 자유를 무시하는 사람이라면 당신은 더 이상 신실한 하나님의 자녀도 아니고 교회의 친구도 될 수 없다.

게다가 세속적인 왕들은 교회에게 많은 재산을 주었고 교회는 통치자들에게 많은 특권을 주었다. 그러나 다음의 놀라운 사실을 고려해 보자. 사도 시대에 성직자들은 세금을 냈으며 자신들이 모든 사람의 호의와 선행을 받을 가장 자격 있는 사람들임에도 불구하고 위에 있는 권세들에게 복종하였다. 그러나 오늘날 그들의 삶은 단지 사제직에 어울리는 삶일 뿐이지만 그들은 특권을 누리고 산다. 과연 그들이 초대 교회 신자들도 마땅히 받았어야 하지만 받지 못했던 것을 가질 자격이 있는가?[6] 초대 교회 신자들이 이루어 놓은 것들로 지금 그들의 성취를 대체할 수 있는 것인가? 터무니없는 소리이다. 초대 교회 지도자들은 수고해서 자신들의 보수를 벌었으나 그조차 받지 않았다. 그런데 지금 그 후손들은 자신의 노력으로 얻지 않은 대가를 즐기고 있다. 나는 이러한 권리들이 악하다고 말하려는 것이 아니다. 한 때는 선한 사람들에게 주어졌던 권리들이 악하고 신성하지 않은 사람들에게 주어지고 있다는 말을 하려는 것이다.

평신도가 성직자들을 싫어하는 것이 놀랄 일로 아니다! (우리 모두는 평신도가 성직자들을 싫어한다고 불평하지만 왜 그렇게 되었는지에 대해서는 궁금해 하지 않는다. 평신도들을 가난, 고난, 죽음으로 이끌고 현세의 각종 악의 희생이 되도록 이끌었던 과거에는 왜 평신도들이 사도와 성직자들에게 적대적이지 않았을까?) 만약 누군가가 '당신네 성직자들은 법의 특권과 성직자로서 행하는 의무 때문에 많은 수입을 받았다'고 말한다면 그들은 즉각적으로 기도를 가리킬 것이고 그것이 전부이다.[7] 성직자들의 임무란 특별한 배려로 중지되기도 하고 면제되기도 하는 형식적인 기도문 암송과 각종 제의 시간 엄수로 이루어진다. 그러나 사도 바울이 성직에 대해서 묘사했을 때에는 기도에 대한 언급은 없었다. 그리고 성직이 무엇이라고 사도 바울이 말했는지를 현실로 옮겨보려고 아무도 생각하지 않는다.

---

5. 루터는 디모데후서 2장을 쓴다.

6. *"An, quod illis debebatur, isti possident."*

7. 이것은 교회의 모든 기부금들에 기초가 되었던 합법적인 원칙이었다.

그러므로 성직자들이 그러하듯이 대가도 그러하며 성직이 그러하듯이 보수도 그러하다.[8] 성직자들은 자신들이 되어야 할 바의 그림자에 불과하므로 대가의 그림자를 받아야 한다. 그들은 외관상으로만 성직자일 뿐이다. 그러므로 그들이 재산의 형태로 소유한 것도 외관상으로만 적절하면 된다. 성직이라는 특권을 누리고자 하는 사람이 자신이 좋은 성직자라고 입증하고자 한다면 그것이 얼마나 정당하고 옳다고 할 수 있겠는가? 그리고 그가 좋은 성직자가 되기를 원하지 않는다면 그는 하나님 앞에서 자신의 권리를 누릴 수 없다는 것을 자신의 양심으로 아는 한 권리를 주장할 수 없을 것이다. 그러나 그가 자신의 권리를 요구하고 주장하며 손에 쥐려 한다면 그가 마땅히 받아야 할 것 말고 무엇을 얻게 되겠는가?

변호사들은 마지막 유언과 증언을 실행하지 않는 것은 유감이라고 불평한다. 그러나 오늘날 기독교 창시자들이 기부하기를 원하는 대로 행하는 성직자가 있을까? 창시자들이 자신들이 하기를 원하는 바가 무엇인지를 명시하는 기록을 남기지 않았으니 그들이 안전하며 방해받지 않을 수 있을까? 성직자들이 하는 기도에 대한 보상으로써가 아니라 가난한 성직자들을 위해 교회가 무언가를 준비해 두어야 한다면 부에 대한 탐욕으로 만족할 줄 모르는 사람들은 어찌해야 하는가?

유대인들은 로마에게 복종하기 싫어서 파괴되었다. 같은 일이 느부갓네살 왕 때에도 있었다. 그들은 항상 지금 우리가 하듯이 읊조리곤 했다. "우리는 천지의 하나님의 종이라"(스 5:11). 우리는 사람의 종이 될 필요가 없다. 이것은 신도 인간도 섬김 받을 필요가 없다는 뜻이다. 그래서 신은 우리와 함께 있다. 우리는 신을 섬기지도 않고 우리가 신을 섬기기 위해서 우리가 누군가에게 빚진 임무를 그가 면제해 주었다 해서 그 사람을 섬기고 싶어 하지도 않는다. 지금까지 평신도들은 무지했다. 그들은 쉽게 뭔가를 믿도록 속임을 받기도 했고, 무슨 일이 벌어지는지 몰랐다. 그러나 이제 그들은 우리의 약점[9]의 신비를 헤아리기 시작했고, 우리 의무에 대한 분별을 보이기 시작했다. 그러므로 우리가 평신도들에게 한 번 더 진정한 성직자임을 입증할 수 없다면 그래서 우리가 진정 어떤 존재인지를 믿고 신중하게 받아들이게 할 수 없다면 우리는 결국 우리의 권리와 특권에 대해서 우리 자신을 속일 수 없다는 것을 알게 될

---

8. "*Quales sacerdotes, talis et merces, quale officium, tale et beneficium.*"

9. "*Mysteria iniquitatis nostrae.*"

것이다.

확신할 수는 없지만 나는 세속적인 권세들이 교회 사람들보다 더 행복하게 자신의 직무를 수행한다고 생각한다. 그들은 교활한 권리로 스스로를 부패시키지 않는다면 절도와 살인을 처벌하는 데 엄격하다. 그러나 교회 지도자들은 어떠한가! 교회의 자유와 재산, 권리를 장악하고 있는 모든 사람들에 대해서 과도한 처벌을 가하는 것을 제외하면 교회 지도자들은 사치, 탐욕, 방탕, 분쟁을 처벌하기보다는 양성한다(성직자의 세속적인 일은 세속적인 통치자들의 통제 하에 두면 더욱 안전할 것이다). 게다가 종교 지도자들은 훈련되지 않고, 우둔하며 적절하지 않은 사람이 성직에 들어오는 것을 막지도 않을 뿐 아니라 더 높은 직위로 올라가도록 하기도 한다. 눈을 크게 뜨고서 그들은 자신들이 높은 자리까지 올려놓은 타락하기 쉬운 사람들을 통해 교회를 망친다. 그러나 그들은 자신들의 재산을 움켜쥐고 있고 사람들에게 친근함보다는 증오를 일으키는 방식으로 자신들을 공격하게 해서 정죄한다. 성직자들을 공격한 사람들이 성직자들의 권리를 침해함으로써 엄청난 죄를 짓게 되는 것이라면 '악의 모양으로'(살전 5:22), 성직을 지키기 위해, 행해진 악의 여러 모양으로 자신들을 공격하게 유도한 성직자들은 얼마나 심각한 죄를 지은 셈인가?

그리스도인에게 자신이 악행에 미혹되도록 내버려 둔 데 있어서 어떤 변명의 여지도 없다면, 알면서 의도적으로, 불필요하게 악행을 하도록 유도한 사람은 어떤 변명을 할 수 있겠는가? 그러므로 '회칠한 담이여 너희가 율법을 어기고 율법대로 불법을 행한 자를 심판하려 하느냐'(행 23:3). 그들은 자신들이 죄 없는 자가 되는 데에는 조금도 관심이 없고 어떻게 남을 비판할 수 있는지에만 관심이 있다. 그들은 타인의 의에 대한 감독자이며 자신의 무덤을 파는 사람들이다.[10] 만약 그들이 다른 사람들을 두려워하며 산다면 자신의 일을 얼마나 더 신중히 행하게 되었을까.

예를 들어, 교회법을 집행하려고 도시 전체를 괴롭게 한 한 주교가 있었다.[11] 그

---

10. "*Iustitiae alienae exactores, suae propriae vero pessundatores.*"
11. 루터는 여기서 스트라스부르크의 도시가 일어나도록 지켰던 악명 높은 경우의 예를 생각하고 있다.
    성 토마스의 주교 헵 폰 키르크베르크(Hepp von Kirchberg)는 스트라스부르크 시민의 딸들을 유괴했다. 그 도시는 감독에게 성직자가 공판에 붙여지도록 요구하는 항소를 냈다. 그러나 범죄자는 그동안에 로마로 가버렸고 스트라스부르크 도시 의회의 3명의 회원을 대항하여 표창장을 발표하도록 큐리아(Curia)를 설득하는데 성공했다. 그리하여 도시는 피고의 위치에 놓여졌다. 참고 Ficker, p. 479, n. 11.

가 그렇게 하는 것이 어떻게 가능했을까? 사람들 사이에, 교회는 모독될 수 없고 만약 사람이 신의 계명을 수행한다면 자신의 집을 떠나지 않을 것이라는 전통이 있었기 때문이다. 이러한 행동은 악한 것은 아니다. 그러나 실제 있었던 일은 "하루살이는 걸러 내고 낙타는 삼키는"(마 23:24) 그런 일이었다.

선한 주님께서는 주교들에게 그들의 직무에 맞는 일과 복음적 계명이 무엇인지를 상기시키기 위해 이런 일과 불법이 발생하는 것을 용납하신다. 그러나 그들은 이런 일과 관련된 하나님의 경고에 주의를 기울이지 않는다. 그들은 사람들을 파라오적이니 사탄적이니 하며, 또는 그보다 더 심한 말을 하며 처벌을 하거나 회개를 촉구하는 데에는 성급하나 이 모든 일을 단지 '형제의 눈에 있는 티끌을 보았으므로 행할 뿐, 자신의 눈에 있는 들보는 보지 못한다'(마 7:3). 그러므로 그들이 파라오적이고 사탄적이며 베헤모트(Behemonth)[12]처럼 거대한 짐승과 같이 되는 것이다. 다른 사람들보다 비교할 수도 없을 만큼 훨씬 더 심한 정도로.

이런 법이 폐지되고 마치 그런 법이 신성하기라도 한 듯 지키고 있는 사람들과 그런 법이 함께 완전히 사라지게 되는 날이 올 것인가![13] 예를 들어 보자. 성스러운 돌을 손가락으로 만져서 더럽힌 그 영혼은 죽는다. 그러나 신앙은 없고 야심이 폭발하는, 다른 사람을 저주하고 판단하고 비난하는 그런 영혼은 죽지 않는다. 나는 말하지 않으면 괴로워서 참을 수 없고 또한 나의 직무가 나로 하여금 말하게 하기 때문에 어쩔 수 없이 말하고 있다는 점에 있어서 어느 누구도 나와 같기를 원하지 않는다. 왜냐하면 가르침이란 그와 관련된 삶이 제시될 때 가장 잘 이해되기 때문이다. 동시에 나는 사도적 권위로 자신의 직무를 하고 있는 교사로서의 나의 의무를 행해야만 하겠다.[14] 나는 보다 높은 지위에 있을지라도 옳지 않은 일이 행해지는 것을 볼 때마다 말하는 것이 나의 의무이다.

예를 들어 다음을 고려해 보자. 베네치아 사람들은 율리우스 2세에게 교회에 내는 작은 기부금을 폐지함으로써 매우 심각한 죄를 저질렀다. 그는 많은 그리스도인들을 죽이고 파괴함으로써 교회를 위해 기부금을 내게 했고 그로 인해 그는 큰 이익을

---

12. *"Pharaonici, Satanici, Behemotici."*
13. *"Cum suis cultoribus."*
14. *"Simul quia authoritate apostolicae officio docendi fungor."*

보았다. 그러나 전 로마 교황청의 완전한 부패와 교황청에서 이루어지는 집단적 부도덕, 온갖 방탕과 낭비, 탐욕, 음모, 신성 모독은 당연히 죄가 아니다. 그러므로 베르나르는 「명상에 관하여」[15] 제4권에서 '주교들은 영혼을 맡길만한 사람들이 주변에 많이 있었으나 사소한 세속적인 일을 맡길만한 사람들은 주변에 없었다'고 적절히 비난했다. 그들은 명백히 탁월한 판단력을 가진 사람들이었으나 대단히 중요한 문제에 대해서는 거의 주의를 기울이지 않거나 전혀 주의를 기울이지 않았다.

이만하면 충분한 것 같다. 다시 사도 바울에게로 돌아가자. 나는 사람이 영, 혼, 육으로 되어 있고, 혼이 영과 육의 다리 역할을 한다고 말하고 있었다. 몸은 혼(또는 영혼)의 동의에 의해서만 그리고 모든 것의 주체인 영의 명령에 의해서만 정세(정치적 권세) 아래에 있게 되는 것이라고 말하고 있었다. 여기서 다음과 같은 질문을 할 수 있을 것이다. 그러면 사도 바울은 갈라디아서 5:13에서 왜 다음과 같이 말한 것인가? "너희가 자유를 위하여 부르심을 입었으나 그 자유로 육체의 기회를 삼지 말고." "가만히 들어온 거짓 형제들… 예수 안에서 우리가 가진 자유를 엿보고 우리를 종으로 삼고자 함이로되"(갈 2:4). 또 고린도전서에서는 다음과 같이 말하고 있다. "모든 것이 내게 가하나 다 유익한 것은 아니요. 모든 것이 내게 가하나 내가 무엇에든지 얽매이지 아니하리라"(고전 6:12). "너희는 값으로 사신 것이니 사람들의 종이 되지 말라"(고전 7:23). 바울 서신 여러 곳에서 우리는 사도 바울이 자유는 지지하면서 예속되는 것은 거부한 것을 발견할 수 있다. 그는 고린도전서 9:19-22에서는 이렇게까지 말한다. "내가 모든 사람에게서 자유로우나 스스로 모든 사람에게 종이 된 것은 더 많은 사람을 얻고자 함이라. 유대인들에게 내가 유대인과 같이 된 것은 유대인들을 얻고자 함이요… 내가 여러 사람에게 여러 모습이 된 것은 아무쪼록 몇 사람이라도 구원하고자 함이니." 자, 이제 우리는 이것에 대해서 무엇이라 말할 수 있을까? 이러한 언급들은 사도 바울이 한 다른 말들과 어떻게 일치될 수 있을까?

그에 대한 대답은 이러하다. 사도 바울이 여러 사람에게 여러 모습이 되었듯이 그는 자신의 말로 모든 사람에게 그렇게 말하고 있다. 그러므로 그는 자유와 예속이라는 말을 사용할 때 모호하게 사용할 수밖에 없다.[16] 바울이 노예이지만 국법에 따라

---

15. 참고 Bernard of Clairvaux, *De consideratione*, IV. 6.
16. "*Ius gentium.*"

서는 자유인인 사람들에게 말을 할 때는 고린도전서 7:21에서처럼 말했다. 그리고 모든 서신에서 그는 노예들에게 주인에게 복종할 것을 권하면서 그러나 자유롭게 될 수 있거든 그것을 이용하라고 덧붙여 말했다. 그러나 고린도전서 6:12에서는 "모든 것이 내게 가하나… 내가 무엇에든지 얽매이지 아니하리라"라고 했고, 고린도전서 7:23에서는 "너희는 값으로 사신 것이니 사람의 종이 되지 말라"고 하였다. 이러한 유사한 문장들은 비유적 의미에서 예속을 다루고 있다. 사도 바울이 여기서 말하는 것은 다음과 같다. 만약 사람이 세속적 문제와 비즈니스 거래에서 다른 사람들과 연루되면 그는 자유를 잃게 된다. 그는 자신의 동업자와 고객과 함께해야 하며 정직하기를 원한다면 비즈니스 의무를 서로 이행해야 한다. 그러므로 이런 종류의 사람들은 다른 사람에게 매인 바 되는 것이다. 그들은 완전히 세속적인 일에 사로잡혀 하나님께 관심을 기울일 수가 없는 것이다.

또 다른 종류의 예속이 있는데 바울은 이것을 모든 것 중의 최고라고 불렀다. "사랑으로 서로 종노릇하라"(갈 5:13). 바울이 자신은 자유롭지만 모든 사람의 종이 되었다고 말할 때 그의 마음속에 있는 예속이 바로 이런 예속인 것이다. 이러한 예속은 가장 큰 자유이다. 왜냐하면 이것은 아무것도 필요하지 않고 아무것도 들지 않으며 오직 주는 것이다. 그러므로 이것이 진정 최고의 자유, 모든 그리스도인에게 특징적인 자유이다. 이것은 또한 바울이 로마서 13장을 쓸 때 염두에 둔 바이다. "피차 사랑의 빚 외에는 아무에게든지 아무 빚도 지지 말라"(롬 13:8). 이것이 바로 영적 예속인 것이다. 모든 것이 사랑을 품은 자들을 섬기며 모든 것이 합력하여 그들을 위하여 선을 이루지만 그들 자신은 어떤 것에도 매인 바 되지 않는다. 왜냐하면 이미 말했듯이 그들은 아무것도 필요하지 않기 때문이다.

네 번째 종류의 예속도 동일하게 영적이지만 매우 나쁜 것이다. 바울은 그리스도인들을 대표하여 전력으로 그것과 대항해 싸운다. 그것은 율법과 모든 의무에 예속되는 것이다. 즉 율법의 외적인 행위 구원에 필수적이라고 믿는 것이다. 이런 것을 믿는 사람들은 여전히 자유롭지 않으며 앞으로 영원히 구원 받지 못할 것이다. 왜냐하면 그들은 율법에 예속된 상태이기 때문이다. 그리고 율법은 그들의 이러한 어리석은 신념과 양심 때문에 그들을 지배하게 된다. 그리스도를 믿는 믿음 외에 다른 방법으로 구원을 받고자 하는 모든 사람은 다 이런 마음 상태인 것이다.[17] 그들의 가장 큰 관심사는 어떻게 선행과 의로운 행위의 숫자로 율법을 만족시키느냐이다. 틀림없이 바울과 영적 지도자들은 대단한 일들을 해내었고 또 하고 있다. 그들이 해야만 하기 때문이 아니라 하기를 원하기 때문에, 사람은 위대한 일을 해야 할 필요는 없지만 할 수는 있다. 그러나 위선자들은 선행이 구원에 필수적인 것처럼 선행에 너무나 매어 있어서 자신들이 원해서가 아니라 꼭 해야 한다는 의무감을 느끼며 선을 행한다. 그러한 선행은 필요한 것이 아니라 그들에게 필요한 것처럼 보이는 것이다. 이런 예속이 요즘 매우 일반적이다.

이런 점에서 우리는 사도행전을 읽으며 왜 바울이 스스로 결례를 행하기를 원했으며(행 21:26), 바울 자신은 가는 곳마다 할례를 하지 말라고 가르치면서 왜 디모데를 할례 받게 했는지를(행 16:3) 쉽게 이해할 수 있다. 왜냐하면 겉으로 보이는 모든 것은 성령 안에 있는 자에게는 자유롭기 때문이다.

바울은 세속적 권력이라는 관점에서 자유의 문제를 제기하지는 않는다. 진실로 세속적 권세란 그것이 세상의 모든 사람과 연관되는 까닭에 우리가 지금까지 다루어 온 영적 예속을 포함하지 않는다. 그러나 이것은 율법의 행위라는 관점에서 사실이 아니다.

"간음하지 말라, 살인하지 말라, 도둑질하지 말라, 탐내지 말라 한 것과 그 외에 다른 계명이 있을지라도 네 이웃을 네 자신과 같이 사랑하라 하신 그 말씀 가운데 다 들었느니라 사랑은 이웃에게 악을 행하지 아니하나니 그러므로 사랑은 율법의 완성이니라"(롬 13:9-10)

계명

"네 이웃을 네 자신과 같이 사랑하라"(마 19:19) 또 "네 이웃 사랑하기를 네 자신과

---

17. *"Per fidem Christi."*

같이하라"(레 19:18)고 선언되어 있다. '친구를 네 자신과 같이 사랑하라'는 양면적 의미로 이해될 수 있다.

먼저, 이것은 두 가지 명령을 담고 있는 것으로 받아들일 수 있다. 우리는 이웃을 사랑해야 하고, 우리 자신도 사랑해야 한다는 것이다. 그러나 또 다른 이해 방법은 이것이 우리의 이웃만을 사랑하라고 명하고 있는데 그 사랑을 자신을 사랑하는 것처럼 하라는 뜻으로 보는 것이다. 후자가 좀 더 나은 해석이라고 생각된다. 왜냐하면 인간은 그 본성상 다른 어떤 것보다 자신을 더 사랑한다. 인간은 모든 것 속에서 자신을 추구하며 모든 것을 자신을 위해서 사랑하고 심지어 이웃이나 친구를 용서할 때에도 자기 자신을 추구하기 때문이다.

| 돈,
명예,
학업,
호의,
권세,
안락으로 | 사랑하고
그가 | 가난하거나
천박하거나
무지하거나
미워할 만하거나
의존적이거나
세련되지 못하면 | 사랑하지 않는 사람은 명백히 그 이웃에 대해 위선적 사랑을 하고 있는 것이다. |

그러므로 이 명령은 심오한 것이며 모든 사람은 이 명령에 비추어 자신을 점검하고 테스트해 봐야 한다. '네 자신과 같이'라는 문구에 의해 모든 거짓 사랑이 제외된다. 그러므로 자신의 이웃을 그가 가진 돈, 명예, 학업, 호의, 권세, 안락으로 사랑하고 그가 가난하거나 천박하거나 무지하거나 미워할 만하거나 의존적이거나 세련되지 못하면 사랑하지 않는 사람은 명백히 그 이웃에 대해 위선적 사랑을 하고 있는 것이다.

그러므로 마음속에 이익을 생각하며 이웃을 있는 그대로 사랑할 수는 없다. 그것은 이웃이 소유한 것을 사랑하는 것이고 그것은 자기 자신처럼 그를 사랑한다고 할 수 없는 것이다. 왜냐하면 자기를 사랑하는 사람은 자신이 가난해도, 우둔해도 완전히 하찮은 존재일지라도 자신을 사랑하기 때문이다.[18] 누가 자신이 너무나 무익하

---

18. *"Penitus nihil."*

다고 자신을 증오하겠는가? 그러나 어느 누구도 자신을 사랑할 수 없을 만큼 하찮은 존재는 없다. 그리고 타인을 향한 사랑은 자신에 대한 사랑과 다르다. 이 명령은 우리가 철저히 생각해 보려고 한다면 알게 되겠지만 성취하기 가장 힘든 것을 우리에게 요구하고 있는 것이다. 아무도 강도당하거나 해를 당하거나 간음으로 결혼이 깨지거나 거짓말을 듣게 되거나 거짓 맹세로 고통을 당하거나 누군가가 자신이 가진 것을 탐내기를 원하지 않는다. 그러나 사람이 이웃도 이런 어려운 일을 겪기를 원하지 않는 성향을 가지고 있지 않다면 그는 이미 이 명령을 어기는 죄를 범하게 된다. 그러므로 이 명령은 마태복음 7:12의 "무엇이든지 남에게 대접을 받고자 하는 대로 너희도 남을 대접하라. 이것이 율법이요 선지자나라"는 말씀을 포함하고 있는 것이다. 표면적인 관점과 일반적인 의미에서 본다면 이 율법은 다소 빈약해 보인다. 그러나 우리가 그것을 구체적인 사례에 적용하면 우리는 그것으로부터 무한하고 유익한 교훈을 얻게 되고 그것으로부터 모든 일을 행할 때에 기준이 되어 줄 것을 얻게 될 것이다.

그러나 사람들이 그것을 못 보기 때문에 많은 경우에 그 율법을 어기게 되는 것이다. 심지어 자신들이 이 율법을 위반하고 있다는 사실을 모르면서 어기고 있는 것이다. 이 모든 것은 사람들이 이 기준을 실제 그들의 행위에 적용하지 않기 때문이라는 사실과 사람들이 자신의 선한 의도에 만족한다는 사실에 기인된다. 예를 들어 부자들은 교회 건물이나 기념비를 세울 거액의 자금을 제공한다. 그러나 그들은 자신을 가난한 사람들의 입장에 놓고 교회가 아니라 가난한 사람들이 그런 선물을 받게 되길 자신이 원하는가를 스스로에게 질문해 본다면 그들은 자기 자신으로부터 쉽게 무엇을 해야 할지 알게 될 것이다.

마찬가지로 왕과 주교는 유품을 놓고 서로 경쟁한다.[19] 각자 상대가 자기에게 양보하기를 바란다. 양쪽 다 자신이 하는 것을 고집하며 신앙심을 보여 주면서 어느 쪽도 상대에게 양보하지 않는다.

마찬가지로 지켜보고 있는 사람들도[20] 신의 이름으로 서로 싸운다. 그러나 그들

19. 프리드리히 3세는 비텐베르크 올 세인트 교회에다 성물 수집을 하는데 대단한 열심이 있었다. 할레[루터가 이것을 썼을 때, 그는 할브스타트(Halberstadt)의 감독이 된데다가, 이미 또한 마인쯔(Maniz)의 대주교였다]의 대주교 브란덴부르크의 알베르트(Albrecht von Brandenburg)는 유사하게 할레에서 대성당을 위한 새 유품을 획득하였다(참고 Ficker, p. 483, n. 25.)

20. 루터는 에르푸르트에 있는 아우구스티누스회 수도원 안에서 그 자신의 경험의 이모저모를 생각할지도 모른다. 수도자들은 "엄수파들"이었다. 즉, 그들은 옹호되었고 수도원의 규칙에 대한 엄격한 준수자로 연습을 하였고, 그들에게 같은 것을 행하라는 전체의

은 사랑이라는 계명에는 전혀 관심을 기울이지 않는다.

이제 이 계명을 신중하게 여기며 그것을 적용하기를 원하는 사람은 자신의 내면으로부터 이끌어낸 행위에 의존해서는 안 되고 자신의 전 인생의 행위와 말과 생각을 규범으로써 이 계명에 맞춰가야 한다. 그는 이웃에 대한 존경심으로 자신에게 물어야 한다. "나는 그가 나를 위해 무엇을 하기를 원하는가?" 이런 식으로 그는 이웃을 같은 방식으로 대하게 될 것이다. 그러면 모든 말다툼, 상호 비방과 논쟁은 즉시 멈춰지고 모든 미덕, 각양의 은혜와 성스러움이 남게 되며 바울이 여기서 말하는 율법의 완성이 남게 된다.

이와 같이 모세가 이스라엘 자손들에게 가르쳤다(신 6:5). "오늘 내가 네게 명하는 이 말씀을 너는 마음에 새기고 네 자녀에게 부지런히 가르치며 집에 앉아 있을 때에든지 길을 갈 때에든지 누워 있을 때에든지 일어날 때에든지 이 말씀을 강론할 것이며 너는 또 그것을 네 손목에 매어 기호를 삼으며 네 미간에 붙여 표로 삼고 또 네 집 문설주와 바깥문에 기록할지니라"(신 6:6-9). 모세는 우리가 바리새인들처럼 성구함을 들고 다니길 바란 것이 아니다.[21] 단지 그것을 '네 손목에 매어 기호를 삼으라'고 말함으로써 모세는 이 계명이 지시하는 대로 우리가 모든 일을 해야 한다고 말하는 것이다. '네 미간에 두라'고 말한 것도 모든 생각을 말씀에 따라 하라는 것을 의미한다. '네 집 문설주와 바깥문에 기록하라'고 한 것도 우리의 모든 지각 특히 우리의 혀가 이 말씀에 따르도록 하라고 의미하는 것이다.

이와 같이 하는 사람은 철저하게 자신의 잘못을 알게 될 것이고 하나님 앞에서 자신을 겸허히 할 것이며 하나님을 경외할 것이다. 그렇게 하지 않으면 그는 하나님 앞에서 안전하지도 거룩하지도 않다. 그는 자기 자신이 이웃을 돕는데 게으르다는 것

명령이 요구되었다. 독일의 작센 지방 안에서 아우구스티누스회의 일반적인 교구 목사로서, 루터의 스승이자 전임자(비텐베르크에 있는 교수직 내에서) 및 친구인 슈타우피츠는 그의 책임 내에서 "엄수파" 수도원과 "자유파" 수도원 사이의 화해를 시도했으나 실패하고 말았다. 에르푸르트 수녀원의 다수는 어떤 타협도 거절하였고 그들의 배타주의 위치를 끈질기게 고수하였다. 그들은 하나 됨의 관심 안에서 슈타우피츠를 지지할 준비가 된 다른 '엄수파들'(루터는 그들 중의 하나였다)의 소수에 의하여 억압받았다. 그러나 루터는 이러한 강의들의 많은 구절들로써 계획을 만들었기 때문에, 그들은 또한 성취감을 주는 그들의 수도원적 서약을 상관자들에게 복종하는 필요조건을 가지고 준수하기를 원했다. 이런 관련성에서, 사람이 그의 수도원적 경험들, 관심들, 그리고 투쟁들의 배경에 반대하는 그들을 보지 않는 한, 정당한 이유에 대한 그의 건설적인 해설 뿐 아니라 잘못된 그리스도인 태도들(자만심, 독선, 비국교도 신앙, 완강함, 그리고 악의)에 대한 루터의 비판들은 적절하게 이해되지 않았다는 것을 명시해야 한다.

21. *"Non vult Moses, ut Pharisaica philacteria faciamus."*

을 알게 될 것이며 자신이 적이고, 자신의 친족들에게 거짓 형제이며 비방자이고 각종 악을 행하는 자임을 알게 될 것이다.

그러므로 우리는 바울이 빌립보서 2:4에서 이 계명의 중요성을 표현했다고 말할 수 있다. "각각 자기 일을 돌볼뿐더러 또한 각각 다른 사람의 일을 돌보아 나의 기쁨을 충만하게 하라." 그리고 고린도전서 13:5에서는 "사랑은 자기의 유익을 구하지 아니하며." 즉 사랑은 자기를 부인하고 이웃을 인정하며 다른 사람을 향해 애정을 갖고 자신을 향해 애정을 갖지 않게 하며, 자신을 이웃의 입장에 놓고 이웃이 자신에게 하기를 바라는 것과 자신이 다른 사람들이 할 수 있는 것을 판단하게 한다. 그러므로 그는 이 절대 무오한 가르침으로 자신이 무엇을 해야 하는지를 알 수 있게 될 것이다. 그러나 그가 이 가르침을 업신여긴다면 계명의 수는 많아지고 그는 자신의 목표에 이를 수 없게 된다.

그가 자신을 위해서 축복을 바라고 구할 때마다, 그것이 물질적인 것이든 영적인 것이든, 그가 그렇게 바람으로써 그는 잘못에 빠지게 되는 것이다. 왜냐하면 다른 사람에게도 같은 것을 빚지게 되는 셈이기 때문이다. 그러나 그는 자신이 다른 사람들에게 동일하게 해 주기를 원하지 않을 것이다. 또는 그가 자신을 미워하며 다른 사람들로부터 아무것도 취하지 않고 스스로 아무것도 다른 이에게 빚지지 않을 것이다. 왜 그렇게 되겠는가. 왜냐하면 죽은 자가 의롭기 때문이다.[22] 이 계명이 얼마나 심오하고 광범위한지를 이제 이해할 수 있을 것이다.

"또한 너희가 시기를 알거니와 자다가 깰 때가 벌써 되었으니 이는 이제 우리의 구원이 처음 믿을 때보다 가까웠음이라"(롬 13:11)

고린도전서 15:34에서 "깨어 의를 행하고 죄를 짓지 말라"고 하였고, 에베소서 5:14에서는 "잠자는 자여 깨어서 죽은 자들 가운데서 일어나라 그리스도께서 너에게 비추

---

22. *"Quia, qui mortuus est, iustus est"*(참고 롬 6:7).

이시리라"고 하였다. 이 말씀들로 보아 죄 가운데 살고 있을 때 영이 잠들어 있는 영적 수면 상태에 대해서 바울이 말하고 있음에 의심의 여지가 없다. 그런 잠에서 그리스도가 마태복음 26:41에서처럼 우리에게 깨어 있으라고 명하면서 우리를 여러 번 복음으로 깨우신다.

우리는 바울이 불신이라는 죄 가운데서 죽은 사람들이나 죽을죄에 빠진 신자들에 대해서 말하고 있는 것이 아님에 주목해야 한다. 바울은 행함에 열의가 없고 안전하다고 생각되어 영적으로 잠들어 버린 그리스도인들에 대해 말하고 있음에 주목해야 한다. 바울이 그리스도인들이 하기를 바라는 것은 앞으로 나아가는데 간절히 하라는 것이다. 미가 6:8과 같이 행하라는 것이다. "사람아 주께서 선한 것이 무엇임을 네게 보이셨나니 여호와께서 네게 구하시는 것은 오직 정의를 행하며 인자를 사랑하며 겸손하게 네 하나님과 함께 행하는 것이 아니냐." 왜냐하면 간절하지 않고 두려움으로 경계하지 않는 사람들은 시작은 했으나 발전이 없는 사람들이고 누가복음 9:62에서처럼 '손에 쟁기를 들고 뒤를 돌아보는 자들'이기 때문이다. 그들은 '경건의 모양은 있으나 경건의 능력은 부인하는'(딤후 3:5) 자들이며 몸으로는 애굽에서 나왔으나 마음으로는 애굽으로 돌아가는 자들이다. 안전하다고 느끼며 하나님에 대한 두려움 없이 그들은 제멋대로 하게 되며 강퍅해지고,[23] 감정을 잃은 채 부적절하게 행하게 된다. 베르나르는 그들에 관해 이렇게 말한다.[24] 끊임없이 회개하지 않는 사람은 그렇게 함으로써 자신이 회개할 필요가 없다고 말하고 있는 셈이다. 회개할 필요가 없으면, 그는 또한 자비도 필요하지 않게 된다. 그리고 자비가 필요하지 않으면 그는 구원도 필요 없게 된다. 이것은 하나님이나 천사들과 같이 죄가 없는 사람에게만 가능한 것이다.

그러므로 바울이 그리스도인들을 훈계할 때 그들이 이미 깨어나지 않았더라면 그리스도인도 아니겠지만 그럼에도 깨어나라고 말하는 것은 적절한 훈계이다. 그러나 하나님과 함께 가는 것은 뒤로 가는 것이며 앞으로 가는 것은 날마다 새롭게 되는 것이다.[25] [설교자는 '사람이 앞으로 갔을 때'라고 말하지 않고 '사람이 행하였을 때 그때 그는 시작할 것이다'라고 말한다(집회

---

23. "*Indevoti.*"

24. 참고 Bernard of Clairvaux, *Sermo* Ⅱ *in vigilia nativitatis Domini* (PL 183, 90).

25. "*Stare in via Dei, hoc est retrocedere, et proficere, hoc est semper de novo incipere.*"

서 18:7).] 성자 아르세니오스(Arsenius)는 자신의 매일 드리는 기도에서 이렇게 기도하였다. "하나님, 저를 도우사 제가 당신을 위해 살기 시작하도록 이끄소서."[26] 바울이 "만일 누구든지 무엇을 아는 줄로 생각하면 아직도 마땅히 알 것을 알지 못하는 것이요"(고전 8:2)라고 지식에 대해서 말한 것처럼 우리도 몇몇 개별적인 미덕에 대해서 다음과 같은 결론을 내려야 할 것이다. 자신이 이미 이해했고 시작했다고 생각하는 사람은 아직 자신이 시작해야 하는 상태라는 것을 모르고 있는 것이다.

오늘날 이런 종류의 사람들은 놀랍게도 대다수 발견된다. 그들은 일시적이고 보이기 위한 행위로 그리스도가 요구하는 회개를 한다. 그리고 회개를 하고 난 후에는 자신들이 의롭다고 생각한다. 그리하여 다음과 같은 일이 자주 발생한다. 이런 식으로 행해지는 참회는 그들이 주제넘게도 참회로 없어졌을 것이라 생각하는 죄가 없어지지 않게 되므로 자아에 대한 뒤틀린 신뢰라는 타락을 야기하게 된다.

'잔다'는 단어는 성경에서 여러 가지 의미로 사용된다. 우선, 그것은 요한복음 11:11에서처럼 '육체적으로 잔다'는 것을 의미한다. "우리 친구 나사로가 잠들었도다." 구약에서는 주로 열왕기상하와 역대상하에서 자주 나온다. '그가 선조들과 함께 잠드니라'(왕상 2:10; 11:43; 대하 9:31; 12:16 등).

두 번째, 영적인 잠을 의미하는 데 사용되고 두 가지 의미로 사용된다. 먼저 좋은 의미로, 시편 127:2에서처럼 "여호와께서 그의 사랑하시는 자에게는 잠을 주시는도다." 그리고 시편 68:13에서처럼 "너희가 양 우리에 누울 때에는 그 날개를 은으로 입히고 그 깃을 황금으로 입힌 비둘기같도다"와 같이 쓰였다. 그리고 아가서에서는 신부가 "내가 잘지라도 마음은 깨었는데"(아 5:2)라고 말하고 있고, 이런 종류의 잠은 세상적인 것들에 관심을 기울이지 않고 세상적인 것들은 단지 보여 지는 것일 뿐 진정한 것들의 그림자라고 생각하는 것을 의미한다. 이런 사람은 영원한 것에 관심을 가지며 믿음에 비추어 마음이 완전히 깨어 있을 때 마음으로 모든 것을 보는 사람이다. 그러므로 이런 종류의 잠을 자는 사람은 일시적인 것들에 잠들어 있는 것이고 이들은 일시적인 것들을 다른 방식으로 다룬다.

세 번째, '잔다'는 단어가 나쁜 의미의 영적인 잠, 방금 앞에서 말한 것과 반대의

---

26. *Vitae Patrum, Verba seniorum*, III, 190, V, 15, 5 (PL 73, 801, 953).

뜻을 의미하는 데 사용된다. 우선, 데살로니가전서 5:6-7은 다음과 같이 말하고 있다. "그러므로 우리는 다른 이들과 같이 자지 말고 오직 깨어 정신을 차릴지라. 자는 자들은 밤에 자고 취하는 자들은 밤에 취하되." 여기서 밤은 시편 76:5로 "마음이 강한 자도 가진 것을 빼앗기고 잠에 빠질 것이며 장사들도 모두 그들에게 도움을 줄 손을 만날 수 없도다"의 악한 영적인 밤을 의미한다. 이런 의미에서 잔다는 것은 영원한 것들에 관심을 기울이지 않고 무시한다는 것을 말한다. 이런 잠을 자고 있는 사람들은 오직 일시적인 것들에만 관심이 있고 일시적인 것들을 늘 깨어 있는 욕망으로 바라보기 때문에 영원한 것들에 대해 다르게 행동한다. 그래서 이들은 위에서 말한 잠을 자고 있는 사람들과 반대가 되는 것이다. 이들에게 밤이 저들에게는 낮이 되는 것이다. 이들에게 깨어 있음이 저들에게는 잠들어 있음이 되는 것이다. 그들이 추구하는 것들이 다르듯이 그들이 마음의 태도도 다르며 그렇기에 사람 자체도 다르다.

잠에 대해 성경에서 구분해 놓은 이 세 가지 구분은 성경이 밤과 낮에 대해서 말할 때의 방식에도 적용된다. 성경에 쓰인 거의 모든 다른 비유적 표현들에도 적용된다.

예를 들어 영적인 낮은 믿음이고 영적인 밤은 불신앙이다. 반대로 시편 19:2에서처럼 신앙이 밤이면 불신은 낮이다. "날은 날에게 말하고 밤은 밤에게 지식을 전하니." 육적인[27] 사람은 경건한 사람에게 지식을 말하고 하나님에 대해 무지한 자가 사람들 중 무지한 자에게 말을 하고, 그리스도 안에서 지혜 있는 자가 세속적으로 지혜로운 자에게 지식을 전한다. 그러므로 바울은 우리가 감각기관을 통해 경험하는 어둠이나 잠에 대해서 말하고 있지 않음이 명백하다. 이에 대해 바울은 더 나아가 다음과 같이 말한다. "불륜과 더러움으로가 아니라 잠과 욕정으로 이런 것들이 밤에 행해지는 것이다."

어둠의 행위는 영혼이 잠들어 있는 사람들의 행위이다. 즉, 세상의 욕정에 빠져 있는 사람들의 행위이다. 게다가 이런 어둠의 행위들은 단지 악한 것으로 여겨질 뿐 아니라 사실은 그 내면의 악으로 인해 악하다. 왜냐하면 그것들은 깨어 있는 믿음 안에서 행해지는 악이기 때문이다.

---

27. 루터는 "영적인"이라고 말하지만, 이것은 명백히 기록 실수이다.

"또한 너희가 이 시기를 알거니와 자다가 깰 때가 벌써 되었으니 이는 이제 우리의 구원이 처음 믿을 때보다 가까웠음이라 밤이 깊고 낮이 가까웠으니 그러므로 우리가 어둠의 일을 벗고 빛의 갑옷을 입자"(롬 13:11-12)

바울이 의미하는 바는 고린도후서 6:1-2에 다음과 같이 나타나 있다. "우리가 하나님과 함께 일하는 자로서 너희를 권하노니 하나님의 은혜를 헛되이 받지 말라 이르시되 내가 은혜 베풀 때에 너에게 듣고 구원의 날에 너를 도왔다 하셨으니." "은혜의 때에 내가 네게 응답하겠고 구원의 날에 내가 너를 도왔도다"(사 49:8). 여기 로마서에서 바울이 잠시 다루고자 한 것을 그가 빛의 갑옷과 어둠의 일로 의미하고자 했던 바를 묘사할 때 훨씬 더 상세하게 다룬다. 바울은 말한다. "우리가 이 직분이 비방을 받지 않게 하려고 무엇에든지 아무에게도 거리끼지 않게 하고 오직 모든 일에 하나님의 일꾼으로 자천하여 많이 견디는 것과 먹지 못함 가운데서도…"(고후 6:3-4). 더 나아가 바울은 다음과 같이 말한다. "의의 무기를 좌우에 가지고"(고후 6:7). 빛의 무기가 있는 곳에 의의 무기가 있으므로 의와 빛은 같은 것이다.

"낮에와 같이 단정히 행하고[28] 방탕하거나 술 취하지 말며 음란하거나 호색하지 말며 다투거나 시기하지 말고"[29](롬 13:13)

'Graecari'(그리스식으로 살다)라는 단어가 'Graecus'에서 왔듯이, 'comissari'(흥청망청 살다)라는 단어는 'kōmos'(코스모스)에서 온 것 같다. '코스모스'는 '연회' 또는 연회의 사치, 낭비, 호화스러운 준비와 축하를 의미한다. 사실, 술의 신을 'Comus'라 부르는데 그 신의 잔치와 이름이 같다. 흥청망청 놀고 마시는 데 그토록 많은 시간을 보내며 그것이 무슨 유익이라도 되는 일인 양 신까지 만들어 내었다는 점에 있어서 그리스인들은 독

---

28. 여백 주석에서, 루터는(WA 56, 128, 18) "이것은 아우구스티누스를 개종시켰던 '교제'(ex quo)이다"라고 썼다(참고 Augustine, Conf., VIII, 12.).

29. Vulgate, "non in comessationibus."

일 사람들이나 세계 다른 어떤 나라 사람들보다도 우수하다.

바울이 여기서 부정적으로 가르치고자 하는 것을 고린도후서 6:4에서 긍정적으로 설명하고 있다. 바울은 우리가 금식과 절제와 금주를 하기 원한다. 사실, 역사적인 책들, 적어도 히에로니무스의 책을 읽은 독자라면 바울이 로마서 이 부분에서 말하고 있는 여섯 가지 악은 당시 로마에 만연했을 뿐 아니라 그런 악들이 난동을 부리고 있다고 해도 될 정도로 전 도시를 휩쓸고 있었다. 수에토니우스(Suetonius)의 「카이사르의 생애」(Lives of the Caesars)를 읽어 보라! 그래서 심지어 이교도인 쥬베날(Juvenal)까지도 이렇게 외쳤다.[30] "더 무서운 적, 즉 방탕이 우리들 사이에 뿌리를 내렸고, 패배한 세상에게 복수를 한다."

그러므로 바울은 경건치 않은 로마 사람들이 보여 주는 이러한 삶에 신자들이 굴복하지 않도록 믿는 사람들을 두렵게 하고자 했다. 베드로도 이 도시의 방탕함을 그냥 침묵하고 넘어가지 않았다(벧전 4:4). 베드로는 그 상황을 방탕이라고 부르는 데서 멈추지 않고 극한 방탕이라고 하였다. 이 때문에 베드로는 주저 없이 이 도시를 바벨론이라 불렀다. 카툴루스(Catullus)의 증언[31]에 따르면 이 도시는 모든 일이 흘러 가다가 잘못되고 악이 판을 치다가 극한 방탕의 상태에까지 이르면 하늘을 향해 외치거나 사도나 자기들 중 높은 자를 부르거나 아니면 소돔과 고모라 같은 형벌을 자초하거나 하는 도시였다고 한다. 그러므로 베드로전서 4:3-4에는 다음과 같이 기록되어 있다. "너희가 음란과 정욕과 술 취함과 방탕과 향락과 무법한 우상 숭배를 하여 이방인의 뜻을 따라 행한 것은 지나간 때로 족하도다. 이러므로 너희가 그들과 함께 그런 극한 방탕에 달음질하지 아니하는 것을 그들이 이상히 여겨 비방하나."

또한 베드로후서 2:13에는 다음과 같이 기록되어 있다. "불의의 값으로 불의를 당하며 낮에 즐기고 노는 것을 기쁘게 여기는 자들이니 점과 흠이라[32] 너희와 함께 연회할 때에 그들의 속임수로 즐기고 놀며." 오늘날에도 다시 그러하다. 로마가 예전의 방식으로 돌아갔고 거의 온 세계를 자신의 통치하에 두었다. 만약 오늘날의 로마가 과도한 사치라는 점에서 고대의 로마를 능가하지 못하고 그래서 사도들의 존재가

---

30. Juvenal, *Satyrae*, VI, 292: "*Sevior hostis luxuria incubuit victumque ulciscitur orbem.*"

31. Catullus, *Propertius*, LXIV, 406.

32. 불가타 역으로 루터가 그 앞에서 "*coinquinationes*"보다는 "*coinquinationis*"로 읽었다.

요구될 필요가 없다고 해도 훨씬 더 필요한 상태이다. 사도들이 판단자로서가 아니라 친구로서 로마에 오게 될 것이다.

우리는 잠시 '방탕'(luxuria)이라는 단어가 반드시 여기서 '욕정'(libido)로 이해될 것이 아니라 그리스어의 'asōtia'나 'asōtos'라는 단어들의 의미에서 '방탕'이나 '좀 품행이 나쁨' 정도로 이해되어야 한다는 것을 주목해야 한다.

디모데전서 2, 3장과 디도서 1, 2장에서 같은 악을 지적하면서 바울은 주교, 집사, 남자, 장로, 젊은 남녀가 술 취하지 말아야 한다고 명하고 있다. 또, 그들 모두에게 술 취함과 방탕을 전염병처럼 금하고 있다. 그래서 우리는 이 두 문단을 로마서의 문장과 비교한다면 바울에 대한 정확한 이해를 할 수 있을 것이다. 여기서 그는 자신이 원하지 않는 것을 지적하고 자신이 원하는 바를 보여 주고 있는 것이다.

"음란하거나 호색하지 말며"(롬 13:13)

이것은 그들이 경계하고 순결해야 한다는 것을 의미한다. 이것은 바울이 위에서 언급한 문단들에서 주로 주교 및 장로와 다른 사람들에게 당부한 것과 같은 순결과 경계의 계명이다.

이것은 실로 적절한 수순이다. 왜냐하면 방탕과 술 취함이 사람을 음란하게 만들고 또는 그리스어 본문에 나와 있는 것처럼 호색하게 만들기 때문이다.[33] 그러므로 경건한 아버지들은[34] 하나님을 섬기고자 하는 사람은 무엇보다도 식탐이라는 악을 다스려야 하며 식탐은 가장 다스리기 힘든 악이라고 선언했다. 식탐이 근절되지 않으면, 가끔 나이든 사람들에게서 나타나는 것처럼 식탐이 음란과 방종으로까지 이끌지는 않더라도 이것이 영혼을 신성한 것들에 대해 우둔해지게 만든다. 그러므로 금식이 그리스도인들에게 가장 강력한 무기 중의 하나이고 먹기를 탐하는 것은 악마의 가장

---

33. 이것은 에라스무스의 번역이다.
34. 참고 John Cassian, *De coenob. inst. Lib.*, V, 1ff.; *Collationes partum*, 2ff. (PL 49, 611ff.).

효과적인 음모[35]이다. 여러분은 이 모든 것이 성인들의 글에서 충분히 다루어져 있음을 알게 될 것이다.

"다투거나 시기하지 말고"(롬 13:13)

앞에서 언급한 것에서는 바울은 자기 자신에 대해 어떻게 행할 것인지에 대해 가르치고 있다. 즉 사람은 온유해야 하고 경계해야 하며 순결해야 한다. 그러나 여기에서 그는 이웃과의 관계에서 어떻게 해야 하는지에 대해 가르치고 있다. 그들은 서로에 대해 평화와 친교와 사랑으로 대하며 살아야 한다. 그의 모든 서신에서 바울은 이것을 앞 장에서 그랬던 것처럼 단호하게 명령한다. 디모데전서 2:8에서 바울은 말했다. "그러므로 각처에서 남자들이 분노와 다툼이 없이 거룩한 손을 들어 기도하기를 원하노라." 그리고 디모데전서 3:3과 디도서 1:7에서도 바울은 주교에게 구타하지 말라고 명령하고 있다. 히에로니무스의 해석에 따르면[36] 이것은 주교가 날카로운 혀를 가져서는 안 된다는 뜻이라고 한다. 그러므로 바울은 그리스도인들이 서로에 대해 부드럽고 친절하며, 배려하기를 바라는 것이다.

'다툼'이라는 단어는 여러 단어와 함께 사용되는데 검투사들이 하는 전투를 가리킨다. 이 전투에 참가한 자는 자신만이 진실하고 옳으며 사리에 맞다고 여겨지기를 바라고 다른 모든 것은 인정하지 않는다. 이것은 어느 쪽도 상대에게 지지 않는 싸움인 것이다.

'시기'는 광범위한 뜻을 가진 단어이다. 시기한다는 것은 따르고 추구한다는 것이다. 자신이 무엇을 추구하고 무엇을 따른다고 좋은 의미에서도 나쁜 의미에서도 말할 수 있듯이 시기한다는 말도 그렇게 이해할 수 있을 것이다. 시기한다는 것은 어떤 것을 모방하거나 아니면 추구하다가 도달하여 손에 넣거나 능가하는 것을 의미하는 것만은 아니다. 시기는 뭔가를 단순히 추구하는 것만을 의미할 뿐 아니라 그것을 능가

---

35. *"Machina diaboli."*
36. 참고 Jerome, *Comm. in ep. ad Tit.* 1:7.

하려는 시도도 의미한다. 그러므로 좋은 의미에서 시기하는 사람은 자신의 스승이나 본보기가 될 만한 사람을 모방하여 그 사람보다 더 잘하게 되는 사람이다. 이것은 단순히 모방하기만 하는 사람은 할 수 없는 일이다. 나쁜 의미에서 시기하는 사람은 자기가 경쟁하고 있는 사람을 능가하려 하고 하나 악으로 악을 극복하려고 하는 사람이다. 상대가 나쁜 말이나 행동을 하면 그는 더 나쁜 말과 행동을 하려는 사람이다. 그러므로 시기는 다툼의 자매이거나 하녀가 되는 것이다. 그러므로 우리는 'aemulus' 또는 'aemula'(경쟁)라는 단어를 사용하고 이 단어들을 형용사로도 명사로도 사용하는 것이다.

그러나 이것이 이 '시기'라는 단어가 쓰이는 전부는 아니다. 왜냐하면 출애굽기 20:5; 34:14에서 "여호와는 질투하는 하나님인즉", "여호와는 질투라 이름 하는 질투의 하나님임이니라"고 말하기 때문이다. 바울도 고린도후서 11:2에서 '내가 하나님의 질투로 너희를 향하여 질투하노니'라 하였고, 아가서에서는 질투가 음부만큼 견고하다고 하였다. 여기에서는 상호 간의 경쟁으로 쓰인 것 같다.

남편이 음부와 경쟁하고 하나님이 우상과 싸우고 부인이 음녀와 다투는 것은 바로 다른 사람을 시기하는 사람은 누구나 자신이 무엇 때문에 상대와 싸우고 있는지를 깨닫는 유일한 사람이 되기를 바라기 때문이다. 마치 남편이 부인을 소유하는 유일한 사람이 되기를 원하고 그래서 다른 사람을 부인으로부터 떼어 놓으려 하듯이 하나님도 유일한 하나님이 되기를 바라시며 바울이 고린도 교회 사람들에 대해서 질투하는 것도 바울만이 다른 사도들보다 그들의 유일한 선생이 되기를 바라고 다른 이들에게 이 영광을 주고 싶어 하지 않는 것이다. 그러나 경건한 목적으로 그렇게 하는 것이다. 왜냐하면 바울은 비록 그가 고린도 교회 사람들을 그리스도께 중매했을지라도 그들의 마음이 악마의 교활함으로 부패하게 될까 염려하고 있기 때문이다. 바울은 분명 거짓 사도들을 염려한 것이다. 결과적으로 질투의 의미에서 '시기'란 자신이 사랑하는 사람을 위한 선을 포함하고 있고 그것을 다른 사람과 공유하는 것을 배제하는 것이다. 이로 인해 이를 공유하고 싶어 하며 한 사람에게만 맡겨 두려 하지 않는 사람에 대한 일종의 증오가 될 수도 있는 것이다.

그래서 질투란 증오하면서 동시에 사랑하는 것이다. 때때로 질투의 대상은 자신이 사랑하는 것이고 또 때로는 자신이 싫어하는 것이기도 하다. 그래서 우리는 이렇게 말한다. '남편은 아내를 질투한다.' 그러나 우리는 또한 이렇게도 말한다. '그는 음부를 질투한다.' 그러나 첫 번째 방식이 좀 더 적절하다. 이런 의미로 바울은 고린도전서 12:31에서 다음과 같이 말한다.[37] '너희는 더 좋은 은사를 사모하라(질투하라).'

질투로서의 시기란 사랑하는 부러움이고 부러워하는 사랑이다. 이것은 사랑이면서 부러움인데 쓴 사랑 또는 사랑의 쓴 맛과 섞인 부러움이다.[38] 마치 회개가 달콤한 슬픔, 또는 슬픔에 찬 달콤함인 것과 같다. 사랑의 달콤함이 질투하는 사람을 생기 있고 의지적으로 만든다. 그러나 증오의 쓴 맛은 그의 의지를 약화시킨다.

그러나 '시기'라는 단어가 언제나 가장 적절한 의미인 질투라는 뜻으로만 쓰이는 것은 아니다. 종종 시기가 상대를 미워하지 않으면서 상대를 능가해 그에 대해 자신이 가지고 있던 이점을 유지하려고 하는 정신적인 노력을 나타내기도 한다. 고린도전서 10:22에 다음과 같이 말하고 있다. '우리가 주를 시기하게 하겠느냐.' 이는 '우리가 하나님을 능가해서 더 잘 하려고 하겠는가? 우리가 그보다 강하겠는가?'라는 의미이다.

"오직 주 예수 그리스도를 옷 입고 정욕을 위하여 육신의 일을 도모하지 말라"(롬 13:14)

악한 욕망[39]이 생기지 않도록 해야 하나 육신의 필요는 채워야 한다. 바울은 악한 욕망이 생기지 않도록 육신을 좋아하거나 소중히 여기지 말라고 말하고자 한다. 생 빅토르의 위그[40]는 다음과 같이 적절히 표현했다. "육체를 소중히 여기는 사람은 적에

---

37. 루터는 고린도전서 14장(여기서의 말씀은 *emulamini*).

38. "*Amarus amor et amorosus amaror.*"

39. "*Concupiscentias.*"

40. 피커(p. 491, n. 27)에 따라서, 이 격언들은 생 빅토르의 위그의 저서에서는 발견될 수 없지만, 그는 Gregory, *Hom. in Ezech.*, II, 7에서 언지를 준다. 즉, "때때로 우리의 육신은 좋은 행위 안에서 돕는 자이고 때때로 그것은 악한 자로 유혹하는 자이다. 그러므로 우리가 그것을 우리가 해야 하는 것보다 더 많이 준다면, 우리는 적에게 영양분을 공급하는 것이다. 그러나 우리가 해야 하는 것으로 그것의 필요들을 공급하지 않으면, 우리는 같은 시민(*civem*)을 죽일 것이다."

게 양분을 공급하는 것이고, 육체를 파괴하는 사람은 친구를 죽이는 사람이다." 우리는 육체를 파괴해서는 안 되고 육체의 악, 즉 악한 욕망을 파괴해야 한다. 잠언 29:21은 다음과 같이 교훈하고 있다. '종을 곱게 양육하면 완고하게 되리라.'

로마서 14장[1]

"믿음이 연약한 자를 너희가 받되 그의 의견을 비판하지 말라 어떤 사람은 모든 것을 먹을 만한 믿음이 있고 믿음이 연약한 자는 채소만 먹느니라 먹는 자는 먹지 않는 자를 업신여기지 말고 먹지 않는 자는 먹는 자를 비판하지 말라 이는 하나님이 그를 받으셨음이라 남의 하인을 비판하는 너는 누구냐 그가 서 있는 것이나 넘어지는 것이 자기 주

---

1. 루터의 여백 주석에는 다음과 같이 쓰여 있다(*WA* 56, 129, 8ff.). "이 장에서는 바울이 두 가지를 지시하고 있다. 첫째, 믿음이 강한 자와 약한 자가 서로 업신여기거나 판단하지 말고, 둘째, 강한 자는 약한 자를 정죄해서는 안 된다. 바울은 다음과 같이 말한다. '그런즉 우리가 다시는 서로 비판하지 말고 도리어 부딪칠 것이나 거칠 것을 형제 앞에 두지 아니하도록 주의하라.' 이 가르침은 구약의 율법에서 야기되었다. 많은 음식들이 먹지 못하도록 금지되었고 이것은 다가올 것의 상징이었다. 믿음이 약하고 단순한 사람들은 그러므로 그 상징이 더 이상 강압적이지 않다는 것과 모든 것들이 깨끗하게 되었다는 것을 이해할 수 없었다. 그들은 어떤 음식들은 속되게 사용되므로 먹을 수 없다고 믿었다. 이런 사람들은 용납되어야 하지, 업신여김을 받아서는 안 된다. 반대로, 정확히 이해한 사람들이라도 그들이 어떤 음식을 먹었다는 이유로 악을 행한 것처럼 정죄 받아서는 안 된다. 이 문제에 대해서 엄청난 논쟁이 일어났다. 제 첫 번째 교회 공의회가 그것에 대한 것이었다(행 15:6ff.). 실제로 베드로조차도 바울에게 같은 문제로 질타 당했다(갈 2:14). 바울의 모든 서신에서, 그는 이 주제를 율법을 지키는 것이 구원에 필수라고 가르치던 거짓 유대 사도들을 추출해 내기 위해 다루었다. 예를 들어 디모데전서 1:7에서 바울은 그들에게 '자기가 말하는 것이나 자기가 확증하는 것도 깨닫지 못하는도다'라고 말한다. 그리고 디도서 1:10에서 바울은 그들을 '속이는 자'라고 부른다. 하지만 다른 곳에서는 자기 자신을 '유대인들에게 유대인과 같이 되었고 이방인들에게 이방인과 같이 되었다'라고 말한다(예를 들면 고린도전서 9:20-21). 우상의 제물로 드려진 고기도 이방인 배경을 가지고 개종자들에게 비슷한 논쟁거리가 되었다. 고린도전서 8-10장을 읽어보면 명백히 알 수 있다. '시장에서 파는 것은 먹어라'(고전 10:25)."

인에게 있으매 그가 세움을 받으리니 이는 그를 세우시는 권능이 주께 있음이라 어떤 사람은 이 날을 저 날보다 낫게 여기고 어떤 사람은 모든 날을 같게 여기나니 각각 자기 마음으로 확정할지니라 날을 중히 여기는 자도 주를 위하여 중히 여기고 먹는 자도 주를 위하여 먹으니 이는 하나님께 감사함이요 먹지 않는 자도 주를 위하여 먹지 아니하며 하나님께 감사하느니라 우리 중에 누구든지 자기를 위하여 사는 자가 없고 자기를 위하여 죽는 자도 없도다 우리가 살아도 주를 위하여 살고 죽어도 주를 위하여 죽나니 그러므로 사나 죽으나 우리가 주의 것이로다 이를 위하여 그리스도께서 죽었다가 다시 살아나셨으니 곧 죽은 자와 산 자의 주가 되려 하심이라 네가 어찌하여 네 형제를 비판하느냐 어찌하여 네 형제를 업신여기느냐 우리가 다 하나님의 심판대 앞에 서리라 기록되었으되 주께서 이르시되 내가 살았노니 모든 무릎이 내게 꿇을 것이요 모든 혀가 하나님께 자백하리라 하였느니라 이러므로 우리 각 사람이 자기 일을 하나님께 직고하리라 그런즉 우리가 다시는 서로 비판하지 말고 도리어 부딪칠 것이나 거칠 것을 형제 앞에 두지 아니하도록 주의하라"(롬 14:1-13)

'약함'을 여기서 '허약'으로 이해해서는 안 된다. 다음 장에 오랜 병상 생활로 인한 약한 자 즉 허약한 자가 언급되었으나, 이것은 건강 또는 웰빙과 반대되는 연약이다. 예를 들면, 성인 남자에 비해 소년은 연약하지만 허약하지는 않다. 첫 번째 단어는 상대적인 또는 과도적인 단어로 이해해야 하고 두 번째 단어는 글자 그대로 받아들여야 한다. 그러므로 만약 바울이 믿음에 약한 자와 강한 자를 언급한다면 그는 '염려가 많은 사람들'(anxious-minded)[1a]이나 또는 여전히 다소 미신의 영향력 아래 있어서 그들에게 전혀 요구되지 않은 일을 일상생활에서 해야 한다고 믿는 사람들을 생각한 것이다. 그러나 우리는 바울이 미신을 따르기로 선택한 사람들을 위해 말한 것이 아니라 믿음이 약해서 여전히 미신을 믿는 사람들과 미신으로 그들이 구원의 단계에 다다르지 않고, 다만 근처에 와 있다는 사람들 때문에 말한 것임을 주목해야 한다. 그러기에 그들은 목표에 다다르기 위해 양육 받고 먹어야 한다. 따라서 바울은 디도에게 권고한다. "너는 바른 교훈에 합당한 것을 말하며"(딛 2:1). "책망할 것이 없는 바른 말을

1a. *"Scrupulosos."*

하게 하라"(딛 2:8). "이는 능히 바른 교훈으로 권면하고"(딛 1:9).

바울은 이 모든 것을 어떤 유대 지도자들이 몇몇 종류의 음식과 날을 구분하며 가르친 유대인의 미신에 반대하기 위해 말한 것이다. 바울은 이러한 생각을 마음에 품고 있어 디도서 1:10, 13에서 "불순종하고 헛된 말을 하며 속이는 자가 많은 중 할례파 가운데 특히 그러하니… 이 증언이 참되도다. 그러므로 네가 그들을 엄히 꾸짖으라 이는 그들로 하여금 믿음을 온전하게 하고"라고 말한다. 디모데전서 1:3-4에서 바울은 말했다. "어떤 사람들을 명하여 다른 교훈을 가르치지 말며 신화와 끝없는 족보에 몰두하지 말게 하려 함이라. 이런 것은 믿음 안에 있는 하나님의 경륜을 이룸보다 도리어 변론을 내는 것이라." 이어서 그는 같은 어조로 갈라디아서 4:9-11에서 "어찌하여 다시 약하고 천박한 초등학문으로 돌아가서 다시 그들에게 종노릇하려 하느냐 너희가 날과 달과 절기와 해를 삼가 지키니 내가 너희를 위하여 수고한 것이 헛될까 두려워하노라"고 쓰고 있다. 골로새서 2:16-23은 훨씬 더 명확하게 쓰고 있다. "그러므로 먹고 마시는 것과 절기나 초하루나 안식일을 이유로 누구든지 너희를 비판하지 못하게 하라 이것들은 장래 일의 그림자이나 몸은 그리스도의 것이니라 아무도 꾸며낸 겸손과 천사 숭배를 이유로 너희를 정죄하지 못하게 하라 그가 그 본 것에 의지하여 그 육신의 생각을 따라 헛되이 과장하고 머리를 붙들지 아니하는지라 온 몸이 머리로 말미암아 마디와 힘줄로 공급함을 받고 연합하여 하나님이 자라게 하심으로 자라느니라 너희가 세상의 초등학문에서 그리스도와 함께 죽었거든 어찌하여 세상에 사는 것 같이 규례에 순종하느냐 (곧 붙잡지도 말고 맛보지도 말고 만지지도 말라 하는 것이니 이 모든 것은 한때 쓰이고는 없어지리라) 사람의 명령과 가르침을 따르느냐 이런 것들은 자의적 숭배와 겸손과 몸을 괴롭게 하는 데는 지혜 있는 모양이나 오직 육체 따르는 것을 금하는 데는 조금도 유익이 없느니라." 또한 고린도전서 8:1 이하와 10:6 이하 전 장에서 표현한 그의 생각으로 완벽한 토론을 하고 있다.

사도 바울이 말하고자 하는 의미는, 즉 새로운 법 안에서 모든 것이 자유하고 예수님을 믿는 사람들에게는 어느 것도 필요하지 않고 다만 그들에겐 그가 말한 청결한 마음과 선한 양심과 거짓이 없는 믿음에서 나오는 사랑, 그 사랑이 충분할 뿐이다(딤전 1:5). 갈라디아서 6:15-16은 "(예수 안에서) 할례나 무할례가 아무것도 아니로되 오직 새로 지으심을 받는 것만이 중요하니라. 오직 하나님의 계명을 지킬 따름이니라"고 말한다.[2] 우리 주님께서도 친히 복음서에서 말씀하셨다. "하나님의 나라는 볼 수 있게 임하는 것이 아니요 또 여기 있다 저기 있다고도 못하리니 하나님의 나라는 너희 안에 있느니라"(눅 17:20-21). 마태복음 24:11, 26에서는 "거짓 선지자가 많이 일어나 많은 사람을 미혹하겠으며 그러면 사람들이 너희에게 말하되 보라 그리스도가 광야에 있다 하여도 나가지 말고 보라 골방에 있다 하여도 믿지 말라"고 말씀하셨다. 이사야 마지막 장 66장에는 "매월 초하루와 매 안식일에 모든 혈육이 내 앞에 나아와 예배하리라"(사 66:23)고 기록되어 있다. 또한 이사야 1장에서는 "월삭과 안식일과 대회로 모이는 것도 그러하니"(사 1:13)라고 말씀하신다(이사야에는 이러한 말씀들이 많이 있다).

왜냐하면 모세의 법에서 행하던 것처럼 다른 날 보다 어떤 날을 골라 금식하는 것은 새로운 법에 속하지 않는다. 또한 고기나 계란 등, 또다시 말하지만 모세의 법(레 11:4ff.; 신 14:7ff.)이 제시하듯 특정 음식을 골라 다른 음식과 구별하는 것도 새로운 법에 속하지 않는다. 다른 날이 아니라 어떤 특정 날을 지정해 성일로 삼는 것도 새로운 법에 속하지 않는다. 교회들을 짓고 장식을 하고 그곳에서 찬양하는 것도 새로운 법에 속하지 않는다. 오르간이나 성전 장식이나 성배, 또는 있어야 하는 그림들이라든지 우리가 예배당에서 현재 찾아 볼 수 있는 무엇이라도 새로운 법에 속하지 않는다. 마지막으로 신부들이나 사제들이 삭발을 하고 옛 법에서 그러했듯이 특별한 방법으로 어슬렁거리는 것도 필수적이지는 않다. 이러한 모든 것들은 단지 그림자와 나타날 것의 표징일 뿐이다. 정말로 그런 것들은 유치하기 짝이 없다. 반대로 모든 날이 거룩한 날이고 모든 음식을 먹을 수 있고 모든 장소가 신성하고 매 시간이 금식하기 적절하고 모든 의복이 허용된다. 모든 것이 절제와 사랑 그리고 사도의 가르침 안에서 적당하게 시행되는 한 자유하다.

많은 거짓 사도들이 바울이 선언하는 이 자유에 반하여 가르치고 있다. 그들은 사람들에게 모든 율법이 구원에 필수적인 것처럼 준수해야 한다고 회유했다. 그러나 사도 바울은 놀랄 정도의 열심으로 그들과 대항한다.

이 모든 것의 결말은 무엇인가? 지금 우리가 피카드(the Picards) 이단[3]을 인정해야 한다는 것인가? 왜냐하면 그들이 이 법을 채택했기 때문이다. 우리는 모든 교회, 그 안

---

2. 갈라디아서 구절과 고린도전서 7:19 말씀이 결합되었다.

3. 피카드파는 후스파 중에 가장 과격한 그룹이었다[참고 A.R.G. 31 (1931), 102ff.].

에 있는 모든 장식, 교회에서 칭송 받는 모든 성직, 모든 금식 날과 잔칫날 그리고 마지막으로 사제, 수도자, 주교의 수세기 전부터 지금까지 지켜오는 지위, 관행, 의식의 모든 구분, 그리고 모든 수도원과 재단과 직책과 성직자의 녹, 이런 모든 것들을 폐지해야 한다고 말해야 하는가? 이것이 피카드 파가 하고 있는 것이다. 그들은 그렇게 하는 것이 새로운 법의 자유를 위해 필요하기 때문이라고 생각해서 그러고 있다.

하나님께서 금하시기를! 왜냐하면 어떤 사람이 바울의 말을 이와 같이 이해한다면, 바울의 가르침에 대해 다음과 같은 이유로 즉시 결론짓는다. '그러므로 선을 행하기 위해 악을 행하자'(롬 3:8). '착한 일을 그만 두자.' 우리는 손가락 하나 까딱하지 않고 천국에 들어간다. 사람들은 이런 결론을 지을 것임에 명백하다. 왜냐하면 만약 바울이 우리가 막 열거한 것들을 모두 거부했다면 다른 일들도 그와 같이 모두 거부해야 한다. 왜냐하면 어느 것도 구원에 필수적이지 않기 때문이다. 유아나 어린이 그리고 아픈 사람이나 죄수들, 또한 가난한 사람들, 최소한 다 그렇지는 않지만 이런 경건의 일들이 필요하지도 않고 할 수도 없다는 사실이 이것을 증명한다. 정말로 어느 누구도 이러한 모든 것들을 할 필요도 할 수도 없다. 하지만 전에 언급한 것처럼 청결한 마음에서 나오는 사랑 등을 가지고 있으면 족하다.

사도 바울 자신은 거듭해서 이러한 의견을 반박하다. 디모데전서 5:11−12에 '어떤 과부들은 처음 믿음을 저버렸으므로 정죄를 받느니라.' 그리고 그들은 시집가길 원했다. 그러므로 그들은 과부로 남아 있어야 했다(왜냐하면 과부들이 그리스도 안에서 음탕하게 되었다. 즉, 사치스럽고 기름졌다는 뜻이다). 그리고 복음서에서, 우리 주님께서 가장 작은 것에 대해 말씀하셨다. "그러나 이것도 행하고 저것도 버리지 말아야 할지니라"(마 23:23; 눅 11:42). 예레미야 35:5 이하로 주께서 레갑 사람들을 높이 칭찬하셨다. 그들은 포도주를 마시지 아니하고 집을 짓지 아니하고 그들의 아버지 요나답이 그렇게 말한 대로 그대로 신실하게 따랐기 때문이다. 바울 자신도 디모데에게 할례를 행하였고(행 16:3), 번제를 드렸고, 성전에서 자신을 정결케 하였다(행 21:26).

우리의 이의에 대한 대답은 다음과 같다. 새로운 법에 따라 어느 누구에게도 율법의 행한 모든 것은 불필요하다. 그러나 이것은 사람이 한 가지 일만 해야 하는 것이 아니기 때문에 그는 그 행한 일의 반대의 일이나 다른 것에 자유하다는 뜻은 아니다. 힐라리우스는[4] "우리는 하나의 '진술'(statement)을 그렇게 된 상황에 비추어서 이해해야 한다"라고 말했다. 이제 사도 바울은 율법의 준수 없이는 예수 안에 있는 믿음도 구원을 얻기에 불충분하다고 말한 유대인과 그 일파에게 반박한다. 그들은 사도행전 15:1에 예수님 안에 이미 세례를 받은 믿는 자들에게도 말한다. '당신들이 모세가 말한 방법에 따라 세례를 받지 않고는 구원을 받을 수 없다.' 그리고 좀 더 나아가서 "이방인에게 할례를 행하고 모세의 율법을 지키라 명하는 것이 마땅하다"(행 15:5)[5]고 말하였다. 갈라디아서 2:14에 바울이 베드로에게 가진 의문에도 같은 의미가 내포되어 있다. "어찌하여 억지로 이방인을 유대인답게 살게 하려느냐." 즉, 베드로가 이방인들을 그들이 먹던 음식을 삼가는 것이 구원에 필수적이라고 믿게 했다는 뜻이다(갈 2:3에 다음과 같이 기록되어 있다. "헬라인 디도까지 억지로 할례를 받게 하지 아니하였으니").

'판단하다'는 바울이 같은 구문에서 여러 번 반복한 이 단어에도 같은 뜻이 내포되어 있다. '다른 사람을 판단하는 사람들마다 다른 사람이 구원 받을 수 없는 일을 하고 있으므로 삶의 방식을 바꿔야 한다'라고 믿는다. 그래서 믿음의 연약함과 미신적인 믿음으로 인한 결핍으로 모든 사람이 자신이 한 맹세의 한계 안에서 모든 율법이라도, 정말로 모든 계명이라도 지키는 것이 허락되었다. 이와 같은 방식으로 초대교회에서는 오랜 시간 동안 유대인의 의식을 행하는 것이 허용되었다. 성 아우구스티누스는 성 히에로니무스와 그의 편지 8, 9, 10, 19장[6]에서 이것에 대해 오랫동안 논쟁하였다.

그러므로 이러한 것들을 아주 중대하게, 반대로 영생에 충분조건인 믿음과 사랑을 저버리고, 사람이 율법에 의지하여 구원을 받는다고 하는 것은 아주 어리석은 일이다(이것은 아주 예수님과도 어긋난 일이다. 예수님께서 마태복음 23:24에서 말씀하셨다. "하루살이는 걸러 내고 낙타는 삼키는도다." 그러므로 절기, 음식, 습관, 그리고 장소를 구분하고 하나님의 말씀과 믿음, 사랑을 완전히 무시하면서 기독교를 이러한 허세적인 표현들로 동일시하는 것은 오늘날에도 아주 어리석고 불합리하다).

비록 이 모든 것들에 지금은 완전히 자유롭지만, 어떤 사람들은 이런 저런 맹세

---

4. Hilary, *De trin.*, IV, 14.

5. 루터가 가졌던 불가타 역에는 다음과 같이 적혀 있다. "*Oportet eos circumcidi et* PRACIPUF [주로, PRAECIPERE (그리고 권고했다) 대신에] *servare legem Mosis*" (행 15:5).

6. 여기에 쓰인 숫자는 더 오래된 판에서 나온 것이다(e.g., *Liber epistolarum beati Augustini*, Basel, 1493). 우리가 언급하는 것은 Letters 28, 40, 75, 82이다.

에 하나님의 사랑으로 인해 자신을 매는 서원을 할 수도 있다. 그러나 그 사람은 새로운 법에 의해 얽매인 것이 아니라 하나님을 향한 그의 사랑의 법에 자신을 둔 것이다. 어느 누가 어리석게 사람이 자유롭게 자기 자신을 노예로 만들어 이것저것, 이날저날에 묶을 수 있도록 자신의 자유를 포기할 수 있다는 것을 부인할 수 있을까? 단지 그 사람은 사랑으로 그 일을 해야만 하고 그 자신은 그런 일을 하는 것이 구원 받기 필요해서가 아니라 자유로움에서 나오는 자발적인 의지로 한다는 확신이 있어야 한다.

그러므로 모든 것이 자유 하지만 자유는 사랑 때문에 하는 맹세에 의해서 포기될 수 있다(사람이 맹세에 얽매이는 것이 자신이 맹세한 것에 얽매이는 것이 아니라 자발적으로 하는 맹세의 성격으로 이런 일이 실제로 일어나게 된다). 그러므로 그는 사랑에 의해서 지키겠다고 약속한 맹세를 똑같은 사랑으로 지켜낼 수 있도록 잘 해나가야 한다. 이 사랑이 없이는 맹세는 지켜질 수 없다. 왜냐하면 그 맹세가 사랑 없이 지켜진다면, 즉 본인의 의지 없이, 차라리 어떤 맹세도 안 하는 것이 더 낫다. 이런 사람은 맹세를 하고 지키지 않는 사람과 같다. 비록 그가 겉으로는 실행하나 그의 마음에는 의심이 있다. 이것은 그가 신성 모독을 범하는 것이다. 왜냐하면 자발적으로 그의 맹세를 지키지 않기 때문이다. 이것이 그런 사람들과 같이 겉으로는 알아차릴 수 없는 배교자가 많은 이유이다. 그러나 어떤 사람이 사랑을 무시하고 계명들이 구원을 얻기에 필수적이라고 생각해서 이런 저런 계명들에 집중한다면, 마치 이런 일이 신부들과 수도승들 사이에 어디서든지 일어나고 있는 것처럼, 우리는 확실히 유대적 미신으로 돌아가는 것이고 모세의 노예제도를 부활시키는 것이다. 특히 우리가 이 모든 일들을 억지로 하도록 강요하고 이런 일들을 떠나서는 구원이 없고 구원은 오로지 이런 일들을 통해서만 얻어진다고 한다면 더욱 그렇다.

그러면 교회의 일반적인 제도들, 금식일과 절기들은 무엇에 관한 것인가? 고대의 공의회의 만장일치와 하나님의 사랑으로 그리고 적절한 이유들로 우리에게 부여된 제도들은 확실히 지켜져야 한다. 그것이 필수적이고 절대적이라서가 아니라 우리가 하나님과 교회에 진 사랑으로 순종이 필수적이기 때문이다. 그렇지만 계급이 높은 성직자는 그들이 되도록 적은 규칙들을 내고, 그 규칙들이 바뀔 수 있다는 생각으로 어디서, 어떻게, 어떤 범위로 더 발전시킬지 주의 깊게 살펴야 한다. 그렇지 않다면 그는 사랑을 방해하게 된다(예를 들어 예배당들을 엄청난 소음으로 가득 차게 하고, 오르간 소리를 울리게 할 때, 미사를 생각할 수 있는 모든 호화로운 상황으로 드릴 때, 사람들은 그것에 의해 아주 잘 했다고 믿는다. 그래서 그것과 비교해 그들이 가난한 사람들에게 베푸는 어떤 도움이라도 아무것이 아닌 것처럼 여기게 된다). 더욱이 어느 누구도 위증, 거짓말 또는 욕설이 심지어 성일에도 저질러지고 있는지에 대해서는 관심이 없다. 그러나 만일 어떤 사람이 고기나 계란을 제 여섯 번째 날에 먹으면 사람들은 아주 놀랄 것이다. 이것이 거의 모든 사람들이 요즘 얼마나 어리석게 되었는지 보여 주는 것이다.[7] 그러므로 오늘날의 금식일과 많은 성일들은 폐지되어야 한다. 왜냐하면 보통 사람들이 그런 것 없이는 구원이 없다는 믿음에서 그런 날들을 지키는 것이 양심의 문제로 삼기 때문이다. 그러나 사실은 거의 모든 사람들이 거듭거듭 양심의 소리에 어긋나게 행동하는 것이다. 사람들은 이 어리석은 믿음을 붙잡고 있게 되었다. 왜냐하면 요즘에는 진리의 말씀의 선포가 무시되어서 사람들은 무엇이 참 종교인지 배우기 위해 사도들을 한 번 더 필요하게 되었다.

그러므로 거의 모든 교련의 책을 정화하거나 바꾸고 허식과 심지어 훨씬 더 많은 기도회 예식과 교회 의복들을 줄이는 것이 유익할 것이다. 왜냐하면 매일 마다 이런 것들은 점점 더 풍성해지고 믿음과 사랑은 비례하여 감소하고 있는 반면, 욕심, 자만 그리고 허세는 촉진되고 있다. 더욱 나쁜 것은 사람들이 이런 것들에 의해 구원 받기를 소망하고 속사람에 대해서는 더 이상 관심 갖지 않는 것이다.

그렇다면 오늘날 수도사가 되는 것은 좋은 일인가? 나의 대답은 이렇다. 만일 당신이 수도사가 되는 것밖에 구원을 얻을 길이 없다고 생각한다면 수도원으로 들어가지 마라. 속담에서 말하는 것이 정말 옳다. '절망이 수도사를 만든다.' 오히려, 수도사가 아니라 악마를 만든다. 단순한 절망의 수사의 옷으로는 절대로 좋은 수도사가 되지 않는다. 그러나 그가 사랑으로 될 때 그럴 수 있다. 그의 죄가 얼마나 많은지 깨닫고 사랑에 의해 하나님께 훌륭한 제사를 드리고 싶다면 그는 자발적으로 그의 자유를 포기하고 바보 같은 의복을 입고 그 자신을 강등시키는 의무를 수행할 것이다.

그러므로 나는 오늘날 수도사가 되는 것이 지난 이 백 년 동안 되었던 것보다 더 낫다고 생각한다. 그 이유는 지금까지 수도사들은 십자가로부터 벗어나 있어서 수도사가 되는 것이 영광스러운 것이었다. 그러나 지금 사람들은 다시 수도사들을 싫어하

---

7. 여기 이 문장들은 루터가 그의 종이의 모퉁이에 괄호로 적은 것이다. 이 문장들은 논쟁과 연결된 부분이 아닌 메모로 읽혀야 한다.

게 되었다. 왜냐하면 그들이 입은 바보 같은 겉옷으로 수도사 중의 좋은 사람들도 싫어한다. 이것이 수도사가 된다는 뜻이다. 세상에 의해 미움 받고 바보 취급당하는 것이다. 사랑 때문에 이런 종류의 대우를 받는 사람은 아주 정말 잘하는 사람이다. 나는 주교나 신부들이 나를 핍박하는 것을 두려워하지 않는다. 이런 일이 일어나야만 했다. 하지만 나는 우리가 그들이 우리를 싫어하는데 정말 빈약한 이유를 제공한다는 사실을 좋아하지 않는다.

게다가 단지 편견 때문에 아무런 이유 없이 수도사들을 경멸하는 사람들은 세상에서 수도사들이 가진 제일 좋은 친구다. 수도사들은 하나님을 위해 그들이 업신여김을 당하고 부끄러움을 받는 맹세를 실행했다면 아주 기뻐해야 한다. 왜냐하면 그들은 모든 사람이 그들을 업신여기도록 바보 같은 겉옷을 입기 때문이다. 그러나 요즘 그들은 아주 다르게 행동한다. 그들은 형태만 수도사들이다.

그러나 나는 마음으로 그들이 사랑해서 사막에 있는 은자들이 느꼈던 것 보다 더 복을 받았다고 느낄 수 있다면 그들이 제일 행복한 사람들이라는 것을 안다. 그들이 십자가와 매일의 경멸에 자신을 드러내고 있다는 사실 때문이다. 그러나 슬프게도 오늘날 수도사들보다 더 교만한 계층의 사람들은 없다.

그러면, 본문으로 돌아가서, 사도 바울은 이 모든 것보다 믿음이 약한 사람들이 받아들여지고 경솔하게 판단하지 않도록 믿음이 강한 자들에 의해 지도 받기를 간절히 원하고 있다. 이와 같은 방법으로 그는 그들에게 평화와 일치를 권고하고 있다. 비록 약한 믿음은 구원에 충분하지 않지만, 갈라디아서에서 보듯이, 믿음이 약한 사람들은 믿음이 강해질 때까지 그럼에도 불구하고 지도를 받아야 한다. 그리고 사람이 자기 자신의 구원에만 관심이 있어 믿음이 약한 자들이 싫다는 이유로 그들을 약한 믿음에 머물게 놔두어서는 안 된다. 바울은 이 가르침을 사람들과의 관계로 일반적으로 말한 것만이 아니고 특별히 갈라디아 사람들을 향하여 그들의 태도에 대해서 예를 든 것이다. 그는 그들에게 자필로 쓴 편지를 보냈다. 그러므로 '~를 받다'(take on)라는 그리스어 단어는 'assumite'로 '네 자신을 ~와 함께 연합하다'이다.[8] 사도 바울이 "믿음이 연약한 자를 너희가 받되"라고 쓸 때, 그는 이와 같은 의미에서 말한 것이다.

---

8. *Proslambanesthe.* 참고 Erasmus, *Annot.*

너희들은 싫어한다는 이유로 약한 자를 거부하거나 내버려 두어서는 안 되고 너희들에게로 데려와서 그도 역시 완전해질 때까지 힘을 북돋아주어야 한다. 그러나 만약 그러지 않고 그가 그럴 가치가 없는 것처럼 그를 경멸한다면 하나님께서 친히 그를 회복시키시지 않도록 조심하라. 그런 후에 바울은 그 두 사람에게 말한다. 강한 자는 약한 자를 지도해야 하고 약한 자는 지도받아야 한다. 그러면 평화와 사랑이 그 둘 사이에 넘쳐날 것이다.

"여러 생각에 대해 논쟁하지 마라"(롬 14:1)

이것이 전적으로 적절한 번역은 아니다. 우리 성경[9]에서는 '논쟁하여'라고 말한 것이 그리스어에서는 '구별하여'[10]라고 쓰였다. 우리 성경이 '생각들'이라고 한 것을 그리스어에서는 'dialogismon'[11]으로 되어 있다. 이것이 더 적합하고, 로마서 1:21의 구문을 참고할 때 이것은 '결정하기', '평가하기'를 의미한다. "그 생각이 허망하여지며"(롬 1:21), 즉 우리가 보통 '동기'나 '이성'이라고 부르는 것이다. 바울은 그러므로 어느 누구도 다른 사람이 한 결정과 이성에 의해 이리 저리 움직이는 것을 판단할 수 없다고 말하는 것이다. 왜냐하면 강한 사람은 그 자신만의 의견이 있고 그 자신의 이성에 의하여 움직인 것처럼 약한 사람도 자신의 의견을 가지고 있다. 그러므로 그는 조금 더 나아가서 "각자 자기 마음으로 확정할지니라"(롬 14:5). 다른 말로 약한 자를 평안 중에 놔두고 그를 자신이 가진 동기로 만족하게 하라. 또는 더 쉽게 말하자면, 그를 그의 양심이 인도하는 대로 굳건히 머물게 하라.

그러나 이것은 오늘날에 우리가 이러한 종교의 미신적 행위들을 참아야 하고, 오히려 그들의 약한 믿음 때문이라는 가정으로 이런 경건을 남에게 보여 주기보다[12] 참

---

9. 즉, 불가타 역

10. "*In diiudicationibus.*"

11. 에라스무스는 *dialogismōn*이라는 단어를(롬 1:21에서만 나온다) 다음과 같이 설명한다. "*Non simplex cogitatio, sed cogitatio ratiocinantis et expendentis et diiudicantis*"(이러한 생각이 아니라 사고하고 평가하고 구분할 수 있는 사람의 생각).

12. "*Superstitiosas istas pietates, immo species pietatis.*"

아 내야 한다는 것을 의미하지는 않는다. 실제로 사람들은 그들을 우둔한 무지에 두려고 한다. 그 사람들은 그들이 하는 일이 아니라 그들 자신들이 먼저 바뀌어져야 한다는 것을 알지 못한다. 그러나 바울은 갈라디아인들을 "그 자유로 육체의 기회를 삼지 말고"(갈 5:13)라고 권고했다. 그들이 로마에 있을 때 율법을 삼켜버린 로마의 제도 때문에 더 이상 율법에 대해 관심을 갖지 않아서였다. 이러한 종류의 자유를 사용할 수 있는 계층들은 주인들이었다. 사도 바울의 다른 명령도 완전히 무시하고 그들은 자유를 "육체의 기회"(갈 5:13)와 "악을 가리는 데"(벧전 2:16)에 사용하였다. 그들이 어느 율법에도 얽매이지 않는다는 말은 옳다. 그러나 만약 그렇게 할 수 있는 교황이 예배 의식, 기도, 그리고 율법들을 취소한다면 얼마나 많은 사람들이 아주 기쁘게 포기하겠는가? 이것은 요즘 실제적으로 모든 사람들의 그들의 소명을[13] 사랑 없이 마지못해 수행하고 있다는 사실을 보여 주는 암시다. 만약 자신의 책임을 수행하는 몇몇의 사람들이 있다면 그들은 두려움으로부터 그렇게 한다. 그들은 자신의 의무를 하라고 강요하는 양심의 비참한 십자가를 믿게 된다.

그러나 아마도 하나님께서는 오늘날 우리에게 역시 다양한 질서, 규칙, 그리고 최소한 우리를 들어오라고 강권하실 수 있는 위치들(눅 14:23)에 우리를 얽매이게 하시길 원하실 수 있다.

그러나 만약 사도 바울이 말한 자유가 우리에게 주어진다면, 즉, 만약 금식, 기도, 법령 준수, 교회 예배 등등을 모든 사람들이 양심에 따라 자유롭게 결정할 수 있다면, 그래서 하나님께서 사람에게 그렇게 할 수밖에 없도록 사랑으로 한다면 나는 모든 교회가 문을 닫을 것이고 모든 제단들이 일 년 안에 내버려질 것이다. 그러나 만약 모든 것이 그렇게 된다면 우리는 양심의 가책이나 처벌, 대가나 영예 없이 하나님을 자유롭게 기쁘게 섬기기를 원하는 것처럼 이런 것들을 하게 될 것이다.

예를 들어 만약 사람이 원하지 않는다면 사제들이 아내를 갖지 않을 필요가 없거나 삭발, 특별한 방식으로 옷을 입는 것, 정본으로 말해야 하는 의무가 없어진다는 강령이 발표된다면 얼마나 많은 사람들이, 내가 묻건대, 지금 현재 그들이 준수하고 있는 삶의 방식을 택하겠는가? 만약 속담에 말한 대로 양심이 결정하게 한다면 그들

---

13. *"Agunt in suis vocationibus."*

은 어떻게 하겠는가?[14] 그러나 정확히 해야 하는 것이 있다. 사람은 하나님께서 그에게 허락하신 많건, 적건 간에 그의 책임을 이행하는 것을 자유롭게 결정할 수 있어야 한다.

당신은 말할 것이다. 그러면 누가 신부가 되고 싶지 않겠는가? 나는 이렇게 답한다. 당신은 당신이 그렇게 한다고 말하므로 당신은 육체의 기회를 삼을 자유를 원한다고 명백히 보여 주는 것이다. 당신은 당신의 의지에 반하는 노예생활을 하고 있고 당신은 하나님 앞에 어떤 상도 받을 자격이 없다.

나는 우리 모두 순식간에 멸망할까 두렵다. 누가 이 율법에 순종하겠는가? 사람들은 어떠한가? 만약 그들이 주고 싶은 어떤 것이라도 줄 자유가 있다면 무엇을 주겠는가? 그들은 다른 사람들과 똑같이 어리석다. 왜냐하면 그들은 자유인인 형제들에게 보다 일하기를 강요당해야 하는 그들의 종들에게 주기를 더 좋아하기 때문이다.

그러므로 당신 자신을 기도할 때, 희생제사 드릴 때, 합창할 때, 또는 당신이 해야 하는 무슨 일이든 할 때, 당신이 자유롭게 그렇게 하기로 선택한 것이 똑같든지, 똑같지 않든지 간에 당신 자신을 면밀히 살펴보라. 그러면 당신은 하나님 앞에 당신이 누군지 알게 될 것이다. 만약 당신이 그렇지 않다면 만약 당신이 차라리 자유자나 삭발을 하지 않는 것이 낫다고 여긴다면 당신이 하고 있는 일은 아무 가치가 없을 것이다. 왜냐하면 당신은 노예나 고용일 뿐이기 때문이다(요 10:12f.). 그러나 나는 이것에 대해 잘 알고 있어서 구석에 앉아 '이것이 나에게 필요하다면, 선한 마음가짐과 의지를 불러 일으켜야만 해'라고 말하는 몇몇 사람을 알고 있다. 그러는 동안 그의 뒤에 있던 악마가 몰래 웃으며 말한다. '옷을 갖춰 입어. 작은 고양아. 여기 네 동무가 간다.'[15] 그리고 그는 일어나서 합창단에 기도하러 가서 말한다. '오! 작은 부엉아, 참 어여쁘구나. 어디서 공작새의 깃털을 얻었니?'[16] 내가 당신이 멍청이(우화의 언어를 사용

---

14. "Nonne sicut dicitur: Wens bis auf die conscientz kumpt?"

15. 루터는 독일 속담을 사용하고 있다. "Schmug dich, libs Ketzle, wir werden gesste haben." ("Schmück' dich, liebes Kätzchen, wir warden Gäste haben").

16. 여기서 루터는 속담을 사용하고 있다(이것은 잘 알려진 까마귀 또는 부엉이와 여우의 우화로부터 나온 것이다). 그는 수도사의 역할을 하고 있는 악마와 함께 있다. 악마는 "Sih, aulichen, wie schon bistu, hastu nu pfawenfedern?" (Sieh, kleine Eule, wie schön du bist! Hast du nun Pfauenfedern?)라고 말한다.

피커(p. 500, n. 23)는 루터가 아마도 그 당시 독일 화가들이 그들의 몇몇 책 표지로 썼던 장식적인 디자인을 생각하고 있을 수 있다고 말한다. 이것은 부엉이가 다른 새에 의해 쪼아지고 있음을 보여 준다. 그 장식은 "모든 새들이 나를 미워해"라는 묘사를 종종

해서)[17]라는 것을 몰랐다면 나는 아마 당신이 포효하는 사자라고 생각해야 할 것이다. 계속하라. 사자의 가죽을 입어라. 당신의 긴 귀가 당신을 배신할 것이다. 그 결과 그는 지루해서 그의 기도가 거의 끝나 가는지 궁금해 하며 그의 기도문의 페이지와 절수를 센다. 그리고 자신을 다독이며[18] 말한다. 스코투스(Scotus)[19]는 "'보이는 의도'가 충분하지 실제 의도는 필요하지 않다"라는 것을 보여 준다. 그러면 악마는 그에게 말한다. "좋아! 네가 맞아! 이제 너는 안심할 수 있어!"

오! 하나님, 우리가 대체 우리 적들에게 무슨 웃음거리가 되고 있는 것입니까! 선한 의도는 그것처럼 아주 간단하지 않다. 그리고(선하신 하나님!), 사람아 스코투스나 스코투스파들이 우리에게 아주 큰 손상을 갖다 주게 가르치고 있듯이 네 안에 선한 의도를 일으키는 것은 당신의 힘으로 할 수 없는 것이다. 마치 우리가 우리 자신의 힘으로 우리 마음을 가다듬고 합칠 수 있는 것처럼 '선한 의도'를 만들어 낼 수 있다고 가정하는 것은 상당히 치명적이다. 이것은 바울이 우리에게 표현한 '판단'(judgment)과 명백히 모순되는 것이다. 그러므로 우리의 자유의지에 근거하여 우리가 원할 어떤 때든지 우리에게 경건한 의지를 불러일으킬 힘이 있다고 생각하는 것으로 우리는 안심하고 그것으로 인해 세월을 허송한다. 그러면 왜 바울은 '주께서 너희 마음과 몸을 인도하여'[20](살후 3:5)라고 기도하였는가? 그리고 왜 교회는 '종국에는 당신의 의가 이루어지게 우리의 말, 생각, 하는 일들이 인도함 받게 하소서'라고 기도하는가?[21] 그러나 우리들의 생각은 시편 5:9에 나오듯 불의의 덫이다. '그들의 마음은 덫이다.'[22] 그리고 잠언 11:6에는 "사악한 자는 자기의 악에 잡히리라"고 쓰여 있다.

'안 돼, 죄 많은 친구야, 안 된다! 이건 아니다.'[23] 당신이 해야 하는 것은 바로 이거다. 당신의 침실에 들어가 무릎을 꿇고 하나님께 당신이 주제넘게 당신 안에 불러일으키려고 했던 의지를 주시라고 온 힘을 다해 기도하라. 당신은 당신 스스로 안심

설명하고 있다("*Mich hassen alle Vögel*").

17. 참고 Aesop, *Fab.* 141.
18. "*Sibique consolator factus dicit.*"
19. Dun Scotus, IV *Sent.*, d. 6, q. 6, n. 2을 참고하라.
20. 바울의 편지에는 '과 몸을'이라는 단어가 없다. 루터는 그 단어를 첨가한 the Breviary에서 인용했다(참고 Ficker, p. 501, n. 10).
21. 이것 역시 the Breviary에서 인용한 것이다.
22. *Col. Hebraeus of Faber's Quincuplex Psalterium*에 의해 인용했다.
23. "*Non sic, Impii, non sic!*"

하는 것으로 살 수 없다. 당신은 당신이 기대하는 기도의 응답을 주시는 하나님의 자비로 사는 것일 뿐이다.

우리가 여기서 짐작하고 있는 전적인 잘못은 이것이다. 우리는 하나님 눈에 받아들여지기 위해 심사숙고하는 것에 실패했다. 우리는 이 모든 것을 꼭 해야 하는 압력이나 두려움이 귀찮게 하거나 우리를 흔들어서도 아니고 단지 우리가 기쁨과 전적으로 하고 싶은 자유로 하므로 하나님께서 기뻐하실 이유로 해야 한다. 앞과 같은 방식으로 하는 사람은 만약 가능하다면 현실에서는 모든 것이 똑같기 때문에 아무것도 하지 않을 것이다. 그러나 그는 정말 한다. 그리고 그가 끝냈기 때문에 충분하다고 생각하고 그의 양심은 아무런 거리낌이 없다. 그러나 만약 거리낌을 느끼지 않는다면 그는 나쁜 양심을 가지고 있는 것이다.

이러한 잘못은 수도사들 사이에서 어디든지 발견할 수 있다. 그들은 그들이 하는 모든 일에 양심의 가책으로부터 자유하고 안심한다. 심지어 그들이 기쁨 없이 강제적이거나 꼭 해야 하거나, 두려움이나 단지 습관으로 하고 있어도 말이다. 어떤 사람들은 해야 하는 일을 방치했을 때 고해성사를 하며 회개한다. 이러한 두 종류 수도사의 차이점은 첫 번째 경우에서는 그들이 그들의 악을 외부의 활동으로 덮어서 그 활동 밑에 있는 그들의 의지의 악함을 알아차리지 못한다는 점이다. 두 번째 경우에서는 그들은 정말 자신들의 잘못을 깨닫는다. 하지만 그들은 그들 의지의 열의가 없음에 비해 그들이 못한 일에 대해 더 많이 회개할 뿐이다.

우리가 하는 모든 일에 그러므로 우리는 우리의 마음을 우리가 한 일, 여전히 해야만 한 일 또는 우리가 하지 않은 일들, 해서는 안 되는 일들 또는 우리가 잘한 일, 이루지 못한 일 또는 우리가 어떤 잘못을 했는지 하지 않았는지에 두면 안 된다. 다만 우리는 우리 의지의 질과 세기와 우리가 하는 모든 것을 동기 유발하게 하고 우리가 여전히 해야 하는 모든 일을 하는데 고무시켜 주는 기쁨의 깊이와 너비에 대해 관심을 가져야만 한다.

이런 면에서 바울은 고린도전서 마지막 장에서 아볼로를 강압적으로 시킬 수도 있는 데도 그에게 많이 부탁했다. 그럼에도 바울은 "형제 아볼로에 대하여는 그에게 형제들과 함께 너희에게 가라고 내가 많이 권하였으되 지금은 갈 뜻이 전혀 없으나…"(고전 16:12)라고 말한다. 이와 같은 방법으로 바울은 빌레몬에게 그가 명령을 내릴 수 있음에도 그의 노예를 위하여 간청한다. 그래서 "이는 너의 선한 일이 억지같이 되지 아니하고 자의로 되게 하려 함이라"(몬 1:14)고 말한다.

그러나 요즘 교회를 왕자인 아이들과 교회를 다스리는[24] 여성 같은 사람들이 엄격과 폭력으로 그들의 사람들을 강압하는 것 말고는 아는 게 없다. 사람들의 처음 자발적인 순종을 얻기 위해 노력을 해야 하는 방식으로 신중하게 진행해야 하므로 만약 사람들이 그래도 거절한다면 그들은 그들을 창피하게 하거나 겁나게 하는 방법을 사용할 것이다.

이제 이 전체적인 잘못의 본질은 펠라기안 사상이다. 지금은 펠라기아니즘을 고백하고 자신을 펠라기우스주의라고 부르는 사람이 없음에도 사실상 펠라기안 사상을 믿고 있는 사람들이 많다. 비록 그들이 잘 알고 있지 않더라도 말이다. 예를 들어 사람이 은혜가 오기 전에 '자신의 뜻대로 할 수 있는 힘'이 자유의 결정[25]에 있지 않다면 사람은 죄를 짓는다. 그가 죄를 짓는 경우에 하나님이 그를 죄 짓게 하고 그 결과로 죄는 필연적이 된다. 이렇게 생각하는 것이 불경스러워도 그들은 스스로 아주 확신하고 만약 그들이 선한 의도를 이룰 수 있다면 그들은 절대적으로 하나님께서 불어넣으신 은혜를 얻을 것이라고 확신하기까지 아주 대담하다. 그 결과로 그들은 엄청난 안심을 느끼고 확보하고 있고, 물론 그들은 그들이 하는 선한 일들이 하나님께서 받아주신다고 확신한다. 그들은 그들이 은혜를 갈구할 필요가 없다고 느낀다. 왜냐하면 그들은 더 이상 두려워하거나 염려하지 않는다. 그들은 또한 이와 같은 마음가짐으로 그들이 아마도 잘못할 수 있다는 두려움으로부터 또한 자유롭다. 그러나 그들이 하는 것이 옳다고 그들은 확신한다(사 44장).[26]

왜 그런가? 왜냐하면 그들은 하나님께서 악한 사람들을 그들이 선한 일을 할 때에도 죄를 짓게 내버려 두신다는 것을 이해하지 못하기 때문이다. 확실히 그들은 죄를 짓도록 압력을 받지 않지만 그들은 그들의 선한 의지에 따라서 하고 싶은 대로 할

---

24. 이사야 3:4 참고하라. "그가 또 소년들을 그들의 고관으로 삼으시며 아이들이 그들을 다스리게 하시리니." 브란텐부르크의 알베르트는 23살 때 마그데부르크(Magdeburg)의 대주교가 되었다. 1년 후에(1514) 그는 마인츠(Mainz)의 대주교가 되고 제국의 유권자가 되었다.

25. "*Libertas arbitrii.*"

26. 루터는 이사야 44:20을 여기서 생각하고 있다(나중에 그가 인용했다). "나의 오른손에 거짓 것이 있지 아니하냐 하지도 못하느니라."

뿐이다. 만약 그들이 이것을 정말 이해한다면 그들은 욥이 두려움으로 가득 차서 "내 모든 고통을 두려워하오니"(욥 9:28)라고 말한 것처럼 그렇게 말할 것이다. 그리고 어떤 사람은 "항상 경외하는 자는 복되거니와"(잠 28:14)라고 말할 것이다. 그러므로 정말로 선한 일을 하는 사람들은 그들 스스로에게 다음과 같은 질문을 하지 않는 사람이 한 사람도 없다. 정말로 하나님의 은혜가 여기 나와 함께 일하시나? 어떻게 내가 나의 선한 의도가 하나님께로부터 왔다고 확신할 수 있지? 어떻게 내가 하고 있는 것이 정말로 내가 하는 것인지 아니면 내 안에 있는 것들이 하나님께 합당한 것인지 어떻게 알 수 있지? 여기 이런 사람들은 사람이 자기 힘으로 아무것도 할 수 없다는 것을 아는 사람들이다.

그러므로 펠라기안 문제를 다음과 같이 잘 알려진 관점으로 보고 있는 것에 동요하는 것은 정말로 완전히 어리석은 것이다. "하나님은 틀림없이 사람 안에 있는 것을 행하게 은혜를 불어넣어 주신다."[27] 만약 이 문구 '그 안에 있는 것을 하는' 이, '어떤 것을 하거나 할 수 있는' 것이라고 이해되어야 한다면 그렇다. 그러므로 사람이 위의 문장에서 표현되었듯이 거기에 믿음을 두어서 거의 모든 교회가 위태롭게 되었다면 이상할 일도 아니다. 그러면서 모든 사람들은 나가서 죄를 짓게 된다. 왜냐하면 언제든지 생각하고 있는 것을 자유롭게 결정할 수 있고 그러므로 은혜를 또한 얻기 때문이다. 그러므로 그들은 겁 없이 활보한다. 왜냐하면 그들은 적절한 시간에 그들이 생각한 대로 할 것이고 은혜를 얻을 것이기 때문이다. 그들을 보고 이사야 44:20에서 말한다. "나의 오른손에 거짓 것이 있지 아니하냐 하지도 못하느니라." 그리고 잠언 14:16에 "지혜로운 자는 두려워하여 악을 떠나나 어리석은 자는 방자하여 스스로 믿느니라." 즉 그는 '나의 오른손에 거짓 것이 있지 아니하냐' 두려워하지도 않고 그는 그의 선함이 아마도 악일 수도 있다는 것을 두려워하지 않고 다만 자신만만하고 안도한다.

이것이 왜 사도 베드로가 다음과 같이 권고한 이유이다. "하나님을 두려워하며"

---

27. "*Facienti, quod in se est, infallibiliter Deus infundit gratiam.*" 참고 Thomas Aquinas, *Summa Theol.*, II, 1; *q.* 112; *a.* 3: "*Videtur quod ex necessitate detur gratia*··· *facienti quod in se est*··· *homo infallibiliter gratiam consequitur*"; Gabriel Biel, *Expositio canonis missae*, lect. 59P (Ficker, p. 503, n. 2); *Haec facienti Deus gratiam suam tribuit necessario* (Alexander of Hales, II *Sent.*, *d.* 22, *q.* 2, *a.* 3, *dub.* 1로부터 인용함).

(벧전 2:17). 그리고 왜 바울이 "우리는 주의 두려우심을 알므로 사람들을 권면하거니와"
(고후 5:11). 그리고 다시 "두렵고 떨림으로 너희 구원을 이루라"(빌 2:12)고 말하는 이유이
다. 그리고 시편 기자는 "여호와를 경외함으로 섬기고 떨며 즐거워할지어다"(시 2:11)라
고 말하였다. 어떻게 사람이 그들을 나쁘다고 생각하지 않고서 또는 사람이 자신을
의심하지 않고서 하나님 또는 자신의 하는 일을 두려워 할 수 있겠는가? 두려움은 악
으로부터 온다. 그러므로 성인들은 하나님의 은혜를 향하여 간절히 바라고 바라는
열망으로 가득 찼다. 그들은 그들이 꾸준히 간청해야 하는 것을 안다. 그들은 그들의
선한 의지나 그들이 열심히 노력해서 옳은 일을 하는 성실에 의존하지 않고 다만 그
들의 하는 일들이 여전히 악할 수 있다는 지속되는 두려움을 가지고 있다. 이러한 두
려움으로 겸손해져서 그들은 은혜를 간청하고 사모하며, 낮아짐으로 그들은 하나님
의 은혜를 얻는다.

가장 좋지 않는 것은 요즘에 사람들을 안심하게 하려고 현존하는 은혜의 표적에
대하여 설교하는 무리가 있는 것이다. 사실 은혜의 가장 확실한 표시는 두려움과 떠
는 것인 반면, 하나님의 진노의 가장 명백한 표시는 안심하는 것과 자신감이다. 그러
나 모든 사람들이 바로 이것을 위해 엄청난 열심으로 열망한다.

그러므로 은혜는 두려움을 통해서만 얻을 수 있고 이 은혜가 사람들이 자발적으
로 선한 일을 하게 한다. 그리고 만약 은혜가 부족하면 사람은 선한 일을 마지못해
할 것이다. 그러나 내가 이렇게 말할 수 있을지 모르지만, 활기 없이 억지로 함이 사
람을 대담하게, 완강하게 그리고 안심하게 한다. 왜냐하면 그가 비록 은혜, 선을 자
유롭게 할 수 있는 능력이 부족하다 해도 그는 겉으로는 그의 눈에 보이기에 그리고
사람들 앞에 선하게 보이기 때문이다.

"내가 주 예수 안에서 알고 확신하노니 무엇이든지 스스로 속된 것이 없으되"(롬 14:14)

'내가 확신하노니'라는 어구를 '바라는'의 의미로 이해해서는 안 되고 글자 그대로의
의미, 즉 '안전하고 확실한'의 의미로 이해해야 한다. 그렇다. '담대한' 또는 '대범한'

의 뜻이다. 이와 같은 의미로 바울은 그 자신에게 앞서 말한다(롬 10:20). '이사야가 매우 담대하여 말하기를', 즉 그는 자신 있고 담대하게 말한다. 약간 진취적인 기상을 가진 사람들을 라틴어로 *onfidentes*(confident)로 불린다. 예를 들어 '플라우투스'(Plautus)[28]에서와 같다. 독일어로 우리는 그들을 'keck'이라고 부른다(바울 역시 디모데후서 1:12에서 "내가 믿는 자를 내가 알고 또한 내가 의탁한 것을 그날까지 그가 능히 지키실 줄을 확신함이라"고 했다. 즉 '나는 속지 않는다'라는 뜻이다). '나는 알고 확신한다'라는 말로 바울은 우리가 여기에 독일어로 쓴 것처럼 의미한 것이다. "Ich weys und byn keck, darffs kecklich sagen."[29] 그렇지 않으면 즉, 만약 바울이 '확신하노니'를 '바라는'이라는 용어로 이해해야 한다고 바랐다면 그는 '나는 주 예수 안에서 확신을 가지고 있다'라고 말했어야 했다.[30] 그러나 그가 말한 것은 나는 예수님 안에서 확신하다.[31] 즉 나는 그리스도 안에 있는 사실 때문에 난 담대하다고 느낀다.

　　그는 이러한 표현을 여기서 그가 한 확언에 대해 경의를 표하기에 소심하거나 어려워하는 사람들의 걱정과 그 반대로 가르쳤던 거짓 교사들 때문에 담대함을 제안으로 한 것이다.

"내가 주 예수 안에서 알고 확신하노니 무엇이든지 스스로 속된 것이 없으되 다만 속되게 여기는 그 사람에게는 속되니라"(롬 14:14)

'속된'(common)은 '부정한'과 같다. 그러나 히브리 사람들이 말하던 방식에 의하면 이 단어는 또한 '거룩한', '분리된', '따로 떨어진'을 의미하는 것과 반대말이다. 이런 의미로, 시편 4:3에 "여호와께서 자기를 위하여 경건한 자를 택하신 줄 너희가 알지어다"라고 말한다. 어떤 사람들은 이것을 다음과 같이 번역한다(로이힐린의 그 단어의 적합한 의미의 설명에 따

---

28. Plautus, *Amphitr*., I, 1, 1: "*Qui me alter est audacior homo, aut qui confidentior?*" (어느 누가 나보다 더 대담하고 자신 있는 사람이 있을까?).

29. "*Ich weiss und bin keck; ich darf es kecklich (= kühnlich) sagen.*"

30. "*Confido in dominum Jesum*"(= accusative).

31. "···*in domino Jesu*"(탈격).

르면,[32] "하나님께서 그가 그의 자비와 은혜 줄 자와 그가 깨끗하게 하실 자를 구별하셨다").

　　이와 같은 방식으로 또한 바울은 로마서 1:1에 그가 "하나님의 복음을 위하여 '택 정함'(set apart, 구별됨)을 입었으니." 즉 그는 복음의 사역을 위하여 일반적인 직업으로부터 성결하게 구분되었다. 같은 이유로 율법에서는 상징적으로 말한다. "태에서 처음 난 모든 것은 다 거룩히 구별하여 내게 돌리라"(출 13:2). "나는 너희를 만민 중에서 구별한 너희의 하나님 여호와이니라"(레 20:24). 같은 표현이 율법에서 종종 사용된다. 그러면 히브리어로 구별되지 않은 것은 '속된'(common) 또는 '천한'(mean)이다. 그러므로 확대되어서 사용하면, '구별된'이라는 단어는 '깨끗한', '거룩한', '순결한' 그리고 반대로 '천한', '더러운', '불경한', '불결한'이다. 이와 같은 의미로 사도행전 10:15과 11:9의 "하나님께서 깨끗하게 하신 것을 네가 속되다 하지 말라"에서, 만약 '속된'과 '더러운'이 똑같은 것을 의미하지 않는다면 이 구절을 '하나님께서 깨끗하게 하신 것을 더럽다고 하지 말라'로 읽어야 한다.

"누구든지 자기를 위하여 사는 자가 없고"(롬 14:7)

바울은 대전제로부터 논증한다. 왜냐하면 만약 우리가 우리 자신을 위하여 살지 않거나 우리 자신에게 속하지 않고 이것이 훨씬 더 중대하다면, 얼마나 적게 우리 자신을 위하여 먹고 마시거나 얼마나 적게 우리 자신을 위하여 하거나 자신을 위하여 희생하겠는가? 그러나 모든 것이 주님의 것이다. 그러므로 그는 고린도전서 6:19에서 "너희 몸은 너희가 하나님께로부터 받은바 너희 가운데 계신 성령의 전인 줄을 알지 못하느냐 너희는 너희 자신의 것이 아니라"고 말했다. 또한 말하길 "값으로 산 것이 되었으니 그런즉 너희 몸으로 하나님께 영광을 돌리라"(고전 6:20). "이제는 내가 사는 것이 아니요 오직 내 안에 그리스도께서 사시는 것이라"(갈 2:20).

---

32. 참고 Reuchlin, *Lex. Heb.* 참고 Ficker, p. 505, n. 2.

"각각 자기 마음으로 확정할지니라"(롬 14:5)

교부들과 교사들은 사람이 아무리 이 가르침을 이해하려고[33] 해도 모든 사람은 자기 자신의 생각에 머물러 있어야 한다는 일반적인 의견을 지지하며 여기저기서 잘못 사용하고 있다.

그러나 바울은 여기서 특별한 것을 의미하려고 말한 것이다. 모든 사람은 그가 가진 생각에 만족해야 한다. 또는 우리가 일반적으로 말하듯, 그의 감정에 만족하고 그리고 다른 사람의 생각이나 느낌 또한 자신의 감정을 판단하지 말아야 하고 다른 사람도 그를 역으로 업신여기지 말아야 한다. 아마도 믿음이 약한 사람도 이해력, 감정 또는 그의 양심이 다른 사람의 이해력에 의해 방해 받거나 험담을 받아서 자신의 이해력과 반대되는 행동을 계속하므로 결국에는 그의 사고와 행동과 사고를 바꿈으로 자신과 갈등을 격지 않기 위해서다. 비록 약함으로 그는 이것저것을 해도 되나 밖으로는 판단을 할 수 없지만 그럼에도 그는 강한 자가 자신을 업신여기지 않게 하기 위해 그들이 하는 것을 한다. 그러나 그 자신의 판단에 의하면 그는 그렇게 따라 하면 안 된다. 바울은 이런 모습을 고린도전서 8:4, 7에서 다루고 있다. "그러므로 우상의 제물을 먹는 일에 대하여는 우리가 우상은 세상에 아무것도 아니며… 그러나 이 지식은 모든 사람에게 있는 것은 아니므로 어떤 이들은 지금까지 우상에 대한 습관이 있어 우상의 제물로 알고 먹는 고로 그들의 양심이 약하여지고(즉, 금지된 것 외에는 어떤 것도 판단할 수 없음) 더러워지느니라." 왜냐하면 그들은 그들의 판단에 어긋남에도 먹는 것이다.

강한 자의 자만이 이런 더럽힘의 원인이다. 악한 자의 눈 아래서 그들은 우상에게 바쳐진 고기를 먹고 이와 같이 함으로 그들은 약한 자들을 업신여기듯 바라본다. 그들은 그렇게 하는 대신에 약한 자들과 함께 견뎌야 하고 그들을 가르쳐야 한다. 약한 자들이 약함으로 가르침을 받지 못할 때는 강한 자들이 사랑으로 그들과 같이 약해져서 그들과 같이 약한 자들의 믿음이 그들의 양심의 안쪽으로 지켜질 동안에 먹는 것을 삼가야 한다.

---

33. 피커(p. 505, n. 22)는 이 구문에 대한 이러한 해석은 교부들이나 학자들의 주해서에서 찾을 수 없다고 말한다.

비록 어떤 사람이 자유롭게 어떤 일이라도 할 수 있지만 그의 형제의 구원을 위해 그는 그의 자유를 과시해서는 안 된다. 약한 형제가 멸망하는 것보다 강한 자가 겉으로는 그의 자유를 빼앗기는 것이 더 낫다. 어떤 사람이 약한 양심을 가졌다고 다른 사람을 업신여기면 이것은 이 경멸에 의해 그는 자신의 판단으로서는 하지 말아야 할 것을 강요받는다는 것을 의미할 뿐이다. 왜냐하면 양심의 다양함으로 어떤 사람이 죄를 짓고 다른 사람은 그와 같은 상황에서 옳은 일을 하는 것이 뒤따라 일어나기 때문이다.[34] 이런 의미에서 바울은 '모든 사람은 자기 양심대로 하라.' 즉 확신하고, 조용히 견고해라. 강한 자는 약한 자의 양심의 가책을 이유로 그의 믿음을 바꾸게 할 수 없고 약한 자는 강한 자를 위해 그의 판단에 어긋나는 것을 하면 안 된다. 강한 자는 약한 자들이 원하는 대로 그들의 양심을 만족시키는 일을 하게 해야 한다.

"내가 주 예수 안에서 알고 확신하노니 무엇이든지 스스로 속된 것이 없으되 다만 속되게 여기는 그 사람에게 속되니라 만일 음식으로 말미암아 네 형제가 근심하게 되면 이는 네가 사랑으로 행하지 아니함이라 그리스도께서 대신하여 죽으신 형제를 네 음식으로 망하게 하지 말라 그러므로 너희의 선한 것이 비방을 받지 않게 하라 하나님의 나라는 먹는 것과 마시는 것이 아니요 오직 성령 안에 있는 의와 평강과 희락이라 이로써 그리스도를 섬기는 자는 하나님을 기쁘시게 하면 사람에게도 칭찬을 받느니라 그러므로 우리가 화평의 일과 서로 덕을 세우는 일을 힘쓰나니 음식으로 말미암아 하나님의 사업을 무너지게 하지 말라 만물이 다 깨끗하되 거리낌으로 먹는 사람에게는 악한 것이라 고기도 먹지 아니하고 포도주도 마시지 아니하고 무엇이든지 네 형제로 거리끼게 하는 일을 아니함이 아름다우니라 네게 있는 믿음을 하나님 앞에서 스스로 가지고 있으라 자기가 옳다 하는 바로 자기를 정죄하지 아니하는 자는 복이 있도다 의심하고 먹는 자는 정죄되었나니 이는 믿음을 따라 하지 아니하였기 때문이라 믿음을 따라 하지

---

34. *"Opere licito."*

아니하는 것은 다 죄니라"(롬 14:14-23)

"무엇이든지 스스로 속된 것이 없으되"(롬 14:14). 우리는 스스로를, 그렇게 보이듯, 주 예수께 또는 속됨으로 연관시킬 수 있다. 다른 말로 하면, 어떤 것도 예수 그리스도에 의해 속된 것이 없고 어떤 것도 스스로, 본성과 내부의 본질에 의해 속된 것이 없고 오직 사람의 관점과 양심에 의해서다. 이것은 더욱 다음의 문장과 일치한다. "다만 속되게 여기는 그 사람에게 속되느니라." 만일 사람이 그 문장을 그리스도에 의해 어떤 것도 속되지 않는다고 이해한다면 그렇게 여기는 사람이 그리스도에게 속되다는 생각을 내포해야 할 것이다. 그러므로 해석[35]은 그리스어 본문의 모호성을 피해야만 하고 스스로 대신에 그런 것으로 에라스무스가 한 것처럼 말해야 한다.

그러면 이 장을 정리하자. 여기에는 두 가지 금지 명령이 있다.

첫 번째: 강한 자는 약한 자를 업신여겨서는 안 된다.

두 번째: 강한 자는 약한 자를 화나게 해서는 안 된다.

이 금지된 두 명령 중에 하나라도 행한다면 사랑과 반대된다. 사랑은 자기 자신의 필요를 구하지 않고 약한 자의 필요를 구하므로 약한 자를 참아 낸다. 바울은 이것을 자신의 삶을 예로 들었다. 모든 교회를 위하여 염려하는 것이라. "누가 약하면 내가 약하지 아니하며 누가 실족하게 되면 내가 애타지 아니하더냐"(고후 11:29). 그리고 "약한 자들에게 내가 약한 자와 같이 된 것은 약한 자들을 얻고자 함이요 내가 여러 사람에게 여러 모습이 된 것은 아무쪼록 몇 사람이라도 구원하고자 함이니"(고전 9:22). 이제 우리 앞에 있는 구문은 명백하게 그가 애타할 수 있었다는 것을 보여 준다(그리고 그는 그 자신이 실족한 자와 함께 실족하게 하지 않았다). 여기서 그는 열정적인 어조로 약한 자를 업신여기고 실족하게 하는 사람을 비판한다.

이것은 어떻게 그가 첫 번째 부분을 그들의 마음에 인상을 주었는지 보여 준다.

1. 그가 말했다. "이는 하나님이 그를 받으셨음이라"(롬 14:3). 이러한 아주 중대한 발언으로 그는 그들을 확인하다. 그들은 이제 그들이 다른 사람을 업신여기고 판단한 것이 하나님을 업신여기고 판단했음을 직면해야만 한다. 이러한 강한 충격으로 그

---

35. 즉 불가타 역.

들을 권고함으로 바울은 겸손과 상대방 섬김을 실천에 옮기도록 충고하고 싶어 한다.

2. "남의 하인을 비판하는 너는 누구냐"(롬 14:4). 남의 하인을 비판하는 것은 법의 본질과 인류의 방식에 어긋난다.[36] 그러므로 그들의 비판은 하나님의 대한 도전일 뿐만 아니라 모든 인간의 판단과 감정에도 대비된다.

그러면 이제 그는 그들의 동기조차도 없애려고 하고 있다.

(1) 약한 자는 강한 자가 타락하고 있다고 생각하고 강한 자는 약한 자가 타락한다고 생각한다. 여기에 바울은 답한다. 어떠한 방법으로 이것이 당신과 관련되어 있는가? "그가 서 있는 것이나 넘어지는 것이 자기 주인에게 있으매 그가 세움을 받으리니"(롬 14:4). 너는 그러므로 서로를 비판하거나 업신여길 자유가 없다. 비록 네가 생각하는 것이 옳을지라도, 너는 그를 추방하게 허락 받지 않았기 때문이다.

(2) 그들은 생각한다. 그가 서 있을지 없을지 누가 아는가? 여기에 바울은 답한다. "이는 그를 세우시는 권능이 주께 있음이라"(롬 14:4).

(3) 우리가 하는 모든 것, 우리 모두, 우리의 삶의 목적, 우리의 존재가 하나님께 달렸다. 그러므로 우리는 서로 업신여겨서는 안 된다. 왜냐하면 '우리 중 어느 누구도, 자기를 위하여 산다고 말하는 사람이 없다'(롬 14:7).

(4) "이를 위하여 그리스도께서 죽었다가 다시 살아나셨으니 곧 죽은 자와 산 자의 주가 되려 하심이라"(롬 14:9). 그러므로 이것은 남을 비판하고 업신여기는 권리를 가지고 계신 그리스도와 대항하는 것이다.

(5) 바울은 그들을 그리스도의 심판의 자리로 대면하게 한다(롬 14:10). 그곳에서 우리는 심판 받을 것이다. 주의하라. 그러면 어떤 날벼락으로 그가 서로서로를 특히 약한 자를 업신여기는 것 때문에 우리를 두렵게 하실는지! 그는 하나님, 사람, 그리스도의 고난과 왕권, 그리고 최후의 심판을 언급했다. 그곳에서는 어떤 것도 심판을 견디기 위해 주님 앞에 내 놓지 않을 수 없다.

비슷한 예리함으로 그는 두 번째 설득을 한다.

1. "만일 음식으로 말미암아 네 형제가 근심하게 되면 이는 네가 사랑으로 행하지 아니함이라"(롬 14:15).

---

36. "*Contra ius naturae et omnes homines est.*"

(1) 여기서 바울이 어떻게 논쟁의 절정을 표현하고 어떻게 그가 개별적으로 강조했는지 주시하라. 그는 '너의 음식(meat)으로'라고 말한다. 그것은 아주 사소한 문제로 '네 형제의 영원한 구원을 무시한다'라는 말이다. 만약 네가 돈 또는 영예, 최소한 너의 생명이나, 너의 몸의 건강 또는 다른 것을 위해서도 너의 현재 먹고 즐기고 있는 음식보다는 더 괜찮은 이유라면 덜 나쁠 것이다. 이러한 언급 다음에 예리하게 비난한다. 그가 먹는 것 때문에 형제를 업신여기는 사람은 그의 사랑 없음으로 엄청난 꾸짖음을 받는다.

(2) 그는 똑같이 '너의 형제'라고 말함으로 강조를 둔다. 그는 '너의 적'이라고 말하지 않는다. 또는 최소한 '친구' 또는 '아는 사람'이라 하지 않고 왜냐하면 그는 그의 이웃과 거의 같은 그의 형제이므로 그리스도인들이 다른 누구에게보다 빚진 '형제'라고 말한다. 왜 그러면 그는 영원히 영광 중에 더불어 살 형제보다, 없어지게 될 그의 배나 목구멍에 더 관심을 두어야 하는가?

(3) 그는 그의 양심이 '근심하게 되고', 불편하게 되고 상처 입게 된다. 이것은 만약 그가 그의 돈이나 물건이나 심지어 그가 상처를 입은 것보다도 더 심한 것이다. 그러면 이것이 음식을 위한 것인가! 더욱이, 그가 말하지 않은 것을 주시해 보자. '만약 당신이 그를 근심하게 하면'이 아니라 '만약 그가 근심하면'이라고 말한다. 그것으로 그는 그들이 '그건 내 잘못이 아니에요. 나는 그들에게 아무 잘못도 안 했어요. 나는 그들을 근심하게 하지 않았어요. 나는 내가 가지고 있는 권리대로 하고 있어요. 나는 나의 것으로 내가 하고 싶은 대로 할 권리가 없나요?'라고 변명할 경우에 바울은 기술적으로 거절하고 있다. 이것이 정확이 변호사들이 법을 해석하는 것이 아니라 왜곡하는 오늘날 정의라고 의미 지을 수 있는 것이다.

그러나 네가 하나님의 계명에 따라 너의 형제를 위해서도 대비하는 것이 아니라면 너의 권리대로 살고 너의 것으로 네가 하고 싶은 대로 하는 것은 충분하지 않다. 정말로 너는 너의 것으로 네가 하고 싶은 대로 하는 권리와 힘을 갖고 있지 않다. 왜냐하면 그것들은 네 형제가 그것에 의해 모독을 받을 때 더 이상 너의 것이 아니기 때문이다. 확실히 그것들은 일시적으로 너의 것이나 그것들은 약한 자들의 양심의 가책이 그것들에 집착하기 때문에 영적으로는 약한 자의 것이다. 그러므로 너는 이방인의 권리에 따라 행동해야 한다. 즉, 만일 네 형제가 네가 그와 같은 방식으로 행동하므로 근심하게 되면 너는 죄를 범하는 것이다. 고린도전서 6:12에 바울은 "모든 것이 내게 가하나 다 유익한 것이 아니요 모든 것이 내게 가하나 내가 무엇에든지 얽매이지 아니하리라"고 하였다.

(4) '너는 사랑에 따라 움직이고 있지 않다.' 다른 말로 하면 네가 크고 훌륭한 일로 움직이고 있다고 하여도 헛되이 하고 있는 것이다. 왜냐하면 고린도전서 13:1-2에 '사랑이 없으면 나는 아무것도 아니다'라고 말한다. 한 조각의 음식 때문에 그가 한 모든 선한 일이 무의미해질 수 있다는 사실은 우리를 겁나게 한다. 그러나 이 세상은 사랑에 주의를 기울이지 아니하고 그가 설교가들이 말하고 있는 것을 다 완성하기 위해 자기 자신을 많은 일로 옷 입는 어리석은 사람들로 가득 차 있다. "우매한 자들의 수고는 자신을 피곤하게 할 뿐이라 그들은 성읍에 들어갈 줄도 알지 못함이니라" (전 10:15).

2. "그리스도께서 대신하여 죽으신 형제를 네 음식으로 망하게 하지 말라"(롬 14:15). 다른 말로 네가 그를 상처 입히고 화나게 하고 그에 대한 사랑을 부정하고 있다는 것은 비교적 중요하지 않다는 것이다. 더 중요한 것은 네가 또한 네 형제를 망하게 하므로 악랄한 살인자가 되는 것이다. 정말로 이러한 잔인함이 너로 하여금 형제를 살해하게 한다는 것이다. 더욱이 이것은 그리스도께서 또한 확실히 그를 위하여 돌아가셨는데, 네가 네 형제를 업신여김으로 배은망덕과 같은 모든 종류의 잔인함을 능가한 것이다. 이것이 형제를 업신여기고 사랑 없이 행한다는 뜻이다! 고린도전서 8:12에 "너희가 형제에게 죄를 지어 그 약한 양심을 상하게 하는 것이 곧 그리스도에게 죄를 짓는 것이니라." 그리고 고린도전서 8:11에 "네 지식으로 그 믿음이 약한 자가 멸망하나니 그는 그리스도께서 위하여 죽으신 형제라"고 기록되어 있다.

3. "그러므로 너희의 선한 것이 비방을 받지 않게 하라"(롬 14:16). 다른 말로 너는 너 자신에 대해서만 아니라 교회를 대해서도 죄를 짓는다. 왜냐하면 너의 선함, 즉, 하나님 안에 있는 너의 존재, 그리고 하나님으로 받은 것, 이 이방인을 얻으려고 간절히 원하기보다는 오히려 그들이 도망하게 이방인들에게 깊은 인상을 줄 것이다. 그러므로 너는 구원 받을 수 있을 만한 많은 사람들을 멸망시키는 원인이 될 것이다. 그것은 너의 작은 음식 조각으로 너의 악함과 선함 모두 모독 받을 수 있는 중대하고 심각한 문제이다. 여기서 바울이 '선'이라고 말하는 것은 그리스도를 통한 우리 모두의

존재를 말한다. 그가 의미하고자 한 것은 이것이다. 이방인들이 너의 믿음, 종교, 모든 기독교에 대해 욕을 하지 않는 것을 주의하라. 왜냐면 좋은 평판이 그들을 끌어들이게 하고 선한 행실이 너를 통해 그들을 교화시켜야 한다. 이와 같은 방식으로 바울은 고린도후서 6:3에서 "우리가 이 직분이 비방을 받지 않게 하려고"라고 말한다. 우리는 이것을 다음과 같은 주제로 12장에서 충분히 다루었다. '선한 것을 예비하라'(롬 12:17).

4. "하나님의 나라는 먹는 것과 마시는 것이 아니요"(롬 14:17). 다른 말로 종종 오늘날에 일어나듯이, 네가 먹는 것으로 평화를 어지럽게 하거나 마치 하나님의 나라가 고기와 음료로 된 것처럼 네가 그것들을 열정적으로 수호한 것처럼 하나님의 나라가 너의 것이라고 믿는다면 너의 믿음은 헛것이다. 외부의 음식은 내부에서 종교가 평화를 만드는 것보다 더 큰 파장으로 불화를 조성하고 그들은 전쟁과 평화의 시간에서도 널리 퍼진다. 그러나 하나님을 두려워함으로 하나님의 나라는 의로움인데 이것은 믿음과 신뢰로 실현된다. 이웃을 배려함으로, 그것이 평화다. 상호 간의 사랑, 관용, 그리고 서로서로 돌봄, 즉 자신에 대한 배려를 통해 실현되는 평화이다. 이것이 소망과 하나님을 향한 마음으로부터 나오는 신뢰를 통해 실현되는 성령 안에 있는 기쁨이다. 이것은 이웃을 위한다거나 하나님을 위해서 하는 일에 의해 이루어지지 않는다. 네 자신이 동의할 수 있는 것에 관한, 네 이웃과의 평화에 관한 것이긴 하지만 하나님의 의로우심에 관하여는 아니다. 그러나 어느 것도 특히 물건에 대한 집착으로 양심을 상하게 하는 것만큼 형제를 화나게 하고 실족하게 하는 행위만큼 평화를 방해하는 것은 없다.

(1) 예를 들어 로마서 5:1의 "우리가 믿음으로 의롭다 하심을 받았으니 우리 주 예수 그리스도로 말미암아 하나님과 화평을 누리자"에서 '화평'은 죄를 지음으로 깨어진다.

(2) '자신과 화평': 로마서 12:12에 따르면 성령 안에 있는 기쁨으로 소망과 인내에 의해 가질 수 있는 것이다. "소망 중에 즐거워하며 환난 중에 참으며." 이 평화는 인내하지 못함과 환난을 견뎌 내지 못함으로 흩어진다. 즉 물질적인, 그리고 불필요한 평화에 대한 갈망에 의해서다.

(3) '이웃과의 평화': 이것은 사람이 서로서로를 상호 간의 사랑으로 만족하게 하

고 교화함으로 가질 수 있다. 이 평화는 서로의 약점을 업신여김으로 그리고 양심의 어긋남으로 깨어진다. 이 양심은 말하자면 하나님과 화평한 사람들의 양심이 그리고 믿음과 인내를 통하여 그들 자신과의 화평이다. 이 화평은 이웃과의 화평은 아닌데, 즉 그들은 다른 사람들을 평화롭게 내버려 두지 않는다. 바울은 그러므로 우리가 평화에 머물기를 원할 뿐만 아니라 서로서로의 관계에서 고요하고 겸손하게 평화를 이루어가기를 원하고 있다. 이것이 다음 문장이 뒤따라 나오는 이유다.

결국, '이로써 그리스도를 섬기는 자는 하나님을 기쁘시게 하게 된다'(롬 14:18). (그의 의로움으로) "사람에게도 칭찬을 받느니라"(그의 화평하심으로). 여기에 바울은 성령 안에 있는 기쁨을 마지막에 놓았다. 사람은 무엇보다 먼저 하나님을 구해야 하고 그리고 자기 자신을 생각하는 것이 아니라 이웃을 위해서 관심을 가져야 한다. 그러므로 우리는 안절부절 못하고 다른 사람을 방해하는 사람들에 대해 '그들은 화평하지 않아'라고 말한다. 왜냐하면 그들은 다른 사람을 화평에 놔두지 않고 화나게 하기 때문이다. 데살로니가전서 5:12-14에 바울은 그들은 어지러운 사람들이라고 부르고 있다. 그는 '위에 있는 사람들과 화목하라.' '어지러운 사람들을 꾸짖고 마음이 약한 자들을 위로하라 약한 자들을 도와주라 모든 사람에게 인내하라'고 말하고 있다. 사도행전 15:19에 야고보도 같은 맥락에서 말하고 있다. "내 의견에는 이방인 중에서 하나님께로 돌아오는 자들을 괴롭게 하지 말고." 즉, '율법을 지키라고 강요하지 말고'라는 뜻이다. 갈라디아서 5:12에 바울은 말하기를 "너희를 어지럽게 하는 자들은 스스로 베어 버리기를 원하노라." 데살로니가후서 3:6에서 그는 다음과 같이 말하였다. "우리에게서 받은 전통대로 행하지 아니하는 모든 형제에게서 떠나라." 그러므로 이런 종류의 사람들은 '사람들에게 칭찬을 받느니라'(롬 14:18)에 해당되지 않을 뿐더러 사람들을 불쾌하게 한다.

이제 바울은 이 평화에 대해 말한다. "그러므로 우리가 화평의 일과 서로 덕을 세우는 일을 힘쓰나니"(롬 14:19). 즉, 이런 일들은 다른 사람을 화나게 하지 않고 그들을 교화시키며 그들로 하여금 평온하게 한다. 그러면 이런 일들은 무엇을 말하는가? 이 질문의 유일한 대답은 이것이다. 그런 일들은 사랑과 장소를 요구하기 때문에 사랑으로 우리는 그런 일들이 무엇인지 배울 수 있다. 그런 일들은 특별히 세세하게 나열할

수 없다.[37]

5. '음식으로 말미암아 하나님의 사업을 무너지게 하지 않아야 한다'(롬 14:20). 바울은 그 형제를 하나님의 사업으로 의미했다. 예를 들어 고린도전서 3:9에 "너희는 하나님의 밭이요 하나님의 집이니라." 더 나아가 같은 책에서(고전 9:1) "주 안에서 행한 나의 일이 너희가 아니냐"고 한다. 그리고 히브리서 3:6에서는 "그리스도는 하나님의 집을 맡은 아들로서… 우리는 그의 집이라." 그리고 다시 고린도전서 3:17에서 "누구든지 하나님의 성전을 더럽히면 하나님이 그 사람을 멸하시리라 하나님의 성전은 거룩하니 너희도 그러하니라"고 쓰여 있다. 그래서 하나님의 일을 무너지게 하는 사람은 모든 것을 다 아는 체하는 윤리주의자 외에 누구인가?[38] 사도 바울은 즉시로 다음과 같이 말하며 그들에 대해 언급한다. '어느 누구도 저를 속이지 못하게 하라.'[39] "누구든지 이 세상에서 지혜 있는 줄로 생각하거든 어리석은 자가 되라 그리하여야 지혜로운 자가 되리라(고전 3:18).

'음식으로 말미암아 하나님의 사업을 무너지게'가 무슨 말인지 이해하라. 이것은 단지 하나님을 화나게 하는 것이 아니라 또한 하나님과 대항하여 싸우는 것이고 하나님께서 세우신 것을 무너뜨리게 하고, 계속적으로 하나님과 전쟁에 참여하는 것이다 (마치 신들과 싸우던 전설의 거인들처럼).

"믿음을 따라 하지 아니하는 것은 다 죄니라"(롬 14:23)

(성 아우구스티누스의 「율리아누스 반박」 4권, 제3장 F번 편지를 참고하라).[40]

사도 바울은 여기 믿음을 아주 일반적인 방식으로 말하고 있지만 그렇게 함으로써 예수님 안에 있는 특별한 믿음을 암시하고 있다. 이 믿음을 떠나서는 죄뿐이지 의

---

37. "Charitas haec pro tempore et loco docet. Non enim possunt particulariter tradi."

38. "Sapientes iustitiarii."

39. 바울은 "그 자신을" 속이라고 말한다.

40. 참고 Augustine, Contra Jul., IV, 3, 24.

롭다 함이 없다. 이제 믿음은 하나님을 믿는 믿음이고 이 믿음은 우리 이웃을 믿는 믿음이고 우리를 믿는 믿음이다. 하나님을 믿고 신뢰할 때 사람은 하나님을 신실한 분으로 인정하기 때문에 하나님을 믿는 믿음에 의해 사람은 의롭게 된다.[41] 그리고 이웃을 믿음으로 그는 충실하고, 진실하고, 믿을 만하게 여겨진다. 그가 하나님이 그에게 하시듯 그의 이웃과의 관계에도 똑같이 서 있기 때문이다. 그러나 이웃을 믿는 믿음은 또한 행동하는 믿음으로 불린다.[42] 즉 이웃을 믿는 믿음이기 때문이다. 이 믿음의 특징은 이것이다. 만일 사람의 행위가 믿음과 다르다거나 사람이 그의 이웃에 대하여 의심하면 그는 그의 이웃에 대하여 죄를 짓는다. 왜냐하면 그는 이웃에게 한 약속을 이행하지 않기 때문이다. 이와 같은 방식으로 만약 그가 그의 믿음에 따라 그가 들은 대로 행하지 아니하면 그는 하나님께 대항하여 죄를 짓는다. 같은 방법으로 그는 또한 그 자신을 믿고 그의 양심에게 명령한다. 그러나 그가 믿는 대로 행하지 아니할 때 그것에 반하여 행동한다. 그러면 그는 믿음에 반대하여 행동한다. 그러므로 '믿음으로 하지 아니한 모든 것이 죄니라.' 왜냐하면 믿음과 양심에 반대로 가기 때문이다. 이런 관점으로 사람은 그의 양심에 반대하여 행하지 않도록 엄청난 주의를 기울여야 한다.

이제 믿지 않는 사람이 아직 믿지 않을 때 죄를 짓는지 짓지 않는지에 대해 질문이 나온다. 왜냐하면 그는 믿음으로 행하지 않아서 그러므로 그는 그의 양심에 반대하여 행하기보다 오히려 그가 잘못 믿을 뿐이다. 그가 이러한 잘못된 믿음으로 잘못을 저지르면 그는 죄를 짓는 것이 아닌가?

우리의 답은 다음과 같다. '믿음으로부터 나오지 않는 모든 것은 죄다'는 죄를 짓기 원하지 않는 사람들은 믿어야 하는 것이다. 오직 믿음만이 죄를 없앤다. 그러므로 그가 믿지 않는 것을 하는 사람은 죄를 짓는다. 예를 들어 그가 생각하는 것을 먹는 사람은 더러운 죄다. 그가 그의 신념에 반대하여 죄를 짓는 것이라기보다 그것이 더럽지 않다는 것을 아는 믿음이 부족하기 때문이다. 그가 가진 믿음이 약하고 강한 믿음이 부족하다는 것은 만일 그가 먹으면 죄를 짓게 한다. 믿음이 없는 사람은 그러므로

---

41. *"Quia Deum verificat, cui credit et confidit."*

42. 이 구절은 *iustitia activa*(행동하는 의 = 선한 일의 의)라는 용어와 평행을 이루고 *iustitia passiva*(수동적인 의 = 믿음의 의)와 반대를 이룬다. 후자는 무로부터 받는 반면에 전자는 내면으로부터 활발하게 나온다.

먹지 말아야 한다. 즉, 그는 믿음의 일을 하지 말아야 한다. 믿음의 행위는 믿음으로부터 진행되어야 한다. 그렇지 않으면 그는 먹을 때 죄를 범할 것이다. 왜냐하면 그는 허용된 것을 믿지 않고 금지된 것(이것이 그의 믿음의 부족이다)과 그의 양심에 대항하여 행한다고 생각한다. 이것으로부터 첨가된 추론은 믿음이 부족한 사람은 선한 일을 할 때조차도 죄를 짓는다는 진술일 것이다. 그것이 이 구문이 의미하는 것이다.

그러나 만일 네가 부인하고 말한다면, 만일 이것이 약한 사람이 죄를 짓는 것이 그가 그의 양심에 반대하여 행하기 때문이 아니라 그가 믿음으로부터 행하지 않기 때문이라서 그가 먹든지, 말든지 죄를 짓기 때문이다. 왜냐하면 믿음의 결핍은 항상 있을 것이라서 나는 다음과 같이 대답한다. 그것이 정말로 그렇다. 그는 항상 죄 안에 있다. 즉 믿음 부족 안에 있다.

그러나 그럼에도 불구하고 사람은 그를 훨씬 더 큰 죄를 짓게 자극해서는 안 된다. 왜냐하면 하나님은 그가 본질상 중대한 죄를 지었음에도 그의 믿음 약함은 용서되는 죄이므로 그가 그 큰 죄를 지었다고 하지 않으신다. 하나님은 그에게 선한 사마리아인이 반쯤 죽어서 남겨진 사람에게 한 것처럼(눅 10:33ff.) 완전하고 온전한 의를 주시기 위해 그를 취하셨기 때문이다. 그러므로 사람은 그를 믿음 약함으로 행하게 자극하지 말아야 하고 성 베드로가 그의 두 번째 편지의 결론에서 말한 대로 우리 주 예수 그리스도를 아는데 까지 자라도록 잘 돌봐져야 하고 양육되어야 한다. "우리 주 곧 구주 예수 그리스도의 은혜와 그를 아는 지식에서 자라 가라"(벧후 3:18).

이것은 정확히 세례 받은 사람이나 고해를 하고 있지만 아직 탐욕의 약함에 머무르고 있는 사람의 경우와 일치한다. 비록 그의 약함이 '탐하지 말지니라'를 범하고 확실히 이것은 중대한 죄이지만, 자비하신 하나님은 그가 죄인을 고치기 시작하셨다는 사실로 인해, 그러한 것을 죄로 여기지 않으신다. 그는 그러므로 죄 안에 있지만 그는 그의 약함에 따라 행동하도록 기회가 주어지지 않아야 하고 대신에 그는 잘 돌봐져서 온전하게 되어야 한다. 그렇지 않으면 그는 확실히 그의 모든 행위에 죄를 짓는다. 그의 정조에서 행동하는 것이 아니라 그의 약함이 그의 중대한 죄가 된다. 하나님의 은혜로 이 약함은 오직 가벼운 죄이지만 그가 그의 행위로 증명했기 때문이다. 우리가 전에 말하던 믿음이 약한 사람 역시 만약 믿음에서 나오지 않는 일을 한다면 그도 확실히 그의 약함에 순종할 것이다.

이 구절에서 '믿음'이라는 단어는 두 가지 방식으로 이해되어야 한다. 즉 신념과 양심을 의미한다. 이것이 많은 사람이 이 구절을 해석하는 방법이다. 다른 방법은 바울의 방법을 따라 간단히 그것을 그리스도를 믿는 믿음과 동일하게 여기는 것이다.[43] 그래서 이러한 다른 해석가들이 마땅히 받을 존경으로 나는 이 구절을 이해한다. 마치 사람이 믿음의 양심에 반해서 행할 수 있듯이 사람은 다른 미덕 또한 행할 수 있다. 만일 간음을 하였다면 그는 그의 양심에 대항하며 절제하는 사람이 아니다. 양심은 그를 정숙하여 간음하지 말라고 지시하기 때문이다. 그러나 그가 약하기 때문에 그는 넘어지게 될 수 있고 그가 양심의 지시에 반하여 행하므로 그는 타락한다. 정확히 믿음이 약한 사람은 믿기도 하고 믿지 않기도 한다. 그는 믿기 때문에 옳게 행하고 믿지 않기 때문에 죄를 짓는다. 그가 믿지 않게 속임을 받자마자 그는 죄를 짓는다.

---

43. *Gl. ord.*과 리라.

로마서 15장

"믿음이 강한 우리는 마땅히 믿음이 약한 자의 약점을 담당하고 자기를 기쁘게 하지 아니할 것이라"(롬 15:1)

그러므로 사랑은 모두 그리고 모든 것을 담당하며 따라서 모세와 선지자들도 이스라엘 백성들을 담당하여 주었다. '담당하다'(bearing)라는 의미는 모든 사람들의 죄를 자신의 죄로 감당하며, 다른 사람들과 고통을 당하는 것이다. 이렇게 할 수 있는 것이 사랑이며, 사랑은 이렇게 표현된다. '누가 약해지면 내 마음도 약해진 기분이었고 누가 죄를 지으면 내 마음도 아팠다'(고후 11:29). 이와 같은 영으로, 사도 바울은 갈라디아서 6:2에서 "너희가 짐을 서로 지라 그리하여 그리스도의 법을 성취하라"고 권고하고 있다. 또한 바로 앞에서는 "형제들아 사람이 만일 무슨 범죄 한 일이 드러나거든 신령한 너희는 온유한 심령으로 그러한 자를 바로잡고 너 자신을 살펴보아 너도 시험을 받을까 두려워하라"(갈 6:1)고 말한다. "그런즉 선 줄로 생각하는 자는 넘어질까 조심하라"(고전 10:12). "만일 누가 아무것도 되지 못하고 된 줄로 생각하면 스스로 속임이라"(갈 6:3). "너희 안에 이 마음을 품으라 곧 그리스도 예수의 마음이니 그는 근본 하나님의 본체시나 하나님과 동등 됨을 취할 것으로 여기지 아니하시고 오히려 자기를 비워 종의 형체를 가지사 사람들과 같이 되셨고"(빌 2:5-7).

이와 같이 또한 육신도 이러하니, 뼈가 살을 지탱하며, 약한 지체를 약하다 하여 강한 지체들이 저버리지 아니하며 오히려 더욱 많은 보살핌을 받는 것과 같다. 그러므로 뛰어난 지체가 그렇지 못한 지체를 덮어 주는 것은 고린도전서 12:22-23에 말씀하는 바와 같다. "그뿐 아니라 더 약하게 보이는 몸의 지체가 도리어 요긴하고 우리가 몸의 덜 귀히 여기는 그것들을 더욱 귀한 것들로 입혀 주며 우리의 아름답지 못한 지체는 더욱 아름다운 것을 얻느니라."

자, 먼저 개개인의 사회적 질서에 대해서 생각해 보자. 하나님은 그들 중 어떤 사람도 저버리지 않으시기 때문에, 그들 중 존경할 만한 것으로 다른 이들을 덮어 줄 수 있도록 가치 있고 선한 사람을 성직자로 꼭 임명해 두신다. 따라서 한 사람이 다른 선한 사람들로 인해 나쁜 여자들을 용서해 주며, 선한 사제들이 악한 사제들을 덮어 주며, 중요하지 않는 수도사는 중요한 수도사로 인해 귀히 여김을 받게 된다.

여기서 어리석은 사람들은 전체 질서에 대항하여 일어설 것이다. 저들은 내적으로 외적으로 더러운 돼지들이 모여 있는 회합장이여 워크숍일 뿐임에도 불구하고 마치 자신들이 깨끗하며 한 점의 더러움도 없다는 듯이 말이다. 따라서 어떤 여자도, 어떤 제사장도, 수도사도, 비평에서 자유롭지 않다. 여기 사도 바울의 말이 아래와 같이 적용된다. '너 어리석은 자여 어찌하여 자신을 대단하다 스스로에게 만족하여 자신을 대단하다 여기는가, 사실은 아무것도 아닌 것인데'(갈 6:3).

반면 자신의 고귀함은 고귀함이 결여된 사람들을 위해 사용된다고 생각하는 사람들은 사실은 자신의 것을 빌려준 동료들을 피해 다니려 한다는 것이다. 이들은 어리석은 자들 중에서 가장 우매한 자들이다. 이들은 자신의 힘을 곧 자신의 모든 것이라 여기는 자들로, 다른 이들로 인해 자신이 존재한다는 것을 모르는 자들이기 때문이다. 그러기에 이들은 그들과 섞이고 싶어 하지 않는다. 이교도들이 이렇게 행하며 또한 교만에 가득한 자들 또한 이렇게 행한다. 저들이 '자만'(self-satisfied)에 빠지지 않았다면 이렇게 행하지는 않을 것이다.

이는 마치 한 여인이 다른 여인들이 깨끗하지 않으면 그 여인들과 함께하려 하지 않는 것과 같은 것이다. 사도 바울이 그 여인에게 이르기를 "자매여 내 말에 귀 기울이시기 바랍니다.[1] 당신이 서 있는 사람입니까? 그래요, 그렇지만, 넘어지지 않게 경계하십시오. 왜냐하면 어떤 여인도 넘어지지 않고 서 있을 수는 없으니까요. 또 어떤 사람도 누워 있다가 일어날 수 없는 사람은 없는 것입니다. 왜냐고요? '하나님이 그 여인을 서 있게 할 힘이 있으시기 때문입니다'(롬 14:4). 하나님은 또한 그 여인을 버리실 수도 있습니다. 아주 굳건하게 서 있던 자들이 넘어졌으며, 그들은 바벨탑보다도 더 굳건히 서 있던 자들입니다. 그리고 심히 넘어지며 주저앉았던 많은 자들이 또한 다시 일어났습니다. 넘어진 자들은 자신을 기쁘게 하고자 했던 자들이며, 다시 일어난 자들은 바로 자신을 기쁘게 하지 않았기 때문입니다."

사제들에게도 동일하게 적용된다 하겠다. 한 사제가 있어 바람직하지 않은 동료들과 일할 수 없어서 사제가 되고 싶지 않다고 하면, 이런 말을 들을 것이다. "요한, 당신은 서 있는 자군요. 자신을 아주 만족하고 있어요. 하지만, 삼가 주의하여 자신이 넘어지지 않도록 그래서 지금 당신을 불편하게 하는 당신 동료들보다 자신이 더 불편한 존재가 되지 않도록 조심하시기 바랍니다."

이는 이롭지 못한 동료들을 섬기며 연합하기 싫어서 실패한 수도사들도 마찬가지이다. 왜냐하면, 이들은 고귀하고 완벽하고 감각 있는 수도자들의 동료로, 수도원장이나 친구가 되고자 갈망하는 것일 뿐이기 때문이다. 그래서 여기저기 뛰어다니지만, 결국 허망할 뿐, 이는 만물의 질서가 이러하도록 정해졌기 때문이다. 즉, 모든 사람은 동료들의 수치를 기꺼이 담당해야 한다[2](예를 들면, 이 일에 있어서 '지방의회의원'(council)을 대신해 이렇게 수치를 대신 당하는 시민의 경우와 같다).[3] 아무 죄가 없음에도 불구하고 타인의 수치를 담당하고 나누기란 무척 어려운 것이다. 그래도 그렇게 하는 것이 매우 바람직하며 유익이다. 그리스도 또한 우리의 수치를 담당하시기 힘들었지만 기꺼이 그렇게 하셨다는 사실을 생각한다면 이웃의 수치를 담당하고 나누기가 수월해질 것이다. '그러므로 아무도 자기 자신을 위해 사는 자가 없다'(롬 14:7).

우매한 자의 우두머리는 바로 내가 앞서 말했듯이, 자신은 오물에 빠져 있으면서 그 사실을 잊어버리고, 성직자, 수도사와 여자들에게 독설을 쏟아 붓고 무리 중

---

1. "Hoer, susterlein, hoer!" ("Höre, Schwesterlein, höre!").
2. "Eyner muss des anderen schanddekel seyn." ("Einer muss des anderen Schanddeckel sein") 참고 Ficker, p. 515, n. 25.
3. 피커(p. 515, n. 26)에 의하면 이 말은 브란덴부르크의 주교와 비텐베르크 시의회 사이의 논쟁을 언급한 것이다.

한 사람의 잘못을 모든 사람들의 잘못으로 돌리며 맹렬히 비난하는 자이다. 누군가 그들에게 말해 주어야 한다. '당신은 어머니 무릎에 오줌 싸고 냄새 풍긴 적 없었습니까? 또는 당신은 지금 완전무결 깨끗한가요? 당신 몸에 한 점 먼지나 오물이 묻은 곳이 없나요? 당신이 그렇게 깨끗하다면, 아주 오래 전 약제사들이 발삼 나무(balsam shrub, 혹은 발삼 시럽) 대신 달콤한 향내 나는 발삼 그 자체인 당신을 사지 않았다는 것이 의아할 뿐입니다. 당신의 어머니가 이렇게 향기 나는 발삼 그 자체로 당신을 다루었다면, 그대는 자신의 오물에 빠져 완전 망가졌을 것입니다.'

이것이 바로 하나님께서 다니엘과 그 친구들을 바벨론의 포로 하에 있던 이스라엘 민족에게 보낸 까닭이며(단 1:6ff.), 또한 에스더와 모르드개를 아하수에로 왕에게 보낸 연유이다(에 2:7ff.).

여기서 '자신을 만족시키다'라는 말은[4] 모든 면에서 자신에게 만족하지 않는다는 뜻이다. 다른 사람들이 한 사람을 기쁘게 할 수 있는 것과 그 사람이 스스로에게 만족하는 것이 동시에 일어나는 것은 아니다. 이렇게 하고자 하는 사람은 다른 이의 짐을 담당하고자 하지는 않지만(갈 6:2), 이런 특권을 누리고 싶어 한다. 정말로, 다른 사람들이 자신의 짐을 같이 져주기를 바라지만, 자신은 타인의 짐을 나누고 싶어 하지 않는다. 이들이 하는 유일한 일은 다른 사람을 욕하고, 판단하고, 비방하고, 비난하고, 멸시하는 것이다. 연민은 전혀 없고, 오로지 타인을 향한 분노로 가득 차 있다. 자기만이 깨끗하다. 이사야는 그들을 염두에 두고 다음과 같이 말하였다. '내게서 떠나가서 내게 가까이 오지 말라. 너희는 부정함이라.' 이런 사람들은 내 코의 콧김 같고, 하루 종일 타는 불 같아서 나를 끊임없이 진노하게 만든다(사 65:5). 이런 사람은 복음서(눅 18:10ff.)에 등장하는 바리새인으로 자기 자신의 의로움만 헛되이 즐거워하여 단지 세리와 다른 사람들을 욕하고, 비방하고, 비난할 뿐이다. 내가 말하건대 이런 사람들은 그와 같으리라.

이와 같은 바리새인에 대해 성 아우구스티누스는 시편 71편[5] 주해에서 말했다. "아, 당신은 선하고, 그는 악해서 기쁜가요?" 그러나 그는 또 뭐라고 하는지 아시오? '불공평한 자, 착취자, 간음자, 또한 세리와 같다'고 말하고 있소. 이는 더 이상 기뻐

---

4. *Hoc* ··· *"placere sibi"* *est displicere sibi in omnibus.*

5. Augustine, *Enarr. in Ps.* 70, 4.

하는 것이 아니라 조롱하는 것이오! 이렇게 조롱하는 것은 이런 사람들의 특징이다. 이들은 자신의 의로움에 기뻐하기 보다는 다른 이가 의롭지 못하다는 사실을 기뻐한다. 다른 사람들이 자신들 만큼 의롭다면, 이들은 결코 기뻐하지 않는다. 사실 자신만큼 의롭다는 사실에 아주 불쾌할 것이다.

"우리 각 사람이 이웃을 기쁘게 하되 선을 이루고 덕을 세우도록 할지니라"(롬 15:2)

성 그레고리는 이렇게 썼다.[6] "사랑이 이웃에 전해지며, 그래야 사랑인 것입니다. 아무도 누군가 자신을 향한 이런 사랑을 가지고 있다고 말할 수 없습니다. 나는 글로스(Gloss)[7]에서 사랑은 자기 사랑이 아니라 이웃 사랑이라고 말하고 있습니다. 이것은 바로 사도 바울이 자기만족을 거부한 즉시 가르쳤던 것입니다. 바울은 사람은 그 이웃을 기쁘게 하여야 한다고 강하게 말합니다. 그러기에, 그 이웃을 기쁘게 하는 것은 '자신을 기쁘게 한다'는 것을 뜻하지는 않습니다."

성 그레고리와 우리의 그레고리우스와 우리의 말은 이미 잘 알려진 다른 방식의 사랑에 대한 정의와 질서와 상충되는 것처럼 보인다. 왜냐하면, 성 아우구스티누스를 언급하면서, 문필의 대가가 다음과 같은 정의를 내세우고 있다. "우리는 먼저 하나님을 사랑해야 합니다. 그리고 우리 자신의 영혼을 사랑하며, 그다음이 이웃의 영혼, 그 마지막이 우리 육신을 사랑해야 합니다."[7a] 그러므로 질서의 사랑은 사랑 그 자체[8]에서 시작되는 것이다.

이에 답하여 우리는 다음과 같이 말할 수 있다. "사랑의 본질에 대한 제대로 알지 않으려 하는 한, 우리는 결코 사랑을 알지 못합니다.[9] 우리가 어떤 선을 중요한 첫 번

---

6. Gregory, *Hom. in Ev.*, I, 17, 1.

7. "*Charitas est amor non in seipsum, sed in alterum.*" 행간 주석에서 루터는 이와 동일한 정의를 사용하고 있다(*WA* 56, 136, 8).

7a. 참고 Augustine, *De doctr. Christ.*, I, 23, 22; 참고 *Dc civ. Dei*, XIX, 14; Peter Lombard, *Coll. in ep. Pauli* (*ad* I Tim., 1, 1–5), PL, 192, 329.

8. "*Egro charitas ordinata incipit a seipsa*"(참고 Lyra's statement in connection with his exposition of Rom. 5:12: "*Quia secundum ordinem charitatis magis debet diligere propriam salutem quam alterius*").

9. "*Respondetur, quod hoc ipsum est unum illorum, quibus abducti sumus a charitate, dum male intelleximus.*"

째로 여기는 한 우리는 결단코 이웃에 관심가지는 것이 아닙니다."

자신을 진정 사랑하는 것이 바로 자신을 미워하는 것이다. 우리 주님이 말씀하신 바와 같이, '자기 영혼을 사랑하는 자는 잃을 것이요, 자기 영혼을 미워하는 자라야 찾을 것이다'(요 12:25; 막 8:35; 마 10:39; 16:35; 눅 9:24). 사도 바울은 빌립보서 2:4에서 "각각 자기 일을 돌볼뿐더러 또한 각각 다른 사람들의 일을 돌보아", 고린도전서 13:5에서 사랑은 "자기의 유익을 구하지 아니하며"라고 말하고 있다.

그러므로 자신을 미워하고 이웃을 사랑하는 자가 자신을 진정으로 사랑하는 사람이다. 그제야 자신이 아닌 자신을 사랑하게 되고, 그러면 다른 사람 안에서 자신을 사랑하는 한 자신을 향한 진정한 사랑을 가지게 되는 것이다.

따라서 다른 사람들의 판단과 교부들에 대한 경외심을 가지고 말하지만, 대단히 죄송하게도, 내가 생각하는 바를 말씀드려야 하겠다. 우습게 들릴지 모르겠지만, '너는 이웃을 사랑하라'는 계명을 명확히 이해하지 못한 것처럼 보인다. 이 계명을 '너를 사랑하는 것처럼'이라는 견지에서 이해했다면 말이다. 사랑하는 자는 모델[10]로 이에 따라 그 이웃을 사랑하는 것이다. 왜냐하면, 다음과 같은 결론을 내릴 수 있기 때문이다. 너는 자신을 먼저 사랑하고 이런 자기 사랑의 패턴[11]에 따라 이웃을 사랑해야 한다.[12] 어떤 이는 이 해석을 지지하며 '현자의 말'(the Man of Wisdom)을 다음과 같이 "너의 영혼을 불쌍히 여김이 하나님을 기쁘시게 하도다"(집회서 30:21)*라고 인용하며, '마치 먼저 너의 영혼을 불쌍히 여기고 그 후에 이웃의 영혼을 불쌍히 여기라'고 말하는 듯이 명사인 '너의'를 강조할 것이다. 이렇게 이해하는 것을 완전히 잘못됐다고 부정하지는 않지만, 강조는 '영혼'이라는 단어다. 이제 말하고자 의도하는 바는 '네 영혼이 구원 받고자 한다면, 네 육체를 아끼지 말라'일 것이다. 네 안 옛사람의 마음을 강인하게 하면, 네 안의 새사람을 긍휼히 여기게 되는 것이다. 왜냐하면, 선을 행하는 여자보다 남자의 악이 더 낫다(집회서 42:14). 즉, 영혼이 악을 가격하여 육체에 해를 당함이 육체가 영혼을 어루만지고 소중히 다루며 만족시키거나, 혹은 육체의 기준에 따라 편

---

10. "Forma."

11. "Exemplar."

12. 리라는 레위기 19:18 주해와 연관하여 다음과 같이 기술하고 있다. "Dilectio: qua diligitur… proximus sicut ipsemet diligens."

---

* 집회서 30:24.

하고 영혼을 기분좋게 하는 것 보다 훨씬 좋은 것이다. 사람, 즉 영혼이 육체에 해롭게 보이는 것을 하는 것이 선하게(좋게) 보이는 것을 하는 것보다 좋다. 육체의 '분별력'(prudence)은 그 자신의 유익에 있어 놀라운 정도의 감각을 가지고 있어, 하나님이 지으신 들짐승 중에 가장 간교하다(창 3:1). 절대자의 뜻은 비록 손실을 가져온다 하더라도, 이익을 가져오는 불순종하는 피조물의 뜻보다 낫다.

따라서 나는 '네 몸과 같이'라는 이 명령이 자기 자신을 사랑[13]하라는 명령을 받은 것이 아니라 사실상 그가 그 자신을 사랑하는 거짓된 사랑을 보여 준 것이라고 믿는다. 다른 말로 하면, 그것은 당신이 당신 자신에게 완전히 굽어져 있고 자기 사랑에 정통해 있어서 당신이 전적으로 당신 자신을 사랑하는 것을 멈추고, 지신을 잊어버리고 이웃을 사랑하지 않는다면 당신은 바르게 펴질 수 없고 올바르게 될 수 없을 것이라고 그에게 말하고 있는 것이다. 우리가 구부러졌다는 증거는[14] 우리가 모든 사람으로부터 사랑을 받기 원하고 모든 것에서 우리 자신의 것을 추구한다는 것이다. 그러나 올바르게 된다는[15] 의미는 이것에 있다. 만일 당신이 다른 모든 사람들에게 이렇게 구부러진 당신의 방식을 따라 당신 자신에게 하기 원하는 것을 행한다면 당신은 전에 악을 행하며 지냈을 때만큼 열심히 선을 행할 것이다.[16] 이것은 우리가 악을 행하라는 명령을 받았다는 의미가 아니다. 결코 그렇지 않고 자신을 사랑하기 위해 애쓰는 만큼 다른 사람을 사랑하기 위해 똑같은 열심을 가지라는 명령을 받은 것이다. 같은 방식으로 아담은 "아담은 오실 자의 모형이라"(롬 5:14), 즉 두 번째 아담인 그리스도의 표상인 것이다. 아담 안에서 우리가 악했던 것과 마찬가지로 우리는 그리스도 안에서 선해져야만 한다. 이것은 닮으라고 명하기 위함이 아니라 비교하기 위해서 언급된 것이다. 여기에서도 같은 것이 사실이다. "네 이웃을 네 몸과 같이 사랑하라"는 것은 "네 이웃을 네가 네 자신을 사랑할 것처럼 사랑하라"는 의미가 전혀 아니다. 만일 그렇다면 이 명령이 특별히 내려졌을 것이다. 사실, 그것은 특별히 명령된 것이 아니기 때문에 주어진 명령(즉 이웃을 사랑하라)이 금지된 것(즉, 자기 사랑)에 기초할 수 없다.

---

13. "*Curvus es totus in te et versus in tui amorem.*" 참고 루터의 로마서 5:4과 6:6의 해석.

14. "*Perversitas enim est.*"

15. "*Rectitudo autem est.*"

16. 루터는 "당신이 선을 행하는 것만큼 열심히 악을 행하라"고 썼다. 그러나 이것은 틀림없는 기록의 오류다.

결과적으로, 만일 당신이 자신을 사랑한다면 당신은 악을 행하는 것이다. 당신은 오직 당신 자신을 사랑하는 것과 똑같은 방식으로 당신의 이웃을 사랑할 때에만, 즉 자신을 사랑하는 것을 멈출 때에만 이 악에서 자유로워질 것이다. 당신이 이렇게 하면 또한 이 법도 멈출 것이고 그러면 당신이 더 이상 자기 자신을 사랑하지 않기 때문에 이웃을 더 이상 자기 몸처럼 사랑할 필요가 없어지게 될 것이다. 또 당신이 이웃을 사랑함으로써 당신 자신을 이미 가장 진실하게 사랑하고 모든 다른 사람도 그 대가로 당신을 사랑하기 때문에 당신은 당신 자신을 이웃에게 하는 것처럼 사랑해야 할 필요가 없게 될 것이다.

사도가 그의 말씀을 얼마나 주의 깊게 선택했는지에 주목하라. 그는 우리가 우리 자신을 기쁘게 하지 않고 "다른 사람을 기쁘게 해야 한다"라고 말하지 않았다.[17] 만일 그들이 우리를 기쁘게 한다면 우리가 더 이상 그들 안에서 우리를 불쾌하게 하는 그들의 약함을 참아줄 필요가 없다. 그 반대 상황이 일어나야 한다. 우리는 다른 사람을 기쁘게 해야 한다. 이것이 또한 사도가 고린도전서 10:32-33에서 명령한 것이다. "유대인에게나 헬라인에게나 하나님의 교회에나 거치는 자가 되지 말고 나와 같이 모든 일에 모든 사람을 기쁘게 하여." 주의 말씀에 대한 그의 설교에서[18] 축복받은 아우구스티누스는 그 질문, 사람이 이것을 해야 하는 목적에 대해 훌륭하고 충분하게 다루고 그것에 대답을 했는데, 물론 사도가 같은 구절에서 설명했던 표현으로 대답을 했다. "자신의 유익을 구하지 아니하고 많은 사람의 유익을 구하여 그들로 구원을 받게 하라"(고전 10:33).

그는 '너는 모든 사람을 기쁘게 할 수 없다'는 잠언에 반하는 어떤 말을 하고 싶은 것이 아니다. 그가, 즉 그가 할 수 있는 한, 모든 사람을 기쁘게 하기 때문에 그가 마땅히 모든 사람을 기쁘게 해야 하는 그런 방식으로 행동하는 것이다. 이것이 그가 여기에서 유익을 향하여, 즉 유익이 되는 방향으로, 다른 말로, 그런 선을 향하는 것이 아니라 교육이 되는 쪽으로, 즉 '교육이 되는 선을 향해서'라고 말한 이유이다. 왜냐하면 교육적이지 못한 선들도 있기 때문이다.

---

17. 여기에 또 다른 기록의 오류가 있다. 루터는 "그러나 다른 사람들이 우리를 기쁘게 해야 한다"라고 말했다(*alii debent nobis placere*). 이것은 분명한 실수다. 왜냐하면 바울이 "모든 사람들이 이웃을 기쁘게 하라"고 썼기 때문이다.

18. Augustine, *Sermo* 54.

우리는 여기에서 사도가 교육적인 것과 공격적인 것을 반대로 대조하는 것을 좋아한다. 그는 예를 들어 위에 있는 로마서 14:19에서 '그러므로 우리가 화평의 일을 힘쓰자'(즉, 다른 사람들이 감정이 상하지 않게 하기 위해서), '그리고 서로 덕을 세우는 일을 힘쓰자'(즉, 그들이 기분을 상하게 하지 않게 하기 위해서)고 한다. 평화는 감정을 상하게 하는 것, 그리고 훈계, 치욕의 반대다. 그리고 약한 사람을 돌보는 것은 그들이 여전히 더 약하게 되는 것의 반대다. 이런 점에서 그는 로마서 14:21에서 이 세 가지에 대해 이야기했다. "네 형제로 '거리끼게 하는' 일을 아니함이 아름다우니라"(즉, 불안, 이것이 평화와 대조된다), 또는 '분개하게 하는'(즉, 교훈을 받는 것과 대조가 되는데 그는 타락하고 더 약하게 되었다)이나, '약하게 하는'(돌봄을 받는 것과 반대다)이다.

"그리스도께서도 자기를 기쁘게 하지 아니하셨나니 기록된 바 주를 비방하는 자들의 비방이 내게 미쳤나이다 함과 같으니라"(롬 15:3)

우리는 이것을 유대인의 비난에 대한 존중으로만 이해하지 말아야 한다. 그러면 그것이 여기에서 다루는 주제에 속하지 않기 때문이다. 사도는 하나의 모범으로 그리스도를 가르치려고 했다. 그가 이사야가 말한 것처럼 모든 약한 것을 가지고 있었기 때문이다. "그는 실로 우리의 질고를 지고 우리의 죄를 담당하셨다"(사 53:4). 이것 또한 빌립보서 2:5의 말씀에 의해 의도된 것이다. "너희 안에 이 마음을 품으라 곧 그리스도 예수의 마음이니." 우리가 선을 행할 때마다— 당신의 선한 행실로— 우리가 하나님을 영화롭게 하는 것처럼 우리 주님은 마태복음 5:16에서 "하늘에 계신 너희 아버지께 영광을 돌리게 하라"고 말씀한다. 그래서 우리의 악한 행실로 하나님을 불명예스럽게 하고 그에게 질책과 부끄러움을 주게 된다. 즉 우리가 그로 하여금 욕을 받게 한다. 그래서 사도는 로마서 2:23-24에서 "네가 율법을 범함으로 하나님을 욕되게 하느냐 기록된 바와 같이 하나님의 이름이 너희 때문에 이방인 중에서 모독을 받는도다"(사 52:5; 겔 36:20). 이것 또한 우리가 "당신의 이름이 거룩히 여김을 받으시오며"(마 6:9), 즉 그것이 거룩한 것으로 존중을 받고 두려워하도록 기도하는 이유인 것이다.

어떤 사람은 아마도 이 말씀이 그에게 떨어진 '비난'이 우리가 지은 죄들에 대한 형벌이라고 말하고 있다고 이해하고 싶어 할지도 모른다. 그러나 그것은 옳지 않다. 왜냐하면 그것은 하나님을 비난하는 우리의 죄가 아니라 우리 자신의 죄이기 때문이다. 그러므로 그분 위에 떨어진 우리의 죄, 즉 그분이 그것 때문에 형벌을 받으셨고 우리를 위해 만족하셨다. 그분은 확실히 그분 자신을 기쁘게 하기 원하고 그 자신을 사랑하시기 위해 이것을 하시지는 않으셨다. 그러나 그분은 우리를 사랑하시고 그분 자신을 미워하시고 그 자신을 비우셔서 우리를 위해 그 자신을 전부 내어 주신 것이다.

이것이 사랑이 우리로 하여금 우리 이웃을 불쾌하게 하는 것이 아니라 인내할 수 있게 해 주는 이유인 것이다. 그것은 그것 자체가 인내인 까닭에 우리가 자기도취적이지 않게 하는 것이다. 그러나 의의 자부심으로 가득 차 있는 모든 사람은 사랑이 없기 때문에 참지 못하고 자기만족적이다.

따라서 사도는 이 모든 것들이 그리스도를 존중해서 기록되었다 할지라도 그것들은 '우리의 교훈을 위해 기록되었다' 해도 우리 이웃들에 대해 '인내함과 성경의 위로함'을 통해 소망을 갖게 된다고 말하고 있다.

"무엇이든지 전에 기록된 바는 우리의 교훈을 위하여 기록된 것이니 우리로 하여금 인내로 또는 성경의 위로로 소망을 가지게 함이니라"(롬 15:4)[19]

얼마나 아름다운 말씀의 조합인가! '우리로 하여금 인내로 또는 성경의 위로로 소망을 가지게 한다.' 그러나 확실히 소망이 실제적인 것이 아닐 때만 그렇다. "보는 것을 누가 바라리요"(롬 8:24). 따라서 소망은 모든 현실적인 것들을 치워 버린다. 그러므로

---

19. 루터는 여백 주석에서 다음과 같이 썼다(WA 56, 137, 18ff.). "여기에서 그는 솔직한 반대에 직면한다. 즉 '어떻게 이것이 우리를 염려할까? 이것은 말 그대로 그리스도에 대해 말한 것이다.' 그의 대답은 이것이다. 그리스도에 대해 기록된 무엇이든지 우리가 그를 본받게 하기 위해서 우리의 교훈을 위해 기록된 것이다." 따라서 우리는 그리스도에 대해 말한 것이 단지 사색적인 방식(speculative)으로만 된 것처럼 받지 말고 우리 앞에 한 모범으로 세워진 것으로 받아야 한다. 그래서 우리는 이 구절로부터 그리스도의 모든 행동은 우리를 가르치는 수단이 된다는 놀라운 교훈을 얻을 수 있다. 이런 점에서 그는 여기에 '무엇이든지 전에 기록된 바는 우리의 교훈을 위하여 기록된 것이니'라고 말한 것이다.

우리가 인내가 필요한 것이다. 그러나 그는 우리가 인내 가운데서 약해지지 않도록 붙들어 주도록 소망의 말씀을 이것들로 바꾼 것이다.

단순한 말씀과 성경 때문에 모든 만져지는 실제를 포기하는 것, 이것이 위대한 것이다. 모든 사람이 이것을 할 수 있는 것이 아니라, 적어도 감정적으로는, 자원해서가 아니라 필요에 의해서 그것을 사용한다고 해도, 모든 현실적인 것들에 대해 죽은 사람만이 가능하다. 이것들이 그들 주인이 "이와 같이 너희 중의 누구든지 자기의 모든 소유를 버리지 아니하면 능히 내 제자가 되지 못하리라"(눅 14:33)는 말씀을 들은 그리스도인들이다. "세상 물건을 쓰는 자들은 다 쓰지 못하는 자같이 하라"(고전 7:31). 그리고 선을 행하되 하지 않은 것처럼 하라는 것이다. 그들이 하는 모든 것들은 하나님께 드려지는 것이다. 그들은 모든 것에서 하나님을 섬기고 그들 자신을 위해 아무것도 구하지 않는다.

"이제 인내와 위로의 하나님이 너희로 그리스도 예수를 본받아 서로 뜻이 같게 하여 주사 한마음과 한 입으로 하나님 곧 우리 주 예수 그리스도의 아버지께 영광을 돌리게 하려 하노라 그러므로 그리스도께서 우리를 받아 하나님께 영광을 돌리심과 같이 너희도 서로 받으라"(롬 15:5-7)

즉 '하나님께 영광을 돌리라'는 것의 의미는 '하나님께서 그것으로 인해 영광을 받으시게 하기 위하여'라는 뜻이다. 하나님의 영광이 얼마나 생소한가! 그는 죄인들과 약자들이 친구로 받아들여질 때 영광을 받으신다. 이것은 우리에게 은혜를 베푸는 자가 되는 것이 그의 영광이기 때문이다. 따라서 우리는 그를 영화롭게 한다. 즉, 우리는 우리가 그를 그의 은혜를 받을 수 있는 사람에게 모시고 갈 때 그에게 그의 은혜를 보여 줄 기회를 드리는 것이다. 그러므로 우리는 강한 사람, 성자들과 지혜로운 사람을 데리고 오지 말아야 한다. 하나님은 그들 안에서 영광을 받으실 수 없는 까닭에 그들은 그의 은혜가 필요하다고 느끼지 못하므로 그는 그들에게 은혜가 될 수 없는 것이다.

"내가 말하노니 그리스도께서 하나님의 진실하심을 위하여 할례의 추종자가 되셨으니 이는 조상들에게 주신 약속들을 견고하게 하시고 이방인들도 그 긍휼하심으로 말미암아 하나님께 영광을 돌리게 하려 하심이라 기록된 바 그러므로 내가 열방 중에서 주께 감사하고 주의 이름을 찬송하리로다 함과 같으니라 또 이르되 열방들아 주의 백성과 함께 즐거워하라 하였으며"(롬 15:8-10)

리라는 성경의 이 말씀이 이사야 35:1의 "광야와 메마른 땅이 기뻐하며 사막이 백합화같이 피어 즐거워하며"라는 말씀이라고 생각했다. 다른 사람들은 이사야 44:23의 "땅의 깊은 곳들아 높이 부를지어다"라고 지적했다. 그러나 그것은 한편으로 나에게 있어서는 사도가 이사야 66:10의 말씀을 염두에 둔 것 같다. "예루살렘을 사랑하는 자들이여 다 그 성읍과 함께 기뻐하라 다 그 성읍과 함께 즐거워하라." 이 부르심은 예루살렘으로부터, 즉, 주의 백성으로부터 다른 사람들에게, 오직 이방인들에게 향하는 것이다. 왜냐하면 그들은 예루살렘에 있지 않기 때문이다. 이것은 사도가 왜 이 말씀을 인용하면서 '이방인'이란 말을 덧붙이고 왜 '그의 백성'이라고 말하는 대신 '예루살렘'이라고 설명하는지에 대한 이유이다.

반면에 만일 사도가 단지 예언적 의미만을 염두에 두고 있었다면 그 신탁은 시편의 다른 구절과의 조합으로 나타났을 것이다. 예를 들면 다음과 같다. "온 백성은 기쁘고 즐겁게 노래할지니 주는 민족들을 공평히 심판하시며 땅 위의 나라들을 다스리실 것임이니이다"(시 67:4). "여호와께서 다스리시나니 땅은 즐거워하며 허다한 섬은 기뻐할지어다"(시 97:1). "또 모든 열방들아 주를 찬양하며 모든 백성들아 그를 찬송하라 또 이사야가 이르되 이새의 뿌리 곧 열방을 다스리기 위하여 일어나시는 이가 있으리니 열방이 그에게 소망을 두리라 하였느니라"(롬 15:11-12).

우리가 주석[20]에서 설명했던 것과 같이 이사야 53:2에 의하면 '뿌리'는 여기에서

---

20. 이 여백 주석에서 루터는 다음과 같이 기록했다(WA 56, 139, 14ff.). "뿌리는 여기에서 모든 화가들이 실제적으로 상상하는 것같이 나무의 가장 깊은 뿌리인 조상(족보의 조상 같은)을 의미하는 것이 아니라 '뿌리'가 여기에서 의미하는 것은, 말하자면, 나무가 죽은 후에 남았다가 기적적으로 거대한 나무로 자라는 그루터기를 의미한다. 즉 그것은 위대한 교회 안에 퍼진 그리스도이다. 그래서 그는 그 자신을 '많은 열매를 맺는 한 알의 밀알'(요 12:24-25)과 '큰 나무가 되는 겨자씨'(마 13:31f.)로 묘사했다. 그리고 민수기 24:17에서 '한 별이 야곱에게서 나오며 한 규가 이스라엘에게서 일어나서'라고 말하고 있다. '뿌리'는 그렇다면 그리스도의 죽음과 고난을 의미한다. 즉 그리스도가 그 자신을 아무것도 아닌 존재로까지 낮추시고, 이사야 53:2에 기록된 것처럼 다시 일어나셨다. '그는 주 앞에서 자라나기를 연한 순 같고 마른 땅에서 나온 뿌리 같아서' (이 은유들은 고난과 부활을 의미한다)."

이새 그 자신을 의미하지 않고 그리스도를 뜻하는 것이다. 그렇지 않으면 선지자는 이사야 11:1에 "이새의 줄기에서 한 싹이 나며 그 뿌리에서 한 가지가 나서 결실할 것이요"라고 기록된 것과 요한계시록 22:16에 "나는 다윗의 뿌리요"라고 기록된 것처럼 '이새의 혈통'이나 '이새의 가지'라고 말했어야 했다. 따라서 육신으로는 그리스도는 다윗과 그가 뻗어나온 조상으로부터 온 뿌리지만 영으로는 그 자신이 전 교회가 자란 것으로부터 나온 뿌리인 것이다. 육적인 상황에서 그는 그의 조상의 가지나 영적으로는 그들이 그의 가지인 것이다.

게다가 우리는 그 해석들이 서로 동의하고 있는지를 시험해 봐야 한다. 히에로니무스는 "누가 백성들의 깃발로 설 것인가"라고 말했고, 70인역은 "그가 열국의 왕자가 되게 하기 위해 누가 일어날 것인가"라고 읽는다. 바울은 '누가 열방을 다스리기 위해 일어날 것인가'라고 말하고 있다. 그러나 일어선 그는 확실히 오를 것이고 백성들의 깃발이 된 그는 확실히 백성들을 지도할 것이다. 그는 열국이 그곳으로 이끌어 지도록 깃발이 된 것이기 때문이다. 여기에 그리스도의 왕권의 성격이 표현되었다. 그것은 믿음 안에서, 상징으로, 명백하지 않은 것에서, 현실적인 실제가 아닌 것에서 왕의 권위를 실행하기 위한 것이기 때문이다. 그러나 이 세상의 왕자들은 그들의 백성을 보일 수 있게 다스린다. 즉 그들의 물리적인 임재와 물리적 수단으로 다스리는 것이다. 게다가 "그들이 그에게 간청할 것이다"라는 구절과 "그들이 모든 소망을 그에게 둘 것이다"라는 구절은 서로 쉽게 조화될 수 있다. 간청하는 그가 바라는 사람이기 때문이다.

그다음에 "그의 안식처가 영화롭게 될 것이다", 즉 '영광을 받을 것이다'라는 구절이 있다. 히에로니무스는 그의 번역이 더 분명하다고 생각한다. 즉 "그의 무덤이 영광스럽게 될 것이다." 그는[21] 'requies'(안식)을 말하는 라틴 어법에 따르면 '죽음의 잠'이라고 표시하는 것은 일반적으로 사용되지 않는 것이다.

그러나 내 사고방식으로는 이것이 그 말을 표현하는데 여전히 더 애매하다고 느껴진다. 어떤 이는[22] 그것 때문에 그리스도의 무덤이 돌을 잘라내고 그 자신이 고귀한 종으로 기름 부음을 받았기 때문에 영광스럽게 되었다고 생각하기에 이르렀다. 축

---

21. 참고 Jerome, *Comment, in Isaiam* (사 11:12).
22. 리라.

복받은 히에로니무스도 흠정역도 성령도 이렇게 말하는 것을 원하지 않았다. 그러나 축복받은 히에로니무스는 그릇으로 사용된 그것을 통해서 그 내용물의 영광을 표현하기 원했던 것이다.

그 말의 의미는 그리스도의 죽음과 무덤이 온 세상 가운데서 영원무궁토록 영화롭게 될 것이고 찬양을 받을 것이라는 의미다. 그러나 이것은 죽음의 본질과는 모순되는데 일반적으로 다른 사람들의 죽음과 무덤은 그들의 영광과 명성, 그리고 영화를 끌어내 버리고 그것들에게 종말을 고하기 때문이다. "기억할 수 없나이다"(시 9:6). 그러나 여기에서 그 반대의 일이 일어났다. 그는 단지 죽음과 무덤에 의해 삼켜졌을 뿐 아니라 그의 죽음을 영광스럽게 만든 것이다.

"소망의 하나님이 모든 기쁨과 평강을 믿음 안에서 너희에게 충만하게 하사 성령의 능력으로 소망이 넘치게 하시기를 원하노라"(롬 15:13)

하나님을 "소망의 하나님"이라고 부른 것은 이상하다. 그러나 이것은 사도가 가짜 신들을 진정한 하나님으로부터 구별하기 위한 표시이다. 거짓 신들은 마귀들이고 그런 것으로 그들은 보이는 현실[23]의 신들인 것이다. 그들은 그것이 소망에 대해 무엇을 의미하는지 모르는 것들을 소유한다. 왜냐하면 그들은 외적인 것들에 의존하기 때문이다. 그러나 진정한 하나님을 의지하는 사람은 모든 보이는 것들은 밀쳐두고 순전한 소망에 의해 살아간다.[24] 따라서 하나님을 "소망의 하나님"이라고 부르는 것은 그를 소망하는 사람들의 하나님이라고 부르는 것과 같다. 그는 분명히 하나님이 아니라 쉽게 절망하고 어느 누구도 신뢰할 수 없는 사람들의 원수요 심판자인 것이다.

간단히 말해서 그는 소망을 주는 자이기 때문에, 더 나아가서 오직 소망만이 그를 예배하기 때문에 "소망의 하나님"인 것이다. 그를 "아브라함과 이삭과 야곱의 하나

---

23. "*Dii rei.*"

24. "*Nuda spe vivit.*" 루터의 설교(그의 인생과 같은 시기의 이 강좌들에서) "소망"이 "*in nudum Deum confidere*"(벌거벗은 하나님을 신뢰하기)로 정의되었다. *WA* I, 85, 2f.

님"이라 부르는 것처럼, "이스라엘의 하나님"이라고 부르는 것처럼, 소망이 있는 곳에서 그를 경배하기 때문에 "소망의 하나님"이라고 부름을 받는 것이다.

'모든 기쁨과 평강을 충만케 하사', 즉 '신뢰하는 마음과 상호 일치로'이다. 사도는 기쁨을 평강 앞에 두었다. 그 이유는 기쁨은 사람을 평화롭게 하고 그 자신을 차분하게 하기 때문이다. 그가 차분해질 때 그가 다른 사람과 화목하게 되는 것은 쉬운 일이다. 그러나 우울하고 기분이 나쁜 사람이 다른 사람과의 관계에서 쉽게 자제하지 못하고 흥분하게 된다. 그러나 우리는 이 모든 것은 단지 믿음 안에서 할 수 있다. 왜냐하면 우리의 기쁨과 평강은 보이는 어떤 것에 기초한 것이 아니라 모든 외적인 것을 뛰어넘어 소망에 기초한 것이기 때문이다. 그렇지 않으면 그것은 소망의 하나님, 감춰진 상품을 주시는 분, 우리에게 그것들— 슬픔과 개인적인 고통 속에 기쁨을 외적인 소란과 박해 속에 평강을 주시는 분이 될 수 없다. 믿음이 약한 곳에서 사람은 슬픔과 박해 속에 좌절하게 된다. 왜냐하면 보이는 현실이 더 이상 그에게 기댈 수 있는 것이 되지 못하기 때문이다. 그러나 사도가 앞의 로마서 5:4에서 말했다. "연단은 소망을 이루는 줄 앎이로다." 그리고 이것이 성령의 능력에 의한 것이라고 말한 것처럼 박해는 소망을 더 풍성하게 한다. 그것은 우리가 '연단이 소망을 이루는' 것이 우리 자신의 능력을 의지하기 때문이 아니라, 그렇다면 우리는 박해 속에 약해지고 무력해져야 하기 때문에, "성령도 우리의 연약함을 도우시기"(롬 8:26) 때문이다. 그러므로 우리는 버틸 수 있을 뿐만 아니라 완전해질 것이고 궁극적으로는 승리할 것이다.

"내 형제들아 너희가 스스로 선함이 가득하고 모든 지식이 차서 능히 서로 권하는 자임을 나도 확신하노라"(롬 15:14)

이 단어들이 얼마나 능숙하고 적절하게 배열되었는지 주목하라. 먼저 "선함이 가득하고", 그다음에 모든 지식이 차서 서로 권하고. 교화하는 사랑이 없는 지식은 사람을 부풀게 하기 때문이다. 게다가, 그들이 사랑에 충만해 있지 않는다면 그들은 서로 훈계할 수가 없다. 단지 지식으로 머물러 있는 지식은 그 자체에 갇히게 되고 부풀어 오르고 다른 사람들은 감히 지도할 수 없기 때문이다. 그것은 단지 보이기만 바라고 다른 사람에 대한 멸시로 가득 차 있다. 그러나 사랑은 지식과 가르침을 나누어 준다. 그러나 지식이 없는 사랑은 가르칠 수 없다. 보상받을 만하고 모범적인 삶으로부터 나오는 거룩한 단순함은 분명히 교훈적이다. 그러나 아는 사랑[25]은 그 자체로 뿐 아니라 그것이 교통하는 것[26]에 의해서도 교훈적인 반면 단순한 지식은 그것이 하나의 모범으로서만 선다면 공격적이 되고 단순한 지식이 서로 날카롭게 대조를 보인다. 지식은 그 자신의 것을 구하고, 자기만족적이고 다른 사람을 싫어한다. 따라서 그것은 그 모범으로 사람들을 분개하게 하는데 두려움이 없고 대화의 말로 그 자신에 대한 설명을 해 주는 것을 거절한다. 반대로 사랑은 소통적이며 공격성을 일으키는 어떤 행위를 자제한다. 왜냐하면 이것이 소통적이 아니기 때문이다.

"그러나 내가 너희로 다시 생각나게 하려고 하나님께서 내게 주신 은혜로 말미암아 더욱 담대히 대략 너희에게 썼노니 이 은혜는 곧 나로 이방인을 위하여 그리스도 예수의 일꾼이 되어 하나님의 복음의 제사장 직분을 하게 하사 이방인을 제물로 드리는 것이 성령 안에서 거룩하게 되어 받으실 만하게 하려 하심이라 그러므로 내가 그리스도 예수 안에서 하나님의 일에 대하여 자랑하는 것이 있거니와 그리스도께서 이방인들을 순종하게 하기 위하여 나를 통하여 역사하신 것 외에는 내가 감히 말하지 아니하노라 그 일은 말과 행위로 표적과 기사의 능력으로 성령의 능력으로 이루어졌으며 그리하여 내가 예루살렘으로부터 두루 행하여 일루리곤까지 그리스도의 복음을 편만하게 전하였노라" (롬 15:15-19)

사도는 이방인을 순종하게 하기 위하여 그가 말하고 행하는 무엇이든 그가 말하고 행하는 것이 아니라 그리스도가 하시는 것임을 말하고 싶어 한다. 그는 고린도후서 13:3에서 "이는 그리스도께서 내 안에서 말씀하시는 증거를 너희가 구함이니"라고 기

---

25. "*Docta charitas.*"
26. "*Verbo.*"

록한 것과 마찬가지다. 따라서 그는 감히 그리스도가 그 안에서 말씀하시지 않는 것은 어떤 것도 말하지 않겠다고 말하고 있다. 게다가 그는 이 단어 "말하다"와 "그가 역사하신다"는 단어를, 역사라는 단어와 마찬가지로, 같이 언급하기 위해서 서로 "짝을" 이루었다. 그것은 그가 문장의 첫 부분에서 "말하다"는 단어를 써서 "역사하다"는 말을 덧붙일 필요가 없는데 두 번째 부분에 이것을 넣었기 때문에 마치 그가 그리스도가 말씀하시고 역사하시지 않는 어떤 것도 감히 말하지 않겠다고 말했던 것처럼 보인다. 거기에서 다시 그가 사람 안에서 역사하는 그가 그 안에서 또한 더욱 말하기 때문에 "그가 말한다"는 말을 반복할 필요가 없었다. 왜냐하면 행하는 것보다 말하는 것이 쉽기 때문이다. 더 나아가서 "역사한다"는 그 말 안에 말하고 행동한다는 것이 파악되기 때문에 그는 그의 말이 그리스도의 것일 뿐 아니라 그가 행하는 모든 것도 그렇다는 사실을 표현하기 위해서 그것으로 그리스도께서 나를 통하여 역사하신 것이라는 구절을 특별히 강조하기 원했던 것이다.

이제 나는 다른 사람들[27]이 사도가 어떤 오만함도 추출하기 위해서 이런 방식으로 이야기했다는 의견을 갖고 있다는 것을 알고 있다. 그들은 그가 '나는 하나님 앞에서 그리스도 안에 영광을 돌리지만 거짓 사도들이 영광을 돌리는 것, 즉 하나님께서 그들이 하지 않거나 하나님께서 그들 안에서 행하지 않은 것에 자랑하기 때문에 그들 안에 역사하지 않는 것으로 감히 영광을 돌리지 않겠다'고 말하려 한다고 제안한다. 그러나 첫 번째 해석은 나에게 아주 그럴 듯하다. 다시 말해서 부정적인 설명은 확인을 위해서 다시 받아들여져야 하고 이것은 "이방인들을 순종하게 하기 위하여"라는 다음 구절에 의해 분명해졌다. 그리스도가 이방인들의 순종을 위해 "아무것도 역사하지" 않으신 것이 아니라 그 자신이 성취하신 것을 대신해서 이 안에서 이제 영화롭게 하는 사도 안에서 모든 것을 역사하셨다. 그렇다면 그 말의 의미는 이것이다. 나는 이방인들 중에서 복음을 신성하게 하는 사역자가 되는 것으로 영광을 돌리겠다. 그리고 그것이 내가 하는 것이기 때문이 아니라 그리스도께서 나를 통해서 행하시고 그를 통해서 하나님 앞에서 조차 나를 영화롭게 하는 것이 유효하기 때문에 나는 이 안에서 영광을 돌린다.

27. 에라스무스.

"또 내가 그리스도의 이름을 부르는 곳에는 복음을 전하지 않기를 힘썼노니 이는 남의 터 위에 건축하지 아니하려 함이라 기록된 바 주의 소식을 받지 못한 자들이 볼 것이요 듣지 못한 자들이 깨달으리라 함과 같으니라"(롬 15:20-21)

번역자는 사도가 실제로 말했던 것이 공격적으로 들렸는지에 대해 두려워했던 것 같다. 왜냐하면 그리스어에서는 사도가 솔직하게[28] "내가 복음을 전하기 위해 아주 의욕에 넘친다"고 말했기 때문이다. 이제 분명하게 "의욕적"이라는 단어가 여기에서 그 특별한 중요성의 관점에서 이해될 수 없다. 예를 들어 플리니[29]가 요단강에 대해 말했을 때 사용했던 것과 같이 이해될 수는 없다. "지역이 허락하는 한 그것은 야망적이다"(사람이 많은 것을 둘러싸고 싶어 하고 그것을 마치 강이 흐르는 것처럼 모든 방향으로 뻗어서 넓히고 많은 지역으로 퍼지는 것을 추구하는 것을 야망적이라고 부른다). 그러나 그 단어는 이 구절에서 "필로티모우메노스(philotimoumenos), 즉 영광을 돌리고 영화롭게 하기를 갈망하는 의미로 쓰였다.

따라서 그리스어는 "나는 전했다"라는 구절의 두 가지 번역을 가지고 있다. 즉, "나는 전하는데 야망적이다"나, 또는 "영화롭게 하고 싶은 열망에서 나는 전하려고 노력했다"는 것이다. 이제 이것에 대해 우리는 무슨 말을 할 것인가? 사도가 정말로 야망적이었나? 여기에서 그가 그의 모범으로 그들 자신을 방어하기 위한 수단으로 야망적인 사람을 넣었을까? 하나님께서 금하셨다! 그 자신이 앞의 문장(롬 15:17) "내가 그리스도 예수 안에서 자랑하는 것이 있거니와"에서 말했다. 그리고 고린도전서 9:15에서 "그는 내가 차라리 죽을지언정 누구든지 내 자랑하는 것을 헛된 데로 돌리지 못하게 하리라"고 말했다. 만일 그가 그 자신의 영광을 추구했다면 그의 이 영광은 무가치하고 헛된 것이 되는 것이다. 그러나 그는 그것을 오직 다른 사람들을 위해서 추구했다. 즉 다음의 이유들을 위해서이다.

(1) 그의 사도직의 권위는 감소되지 말아야 한다. 왜냐하면 이것이 그가 선택된 사도로서 그에게 보내진 이방인들의 믿음에 장애가 될 것이기 때문이다.

(2) 그가 이와 같은 방식으로 말한 것은 넘치는 사랑으로 말미암은 것이다. 왜냐하면 그는 가능한 한 많은 사람들을 구원하기 원했고 이미 그리스도가 알려진 곳에

---

28. 루터는 여기에서 파버와 에라스무스를 의지한다.

29. Pliny, *Nat. hist*, V, 71.

서는 복음을 전하기 원치 않았던 반면 아직 그리스도를 알지 못한 사람들에게 복음을 전하는 것이 지연되지 않기를 원했기 때문이다. 이것이 그가 이사야 52:15의 말씀을 인용한 이유이다. "그들이 아직 듣지 못한 것을 깨달을 것임이라." 다른 말로, '그는 그가 다른 사람들에게 전해야 했을 때 그리스도가 알려진 곳에 복음을 전하므로 시간을 낭비하지 않기 위해 그리스도가 알려지지 않은 곳에 그리스도를 전해야 했다.' 그것은 또한 그가 "다른 사도들이 전한 곳에서 나는 전하지 않았다"고 말한 것의 중요성이 없어진 것은 아니다. 왜냐하면 이것은 그가 다른 사람들이 복음을 전한 곳에서 전하지 않았다고 한 것처럼 교만하고 야망적이기 때문이다. 그러나 그가 말한 것은 "그리스도의 이름이 불리는 곳에서 전하지 않겠다"고 한 것이다. 그로 인해 그는 복음이 필요한 곳에 전해지기 위해서 복음이 필요치 않은 곳에서 전하는 것을 자제했다는 것을 나타내고 싶었던 것이다.

이것은 왜 그가 한 것처럼 행동을 했는지 충분히 설명해 주지만 그것은 아직 '필로티모우메노스'라는 단어를 사용한 것에 대해서는 명확하지 않다. 왜냐하면 사람은 그가 영광을 갈망한다고 말하지 않고서 이 모든 것을 할 수도 있기 때문이다. 그러나 그는 일부러 그가 영광을 돌리고 영화롭게 하는 갈망으로 그것을 했다고 말한 것이다. 따라서 여기에서 우리가 물어야 할 질문은 그가 영광을 갈망하며 이것을 하거나 하지 않았느냐가 아니라 그가 어떤 종류의 영광을 갈구했나 하는 것이다. 그러므로 다음과 같다.

(3) 우리는 복음을 전하는 것이 오늘 날에도 여전한 것처럼 경멸스럽고 수치스러운 일이라는 것에 주목해야 한다. 그것은 어떤 존중이나 영광을 받지 못하나 모든 종류의 비난과 모욕, 박해 등에 노출된다. 심지어 그리스도께서 말씀하신 것에까지 이른다. "누구든지 나와 내 말을 부끄러워하면 인자도 자기와 아버지와 거룩한 천사들의 영광으로 올 때에 그 사람을 부끄러워하리라"(눅 9:26). 또한 예레미야도 "여호와의 말씀으로 말미암아 내가 종일토록 치욕과 모욕 거리가 됨이니이다"(렘 20:8)라고 고백했다. 그리고 시편 14:6에 "너희가 가난한 자의 계획을 부끄럽게 하나 오직 여호와는 그의 피난처가 되시도다"라고 말씀하고 있다. 그리고 그리스도도 시편의 모든 곳에서 그가 비방을 받아서 "수치가 그의 얼굴에 덮였다"(시 69:7)고 고백하고 있다. 똑같은 방식으로 그는 "하나님이여 주는 나의 우매함을 아시오니"(시 69:5)라고 말하고 존경받

고 싶은 마음이 드러났다고 말하고 있다. 이제 그리스도에게 일어난 것, 그리고 이것은 진리– 왜냐하면 그리스도가 진리이기 때문에– 가 그리스도의 사역자, 즉 진리의 사역자에게도 일어났다는 것을 의미한다. 예를 들어 사도는 고린도전서 4:9-10에서 "내가 생각하건대 하나님이 사도인 우리를 죽이기로 작정된 자같이 끄트머리에 두셨으매 우리는 세계 곧 천사와 사람에게 구경거리가 되었노라 우리는 그리스도 때문에 어리석으나 너희는 그리스도 안에서 지혜롭고 우리는 약하나 너희는 강하고 너희는 존귀하나 우리는 비천하여"라고 말하고 있다. 그리고 그는 계속해서 "비방을 받은즉 권면하니 우리가 지금까지 세상의 더러운 것과 만물의 찌꺼기같이 되었도다"(고전 4:13)라고 말한다.

그렇다면 복음을 전하는 것이 존중을 받는 것과 아무 상관이 없기 때문에 그는 그것에 대한 멸시를 영광으로 여기고, 단지 그것으로 다른 사람을 섬기기 위해서 훌륭하고 진실한 사도적인 사랑으로 그렇게 한 것이다. 그리스도가 알려진 곳에서 복음을 전하는 것은 모욕적이지 않다. 왜냐하면 거기에는 초창기에 복음에 대한 경멸의 폭발을 견뎌 내고 극복했기 때문이다. 그러나 그리스도가 아직 알려지지 않은 곳에는 복음에 가득히 주어질 멸시가 여전히 신선한 채로 존재하고 더 견디기가 힘들다.

이것은 그가 로마서 1:14에서 "헬라인이나 야만인이나 지혜 있는 자나 어리석은 자에게 다 내가 빚진 자라"고 말할 때 그가 뜻한 것이다. "내가 복음을 부끄러워하지 아니하노니"(롬 1:16). 다른 말로 하면, 나는 다른 사람들이 복음을 전하는 것을 부끄러워하기 때문에 그것으로부터 움츠러드는 반면 나는 그것을 영광스러운 일로 여기고 그것에 의욕적이다(즉 그 영광을 추구한다). 이런 점에서 사도행전 5:41은 "사도들은 그 이름을 위하여 능욕 받는 일에 합당한 자로 여기심을 기뻐하면서 공회 앞을 떠나니라"고 말씀하고 있다. 여기에서 "기뻐한다"는 말은 이 멸시를 마치 영광인 것처럼 받아들이는 것과는 다른 것을 의미하는가? 이런 점에서 그는 전에 "그러므로 내가 그리스도 예수 안에서 하나님의 일에 대하여 자랑하는 것이 있거니와"(롬 15:17), 즉 '이것으로 인해 내가 세상 앞에서 사람들 중에 멸시를 받는다 해도'라고 말했다. 시편 119:46에 "또 왕들 앞에서 주의 교훈들을 말할 때에 수치를 당하지 아니하겠사오며," 즉 나는 부끄러워서 얼굴을 붉히지 않고 그것을 말하는 것을 영광스럽게 여기겠다고 말하고 있다. 그러나 일반적으로 부끄러움에 얼굴을 붉히는 사람들은 그들이 당황하는 것이 두렵기 때문에 아연실색하는 것이다. 같은 시편에서 그는 종종 이 멸시로부터 놓임을 받기를 구하고 있다. 그는 "비방과 멸시를 내게서 떠나게 하소서"(시 119:22)라고 말한다. 그리고 다시 "내가 두려워하는 비방을 내게서 떠나게 하소서"(시 119:39)라고 말하고, 다른 곳에서는 "안일한 자의 조소와 교만한 자의 멸시가 우리 영혼에 넘치나이다"(시 123:4)라고 말하고 있다.

(4) 그는 여전히 세 번째 것과는 단지 조금 다른 요점을 만들어 낸다. 그것은 '영광'에 의한, 하나님 앞에서 양심에 대한 자랑에 의한 것을 의미하는 취지인 것이다. 즉, 그가 악한 양심이 아닌 선한 양심의 증언을 가질 수 있게 하기 위해서 복음을 전한다는 것이다. 이런 점에서 그는 "우리 양심이 증언하는 바니 이것이 우리의 자랑이라"(고후 1:12)고 말하고 있다. 그리고 하나님 앞에서 풍성한 양심을 갖기 위해서 그는 그의 의무를 가장 신실하게 행했고 오직 그리스도가 아직 알려지지 않은 곳에만 그를 전하기 위해 서둘렀다. 이런 점에서 그는 고린도전서 9:15에서, 우리가 전에 설명한 대로, "내가 차라리 죽을지언정 누구든지 내 자랑하는 것을 헛된 데로 돌리지 못하게 하리라", 즉 '그의 양심이 상처를 입는 것보다'라고 말하고 있다.

우리의 양심은 우리를 부끄럽게 하거나 하나님 앞에서 영예로 옷 입혀 준다. 확실히 그의 양심 속에서 때로 당황하지 않는 사람은 아무도 없지만(그렇지 않으면 그리스도께서 헛되이 죽으셨다), 모든 사람은 그의 양심을 가능한 적게 무너뜨리고 상처를 주려고 노력해야 하고 그가 할 수 있는 한 깨끗하고 고결하게 그것을 지켜야 한다. 그리고 그는 남겨지거나 감춰져 있는 것이 그리스도 안에 있는 믿음과 소망에 의해 덮여지고 면제되고 용서된다는 것을 봐야 한다.

이런 점에서 사도는 복음을 전하는데 의욕적이다. 그는 그의 양심을 풍성하게 하려고 애썼다. 그러나 비록 이것이 멸시와 십자가로 이끌어 간다 해도 사람이 사랑으로 다른 사람을 섬기는 것보다 더 나은 방법으로 그의 양심을 풍성하게 할 수 없다. 그런 멸시는 그의 양심 속에 가지고 있는 영광 때문에 그에게 영광이 된다. 이제 이것은 내가 생각하기에 사도가 마음에 생각한 것이다. 그는 그의 열린 부끄러움 안에 감춰진 영광을 추구했고, 외적으로는 멸시를 받았으나 그의 양심에서는 존중을 받았고, 사람들 앞에서 능욕을 당해도 하나님 앞에서 영광을 받게 되는 것이다.

진실은 미움을 낳는다. 그러나 이런 미움은 은혜를 낳는다. 따라서 우리는 미움을 받기를 '의욕적으로' 추구해야 한다. 즉, 우리는 미움을 받는 상황에서라도 은혜를 추구해야만 한다는 것이다.

그러나 우리가 완전히 다른 사람의 의견, 예를 들어 에라스무스나 그에게 동의하는 사람들의 의견을 거절하는 것으로 보이지 않게, 우리는 그가 이방인의 사도가 되려는 확실한 거룩한 야망을 추구했다는 것 또한 인정한다(엄밀히 말하면, 여기에서 이것이 핵심은 아니다. 왜냐하면 그는 그가 다른 사도들이 복음을 전한 곳에서 전하는 것을 자제하겠다고 말한 것이 아니라 그리스도의 이름이 불리는 곳 어느 곳에서든지, 예를 들면, 로마와 같은 곳에서 전하지 않겠다고 한 것이기 때문이다). 그러나 "그가 무할례자에게 복음을 전하기 위해 따로 떨어졌기" 때문에 그는 그가 마치 그 혼자만 이방인들에게 빛을 비춰야 했던 것처럼 그의 의무를 수행하려는 경건한 야망으로 노력했다는 것을 인정하자. 그 가운데 그는 그의 사랑의 가장 강력한 증거를 주었다. 선을 행하려는 야망이 실제로 거의 드물기 때문에 그것은 진실로 사도적인 것이다. 복음을 전한다는 것은, 비록 그것이 가장 큰 박해를 받으며 모든 세상의 저항을 극복하며 행해진다 할지라도, 모든 유익보다 가장 큰 유익을 사람들에게 준다는 것을 의미한다. 그러므로 말하자면 영광을 추구하는 것(이것이 모든 욕망 중에 가장 크다!), 모든 유익 중에 가장 큰 유익을 사람에게 주면서 아무것도 바라지 않고 하는 것(거저라고 말했지만, 정말 '아무것도 바라지 않는 것'이다), 그리고 그 대가로 단지 모든 종류의 악한 것들을 받는 것— 이것은 초인적이며, 완전히 사도적이며, 실제로 신성한 종류의 야망이 아닌가? 또는 아무것도 바라지 않고 자애로운 사람은 숭상 받을 만한 자격이 없는 것인가? 나는 당신에게 묻고 있는 것이다. 이것에 대해 생각해 보라.

복음은 어떤 부나, 영예, 그리고 쾌락과 비교될 수 없는 말로 형언할 수 없을 만큼 멋진 선물이다.

게다가, 만일 사람이 그의 원수들에게까지, 그리고 그에게 악을 행한 사람들에게까지 좋은 선물을 준다면 전도자가 사람들에게 베푼 유익과 비교해서 얼마나 좋은 일을 그가 한 것인가! 그러나 실제로 그런 사람이 아주 드물긴 하지만, 단지 그의 친구들에게만 좋은 선물을 주는 사람은 앞의 사람보다 못하다. 단지 그의 물건들을 빌려주는 사람은 여전히 작고 아무것도 바라지 않고 주는 사람은 가장 작지만, 가장 심한 것은 다른 사람에게 속한 물건을 생각이나[30](대부분의 모든 인간이 이것을 하고 있다) 또는 행위로[31] (대부분의 남자들은 이렇게 한다) 도둑질하는 것이다.

따라서 그의 직책을 자랑스러워하면서 사도는 단지 복음을 찬양하고 있다. 그리고 복음을 멸시하고 비난하는 사람들에게 더 필요한 것은 그것이 찬송 받는 것을 듣는 것이다.

그렇다면 그는 영광을 구하나 이 영광은 단지 그가 그것을 찾는 사람들 중의 구원인 것이다.[32]

---

30. *"Vel affectu."*

31. *"Vel effectu."*

32. 루터는 16장에서 넓게 쓰지 않고 비교적 간단한 행간 주석과 여백 주석을 썼다. 그는 바울이 실제로 그의 로마서 편지에 이 모든 개인적인 안부를 붙였는지 의문을 가졌다(참고 *WA* 56, 149, 11ff.).

참고 문헌

I. LIST OF ANCIENT AND MEDIEVAL WORKS, QUOTED BY LUTHER OR REFERRED TO IN THE EXPLANATORY NOTES

CSEL　— *Corpus Scriptorum Ecclesiasticorum Latinorum*

LCL　— The Loeb Classical Library

PG　　— Migne, J. P., *Patrologiae cursus completus, series Graeca*

PL　　— Migne, J. P., *Patrologiae cursus completus, series Latina*

Aegidius Romanus, *OPus super primo libro sententiarum*. Venice, 1507.

Aegidius Romanus, *Super secundo libro sententiarum opus praeclarissimum*. Venice, 1482.

Aesop, *Fabulae*. (See j. Jacobs, *Fables of Jacob*; New York, 1889.)

Ailly, Pierre d', *Quaestiones super primum, tertium et quartum sententiarum*. Venice, 1500.

Ambrose, *De paradiso* (PL 14, 275—314).

Ambrose, *De sacramentis?* (PL 16, 417—464; CSEL 73, 13—85).

Ambrosiaster, *Commentarium in epistulam ad Romanos* (PL 17, 47—191).

Aristotle, *Categoriae*, in *Works* (ed. by W. D. Ross), Vol. I. Oxford, 1928.

Aristotle, *De anima*, in *Works* (ed. by W. D. Ross), Vol. III. Oxford, 1931.

Aristotle, *Ethica Nichomachea*, in *Works* (ed. by W. D. Ross), Vol. IX. Oxford, 1925.

Aristotle, *Physics*, in *Works* (d. by W. D. Ross), Vol. II. Oxford, 1930.

Augustine, *Confessiones* (PL 32, 659—868; CSEL 33).

Augustine, *Contra duas epistolas Pelagianorum* (PL 44, 49—640; CSEL 60, 423—570).

Augustine, *Contra Julianum* (PL 44, 641—880).

Augustine, *De beata vita* (PL 32, 959—976: CSEL 63, 89—116).

Augustine, *De civitate Dei* (PL 41, 13—804; CSEL 40, 1 and 2).

Augustine, *De doctrina Christiana* (PL 34, 15—120).

Augustine, *De gratia Christi et peccato oridinali* (PL 44, 359—412; CSEL 42, 125—206).

Augustine, *De nuptiis et concupiscentia ad Valerianum* (PL 44, 413—474; CSEL 42, 209—319).

Augustine, *De opere monachorum* (PL 40, 547–580; CSEL 41, 529–596).

Augustine, *De ordine* (PL 32, 976–1020; CSEL 63, 119–185).

Augustine, *De peccatorum meritis et remissione* (PL 44, 109–200; CSEL 60, 3–154).

Augustine, *De spiritu et littera* (PL 44, 199–246; CSEL 60, 155–232).

Augustine, *De Trinitate* (PL 42, 819–1098).

Augustine, *Enarratio in Ps. 70* (PL 36, 874–901).

Augustine, *Enchiridion ad Laurentium* (PL 40, 251–288).

Augustine, *Epistolae* (PL 33; CSEL 34;44;57;58).

Augustine, *Expositio quarundam propositionum ex ep. ad Romanos* (PL 35,2063–2140).

Augustine, *Opus imperfectum contra Julianum* (PL 45, 1049–1608).

Augustine, *Retractationes* (PL 32, 583–665; CSEL 36).

Augustine, *Sermones* (PL 38 and 39).

Augustine, *Tractatus in ep, ad Johannem* (PL 35, 1977–2062).

Augustine, *Tractatus in Joann* (PL 35, 1379–1976).

Bernard of Clairvaux, *De consideratione* (PL 182, 727–806).

Bernard of Clairvaux, *Epistulae* (PL 182, 67–722).

Bernard of Clairvaux, *Sermones in cantica canticorum* (PL 183, 785–1198).

Bernard of Clairvaux, *Sermones in festo annunciationis Mariae virginis* (PL 183, 383–398).

Bernard of Clairvaux, Sermones in vigilia nativitatis Domini (PL 183, 87–115).

> *Biblia cum glosa ordinaria et expositione Lyre literali et morali mecnon additionibus (Pauli Burgensis) ae replicis (Matthiae Doering).* Basel, 1498.

Biel, Gabriel, *Collectorium in quattuor libros sententiarum.* Lyons, 1514.

Biel, Gabriel, *Sacri canonis missae expositio.* Tübingen, 1499.

Biel, Gabriel, *super quattuor libros sententiarum,* Tübingen, 1501.

Burgos, Paul of, *scrutinium Scriptorum.* Mainz, 1478.

Cassian, John, *De institutis cenobiorum* (PL 49, 58–476).

Catullus, *Carmina* (LCL). New York, 1912.

Chrysostom, John, *Homilae in ep. ad Romanos* (PG 60, 391–682).

Cicero, *De oratore* (LCL), 2 vols. New York, 1939–1942.

Dionysius Areopagita, *Mystica theologica* (PG 3, 997–1064).

Duns *Scotus, Primus, secundus, tertius, quartus sententiarum. Opera* (ed. Wadding–Vivès). Paris, 1891–1895.

Erasmus, *Novum instrumentum omne cum annotationibus.* Basel, 1516.

Faber *Stapulensis, Epistolae Pauli Apostoli.* 1st ed., Paris, 1512;2d ed;, Paris, 1515.

Faber *Stapulensis, Quincuplex Psalterium.* Paris, 1509.

Garcia, *Lexicon scholasticum philosopho-theologicum.* Quarachi, 1910.

Gregory the Great, *Libri IIHomiliarum in Evangelia* (PL 76, 785–1074).

Hilary of Poitiers, *De Trinitate* (PL 10, 9–471).

Horace, *Epistolarum Liber* (LCL). New York, 1929.

Horace, *Satira* (LCL). New York, 1926.

Jerome, *Commentarius in ep. ad Titum* (PL 26, 555–598).

Jerinem *Commentarius in Esaiam* (PL 24, 17–678).

Juvenal, *Satira* (LCL). New York, 1918.

Lombard, Peter, *Collectanea in ep. ad Romanos* (PL 191, 1302–1534).

Lombard, Peter, *Collectanea in ep. Pauli* (PL 191, 1297–1696; 192, 9–520).

Lombard, Peter, *Libri quatuor sententiarum* (PL 192, 519–962; critical ed. in 2 vols., Quarachi, 1916).

Montanus, Baptista, *De patientia* (*Opera*, Paris, 1513).

Ockham, William of, *Adnotationes super quatuor libros sententiarum.* Lyons, 1495.

Ockham, William of, *Quodlibeta septem.* Paris, 1487.

Ockham, William of, *Summule in libros physicorum*, Rome, 1637.

Ovid, *Amores* (LCL). New York, 1914.

Ovid, *Tristia* (LCL). New York, 1914.

Paltz, John von, *Celifodina*, Leipzig, 1511.

Persius, *Satira* (LCL). New York, 1906.

Pliny, *Naturalis historia* (LCL), 10 vols, New York, 1938–1952.

Pürstinger, Berthold, *Onus ecclesiae.* Landshut, 1524.

Regula Augustini (PL 32, 1377–1383).

Reuchlin, John, *De Rudimentis hebraicis.* Pforzheim, 1906.

Reuchlin, John, *Septem psalmi poenitentiales hebraici cum grammatica translacione latina.* Tübingen, 1512.

Reuchlin, John, *Vocabularius breviloquus.* Strassburg, 1504.

Seneca, *Epistolae morales* (LCL), 3 vols. New York, 1917–1925.

Speculum exemplorum. Strassburg, 1487.

Staupitz, John von, *Von der nachfolgung des willigen sterbens Christi* (in Opera, ed. Knaake). Potsdam, 1867.

Suetonius, De *XII vitis Caesarum* (LCL). New York, 1914.

Tauler, John, *Die Predigten* (ed. F. Vetter). Berlin, 1910.

Terence, *Andria* (LCL). New York, 1918.

Terence, *Heautontimorumenos* (LCL). New York, 1918.

Terence, *Phormio* (LCL). New York, 1912.

Theologia deutsch (ed. Franz Pfeiffer, with commentary by Kurt F. Riedler). Thalwil, Zurich, 1947.

Thiele, Ernst, *Luthers Sprichwörtersammlung.* Weimar, 1900.

Thomas Aquinas, *Summa Theologica.* Turin, 1948–1950.

Trutvetter, Jodocus, *Summa in totam physicen.* Erfurt, 1514.

Trutvetter, Jodocus, *Summulae totius logice.* Erfurt, 1501.

Tungern, Arnold von, *Articuli sive propositiones de indaico favore nimis suspecto ex libello theutonico domini Ioannis Reuchlin.* 1512.

Valerius Maximus, *Factorum dictorumque mirabilium libri* IX. Mainz, 1471.

Valla, Laurentius, *Adnotationes in latinam Novi Testamenti interpretationem* (ed. Erasmus). Paris, 1505.

Vergil, *Aeneid* (LCL), 2 vols. New York, 1916–1918.

Vergil, *Bucolica Eclogues* (LCL). New York, 1916.

Vitae Patrum (PL 73;74).

Vitae Patrum, Verba Seniorum (PL 73, 851–1062).

Zerbolt, Gerard, *Tractatus de spiritualibus ascensionibus.* 1475.

II. SELECT WORKS ON LUTHER'S LECTURES ON ROMANS

Althaus, Paul, *Paulus und Luther iiber den Menschen.* Gütersloh. 1938.

Auer, Johannes, *Die Entwicklung der Gnadenlehre in der Hochscholastik.* 2 vols. Freiburg, 1942–1951.

Baudry, L., *Guillaume d'Occam.* Paris, 1949–1950.

Bendiscioli, M., "L'agostinismo dei reformatori protestanti" (*Rev. des ètudes augustiniennes* [1955], 203–224).

Bizer, Ernst, *Fides ex auditu. Eine Untersuchung über die Entdeckungder Gerechtigkeit Gottes durch Martin Luter.* 2d ed. Neukirchen, 1961.

Boehmer, Heinrich, *Der junge Luther* (ed. H. Bornkamm). 7th ed. Leipzig, 1955.

Bonwetsch, Nathanil, "Röm. 1, 14 ff. in der Alten Kirche und in Luthers Vorlesung über den Römerbrief" (*Neue Kirchl. Zeitschrift* 30 [1919], 135–156)

Bornkamm, Heinrich, "Justitia Dei in der Scholastic und bei Luther" (*Archiv für Reformationsgeschichte* 39 [1942], 30–62).

Bornkamm, Heinrich, "Luthers Bericht über seine Entdeckung der iustitia Dei" (*Archiv für Reformationsgeschichte* 37 [1940], 117–127).

Bornkamm, Heinrich, *Luther und das Alte Testament*. Tübingen, 1948.

Cristiani, L., "Luther et Saint Augustin" (*in Augustinus Magister* [Paris, 1955], Vol. II, 1029–1038).

Denifle, Heinrich, *Luther und Luthertum in der ersten Entwicklung, quellenmässig dargestellt*. 2 vols. Mainz, 1904.

Dobschütz, Ernst von, *Vom vierfachen Schriftsinn* (*in Harnack-Ehrung*, 1–13). Tübingen, 1921.

Dress, Walter, Die *Theologie Gersons*. Berlin, 1931.

Ebeling, Gerhard, "Die Anfänge von Luthers Hermeneutik" (*Zeitschrift für Theologie und Kirche* 48 [1951], 172–229).

Ebeling, Gerhard, *Luthers Evangelienauslegung*. München, 1942.

Ellwein, Eduard, "Schlatters Kritik an Luthers Römerbriefvorlesung" (*Zwischen den Zeiten* 5 [1927], 530 ff.).

Feckes, Carl, *Die Rechtfertigungslehre des Gabriel Biel*. Münster, 1925.

Frick, Robert, *Luthers Römerbriefvorlesung. Ein Beitrag zur Frage der pneumatischen Exegese* (*in "Dienst an Theologie und Kirche"* [= *Festgabe für A. Schlatter]*, Berlin, 1927, 79–96).

Grane, Lief, "Gabriel Biels Lehre von der Allmacht Gottes" (*Zeitschrift für Theologie und Kirche* 53 [1956], 53–74).

Guelluy, R., *Philosophie et théologie chez Guillaume d'Ockham*. Paris, 1947.

Gyllenbrock, Axel, *Rechtfertigung und Heilgung in der frühen evangelischen Theologie Luthers*. Uppsala Universitets Arskrift, 1952.

Haar, Johann, *Initium creaturae Dei. Eine Untersuchung über Luthers Begriff der "neuen Kreatur."* Gütersloh, 1939.

Hägglund, Bengtt, *Theologie und Philosophie bei Luther und in der okhamistischen Tradition*. Lund, 1955.

Hahn, Fritz, "Faber Stapulensis und Luther" (*Zeitschrift für Kirchengeschichte* 57 [1938], 356–432).

Hahn, Fritz, "Luthers Auslegungsgrundsätze und ihre theologischen Voraussetzungen" (*Zeitschr. f. syst. Theologie* XII[1935], 165–218).

Hamel, Adolf, *Der junge Luther und augustin*. 2 vols. Gütersloh, 1934–1935.

Hermann, Rudolf, *Gesammelte Studien zur Theologie Luthers undder Reformation*. Göttingen, 1960.

Hilburg, J., *Luthers Frömmigkeit in seiner Vorlesung über den Römerbrief*. Microfilm. Göttingen, 1951.

Hirsch, Emanuel, "Initium theologiae Lutheri" (*in Luther Studien*, Vol. II). Gütersloh, 1955.

Hirsch, Emanuel, Luther Studien, Vol. I (*Drei Kapitel zu Luthers Lehre vom Gewissen*). Gütersloh, 1954.

Hirsch, Emanuel, "Luther über die oratio mentalis" (*Zeitschr. f. syst. Theologie* VI [1928], 136–141).

Holl, Karl, Gesammelte Aufsätze. Vol. I: *Luther*. 2d ed. Tübingen, 1923: "Was verstand

Luthers Vorlesung über den Römerbrief mit besonderer Rücksicht auf die Frage der

Heilsgewissheit" (110–154); "Der Neubau der Sittlichkeit" (155–287); "Die Entstehung

von Luthers Kirchenbegriff" (228–325); "Luthers Bedeutung für den Fortschrift der

Auslegungskunst" (544–582).

Iserloh, Erwin, *Gnade und Eucharistie in der philosophischen Theologie des Wilhelm von Ockham.*
Wiesbaden, 1956.

Iwand, Hans Joachim, *Glaubensgerechtigkeit nach Luthers Lehre*, 2d ed. München, 1952.

Iwand, Hans Joachim, *Rechtfertigungslehre und Christusglaube. Eine Intersuchung zur Systematik
Luthers in ihren Anfängen.* Leipzig, 1930.

Jacob, Günther, Das Bild vom *"Weg in der Mitte" in der Theologie Luthers (in "Kosmos und
Ecclesia"* [Kassel, 1953], 84–92).

Kattenbusch, Ferdinand, "Glauben und Denken" (*Zeitschrift Für Theologie und Kirche* [1931], 373–
399).

Lagrange, M. J., *Luther on the Eve of the Revolt*, tr. by W.J.Reilly. New York, Cathedral Library
Ars., 1918. (Depends almost entirely on Denifle.)

Lindbeck, G., "Nominalism and the Problem of Meaning as Illustrated by Pierre d'Ailli on
Predestination and Justification: (*Harvard Theological Review* 52 [1959], 43–60).

Link, Wilhelm, *Das Ringen Luthers um die Freiheit der Theologie von der Philosophie.* München,
1940.

Loewenich, Walter von, *Gebet und Kreuz. Zu Luthers Auslegung von Röm.* 4,26 (Luther 9[1927],
3–13).

Loewenich, Walter von, *Luther als Ausleger der Synoptiker.* München, 1954.

Loewenich, Walter von, *Zur Gnadenlehre bei Augustin und bei Luther (Archiv für
Reformationsgeschichte* 44 [1953], 52–63).

Lohse, Bernhard, *Ratio und Fides. Eine Untersuchung über die ratio in der Theologie Luthers.*
Göttingen, 1958.

Loofs, Friedrich, "Der 'articulus stantis et cadentis ecclesiae'" (*Theologische Strdien und Kritiken* go
[1917], 323–420).

Loofs, Friedrich, "Justitia Dei passiva" in *Luthers Anfängen (Theologische Studien und Kritiken* 84
[1911], 461–473).

Meissinger, K. A., *Der katholische Luther.* München, 1952.

Meissinger, K. A., *Luthers Exegese in der Frühzeit.* Leipzig, 1910.

Mueller, A. V., *Luther und Tauler.* Gotha, 1918.

Pelikan, Jaroslav, *Luther, the Expositor* (companion vol., *Works*, American ed.). St. Louis, 1959.

Pfeiffer, Gerhard, "Das Ringen des jungen Luther um die Gerechtigkeit Gottes" (*Luther-Jahrbuch*

26 [1959], 25–55).

Pinomaa, L., *Die profectio bei Luther* (in *Festschrift für W. Elert* [Berlin, 1955], 119–127).

Prenter, Regin, *Spiritus Creator.* München, 1954; Engl. tr., Philadelphia, 1953.

Quanbeck, Warren A., "Luther's Early Exegesis" (*Luther Today*, 37–107). Decorah, Iowa, 1957.

Renaudet, Auguste, *Préréforme et Humanisme à Paris (1494–1517)*. 2d ed. Paris, 1953.

Roth, Erich, *Sakrament nach Luther.* Berlin, 1952.

Rupp, E. G., *Luther's Progress to the Diet of Worms.* Chicago, 1951.

Rupp, E. G., *The Righteousness of God. A Reconsideration of the Character and Work of Martin Luther.* London and New York, 1953.

Saarnivaara, Uuras, *Luther Discovers the Gospel.* St. Louis, 1951.

Saint–Blencat, Louis, :Luthers Verhältnis zu Lombardus" (*Zeitschr. f. syst. Theologie* XXII[1953], 300–311).

Scheel, Otto, *Die Entwicklung Luthers bis zum Abschluss der Voresung über den Römerbrief.* Leipzig, 1910.

Scheel, Otto, *Dokumente zu Luthers Entwicklung.* 2d ed. Tübingen, 1929.

Scheel, Otto, *Taulers Mystik und Luthers reformatorische Entdeckung* (*Festschrift für Julius Kaftan* [Tübingen, 1920], 298 ff.).

Schlatter, Adolf, *Luthers Deutung des Römerbriefes.* Gütersloh, 1917.

Schmidt, F. W., "Der Gottesgedanke in Luthers Römerbriefvorlesung" (*Theologische Studien und Kritiken* 93 [1920], 117–248).

Schubert, Hans von, *Luthers Vorlesung über den Galaterbrief* 1516/17 (= *Abhandlungen der Heidelberger Akademie der Wissenschaften, Phil.-hist. Klasse*, No. 5, Heidelberg, 1918).

Schüler, M., *Luthers Gottesbegriff nach seiner Schrift "De servo arbitrio"* (*Zeitschr. f.Kirchengeschichte* 55 [1936]).

Schwarz, Werner, *Principles and Problems of Biblical Translation* (Reuchlin, Erasmus, Luther). Cambridge, England, 1955.

Seeberg, Erich, *Luthers Theologie.* Vol. I: *Luthers Gottesanschauung.* Göttingen, 1929. Vol.II: *Christus, Wirklichkeit und Urbild.* Stuttgart, 1937.

Seeberg, Reinhold, *Die Lehre Luthers* (= *Lehrbuch der Dogmengeschichte*, Vol. IV, 4th ed.). Leipzig, 1933.

Seeberg, Reinhold, *Die religiösen Grundgedanken des jungen Luther und ihr Verhältnis zu dem Ockhamismus und der deutschen Mystik.* Berlin, 1931.

Strohl, Henri, *L'épanouissement de la pensée religieuse de Luther de 1515 à 1520.* Strasbourg, 1924.

Tarvainen, O., "Der Gedanke der Conformitas Christi in Luthers Theologie" (*Zeitschr.f.syst.*

Theologie XX [1953], 26−43).

Thimme, Hans, *Christi Bedeutung für Luthers Glauben.* Gütersloh, 1933.

Vignaux, P., *Justification et Prédestination au XVI siécle.* Paris, 1934.

Vignaux, P., *Luther commentateur des Sentences.* Paris, 1939/40.

Vignaux, P., *Nominalisme (Dictionnaire de théologie catholique,* II, 717−784).

Vignaux, P., *Nominalisme au XIV6 siècle.* Paris, 1948.

Vignaux, P., *Occam (Dictionnaire de théologie catholique,* II, 864−904).

Vignaux, P., *Philosophy in the Middle Ages.* New York, 1959.

Vignaux, P., *Sur Luther et Ockham. In "Wilhelm Ockham" (1349-1949). Aufsänge zu seiner Philosophie und Theologie (= Franziskanische Studien 32* [1950], 21−30.

Vogelsang, E., *Die Anfänge von Luthers Christologie.* Berlin, 1933.

Watson, Philip, *Let God Be God.* Philadelphia, 1949.

Wolf, E., *Peregrinatio. Studien zur reformatorischen Theologie und zum Kirchenproblem.* München, 1954.

Wood, A. Skevington, "The Theology of Luther's Lectures on Romans" (*Scottish Journ. of Theology* 3 [1950], 1−18; 113−126).

색인 INDEXES

일반 색인

가

가브리엘 비엘 …………… 44, 50, 54, 56, 58, 61, 62,
64, 65, 320, 339, 345, 346, 350, 352,
353, 358, 383, 402, 405, 419,
442, 474, 484, 508, 561
갈라디아서 강의 ……………… 24, 27, 32, 41
강한 자 …………………………………… 567
개인주의자 ……………………… 228, 334, 459
게으름 …………………………………… 506
결과의 필요 ……………………………… 383
결혼생활 ………………………………… 312
겸손 …… 93, 167, 202, 285, 365, 487, 505, 515
경건함 …………………………………… 335
경고 ……………………………………… 415
계명 ……………………………………… 531
고백록 …………………………………… 463
고통 ……………………………………… 404
관용 ……………………………………… 134
광신 ……………………………………… 228
교만 …… 141, 189, 202, 247, 408, 481, 505
교사 ……………………………………… 495
교황 그레고리 15세 ……………………… 26
그레고리오스 ……………………… 57, 244
그레고리오스 1세 …… 30, 52, 480, 544
그루넨베르그 ……………………… 24, 65
그리스도 …… 206, 208, 266, 300, 471, 585
그리스도의 모형 ……………… 282, 290
글로사 오디나리아 ……………… 19, 30
글로스 …… 420, 436, 450, 456, 462, 484
긍휼 ……………………………… 413, 421
기도 …… 122, 373, 377, 444, 509

기독교 윤리 ……………………………… 475
기베르 …………………………………… 32
기부 ……………………………… 512, 526
기쁨 ……………………………………… 508

나

남은 자 …………………………………… 423
내면의 어두움 ……………………………… 267
노동 ……………………………………… 357
능력 ……………………………… 103, 419
니코마코스 윤리학 ………………………… 105
니콜라우스 ……………………………… 35
니콜라우스 뮬러 ………………………… 27

다

다마스커스의 요한 ……………………… 511
닮음 ……………………………… 316, 442
덕 ………………………………………… 135
던스 스코투스 …………… 44, 58, 62, 64, 65,
320, 341, 346, 383, 402, 442
데모도코스 ……………………………… 128
도덕주의자 ……………………………… 276
동 프리지아(Frisia)의 에드자르 …… 486
두려움의 영 ……………………………… 361
디보시오 모데나 ………………………… 75
디오니시오스 아레오파기테스 …… 35, 44, 64,
66, 353, 372, 405

라

라쉬 …………………………………… 34
라우렌티우스 발라 ……………………… 416

럽 ·· 20, 32, 71
레르나 ····································· 284
레티티우스 ······························ 57, 244
로이힐린 ····· 29, 37, 176, 239, 269, 335,
460, 469, 503
루터의 주석 ···························· 366
리라 ···· 19, 34, 35, 111, 117, 178, 265, 278,
279, 301, 311, 318, 329, 336, 337, 401, 415,
428, 430, 447, 480, 482, 510,
519, 576, 581, 582, 589
리미니의 그레고리오 ·················· 339
리시니우스 황제 ······················ 387

마

마귀 ······································· 434
마음가짐 ································· 557
마틴 ······································ 511
막시밀리안 1세, 바바리아 공작 ······ 26
말씀 ······································· 587
멜란히톤 ·················· 24, 27, 45, 49, 59
모순 ······································· 484
물리학 ···································· 391
믿음 ············ 106, 119, 167, 174, 177, 225,
230, 257, 262, 266, 310, 405, 428,
438, 452, 490, 538, 574
그리스도에 대한, ·············· 214
믿음과 사랑 ····················· 551
믿음에 강한 자 ························· 547
믿음을 신뢰 ························ 362, 365
믿음의 의 ······························· 256

바

바르톨로뮤 아르놀디 ·················· 58
바이트 폰 젝켄도르프 ················· 25
바질리우스 ························· 57, 244
반대 ······································· 207
반 펠라기우스에 대한 글 ·········· 48, 57
발라프리트 ···························· 30, 34
발레리우스 막시무스 ·················· 132
발렌틴 로즈 ······························· 26
백성 ······································· 225
베다 ······································· 480

베르길리우스 ······················ 284, 372
베르나르 ············· 44, 58, 66, 132, 308,
358, 365, 415, 477, 529, 536
베풂 ······································· 497
변화무쌍 ································· 185
보름스 국회 ······························ 43
보펠 ······································· 27
복음 ························· 99, 110, 321, 594
복종 ······································· 438
본성 ·································· 346, 373
부르고스의 폴 ······················ 107, 479
불가타 ········· 176, 302, 307, 379, 409, 410,
427, 462, 467, 471, 540, 551, 555, 567
불꽃 ······································· 190
불법 ······································· 124
불순종 ···································· 124
불쏘시개 ································· 244
불의 ···················· 124, 163, 170, 179, 311
브란덴부르크 ···························· 533
비텐베르크 올 세인트 교회 ············ 533

사

사랑 ················ 348, 372, 400, 519, 530, 582
사랑의 계명 ····························· 491
사망 ·································· 281, 297
사보나롤라 ······························· 75
사제 ····················· 509, 525, 549, 578
상처 ······································· 415
생각 ······································· 352
생 빅토르의 위그 ···················· 66, 480
선 ········ 89, 125, 405, 406, 464, 488, 503, 520
선택 ·································· 383, 386
선행 ········ 149, 357, 365, 439, 500, 531, 560
설교 ······································· 446
성령 ···················· 101, 215, 303, 348, 375
성 빅터 학파 ······························ 35
성 안토니 ································· 355
성인 ······························ 232, 316, 441
성직자 ································· 92, 97
세네카 ···································· 367
세례 ······································· 253
세빌랴의 이시도르 ······················ 30

세속 ·················· 128
소망(희망) ·········· 261, 274, 372
소크라테스 ·············· 89
속성의 교류 ·············· 328
수도사 ············· 553, 579
수에토니우스 ············· 540
순결 ··················· 326
슈벤펠드 ················ 25
슈타우피츠 ···· 22, 64, 68, 358, 534
스팔라틴 ·········· 48, 57, 66
스펜라인 ················ 66
승리 ··················· 359
시기 ··················· 542
시미언 ················· 441
시편 강의 ······· 23, 38, 41, 43, 44
시험 ··················· 274
신의 도성 ··············· 128
심판 ········ 146, 153, 175, 202
십자가에 대한 설교 ········· 108

아
아놀드 툰게른 ·········· 269, 469
아담 ··············· 282, 290
아리스토텔레스 ··· 45, 48, 53, 59, 60, 73, 478
아우구스투스 ············· 265
아우구스티누스 ····· 30, 44, 50, 52, 53, 54, 55, 56, 64, 70, 238, 283, 318, 329, 341, 372, 375, 495, 515, 580
아우구스티누스회 수도원 ······· 533
아우리파버 ··············· 27
악 ···· 116, 118, 125, 406, 464, 488, 497, 503, 520, 540, 557
안셀므 ················ 30, 34
안타이오스 ·············· 284
암브로시우스 ······ 30, 44, 54, 57, 124, 236, 244, 289, 304, 323, 341, 495
앨퀸 ··················· 30
야곱 푸거 ················ 26
야기 ··················· 244
양심 ········· 146, 228, 275, 430, 450, 518, 555, 556, 566, 569, 575, 597
에드워드 엘바인 ············ 20

에라스무스 ······ 31, 37, 40, 44, 48, 57, 75, 409, 411, 412, 416, 419, 430, 437, 445, 451, 460, 463, 467, 471, 473, 493, 498, 514, 515, 541, 554, 555, 594, 598
에르푸르트 ··········· 68, 533, 534
에크 ··················· 66
엘바인 ················· 348
영 ···················· 122
영과 문자 ····· 105, 107, 256, 311, 318, 319
영과 육 ········· 327, 329, 337, 424
영광과 존귀 ·············· 136
영원 ··················· 306
영의 사람 ···· 300, 310, 324, 331, 333, 336
영적 수면 ··············· 536
예언 ··················· 492
예정 ········· 279, 382, 385, 411, 457
오레스테스 ·············· 129
오리게네스 ········ 30, 31, 33, 45
오비드 ················· 501
오캄 ········ 44, 54, 62, 320, 338, 341, 350, 353, 477, 508
올림푸스 ············· 57, 244
올 세인트 교회 ·········· 498, 513
왕의 길 ················ 246
요아킴 프레드릭 ············ 25
요한 나틴 ················ 58
요한 랭 ·················· 61
요한 브라운 ·············· 60
요한 비에강 ··············· 25
요한 아우리파버 ············· 26
요한 폰 팔츠 ··········· 58, 372
요한 하르 ··············· 339
욕망 ··················· 240
욕정 ··················· 338
용서 ············ 221, 234, 236
우상 ············ 113, 346, 460
우상 숭배 ······· 120, 123, 152, 353
원죄 ······ 248, 249, 280, 283, 286, 292
위선자 ··············· 232, 244
위클리프 ················· 75
유리히 푸거 ··············· 26
육 ···················· 122

육신의 생각 …………………………… 388
육체 ………………………………………… 303
윤리학 …………………………………… 236
율리아누스 ……………………………… 244
율리우스 2세 …………………………… 528
율리우스 교황 ……………………… 485, 486
율법 ………… 138, 146, 215, 223, 236, 242, 321
은총 ……………… 144, 151, 215, 236, 242
은혜 …………………………… 291, 346, 378
의 ……………… 89, 154, 170, 213, 234, 237,
238, 251, 284, 305, 328
의도 ……………………………………… 459
의욕 ……………………………………… 594
이끌려진 행위 …………………………… 502
이단 ………………………… 197, 208, 447, 463
이레나이우스 ……………………………… 57, 244
이상한 종교관 …………………………… 459

자

자기 사랑 ………………………………… 135, 582
자누아의 존 발부스 …………………… 480
자유의지 ………………………………… 388
재고 ……………………………………… 323
재롬 스쿨테투그 ………………………… 486
전가 ……………………………………… 239
절망 ………………………… 228, 415, 422
정의 ……………………………………… 486, 569
정직함 …………………………………… 434
제라드 그루테 …………………………… 284
제라드 제르볼트 ………………………… 284
제르송 …………………………………… 66
조도커스 트루베터 …………………… 58, 74
조지 공작 ………………………………… 485
존스톤 …………………………………… 384
존 시어도어 뮬러 ……………………… 20
죄 ………… 116, 124, 131, 142, 178, 181, 186,
211, 221, 231, 233, 234, 236, 237, 259,
281, 287, 293, 299, 303, 307, 316,
327, 334, 339, 349, 573
죄에 대한 기회 ………………………… 142
죄 용서 ………………………………… 365
죄의 '불쏘시개' ………………………… 234

죄인 ……………………………………… 235
죄인인 동시에 의인 …………………… 328, 332
죄책감 …………………………………… 338
주석 ……………………………………… 18, 264
주제넘게 행동 …………………………… 123
주제넘은 자부심 ………………………… 218
죽음 …………… 288, 304, 309, 340, 357
지식 ……………………………………… 591
직분 ……………………………………… 494, 495
진노 ……………………………………… 137, 256
진실하심 ………………………………… 157
진정한 장인 …………………………… 169, 170

차

찰스 5세 황제 …………………………… 43
참된 그리스도인 ……………………… 90, 238
창조물 …………………………………… 367
처벌 ……………………………………… 132
철학 ……………………………………… 367

카

카시오도루스 …………………………… 30
카툴루스 ………………………………… 540
칼뱅 ……………………………………… 63
칼 홀 ………………… 20, 38, 39, 45, 62, 69
케르베로스 ……………………………… 284
콜롱 ……………………………………… 469
쾰른의 신학자들 ……………………… 269
크리소스토모스 ………… 30, 49, 57, 244, 280,
290, 291, 469
크리스티안 듀링 ……………………… 65
키케로 …………………………………… 135, 505
키프리아누스 …………………………… 57, 244

타

타울러 … 44, 64, 66, 267, 372, 373, 374, 377, 435
탐심 ……………………………………… 234, 237
테렌스 …………………………………… 496
테르툴리아누스 ………………………… 45
토마스 아퀴나스 … 31, 34, 58, 65, 337, 341, 561
트루트페터 ……………………………… 339, 341, 345
틸리 장군 ………………………………… 26

파

파버 ·········· 19, 23, 29, 31, 37, 44, 48, 286, 289,
302, 304, 308, 352, 363, 366, 379, 401,
409, 412, 415, 416, 419, 435, 437,
445, 462, 471, 493, 514, 594

패커 ···················· 384

페르시우스 ···················· 166

페퍼콘 ···················· 469

평강 ···················· 264

평신도 ···················· 525

폴 루터 ···················· 25

프로벤 ···················· 409

프리드리히 ············ 486, 507, 513, 533

프페르콘 ···················· 269

플라우투스 ···················· 563

플리니 ···················· 430

피에르 다이이 ····· 44, 54, 55, 56, 58, 350, 508

피에트로 롬바르도 ·········· 23, 44, 58, 73, 273,
277, 283, 384, 581

피치노 ···················· 35

피카드 ···················· 549

피커 ·············· 19, 22, 24, 25, 27, 49, 58,
267, 269, 283, 284, 301, 360, 372, 377,
387, 409, 415, 455, 477, 501, 510, 512, 513,
519, 527, 544, 557, 558, 561, 565, 579

하

하나님 ···················· 116, 118, 124, 137, 207

하나님께서 그의 의를 보여 주셨다 ·············· 221

하나님께 열심 ···················· 434

하나님께 치욕 ···················· 123

하나님의 감춰진 의 ···················· 254

하나님의 뜻 ············ 357, 373, 403, 405,
482, 484, 488

하나님의 말씀 ········· 194, 439, 448, 456

하나님의 목소리 ···················· 194

하나님의 사랑 ············ 275, 382

하나님의 영광 ···················· 587

하나님의 의 ············ 163, 218, 227

하나님의 지혜 ···················· 474

하나님의 진노 ············ 108, 358

하인리히 데니플 ···················· 27

헤르만 보펠 ···················· 27

헵 폰 키르크베르크 ···················· 527

형벌 ···················· 430

형이상학 ···················· 367

호라티우스 ···················· 496

환난 ············ 137, 268

황홀 ···················· 268

후스 ···················· 75

히브리서 강의 ············ 24, 27, 41

히에로니무스 ·········· 30, 37, 44, 48, 304, 402,
430, 432, 495, 505, 518, 540, 542,
551, 589, 590

힐라리우스 ·········· 57, 244, 400, 551

성경 색인

창세기

1:2	377, 477
1:31	369
2:9, 17	439
2:18	329
3:1	439, 583
3:6	439
3:7	346
3:15	303
3:16	282
4:4	231, 239
6:17	462
8:21	251, 283, 348
12:1	483
12:2	461
12-13장	229
15:5	230
15:6	215, 230, 483
18:2	514
19:2	514
22:2 이하	483
22장	229
25:1	407
27:29	200
28:12	499
35:2	313
37:28	470
45:3	470
46:29	470
48:17	398

출애굽기

3:14	412
4:3	362
5:5	381
13:2	564
19:8	351
19:10	480
20:5	543
20:17	237, 250, 283
20:19	351
32:9	516
32:24	286
32장	184
33:15	278
33:19	412, 417
34:7	251

레위기

11:4 이하	549
19:18	582
20:24	564
26:36	429

민수기

11:18	313
14:9	358
18:20	498
21:8-9	343
22:21	492
24:17	588
24:21	419

신명기

4:30	470
6:5	237, 534
9:13	516
12:19	498
14:7 이하	549
24:16	281
27:26	449
28:65	430
28:67	430
32:11	477

여호수아

3:5	480
7:13	313

룻기

3:7	241
3:9	241

사무엘상

2:1 이하	391
2:6	489
2:6-7	373
10:6	316
13:13	387
15:1 이하	439
15:25 이하	387
16:1	387
17:33	483
21:4-5	480
30:11	423

사무엘하

7:3	492
13:22	502, 506
16:10-11	116

열왕기상

2:10	537
8:46	219, 251, 253
11:43	537
18:17	459
18:26, 28	459
22:8-28	207
22:22-23	115

열왕기하

3:15	510
4:40	105
5:13	260
24:12	423
24:20	485
25:1	485
25장	458

역대상

22:9 ································ 264

역대하

6:36 ································ 251

9:31 ································ 537

12:16 ······························ 537

에스라

5:11 ································ 526

에스더

2:7 이하 ···························· 580

욥기

7:17, 19 ··························· 417

7:20-21 ··························· 251

9:21 ································ 189

9:28 ·········· 189, 210, 255, 561

10:18 ······························ 417

13:25 ······························ 417

31장 ································ 346

39:13 ······························ 231

41:11 ······························ 390

시편

1:1 ································· 184

1:2 ··········· 143, 212, 330, 413

1:4 ······················· 201, 429

1:5 ································· 184

2:10 ································ 215

2:11 ························· 255, 562

3:3 ························· 221, 274

3:8 ································· 208

4:1 ························· 137, 268

4:2 ·································· 95

4:3 ························· 375, 563

4:4 ································· 462

4:6 ································· 167

5:9 ································· 558

6:1 ································· 137

6:2 ································· 419

7:10 ································ 346

8:6 ································· 101

9:6 ································· 590

11:2 ································ 299

11:5 ························· 272, 302

12:6 ································ 336

14:1 ························· 193, 440

14:2-3 ······························ 226

14:3 ·············· 220, 283, 370

14:4 ································ 197

14:6 ································ 595

15:5 ································ 184

16:3 ································ 375

16:45 ······························ 456

17:3 ································ 272

18:10 ······························ 477

18:26 ························· 185, 434

18:41 ······························ 446

19:2 ································ 538

19:4 ································ 451

19:10 ······························ 151

19:12 ························· 181, 336

19:12 이하 ························· 211

21:12 ······························ 315

22:30 ······························ 259

24:8 ································ 419

25:7 ························· 181, 336

25:15 ······························ 354

27:14 ······························ 374

28:3 ························· 266, 348

31:19 ······························ 381

32:1 ································ 233

32:1-2 ······························ 248

32:1, 5-6 ························· 234

32:2 ································ 241

32:5 ························· 180, 233, 241,
                              248, 336

32:5-6 ······························ 219

32:6 ·············· 180, 188, 210,
                    233, 248, 252,
                    302, 333

32:10 ······························ 249

32편 ································ 238

33:10 ······························ 373

33:16 ······························ 103

34:8 ································ 362

34:9 ································ 226

35:8 ································ 463

36:1 ································ 245

36:2 ································ 253

37:7 ································ 203

37:7, 5 ······························ 374

37:27 ······························ 517

38:11 ······························ 269

38:18 ······························ 233

39:5 ································ 369

42:6 ································ 402

45:1 ································ 243

45:2 ························· 243, 510

45:3 ································ 241

45:3-4 ······························ 243

45:4 ································ 482

45:6 ································ 435

45:7 ································ 220

45:9 ································ 241

45:10 ························· 89, 215

45:16 ······························ 259

49:6 ································ 104

51:1-9 ······························ 249

51:2 ································ 240

51:3 ········· 170, 180, 234, 336

51:3-4 ······························ 232

51:4 ·· 162, 164, 175, 183, 219

51:6 ························· 255, 336

51:10 ······························ 346

51:13 ······························ 249

51:14 ······························ 180

51:15 ························· 180, 335

51:16 ······························ 335

51:17 ·············· 219, 335, 392

51편 ································ 177

53:5 ································ 135

57:1 ································ 303

58:1 ································ 303

58:6 ┄┄┄┄┄┄┄┄┄┄ 200	101:4 ┄┄┄┄┄┄┄┄┄┄ 346	125:4−5 ┄┄┄┄┄┄┄┄┄┄ 434
59:1 ┄┄┄┄┄┄┄┄┄┄ 303	102:8 ┄┄┄┄┄┄┄┄┄┄ 269	127:2 ┄┄┄┄┄┄┄┄┄┄ 537
60:1 ┄┄┄┄┄┄┄┄┄ 137, 303	102:26 ┄┄┄┄┄┄┄┄┄┄ 396	127:2−3 ┄┄┄┄┄┄┄┄┄┄ 259
63:7 ┄┄┄┄┄┄┄┄┄┄ 241	102:26−27 ┄┄┄┄┄┄┄┄┄┄ 397	130:8 ┄┄┄┄┄┄┄┄┄┄ 252
65:1 ┄┄┄┄┄┄┄┄┄┄ 204	103:11 ┄┄┄┄┄┄┄┄┄┄ 374	133:3 ┄┄┄┄┄┄┄┄┄┄ 402
67:4 ┄┄┄┄┄┄┄┄┄┄ 588	103:14−15 ┄┄┄┄┄┄┄┄┄┄ 374	135:15 이하 ┄┄┄┄┄┄┄┄┄┄ 446
68:13 ┄┄┄┄┄┄┄┄┄┄ 537	104:29 ┄┄┄┄┄┄┄┄┄┄ 462	143:2 ┄┄┄┄┄┄┄┄ 144, 170, 252
68:20 ┄┄┄┄┄┄┄┄┄┄ 299	104:31 ┄┄┄┄┄┄┄┄┄┄ 299	144:6 ┄┄┄┄┄┄┄┄┄┄ 392
68:35 ┄┄┄┄┄┄ 219, 254, 400	105:4 ┄┄┄┄┄┄┄┄┄ 193, 226	147:15 ┄┄┄┄┄┄┄┄┄┄ 451
69:5 ┄┄┄┄┄┄┄┄┄┄ 595	105:45 ┄┄┄┄┄┄┄┄┄┄ 226	147:20 ┄┄┄┄┄┄┄┄┄┄ 172
69:7 ┄┄┄┄┄┄┄┄┄┄ 595	106:13 ┄┄┄┄┄┄┄┄┄┄ 374	
69:23 ┄┄┄┄┄┄┄┄┄┄ 464	106:24 ┄┄┄┄┄┄┄┄┄┄ 374	**잠언**
72:7 ┄┄┄┄┄┄┄┄┄┄ 265	107:11 ┄┄┄┄┄┄┄┄┄┄ 482	1:28 ┄┄┄┄┄┄┄┄┄┄ 446
72:14 ┄┄┄┄┄┄┄┄┄ 252, 302	110:4 ┄┄┄┄┄┄┄┄┄┄ 479	1:29 ┄┄┄┄┄┄┄┄┄┄ 245
73:3 ┄┄┄┄┄┄┄┄┄┄ 265	110:5 ┄┄┄┄┄┄┄┄┄┄ 133	8:23 ┄┄┄┄┄┄┄┄┄┄ 98
73:26 ┄┄┄┄┄┄┄┄┄┄ 498	110:6 ┄┄┄┄┄┄┄┄┄┄ 181	11:15 ┄┄┄┄┄┄┄┄┄┄ 316
76:5 ┄┄┄┄┄┄┄┄┄┄ 538	110:7 ┄┄┄┄┄┄┄┄┄┄ 456	12:21 ┄┄┄┄┄┄┄┄┄┄ 429
78:31 ┄┄┄┄┄┄┄┄┄┄ 423	111:2 ┄┄┄┄┄┄┄┄┄┄ 375	14:16 ┄┄┄┄┄┄┄┄┄┄ 561
78:37 ┄┄┄┄┄┄┄┄┄┄ 346	112:1 ┄┄┄┄┄┄┄┄┄ 330, 392	18:9 ┄┄┄┄┄┄┄┄┄┄ 506
80:13 ┄┄┄┄┄┄┄┄┄ 247, 334	112:10 ┄┄┄┄┄┄┄┄┄┄ 488	20:6 ┄┄┄┄┄┄┄┄┄┄ 501
81:6 ┄┄┄┄┄┄┄┄┄ 315, 340	115:3 ┄┄┄┄┄┄┄┄┄┄ 387	20:9 ┄┄┄┄┄┄┄┄┄┄ 220
81:7 ┄┄┄┄┄┄┄┄┄┄ 381	115:5 이하 ┄┄┄┄┄┄┄┄┄┄ 446	20:21 ┄┄┄┄┄┄┄┄┄┄ 431
81:10 ┄┄┄┄┄┄┄┄┄┄ 444	116:3 ┄┄┄┄┄┄┄┄┄┄ 138	23:26 ┄┄┄┄┄┄┄┄┄┄ 479
84:5 ┄┄┄┄┄┄┄┄┄┄ 284	119:5 ┄┄┄┄┄┄┄┄┄┄ 226	24:16 ┄┄┄┄┄┄┄┄┄┄ 306
84:7 ┄┄┄┄┄┄┄┄┄ 106, 218	119:10 ┄┄┄┄┄┄┄┄┄┄ 226	26:22 ┄┄┄┄┄┄┄┄┄┄ 132
85:10 ┄┄┄┄┄┄┄┄┄┄ 265	119:22 ┄┄┄┄┄┄┄┄┄┄ 597	27:21 ┄┄┄┄┄┄┄┄┄┄ 346
85:11 ┄┄┄┄┄┄┄┄┄┄ 173	119:32 ┄┄┄┄┄┄┄┄┄┄ 413	28:1 ┄┄┄┄┄┄┄┄┄┄ 429
86:5 ┄┄┄┄┄┄┄┄┄┄ 444	119:39 ┄┄┄┄┄┄┄┄┄┄ 597	28:14 ┄┄┄┄┄┄┄┄┄┄ 561
88:5 ┄┄┄┄┄┄┄┄┄┄ 196	119:46 ┄┄┄┄┄┄┄┄┄┄ 596	29:21 ┄┄┄┄┄┄┄┄┄┄ 545
89:6 ┄┄┄┄┄┄┄┄┄┄ 398	119:72 ┄┄┄┄┄┄┄┄┄┄ 331	30:16 ┄┄┄┄┄┄┄┄┄┄ 197
90:1 ┄┄┄┄┄┄┄┄┄┄ 266	119:89 ┄┄┄┄┄┄┄┄┄┄ 308	68:10 ┄┄┄┄┄┄┄┄┄┄ 419
91:1 ┄┄┄┄┄┄┄┄┄┄ 266	119:97 ┄┄┄┄┄┄┄┄┄┄ 212	
91:3 ┄┄┄┄┄┄┄┄┄ 354, 463	119:103 ┄┄┄┄┄┄┄┄┄ 151, 331	**전도서**
91:4 ┄┄┄┄┄┄┄┄┄┄ 266	119:113 ┄┄┄┄┄┄┄┄┄┄ 151	1:2−3 ┄┄┄┄┄┄┄┄┄┄ 370
91:5 ┄┄┄┄┄┄┄┄┄┄ 431	119:126 ┄┄┄┄┄┄┄┄┄┄ 223	1:15 ┄┄┄┄┄┄┄┄┄ 301, 435
91:6 ┄┄┄┄┄┄┄┄┄┄ 431	119:145 ┄┄┄┄┄┄┄┄┄┄ 226	7:20 ┄┄┄┄┄┄┄┄┄ 188, 220
91:13 ┄┄┄┄┄┄┄┄┄┄ 451	119:165 ┄┄┄┄┄┄┄┄┄┄ 202	8:8 ┄┄┄┄┄┄┄┄┄┄ 471
94:11 ┄┄┄┄┄┄┄┄┄┄ 373	120:4 ┄┄┄┄┄┄┄┄┄┄ 519	9:11 ┄┄┄┄┄┄┄┄┄┄ 413
95:10 ┄┄┄┄┄┄┄┄┄┄ 232	121:2 ┄┄┄┄┄┄┄┄┄┄ 232	10:15 ┄┄┄┄┄┄┄┄┄┄ 570
95:10−11 ┄┄┄┄┄┄┄┄┄┄ 151	122:4 ┄┄┄┄┄┄┄┄┄┄ 193	12:7 ┄┄┄┄┄┄┄┄┄┄ 462
97:1 ┄┄┄┄┄┄┄┄┄┄ 588	122:5 ┄┄┄┄┄┄┄┄┄┄ 181	
97:8 ┄┄┄┄┄┄┄┄┄┄ 358	123:4 ┄┄┄┄┄┄┄┄┄┄ 597	

아가

1:3	226
1:4	243
2:5	276, 393
2:12	226
3:1	226
4:2	198
4:9	278
4:11	510
5:2	537
5:6	226
8:6	350, 393

이사야

1:1	456
1:10-11	438
1:13	549
1:19	438
2:9-22	345
3:4	560
4:3	423
6:9	317, 462
7:9	425
8:21	364
9:6	265
10:17	424
10:22	429
11:1	589
11:2	317, 391
11:5	313
19:24-25	461
21:12	226
27:9	471
28:16	429
28:20	428
28:21	374
29:13	361, 509
30:10	198
30:15	429
30:26	371
31:9	519
32:20	451

35:1	588
35:4	391
40:8	308
41:1	203
41:23	238, 414
41:24	415
43:26-27	287
44:20	560, 561
44:23	588
46:3	423
48:5	98
48:22	265
49:6	423
49:8	539
50:7	419
52:5	585
52:11	313
52:15	595
53:2	588
53:4	585
55:8	373
55:8-9	373
57:20	429
57:21	265, 429
59:20	471
64:6	252, 460
65:1	226, 454
65:5	580
65:8	461
65:8-9	423
65:17	397
66:2	391
66:10	588
66:23	549

예레미야

1:5	97
1:10	89, 303, 448
1:13	95
2:13	187
6:14	207
7:21-23	438

10:14	346
10:23	413
11:13	335
15:19	209
18:4	297
20:8	595
23:21	95, 447
23:29	448
28:1	492
30:11	252
31:31-33	215
31:32	223
35:5	550
35:14	223
35:16	223
36:23	207

에스겔

7:26	456
16:8	241
16:17	152
18:20	280
34:2-4	499
34:4	92
36:20	585
36:25	313

다니엘

1:6 이하	580
2:34	89
3:27	487
3:31, 29	183

호세아

3:4 이하	470
5:12	470
5:14	484
5:15	470
8:4	152
8:7	264
10:3	245
10:8	274, 432

12:3	410	
13:9	232	
13:14	298	

요엘

2:13	444
2:32	452

아모스

3:7	98
3:12	423

오바댜

1:1	456

미가

2:12	423
4:13	451
5:7	423
6:8	536
7:10	201

하박국

1:4	223
2:4	215
3:2	137

스바냐

1:14-16	133

스가랴

11:17	92
13:3	447

말라기

1:7	277
1:10	277
2:7	209

집회서

18:7	537
18:30	340, 341

30:21	582
39:5	219
39:7	233
42:14	299, 582

지혜서

2:24	280

유딧서

16:14	398

마태복음

4:4	209
5:4	508
5:6	226
5:10	134
5:12	134
5:14	89
5:15	89
5:16	499
5:20	143
5:21	271
5:25	308, 484
5:45	396
5:48	125
6:2	393, 499
6:9	220, 227, 585
6:10	160, 220, 297
6:12	227, 253
7:1	130
7:3	528
7:8	512
7:12	138, 142, 533
7:17	352
7:18	125
7:23	124
7:24	475
7:26	475
7:27	269
7:28	430
9:12	167
9:29	364

9:38	494
10:10	498
10:22	193
10:28	297
10:34	265
10:37-38	310
10:38	269
10:39	582
11:12	511
12:33	356
12:37	147
13:13	317
13:31-32	206
13:31 이하	588
13:44	405
13:45-46	206
15:8	361, 509
15:19	286
16:35	582
17:1	268
18:22	306
19:19	531
20:11	454
20:15	184
20:16	395
20:22	395
21:2	507
23:2-3	149
23:4	149
23:5	150
23:12	455
23:23	550
23:24	528, 551
23:38-39	470
24:2	201
24:11, 26	549
24:35	394, 396
24:45	91
25:3	481
25:14	494, 511
25:24	362
25:34	109

26:14 ……………………… 387
26:28 ……………………… 389
26:39-46 ………………… 220
26:41 ……………… 338, 536
26:47 이하 ………………… 387
27:34 ……………………… 363
27:50 ……………………… 462

마가복음

8:35 ……………………… 582
11:2 ……………………… 507
11:24 ……………………… 364
13:8 ……………………… 516
14:24 ……………………… 389
15:37 ……………………… 301
16:16 ……………… 105, 124, 161

누가복음

1:28 이하 ………………… 483
1:35 ……………………… 375
1:48 ……………… 219, 516
1:49 ……………………… 480
1:51 ……………… 180, 184, 433
3:8 ……………………… 261
6:26 ……………………… 208
6:35 ……………………… 125
7:22 ……………………… 104
8:43 ……………………… 294
9:24 ……………………… 582
9:26 ……………………… 595
9:55 ……………………… 517
9:56 ……………………… 517
9:62 ……………………… 536
10:3-4 …………………… 217
10:27 ……………………… 237
10:29 ……………………… 144
10:30 ……………………… 338
10:30 이하 ……………… 235
10:33 이하 ……………… 575
10:38 ……………………… 355
11:21-22 ………………… 275
11:42 ……………………… 550

12:36 ……………………… 359
13:11 ……………………… 302
14:10 ……………………… 505
14:12-14 ………………… 497
14:23 ……………………… 556
14:27 ……………………… 488
14:33 ……………………… 587
15:4 ……………………… 167
15:28 ……………………… 454
17:20-21 ………………… 549
17:21 ……………………… 406
18:10 이하 ……………… 580
19:30 ……………………… 507
21:18 ……………………… 298
21:23-24 ………………… 470
21:28 ……………………… 358
22:20 ……………………… 389
23:30 ……………… 274, 432
23:33 이하 ……………… 387
24:42 ……………………… 363
24:49 ……………………… 103

요한복음

1:14 ……………… 190, 309
1:17 ……………………… 216
1:29 ……………………… 450
3:3 ……………………… 476
3:5, 7 …………………… 259
3:8 ……………………… 214
3:16 ……………………… 280
4:22 ……………………… 157
6:40 ……………………… 304
6:44 ……………… 192, 387
6:45 ……………………… 387
7:16 ……………………… 413
8:33 ……………………… 522
8:34 ……………………… 360
8:35 ……………………… 360
8:36 ……………………… 307
9:16 ……………………… 167
9:24 ……………………… 167
9:40-41 ………………… 167

10:1 ……………………… 95
10:12 ……………………… 277
10:12 이하 ……………… 557
10:29 ……………………… 386
11:26 ……………………… 304
12:24 ……………………… 300
12:24-25 ………………… 588
12:25 …… 310, 325, 405, 582
13:7 ……………………… 395
14:6 ……………………… 192
14:16 ……………………… 377
15:19 ……………………… 281
16:14 ……………………… 100
16:24 ……………………… 380
16:26 ……………………… 380
16:33 ……………… 265, 308
19:11 ……………………… 522
19:29 ……………………… 363
21:18 ……………… 482, 484

사도행전

1:8 ……………………… 103
2:33 ……………………… 292
4:33 ……………………… 103
5:28 ……………………… 150
5:41 ……………………… 596
7:52 ……………………… 150
7:53 ……………………… 139
7:54 ……………………… 150
10:15 ……………………… 564
11:9 ……………………… 564
13:2 ……………………… 96
13:46 ……………………… 157
14:22 ……………………… 270
15:1 ……………………… 551
15:5 ……………………… 551
15:6 이하 ……………… 546
15:19 ……………………… 572
16:3 ……………… 531, 550
20:35 ……………………… 497
21:26 ……………… 531, 550
23:3 ……………………… 527

로마서

구절	페이지
1:1	564
1:2	447
1:7	513
1:14	596
1:16	596
1:17	124, 174, 176
1:21	555
1:22	89
1:28	119
2:1, 21	333
2:4	131
2:6	102
2:7	154
2:8	183
2:9	138, 140
2:10	140
2:13	204, 450
2:14	186
2:23	132
2:26	140
2:27	140
2:28	151, 153
3:3	156
3:4	222, 263
3:5	162, 170
3:6	280
3:8	550
3:10	187, 247
3:18	203
3:19	422
3:20	144, 259
3:25	131
3:31	223, 343
4:2	221
4:5	176
4:7	426
4:15	237
4:21	419
5:1	571
5:4	591
5:5	350
5:6	277
5:11	221
5:12	281, 307
5:12 이하	211
5:14	583
5:16	281
5:19	286, 398
6:6	296, 297
6:7	535
6:7-11	303
6:9	298
6:12	295
6:15	222
6:17	315
6:19	480
7:4	329
7:5	234
7:7	211, 234, 283, 316
7:7 이하	211
7:8	426
7:9	335
7:10	336
7:14	323
7:16-18	150
7:18	323
7:19	252, 296, 330
7:20	234
7:22	324, 330
7:23	299, 323
7:24	217
7:25	220, 324
8:3	224, 237, 291, 299
8:3-4	216
8:5	325, 467
8:7	104, 349
8:10	352
8:14	482
8:23	339
8:24	586
8:26	445, 591
8:28	310, 366, 394, 464, 523
8:33	366
8:38-39	366
9:6	157
9:7	162
9:8 이하	386
9:15	386, 410, 458
9:16	91
9:17	386, 421
9:18	386, 421
9:20	119, 388
9:21	388, 458
9, 11장	159, 162
10:2	200
10:5	450
10:13	452
10:14	452
10:20	563
11:2	157
11:10	464
11:22	504
11:25	467
11:32	151
11:34	179
11:35	390
12:3	467, 483
12:8	513
12:14	469
12:16	183
12:17	571
13:8	530
13:14	296
14:3	567
14:4	568, 579
14:5	555
14:7	568, 579
14:10	568
14:15	568
14:18	572
14:19	585
14:21	585
15:8-9	156, 158
15:17	594, 596
16:25	472

고린도전서

1:17	97, 269
1:21	109
1:25	104, 107, 515
1:27	104, 515
1:29	221
1:31	422, 455
2:2	368
2:6	415
2:7	255
2:11	462
2:14	104, 325
2:15	333
3:1-2	415
3:6	496
3:9	573
3:10	496
3:11	475
3:12	475
3:17	573
3:18	179, 406, 573
3:22	523
4:3-5	90
4:4	181, 210
4:5	188
4:7	188
4:9-10	596
4:12-13	469
4:13	300, 596
5:7	245
6:2	345
6:9-10	121
6:12	529, 530, 570
6:19	564
6:20	564
7:2	312
7:5	312
7:7	312
7:14	513
7:19	549
7:21	530
7:23	529, 530

7:31	587
7:34	480
7장	312
8:1	276, 548
8:2	537
8:4, 7	565
8:11	570
8:12	570
9:15	594, 597
9:19-22	529
9:20-21	546
9:22	567
9:26	494
9:27	324
10:6	548
10:12	577
10:13	310
10:22	544
10:25	546
10:32	518
10:32-33	584
10:33	584
11:31	406
12:6	414
12:7	278
12:11	278
12:22-23	578
12:28	495, 498
12:31	278, 544
13:1-2	570
13:2	320
13:5	354, 535, 582
13:5, 7	393
13:7	276
13:12	309
14:2	510
14:15	510, 511
15:22	291
15:34	535
15:55	359
15:56	307
15:56-57	143

15:57	307
16:12	559

고린도후서

1:4	137
1:12	597
3:6	319
3:18	106, 218
4:16	479
5:11	562
5:12	91
6:1	476
6:1-2	539
6:3	571
6:3-4	539
6:4	476, 540
6:7	539
9:7	500
9:8	444
9:8-9	376
11:2	543
11:29	567, 577
12:2	268
12:9	419
12:10	135
12:15	402
12:21	122
13:3	592

갈라디아서

1:15	97
2:3	551
2:4	529
2:6	467
2:11 이하	306
2:14	546, 551
2:20	413, 564
2:21	349
3:10	450
3:11-12	450
3:19	293
4:6-7	364

4:9 ································· 309	2:7 ··················· 291, 309	**디모데후서**
4:9-11 ······················ 548	2:12 ····························· 562	2:5 ······························· 310
5:6 ································· 204	2:13 ····························· 413	2:10 ····························· 389
5:11 ······························ 269	3:8 ································· 207	2:17 ····························· 196
5:12 ······························ 572	3:13 ··················· 226, 252	2:19 ····························· 387
5:13 ········· 222, 529, 530, 556	3:18 ····························· 269	3:5 ································· 536
5:16 ······························ 341	4:7 ································· 445	3:8 ································· 483
5:17 ················ 296, 303, 324		4:3 ································· 197
5:19 ······························ 352	**골로새서**	4:8 ································· 359
5:22 ······························ 126	1:26 ····························· 472	
6:1 ································· 577	2:8 ································· 369	**디도서**
6:2 ··························· 577, 580	2:16-23 ······················ 548	1, 2장 ·························· 541
6:3 ····················· 467, 577, 578	3:3 ··················· 255, 405	1:7 ································· 542
6:6 ································· 498	3:10 ····························· 479	1:8 ································· 514
6:7 ································· 498		1:9 ································· 548
6:10 ······························ 504	**데살로니가전서**	1:10 ····························· 546
6:12 ······························ 270	5:12-14 ······················ 572	1:10, 13 ······················ 548
6:14 ······························ 271	5:21 ··················· 502, 503	1:15 ················· 370, 462
6:15-16 ······················ 548	5:22 ····························· 527	1:16 ····························· 217
		2:1 ································· 547
에베소서	**데살로니가후서**	2:8 ································· 548
2:10 ······························ 316	2:1 이하 ······················ 430	2:12-13 ······················ 359
2:17 ······························ 265	3:5 ································· 558	3:1-2 ··························· 518
2:21 ······························ 339	3:6 ································· 572	
3:18-19 ······················ 482		**빌레몬서**
3:20 ············ 376, 444, 445	**디모데전서**	1:14 ····························· 560
4:2 ································· 516	1:3-4 ··························· 548	
4:3 ································· 517	1:5 ································· 548	**히브리서**
4:4 ································· 490	1:7 ································· 546	1:2 ································· 101
4:8 ··················· 292, 298	1:15 ····························· 252	3:2 ································· 456
4:19 ······························ 275	2, 3장 ·························· 541	3:6 ································· 573
4:23 ······························ 479	2:4 ································· 389	4:12 ····························· 261
5:14 ······························ 535	2:8 ································· 542	7:17 ····························· 479
	2:15 ····························· 455	9:12 ····························· 304
빌립보서	3:1 ································· 525	9:28 ····························· 304
1:23 ······························ 332	3:2 ································· 514	10:33 ···························· 513
2:1-5 ··························· 476	3:3 ································· 542	10:36 ···························· 135
2:2 ································· 517	4:4 ································· 369	11:1 ········ 181, 379, 427, 493
2:3 ··················· 505, 516	5:11-12 ······················ 550	11:17 ···························· 483
2:4 ··················· 535, 582	5:14 ····························· 518	12:1 ····························· 337
2:5 ································· 585	5:18 ····························· 498	12:6 ····························· 273
2:5-7 ··························· 578	6:9 ································· 340	13:2 ····························· 514

야고보서

1:4	135
1:18	217, 316, 339, 394
1:19	431
2:10	206, 443
2:21 이하	483
2:24	204
2:26	204
3:2	188, 252
4:1	296

베드로전서

1:6	270
1:16	513
2:3	362
2:5	339
2:11	296
2:12	517

2:13	522, 524
2:16	222, 522, 556
2:17	562
2:24	304
3:9	517
4:3-4	540
4:4	540
4:18	310

베드로후서

2:13	540
3:11	359
3:13	238, 297, 397
3:18	575

요한일서

1:8	180, 188, 234, 252
1:8-9	219

3:2	244, 394
3:20	148
4:18	361
5:4	308
5:5	308
5:18	252

요한계시록

3:14-16	228
3:17	245
5:10	524
12:1	524
21:27	403
22:11	107, 218, 252
22:16	589